KB110684

선택형 감정평가 관계법규

-감정평가사 기출문제를 중심으로-

선택형 감정평가 관계법규

발행일　2020년 10월 22일

지은이　배명호
펴낸이　손형국
펴낸곳　(주)북랩
편집인　선일영　　　　　　　　　　　　　편집　정두철, 윤성아, 최승헌, 이예지, 최예원
디자인　이현수, 한수희, 김민하, 김윤주, 허지혜　제작　박기성, 황동현, 구성우, 권태련
마케팅　김회란, 박진관, 장은별
출판등록　2004. 12. 1(제2012-000051호)
주소　서울특별시 금천구 가산디지털 1로 168, 우림라이온스밸리 B동 B113~114호, C동 B101호
홈페이지　www.book.co.kr
전화번호　(02)2026-5777　　　　　　　　　　팩스　(02)2026-5747

ISBN　979-11-6539-431-8 13360 (종이책)　　　979-11-6539-432-5 15360 (전자책)

이 도서의 국립중앙도서관 출판예정도서목록(CIP)은 서지정보유통지원시스템 홈페이지(http://seoji.nl.go.kr)와
국가자료공동목록시스템(http://www.nl.go.kr/kolisnet)에서 이용하실 수 있습니다.
(CIP제어번호: CIP2020044505)

(주)북랩 성공출판의 파트너
북랩 홈페이지와 패밀리 사이트에서 다양한 출판 솔루션을 만나 보세요!
홈페이지 book.co.kr　•　**블로그** blog.naver.com/essaybook　•　**출판문의** book@book.co.kr

2021년
감정평가사
제1차 시험 대비
최신판

정답과 해설을 한번에 확인하는
객관식 문제 풀이집

배명호 지음

감정평가
관계법규

감정평가사 기출문제를 중심으로

북랩 book Lab

머리말

　종래 일본의 부동산감정사시험의 영향을 받은 시험과목으로 부동산관계법규는 2015. 11. 11. 구「부감법 시행령」의 개정으로 2016년 제27회 감정평가사 시험부터 "감정평가 관계법규"라는 수험과목으로 재탄생하였으며, 학문적인 의미에서 감정평가 관계법규란 모든 재화(주로 부동산)의 가치평가와 관련된 법학을 의미합니다. 수험생 입장에서는 감정평가 관계법규에서 시험과목이 적을수록 좋겠지만, 부동산가치평가의 기초학문으로서 감정평가 관계법규의 체계는 ①「감정평가법」, ②「부동산가격공시법」, ③「국토계획법」, ④「건축법」, ⑤「주택법」, ⑥「도시개발법」, ⑦「도시정비법」, ⑧「국유재산법」, ⑨「농지법」, ⑩「산지관리법」, ⑪「공간정보관리법」, ⑫「부동산등기법」, ⑬「동산채권담보법」 등의 순서로 접근하는 것이 체계적일 듯합니다.

　그러나 감정평가실무에서 주택건설사업, 토지구획정리, 농경지·임야에 대한 평가업무가 많은 부분을 차지하는 반면, 동산 및 채권에 대한 담보평가 비중이 많지 않다는 점에서 감정평가실무가 연계된 법률의 공부가 필요하다는 생각을 합니다. 다만 수험생에 대한 현실적인 한계에서 「주택법」, 「도시개발법」, 「농지법」, 「산지관리법」이 제외된 것으로 보여지나, 「동산채권담보법」이나 「부동산가격공시법」은 감정평가법인등의 업무 비중이 높지 않다는 점에서 1차 시험에서 가볍게 다루는 것까지는 이해하더라도 2차 시험 과목에 포함되어 있는 것은 의문입니다. 9개의 법률로 구성된 현행 감정평가 관계법규의 출제경향도 부동산관계법규라는 시각에서 출제되고 있습니다. 그러나 앞으로의 출제경향은 감정평가관계법론의 관점, 즉 2차 시험과목의 기초가 되는 과목으로서의 기능과 장차 감정평가실무에 임하여 감정평가업무의 밑거름이 되는 자질을 검증하는 방향으로 출제되어야 한다는 희망을 가져봅니다. 각 법률 간 출제의 비중에 있어서도「국토계획법」의 비중이 너무 높고「건축법」과「도시정비법」의 비중이 상대적으로 낮아서 현행 감정평가실무를 반영한다고 보기 어렵습니다. 참고로 출제경향 분석 비고란의 출제비율을 희망합니다.

본서를 공부하는 방법으로 첫 번째는 저자의 이론서를 일독한 후, 두 번째로 본서 선택형 문제를 풀 때는 아래 각주를 가리고 마음속으로 정답을 결정한 후, 각주의 정답을 확인합니다. 세 번째는 반복학습을 위하여 문제에 정답을 표시하지 말기를 권합니다. 다만 나름대로 문제의 중요도를 표시하는 것은 좋을 것입니다. 만약 정답이 틀렸거나 애매했다면 해설을 참고합니다. 이 책을 준비하면서 최근 출제경향을 보면 법리나 학설·판례보다는 법조문 중심으로 출제되고 있습니다. 이는 아마도 출제의 오류 내지 복수 정답 논란 때문인 것으로 이해는 되지만 좀 더 바람직한 출제 경향을 기원합니다. 따라서 이 책의 출간으로 감정평가법이론 발전에 도움이 되기를 소망합니다.

아울러 졸저가 출간되기까지 지도와 조언을 아끼지 않은 필자의 은사이신 경북대 법학전문대학원 신봉기 교수님, 기꺼이 교정에 도움을 준 경북대 법학전문대학원 황헌순 박사과정님, 출간의 동기를 불어 넣어준 제일감정평가법인 장희재 대구경북지사장님을 비롯한 임·직원, 불효자를 늘 기다리시는 경북 성주에 계시는 아버님, 나쁜 남편과 아빠를 응원하는 아내와 아이들, 그 밖에 모든 분들께 감사의 마음을 올립니다.

2020년 10월 대구 수성3가 롯데캐슬에서

배명호

감정평가 관계법규 출제비중 분석

법령/회차	2009 제20회	2010 제21회	2011 제22회	2012 제23회	2013 제24회	2014 제25회	2015 제26회	2016 제27회	2017 제28회	2018 제29회	2019 제30회	2020 제31회	비고
1. 감정평가법	3	3	3	3	3	3	4	3	3	3	3	3	2
2. 부동산가격 공시법	5	5	5	5	5	5	4	3	3	3	3	3	2
3. 국토계획법	16	16	16	16	16	16	16	13	13	13	13	13	9
4. 건축법	4	4	4	4	4	4	4	4	4	4	4	4	8
5. 도시정비법	-	-	-	-	-	-	-	4	4	4	4	4	8
6. 국유재산법	4	4	4	4	4	4	4	4	4	4	4	4	3
7. 공간정보 관리법	4	4	4	4	4	4	4	4	4	4	4	4	3
8. 부동산 등기법	4	4	4	4	4	4	4	4	4	4	4	4	4
9. 동산채권 담보법	-	-	-	-	-	-	-	1	1	1	1	1	1
누계	40	40	40	40	40	40	40	40	40	40	40	40	40

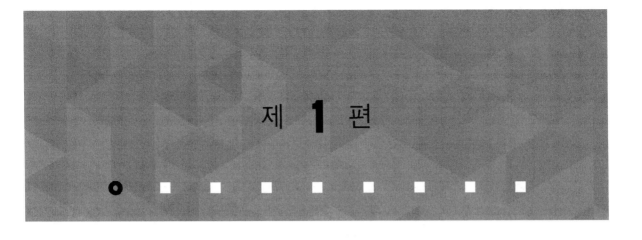

제 **1** 편

감정평가 및 감정평가사에 관한 법률

제1장 총설

1. 감정평가법령상 감정평가의 대상으로 정하고 있는 '토지 등'의 개념에 해당하지 않는 것은? <2004 제15회 수정>

① 매매계약에 의한 채권

② 토지의 정착물

③ 산업재산권

④ 광업권

⑤ 토지

2. 감정평가법령상 감정평가의 대상에 해당하지 않는 것은? <2018 제29회>

① 어업권

② 유가증권

③ 도로점용허가권한

④ 「입목에 관한 법률」에 따른 입목

⑤ 「공장 및 광업재단 저당법」에 따른 공장재단

---

1. **정답 ①** 해설 "감정평가"라 함은 「감정평가법」 제2조에 따르면 토지등의 경제적 가치를 판정하여 그 결과를 가액(價額)으로 표시하는 것이다. 따라서 감정평가는 경제적 가치로 표시 가능한 모든 물건을 그 대상으로 한다. "토지등"이란 토지 및 그 정착물, 동산, 그 밖에 **대통령령**으로 정하는 재산[1. 저작권·산업재산권·어업권·광업권 및 그 밖의 물권에 준하는 권리, 2. 「공장 및 광업재단 저당법」에 따른 공장재단과 광업재단, 3. 「입목에 관한 법률」에 따른 입목, 4. 자동차·건설기계·선박·항공기 등 관계 법령에 따라 등기하거나 등록하는 재산, 5. 유가증권(영 제2조)과 이들에 관한 소유권 외의 권리를 말한다(법 제2주 제1호). 산업재산권이란 저작권과 함께 지적재산권을 구성하는 재산권으로 특허권·실용신안권·의장권·상표권을 말한다. 공업재산권의 바뀐 이름이다. ①이 정답이다.
2. **정답 ③** 해설 ③은 감정평가 대상이 아니다.

제2장 감정평가

3. 감정평가법령상 「감정평가법」 제3조의 규정에 의하여 감정평가법인등이 준수하여야 할 평가방법의 원칙에 관한 다음 설명 중 가장 타당한 것은? <2002 제13회 수정>

① 동산의 평가는 복성식평가법에 의하는 것이 원칙이다.

② 건물의 평가는 수익환원법에 의하는 것이 원칙이다.

③ 입목의 평가는 복성식평가법에 의하는 것이 원칙이다.

④ 과수원을 감정평가할 때에 거래사례비교법을 적용하여야 한다.

⑤ 건설기계의 평가는 거래사례비교법에 의하는 것이 원칙이다.

4. 감정평가법령상 감정평가서에 관한 설명으로 옳지 않은 것은? (단, 다툼이 있으면 판례에 의함) <2010 제21회>

① 감정평가법인등은 감정평가서의 원본과 그 관련 서류를 국토교통부령으로 정하는 기간 이상 보존하여야 한다.

② 감정평가서에는 감정평가법인등의 사무소 또는 법인의 명칭을 적고, 감정평가를 한 감정평가사가 그 자격을 표시한 후 서명과 날인을 하여야 한다.

③ 표준지공시지가의 결정과 관련한 감정평가서에는 평가원인을 구체적으로 특정할 필요

---

3. **정답 ④** 해설 ① **감정평가법인등**은 동산을 감정평가할 때에는 거래사례비교법을 적용하여야 한다. 다만, 본래 용도의 효용가치가 없는 물건은 해체처분가액으로 감정평가할 수 있다(감칙 제21조). ② **감정평가법인등**은 건물을 감정평가할 때에 원가법을 적용하여야 한다(감칙 제15조 제1항). ③ 입목은 거래사례비교법을 적용하되, 소경목림(小徑木林: 지름이 작은 나무·숲)인 경우에는 원가법을 적용할 수 있다(감칙 제17조 제1항). ④ 감칙 제18조. ⑤ **감정평가법인등**은 건설기계를 감정평가할 때에 원가법을 적용하여야 한다(감칙 제20조 제2항).

4. **정답 ③** 해설 ① 법 제6조 제3항. ② 법 제6조 제2항. ③ 표준지 공시지가의 결정에 관련한 감정평가서에는 평가원인을 구체적으로 특정하여 명시함과 아울러 각 요인별 참작 내용과 정도가 객관적으로 납득이 갈 수 있을 정도로 설명됨으로써, 그 평가액이 당해 토지의 적정가격을 평가한 것임을 인정할 수 있어야 한다(대법원 2009. 12. 10. 선고 2007두20140 판결). ④ 칙 제2조 제3항. ⑤ 대법원 2009. 12. 10. 선고 2007두20140 판결.

는 없지만 각 요인별 참작 내용과 정도가 객관적으로 납득이 갈 수 있을 정도로 설명
되어야 한다.

④ 감정평가 의뢰인이 감정평가서를 분실하여 감정평가서 재발급을 신청한 경우 감정평
가법인등은 정당한 사유가 있을 때를 제외하고는 감정평가서를 재발급하여야 한다.

⑤ 감정평가서에 거래선례나 평가선례, 거래사례비교법, 원가법 및 수익환원법 등을 모두
공란으로 둔 채, 그 토지의 전년도 공시지가와 세평가격 및 인근 표준지의 감정가격만
을 참고가격으로 삼으면서 그러한 참고가격이 평가액 산정에 어떻게 참작되었는지에
관한 별다른 설명 없이 평가의견을 추상적으로만 기재하는 것은 토지의 적정가격을
반영한 것이라고 인정하기 어렵다.

5. 감정평가법령상 감정평가에 관한 설명으로 옳지 않은 것은? <2017 제28회>

① 감정평가법인등은 해산하거나 폐업하는 경우 감정평가서의 원본과 그 관련 서류를 국
토교통부장관에게 제출하여야 한다.

② 감정평가법인등은 감정평가서의 관련 서류를 발급일로부터 5년 이상 부존하여야 한다.

③ 감정평가 의뢰인이 감정평가서를 분실하거나 훼손하여 감정평가서 재발급을 신청한
경우 감정평가법인등은 정당한 사유가 있을 때를 제외하고는 감정평가서를 재발급하
여야 한다.

④ 국가가 토지등을 경매하기 위하여 감정평가를 의뢰하려고 한국감정평가사협회에 감정
평가법인등의 추천을 요청한 경우 협회는 요청을 받은 날부터 7일 이내에 감정평가법
인등을 추천하여야 한다.

⑤ 유가증권도 감정평가의 대상이 된다.

---

5. **정답** ② 해설 ① 영 제6조 제1항. ② **감정평가법인등**은 감정평가서의 원본과 그 관련 서류를 다음 각
호 1. 감정평가서의 원본: 발급일부터 5년, 2. 감정평가서의 관련 서류: 발급일부터 2년의 구분에 따른
기간 이상 보존하여야 하며(칙 제3조), 해산하거나 폐업하는 경우에도 **대통령령**으로 정하는 바에 따라
보존하여야 한다(법 제6조 제3항). ③ 칙 제2조 제3항. ④ 법 제5조 제4항 및 영 제5조 제1항. ⑤ 영
제2조 제5호.

6. 감정평가법령상 감정평가에 관한 설명으로 옳은 것은?

① 감정평가법인등은 감정평가서를 의뢰인에게 발급하기 전에 작성한 감정평가서의 적정성을 다른 감정평가사에게 심사하게 하고, 그 적정성을 심사한 감정평가사로 하여금 감정평가서에 그 심사 사실을 표시하고 서명과 날인을 하게 하여야 한다.

② 감정평가서는 해당 감정평가에 대한 수수료 등이 완납되어야만 감정평가 의뢰인에게 발급할 수 있다.

③ 국토교통부장관은 감정평가서가 발급된 후 해당 감정평가가 이 법 또는 다른 법률에서 정하는 절차와 방법 등에 따라 타당하게 이루어졌는지를 직권으로 또는 관계 기관 등의 요청에 따라 조사할 수 있다.

④ 국토교통부장관은 감정평가제도를 개선하기 위한 표본조사는 공정성을 기하기 위하여 우선추출방식의 표본조사만을 할 수 있다.

⑤ 우선추출방식의 표본조사는 감정평가의 부실을 방지하기 위해 한국감정원의 요청을 받아 국토교통부장관이 필요하다고 인정하는 분야에 대해 국토교통부장관이 정하는 바에 따라 실시한다.

7. 감정평가법령상 감정평가사에 관한 설명으로 옳은 것은? <2011 제22회 수정>

① 국가가 토지등의 매입을 위하여 감정평가를 의뢰하고자 하는 경우에는 한국감정원에 의뢰하여야 한다.

---

6. 정답 ③ 해설 ① 감정평가서 심사 의무는 법문에 충실하자면 **감정평가법인**에 한하는 의무이다(법 제7조 제1항).

② 감정평가서는 해당 감정평가에 대한 수수료 등이 완납되는 즉시 감정평가 의뢰인에게 발급하여야 한다. 다만, 감정평가 의뢰인이 국가·지방자치단체 또는 「공공기관운영법」에 따른 공공기관이거나 **감정평가법인등**과 감정평가 의뢰인 간에 특약이 있는 경우에는 수수료 등을 완납하기 전에 감정평가서를 발급할 수 있다(칙 제2조 제1항). 현행 감정평가실무다.

③ 법 제8조 제1항.

④ **국토교통부장관**은 법 또는 다른 법률에 따른 감정평가의 방법·절차 등과 실제 감정평가서의 작성 간에 차이가 있는지 여부를 확인하여 감정평가제도를 개선하기 위해 우선추출방식의 표본조사 이외에도 무작위추출방식의 표본조사를 할 수 있다(영 제49조 제1항).

⑤ 우선추출방식의 표본조사는 다음 각 호 1. 최근 3년 이내에 실시한 법 제8조 제1항에 따른 타당성조사 결과 감정평가의 부실이 발생한 분야, 2. 무작위추출방식의 표본조사를 실시한 결과 법 또는 다른 법률에서 정하는 방법이나 절차 등을 위반한 사례가 다수 발생한 분야, 3. 그 밖에 감정평가의 부실을 방지하기 위해 협회요청을 받아 **국토교통부장관**이 필요하다고 인정하는 분야의 어느 하나에 해당하는 분야에 대해 **국토교통부장관**이 정하는 바에 따라 실시한다(영 제49조 제2항).

7. 정답 ⑤ 해설 ① 국가등이 토지등의 관리·매입·매각·경매·재평가 등을 위하여 토지등을 감정평가하려는 경우에는 한국감정원이 아니고 **감정평가법인등**에 의뢰하여야 한다(법 제5조 제1항).

② 금융기관 등이 대출 등과 관련하여 토지등의 감정평가를 하려는 경우에는 **감정평가법인등**에 의뢰하여

② 금융기관이 대출과 관련하여 토지등의 감정평가를 의뢰하고자 하는 경우에는 감정평가법인에게 의뢰하여야 한다.

③ 감정평가법인등이 타인의 의뢰에 의하여 토지를 개별적으로 감정평가하는 경우에는 당해 토지와 유사한 이용가치를 가진 가장 근접한 지역의 개별공시지가를 기준으로 하여야 한다.

④ 감정평가업자는 감정평가서의 원본과 관련서류를 그 교부일부터 5년 이상 보존하여야 한다.

⑤ 감정평가법인등이 과실로 평가 당시의 적정가격과 현저한 차이가 있게 감정평가를 하여 의뢰인에게 손해를 발생하게 한 때에는 그 손해를 배상할 책임이 있다.

8. 감정평가법령상 감정평가법인등에 관한 설명으로 옳은 것은? <2019 제30회>

① 감정평가법인등이 토지를 감정평가하는 경우에는 그 토지와 이용가치가 비슷하다고 인정되는 토지의 적정한 실거래가를 기준으로 하여야 한다.

② 김정평가비법인등은 감정평가서의 원본을 발급일로부터 2년 농안 보존하여야 한다.

③ 감정평가법인등은 토지의 매매업을 직접 할 수 있다.

④ 감정평가법인등의 업무수행에 따른 수수료의 요율은 국토교통부장관이 감정평가관리·

야 한다(법 제5조 제2항). 여기서 **감정평가법인등**이란 법 제21조에 따라 신고를 한 **감정평가사**와 법 제29조에 따라 인가를 받은 감정평가법인을 포함하는 개념으로(법 제2조 제4호) 감정평가법인이라고 하면 법 제21조에 따라 신고를 한 **감정평가사**가 제외되는 개념이라서 틀린 설명이다.
③ **감정평가법인등**이 토지를 감정평가하는 경우에는 그 토지와 이용가치가 비슷하다고 인정되는 「부동산가격공시법」에 따른 표준지공시지가를 기준으로 하여야 한다(법 제3조 제1항 본문).
④ **감정평가법인등**은 감정평가서의 원본과 그 관련 서류를 다음 각 호 1. 감정평가서의 원본: 발급일부터 5년, 2. 감정평가서의 관련 서류: 발급일부터 2년의 구분에 따른 기간 이상 보존하여야 하며(칙 제3조), 해산하거나 폐업하는 경우에도 **대통령령**으로 정하는 바에 따라 보존하여야(법 제6조 제3항) 하는데, 기간은 같다.
⑤ 법 제28조 제1항.
8. 정답 ⑤ 해설 ① **감정평가법인등**이 토지를 감정평가하는 경우에는 그 토지와 이용가치가 비슷하다고 인정되는 「부동산가격공시법」에 따른 표준지공시지가를 기준으로 하여야 한다. 다만, 적정한 실거래가가 있는 경우에는 이를 기준으로 할 수 있다(법 제3조 제1항). 이를 위반하여 감정평가를 한 경우에는 그 설립인가를 취소(법 제29조에 따른 감정평가법인에 한정한다)하거나 2년 이내의 범위에서 기간을 정하여 업무의 정지를 명할 수 있다(법 제32조 제1항).
② **감정평가법인등**은 감정평가서의 원본과 그 관련 서류를 다음 각 호 1. 감정평가서의 원본: 발급일부터 5년, 2. 감정평가서의 관련 서류: 발급일부터 2년의 구분에 따른 기간 이상 보존하여야 한다(칙 제3조).
③ 토지등의 매매업을 직접 하여서는 아니 된다(법 제25조 제3항).
④ 수수료의 요율 및 실비의 범위는 **국토교통부장관**이 간정평가관리·징계위원회의 심의를 거쳐 결정힌디(법 제23조 제2항).
⑤ 법 제6조 제3항 및 영 제6조 제2항.

징계위원회의 심의를 거치지 아니하고 결정할 수 있다.

⑤ 감정평가법인등이 감정평가서 관련 서류를 보관하는 기간과 국토교통부장관이 감정평가법인등의 해산이나 폐업시 제출받은 감정평가서 관련 서류를 보관하는 기간은 동일하다.

9. 감정평가법령상 감정평가에 관한 설명으로 옳지 않은 것은? <2020 제31회>

① 감정평가업자가 토지를 감정평가하는 경우 적정한 실거래가가 있는 경우에는 이를 기준으로 할 수 있다.

② 감정평가업자는 해산 또는 폐업하는 경우에도 감정평가서 관련 서류를 발급일부터 5년 이상 보존하여야 한다.

③ 국토교통부장관은 감정평가 타당성조사를 할 경우 해당 감정평가를 의뢰한 자에게 의견진술기회를 주어야 한다.

④ 감정평가법인은 감정평가서를 의뢰인에게 발급하기 전에 같은 법인 소속의 다른 감정평가사에게 감정평가서의 적정성을 심사하게 하여야 한다.

⑤ 토지 및 건물의 가격에 관한 정보 및 자료는 감정평가 정보체계의 관리대상에 해당한다.

---

9. **정답 ②** 해설 ① **감정평가법인등**이 토지를 감정평가하는 경우에는 그 토지와 이용가치가 비슷하다고 인정되는 「부동산가격공시법」에 따른 <u>표준지공시지가를 기준</u>으로 하여야 한다(법 제3조 제1항 본문). 다만, 적정한 실거래가가 있는 경우에는 이를 기준으로 할 수 있도록 한 단서규정은, 전술한 공시지가기준법 원칙에 대한 예외규정으로 보아야 한다(법 제3조 제1항 단서).

② **감정평가법인등**은 해산하거나 폐업하는 경우에도 **대통령령으로 정하는 바**에 따라 보존하여야 한다(법 제6조 제3항). 법 제6조 제3항에 따른 보존을 위하여 감정평가서의 원본과 그 관련 서류를 **국토교통부장관**에게 제출하여야 한다(영 제6조 제1항). **국토교통부장관**은 제출받은 감정평가서의 원본과 관련 서류를 다음 각 호 1. 감정평가서 원본: 발급일부터 5년, 2. **감정평가서 관련 서류: 발급일부터 2년의 구분**에 따른 기간 동안 보관하여야 한다(영 제6조 제2항).

③ 타당성조사를 할 경우에는 해당 **감정평가법인등** 및 **대통령령**으로 정하는 이해관계인[감정평가를 의뢰한 자(영 제8조 제3항)]에게 <u>의견진술기회를</u> 주어야 한다(법 제8조 제2항).

④ 감정평가법인은 감정평가서를 의뢰인에게 발급하기 전에 감정평가를 한 소속 **감정평가사**가 작성한 감정평가서의 적정성을 같은 법인 소속의 다른 **감정평가사**에게 심사하게 하고, 그 적정성을 심사한 **감정평가사**로 하여금 감정평가서에 그 심사사실을 표시하고 서명과 날인을 하게 하여야 한다(법 제7조 제1항).

⑤ 칙 제4조 제2호.

제3장 감정평가사

제1절 감정평가법인등의 업무와 감정평가사 자격

10. 감정평가법령상 감정평가사의 업무에 해당하는 것을 모두 고른 것은? <2018 제29회>

ㄱ. 법원에 계속 중인 소송 또는 경매를 위한 토지등의 감정평가에 부수되는 업무
ㄴ. 금융기관·보험회사·신탁회사 등 타인의 의뢰에 따른 토지등의 감정평가
ㄷ. 「자산재평가법」에 따른 토지등의 감정평가
ㄹ. 토지등의 이용 및 개발 등에 대한 조언이나 정보 등의 제공
ㅁ. 감정평가와 관련된 상담 및 자문

① ㄹ, ㅁ ② ㄱ, ㄴ, ㄷ ③ ㄱ, ㄴ, ㄷ, ㅁ
④ ㄴ, ㄷ, ㄹ, ㅁ ⑤ ㄱ, ㄴ, ㄷ, ㄹ, ㅁ

---

10. 정답 ⑤ 해설 감정평가법인등은 다음 각 호 1. 「부동산가격공시법」에 따라 **감정평가법인등**이 수행하는 업무, 2. 「부동산가격공시법」 제8조 제2호에 따른 목적을 위한 토지등의 감정평가, 3. 「자산재평가법」에 따른 토지등의 감정평가, 4. 법원에 계속 중인 소송 또는 경매를 위한 토지등의 감정평가, 5. 금융기관·보험회사·신탁회사 등 타인의 의뢰에 따른 토지등의 감정평가, 6. 감정평가와 관련된 상담 및 자문, 7. 토지등의 이용 및 개발 등에 대한 조언이나 정보 등의 제공, 8. 다른 법령에 따라 **감정평가법인등**이 할 수 있는 토지등의 감정평가, 9. 제1호부터 제8호까지의 업무에 부수되는 업무를 행한다 (법 제10조). ⑤가 옳다.

11. 감정평가법령상 감정평가법인등의 업무에 해당되지 않는 것은? <1999 제10회 수정>

① 표준지의 적정가격의 조사·평가

② 개별공시지가 산정을 위한 토지가격비준표의 제조 및 수정

③ 국유지·공유지의 취득 또는 처분을 위한 감정평가

④ 개별공시지가의 검증

⑤ 다른 법령에 따라 감정평가법인등이 할 수 있는 토지등의 감정평가

12. 감정평가법령상 감정평가사가 될 수 있는 자는? <2016 제27회>

① 미성년자

② 파산선고를 받은 자로서 복권되지 아니한 자

③ 금고 이상의 형의 집행유예를 받고 그 유예기간이 만료된 날부터 2년이 경과된 자

④ 금고 이상의 형의 선고유예를 받고 그 선고유예기간 중에 있는 자

⑤ 감정평가사 자격이 취소된 후 2년이 경과된 자

---

11. **정답 ②** 해설 ① ④ 「부동산가격공시법」에 따라 **감정평가법인등**이 수행하는 업무(법 제10조 제1호).
③ 「부동산가격공시법」 제8조 제2호에 따른 목적을 위한 토지등의 감정평가(법 제10조 제2호).
② **국토교통부장관**은 개별공시지가 산정을 위한 토지가격비준표의 작성·제공의 업무를 감정원 또는 **국토교통부장관**이 정하는 기관에 위탁할 수 있으며(부동산가격공시법 제28조 제1항 제3호) 현재 감정원에 위탁하고 있다(부동산가격공시법 시행령 제76조 제2항).
⑤ 법 제10조 제8호.

12. **정답 ③** 해설 다음 각 호 1. 미성년자 또는 피성년후견인·피한정후견인, 2. 파산선고를 받은 사람으로서 복권되지 아니한 사람, 3. 금고 이상의 실형을 선고받고 그 집행이 종료(집행이 종료된 것으로 보는 경우를 포함한다)되거나 그 집행이 면제된 날부터 3년이 지나지 아니한 사람, 4. 금고 이상의 형의 집행유예를 받고 그 유예기간이 만료된 날부터 1년이 지나지 아니한 사람, 5. 금고 이상의 형의 선고유예를 받고 그 선고유예기간 중에 있는 사람, 6. **감정평가사**가 부정한 방법으로 **감정평가사**의 자격을 받은 경우(법 제13조)에 해당되어 **감정평가사** 자격이 취소된 후 3년이 경과되지 아니한 사람, 7. **감정평가사**의 직무와 관련하여 금고 이상의 형을 2회 이상 선고받아(집행유예를 선고받은 경우를 포함한다) 그 형이 확정된 경우(법 제39조 제1항 제11호) 및 이 법에 따라 업무정지 1년 이상의 징계처분을 2회 이상 받은 후 다시 제1항에 따른 징계사유가 있는 사람으로서 **감정평가사**의 직무를 수행하는 것이 현저히 부적당하다고 인정되는 경우(법 제39조 제1항 제12호)에 따라 자격이 취소된 후 5년이 경과되지 아니한 사람의 어느 하나에 해당하는 사람은 **감정평가사**가 될 수 없다(법 제12조). ③은 가능하다.

13. 감정평가법령상 감정평가사 자격취득에 있어 결격사유가 없는 자는? <2011 제22회>

① 미성년자

② 파산선고를 받고 3년이 경과한 자

③ 금고 이상의 실형을 선고받고 그 집행이 종료된 날부터 2년이 경과한 자

④ 감정평가사 자격이 취소된 후 2년이 경과한 자

⑤ 금고 이상의 형의 선고유예를 받고 그 유예기간이 만료된 날부터 6개월이 경과한 자

제2절 감정평가사 시험

14. 감정평가법령상 감정평가사에 관한 설명으로 옳은 것은? <2013 제24회>

① 외국의 감정평가사 자격을 가진 사람으로서 감정평가사 결격사유에 해당하지 아니하는 사람은 그 본국에서 대한민국정부가 부여한 감정평가사 자격을 인정하지 않더라도 시·도지사의 인가를 받아 감정평가법인등의 업무를 수행할 수 있다.

② 국유재산을 관리하는 기관에서 5년 이상 감정평가와 관련된 업무에 종사한 사람으로서 감정평가사 제2차 시험에 합격한 사람은 감정평가사의 자격이 있다.

③ 감정평가사 자격이 있는 사람은 시·도지사에게 자격등록을 하면 감정평가업을 영위할

---

13. **정답 ⑤** 해설 ① 법 제12조 제1호 ② 파산선고를 받은 사람으로서 복권되지 아니한 사람(법 제12조 제2호)이므로 파산선고를 받고 기간에 관계없이 복권이 되어야 한다.
③ 금고 이상의 실형을 선고받고 그 집행이 종료(집행이 종료된 것으로 보는 경우를 포함한다)되거나 그 집행이 면제된 날부터 3년이 지나지 아니하면 **감정평가사**가 될 수 없다(법 제12조 제3호).
④ 자격이 취소된 후 5년이 경과되어야 한다(법 제12조 제7호).
⑤ 금고 이상의 형의 선고유예를 받고 그 선고유예기간 중에 있는 사람(법 제12조 제5호)은 결격사유이나 그 유예기간이 만료되면 **감정평가사**가 될 수 있다.
14. **정답 ②** 해설 ① 그 본국에서 대한민국정부가 부여한 **감정평가사** 자격을 인정하는 경우에 한정하여 **국토교통부장관**의 인가를 받아 업무를 수행할 수 있다(법 제20조 제1항).
② 법 제11조 및 영 제14조 제1항.
③ 법 제11조에 따른 **감정평가사** 자격이 있는 사람이 제10조에 따른 업무를 하려는 경우에는 1년(법 제15조 제1항에 따라 제1차 시험을 면제받고 **감정평가사** 자격을 취득한 사람인 경우에는 1주일) 이상의 실무수습을 마치고 **국토교통부장관**에게 등록하여야 한다(법 제17조 제1항 및 영 제15조).
④ **감정평가사**(감정평가법인 또는 **감정평가사**사무소의 소속 **감정평가사**를 포함한다)는 둘 이상의 감정평가법인 또는 **감정평가사**사무소에 소속될 수 없다(법 제25조 제5항).
⑤ 자격증 등의 부당한 사용금지의무(법 제27조)를 위반하여 다른 사람에게 자격증·등록증 또는 인가증을 양도 또는 대여한 경우에 할 수 있는(법 제39조 제1항) 재량사항이다. 이외에도 형사책임으로 1년 이하의 징역 또는 1천만원 이하의 벌금에 처해질 수 있다(법 제50조 제4호).

수 있다.

④ 감정평가사는 감정평가업을 영위하기 위하여 복수의 사무소를 설치할 수 있다.

⑤ 국토교통부장관은 감정평가사가 그 자격증을 다른 사람에게 양도한 경우 그 자격을 취소하여야 한다.

제3절 감정평가사 등록

15. 감정평가법령상 감정평가사에 관한 설명으로 옳지 않은 것은? <2019 제30회>

① 감정평가사 자격이 취소된 후 3년이 경과되지 아니한 사람은 감정평가사가 될 수 없다.

② 감정평가사 결격사유는 감정평가사 등록 및 갱신등록의 거부사유가 된다.

③ 감정평가사는 둘 이상의 감정평가법인 또는 감정평가사사무소에 소속될 수 없다.

④ 감정평가사 자격 있는 사람이 국토교통부장관에게 등록하기 위해서는 1년 이상의 실무수습을 마쳐야 한다.

⑤ 감정평가사시험에 합격한 사람은 별도의 연수과정을 마치지 않더라도 감정평가사의 자격이 있다.

---

15. 정답 ④ 해설 ① 법 제12조 제6호. ② 법 제18조 제1항 제1호. ③ 법 제25조 제5항.
　④ 법 제15조 제1항에 따라 제1차 시험을 면제받고 **감정평가사** 자격을 취득한 사람인 경우에는 1주일 이상의 실무수습을 마치고 **국토교통부장관**에게 등록하여야 한다(법 제17조 제1항 및 영 제15조).
　⑤ 법 제11조.

제4절 감정평가법인등의 권리와 의무

16. 감정평가법령상 다음 보기 중 옳지 않은 것으로 모두 묶인 것은? <2010 제21회>

ㄱ. 감정평가법인등은 자기 소유의 토지에 대하여는 감정평가하여서는 아니 된다.
ㄴ. 감정평가법인등은 감정평가서의 원본을 그 발급일부터 10년간 보존하여야 한다.
ㄷ. 감정평가법인등이 의뢰인으로부터 받는 수수료의 요율은 감정평가사협회가 정한다.
ㄹ. 미성년자는 감정평가법인등이 될 수 없다.
ㅁ. 감정평가법인등은 토지등의 매매업을 직접 영위하여서는 아니 된다.

---

① ㄱ, ㄴ   ② ㄱ, ㅁ   ③ ㄴ, ㄷ
④ ㄷ, ㄹ   ⑤ ㄹ, ㅁ

17. 감정평가법령상 감정평가법인등(감정평가법인 또는 감정평가사사무소의 소속 감정평가사를 포함한다)의 의무에 관한 설명으로 옳은 것은? <2018 제29회>

① 자신이 소유한 토지에 대하여 감정평가를 하기 위해서는 국토교통부장관의 허가를 받아야 한다.

② 감정평가업무와 관련하여 필요한 경우에만 국토교통부장관의 허가를 받아 토지의 매매업을 직접 할 수 있다.

---

16. **정답 ③** 해설 ㄱ. **감정평가법인등**은 자기 또는 친족 소유, 그 밖에 불공정한 감정평가를 할 우려가 있다고 인정되는 토지등에 대해서는 이를 감정평가하여서는 아니 된다(법 제25조 제2항). ㄴ. **감정평가법인등**은 감정평가서의 원본을 그 교부일로부터 5년간 보존하여야 한다(법 제6조 제3항 및 칙 제3조). ㄷ. 수수료의 요율 및 실비의 범위는 **국토교통부장관**이 감정평가관리·징계위원회의 심의를 거쳐 결정한다(법 제23조 제2항). ㄹ. 미성년자 등은 **감정평가사**가 될 수 없다(법 제12조 제1호). ㅁ. 법 제25조 제3항. ③이 옳지 않은 것으로 정답이다.

17. **정답 ④** 해설 ① 자기 또는 친족 소유, 그 밖에 불공정한 감정평가를 할 우려가 있다고 인정되는 토지등에 대해서는 감정평가하여서는 아니 된다(법 제25조 제2항).

② 토지등의 매매업을 직접 하여서는 아니 된다(법 제25조 제3항).

③ **감정평가법인등**이나 그 사무직원은 법 제23조에 따른 수수료와 실비 외에는 어떠한 명목으로도 그 업무와 관련된 대가를 받아서는 아니 되며, **감정평가법인등**은 감정평가 의뢰의 대가로 금품·향응, 보수의 부당한 할인, 그 밖의 이익을 제공하거나 제공하기로 약속하여서는 아니 된다(법 제25조 제4항 및 실무기준).

④ 법 제25조 제1항.

⑤ **감정평가사** 또는 **감정평가법인등**은 다른 사람에게 자기의 성명 또는 상호를 사용하여 제10조에 따른 업무를 수행하게 하거나 자격증·등록증 또는 인가증을 양도·대여하거나 이를 부당하게 행사하여서는 아니 된다(법 제27조 제1항).

③ 감정평가업무의 경쟁력 강화를 위해 필요한 경우 감정평가 수주의 대가로 일정한 재산상의 이익을 제공할 수 있다.

④ 신의와 성실로써 공정하게 감정평가를 하여야 하며, 고의 또는 중대한 과실로 잘못된 평가를 하여서는 아니 된다.

⑤ 공익을 위해 필요한 경우에는 다른 사람에게 자기의 자격증을 대여할 수 있다.

18. 감정평가법령상 감정평가법인등의 의무에 대한 설명으로 옳지 않은 것은? <2004 제15회>

① 감정평가법인등은 자기 또는 친족의 소유토지 기타 불공정한 감정평가를 할 우려가 있다고 인정되는 토지 등에 대하여는 이를 감정평가하여서는 아니 된다.

② 감정평가법인등은 토지 등의 매매업을 직접 영위하여서는 아니 된다.

③ 감정평가법인등은 업무수행에 관하여 수수료 외에는 어떠한 명목으로도 그 업무와 관련한 대가를 받아서는 아니 된다.

④ 감정평가법인등은 정당한 사유 없이 그 업무상 알게 된 비밀을 누설하여서는 아니 된다.

⑤ 감정평가법인등은 고의 또는 중대한 과실로 잘못된 평가를 하여서는 아니 된다.

19. 감정평가법령상 감정평가법인등의 권리와 의무에 관한 설명으로 옳지 않은 것은? <2017 제28회>

① 감정평가사는 2명 이상의 감정평가사로 구성된 합동사무소를 설치할 수 있다.

② 감정평가사가 감정평가업을 하려는 경우에는 감정평가사사무소 개설에 대하여 국토교통부장관의 인가를 받아야 한다.

③ 감정평가사는 감정평가업을 하기 위하여 1개의 사무소만을 설치할 수 있다.

④ 감정평가법인등은 토지등의 매매업을 직접 하여서는 아니 된다.

---

18. 정답 ③ 해설 ① 법 제25조 제2항. ② 법 제25조 제3항.
③ **감정평가법인등**이나 그 사무직원은 <u>수수료와 실비</u> 외에는 어떠한 명목으로도 그 업무와 관련된 대가를 받아서는 아니 되며, **감정평가법인등**은 감정평가 의뢰의 대가로 금품·향응, 보수의 부당한 할인, 그 밖의 이익을 제공하거나 제공하기로 약속하여서는 아니 된다(법 제25조 제4항).
④ 법 제26조. ⑤ 법 제25조 제1항.

19. 정답 ② 해설 ① 법 제21조 제3항 및 영 제21조 제2항.
② 등록한 **감정평가사**가 감정평가업을 하려는 경우에는 **국토교통부장관**에게 **감정평가사**사무소의 개설신고를 하여야 한다. 신고사항을 변경하거나 감정평가업을 휴업 또는 폐업한 경우에도 또한 같다(법 제21조 제1항).
③ 법 제21조 제4항. ④ 법 제25조 제3항. ⑤ 영 제23조 제3항.

⑤ 감정평가법인등이 손해배상책임을 보장하기 위하여 보증보험에 가입하는 경우 보험 가입 금액은 감정평가사 1인당 1억원 이상으로 한다.

20. 감정평가법령상 감정평가사의 권리와 의무 등에 관한 설명으로 옳지 않은 것은?
<2020 제31회>

① 감정평가사합동사무소에 두는 감정평가사의 수는 2명 이상으로 한다.

② 감정평가사사무소의 폐업신고와 관련하여 국토교통부장관은 폐업신고의 접수업무를 한국감정평가사협회에 위탁한다.

③ 감정평가업자는 소속 감정평가사의 고용관계가 종료된 때에는 한국감정원에 신고하여야 한다.

④ 감정평가업자는 고의 또는 중대한 과실로 잘못된 평가를 하여서는 아니 된다.

⑤ 감정평가업자가 감정평가를 하면서 고의 또는 과실로 감정평가 당시의 적정가격과 현저한 차이가 있게 감정평가를 함으로써 선의의 제3자에게 손해를 발생하게 하였을 때에는 그 손해를 배상할 책임이 있다.

제5절 감정평가법인등의 책임

21. 감정평가법령상 감정평가법인등의 손해배상책임에 관한 설명 중 틀린 것은?
<2000 제11회>

① 감정평가 당시의 적정가격과 현저한 차이가 있게 감정평가하여 손해를 입힌 경우 손해 배상책임을 진다.

---

20. **정답** ③ 해설 ① 법 제21조 제3항 및 영 제21조 제2항.
② 영 제47조 제2항 제3호.
③ 법 제21조 제1항에 따른 **감정평가사**사무소의 개설신고를 한 **감정평가사**는 신고사항이 변경(소속 **감정평가사** 및 합동사무소 규약의 변경을 포함한다)되었을 때에는 변경이 된 날부터 14일 이내에 **국토교통부장관**에게 신고서를 제출하여야 한다(영 제20조 제2항).
④ 법 제25조 제1항. ⑤ 법 제28조 제1항.
21. **정답** ③ 해설 ③ 법 제28조 제1항에 따른 손해배상책임은 "고의 또는 과실"을 요건으로 하는데, 고의는 법 제25조 제1항과 같으나, 일반적으로 「민법」에서 과실이라고 하면 경과실을 의미한다. 따라서 동 조항의 손해배상책임도 민사책임이기 때문에 그에 따른 것이다. 중과실을 요하는 경우에는 「감정평가법」 제25조 제1항, 「민법」 제109조 제1항 단서의 예와 같이 특별히 중대한 과실이라고 표현한다. ① ② ④ ⑤는 옳다.

② 감정평가 서류에 거짓을 기록함으로써 손해를 입힌 경우 손해배상책임을 진다.

③ 고의 또는 중대한 과실에 의한 경우에만 손해배상책임을 진다.

④ 감정평가의뢰인 외에 선의의 제3자에 대하여도 손해배상책임을 진다.

⑤ 감정평가법인등은 손해배상책임을 보장하기 위하여 보험 또는 공제사업의 가입 기타 필요한 조치를 하여야 한다.

22. 감정평가법령상 감정평가법인등의 손해배상책임에서 고의 또는 과실에 관한 판례의 입장에 관한 설명으로 옳지 않은 것은?

① 감정을 위한 현장검사를 함에 있어서는 목적물의 실제위치와 경계를 측량 기타 방법으로 확인하고 공부상의 지목, 지적과 대조하여 동일성을 확인한 다음에 적정시가를 산출하여야 함에도 현장안내인이 허위 지적하는 토지를 목적물로 오인하고 감정을 하였다면 동 감정역에게 감정상의 과실이 있다 할 것이다.

② 감정인이 환지예정지를 감정평가하면서 권리면적과 과도면적의 구체적 사정을 고려함이 없이 만연히 과도면적에 대한 청산금이 이미 청산된 것임을 전제로 하여 그 시가를 정산하는 평가를 하였다면 감정인이 과실로 위 토지를 감정당시 시가와 현저한 차이가 있게 평가한 경우에 해당한다고 할 것이다.

③ 외관상 강물이 흐르고 있지 아니한 토지가 하천구역에 편입되어 국유로 되었다는 사정은 토지의 외관이나 이용상황만으로는 쉽게 알기가 어렵고 감정평가업무에 통상적으로 이용되는 공부나 공적 서류에 의하여도 그와 같은 사정을 알아보기가 쉽지 않다는 점에 비추어 보면, 감정평가업자가 실지조사·공부조사 등 감정평가에 수반되는 조사업무를

---

22. **정답 ⑤** 해설 ① 대법원 1978. 11. 14 선고 78다1789 판결.

② 시가감정대상이 환지예정지이고 거기에 권리면적 이외에 절반이상의 과도면적이 포함되어 있는 토지라면 장차 환지확정에 따라 과도면적에 해당하는 청산금은 토지소유자가 부담하는 것이므로 이와 같은 환지예정지를 평가함에 있어서는 그 환지면적을 기준으로 하여 가격산정을 하되 권리면적과 과도면적의 구체적 사정을 고려하고 과도면적에 대한 환지처분후 확정될 청산금 등 제반조건을 감안하여 그 시가를 산정하여야 할 것이고 감정인이 위 환지예정지를 감정평가하면서 위와 같은 사정을 고려함이 없이 만연히 과도면적에 대한 청산금이 이미 청산된 것임을 전제로 하여 그 시가를 정산하는 평가를 하였다면 감정평가에관한법률 제20조 소정의 감정인이 과실로 위 토지를 감정당시 시가와 현저한 차이가 있게 평가한 경우에 해당한다고 할 것이다(대법원 1987. 11. 10 선고 87다카1646 판결).

③ 대법원 2002. 9. 27 선고 2001다19295 판결.

④ 대법원 1997. 9. 12. 선고 97다7400 판결.

⑤ 감정인이 감정의뢰인의 피용자가 변조한 감정자료를 변조된 것을 모르고 부동산의 시가를 감정한 경우에 감정인이 감정자료를 변조한 감정의뢰인의 피용자와 부정감정할 것을 공모하였거나 감정인이 부동산의 현황 자체의 판단을 잘못하였다는 등의 사정이 없는 한 손해배상책임이 없다(대법원 1974. 12. 24 선고 73다235 판결).

통상적으로 요구되는 주의정도에 따라 성실히 수행하였음에도 당해 토지가 하천구역에 편입되어 국유로 된 토지인 사실을 알아내지 못한 채 그 시가에 대하여 감정평가를 하였다고 하더라도 이를 가지고 과실로 인한 감정평가의 하자라고 볼 수는 없다.

④ 금융기관이 담보물에 관한 감정평가를 감정평가업자에게 의뢰하면서 감정업무협약에 따라 감정 목적물에 관한 대항력 있는 임대차계약의 존부와 그 임차보증금의 액수에 대한 사실조사를 함께 의뢰한 경우, 감정평가업자가 금융기관의 신속한 감정평가 요구에 따라 그의 양해 아래 임차인이 아닌 건물 소유자를 통하여 담보물의 임대차관계를 조사하였으나 그것이 허위로 밝혀진 경우, 감정평가업자는 과실이 없으므로 손해배상 책임이 인정되지 않는다.

⑤ 감정인이 감정의뢰인의 피용자가 변조한 감정자료를 변조된 것을 모르고 부동산의 시가를 감정한 경우에 감정인이 감정자료를 변조한 감정의뢰인의 피용자와 부정감정할 것을 공모하였거나 감정인이 부동산의 현황 자체의 판단을 잘못하였다는 등의 사정이 없더라도 손해배상책임이 있다.

23. 감정평가법령상 감정평가법인등의 손해배상책임에 관한 판례(1997.9.12, 97다7400)의 입장에 관한 설명으로 옳지 않은 것은? <1999 제10회>

① 금융기관이 담보물에 관한 감정평가를 감정평가법인등에게 의뢰하면서 감정업무협약에 따라 감정목적물에 관한 대항력 있는 임대차계약의 존부와 그 임차보증금의 액수에 대한 사실조사를 함께 의뢰한 경우에 그 감정평가의 직접적 대상은 그 임대차관계에 대한 사실조사에 있다.

② 금융기관이 담보물에 관한 감정평가를 감정평가법인등에게 의뢰하면서 감정업무협약에 따라 감정목적물에 관한 대항력 있는 임대차계약의 존부와 그 임차보증금의 액수에 대한 사실조사를 함께 의뢰한 경우에 그 감정평가의 직접적 대상은 그 담보물 자체의 경제적 가치에 있다.

③ 금융기관이 담보물에 관한 감정평가를 감정평가법인등에게 의뢰하면서 감정업무협약에 따라 감정목적물에 관한 대항력 있는 임대차계약의 존부와 그 임차보증금의 액수에

---

23. **정답 ①** 해설 ① 감정업무협약에 따라 감정 목적물에 관한 대항력 있는 임대차계약의 존부와 그 임차보증금의 액수에 대한 사실조사를 함께 의뢰한 경우에 그 감정평가의 직접적 대상은 그 담보물 자체의 경제적 가치에 있는 것이고, 임대차관계에 대한 사실조사는 그에 부수되는 업무이다(대법원 1997. 9. 12. 선고 97다7400 판결).
② ③ ④ ⑤는 판시사항이다.

대한 사실조사를 함께 의뢰한 경우에 그 감정평가의 대상은 그 담보물 자체의 경제적 가치와 그 임대차관계에 대한 사실조사에 있다.

④ 감정평가법인등이 그 담보물에 대한 감정평가를 함에 있어서 고의 또는 과실로 감정평가서류에 그 담보물의 임대차관계에 관한 허위의 기재를 하여 결과적으로 감정평가의뢰인으로 하여금 부동산의 담보가치를 잘못 평가하게 함으로써 그에게 손해를 가하게 되었다면 감정평가법인등은 이로 인한 손해를 배상할 책임이 있다.

⑤ 감정평가법인등이 금융기관의 신속한 감정평가 요구에 따라 그의 양해 아래 임차인이 아닌 건물 소유자를 통하여 담보물의 임대차관계를 조사하였으나 그것이 허위로 밝혀진 경우, 감정평가법인등에게는 과실이 없으므로 손해배상책임이 인정되지 않는다.

24. 감정평가법령상 의무와 책임에 관한 설명으로 옳지 않은 것은?

① 감정평가법인등은 품위유지 의무를 위반하는 경우, 법인설립인가의 취소나 2년 이내 업무정지를 당할 수 있고, 해당 감정평가사에 대해서는 징계 책임을 물을 수 있지만, 형사책임은 면책된다.

② 감정평가법인등은 업무를 하는 경우 신의와 성실로써 공정하게 감정평가를 하여야 하고, 품위유지 의무와 같이 행정적 책임은 있지만, 형사책임은 면책된다.

---

24. **정답 ③** 해설 ① **감정평가법인등**은 업무를 하는 경우 품위 유지 의무(법 제25조 제1항)를 위반하는 경우, 법인설립인가 취소, 2년이내 업무정지를 당하거나(법 제32조 제1항 제11호), 해당 **감정평가사**에 대해서는 자격의 취소, 등록의 취소, 2년 이하의 업무정지, 견책의 어느 하나에 해당하는 징계와 같은 행정상 책임을 물을 수 있다(법 제39조 제1항 및 제2항). 그러나 형사책임은 면책된다.

② **감정평가법인등**은 업무를 하는 경우 신의와 성실로써 공정하게 감정평가를 하여야 한다(법 제25조 제1항). 성실 의무 위반의 법적 효과로서, 행정청은 **감정평가법인등**에 대하여 설립인가취소나 업무정지처분(법 제32조 제1항 제11호) 및 징계처분(법 제39조 제1항 및 제2항)이라는 행정적 책임을 물을 수 있다. 그러나 신의와 성실을 의무규정으로 두었더라도 불확정개념의 한계상 「감정평가법」에서도 형사책임은 면책된다.

③ 고의범에 대해서는 행정적 책임이외에도 형사책임으로 3년 이하의 징역 또는 3천만원 이하의 벌금에 처해질 수 있는 범죄를 구성한다(법 제50조 제3호). 이에 반하여 과실범은 예외적으로 형사처벌 규정이 있는 경우에만 처벌하고 과실범을 처벌하는 경우에도 그 형벌은 고의범에 비해 현저히 가볍다. 한편 「감정평가법」은 과실범에 대하여 형사처벌 규정을 두고 있지 않다.

④ 법 제25조 제2항의 불공정한 감정평가 회피 의무를 위반한 경우 위반의 법적 효과로서 설립인가취소나 업무정지 및 징계처분이라는 행정적 책임을 받을 수 있다(법 제39조 제1항 및 제2항). 그러나 형사책임은 면책된다.

⑤ **감정평가법인등**이나 그 사무직원은 법 제23조에 따른 수수료와 실비 외에는 어떠한 명목으로도 그 업무와 관련된 대가를 받아서는 아니 되며, 감정평가 수주의 대가로 금품 또는 재산상의 이익을 제공하거나 제공하기로 약속하여서는 아니 된다(법 제25조 제4항). 청렴의무를 위반하는 경우 행정적 책임 이외에 3년 이하의 징역 또는 3천만원 이하의 벌금에 처해진다(법 제49조 제6호).

③ 감정평가법인등은 업무를 하는 경우 고의로 잘못된 평가를 하는 경우, 품위유지 의무 및 성실의무와 같이 행정적 책임은 있지만, 형사책임은 면책된다.

④ 감정평가법인등은 자기 또는 친족 소유, 그 밖에 불공정한 감정평가를 할 우려가 있다고 인정되는 토지 등에 대한 감정평가 회피 의무위반에 대하여 품위유지 의무 등과 같이 행정적 책임은 있지만, 형사책임은 면책된다.

⑤ 감정평가법인등이나 그 사무직원은 법 제23조에 따른 수수료와 실비 외에는 어떠한 명목으로도 그 업무와 관련된 대가를 받아서는 아니 되는 청렴의무를 위반하는 경우 품위유지 의무 등과 같이 행정적 책임은 있지만, 형사책임을 진다.

제6절   감정평가법인

25. 감정평가법령상 감정평가법인에 관한 설명으로 옳은 것을 모두 고른 것은? <2016 제27회>

> ㄱ. 감정평가법인에는 5명 이상의 감정평가사를 두어야 한다.
> ㄴ. 감정평가법인의 주사무소에 주재하는 최소 감정평가사의 수는 3명이고, 분사무소에 주재하는 최소 감정평가사의 수는 2명이다.
> ㄷ. 감정평가법인이 해산하고자 할 때에는 국토교통부장관의 인가를 받아야 한다.
> ㄹ. 감정평가법인에 관하여 이 법에 정한 사항을 제외하고는 「상법」 중 회사에 관한 규정을 준용한다.

① ㄱ, ㄴ   ② ㄱ, ㄷ   ③ ㄱ, ㄹ
④ ㄴ, ㄷ   ⑤ ㄴ, ㄹ

---

25. **정답 ③ 해설** ㄱ. 법 제29조 제3항 전단 및 영 제24조 제1항. ㄴ. 간정평가법인의 주사무소 및 분사무소에 주재하는 최소 **감정평가사**의 수는 주사무소에 2명, 분사무소에 2명 이상을 두어야 한다(영 제24조). ㄷ. **국토교통부장관**에게 신고하여야 한다(법 제30조 제2항). ㄹ. 법 제29조 제12항.

26. 감정평가법령상 감정평가법인에 관한 설명 중 가장 옳은 것은? <2002 제13회>

① 감정평가법인의 사원 또는 이사는 감정평가사가 아닌 자도 할 수 있다.

② 감정평가법인에 관하여 「감정평가법」에 정한 것을 제외하고는 상법 중 합명회사에 관한 규정을 준용한다.

③ 감정평가법인은 사원 2/3 이상의 동의 또는 주주총회의 의결이 있는 때에는 국토교통부장관의 인가를 받아 다른 감정평가법인과 합병할 수 있다.

④ 감정평가법인의 대표사원 또는 대표이사는 감정평가사이어야 한다.

⑤ 감정평가법인이 해산한 때에는 건설교통부령이 정하는 바에 의하여 이를 국토교통부장관에게 신고하여야 한다.

27. 감정평가법령상 감정평가사 또는 감정평가법인에 관한 설명으로 옳지 않은 것은?
<2009 제20회 수정>

① 감정평가사는 감정평가업을 영위하기 위하여 2개 이상의 사무소를 설치할 수 있다.

② 감정평가사는 그 업무를 효율적으로 수행하고 공신력을 높이기 위하여 필요한 경우에는 2명 이상의 감정평가사로 구성된 합동사무소를 설치할 수 있다.

③ 감정평가법인과 그 주사무소 및 분사무소에는 5명 이상의 감정평가사를 두어야 한다.

④ 감정평가법인은 사원 전원의 동의 또는 주주총회의 의결이 있는 때에는 국토교통부장관의 인가를 받아 다른 감정평가법인과 합병할 수 있다.

⑤ 감정평가법인은 해당 법인의 소속 감정평가사 외의 사람에게 감정평가법인등의 업무

---

26. 정답 ⑤ 해설 ① ④ 감정평가법인의 사원 또는 이사는 **감정평가사**여야 한다. 다만, 감정평가법인의 대표사원 또는 대표이사는 **감정평가사**가 아닌 자로 할 수 있으며, 이 경우 감정평가법인의 대표사원 또는 대표이사는 **감정평가사** 결격사유(법 제12조 각 호)에 해당하는 사람이 아니어야 한다(법 제29조 제2항).

② 감정평가법인에 관하여 이 법에 정한 사항을 제외하고는 「상법」 중 회사에 관한 규정을 준용한다(법 제29조 제12항).

③ 감정평가법인은 사원 전원의 동의 또는 주주총회의 의결이 있는 때에는 **국토교통부장관**의 인가를 받아 다른 감정평가법인과 합병할 수 있다(법 제29조 제7항).

⑤ 감정평가법인은 다음 각 호 1. 정관으로 정한 해산 사유의 발생, 2. 사원총회 또는 주주총회의 결의, 3. 합병, 4. 설립인가의 취소, 5. 파산, 6. 법원의 명령 또는 판결의 어느 하나에 해당하는 경우에는 해산한다(법 제30조 제1항). 감정평가법인이 해산한 때에는 국토교통부령으로 정하는 바에 따라 이를 **국토교통부장관**에게 신고하여야 한다(법 제30조 제2항).

27. 정답 ① 해설 ① **감정평가사**는 감정평가업을 하기 위하여 1개의 사무소만을 설치할 수 있다(법 제21조 제4항).

② 법 제21조 제3항 및 영 제21조 제2항.

③ 법 제29조 제3항 전단. ④ 법 제29조 제7항. ⑤ 법 제29조 제8항.

(법 제10조)를 하게 하여서는 아니 된다.

28. 감정평가법령상 감정평가법인에 관한 설명으로 옳은 것은? <2014 제25회>

① 감정평가사가 아닌 자는 감정평가법인의 대표이사가 될 수 없다.

② 감정평가법인에는 10명 이상의 감정평가사를 두어야 한다.

③ 감정평가법인이 주주총회의 의결에 따라 다른 감정평가법인과 합병하는 경우에는 합병 후 7일 이내에 국토교통부장관에게 이를 신고하여야 한다.

④ 감정평가법인의 주사무소에 주재하는 법정 최소 감정평가사의 수는 2명이다.

⑤ 감정평가법인의 자본금은 3억원 이상이어야 한다.

29. 감정평가법령상 감정평가법인에 관한 다음 기술 중 틀린 것은? <2004 제15회 수정>

① 감정평가법인의 대표사원 또는 대표이사는 감정평가사가 아닌 자로 할 수 있으나, 감정평가법인의 사원 또는 이사는 반드시 감정평가사이어야 한다.

② 감정평가법인에는 5명 이상의 감정평가사를 두어야 한다.

③ 감정평가법인을 설립하고자 할 때에는 사원이 될 자 또는 감정평가사인 발기인이 공동으로 정관을 작성하여 국토교통부장관의 인가를 받아야 한다. 정관을 변경할 때에도 또한 같다.

④ 감정평가법인은 사원 과반수의 동의 또는 주주총회의 의결로써 다른 감정평가법인과 합병할 수 있다.

---

28. 정답 ④ 해설 ① 감정평가법인의 사원 또는 이사는 **감정평가사**여야 한다. 다만, 감정평가법인의 대표사원 또는 대표이사는 **감정평가사**가 아닌 자로 할 수 있으며, 이 경우 감정평가법인의 대표사원 또는 대표이사는 **감정평가사** 결격사유(법 제12조 각 호)에 해당하는 사람이 아니어야 한다(법 제29조 제2항).
② 5명 이상 두어야 한다(법 제29조 제3항 및 영 제24조 제1항).
③ 감정평가법인은 사원 전원의 동의 또는 주주총회의 의결이 있는 때에는 **국토교통부장관**의 인가를 받아 다른 감정평가법인과 합병할 수 있다(법 제29조 제7항).
④ 영 제24조.
⑤ 감정평가법인의 자본금은 2억원 이상이어야 한다(법 제31조 제1항).

29. 정답 ④ 해설 ① 법 제29조 제2항.
② 감정평가법인과 그 주사무소(主事務所) 및 분사무소(分事務所)에는 5명 이상의 **감정평가사**를 두어야 한다(법 제29조 제3항 전단).
③ 감정평가법인을 설립하려는 경우에는 사원이 될 사람 또는 **감정평가사**인 발기인이 공동으로 정관을 작성하여 **대통령령**으로 정하는 바에 따라 **국토교통부장관**의 인가를 받아야 하며, 정관을 변경할 때에도 또한 같다. 다만, **대통령령**으로 정하는 경미한 사항이 변경은 신고할 수 있다(법 제29조 제4항).
④ 감정평가법인은 사원 전원의 동의 또는 주주총회의 의결이 있는 때에는 합병할 수 있다(법 제29조 제7항).
⑤ 법 제30조 제2항.

⑤ 감정평가법인이 해산한 때에는 이를 국토교통부장관에게 신고하여야 한다.

30. 감정평가법령상 감정평가법인에 관한 설명으로 옳은 것은? <2019 제30회>

① 감정평가법인의 주사무소 및 분사무소에 주재하는 감정평가사가 각각 3명이면 설립기준을 충족하지 못한다.

② 감정평가법인을 해산하려는 경우에는 국토교통부장관의 인가를 받아야 한다.

③ 감정평가법인은 사원 전원의 동의 또는 주주총회의 의결이 있는 때에는 국토교통부장관의 인가를 받아 다른 감정평가법인과 합병할 수 있다.

④ 자본금 미달은 감정평가법인의 해산사유에 해당한다.

⑤ 국토교통부장관은 감정평가법인등이 업무정지처분 기간 중에 법원에 계속 중인 소송 또는 경매를 위한 토지등의 감정평가업무를 한 경우 가중하여 업무의 정지를 명할 수 있다.

31. 감정평가법령상 요구되는 최소 인원수에 관한 설명으로 옳지 않은 것은? (단, 감정평가사는 자격등록 및 갱신등록의 거부사유가 없는 자임을 전제로 한다)
<2013 제24회 수정>

① 감정평가법인과 그 주사무소 및 분사무소에는 5명 이상의 감정평가사를 두어야 한다.

---

30. **정답 ③** 해설 ① 감정평가법인의 주사무소 및 분사무소에 주재하는 최소 **감정평가사**의 수는 주사무소에 2명, 분사무소에 2명 이상을 두어야(영 제24조)하므로 각각 3명이면 설립기준을 충족한다.

② 해산한 때에는 이를 **국토교통부장관**에게 신고하여야 한다(법 제30조 제2항).

③ 법 제29조 제7항.

④ 감정평가법인의 자본금은 2억원 이상이어야 한다(법 제31조 제1항). 감정평가법인은 직전 사업연도 말 재무상태표의 자산총액에서 부채총액을 차감한 금액이 2억원에 미달하면 미달한 금액을 매 사업연도가 끝난 후 6개월 이내에 사원의 증여로 보전(補塡)하거나 증자(增資)하여야 한다(법 제31조 제2항). **국토교통부장관**은 감정평가법인이 보전이나 증자를 하지 아니한 경우에는 기간을 정하여 보전 또는 증자를 명할 수 있다(법 제31조 제4항). 감정평가법인은 다음 각 호 1. 정관으로 정한 해산 사유의 발생, 2. 사원총회 또는 주주총회의 결의, 3. 합병, 4. 설립인가의 취소, 5. 파산, 6. 법원의 명령 또는 판결의 어느 하나에 해당하는 경우에는 해산한다(법 제30조 제1항).

⑤ **감정평가법인등**이 업무정지처분 기간 중에 **감정평가법인등**의 업무를 한 경우에는 그 설립인가를 취소하여야 하는 강행규정이다(법 제32조 제1항).

31. **정답 ⑤** 해설 ① 법 제29조 제3항 전단.

② ③ 감정평가법인의 주사무소 및 분사무소에 주재하는 최소 **감정평가사**의 수는 주사무소에 2명, 분사무소에 2명 이상을 두어야 한다(영 제24조).

④ **감정평가사**는 그 업무를 효율적으로 수행하고 공신력을 높이기 위하여 필요한 경우에는 2명 이상의 **감정평가사**로 구성된 합동사무소를 설치할 수 있다(법 제21조 제3항 및 영 제21조 제2항).

⑤ 구 「부감법」 제41조 제1항 및 같은 법 시행령 제81조 제1항이다. 현행 법 제46조 제1항에 따르면 **국토**

② 감정평가법인의 주사무소에 주재하는 최소 감정평가사의 수는 2명 이상을 두어야 한다.

③ 감정평가법인의 분사무소에 주재하는 최소 감정평가사의 수는 2명 이상을 두어야 한다.

④ 감정평가사합동사무소에 두는 감정평가사의 수는 2명 이상으로 한다.

⑤ 국토교통부장관은 법정한 업무를 「한국산업인력공단법」에 따른 한국산업인력공단, 협회 또는 대통령령이 정하는 감정평가법인(소속 감정평가사 수가 50인 이상)에 위탁할 수 있다.

32. 감정평가법령상 감정평가법인등에 대한 설립인가취소 등의 규정에 관한 다음 설명 중 틀린 것은? <2002 제13회 수정>

① 국토교통부장관은 감정평가법인이 토지등의 매매업을 직접 영위한 경우에는 그 설립인가를 취소하거나 2년 이내의 범위에서 기간을 정하여 업무의 정지를 명할 수 있다.

② 국토교통부장관은 감정평가법인등이 자기 또는 친족의 소유토지에 대하여 감정평가한 경우에는 업무정지 3월을 명할 수 있다.

③ 국토교통부장관은 감정평가사가 둘 이상의 감정평가사사무소를 설치한 경우에는 업무정지 1년을 명할 수 있다.

④ 국토교통부장관은 감정평가법인등이 표준지공시지가기준법 원칙을 위반하여 감정평가를 한 경우에는 업무정지 3월을 명할 수 있다.

⑤ 국토교통부장관은 감정평가사가 업무정지기간 중에 감정평가법인등의 업무를 한 경우에는 그 설립인가를 취소할 수 있다.

교통부장관의 업무 중 일정한 업무에 대하여 「한국부동산원법」에 따른 부동산원, 「한국산업인력공단법」에 따른 한국산업인력공단 또는 협회에 위탁할 수 있고 감정평가법인에 위탁할 수 있는 근거는 없다.

32. **정답** ⑤ 해설 ① ② 법 제32조 제1항 제11호 ③ 법 제32조 제1항 제8호.

④ 법 제32조 제1항 제4호.

⑤ 법 제32조 제1항 제2호는 **국토교통부장관**이 그 설립인가를 취소해야 하는 <u>강행규정</u>이다.

33. 감정평가법령상 국토교통부장관이 감정평가법인등의 설립인가를 반드시 취소해야 하는 경우는? <1999 제10회 수정>

① 성실의무등의 규정에 위반한 경우

② 해당 감정평가사 외의 사람에게 감정평가법인등의 업무를 하게 한 경우

③ 업무범위 또는 업무지역을 위반하여 업무를 행한 경우

④ 영업정지처분기간 중 감정평가업무를 하게 하거나 감정평가법인등이 법정 감정평가사의 수에 미달한 날부터 3개월 이내에 감정평가사를 보충하지 아니한 경우

⑤ 둘 이상의 감정평가사무소를 설치한 경우

34. 감정평가법령상 다음 중 감정평가사 등록의 취소, 감정평가법인 설립인가를 반드시 취소할 수 있는 사유에 해당하지 않는 것은? <2004 제15회>

① 등록한 감정평가사가 등록취소를 신청한 경우

② 등록한 감정평가사가 사망한 경우

③ 정관을 거짓으로 작성하는 등 부정한 방법으로 법인설립인가를 받은 경우

④ 감정평가법인등이 감정평가사의 수에 미달한 날부터 3개월 이내에 감정평가사를 보충하지 아니한 경우

⑤ 감정평가법인등이 업무정지처분 기간 중에 감정평가법인등의 업무를 한 경우

제7절	한국감정평가사협회

---

33. 정답 ④ 해설 ① 법 제32조 제1항 제11호. ② 법 제32조 제1항 제9호.
③ 종래 **감정평가법인등**의 종별에 따른 업무지역 및 업무범위의 제한준수의무는 폐지되었다.
④ 법 제32조 제1항 제2호 및 제7호는 기속적 취소사유로써 **강행규정**이다.
⑤ 법 제32조 제1항 제8호는 재량적 취소사유이다.
34. 정답 ③ 해설 ① 법 제19조 제2항 제3호. ② 법 제19조 제2항 제2호.
④ 법 제32조 제1항 제7호.
③ 법 제32조 제1항 제13호는 설립인가를 취소하거나 업무정지를 명할 수 있도록 규정되어 있으므로 **국토교통부장관**의 재량사항이다.
⑤ 법 제32조 제1항 제2호.

제4장 국가 감독처분

제1절 징계

35. 감정평가법령상 감정평가사에 대한 징계의 종류에 해당하지 않는 것은? <2017 제28회>

① 자격의 취소 ② 등록의 취소 ③ 경고
④ 2년 이하의 업무정지 ⑤ 견책

36. 감정평가법령상 감정평가사에 대한 징계에 관한 설명으로 옳은 것은? <2011 제22회>

① 감정평가사협회는 감정평가관리·징계위원회에 감정평가사에 대한 징계의결의 요구를 할 수 없다.

---

35. 정답 ③ 해설 감정평가사에 대한 징계의 종류는 ① 자격취소, ② 등록취소, ③ 2년 이하의 업무정지, ④ 견책(譴責)(법 제39조 제2항) 네 가지 유형 이다. 「감정평가법」에 따른 법정 징계 이외에도, 경고·주의 등 행정처분에 의한 비법정 징계가 있다. ③은 법정 징계의 종류는 아니다.

36. 정답 ① 해설 ① 협회는 **감정평가사**에게 법 제39조 제1항 각 호의 어느 하나에 해당하는 징계사유가 있다고 인정하는 경우에는 그 증거서류를 첨부하여 **국토교통부장관**에게 징계를 요청할 수 있다(법 제39조 제3항). 그러나 **감정평가사**에 대한 징계의결의 요구는 **국토교통부장관**의 요구에 따라(법 제39조 제6항) 감정평가관리·징계위원회가 의결한다(법 제40조 제1항).

② 징계사유의 발생에 있어서는 <u>행위자의 고의·과실의 유무와 관계없이 법정 사유에 해당하기만 하면 성립할 것이나</u>(류지태·박종수, 행정법신론, 837면; 김동희, 행정법Ⅱ, 180면), 법 제39조 제1항 제11호에서는 과실범을 제외하고 있다. 그리고 <u>최소한 고의·과실의 유무가 징계의 양정에 있어서의 고려사항은 된다고 보는 견해가 있다</u>(김남진·김연태, 행정법Ⅱ, 266면).

③ 위원회의 회의는 재적위원 과반수의 출석으로 개의(開議)하고, 출석위원 과반수의 찬성으로 의결한다(영 제42조).

④ **국토교통부장관**은 **감정평가사**가 감정평가관리·징계위원회의 의결에 따라 <u>자격의 취소</u>에 따른 징계는 중대한 의무를 위반한 경우가 아니라 **감정평가사**의 직무와 관련하여 금고 이상의 형을 2회 이상 선고받아(집행유예를 선고받은 경우를 포함한다) 그 형이 확정된 경우(다만, 과실범의 경우는 제외한다), 이 법에 따라 업무정지 1년 이상의 징계처분을 2회 이상 받은 후 다시 징계사유가 있는 사람으로서 **감정평가사**의 직무를 수행하는 것이 현저히 부적당하다고 인정되는 경우 및 다른 사람에게 자격증·등록증 또는 인가증을 양도 또는 대여한 <u>경우에만</u> 할 수 있다(법 제39조 제1항).

② 감정평가법인등이 중과실로 잘못된 평가를 한 경우에도 고의가 없다면 징계의 대상이 되지 않는다.

③ 감정평가관리·징계위원회의 의사정족수는 재적위원 과반수이고 의결정족수는 출석위원 3분의 2이상이다.

④ 감정평가사가 업무상 중대한 의무를 위반한 경우 감정평가관리·징계위원회의 의결에 따라 자격취소의 징계를 할 수 있다.

⑤ 감정평가사에 징계의결의 요구는 위반사유가 발생한 날부터 3년이 지난 때에는 할 수 없다.

37. 감정평가법령상 감정평가사의 징계사유에 해당하지 않는 것은? <2012 제23회>
① 자기의 소유 토지를 감정평가한 경우
② 국토교통부 소속 공무원의 장부검사를 기피한 경우
③ 구비서류를 거짓으로 작성하는 방법으로 갱신등록을 한 경우
④ 업무가 정지된 자가 등록증을 국토교통부장관에게 반환하지 않은 경우
⑤ 유가증권의 매매업을 직접 영위하는 경우

---

⑤ 5년이 지나면 할 수 없다(법 제39조 제6항).

37. 정답 ④ 해설 ① 감정평가법인등은 자기 소유 토지 등에 대해서는 감정평가하여서는 아니 된다(법 제25조 제2항 및 법 제39조 제1항 제9호).

② 국토교통부 소속 공무원의 장부검사를 기피한 경우(법 제47조 제1항 및 법 제39조 제1항 제10호 나목).

③ 구비서류를 거짓으로 작성하는 방법으로 갱신등록을 한 경우(법 제17조 제1항 또는 제2항 및 법 제39조 제1항 제6호) **감정평가사**가 이를 위반할 경우 다음 각 호 1. 자격의 취소, 2. 등록의 취소, 3. 2년 이하의 업무정지, 4. 견책의 어느 하나에 해당하는 징계를 할 수 있다(법 제39조 제1항).

④ 그러나 부정한 방법으로 **감정평가사**의 자격을 받은 경우(법 제13조 제3항)는 자격취소에 해당하여 자격증 또는 등록증을 반납하지 아니한 사람은 500만원 이하의 과태료(행정질서벌) 부과사유(법 제52조 제1항 제3호)이지 징계처분 사유는 아니다.

⑤ **감정평가법인등**(소속 **감정평가사**를 포함)은 토지등의 매매업을 직접 하여서는 안되는데(법 제25조 제3항) 토지등에는 유가증권을 포함하므로 징계의 대상(제39조 제1항 제9호)이 된다.

38. 감정평가법령상 감정평가사의 징계사유에 해당하지 않는 것은? <2020 제31회>

① 등록을 한 감정평가사가 감정평가사사무소의 개설신고를 하지 아니하고 감정평가업을 한 경우

② 수수료의 요율 및 실비에 관한 기준을 지키지 아니한 경우

③ 토지등의 매매업을 직접 한 경우

④ 친족 소유 토지등에 대해서 감정평가한 경우

⑤ 직무와 관련하여 과실범으로 금고 이상의 형을 선고받아 그 형이 확정된 경우

39. 감정평가법령상 감정평가사에 대한 징계의 종류 중 '자격의 취소'의 사유인 것은?
<2014 제25회>

① 구비서류를 거짓으로 작성하여 감정평가사등록을 한 경우

② 업무정지처분 기간에 감정평가법인등의 업무를 한 경우

③ 감정평가법인등이 감정평가사자격증을 다른 사람에게 대여한 경우

④ 감정평가법인의 업무범위를 위반하여 업무를 수행한 경우

⑤ 감정평가준칙을 위반하여 감정평가를 한 경우

---

38. 정답 ⑤ 해설 ① 법 제39조 제1항 제7호. ② 법 제39조 제1항 제8호. ③ 법 제39조 제1항 제9호. ④ 법 제39조 제1항 제9호.

　⑤ 감정평가사의 직무와 관련하여 금고 이상의 형을 2회 이상 선고받아(집행유예를 선고받은 경우를 포함한다) 그 형이 확정된 경우 법 제40조에 따른 감정평가관리·징계위원회의 의결에 따라 법 제39조 제2항 각 호의 어느 하나에 해당하는 징계를 할 수 있다. 다만, 과실범의 경우는 제외한다(법 제39조 제1항 제11호).

39. 정답 ③ 해설 ① ② ⑤ 어느 하나에 해당하는 경우에는 제40조에 따른 감정평가관리·징계위원회의 의결에 따라 법 제39조 제2항 각 호(1. 자격취소, 2. 등록취소, 3. 2년 이하의 업무정지, 4. 견책)의 어느 하나에 해당하는 징계를 할 수 있다.

　③ 자격의 취소에 따른 징계는 법 제39조 제1항 제11호, 제12호를 위반한 경우 및 법 제27조를 위반하여 다른 사람에게 자격증·등록증 또는 인가증을 양도 또는 대여한 경우에만 할 수 있다(법 제39조 제1항 단서).

　④ 그리고 종래 **감정평가법인등**의 종별에 따른 업무지역 및 업무범위의 제한준수의무는 폐지되었다.

제2절 과징금

40. 감정평가법령상 과징금에 관한 설명이다. 다음 ( )안에 알맞은 것은? <2016 제27회>

국토교통부장관은 감정평가법인등이 업무정지처분사유(법 제32조 제1항 각 호)에 해당되어 업무정지처분을 하여야 하는 경우로서 그 업무정지처분이 「부동산가격공시법」 제3조에 따른 표준지공시지가의 공시 등의 업무를 정상적으로 수행하는 데에 지장을 초래하는 등 공익을 해칠 우려가 있는 경우에는 업무정지처분을 갈음하여 (ㄱ)[감정평가법인인 경우는 (ㄴ)] 이하의 과징금을 부과할 수 있다.

① ㄱ: 5천만 원, ㄴ: 5억 원
② ㄱ: 5천만 원, ㄴ: 10억 원
③ ㄱ: 7천만 원, ㄴ: 7억 원
④ ㄱ: 1억 원, ㄴ: 5억 원
⑤ ㄱ: 1억 원, ㄴ: 10억 원

41. 감정평가법령상 감정평가법인등에 대한 과징금의 부과 및 징수에 관한 설명으로 옳지 않은 것은? <2009 제20회>

① 국토교통부장관은 감정평가법인등에게 업무정지처분을 하여야 하는 경우로서 그 업무정지처분이 공익을 해칠 우려가 있는 경우에는 그 업무정지처분에 갈음하여 과징금을 부과할 수 있다.

② 과징금의 최고액은 5천만원(감정평가법인인 경우는 5억원)이며, 과징금의 부과기준은 대통령령으로 정한다.

③ 합병 전 감정평가법인의 위반행위에 대해서도 합병 후 존속되는 감정평가법인의 행위로 보아 과징금을 부과할 수 있다.

④ 과징금부과처분에 대하여 이의신청을 제기한 경우 그에 대한 국토교통부장관의 결정에 불복하여 다시 행정심판을 청구할 수 없다.

⑤ 국토교통부장관은 과징금을 부과하는 때에는 그 위반행위의 종별과 해당 과징금의 금액 명시하여 이를 납부할 것을 서면으로 통지하여야 한다.

---

40. **정답 ①** 해설 법 제41조 제1항 ①이 옳다.
41. **정답 ④** 해설 ① ② 법 제41조 제1항. ③ 법 제41조 제3항.
　④ **국토교통부장관**이 행한 이의신청에 대한 결정에 이의가 있는 자는 「행정심판법」에 따라 행정심판을 청구할 수 있다(법 제42조 제3항).
　⑤ 영 제43조 제3항.

42. 감정평가법령상 감정평가법인등에 대한 과징금의 부과 및 징수에 관한 설명으로 옳은 것은? <2010 제21회>

① 위반행위로 인한 업무정지 기간이 6개월 미만인 경우로서 과징금을 부과할 수 있는 때에는 과징금최고액의 100분의 20 이상 100분의 50 미만을 과징금으로 부과한다.

② 국토교통부장관은 감정평가법인등에 대하여 업무정지처분을 갈음하여 감정평가법인인 경우는 6억 원 이하의 과징금을 부과할 수 있다.

③ 과징금의 부과에 이의가 있는 자는 국토교통부장관에게 이의를 신청할 수 있고, 그 이의신청에 대한 결정에 이의가 있는 자는 행정심판을 청구할 수 없다.

④ 국토교통부장관은 과징금납부의무자가 납부기한 내에 과징금을 납부하지 아니한 경우 납부기한 경과 후 20일 이내에 서면으로 독촉하여야 한다.

⑤ 국토교통부장관은 과징금이나 가산금을 납부하지 아니하였을 때에는 「비송사건절차법」에 따라 징수하여야 한다.

43. 감정평가법령상 과징금의 부과 등에 관한 설명으로 옳은 것은? <2014 제25회>

① 국토교통부장관은 과징금을 부과하는 경우에는 위반행위로 취득한 이익의 규모의 사항을 고려하지 않고 과징금의 금액을 산정하여야 한다.

② 국토교통부장관은 「감정평가법」을 위반한 감정평가법인이 합병을 하는 경우 그 감정평가법인이 행한 위반행위는 합병 후 존속하거나 합병으로 신설된 감정평가법인이 행한 행위로 보아 과징금을 부과·징수할 수 있다.

---

42. **정답 ①** 해설 ① 영 제43조 제1항 제3호.
② 5억 원 이하의 과징금을 부과할 수 있다(법 제41조 제1항).
③ 과징금의 부과에 이의가 있는 자는 이를 통보받은 날부터 30일 이내에 사유서를 갖추어 **국토교통부장관**에게 이의를 신청할 수 있다(법 제42조 제1항). **국토교통부장관**은 이의신청에 대하여 30일 이내에 결정을 하여야 한다. 다만, 부득이한 사정으로 그 기간에 결정을 할 수 없을 때에는 30일의 범위에서 기간을 연장할 수 있다(법 제42조 제2항). **국토교통부장관**이 행한 이의신청에 대한 결정에 이의가 있는 자는 「행정심판법」에 따라 행정심판을 청구할 수 있다(법 제42조 제3항).
④ **국토교통부장관**은 과징금납부의무자가 납부기한 내에 과징금을 납부하지 아니하였을 때에는 기간을 정하여 독촉을 하고(법 제44조 제2항), 독촉은 납부기한이 지난 후 15일 이내에 서면으로 하여야 한다(영 제46조 제1항).
⑤ 지정한 기간 내에 과징금이나 법 제44조 제1항에 따른 가산금을 납부하지 아니하였을 때에는 국세 체납처분의 예에 따라 징수할 수 있다(법 제44조 제2항).
43. **정답 ②** 해설 ① **국토교통부장관**은 과징금을 부과하는 경우에는 위반행위로 취득한 이익의 규모의 사항을 고려하여야 한다(법 제41조 제2항).
② 법 제41조 제3항.
③ **국토교통부장관**은 과징금납부의무자가 납부기한 내에 과징금을 납부하지 아니한 경우에는 납부기한의

③ 과징금납부의무자가 납부기한 내에 과징금을 납부하지 아니한 경우 국토교통부장관은 가산세를 징수할 수 있다

④ 과징금부과처분을 행정소송상 다투기 위해서는 소송제기에 앞서 반드시 행정심판을 거쳐야 한다.

⑤ 과징금부과처분을 다투는 감정평가법인등이 행정심판의 재결에 불복하는 경우 국토교통부장관에게 이의신청을 할 수 있다.

44. 국토교통부장관은 성실의무 등의 위반을 이유로 A 감정평가법인에 대한 업무정지 6개월의 처분에 갈음하여 과징금을 부과하고자 한다. 이 경우 감정평가법령상 국토교통부장관이 위반행위와 관련한 제반 사정을 종합적으로 고려하여 부과할 수 있는 과징금의 최저액수는? <2012 제23회>

① 5천만 원   ② 1억 원   ③ 1억 2천 5백만 원

④ 1억 7천 5백만 원   ⑤ 2억 5천만 원

다음 날부터 과징금을 납부한 날의 전날까지의 기간에 대하여 **대통령령**으로 정하는 가산금을 징수할 수 있다(법 제44조 제1항).

④ 현행 「행정소송법」은 임의적 행정심판전치주의를 채택하고 있어서 행정심판을 거치지 않고 행정소송을 제기할 수 있다.

⑤ 당초 과징금의 부과처분에 이의가 있는 자는 이를 통보받은 날부터 30일 이내에 사유서를 갖추어 **국토교통부장관**에게 이의를 신청할 수 있을 뿐이고(법 제42조 제1항), 행정심판의 재결처분에 대한 이의신청절차는 없다.

44. 정답 ③ 해설 감정평가법인인 경우는 5억 원이하의 과징금을 부과할 수 있다(법 제41조 제1항). 과징금의 부과기준 등에 필요한 사항은 **대통령령**으로 정한다(법 제41조 제4항). 법 제41조에 따른 과징금의 부과기준은 다음을 과징금으로 부과한다(영 제43조 제1항). 산정한 과징금의 금액은 일정한 사항을 고려하여 그 금액의 2분의 1 범위에서 늘리거나 줄일 수 있다. 다만, 늘리는 경우에도 과징금의 총액은 과징금최고액을 초과할 수 없다(영 제43조 제2항). 6개월의 최저액수는 5억원 × 100분의 50 × 2분의 1 = 1억 2천 5백만 원이다. **정답은** ③이다.

위반행위로 인한 개별기준	과징금 최고액에 대한 비율	비고
업무정지 기간이 1년 이상	100분의 70 이상	
업무정지 기간이 6개월 이상 1년 미만	100분의 50 이상 100분의 70 미만	
업무정지 기간이 6개월 미만	100분의 20 이상 100분의 50 미만	

제5장 보칙 및 벌칙

제1절 보칙

45. 감정평가법령상 감정평가법인등 또는 감정평가사에 관한 설명으로 옳지 않은 것은? <2012 제23회>

① 국토교통부장관은 감정평가사의 자격등록취소처분을 하고자 하는 경우 청문을 실시하여야 한다.

② 감정평가법인등은 감정평가서의 원본을 발급일로부터 5년 이상 보존하여야 한다.

③ 파산선고를 받고 복권된 자는 감정평가법인의 대표이사가 될 수 있다.

④ 감정평가법인등은 의뢰인에 대한 손해배상책임을 보장하기 위하여 보증보험이나 공제사업에 가입하고, 이를 국토교통부장관에게 통보하여야 한다.

⑤ 부정한 방법으로 감정평가사의 자격을 얻었음을 이유로 그 자격이 취소된 후 3년이 경과되지 아니 한 자는 감정평가사가 될 수 없다.

---

45. 정답 ① 해설 ① **감정평가사** 자격취소, 감정평가법인의 설립인가 취소처분을 하려는 경우에는 청문을 실시하여야 하나 **감정평가사**의 자격등록취소처분 시 청문을 해야 된다는 근거가 없다(법 제45조).
② 법 제6조 제3항 및 영 제6조 제2항 제1호.
③ 파산선고를 받은 사람으로서 복권되지 아니한 사람은 **감정평가사**가 될 수 없다(법 제12조 제2호). 감정평가법인의 대표사원 또는 대표이사는 **감정평가사**가 아닌 자로 할 수 있으며, 이 경우 감정평가법인의 대표사원 또는 대표이사는 **감정평가사** 결격사유의 어느 하나에 해당하는 사람이 아니어야 하는데(법 제29조 제2항 단서) 파산선고를 받은 사람으로서 복권되지 아니한 사람(법 제12조 제2호)은 **감정평가사**가 될 수 없으므로 복권되었다면 **감정평가사**(대표이사가)가 될 수 있다.
④ 영 제23조 제1항 및 제2항. ⑤ 법 제12조 제6호.

46. 감정평가법령상 벌칙적용에 있어서 감정평가사를 공무원으로 의제하는 업무가 아 닌 것은? <2009 제20회 수정>

① 감정평가와 관련된 자문

② 표준지 적정가격의 조사·평가

③ 개별공시지가의 검증

④ 공공용지의 매수 및 토지의 수용·사용에 대한 보상

⑤ 토지의 관리·매입·매각·경매 또는 재평가의 업무

47. 감정평가법령상 「형법」 제129조(수뢰, 사전수뢰)의 적용에 있어서 감정평가사가 공 무원으로 의제되는 업무에 해당하지 않는 것은? <2013 제24회 수정>

① 공공용지의 매수 및 토지의 수용·사용에 대한 보상을 위한 토지등의 감정평가

② 개별공시지가의 검증

③ 표준지 적정가격의 조사·평가

④ 법원에 계속 중인 소송을 위한 토지등의 감정평가

⑤ 국유지·공유지의 취득 또는 처분

제2절   벌칙

48. 감정평가법령상 감정평가법인등의 성실의무위반에 대한 벌칙 중 틀린 것은? <2000 제11회 수정>

① 고의로 잘못된 평가를 한 자: 3년 이하의 징역 또는 3,000만원 이하의 벌금

② 감정평가사의 자격증·등록증 또는 감정평가법인의 인가증을 다른 사람에게 양도 또는 대여한 자와 이를 양수 또는 대여받은 자: 3년 이하의 징역 또는 3,000만원 이하의

---

46. 정답 ① 해설 ② ③법 제10조 제1호 및 법 제48조 제1호. ④「부동산가격공시법」 제8조 제2호 나목. ⑤「부동산가격공시법 시행령」 제13조 제2항 제3호. ①은 의제되지 않는다.

47. 정답 ④ 해설 ① 법 제48조 제1호, 법 제10조 제1호 및 「부동산가격공시법」 제8조 제2호 가목. ② ③「부동산가격공시법」에 따라 **감정평가법인등**이 수행하는 업무(법 제10조 제1호).
④ 법 제48조 제1호에 따르면 법 제10조 제1호 및 제2호의 업무를 수행하는 **감정평가사**를 공무원으로 보므로 법 제10조 제4호는 제외된다.
⑤ 법 제48조 제1호, 법 제10조 제2호 및 「부동산가격공시법」 제8조 제2호 나목.

48. 정답 ② 해설 ① ③ ④ ⑤는 맞고, ② **1년 이하의 징역 또는 1천만원 이하의 벌금**에 처한다.

벌금

③ 수수료 및 실비외의 대가를 받은 자: 3년 이하의 징역 또는 3,000만원 이하의 벌금

④ 토지등의 매매업을 직접 영위한 자: 1년 이하의 징역 또는 1,000만원 이하의 벌금

⑤ 사무직원의 결격사유에 위반하여 사무직원을 둔 자: 100만원 이하의 과태료

49. 감정평가법령상 감정평가법인등의 위반행위에 대한 벌칙 중 1년 이하의 징역 또는 1천만원 이하의 벌금이 부과되는 사항이 아닌 것은? <1999 제10회 수정>

① 둘 이상의 사무소를 설치한 사람

② 성실의무 등을 위반하여 고의로 잘못된 평가를 한 자

③ 소속 감정평가사 외의 사람에게 감정평가법인등의 업무를 하게 한 자

④ 비밀누설 금지의무를 위반한 자

⑤ 감정평가사의 자격증·등록증 또는 감정평가법인의 인가증을 다른 사람에게 양도 또는 대여한 자와 이를 양수 또는 대여 받은 자

---

49. 정답 ② 해설 ① 법 제50조 제1호. ② 3년 이하의 징역 또는 3천만원 이하의 벌금에 처한다(법 제49조 제5호). ③ 법 제50조 제2호. ④ 법 제50조 제3호. ⑤ 법 제50조 제4호.

제 **2** 편

부동산 가격공시에 관한
법률

제1장 총설

1. 부동산가격공시법령의 목적과 관련하여 ( )의 용어에 관한 설명으로 옳지 않은 것은?
<2012 제23회 수정>

이 법은 (㉠)의 (㉡) 공시에 관한 기본적인 사항과 부동산 시장·동향의 조사·관리에 필요한 사항을 규정함으로써 부동산의 적정한 가격형성과 각종 조세·부담금 등의 형평성을 도모하고 국민경제의 발전에 이바지함을 목적으로 한다.

① ㉠에 포함되는 지가의 공시, 주택가격의 공시, 비주거용 부동산가격의 공시로 구분된다.

② ㉡은 토지, 주택 및 비주거용 부동산에 대하여 동상적인 시장에서 정상적인 거래가 이루어지는 경우 성립될 가능성이 가장 높다고 인정되는 가격을 말한다.

③ 표준지의 ㉡ 을 평가함에 있어 그 토지에 건물이나 그 밖의 정착물이 있거나 지상권 등 토지의 사용·수익을 제한하는 사법상의 권리가 설정되어 있는 경우에는 그 정착물 등이 없는 토지의 나지상태를 상정하여 평가한다.

④ 국토교통부장관이 표준지의 ㉡을 조사·평가하고자 할 때에는 둘 이상의 감정평가법인 등에게 이를 의뢰하여야 한다.

⑤ 국토교통부장관이 표준주택의 ㉡을 조사·평가하고자 할 때에는 감정원에 의뢰할 수 있다.

---

1. 정답 ⑤ 해설 ① 토지, 주택, 비주거용부동산가격공시로 나뉜다.
② 법 제2조 제5호.
③ 「표준지공시지가 조사·평가 기준」 제17조.
④ 법 제3조 제5항.
⑤ 표준주택가격은 조사·평가가 아니고 조사·산정의뢰이며, 부동산원에 의뢰하는 것은 임의규정이 아니고 강제규정이다(법 제16조 제4항).

2. 부동산가격공시법령상 용어에 관한 설명으로 옳지 않은 것은? <2013 제24회 수정>

① 단독주택은 공동주택을 제외한 주택을 말한다.

② 비주거용 부동산이란 주택을 제외한 건축물이나 건축물과 그 토지의 전부 또는 일부를 말하며 비주거용 집합부동산과 비주거용 일반부동산으로 구분한다.

③ 지가현황도면이란 개별토지가격의 산정조서 및 그 밖에 토지이용계획에 관한 자료를 말한다.

④ 적정가격이란 토지, 주택 및 비주거용 부동산에 대하여 통상적인 시장에서 정상적인 거래가 이루어지는 경우 성립될 가능성이 가장 높다고 인정되는 가격을 말한다.

⑤ 개별공시지가를 공시하지 아니할 수 있는 토지는 표준지로 선정된 토지, 농지보전부담금 또는 개발부담금 등의 부과대상이 아닌 토지, 국세 또는 지방세 부과대상이 아닌 토지(국공유지의 경우에는 공공용 토지만 해당한다)를 말한다.

---

2. 정답 ③ 해설 ① 법 제2조 제3호. ② 법 제2조 제4호.
③ 지가현황도면이란 해당 연도의 산정지가, 전년도의 개별공시지가 및 해당 연도의 표준지공시지가가 필지별로 기재된 도면을 말한다(칙 제6조 제1항). 지가조사자료란 개별토지가격의 산정조서 및 그 밖에 토지이용계획에 관한 자료를 말한다(칙 제6조 제2항).
④ 법 제2조 제5호.
⑤ 법 제10조 제2항 전단 및 영 제15조 제1항.

제2장 지가의 공시

제1절 **표준지공시지가의 공시**

3. 부동산가격공시법령상 표준지의 선정기준에 관해 옳지 않은 사항은?

<1999 제10회 수정>

① 국토교동부장관은 「부농산가격공시법」 제3조 제1항에 따라 표준지를 선정할 때에는 일단(一團)의 토지 중에서 해당 일단의 토지를 대표할 수 있는 필지의 토지를 선정하여야 한다.

② 표준지 선정에 관련된 대표성, 중용성, 안정성, 확정성 등의 원칙은 인근지역 내 토지들의 지가구조를 통계학적으로 대표할 수 있는 표본을 선정하기 위해 필요하다.

③ 현재 전국적으로 약 50만 필지가 표준지로 지정되어 있다.

④ 국공유지나 한 필지가 둘 이상의 용도로 이용되고 있는 토지는 원칙적으로 표준지로 선정하지 않는다.

---

3. **정답** ② 해설 ① 영 제2조 제1항.
② 1. 지가의 대표성(표준지선정단위구역 내에서 지가수준을 대표할 수 있는 토지 중 인근지역 내 가격의 층화를 반영할 수 있는 표준적인 토지), 2. 토지특성의 중용성(표준지선정단위구역 내에서 개별토지의 토지이용상황·면적·지형지세·도로조건·주위환경 및 공적규제 등이 동일 또는 유사한 토지 중 토지특성 빈도가 가장 높은 표준적인 토지), 3. 토지용도의 안정성(표준지선정단위구역 내에서 개별토지의 주변이용상황으로 보아 그 이용상황이 안정적이고 장래 상당기간 동일 용도로 활용될 수 있는 표준적인 토지), 4. 토지구별의 확정성(표준지선정단위구역 내에서 다른 토지와 구분이 용이하고 위치를 쉽게 확인할 수 있는 표준적인 토지)은 표준지를 선정하기 위한 일반적인 기준이다(「표준지의 선정 및 관리지침」 제10조 제1항.).
③ 「표준지의 선정 및 관리지침」 제8조 제1항.
④ 「표준지의 선정 및 관리지침」 제12조.
⑤ 도시지역이나 비도시지역간 표준지 분포밀도가 그러하다.

⑤ 도시계획구역 내에서는 비도시계획구역에 비해 표준지의 밀도가 조밀하며, 주거지역의 표준지 밀도는 공업지역에 비해 조밀하다.

4. 부동산가격공시법령상 표준지공시지가의 공시에 포함되어야 하는 사항만을 모두 고른 것은? <2012 제23회>

ㄱ. 지번	ㄴ. 경계	ㄷ. 3.3 m2당 가격
ㄹ. 도로상황	ㅁ. 표준지 및 주변토지의 이용상황	

① ㄱ, ㄴ, ㄷ ② ㄱ, ㄷ, ㄹ ③ ㄱ, ㄹ, ㅁ
④ ㄱ, ㄴ, ㄹ, ㅁ ⑤ ㄴ, ㄷ, ㄹ, ㅁ

5. 부동산가격공시법령상 표준지공시지가에 관한 다음 설명 중 가장 옳은 것은? <2002 제13회>

① 표준지공시지가는 표준지의 단위면적당 가격을 말하며, 국토교통부장관이 3년마다 공시한다.
② 표준지공시지가를 공시함에 있어서는 중앙토지수용위원회의 심의를 거쳐야 한다.
③ 공시지가는 감정평가법인등이 개별적으로 토지를 감정평가하는 경우에 그 기준이 된다.
④ 정부는 지가공시의 주요사항에 관한 보고서를 매년 1월 말까지 국회에 제출하여야 한다.
⑤ 국토교통부장관이 표준지의 선정을 위하여 관계 행정기관에 관련자료의 제출을 요구한 경우에는 반드시 이에 응하여야 한다.

---

4. 정답 ③ 해설 표준지공시지가의 공시에는 다음 각 호 1. 표준지의 지번, 2. 표준지의 단위면적당 가격, 3. 표준지의 면적 및 형상, 4. 표준지 및 주변토지의 이용상황, 5. 그 밖에 **대통령령**으로 정하는 사항이 포함되어야 한다(법 제5조). 법 제5조 제2호의 단위면적은 1제곱미터로 한다(영 제10조 제1항). 법 제5조 제5호에서 "**대통령령**으로 정하는 사항"이란 표준지에 대한 다음 각 호 1. 지목, 2. 용도지역, 3. 도로상황, 4. 그 밖에 표준지공시지가 공시에 필요한 사항을 말한다(영 제10조 제2항).
5. 정답 ③ 해설 ① 매년 공시한다(법 제3조 제1항).
② 중앙부동산가격공시위원회의의 심의를 거쳐 이를 공시하여야 한다(법 제3조 제1항).
③ 법 제9조.
④ 정부는 표준지공시지가, 표준주택가격 및 공동주택가격의 주요사항에 관한 보고서를 매년 정기국회의 개회 전까지 국회에 제출하여야 한다(법 제26조).
⑤ **국토교통부장관**은 표준지의 선정 또는 표준지공시지가의 조사·평가를 위하여 필요한 경우에는 관계 행정기관에 해당 토지의 인·허가 내용, 개별법에 따른 등록사항 등 **대통령령**으로 정하는 관련 자료의 열람 또는 제출을 요구할 수 있다. 이 경우 관계 행정기관은 정당한 사유가 없으면 이에 응하여야 한다(법 제4조).

6. 부동산가격공시법령상 표준지의 적정가격의 조사·평가에 대한 다음 설명 중 가장 옳지 않은 것은? <2002 제13회 수정>

① 국토교통부장관이 표준지의 적정가격을 조사·평가하고자 할 때에는 둘 이상의 감정평가법인등에게 이를 의뢰하여야 한다.

② 감정평가법인등은 조사·평가보고서를 작성하는 경우에는 미리 해당 표준지를 관할하는 시장·군수 또는 구청장(자치구의 구청장을 말한다)의 의견을 들어야 한다.

③ 시장·군수 또는 구청장이 의견제시 요청을 받은 경우에는 당해 지방의회의 의결을 거쳐 14일 이내에 의견을 제시하여야 한다.

④ 국토교통부장관은 제출된 보고서의 조사·평가가 관계 법령을 위반하여 수행되었다고 인정되는 경우에는 해당 감정평가법인등에게 그 사유를 통보하고, 다른 감정평가법인등 2인에게 대상 표준지공시지가의 조사·평가를 다시 의뢰하여야 한다.

⑤ 국토교통부장관은 감정평가법인등이 행한 표준지의 조사·평가액 중 최고평가액이 최저평가액의 1.3배를 초과하는 경우에는 해당 감정평가법인등에게 보고서를 시정하여 다시 제출하게 할 수 있다.

7. 부동산가격공시법령상 표준지 적정가격의 조사·평가에 관한 설명으로 옳지 않은 것은? <2014 제25회 수정>

① 국토교통부장관이 감정평가법인등에게 의뢰한 표준지의 적정가격은 감정평가법인등이 제출한 조사·평가액 중 가장 높은 가격을 기준으로 한다.

② 국토교통부장관이 표준지공시지가를 조사·평가할 때에는 업무실적, 신인도(信認度) 등을 고려하여 둘 이상의 감정평가법인등에게 의뢰하여야 한다.

---

6. **정답 ③** 해설 ① 법 제3조 제5항. ② 영 제8조 제2항. ③ 시장·군수 또는 구청장은 의견 제시 요청을 받은 경우에는 요청받은 날부터 20일 이내에 의견을 제시하여야 한다. 이 경우 법 제25조에 따른 시·군·구부동산가격공시위원회의 심의를 거쳐야 한다(영 제8조 제3항).
④ 영 제8조 제7항. ⑤ 영 제8조 제6항, 동 규정의 문제점을 제2편 「부동산가격공시법」 밑줄 쫙 감정평가관계법론에서 지적하였다.
7. **정답 ①** 해설 ① 표준지공시지가는 제출된 조사·평가보고서에 따른 조사·평가액의 산술평균치를 기준으로 한다(영 제8조 제4항). ② 법 제3조 제5항 본문. ③ 영 제8조 제2항.
④ 표준지공시지가 조사·평가를 의뢰받은 **감정평가법인등**은 법정한 서식의 조사·평가보고서에 다음 각 호 1. 지역분석조서, 2. 표준지별로 작성한 표준지 조사사항 및 가격평가의견서, 3. 의견청취결과서(영 제8조 제2항 및 제3항에 따라 시장·군수 또는 자치구의 구청장의 의견을 들은 결과를 기재한다), 4. 표준지의 위치를 표시한 도면, 5. 그 밖에 사실 확인에 필요한 서류의 서류를 첨부하여 **국토교통부장관**에게 제출하여야 한다(칙 제3조 제2항).
⑤ 영 제6조 제2항.

③ 감정평가업자는 조사·평가보고서를 작성하는 경우에는 미리 해당 표준지를 관할하는 시장·군수 또는 구청장(자치구의 구청장을 말한다)의 의견을 들어야 한다.

④ 표준지공시지가 조사·평가를 의뢰받은 감정평가법인등은 지역분석조서를 첨부하여 국토교통부장관에게 제출하여야 한다.

⑤ 표준지의 적정가격 평가시 지상권이 설정되어 있을 때에는 당해 지상권이 존재하지 아니하는 것으로 보고 표준지공시지가를 평가하여야 한다.

8. 부동산가격공시법령상 표준지공시지가의 적정가격을 조사·평가 및 공시의 기준에 관한 설명 중 가장 옳은 것은? <2002 제13회>

① 적정가격을 조사평가하기 위한 표준지의 이용상황 판정은 현장조사를 완료한 날을 기준으로 한다.

② 공시지가의 공시기준일은 언제나 1월 1일이다.

③ 표준지에 건물 기타 정착물이 있는 경우에는 그 정착물의 이용상황을 고려하여 평가하여야 한다.

④ 토지의 사용·수익을 제한하는 권리가 설정되어 있는 경우에는 당해 권리가 설정된 상태를 고려하여 적정가격을 평가한다.

⑤ 국토교통부장관은 제출된 보고서의 조사·평가가 관계 법령을 위반하여 수행되었다고 인정되는 경우에는 해당 감정평가법인등에게 그 사유를 통보하고, 다른 감정평가법인등 2인에게 대상 표준지공시지가의 조사·평가를 다시 의뢰하여야 한다.

---

8. 정답 ⑤ 해설 ① 표준지공시지가는 매년 공시기준일(1월 1일) 현재의 단위면적당 적정가격을 조사·평가하여야 하므로(법 제3조 제1항), 표준지의 적정가격을 조사·평가할 때의 공부조사와 실지조사도 공시기준일 현재를 기준으로 조사한다(「표준지의 선정 및 관리지침」 제5조 및 제6조).
② 표준지공시지가의 공시기준일은 1월 1일로 한다. 다만, **국토교통부장관**은 표준지공시지가 조사·평가인력 등을 고려하여 부득이하다고 인정하는 경우에는 일부 지역을 지정하여 해당 지역에 대한 공시기준일을 따로 정할 수 있다(영 제3조).
③④ 표준지에 건물 또는 그 밖의 정착물이 있거나 지상권 또는 그 밖의 토지의 사용·수익을 제한하는 권리가 설정되어 있을 때에는 그 정착물 또는 권리가 존재하지 아니하는 것으로 보고 표준지공시지가를 평가하여야 한다(영 제6조 제2항).
⑤ 영 제8조 제7항.

9. 부동산가격공시법령상 지가의 공시에 관한 설명으로 옳은 것은? <2019 제30회>

① 개별공시지가의 단위면적은 3.3제곱미터로 한다.

② 시장·군수 또는 구청장은 농지보전부담금 부과대상인 토지에 대하여 개별공시지가를 결정·공시하지 아니할 수 있다.

③ 개별공시지가는 토지시장에 정보를 제공하고 일반적인 토지거래의 지표가 되며, 감정평가법인등이 개별적으로 토지를 감정평가하는 경우에 기준이 된다.

④ 표준지에 지상권이 설정되어 있을 때에는 그 지상권이 존재하지 아니하는 것으로 보고 표준지공시지가를 평가하여야 한다.

⑤ 표준지에 대한 용도지역은 표준지공시지가의 공시사항에 포함되지 않는다.

10. 부동산가격공시법령상 표준지공시지가에 관한 설명으로 옳지 않은 것은? <2017 제28회>

① 표준지에 정착물이 있을 때에는 그 정착물이 존재하지 아니하는 것으로 보고 표준지공시지가를 평가하여야 한다.

② 표준지공시지가에 이의가 있는 자는 그 공시일부터 30일 이내에 서면으로 국토교통부장관에게 이의를 신청할 수 있다.

③ 국토교통부장관은 이의신청 기간이 만료된 날부터 30일 이내에 이의신청을 심사 하여 그 결과를 신청인에게 서면으로 통지하여야 한다.

④ 표준지에 지상권이 설정되어 있을 때에는 그 권리의 가액을 반영하여 표준지 공시지가를 평가하여야 한다.

⑤ 선정기준일부터 직전 1년간 과태료처분을 3회 이상 받은 감정평가법인등은 표준지 공시지가 조사·평가의 의뢰 대상에서 제외된다.

---

9. 정답 ④ 해설 ① 단위면적은 1제곱미터로 한다(영 제14조 제1항).
② 시장·군수 또는 구청장은 1. 표준지로 선정된 토지, 2. 농지보전부담금 또는 개발부담금 등의 부과대상이 아닌 토지, 3. 국세 또는 지방세 부과대상이 아닌 토지(국공유지의 경우에는 공공용 토지만 해당한다)에 대하여는 개별공시지가를 결정·공시하지 아니할 수 있다(법 제10조 제2항 전단 및 영 제15조 제1항).
③ 법 제9조에 따른 표준지공시지가의 효력에 관한 규정이다.
④ 영 제6조 제2항.
⑤ 용도지역은 표준지공시지가의 공시사항이다(법 제5조 및 영 제10조 제2항 제2호).
10. 정답 ④ 해설 ① 영 제6조 제2항. ② 법 제7조 제1항. ③ 법 제7조 제2항.
④ 표준지에 지상권이 설정되어 있을 때에는 그 지상권이 존재하지 아니하는 것으로 보고 표준지공시지가를 평가하여야 한다(영 제6조 제2항).
⑤ 영 제7조 제1항 제3호 나목.

11. 부동산가격공시법령상 표준지공시지가에 관한 설명으로 옳은 것은?

<2012 제23회 수정>

① 국토교통부장관은 표준지에 토지의 사용·수익을 제한하는 권리가 설정되어 있는 때에는 당해 권리를 포함하여 적정가격을 평가하여야 한다.

② 국가가 국유토지를 처분하기 위하여 토지의 가격을 산정하는 경우에 유사한 이용가치를 지닌 표준지공시지가를 적용할 수 없다.

③ 표준지공시지가에 대하여 이의가 있는 자는 서면으로 시장·군수 또는 구청장을 거쳐 국토교통부 장관에게 이의를 신청하여야 한다.

④ 국토교통부장관은 표준지공시지가에 대한 이의신청을 받은 날로부터 30일 이내에 이의신청을 심사하여, 그 결과를 신청인에게 서면으로 통지하여야 한다.

⑤ 표준지의 적정가 조사·평가를 의뢰받은 감정평가업자가 표준지조사·평가보고서를 작성하는 경우에는 미리 해당 표준지를 관할하는 시장·군수 또는 구청장(자치구의 구청장을 말한다)의 의견을 들어야 한다.

12. 부동산가격공시법령상 다음 중 표준지공시지가의 조사 및 평가에 대한 설명으로 틀린 것은? <2004 제15회 수정>

① 국토교통부장관은 토지이용상황이나 주변환경 기타 자연적·사회적 조건이 일반적으로 유사하다고 인정되는 일단의 토지 중에서 선정한 표준지에 대하여 매년 공시기준일 현재의 적정가격을 조사·평가하고, 중앙부동산가격공시위원회의 심의를 거쳐 이를 공시하여야 한다.

---

11. **정답 ⑤** 해설 ① 사용·수익을 제한하는 권리가 설정되어 있을 때에는 권리가 존재하지 아니하는 것으로 보고 표준지공시지가를 평가하여야 한다(영 제6조 제2항).

② 국가 또는 지방자치단체가 국유지·공유지의 취득 또는 처분의 목적을 위하여 지가를 산정할 때에는 그 토지와 이용가치가 비슷하다고 인정되는 하나 또는 둘 이상의 표준지의 공시지가를 기준으로 토지가격비준표를 사용하여 지가를 직접 산정하거나 **감정평가법인등**에게 감정평가를 의뢰하여 산정할 수 있다(법 제8조 본문).

③ 표준지공시지가에 이의가 있는 자는 그 공시일부터 30일 이내에 서면(전자문서를 포함)으로 **국토교통부장관**에게 이의를 신청할 수 있다(법 제7조 제1항).

④ **국토교통부장관**은 이의신청 기간이 만료된 날부터 30일 이내에 이의신청을 심사하여 그 결과를 신청인에게 서면으로 통지하여야 한다(법 제7조 제2항).

⑤ 영 제8조 제2항.

12. **정답 ⑤** 해설 ① 법 제3조 제1항. ② 영 제8조 제6항. ③ 영 제8조 제1항. ④ 영 제8조 제2항.

⑤ ~~시장·군수 또는 구청장~~은 영 제8조 제2항에 따라 의견 제시 요청을 받은 경우에는 요청받은 날부터 20일 이내에 의견을 제시하여야 한다. 이 경우 시·군·구부동산가격공시위원회의 심의를 거쳐야 한다(영 제8조 제3항).

② 국토교통부장관은 감정평가법인등이 행한 표준지의 조사·평가액 중 최고평가액이 최저평가액의 1.3배를 초과하는 경우에는 해당 감정평가법인등에게 보고서를 시정하여 다시 제출하게 할 수 있다.

③ 표준지공시지가 조사·평가를 의뢰받은 감정평가법인등은 표준지공시지가 및 그 밖에 국토교통부령으로 정하는 사항을 조사·평가한 후 국토교통부령으로 정하는 바에 따라 조사·평가보고서를 작성하여 국토교통부장관에게 제출하여야 한다.

④ 감정평가법인등은 조사·평가보고서를 작성하는 경우에는 미리 해당 표준지를 관할하는 시장·군수 또는 구청장(자치구의 구청장을 말한다)의 의견을 들어야 한다.

⑤ 시장·군수 또는 구청장은 의견 제시 요청을 받은 경우에는 요청받은 날부터 30일 이내에 의견을 제시하여야 한다. 이 경우 시장·군수 또는 구청장은 미리 시·군·구부동산가격공시위원회의 심의를 거쳐야 한다.

13. 부동산가격공시법령상 표준지공시지가의 공시방법에 관한 설명으로 옳은 것은?
<2018 제29회>

① 국토교통부장관은 매년 표준지공시지가를 중앙부동산가격공시위원회의의 심의를 거쳐 공시하여야 한다.

② 표준지공시지가를 공시할 때에는 표준지공시지가의 열람방법을 부동산공시가격 시스템에 게시하여야 한다.

③ 표준지공시지가를 공시할 때에는 표준지공시지가에 대한 이의신청의 기간·절차 및 방

---

13. **정답 ①** 해설 ① 법 제3조 제1항. ② 영 제4조 제1항.
 ③ **국토교통부장관**은 법 제3조 제1항에 따라 표준지공시지가를 공시할 때에는 다음 각 호 1. 공시사항(법 제5조 각 호)의 개요, 2. 표준지공시지가의 열람방법, 3. 이의신청의 기간·절차 및 방법의 사항을 관보에 공고하고, 표준지공시지가를 국토교통부가 운영하는 부동산공시가격시스템에 게시하여야 한다(영 제4조 제1항). 표준지공시지가를 공시할 때에는 **국토교통부장관**은 필요하다고 인정하는 경우에는 표준지공시지가와 이의신청의 기간·절차 및 방법을 표준지 소유자에게 개별 통지할 수 있는 것(영 제4조 제2항)은 재량규정이고, 표준지 소유자에게 개별 통지를 하는 것이 의무사항은 아니다.
 ④ **국토교통부장관**은 표준지공시지가를 공시하기 위하여 표준지의 가격을 조사·평가할 때에는 **대통령령**으로 정하는 바에 따라 해당 토지소유자의 의견을 들어야 한다(법 제3조 제2항). 공시 前 토지소유자만을 대상으로 한 의견청취 절차이다. **국토교통부장관**은 법 제3조 제2항에 따라 표준지 소유자의 의견을 들으려는 경우에는 부동산공시가격시스템에 다음 각 호 1. 공시대상, 열람기간 및 방법, 2. 의견제출기간 및 의견제출방법, 3. 법 제3조 제5항에 따라 감정평가법인등이 평가한 공시 예정가격의 사항을 20일 이상 게시하여야 한다(영 제5조 제1항). **국토교통부장관**은 게시사실을 표준지 소유자에게 개별 통지하여야 한다(영 제5조 제2항).
 ⑤ **국토교통부장관**은 표준지공시지가를 공시할 때에는 표준지공시지가를 부동산공시가격시스템에 게시하면 된다.

　　법을 부동산공시가격시스템에 게시하여야 한다.

④ 국토교통부장관은 표준지공시지가와 표준지공시지가의 열람방법을 표준지 소유자에게 개별 통지하여야 한다.

⑤ 국토교통부장관은 표준지공시지가를 관보에 공고하고, 그 공고사실을 방송·신문 등을 통하여 알려야 한다.

14. 부동산가격공시법령상 부동산 가격의 공시기준일 및 공시시한에 관한 설명으로 옳지 않은 것은? <2009 제20회>

① 표준지공시지가의 공시기준일—1월 1일

② 개별공시지가의 공시시한— 매년 5월 31일까지

③ 표준택가격의 공시기준일—1월 1일

④ 공동주택가격의 공시기준일—1월 1일

⑤ 공동주택가격의 공시시한—매년 5월 31일까지

15. 부동산가격공시법령상 표준지공시지가의 공시사항을 규정하고 있다. 법률에서 직접 정한 공시사항이 아닌 것은? <1999 제10회 수정>

① 표준지의 지번　　　　② 표준지의 단위면적당 가격

③ 표준지의 면적 및 형상　④ 표준지 및 주변토지의 이용상황　⑤ 도로 상황

---

14. 정답 ⑤ 해설 ① 영 제3조. ② 영 제21조 ③ 영 제27조 ④ 영 제40조 ⑤ 개별주택가격(영 제38조)과 공동주택가격(영 제43조)의 공시시한은 매년 4월30일까지이다.

부동산 가격의 공시기준일 및 공시시한

	공시기준일	공시시한	비고
표준지공시지가	1월 1일(영3조)		
개별공시지가	1월 1일(법 제10조 제1항)	매년 5월 31일 또는 10월 31까지(영 21조 1항)	
표준주택가격	1월 1일(영27조)		
개별주택가격	1월 1일(법 제17조 제1항)	매년 4월 30일까지(영 제38조 제1항)	
공동주택가격	1월 1일(영40조)	매년 4월 30일까지(영 제43조 제1항)	
비주거용표준부동산가격	1월 1일(영49조)		
비주거용 개별부동산가격		매년 4월 30일까지(영 제62조 제1항)	
비주거용집합부동산가격	1월 1일(영63조)	매년 4월 30일까지(영 제64조 제1항)	

15. 정답 ⑤ 해설 표준지공시지가의 공시에는 다음 각 호 1. 표준지의 지번, 2. 표준지의 단위면적당 가격, 3. 표준지의 면적 및 형상, 4. 표준지 및 주변토지의 이용상황, 5. 그 밖에 **대통령령**으로 정하는 사항[1. 지목, 2. 용도지역, 3. 도로 상황, 4. 그 밖에 표준지공시지가 공시에 필요한 사항(영 제10조 제2항)]이 포함되어야 한다(법 제5조). ⑤는 시행령에서 정하고 있다.

16. 부동산가격공시법령상 국토교통부장관이 행하는 표준지공시지가의 공시에는 표준지의 지번, 표준지의 단위면적당 가격, 표준지의 면적 및 형상, 표준지 및 주변토지의 이용상황, 그 밖에 대통령령이 정하는 사항이 포함되어야 하는 바, 이 때에 '그 밖에 대통령령이 정하는 사항'으로는 ( ), 용도지역, ( ), 그 밖에 표준지공시지가 공시에 필요한 사항이 있다. 다음 중 ( )에 들어갈 내용을 올바르게 조합한 것은? <2004 제15회>

① 소유자의 성명 ― 지목
② 지목 ― 소유자의 성명
③ 도시계획시설물의 설치상황 ― 지세
④ 지목 ― 도로 상황
⑤ 지목 ― 도시계획시설물의 설치상황

17. 부동산가격공시법령상 표준지공시지가의 공시사항에 포함되는 것을 모두 고른 것은? <2016 제27회>

ㄱ. 표준지 및 주변토지의 이용상황	ㄴ. 용도지역
ㄷ. 도로 상황	ㄹ. 도로 상황

① ㄱ, ㄴ   ② ㄱ, ㄹ   ③ ㄱ, ㄴ, ㄷ
④ ㄴ, ㄷ, ㄹ   ⑤ ㄱ, ㄴ, ㄷ, ㄹ

18. 부동산가격공시법령상 표준지공시지가의 공시에 포함되어야 하는 것을 모두 고른 것은? <2018 제29회>

ㄱ. 지목	ㄴ. 지번	ㄷ. 용도지역
ㄹ. 도로 상황	ㅁ. 주변토지의 이용상황	

① ㄱ, ㄴ, ㄷ   ② ㄱ, ㄹ, ㅁ   ③ ㄱ, ㄴ, ㄷ, ㄹ
④ ㄴ, ㄷ, ㄹ, ㅁ   ⑤ ㄱ, ㄴ, ㄷ, ㄹ, ㅁ

---

16. **정답** ④ 앞의 해설(영 제10조 제2항) 참고.
17. **정답** ⑤ 앞의 해설 참고.
18. **정답** ⑤ 앞의 해설 참고.

19. 부동산가격공시법령상 표준지공시지가에 관한 설명으로 옳지 않은 것은?

　　<2014 제25회 수정>

① 표준지공시지가의 공시에는 용도지역, 도로 상황은 포함되어야 한다.

② 표준지에 지상권 또는 그 밖의 토지의 사용·수익을 제한되는 가치를 반영하여 표준지 공시지가를 평가하여야 한다.

③ 표준지의 단위면적당 가격에서 단위면적은 1제곱미터로 한다.

④ 표준지공시지가는 「도시개발법」에 따른 도시개발사업을 위한 환지·체비지(替費地)의 매각 또는 환지신청에 적용된다.

⑤ 표준지공시지가결정이 위법한 경우에는 항고소송으로 그 위법여부를 다툴 수 있다.

20. 부동산가격공시법령상 현행법상 "국가 또는 지방자치단체, 「공공기관의 운영에 관한 법률」에 따른 공공기관, 그 밖에 대통령령으로 정하는 공공단체 등은 법에서 정하고 있는 목적을 위하여 지가를 산정할 때에는 그 토지와 이용가치가 비슷하다고 인정되는 하나 또는 둘 이상의 표준지의 공시지가를 기준으로 토지가격비준표를 사용하여 지가를 직접 산정하거나 감정평가업자에게 감정평가를 의뢰하여 산정할 수 있다. 다만, 필요하다고 인정할 때에는 산정된 지가를 제2호 각 목의 목적에 따라 가감(加減) 조정하여 적용할 수 있다"고 규정하고 있다. 다음 중 가감 조정을 할 수 있는 목적에 해당하지 않는 것은? <2004 제15회 수정>

① 「국토계획법」 또는 그 밖의 법령에 따라 조성된 용지 등의 공급 또는 분양

② 국유지·공유지의 취득 또는 처분

③ 토지의 관리·매입·매각·경매 또는 소송

④ 공공용지의 매수 및 토지의 수용·사용에 대한 보상

⑤ 「도시정비법」에 의한 정비사업

---

19. 정답 ② 해설 ① 법 제5조. ② 표준지에 건물 또는 그 밖의 정착물이 있거나 지상권 또는 그 밖의 토지의 사용·수익을 제한하는 권리가 설정되어 있을 때에는 그 정착물 또는 권리가 존재하지 아니하는 것으로 보고 표준지공시지가를 평가하여야 한다(영 제6조 제2항).
③ 영 제10조 제1항. ④ 법 제8조 제2호.
⑤ 판례도 표준지공시지가에 대하여 항고소송의 대상이 되는 것으로 보고 있다. 표준지로 선정된 토지의 공시지가에 불복하기 위하여는 구 「지가공시법」(1995. 12. 29. 법률 제5108호로 개정되기 전의 것) 제8조 제1항 소정의 이의절차를 거쳐 처분청을 상대로 그 공시지가결정의 취소를 구하는 행정소송을 제기하여야 한다(대법원 1994. 3. 8. 선고 93누10828 판결); 대법원 1995. 3. 28. 선고 94누12920 판결.
20. 정답 ③ 해설 ① 영 제13조 제2항 제1호. ② 법 제8조 제2호 나목.
③ 토지의 관리·매입·매각·경매 또는 재평가는 포함되나 소송평가는 해당하지 않는다. 이 같은 취지는 「감정평가법」 제48조 제1호에 따른 법원에 계속 중인 소송을 위한 토지등의 감정평가(법 제10조 제4호)에서는 벌칙 적용에서 공무원에 의제되지 않는 것과 법률 체계가 맞다.
④ 법 제8조 제2호 가목. ⑤ 영 제13조 제2항 제2호 나목.

21. 부동산가격공시법령상 표준지공시지가에 관한 설명으로 옳지 않은 것은?

<2009 제20회>

① 토지시장의 지가정보를 제공한다.
② 국가·지방자치단체 등의 기관이 그 업무와 관련하여 지가를 산정할 때 기준이 된다.
③ 일반적인 토지거래의 지표가 된다.
④ 판례는 개별공시지가결정과는 달리 표준지공시지가 결정에는 처분성이 없다고 한다.
⑤ 감정평가법인등이 개별적으로 토지를 감정평가할 때 그 기준이 된다.

22. 부동산가격공시법 제9조에서 직접 규정하고 있는 표준지공시지가의 효력이 아닌 것은? <2000 제11회>

① 토지시장의 지가정보 제공
② 일반적인 토지거래의 지표
③ 국가·지방자치단체의 지가산정 기준
④ 자산가치의 평가기준
⑤ 감정평가법인등의 개별적 토지평가 기준

---

21. **정답 ④** 해설 ① ② ③ ⑤ 표준지공시지가는 토지시장에 지가정보를 제공하고 일반적인 토지거래의 지표가 되며, 국가·지방자치단체 등이 그 업무와 관련하여 지가를 산정하거나 **감정평가법인등**이 개별적으로 토지를 감정평가하는 경우에 기준이 된다(법 제9조).

④ 표준지로 선정된 토지의 공시지가에 불복하기 위하여는 구「지가공시법」(1995. 12. 29. 법률 제5108호로 개정되기 전의 것) 제8조 제1항 소정의 이의절차를 거쳐 처분청을 상대로 그 공시지가결정의 취소를 구하는 행정소송을 제기하여야 하는 것이고, 그러한 절차를 밟지 아니한 채 개별토지 가격결정의 효력을 다투는 소송에서 그 개별토지 가격산정의 기초가 된 표준지 공시지가의 위법성을 다툴 수 없다(대법원 1998. 3. 24. 선고 96누6851 판결);「지가공시법」제4조 제1항에 의하여 표준지로 선정되어 공시지가가 공시된 토지의 공시지가에 대하여 불복을 하기 위하여는 같은 법 제8조 제1항 소정의 이의절차를 거쳐 처분청인 건설부장관을 피고로 하여 위 공시지가 결정의 취소를 구하는 행정소송을 제기하여야 한다(대법원 1994. 3. 8. 선고 93누10828 판결); 이 밖에도 대법원 1995. 3. 28. 선고 94누12920 판결에 비추어보면 표준지공시지가에 대하여 항고소송의 대상이 되는 것으로 보고 있다.

22. **정답 ④** 해설 ④ 자산가치의 평가기준이 되는 것은 맞으나 법 제9조에서 규정하고 있지는 않다.

23. 부동산가격공시법령상 표준지공시지가의 효력에 해당하는 것을 모두 고른 것은?

<2017 제28회>

> ㄱ. 토지시장에 지가정보 제공
> ㄴ. 일반적인 토지거래의 지표
> ㄷ. 국가가 그 업무와 관련하여 지가를 산정하는 경우의 기준
> ㄹ. 감정평가법인등이 개별적으로 토지를 감정평가하는 경우의 기준

① ㄱ, ㄷ   ② ㄴ, ㄹ   ③ ㄱ, ㄴ, ㄷ
④ ㄴ, ㄷ, ㄹ   ⑤ ㄱ, ㄴ, ㄷ, ㄹ

24. 부동산가격공시법령상에 의한 표준지공시지가의 내용 및 절차 등에 관한 다음 설명 중 가장 잘못된 것은? <2002 제13회 수정>

① 표준지공시지가의 공시사항에는 표준지의 형상과 표준지 주변토지의 이용상황이 반드시 포함되어야만 한다.
② 표준지공시지가에 이의가 있는 자는 그 공시일부터 30일 이내에 서면(전자문서를 포함)으로 국토교통부장관에게 이의를 신청할 수 있다.
③ 국토교통부장관은 이의신청 기간이 만료된 날부터 30일 이내에 반드시 이의신청을 심사하여 그 결과를 신청인에게 서면으로 통지할 의무를 진다.
④ 국토교통부장관은 이의신청의 내용이 타당하다고 인정될 때에는 해당 표준지공시지가를 조정하여 다시 공시하여야 한다.
⑤ 감정평가법인등이 타인의 의뢰에 의하여 토지를 개별적으로 감정평가하는 경우에는 반드시 당해 토지와 유사한 이용가치를 지닌다고 인정되는 표준지의 공시지가를 기준으로 하여야만 한다.

---

23. **정답 ⑤** 앞의 해설 참고.
24. **정답 ⑤** 해설 ① 법 제5조. ② 법 제7조 제1항. ③ ④ 법 제7조 제2항. ⑤ **감정평가법인등**이 토지를 감정평가하는 경우에는 그 토지와 이용가치가 비슷하다고 인정되는 「부동산가격공시법」에 따른 표준지공시지가를 기준으로 하여야 한다(법 제3조 제1항 본문). 다만, 적정한 실거래가가 있는 경우에는 이를 기준으로 할 수 있도록 한 단서규정은 전술한 공시지가기준법 감정평가 원칙에 대한 예외 규정으로 보아야 한다(법 제3조 제1항 단서). 즉 표준지공시지가기준법은 **감정평가법인등**의 토지평가 원칙이다.

25. 부동산가격공시법령상 표준지공시지가에 대한 이의신청에 관한 설명으로 옳지 않은 것을 모두 고른 것은? <2013 제24회>

ㄱ. 표준지공시지가에 이의신청은 구두로 할 수 있다.
ㄴ. 표준지공시지가에 이의신청은 국토교통부장관에게 한다.
ㄷ. 국토교통부장관은 이의신청이 있은 날부터 30일 이내에 하여야 한다.
ㄹ. 토지소유자가 아닌 자는 이의신청을 할 수 없다.
ㅁ. 중앙부동산가격공시위원회는 표준지공시지가에 대한 이의신청에 관한 사항을 심의한다.

① ㄱ, ㄴ, ㄷ   ② ㄱ, ㄷ, ㄹ   ③ ㄱ, ㄹ, ㅁ
④ ㄴ, ㄷ, ㅁ   ⑤ ㄴ, ㄹ, ㅁ

26. 부동산가격공시법령상 표준지공시지가·개별공시지가에 관한 설명 중 틀린 것은?
<2000 제11회 수정>

① 표준지공시지가는 이 법에 따라 공시한 공시기준일 현재의 단위면적당 가격이다.
② 표준지는 토지이용상항이나 주변환경, 그 밖의 자연적·사회적 조건이 일반적으로 유사하다고 인정되는 일단의 토지 중에서 선정한다.
③ 표준지공시지가는 매년 공시하여야 한다.
④ 개별공시지가는 시장·군수·구청장이 매년 공시지가의 공시기준일 현재 관할 구역 안의 개별토지의 단위면적당 가격이다.
⑤ 개별공시지가의 결정은 행정소송의 대상이 되는 처분이라는 것이 일반적 견해이나 판례는 이를 처분으로 보지 아니한다.

---

25. **정답** ② 해설 ㄱ, ㄴ, ㄹ. 표준지공시지가에 이의가 있는 자는 그 공시일부터 30일 이내에 서면(전자문서를 포함)으로 국토교통부장관에게 이의를 신청할 수 있다(법 제7조 제1항). ㄷ. 국토교통부장관은 이의신청 기간이 만료된 날부터 30일 이내에 이의신청을 심사하여 그 결과를 신청인에게 서면으로 통지하여야 한다. 이 경우 국토교통부장관은 이의신청의 내용이 타당하다고 인정될 때에는 법 제3조에 따라해당 표준지공시지가를 조정하여 다시 공시하여야 한다(법 제7조 제2항). ㅁ. 법 제24조 제1항 제4호.
26. **정답** ⑤ 해설 ① ③ 법 제3조 제1항. ② 법 제3조 제1항 및 영 제2조 제1항.
④ 법 제10조 제1항. ⑤ 판례도 "시장·군수 또는 구청장의 개별토지가격결정은 관계법령에 의한 토지초과이득세, 택지초과소유부담금 또는 개발부담금 산정의 기준이 되어 국민의 권리나 의무 또는 법률상이익에 직접적으로 관계되는 것으로서 「행정소송법」 제2조 제1항 제1호 소정의 행정청이 행하는 구체적 사실에 관한 법집행으로서의 공권력행사이므로 항고소송의 대상이 되는 행정처분에 해당한다" 하고 있다(대법원 1993.1.15. 선고 92누12407 판결; 대법원 1993. 6. 11. 선고 92누16706 판결; 대법원 1994. 2. 8. 선고 93누111 판결).

27. 부동산가격공시법령상 표준지공시지가 및 개별공시지가와 관련한 우리나라 대법원의 판례를 기술한 것이다. 그 내용이 틀린 것은? <1999 제10회 수정>

① 개별공시지가의 결정·공시가 있은 후 불가쟁력이 발생하여 더 이상 개별공시지가의 효력을 다툴 수 없는 상태에서 이를 기초로 한 과세처분이 있는 경우에 과세처분 등의 후행 행정처분의 취소를 구하는 행정소송에서 선행개별공시지가 결정의 위법을 독립한 위법사유로 주장할 수 있다.

② 표준지로 선정된 토지의 공시지가에 대하여 불복하기 위하여는 소정의 이의 절차를 거쳐 처분청을 상대로 공시지가 결정의 취소를 구하는 행정소송을 제기할 필요가 없고, 개별공시지가 결정을 다투는 소송에서 그 개별공시지가 산정의 기초가 된 표준지공시지가의 위법성을 다툴 수가 있다.

③ 당초의 개별공시지가 결정처분을 취소하고 그것을 하향 조정하라는 취지의 재결이 있은 후에도 처분청이 다시 당초의 처분과 동일한 액수로 개별공시지가를 결정한 처분은 재결청의 재결에 위배되는 것으로서 위법하다.

④ 토지의 수용재결에 대한 이의신청의 경우에 이의재결의 기초가 된 감정평가법인들의 각 감정평가가 모두 개별요인을 품등비교함에 있어 구체적으로 어떻게 품등비교하였는지에 관하여 아무런 이유를 설시하지 아니하였다면 위법하다.

⑤ 개별공시지가를 결정한 행정처분청은 비교표준지 선정의 잘못으로 인하여 개별공시지가의 산정이 명백히 잘못된 경우에는 개별공시지가 결정을 직권취소할 수 있다.

---

27. 정답 ② 해설 ① 대법원 1994. 1. 25. 선고 93누8542 판결.

② 대법원 1994. 12. 13. 선고 94누5083 판결; 1996. 5. 10. 선고 95누9808 판결; 1996. 9. 20. 선고 95누11931 판결; 대법원 1998. 3. 24 선고 96누6851 판결; 2001. 9. 25. 선고 2000두4651 판결 등에서는 조사·평가 및 공시된 표준지공시지가와 개별공시지가처분간의 하자승계를 부정하였다. ③ 대법원 1997. 3. 14. 선고 95누18482 판결.

④ 대법원 1993. 8. 24. 선고 93누8603 판결; 대법원 1999. 1. 29. 선고 98두4641 판결; 2013. 6. 27. 선고 2013두2587판결.

⑤ 대법원 1995. 9. 15. 선고 95누6311 판결; 그러나 현행법은 시장·군수 또는 구청장은 개별공시지가에 틀린 계산, 오기, 표준지 선정의 착오, 기타 **대통령령**으로 정하는 명백한 오류[1. 법 제10조에 따른 공시절차를 완전하게 이행하지 아니한 경우, 2. 용도지역·용도지구 등 토지가격에 영향을 미치는 주요 요인의 조사를 잘못한 경우, 3. 토지가격비준표의 적용에 오류(영 제23조 제1항)]가 있음을 발견한 때에는 지체 없이 이를 정정하도록(법 제12조) 법적 근거를 명확히 하였다.

제2절   개별공시지가의 공시

28. 부동산가격공시법령상 개별공시지가에 관한 설명으로 옳은 것은? <2013 제24회>

① 개별공시지가의 조사·산정에 의한 결정 및 공시권자는 시·도지사, 시장·군수 또는 구청장이다.

② 시장·군수 또는 구청장이 개별공시지가를 결정·공시하는 경우에는 해당 토지와 유사한 이용가치를 지닌다고 인정되는 이상의 표준지의 공시지가를 기준으로 토지가격비준표를 사용하여 지가를 산정하여야 한다.

③ 개별공시지가 검증에 제공되는 지가조사자료는 개별토지가격의 산정조서 및 그 밖에 토지이용계획에 관한 자료를 말한다.

④ 6월 24일에 공공용의 국유지가 매각되어 사유지로 된 토지로서 개별공시지가 없는 토지의 개별공시지가는 1월 1일을 기준으로 하여 10월 31일까지 결정·공시한다.

⑤ 시장·군수 또는 구청장은 감정평가법인등의 검증을 생략할 때에는 개별토지의 지가변동률과 해당 토지가 있는 시·군·구의 연평균 지가변동률 간의 차이가 큰 순으로 대상 토지를 선정하여야 한다.

29. 부동산가격공시법령상 개별공시의 결정·공시 등에 관한 설명으로 옳지 않은 것은?
<2014 제25회 수정>

① 시장·군수 또는 구청장은 개별공시지가의 조사·산정지침을 정하여 감정평가법인등에게 통보하여야 한다.

---

28. **정답 ③** 해설 ① 개별공시지가의 조사·산정에 의한 결정 및 공시권자는 ~~시장·군수 또는 구청장~~이다 (법 제10조 제1항).
② 하나 또는 둘 이상의 표준지를 사용하여 지가를 산정하여야 한다(법 제10조 제4항). ③ 칙 제6조 제2항.
④ 국유·공유에서 매각 등에 따라 사유(私有)로 된 토지로서 개별공시지가가 없는 토지에 대해서는, 1월 1일부터 6월 30일까지의 사이에 매각 등의 사유가 발생한 토지는, 그 해 7월 1일(영 제16조 제1항 및 제2항)을 기준으로, 그 해 10월 31일 결정·공시하여야 한다(영 제21조 제1항).
⑤ ~~시장·군수 또는 구청장~~은 ~~감정평가법인등~~의 검증을 생략할 때에는 개별토지의 지가변동률과 해당 토지가 있는 읍·면·동의 연평균 지가변동률 간의 차이가 작은 순으로 대상 토지를 선정하여야 한다(영 제18조 제3항 본문).
29. **정답 ①** 해설 ① ~~국토교통부장관~~은 법 제10조 제4항에 따른 개별공시지가 조사·산정의 기준을 정하여 ~~시장·군수 또는 구청장~~에게 통보하여야 하며, ~~시장·군수 또는 구청장~~은 그 기준에 따라 개별공시지가를 조사·산정하여야 한다(영 제17조 제1항).
② ~~시장·군수 또는 구청장~~은 공시기준일 이후에 분할·합병 등이 발생한 토지에 대하여는 **대통령령**으로

② 2020년의 공시기준일이 1월 1일인 경우 2020년 5월 15일 토지의 용도변경으로 지목 변경이 된 토지에 대한 개별공시지가는 2020년 7월 1일을 공시기준일로 하여 2020년 10월 31일까지 결정·공시하여야 한다.

③ 선정기준일부터 직전 2년간 업무정지처분을 3회 이상 받은 경우 감정평가법인등은 개별공시지가 산정의 타당성을 검증할 수 없다.

④ 개별공시지가를 공시하는 시장·군수 또는 구청장은 필요하다고 인정하는 때에는 개별공시지가의 결정 및 이의신청에 관한 사항을 토지소유자등에게 개별 통지할 수 있다.

⑤ 감정평가법인등은 개별공시지가 결정을 위한 토지가격의 산정을 위하여 필요한 때에는 타인의 토지에 출입할 수 있다.

30. 부동산가격공시법령상 개별공시지가에 관한 설명으로 옳지 않은 것은?
　　　〈2019 제30회〉

① 개별공시지가에 대하여 이의가 있는 자는 그 결정·공시일부터 30일 이내에 서면으로 시장·군수 또는 구청장에게 이의를 신청할 수 있다.

② 시장·군수 또는 구청장은 개별공시지가에 표준지 선정의 착오가 있음을 발견한 때에

정하는 날을 기준으로 하여 개별공시지가를 결정·공시하여야 한다(법 제10조 제3항).

③ **국토교통부장관**은 표준지공시지가 조사·평가를 의뢰받은 **감정평가법인등**이 공정하고 객관적으로 해당 업무를 수행할 수 있도록 하여야 한다(법 제3조 제6항). 법 제3조 제5항에 따른 **감정평가법인등의 선정기준 및 업무범위는 대통령령**으로 정한다(법 제3조 제7항). **국토교통부장관**은 법 제3조 제5항에 따라 다음 각 호 1. 표준지공시지가 조사·평가 의뢰일부터 30일 이전이 되는 날(이하 "선정기준일"이라 한다)을 기준으로 하여 직전 1년간의 업무실적이 표준지 적정가격 조사·평가업무를 수행하기에 적정한 수준일 것, 2. 회계감사절차 또는 감정평가서의 심사체계가 적정할 것, 3. 「감정평가법」에 따른 업무정지처분, 과태료 또는 소속 **감정평가사**에 대한 징계처분 등이 다음 각 목 가. 선정기준일부터 직전 2년간 업무정지처분을 3회 이상 받은 경우, 나. 선정기준일부터 직전 1년간 과태료처분을 3회 이상 받은 경우, 다. 선정기준일부터 직전 1년간 징계를 받은 소속 **감정평가사**의 비율이 선정기준일 현재 소속 전체 **감정평가사**의 10퍼센트 이상인 경우, 라. 선정기준일 현재 업무정지기간이 만료된 날부터 1년이 지나지 아니한 경우의 기준 어느 하나에도 해당하지 아니할 것의 요건을 모두 갖춘 **감정평가법인등**(「감정평가법」 제2조 제4호에 따른 **감정평가법인등**을 말한다) 중에서 표준지공시지가 조사·평가를 의뢰할 자를 선정해야 한다(영 제7조 제1항). 검증을 실시할 수 있는 **감정평가법인등**의 요건은 표준지공시지가 조사·평가의 의뢰를 받을 수 있는 **감정평가법인등**의 요건과 같다.

④ 개별공시지가 및 이의신청기간 등의 통지에 관하여는 영 제4조 제2항 및 제3항을 준용한다(영 제21조 제3항). ⑤ 법 제13조 제1항.

30. 정답 ③ 해설 ① 법 제11조 제1항. ② 법 제12조.

③ 법 제13조 제2항 괄호부분이 없다면 관계공무원등이 허가를 받아야 하나 괄호부분에 따르면 관계 공무원 또는 부동산가격공시업무를 의뢰받은 자 중 후자에 한정하여 시장·군수 또는 구청장의 허가를 받도록 하고 있다.

④ 법 제13조 제3항. ⑤ 법 제14조 및 영 제24조.

는 지체 없이 이를 정정하여야 한다.

③ 관계 공무원이 표준지가격의 조사·평가를 위하여 택지에 출입하고자 할 때에는 시장·군수 또는 구청장의 허가를 받아 출입할 날의 3일 전에 그 점유자에게 일시와 장소를 통지하여야 한다.

④ 일출 전·일몰 후에는 그 토지의 점유자의 승인 없이 택지 또는 담장이나 울타리로 둘러싸인 타인의 토지에 출입할 수 없다.

⑤ 개별공시지가의 결정·공시에 소요되는 비용은 그 비용의 50퍼센트 이내에서 국고에서 보조할 수 있다.

31. 부동산가격공시법령상 시장·군수 또는 구청장으로부터 개별공시지가의 검증의뢰를 받은 감정평가법인등이 검토·확인하고 의견을 제시하여야 할 사항이 아닌 것은?

<2014 제25회>

① 비교표준지 선정의 적정성에 관한 사항

② 개별토지가격 산정의 적정성에 관한 사항

③ 토지가격비준표의 사용에 관한 사항

④ 산정한 개별토지가격과 표준지공시지가의 균형 유지에 관한 사항

⑤ 산정한 개별토지가격과 인근토지의 지가 및 전년도 지가와의 균형 유지에 관한 사항

32. 부동산가격공시법령상 개별공시지가에 관한 설명으로 옳은 것은? <2011 제22회>

① 개별공시지가에 표준지 선정의 착오가 있음을 발견한 때에는 지체 없이 이를 정정하여

---

31. **정답 ③** 해설 법 제10조 제5항 본문에 따라 검증을 의뢰받은 **감정평가법인등**은 다음 각 호 1. <u>비교표준지 선정의 적정성에 관한 사항</u>, 2. <u>개별토지가격 산정의 적정성에 관한 사항</u>, 3. <u>산정한 개별토지가격과 표준지공시지가의 균형 유지에 관한 사항</u>, 4. <u>산정한 개별토지가격과 인근토지의 지가 및 전년도 지가와의 균형 유지에 관한 사항</u>, 5. 그 밖에 ~~시장·군수 또는 구청장~~이 검토를 의뢰한 사항을 검토·확인하고 의견을 제시하여야 한다(영 제18조 제2항).

① 영 제18조 제2항 제1호. ② 영 제18조 제2항 제2호.
④ 영 제18조 제2항 제3호. ⑤ 영 제18조 제2항 제4호.
　③과 관련하여, "검증"이란 시장·군수·구청장이 표준지 공시지가를 기준으로 <u>토지가격비준표를 사용하여 산정한 지가</u>에 대하여 **감정평가법인등**이 비교표준지의 선정, 토지특성조사의 내용 및 토지가격비준표 적용 등의 타당성을 검토하여 산정지가의 적정성을 판별하고, 표준지공시지가, 인근개별공시지가 및 전년도 개별공시지가와의 균형유지, 지가변동률 등을 종합적으로 참작하여 적정한 가격을 제시하는 것(「개별공시지가의 검증업무 처리지침」제2조)이며 영 제18조 제2항 제5호에 의하더라도 그 밖에 ~~시장·군수 또는 구청장~~이 검토를 의뢰한 사항을 검토·확인하고 의견을 제시할 수 있다는 점에서, 정답 논란이 일 수 있으나 설문에 의할 때 ③이 정답이라 할 수 있다.

야 한다.

② 표준지로 선정된 토지에 대해서도 개별공시지가를 결정·공시하여야 한다.

③ 개별공시지가를 결정·공시하기 위하여 개별토지의 가격을 산정하고자 하는 경우에는 둘 이상의 감정평가법인등에게 이를 의뢰하여야 한다.

④ 개별공시지가를 결정·공시함에 있어 필요하다고 인정되는 때에는 토지소유자 및 그 밖의 이해관계인의 의견청취를 생략할 수 있다.

⑤ 개별공시지가에 대한 이의신청은 그 결정·공시일부터 30일 이내에 국토교통부장관에게 하여야 한다.

33. 부동산가격공시법령상 판례의 입장에 관한 설명으로 옳지 않은 것은? <2011 제22회 수정>

① 감정평가서에는 평가원인을 구체적으로 특정하여 명시함과 아울러 각 요인별 참작 내용과 정도가 객관적으로 납득이 갈 수 있을 정도로 설명되어야 한다.

② 수용보상금의 증액을 구하는 소송에서도 선행처분으로서 그 수용대상 토지 가격 산정의 기초가 된 비교표준지공시지가결정의 위법을 독립한 사유로 주장할 수 있다.

---

32. **정답 ①** 해설 ① 법 제12조. ② **시장·군수 또는 구청장**은 1. 표준지로 선정된 토지, 2. 농지보전부담금 또는 개발부담금 등의 부과대상이 아닌 토지, 3. 국세 또는 지방세 부과대상이 아닌 토지(국공유지의 경우에는 공공용 토지만 해당한다)에 대하여는 개별공시지가를 결정·공시하지 아니할 수 있다(법 제10조 제2항 전단 및 영 제15조 제1항).

③ **시장·군수 또는 구청장**이 개별공시지가를 결정·공시하는 경우에는 해당 토지와 유사한 이용가치를 지닌다고 인정되는 하나 또는 둘 이상의 표준지의 공시지가를 기준으로 토지가격비준표를 사용하여 지가를 산정하되, 해당 토지의 가격과 표준지공시지가가 균형을 유지하도록 하여야 한다(법 제10조 제4항). 개별공시지가의 조사·산정에 의한 결정 및 공시권자는 시장·군수 또는 구청장이다.

④ **시장·군수 또는 구청장**은 개별공시지가를 결정·공시하기 위하여 개별토지의 가격을 산정할 때에는 그 타당성에 대하여 **감정평가법인등**의 검증을 받고 토지소유자, 그 밖의 이해관계인의 의견을 들어야 한다. 다만, 시장·군수 또는 구청장은 **감정평가법인등**의 검증이 필요 없다고 인정되는 때에는 지가의 변동상황 등 **대통령령**으로 정하는 사항을 고려하여 **감정평가법인등**의 검증을 생략할 수 있다(법 제10조 제5항). 의견청취를 생략할 수 있는 근거 조항은 없다.

⑤ 개별공시지가에 이의가 있는 자는 그 결정·공시일부터 30일 이내에 서면으로 **시장·군수 또는 구청장**에게 이의를 신청할 수 있도록 하는 행정심판으로서의 성질을 갖는 규정을 두고 있다(법 제11조 제1항).

33. **정답 ③** 해설 ① 대법원 2009. 12. 10. 선고 2007두20140 판결. ② 대법원 2008.8.21. 선고 2007두13845 판결.

③ 보상금의 증감에 관한 소송에 있어서 동일한 사실에 대하여 수개의 감정평가가 있고 그 중 어느 하나의 감정평가가 오류가 있음을 인정할 자료가 없는 이상 법원이 각 감정평가 중 어느 하나를 채용하거나 하나의 감정평가 중 일부만에 의거하여 사실을 인정하였다 하더라도 그것이 경험법칙이나 논리법칙에 위배되지 않는 한 위법하다고 할 수 없다(대법원 2006. 6. 9. 선고 2006두4035 판결; 대법원 1999. 12. 10. 선고 97누8595 판결; 대법원 2000. 1. 28. 선고 97누11720 판결).

④ 대법원 2010. 7. 22. 선고 2010다13527 판결. ⑤ 대법원 2013. 10. 11. 선고 2013두6138 판결.

③ 보상금의 증감에 관한 소송에 있어서 동일한 사실에 대하여 수개의 감정평가가 있고 그 중 어느 하나의 감정평가가 오류가 있음을 인정할 자료가 없는 이상 법원이 각 감정평가 중 어느 하나를 채용하는 것은 그 자체로 위법하다.

④ 개별공시지가가 당해 토지의 거래 또는 담보제공을 받음에 있어 그 실제 거래가액 또는 담보가치를 보장한다거나 어떠한 구속력을 미친다고 할 수는 없다.

⑤ 개별공시지가 결정이 관련 법령이 정하는 절차와 방법에 따라 이루어진 것이라면 그 공시지가가 감정가액이나 실제 거래가격을 초과한다고 하여 위법하다고 단정할 수는 없다.

34. 부동산가격공시법령상 개별 공시지가의 결정·공시에 관한 설명으로 옳지 않은 것은? (공시기준일은 1월 1일로 함) <2012 제23회>

① 개별공시지가를 결정·공시하지 아니한 표준지에 대하여는 당해 토지의 공시지가를 개별공시지가로 본다.

② 시장·군수 또는 구청장은 조세 또는 부담금 등의 부과대상이 아닌 토지에 대해서는 개별공시지가를 결정·공시하지 아니할 수 있다.

---

34. **정답 ⑤** 해설 ① ② **시장·군수 또는 구청장**은 1. 표준지로 선정된 토지, 2. 농지보전부담금 또는 개발부담금 등의 부과대상이 아닌 토지, 3. 국세 또는 지방세 부과대상이 아닌 토지(국공유지의 경우에는 공공용 토지만 해당한다)에 대하여는 개별공시지가를 결정·공시하지 아니할 수 있다(법 제10조 제2항 전단 및 영 제15조 제1항). 이 경우 표준지로 선정된 토지에 대하여는 해당 토지의 표준지공시지가를 개별공시지가로 본다(법 제10조 제2항 후단).
③ ④ **시장·군수 또는 구청장**은 공시기준일 이후에 분할·합병 등이 발생한 토지에 대하여는 **대통령령**으로 정하는 날을 기준으로 하여 개별공시지가를 결정·공시하여야 한다(법 제10조 제3항). 공시기준일 이후에 법 제10조 제3항에 따라 개별공시지가 공시기준일을 다르게 할 수 있는 토지는 다음 각 호 1. 「공간정보관리법」에 따라 분할 또는 합병된 토지, 2. 공유수면 매립 등으로 「공간정보관리법」에 따른 신규등록이 된 토지, 3. 토지의 형질변경 또는 용도변경으로 「공간정보관리법」에 따른 지목변경이 된 토지, 4. 국유·공유에서 매각 등에 따라 사유(私有)로 된 토지로서 개별공시지가가 없는 토지에 대하여는 **대통령령**으로 정하는 날을 기준으로 하여 개별공시지가를 결정·공시하여야 한다(영 제16조 제1항). 법 제10조 제3항에 따른 '**대통령령**으로 정하는 날'이란 개별공시지가의 공시기준일을 말하는 것인데, 1월 1일부터 6월 30일까지의 사이에 영 제16조 제1항 각 호의 사유가 발생한 토지는 그 해 7월 1일, 7월 1일부터 12월 31일까지의 사이에 영 제16조 제1항 각 호의 사유가 발생한 토지는 다음 해 1월 1일을 공시기준일로 한다(영 제16조 제2항). **시장·군수 또는 구청장**은 매년 5월 31일까지 개별공시지가를 결정·공시하여야 한다(공시시한). 다만, 영 제16조 제2항 제1호의 경우에는 그 해 10월 31일까지, 같은 항 제2호의 경우에는 다음 해 5월 31일까지 결정·공시하여야 한다(영 제21조 제1항).
⑤ 영 제18조 제1항부터 제3항까지에서 규정한 사항 외에 개별토지 가격의 검증에 필요한 세부적인 사항은 **국토교통부장관**이 정한다. 이 경우 개별공시지가검증의 생략에 대해서는 관계 중앙행정기관의 장과 미리 협의하여야 한다(영 제18조 제4항). **시장·군수 또는 구청장**이 미리 관계 중앙행정기관의 장과 협의한 경우에는 의견청취를 생략할 수 있는 근거 규정은 없다.

③ 2019년 11월 15일 분할·합병된 토지에 대해서는 2020년 5월 31일까지 개별공시지가를 결정·공시하여야 한다.

④ 2020년 5월 15일 토지의 형질변경으로 지목이 변경된 토지에 대해서는 2020년 7월 1일을 기준일로 하여 개별공시지가를 결정·공시하여야 한다.

⑤ 시장·군수 또는 구청장이 개별공시지가를 결정·공시하기 위하여 개별토지의 가격을 산정한 때에는 토지소유자 등의 의견을 들어야 하나, 미리 관계 중앙행정기관의 장과 협의한 경우에는 의견청취를 생략할 수 있다.

35. 부동산가격공시법령상 개별공시지가의 결정·공시에 관한 설명으로 옳지 않은 것은? <2009 제20회>

① 국토교통부장관은 매년 공시지가의 공시기준일 현재 관할구역 안의 개별토지의 단위면적당 가격을 결정·공시하고, 이를 관계행정기관 등에 제공하여야 한다.

② 조세 또는 부담금 등의 부과대상이 아닌 토지인 경우에는 개별공시지가를 결정·공시하지 아니할 수 있다.

③ 개별공시지가에 대하여 이의가 있는 자는 개별공시지가의 결정·공시일부터 30일 이내에 서면으로 이의를 신청할 수 있다.

④ 개별공시지가를 결정·공시하는 경우에는 당해 토지와 유사한 이용가치를 지닌다고 인정되는 하나 또는 둘 이상의 표준지의 공시지가를 기준으로 토지가격비준표를 사용하여 지가를 산정하여야 한다.

⑤ 개별공시지가를 결정·공시하기 위하여 개별토지의 가격을 산정한 때에는 원칙적으로 그 타당성에 대하여 감정평가법인등의 검증을 받고 토지소유자 그 밖의 이해관계인의 의견을 들어야 한다.

---

35. 정답 ① 해설 ① 시장·군수 또는 구청장은 국세·지방세 등 각종 세금의 부과, 그 밖의 다른 법령에서 정하는 목적을 위한 지가산정에 사용되도록 하기 위하여 제25조에 따른 시·군·구부동산가격공시위원회의 심의를 거쳐 매년 공시지가의 공시기준일 현재 관할 구역 안의 개별토지의 단위면적당 가격을 결정·공시하고, 이를 관계 행정기관 등에 제공하여야 한다(법 제10조 제1항).
② 표준지로 선정된 토지, 농지보전부담금 또는 개발부담금 등의 부과대상이 아닌 토지, 국세 또는 지방세 부과대상이 아닌 토지(국공유지의 경우에는 공공용 토지만 해당한다)에 해당하는 토지에 대해서는 법 개별공시지가를 결정·공시하지 아니할 수 있다(법 제10조 제2항 및 영 제15조 제1항).
③ 법 제11조 제1항. ④ 법 제10조 제4항. ⑤ 법 제10조 제5항 본문.

36. 부동산가격공시법령상 시장·군수가 개별공시지가를 정정 할 수 있는 사유가 아닌 것은? <2016 제27회>

① 표준지 선정의 착오

② 개별공시지가를 결정·공시하기 위하여 개별토지가격을 산정한 때에 토지소유자의 의견청취절차를 거치지 아니한 경우

③ 토지가격비준표의 적용에 오류가 있는 경우

④ 용도지역 등 토지가격에 영향을 미치는 주요 요인의 조사를 잘못한 경우

⑤ 토지가격이 전년대비 급격하게 상승한 경우

37. 부동산가격공시법령상 개별공시지가의 정정에 관한 사항 중 가장 옳지 않은 것은? <2002 제13회 수정>

① 개별공시지가를 정정하기 위해서는 이해관계인의 청문을 거쳐야 한다.

② 개별공시지가를 결정·공시함에 있어 토지소유자의 의견청취절차를 거치지 아니한 경우도 명백한 오류에 해당한다.

③ 시장·군수 또는 구청장은 개별공시지가에 명백한 오류가 있음을 발견한 때에는 지체 없이 이를 정정하여야 한다.

④ 틀린 계산 또는 오기(誤記)가 있어 정정하는 경우에는 시·군·구 토지평가위원회의 심의를 거칠 필요는 없다.

⑤ 시장·군수 또는 구청장은 개별공시지가를 정정한 때에는 그 사실을 국토교통부장관에게 통보할 필요는 없다.

---

36. **정답 ⑤** 해설 ① ② ③ ④ 시장·군수 또는 구청장은 개별공시지가에 틀린 계산, 오기, 표준지 선정의 착오, 기타 **대통령령**으로 정하는 명백한 오류[1. 법 제10조에 따른 공시절차를 완전하게 이행하지 아니한 경우, 2. 용도지역·용도지구 등 토지가격에 영향을 미치는 주요 요인의 조사를 잘못한 경우, 3. 토지가격비준표의 적용에 오류(영 제23조 제1항)]가 있음을 발견한 때에는 지체 없이 이를 정정하여야 한다(법 제12조). ⑤는 아니다.

37. **정답 ①** 해설 ① 개별공시지가의 정정 규정은 행정청이 개별공시지가결정에 위산·오기 등 명백한 오류가 있음을 발견한 경우 직권으로 이를 경정하도록 한 것으로서 토지소유자 등 이해관계인이 그 경정결정을 신청할 수 있는 권리를 인정하고 있지 아니하므로 토지소유자, 그 밖의 이해관계인의 의견을 들어야 하는 절차를 거칠 필요가 없다.

② 법 제10조에 따른 공시절차를 완전하게 이행하지 아니한 경우에 해당한다(법 제12조 및 영 제23조 제1항 제1호).

③ 법 제12조 및 영 제23조 제1항. ④ 영 제23조 제2항. ⑤ 제10조의4 제2항에서는 **국토교통부장관**에게 통보하도록 하였으나, 2007. 4. 27 삭제된 조항이다.

38. 부동산가격공시법령상 지가의 공시 등에 관한 설명으로 옳지 않은 것은? <2018 제29회>

① 표준지로 선정되어 개별공시지가를 결정·공시하지 아니하는 토지의 경우 해당 토지의 표준지공시지가를 개별공시지가로 본다.

② 개별공시지가 조사·산정의 기준에는 지가형성에 영향을 미치는 토지 특성조사에 관한 사항이 포함되어야 한다.

③ 관계공무원등이 표준지가격의 조사·평가를 위해 택지에 출입하고자 할 때에는 점유자를 알 수 없거나 부득이한 사유가 있는 경우를 제외하고는 출입할 날의 3일 전에 그 점유자에게 일시와 장소를 통지하여야 한다.

④ 표준지공시지가의 공시기준일은 1월 1일이며, 일부 지역을 지정하여 해당 지역에 대한 공시기준일을 따로 정할 수는 없다.

⑤ 개별공시지가의 결정·공시에 소요되는 비용은 대통령령으로 정하는 바에 따라 그 일부를 국고에서 보조할 수 있다.

39. 부동산가격공시법령상 개별공시지가에 대한 이의신청에 관한 설명 중 틀린 것은? <2000 제11회>

① 개별공시지가에 대하여 이의가 있는 자는 개별공시지가의 결정·공시일부터 30일 이내에 이의신청을 할 수 있다.

② 개별공시지가에 대한 이의신청은 시장·군수 또는 구청장에게 서면으로 제출하여야 한다.

③ 시장·군수 또는 구청장은 이의신청일부터 30일 이내에 이의신청을 심사하여 그 결과를 통지하여야 한다.

---

38. **정답 ④** 해설 ① 법 제10조 제2항 후단. ② **국토교통부장관**은 개별공시지가 조사·산정의 기준을 정하여 ~~시장·군수 또는 구청장~~에게 통보하여야 하며, ~~시장·군수 또는 구청장~~은 그 기준에 따라 개별공시지가를 조사·산정하여야 한다(영 제17조 제1항). 조사·산정의 기준에는 다음 각 호 1. 지가형성에 영향을 미치는 토지 특성조사에 관한 사항, 2. 비교표준지의 선정에 관한 사항, 3. 토지가격비준표의 사용에 관한 사항, 4. 그 밖에 개별공시지가의 조사·산정에 필요한 사항이 포함되어야 한다(영 제17조 제2항). ③ 법 제13조 제2항. ④ **국토교통부장관**은 표준지공시지가 조사·평가인력 등을 고려하여 부득이하다고 인정하는 경우에는 일부 지역을 지정하여 해당 지역에 대한 공시기준일을 따로 정할 수 있다(영 제2조 제2항). ⑤ 50퍼센트 이내에서 그 일부를 국고에서 보조할 수 있다(법 제14조 및 영 제24조).

39. **정답 ③** 해설 ① ② 법 제11조 제1항. ③ ⑤ ~~시장·군수 또는 구청장~~은 이의신청 기간이 만료된 날부터 30일 이내에 이의신청을 심사하여 그 결과를 신청인에게 서면으로 통지하여야 한다. 이 경우 ~~시장·군수 또는 구청장~~은 이의신청의 내용이 타당하다고 인정될 때에는 해당 개별공시지가를 조정하여 다시 결정·공시하여야 한다(법 제11조 제2항). ④ 법 제25조 제1항 제2호.

④ 시·군·구 부동산가격공시위원회는 개별공시지가에 대한 이의신청에 관하여 심의한다.

⑤ 시장·군수 또는 구청장은 이의신청의 내용이 타당하다고 인정될 때에는 개별공시지가를 조정하여 다시 결정·공시하여야 한다.

40. 부동산가격공시법령상 표준지공시지가 및 개별공시지가의 불복에 관한 다음 설명 중 잘못된 것은? <2004 제15회>

① 표준지공시지가에 이의가 있는 자는 그 공시일부터 30일 이내에 서면(전자문서를 포함)으로 국토교통부장관에게 이의를 신청할 수 있다

② 국토교통부장관은 표준지공시지가에 대한 이의신청기간이 만료된 날부터 30일 이내에 이의신청을 심사하여 그 결과를 신청인에게 서면으로 통지하여야 한다.

③ 개별공시지가에 대하여 이의가 있는 자는 개별공시지가의 결정·공시일부터 30일 이내에 서면으로 시장·군수 또는 구청장에게 이의를 신청할 수 있다.

④ 시장·군수 또는 구청장은 이의신청 기간이 만료된 날부터 30일 이내에 이의신청을 심사하여 그 결과를 신청인에게 서면으로 통지하여야 한다.

⑤ 판례에 의하면 개별공시지가결정은 비권력적 사실행위로서 구체적 사실에 관한 법집행으로서의 공권력 행사로 볼 수 없어 그 처분성이 부인되므로 항고소송으로 다툴 수 없다고 한다.

41. 부동산가격공시법령상 개별공시지가의 검증을 의뢰받은 감정평가법인등이 검토·확인하여야 하는 사항에 해당하지 않는 것은? <2020 제31회>

① 비교표준지 선정의 적정성에 관한 사항

② 산정한 개별토지가격과 표준지공시지가의 균형 유지에 관한 사항

③ 산정한 개별토지가격과 인근토지의 지가 및 전년도 지가와의 균형 유지에 관한 사항

---

40. 정답 ⑤ 해설 ① 법 제7조 제1항. ② 법 제7조 제2항. ③ 법 제11조 제1항. ④ 법 제11조 제2항.
⑤ 행정청이 행하는 구체적 사실에 관한 법집행으로서의 공권력행사이므로 항고소송의 대상이 되는 행정처분에 해당한다고 판시하였다(대법원 1993.1.15. 선고 92누12407 판결; 대법원 1993. 6. 11. 선고 92누16706 판결; 대법원 1994. 2. 8. 선고 93누111 판결).

41. 정답 ④ 해설 법 제10조 제5항 본문에 따라 검증을 의뢰받은 **감정평가법인등**은 다음 각 호 1. 비교표준지 선정의 적정성에 관한 사항, 2. 개별토지가격 산정의 적정성에 관한 사항, 3. 산정한 개별토지가격과 표준지공시지가의 균형 유지에 관한 사항, 4. 산정한 개별토지가격과 인근토지의 지가 및 전년도 지가와의 균형 유지에 관한 사항, 5. 그 밖에 ~~시장·군수 또는 구청장~~이 검토를 의뢰한 사항을 검토·확인하고 의견을 제시하여야 한다(영 제18조 제2항).

④ 토지가격비준표 작성의 적정성에 관한 사항

⑤ 개별토지가격 산정의 적정성에 관한 사항

42. 부동산가격공시법령상 지가의 공시에 관한 설명으로 ( )에 알맞은 것은? <2014 제25회 수정>

> • 정부는 표준지공시지가, 표준주택가격 및 공동주택가격의 주요사항에 관한 보고서를 매년 정기국회의 ( )전까지 국회에 제출하여야 한다.
> • 시장·군수 또는 구청장은 개별공시지가 확인서를 발급하는 경우에는 해당 시·군 또는 구 (자치구인 구를 말한다)의 ( )로 정하는 바에 따라 신청인으로부터 수수료를 받을 수 있다.

① ㄱ: 개회 30일   ㄴ: 규칙

② ㄱ: 개회   ㄴ: 규칙

③ ㄱ: 개회 30일   ㄴ: 조례

④ ㄱ: 개회   ㄴ: 조례

⑤ ㄱ: 폐회   ㄴ: 조례

43. 부동산가격공시법령상 표준지공시지가 및 개별공시지가에 대한 판례의 내용으로 옳지 않은 것은?

① 표준지공시지가에 대하여 불복을 하기 위하여는 이의절차를 거쳐 처분청인 건설부장관을 피고로 하여 공시지가 결정의 취소를 구하는 행정소송을 제기하여야 한다.

② 표준지공시지가에 대하여 불복 절차를 밟지 아니하였어도 개별토지가격결정을 다투는 소송에서 그 개별공시지가 산정의 기초가 된 표준지공시지가의 위법성을 다툴 수 있다.

③ 표준지공시지가의 위법성을 이의절차를 거쳐 처분청을 상대로 그 공시지가결정의 위법성을 다툴 수 있을 뿐 그러한 절차를 밟지 아니한 채 이 사건 대지에 대한 토지초과

---

42. **정답 ④** 해설 ㄱ: 법 제26조 제1항 ㄴ: 칙 제5조 제4항. ④가 옳다.
43. **정답 ②** 해설 ① 대법원 1994. 3. 8. 선고 93누10828 판결. ② 판례는 조사·평가 및 공시된 표준지공시지가와 개별공시지가처분간의 하자승계를 부정한다(대법원 1995. 3. 28. 선고 94누12920 판결; 1996. 5. 10. 선고 95누9808 판결; 1996. 9. 20. 선고 95누11931 판결; 대법원 1998. 3. 24 선고 96누6851 판결; 2001. 9. 25. 선고 2000두4651 판결 등).
 ③ 대법원 1995. 3. 28. 선고 94누12920 판결; 대법원 1995. 11. 10 선고 93누16468 판결; 대법원 1997. 2. 28. 선고 96누10225 판결; 대법원 1997. 4. 11 선고 96누8895 판결; 대법원 1997. 9. 26. 선고 96누7649 판결.
 ④ 대법원 2008. 8. 21. 선고 2007두13845 판결. ⑤ 대법원 1994. 1. 25. 선고 93누8542 판결.

이득세 부과처분의 취소를 구하는 조세소송에서 다툴 수는 없다

④ 수용보상금의 증액을 구하는 소송에서도 선행처분으로서 그 수용대상 토지 가격 산정의 기초가 된 비교표준지공시지가결정의 위법을 독립한 사유로 주장할 수 있다.

⑤ 개별공시지가결정에 위법이 있는 경우에는 그 자체를 행정소송의 대상이 되는 행정처분으로 보아 그 위법 여부를 다툴 수 있음은 물론 이를 기초로 한 과세처분 등 행정처분의 취소를 구하는 행정소송에서도 선행처분인 개별공시지가결정의 위법을 독립된 위법사유로 주장할 수 있다.

제3절   타인토지에의 출입

44. 부동산가격공시법령상 공무원 또는 감정평가법인등의 타인 토지에의 출입등에 관한 설명 중 틀린 것은? <2000 제11회>

① 관계공무원등은 ㅍ준지가격의 조사·평가 또는 개별공시지가의 산정을 위하여 필요한 때에는 타인의 토지에 출입할 수 있다.

② 공무원 또는 감정평가법인등이 택지 또는 담장이나 울타리로 둘러싸인 타인의 토지에 출입하고자 할 때에는 시장·군수 또는 구청장의 허가를 받아야 한다.

③ 출입할 날의 3일 전에 토지점유자에게 일시와 장소를 통지하여야 한다.

④ 출입을 하고자 하는 자는 그 권한을 표시하는 증표와 허가증을 지니고 이를 관계인에게 제시하여야 한다.

⑤ 일출전·일몰후에는 토지점유자의 승인없이 택지 또는 담장이나 울타리로 둘러싸인 타인의 토지에 출입할 수 없다.

---

44. **정답** ② 해설 ① 법 제13조 제1항. ② ③ 관계 공무원 또는 부동산가격공시업무를 의뢰받은 자(이하 "관계공무원등"이라 한다)는 택지 또는 담장이나 울타리로 둘러싸인 타인의 토지에 출입하고자 할 때에는 부동산가격공시업무를 의뢰 받은 자에 한정하여 **시장·군수 또는 구청장**의 허가를 받아 출입할 날의 3일 전에 그 점유자에게 일시와 상소를 통시하여야 한나. 나만, 점유자를 알 수 없거나 부득이한 사유가 있는 경우에는 그러하지 아니하다(법 제13조 제2항). ④ 법 제13조 제4항. ⑤ 법 제13조 제3항.

제3장 주택가격의 공시

45. 부동산가격공시법령상 주택가격의 공시에 관한 설명으로 옳지 않은 것은? <2009 제20회 수정>

① 국토교통부장관은 표준주택에 대하여 매년 공시기준일 현재의 적정가격을 조사·산정하고 중앙부동산가격공시위원회의 심의를 거쳐 이를 공시하여야 한다.

② 시장·군수 또는 구청장이 표준주택으로 선정된 단독주택에 대하여 개별주택가격을 결정·공시하지 아니할 경우에는 표준주택가격을 개별주택가격으로 할 수 있다.

③ 표준주택가격은 국가·지방자치단체 등의 기관이 과세 등의 업무와 관련하여 주택의 가격을 산정하는 경우에 그 기준으로 활용된다.

④ 국토교통부장관은 공동주택가격을 공시하기 위하여 공동주택의 가격을 산정한 때에는 공동주택소유자와 그 밖의 이해관계인의 의견을 들어야 한다.

⑤ 국토교통부장관은 공시기준일 이후에 토지의 분할·합병이나 건물의 신축 등이 발생한 경우에는 대통령령이 정하는 날을 기준으로 공동주택가격을 결정·공시하여야 한다.

---

45. **정답 ⑤** 해설 ① 법 제16조 제1항. ② 표준주택으로 선정된 단독주택에 대하여는 해당 주택의 표준주택가격을 개별주택가격으로 보기 때문에 해당 표준주택가격을 개별주택가격으로 본다(법 제17조 제2항).
③ 표준주택가격은 국가·지방자치단체 등이 그 업무와 관련하여 개별주택가격을 산정하는 경우에 그 기준이 되며(법 제19조 제1항), 표준주택가격 자체를 그 기준으로 활용하는 것이 아니고 표준주택가격으로 개별주택가격을 산정한 후 개별주택가격은 국가·지방자치단체 등이 과세 등의 업무와 관련하여 주택의 가격을 산정하는 경우에 그 기준으로 활용될 수 있다(법 제19조 제2항).
④ 법 제18조 제2항. ⑤ 법 제18조 제4항.

46. 부동산가격공시법령상 주택가격의 공시에 관한 설명으로 옳은 것은? <2012 제23회 수정>

① 표준주택가격은 국토교통부장관이 매년 공시기준일 현재의 적정가격을 조사·산정한 후 중앙부동산평가위원회의 심의를 거쳐 공시하여야 한다.

② 신축된 단독주택에 대하여 개별주택가을 결정·공시할 경우에는 당해 연도의 공시기준일을 기준으로 한다.

③ 건축 연면적 165제곱미터 이상의 연립주택의 공동주택가은 국세청장이 결정·고시하여야 한다.

④ 표준주택가격은 국가·지방자치단체 등의 기관이 그 업무와 관련하여 개별주택가격을 산정하는 경우에 그 기준이 된다.

⑤ 개별주택 및 공동주택의 가격은 국가·지방자치단체 등의 기관이 수용방식의 도시·군계획사업을 시행할 때 보상가격으로 사용된다.

47. 부동산가격공시법령상 주택가격의 공시에 관한 설명으로 옳은 것은? <2020 제31회>

① 국토교통부장관은 표준주택을 선정할 때에는 일반적으로 유사하다고 인정되는 일단의 공동주택 중에서 해당 일단의 공동주택을 대표할 수 있는 주택을 선정하여야 한다.

② 국토교통부장관은 표준주택가격을 조사·산정하고자 할 때에는 한국부동산원 또는 둘 이상의 감정평가법인등에게 의뢰한다.

---

46. 정답 ⑤ 해설 ① 법 제16조 제1항.
② 시장·군수 또는 구청장은 공시기준일 이후에 토지의 분할·합병이나 건축물의 신축 등이 발생한 경우에는 **대통령령으로 정하는 날**을 기준으로 하여 개별주택가격을 결정·공시하여야 한다(법 제17조 제4항). 법 제17조 제4항에 따라 개별주택가격 공시기준일을 다르게 할 수 있는 단독주택은 다음 각 호 1. 「공간정보관리법」에 따라 그 대지가 분할 또는 합병된 단독주택, 2. 「건축법」에 따른 건축·대수선 또는 용도변경이 된 단독주택, 3. 국유·공유에서 매각 등에 따라 사유로 된 단독주택으로서 개별주택가격이 없는 단독주택의 어느 하나에 해당하는 단독주택으로 한다(영 제34조 제1항). 법 제17조 제4항에서 "**대통령령으로 정하는 날**"이란 다음 각 호 1. 1월 1일부터 5월 31일까지의 사이에 제1항 각 호의 사유가 발생한 단독주택: 그 해 6월 1일, 2. 6월 1일부터 12월 31일까지의 사이에 제1항 각 호의 사유가 발생한 단독주택: 다음 해 1월 1일의 구분에 따른 날을 말한다(영 제34조 제2항).
③ 법 제18조 제1항 단서 및 영 제41조. ④ 법 제19조 제1항.
⑤ 개별주택가격 및 공동주택가격은 주택시장의 가격정보를 제공하고, 국가·지방자치단체 등이 과세 등의 업무와 관련하여 주택의 가격을 산정하는 경우에 그 기준으로 활용될 수 있다(법 제19조 제2항). 수용방식의 도시·군계획사업을 시행할 때 보상가격을 산정할 때는 「토지보상법」에 따라 보상가격을 산정한다.
47. 정답 ④ 해설 ① 표준주택의 선정 등에 필요한 사항은 **대통령령**으로 정한다(법 제16조 제3항). 이와 같은 위임 규정에 따라 **국토교통부장관**은 법 제16조 제1항에 따라 표준주택을 선정할 때에는 일반적으로 유사하다고 인정되는 일난의 난독주택 중에서 해당 일단의 단독주택을 대표할 수 있는 주택을 선정하여야 한다(영 제26조 제1항).

③ 표준주택가격은 국가·지방자치단체 등이 과세업무와 관련하여 주택의 가격을 산정하는 경우에 그 기준으로 활용하여야 한다.

④ 표준주택가격의 공시사항에는 지목, 도로 상황이 포함되어야 한다.

⑤ 개별주택가격 결정·공시에 소요되는 비용은 75퍼센트 이내에서 지방자치단체가 보조할 수 있다.

48. 부동산가격공시법령에서 표준주택가격의 공시에 포함되어야 하는 사항만을 모두 고른 것은? <2011 제22회 수정>

| ㄱ. 표준주택에 식재된 정원수의 상황 |
| ㄴ. 용도지역 |
| ㄷ. 지목 |
| ㄹ. 도로 상황 |
| ㅁ. 표준주택의 단위면적당 가격 |
| ㅂ. 표준주택의 구조 및 사용승인일 |

① ㄱ, ㄴ, ㄷ

② ㄴ, ㄷ, ㅁ

③ ㄱ, ㄹ, ㅂ

④ ㄴ, ㄷ, ㄹ, ㅂ

⑤ ㄱ, ㄷ, ㄹ, ㅁ, ㅂ

---

② **국토교통부장관**은 표준주택가격을 조사·산정하고자 할 때에는 「한국부동산원법」에 따른 한국부동산원(이하 "부동산원"이라 한다)에 의뢰한다(법 제16조 제4항).

③ 표준주택가격은 국가·지방자치단체 등이 그 업무와 관련하여 개별주택가격을 산정하는 경우에 그 기준이 된다(법 제19조 제1항). ④ 법 제16조 제2항.

⑤ 개별주택가격 결정·공시비용의 보조에 관하여는 영 제24조(국고에서 보조할 수 있는 비용은 개별공시지가의 결정·공시에 드는 비용의 50퍼센트 이내)를 준용한다(영 제39조).

48. 정답 ④ 해설 표준주택의 공시에는 다음 각 호 1. 표준주택의 지번, 2. 표준주택가격, 3. 표준주택의 대지면적 및 형상, 4. 표준주택의 용도, 연면적, 구조 및 사용승인일(임시사용승인일을 포함한다), 5. 그 밖에 **대통령령**으로 정하는 사항[1. 지목, 2. 용도지역, 3. 도로 상황, 4. 그 밖에 표준주택가격 공시에 필요한 사항(영 제29조)]이 포함되어야 한다(법 제16조 제2항).

49. 부동산가격공시법령상 표준주택가격의 공시 등에 관한 설명으로 옳지 않은 것은?
<2017 제28회>

① 국토교통부장관은 표준주택가격을 조사·산정하고자 할 때에는 한국감정원에 의뢰한다.
② 표준주택가격은 국토교통부장관이 중앙부동산가격공시위원회의 심의를 거쳐 공시 하여야 한다.
③ 표준주택의 대지면적 및 형상은 표준주택가격의 공시에 포함되어야 한다.
④ 국토교통부장관이 표준주택가격을 조사·산정하는 경우에는 인근 유사 단독주택의 거래가격·임대료 등을 종합적으로 참작하여야 한다.
⑤ 국토교통부장관은 개별주택가격의 산정을 위하여 필요하다고 인정하는 경우에는 주택가격비준표를 작성하여 시·도지사 또는 대도시 시장에게 제공하여야 한다.

50. 부동산가격공시법령상 단독주택가격의 공시에 관한 설명으로 옳지 않은 것은?
<2013 제24회>

① 국토교통부장관은 용도지역, 건물구조 등이 일반적으로 유사하다고 인정되는 일단의 단독주택 중에서 표준주택을 선정한다.
② 표준주택 선정 및 관리에 필요한 세부기준은 「표준주택의 선정 및 관리지침」에 따라야 한다.
③ 국토교통부장관은 표준주택가격을 공시할 때에는 표준주택가격의 열람방법을 관보에 공고하고, 표준주택가격을 부동산공시가격시스템에 게시하여야 한다.
④ 국토교통부장관이 따로 정하지 아니한 경우 표준주택가격의 공시기준일은 1월 1일로 한다.
⑤ 국토교통부장관은 공시기준일 이후에 토지의 분할·합병이나 건축물의 신축 등이 발생한 경우에는 대통령령으로 정하는 날을 기준으로 하여 개별주택가격을 결정·공시하여야 한다.

---

49. 정답 ⑤ 해설 ① 법 제16조 제4항. ② 법 제16조 제1항 및 법 제24조 제1항. ③ 법 제16조 제2항. ④ 법 제16조 제5항.
⑤ **국토교통부장관**은 제17조에 따른 개별주택가격의 산정을 위하여 필요하다고 인정하는 경우에는 표준주택과 산정대상 개별주택의 가격형성요인에 관한 표준적인 비교표(이하 "주택가격비준표"라 한다)를 작성하여 ~~시장·군수 또는 구청장~~에게 제공하여야 한다(법 제16조 제6항).
50. 정답 ⑤ 해설 ① 법 제16조 제1항. ② 법 제24조 제5호 및 영 제26조 제2항. ③ 영 제28조 제1항.
④ 영 제27조. ⑤ ~~시장·군수 또는 구청장~~은 공시기준일 이후에 토지의 분할·합병이나 건축물의 신축 등이 발생한 경우에는 **대통령령**으로 정하는 날을 기준으로 하여 개별주택가격을 결정·공시하여야 하지만(법 제17조 제4항), 표준주택은 공시기준일을 다르게 할 수 없다.

51. 부동산가격공시법령상 주택으로 쓰이는 각 층의 바닥면적이 150제곱미터이고, 1개 동의 연면적(지하주차장 면적은 제외)이 600제곱미터인 주택의 유형은? <2009 제20회>

① 아파트

② 연립주택

---

51. 정답 ④ 해설 '주택'이란 「주택법」 제2조 제1호에 따른 주택으로(법 제2조 제1호), 이에 따르면 주택이란 세대(世帶)의 구성원이 장기간 독립된 주거생활을 할 수 있는 구조로 된 건축물의 전부 또는 일부 및 그 부속토지를 말하며, '단독주택'이란 1세대가 하나의 건축물 안에서 독립된 주거생활을 할 수 있는 구조로 된 주택을 말하며(「주택법」 제2조 제2호), 단독주택의 종류와 범위는 다음 각 호 1. 단독주택, 2. 다중주택, 3. 다가구주택, 4. 공관을 말한다(주택법 시행령 제2조). '공동주택'이란 건축물의 벽·복도·계단이나 그 밖의 설비 등의 전부 또는 일부를 공동으로 사용하는 각 세대가 하나의 건축물 안에서 각각 독립된 주거생활을 할 수 있는 구조로 된 주택을 말한다(「주택법」 제2조 제3호). 공동주택의 종류와 범위는 다음 각 호 1. 아파트, 2. 연립주택, 3. 다세대주택을 말한다(주택법 시행령 제3조). 공동주택을 제외한 주택이 '단독주택'이므로(법 제2조 제3호) 공동주택인지 단독주택인지의 구분은, 공동주택에 해당하기 위해서는 "건축물의 벽·복도·계단이나 그 밖의 설비 등의 전부 또는 일부를 공동으로 사용"하여야 하며, 각 층의 바닥면적이 150제곱미터이고 1개 동의 연면적(지하주차장 면적은 제외)이 600제곱미터라는 설문에서 해결점을 찾는다면, 하나의 건축물 각 층의 바닥면적의 합계가 연면적이므로 1개 동의 층수가 4층(600/150=4층)이라는 것을 알 수 있다. 층수 4층에 연면적 600제곱미터이므로 5층 이상인 아파트나 3층 이하인 다중주택이나 다가구 주택은 제외되고 660제곱미터를 초과하는 연립주택도 제외되므로 ④ 다세대 주택이 정답이다.

단독주택의 종류와 범위

종류	요건
1.단독주택	
2.다중주택	학생 또는 직장인 등 여러 사람이 장기간 거주할 수 있는 구조
	독립된 주거의 형태를 갖추지 아니한 것
	바닥면적의 합계가 330제곱미터 이하, 지하층은 제외한 층수가 3개 층 이하
3.다가구주택	층수가 3개 층 이하
	1개 동의 주택으로 쓰이는 바닥면적(부설 주차장 면적은 제외)의 합계가 660제곱미터 이하
	대지 내 동별 세대수를 합하여 19세대 이하
4.공관	

공동주택의 종류

종류	요건
1.아 파 트	주택으로 쓰는 층수가 5개 층 이상인 주택
2.연립주택	주택으로 쓰는 1개 동의 바닥면적(2개 이상의 동을 지하주차장으로 연결하는 경우에는 각각의 동으로 본다)합계가 660제곱미터를 초과하고, 층수가 4개 층 이하인 주택
3.다세대주택	주택으로 쓰는 1개 동의 바닥면적 합계가 660제곱미터 이하이고, 층수가 4개 층 이하인 주택(2개 이상의 동을 지하주차장으로 연결하는 경우에는 각각의 동으로 본다)

③ 다가구주택

④ 다세대주택

⑤ 다중주택

52. 부동산가격공시법령상 공동주택가격의 조사·산정 및 공시에 관한 설명으로 옳지 않은 것은? <2019 제30회>

① 국토교통부장관이 공동주택가격을 조사·산정하고자 할 때에는 한국감정원에 의뢰한다.

② 국토교통부장관은 3월 31일 대지가 합병된 공동주택의 공동주택가격을 그 해 6월 1일까지 산정·공시하여야 한다.

③ 공시기준일 이후 「건축법」에 따른 용도변경이 된 공동주택은 공동주택가격의 공시기준일을 다르게 할 수 있는 공동주택에 해당한다.

④ 공동주택가격의 공시에는 공동주택의 면적이 포함되어야 한다.

⑤ 아파트에 해당하는 공동주택은 국세청장이 국토교통부장관과 협의하여 그 공동주택가격을 별도로 결정·공시할 수 있다.

53. 부동산가격공시법령상 공동주택가격의 공시에 관한 설명으로 옳은 것은?
<2011 제22회>

① 시장·군수 또는 구청장이 공동주택가격을 조사·산정하여 공시하여야 한다.

② 공동주택가격을 조사·산정하는 경우에는 둘 이상의 감정평가법인등에게 이를 의뢰하여야 한다.

---

52. **정답 ②** 해설 ① 법 제18조 제6항. ② 1월 1일부터 5월 31일까지의 사이에 대지가 분할 또는 합병된 공동주택 등의 사유가 발생한 공동주택은 경우에는 그 해 9월 30일까지, 6월 1일부터 12월 31일까지의 사이에 대지가 분할 또는 합병된 공동주택 등의 사유가 발생한 공동주택의 경우에는 다음 해 4월 30일까지 공시하여야 한다(영 제43조 제1항).
③ 영 제44조 제1항 제2호. ④ 법 제18조 제1항에 따른 공동주택가격의 공시에는 다음 각 호 1. 공동주택의 소재지·명칭·동·호수, 2. 공동주택가격, 3. 공동주택의 면적, 4. 그 밖에 공동주택가격 공시에 필요한 사항의 사항이 포함되어야 한다(영 제43조 제2항).
⑤ 국세청장이 공동주택가격을 별도로 결정·고시하는 경우는 국세청장이 그 시기·대상 등에 대하여 **국토교통부장관**과의 협의를 거쳐 「소득세법」 제99조 제1항 제1호 라목 단서 및 「상속세 및 증여세법」 제61조 제1항 제4호 각 목 외의 부분 단서에 따라 다음 각 호 1. 아파트, 2. 건축 연면적 165제곱미터 이상의 연립주택의 어느 하나에 해당하는 공동주택의 기준시기를 결정·고시하는 경우로 한다(영 제41조).
53. **정답 ③** 해설 ① **국토교통부장관**은 공동주택에 대하여 매년 공시기준일 현재의 적정가격을 조사·산정하여 중앙부동산가격공시위원회의 심의를 거쳐 공시한 것을 공동주택가격이라 하고, 이를 관계 행정기관 등에 제공하여야 한다(법 제18조 제1항 본문).

③ 공동주택에 전세권이 설정되어 있는 경우 당해 전세권이 존재하지 아니하는 것으로 보고 적정가격을 조사하여야 한다.

④ 공동주택가격은 매년 4월 30일을 공시기준일로 하여 산정·공시하여야 한다.

⑤ 공동주택가격을 산정한 때에는 그 타당성에 대하여 감정평가업자의 검증을 받고 공동주택소유자등 이해관계인의 의견을 들어야 한다.

---

② **국토교통부장관**이 공동주택가격을 조사·산정하고자 할 때에는 감정원에 의뢰한다(법 제18조 제6항).

③ 영 제45조 제2항.

④ 공동주택가격의 공시기준일은 1월 1일로 한다. 다만, **국토교통부장관**은 공동주택가격 조사·산정인력 및 공동주택의 수 등을 고려하여 부득이하다고 인정하는 경우에는 일부 지역을 지정하여 해당 지역에 대한 공시기준일을 따로 정할 수 있다(영 제40조).

⑤ **감정평가법인등**의 검증 절차는 없다.

제4장 비주거용 부동산가격의 공시

제1절 의의

제2절 비주거용 표준부동산가격의 공시

54. 부동산가격공시법령상 비주거용 부동산가격의 공시에 관한 설명으로 옳지 않은 것은? <2020 제31회>

① 국토교통부장관이 비주거용 표준부동산을 선정할 경우 미리 해당 비주거용 표준부동산이 소재하는 시·도지사의 의견을 들어야 하나, 이를 시장·군수·구청장의 의견으로 대신할 수 있다.

② 국토교통부장관은 중앙부동산가격공시위원회의 심의를 거쳐 비주거용 표준부동산가격을 공시할 수 있다.

③ 비주거용 표준부동산가격의 공시에는 비주거용 표준부동산의 대지면적 및 형상이 포

---

54. 정답 ① 해설 ① **국토교통부장관**은 법 제20조 제1항에 따라 비주거용 표준부동산을 선정할 때에는 일단의 비주거용 일반부동산 중에서 해당 일단의 비주거용 일반부동산을 대표할 수 있는 부동산을 선정하여야 한다. 이 경우 미리 해당 비주거용 표준부동산이 소재하는 시·도지사 및 시장·군수·구청장의 의견을 들어야 한다(영 제48조 제1항).

② 법 제20조 제1항.

③ 법 제20조 제1항에 따른 비주거용 표준부동산가격의 공시에는 다음 각 호 1. 비주거용 표준부동산의 지번, 2. 비주거용 표준부동산가격, 3. 비주거용 표준부동산의 대지면적 및 형상, 4. 비주거용 표준부동산의 용도, 연면적, 구조 및 사용승인일(임시사용승인일을 포함한다), 5. 그 밖에 **대통령령**으로 정하는 사항[1. 지목, 2. 용도지역, 3. 도로 상황, 4. 그 밖에 비주거용 표준부동산가격 공시에 필요한 사항(영 제51조)]이 포함되어야 한다(법 제20조 제2항).

④ 법 제20조 제6항.

⑤ 비주거용 표준부동산가격의 공시기준일은 1월 1일로 한다. 다만, **국토교통부장관**은 비주거용 표준부동산가격 조사·산정인력 및 비주거용 표준부동산의 수 등을 고려하여 부득이하다고 인정하는 경우에는 일부 지역을 지정하여 해당 지역에 대한 공시기준일을 따로 정하여 고시할 수 있다(영 제49조).

함되어야 한다.

④ 국토교통부장관은 비주거용 개별부동산가격의 산정을 위하여 필요하다고 인정하는 경우에는 비주거용 부동산가격비준표를 작성하여 시장·군수 또는 구청장에게 제공하여야 한다.

⑤ 공시기준일이 따로 정해지지 않은 경우, 비주거용 집합부동산가격의 공시기준일은 1월 1일로 한다.

제3절 비주거용 개별부동산가격의 공시

제4절 비주거용 집합부동산가격의 공시

제5절 비주거용 부동산가격공시의 효력

제5장 부동산 가격정보 등의 조사

제6장 보칙

제1절 **부동산가격공시위원회**

55. 부동산가격공시법령상 중앙부동산가격공시위원회에 관한 설명으로 옳은 것은?
<2016 제27회 수정>

① 위원회는 위원장을 포함한 25명 이내의 위원으로 구성한다.

② 위원회의 위원 중 공무원은 9명 이내이어야 한다.

③ 위원회의 위원장은 국토교통부장관이 된다.

④ 위원장은 중앙부동산가격공시위원회의 회의를 소집할 때에는 개회 3일 전까지 의안을 첨부하여 위원에게 개별 통지하여야 한다.

⑤ 공무원이 아닌 위원의 임기는 3년으로 한다.

56. 부동산가격공시법령상 중앙부동산가격공시위원회의 심의대상이 아닌 것은? <2014 제25회 수정>

① 부동산 가격공시 관계 법령의 제·개정에 관한 사항 중 국토교통부장관이 부의하는 사항

② 표준지공시지가에 대한 이의신청에 관한 사항

③ 표준주택가격에 대한 이의신청에 관한 사항

---

55. **정답** ④ **해설** ① 20명 이내의 위원으로 구성한다(법 제24조 제2항). ② 6명 이내의 공무원(법 제24조 제4항)으로 구성한다. ③ 위원장은 국토교통부 제1차관이 된다(법 제24조 제3항). ④ 영 제71조 제8항. ⑤ 공무원이 아닌 위원의 임기는 2년으로 하되, 한차례 연임할 수 있다(법 제24조 제5항).

56. **정답** ④ **해설** 다음 각 호 1. 부동산 가격공시 관계 법령의 제·개정에 관한 사항 중 **국토교통부장관**이 부의하는 사항, 2. 법 제3조에 따른 표준지의 선정 및 관리지침, 3. 법 제3조에 따라 조사·평가된 표준지공시지가, 4. 법 제7조에 따른 표준지공시지가에 대한 이의신청에 관한 사항, 5. 법 제16조에 따른 표준주택의 선정 및 관리지침, 6. 법 제16조에 따라 조사·산정된 표준주택가격, 7. 법 제16조에 따른 표준주택가격에 대한 이의신청에 관한 사항, 8. 법 제18조에 따른 공동주택의 조사 및 산정지침, 9. 법 제18조에 따라 조사·산정된 공동주택가격, 10. 법 제18조에 따른 공동주택가격에 대한 이의신청에

④ 개별주택가격에 대한 이의신청에 관한 사항
⑤ 적정가격 반영을 위한 계획 수립에 관한 사항

제2절 기타

관한 사항, 11. 법 제20조에 따른 비주거용 표준부동산의 선정 및 관리지침, 12. 법 제20조에 따라 조사·산정된 비주거용 표준부동산가격, 13. 법 제20조에 따른 비주거용 표준부동산가격에 대한 이의신청에 관한 사항, 14. 법 제22조에 따른 비주거용 집합부동산의 조사 및 산정 지침, 15. 법 제22조에 따라 조사·산정된 비주거용 집합부동산가격, 16. 법 제22조에 따른 비주거용 집합부동산가격에 대한 이의신청에 관한 사항, 17. 적정가격 반영을 위한 계획 수립(법 제26조의2)에 관한 사항(2020. 10. 8. 부터 시행), 18. 그 밖에 부동산정책에 관한 사항 등 **국토교통부장관**이 부의하는 사항을 심의하기 위하여 **국토교통부장관** 소속으로 중앙부동산가격공시위원회(이하 이 조에서 "위원회"라 한다)를 둔다(법 제24조 제1항).

① ② ③ ⑤는 **국토교통부장관**이 조사·산정 및 공시하는 사항에 관한 것이고, ④는 ~~시장·군수 또는 구청장~~이 결정·공시하는 것이어서 ~~시장·군수 또는 구청장~~ 소속 시·군·구부동산가격공시위원회의 심의 사항이다(법 제25조).

제 **3** 편

국토의 계획 및 이용에 관한 법률

제1장 총설

1. 국토계획법령에서 명시하고 있는 국토 이용 및 관리의 기본원칙에 해당되지 않는 것은? <2013 제24회>

① 수도권의 질서있는 정비와 균형있는 발전

② 훼손된 자연환경 및 경관의 개선 및 복원

③ 주거 등 생활환경 개선을 통한 국민의 삶의 질 향상

④ 지역의 정체성과 문화유산의 보전

⑤ 기후변화에 대한 대응 및 풍수해 저감을 통한 국민의 생명과 재산의 보호

2. 국토계획법령상 국가계획, 광역도시계획 및 도시·군계획의 관계 등에 관한 설명으로 옳지 않은 것은? <2000 제11회 변형>

① 「국토기본법」상 도종합계획은 「국토계획법」상 광역도시계획을 말하고, 「국토기본법」상 시·군종합계획은 「국토계획법」에 따라 수립되는 도시·군계획을 말한다.

---

1. **정답 ①** 해설 국토 이용 및 관리의 기본원칙에서, 국토는 자연환경의 보전과 자원의 효율적 활용을 통하여 환경적으로 건전하고 지속가능한 발전을 이루기 위하여 1. 국민생활과 경제활동에 필요한 토지 및 각종 시설물의 효율적 이용과 원활한 공급, 2. 자연환경 및 경관의 보전과 훼손된 자연환경 및 경관의 개선 및 복원, 3. 교통·수자원·에너지 등 국민생활에 필요한 각종 기초 서비스 제공, 4. 주거 등 생활환경 개선을 통한 국민의 삶의 질 향상, 5. 지역의 정체성과 문화유산의 보전, 6. 지역 간 협력 및 균형발전을 통한 공동번영의 추구, 7. 지역경제의 발전과 지역 및 지역 내 적절한 기능 배분을 통한 사회적 비용의 최소화, 8. 기후변화에 대한 대응 및 풍수해 저감을 통한 국민의 생명과 재산의 보호, 9. 저출산·인구의 고령화에 따른 대응과 새로운 기술변화를 적용한 최적의 생활환경 제공의 목적을 이룰 수 있도록 이용되고 관리되어야 한다(법 제3조). ② ③ ④ ⑤는 맞고, ①은 아니다.
2. **정답 ①** 해설 ①「국토기본법」상 도종합계획은 도(道) 또는 특별자치도의 관할구역을 대상으로 하여 해당 지역의 장기적인 발전 방향을 제시하는 종합계획(국토기본법 제6조 제2항 제2호)으로 국가계획이고, 「국토계획법」상 광역도시계획이란 인접한 둘 이상의 특별시·광역시·시 또는 군의 행정구역(광역계획권)에 대하여 장기적인 발전방향을 제시하거나 시·군간 기능을 상호 연계함으로써 적정한 성장관리를 도모하기 위하여 수립하는 계획(법 제2조 제1호)으로 지방자치단체계획이며 양자는 별개의 행정계획이라 할 것이다. 그러나 「국토기본법」상 시·군종합계획(같은 법 제6조 제2항 제3호)은 「국토계획법」에 따라 수립되는 도시·군계획으로 양자는 같다.

② 광역도시계획이 수립되어 있는 지역에 대하여 수립하는 도시·군기본계획은 그 광역도시계획에 부합되어야 하며, 도시·군기본계획의 내용이 광역도시계획의 내용과 다를 때에는 광역도시계획의 내용이 우선한다.

③ 광역도시계획 및 도시·군계획은 국가계획에 부합되어야 하며, 광역도시계획 또는 도시·군계획의 내용이 국가계획의 내용과 다를 때에는 국가계획의 내용이 우선한다.

④ 도시·군계획은 특별시·광역시·특별자치시·특별자치도·시 또는 군의 관할 구역에서 수립되는 다른 법률에 따른 토지의 이용·개발 및 보전에 관한 계획의 기본이 된다.

⑤ 도시·군관리계획은 국가계획에 부합되어야 하며, 광역도시계획과 도시·군기본계획에 부합되어야 한다.

3. 국토계획법령상 도시·군계획의 지위에 관한 설명으로 옳은 것은? <2009 제20회>

① 다른 법률에 따른 토지의 이용·개발 및 보전에 관한 계획은 국토계획법에 의한 도시·군계획의 기본이 된다.

② 특별시장·광역시장·시장 또는 군수가 관할 구역에 대하여 다른 법률에 따라 환경·교통 등에 관하여 수립한 부문별 계획은 도시·군기본계획에 우선한다.

③ 중앙행정기관의 장이나 지방자치단체의 장이 다른 법률에 따라 토지 이용에 관한 지역·지구를 지정하는 경우에는 국토계획법에 따른 용도지역·용도지구의 지정목적에 다르게 지정할 수 있다.

④ 광역도시계획이 수립되어 있는 지역에 대하여 수립하는 도시·군기본계획의 내용이 광역도시계획과 다를 때에는 도시·군기본계획의 내용이 우선한다.

---

② 법 제4조 제3항. ③ 법 제4조 제2항. ④ 법 제4조 제1항. ⑤ 법 제25조 제1항.

3. 정답 ⑤ 해설 ① 도시·군계획(「국토기본법」상 시·군종합계획 = 「국토계획법」상 도시·군기본계획과 도시·군관리계획)은 특별시·광역시·특별자치시·특별자치도·시 또는 군의 관할 구역에서 수립되는 다른 법률에 따른 토지의 이용·개발 및 보전에 관한 계획의 기본이 된다(법 제4조 제1항).

② 특별시장·광역시장·특별자치시장·특별자치도지사·시장 또는 군수가 관할 구역에 대하여 다른 법률에 따른 환경·교통·수도·하수도·주택 등에 관한 부문별 계획을 수립할 때에는 도시·군기본계획의 내용에 부합되게 하여야 한다(법 제4조 제4항).

③ 중앙행정기관의 장이나 지방자치단체의 장은 다른 법률에 따라 토지 이용에 관한 지역·지구·구역 또는 구획 등(이하 '구역등'이라 한다)을 지정하려면 그 구역 등의 지정목적이 이 법에 따른 지역·지구제의 지정목적에 부합되도록 하여야 한다(법 제8조 제1항).

④ 광역도시계획이 수립되어 있는 지역에 대하여 수립하는 도시·군기본계획은 그 광역도시계획에 부합되어야 하며, 도시·군기본계획의 내용이 광역도시계획의 내용과 다를 때에는 광역도시계획의 내용이 우선한다(법 제4조 제3항).

⑤ 법 제25조 제1항.

⑤ 도시·군관리계획은 광역도시계획과 도시·군기본계획에 부합되어야 한다.

4. 국토계획법령상 도시·군계획에 관한 설명으로 옳은 것은? <2010 제21회>

① 도시·군계획은 광역도시계획, 도시·군기본계획, 도시·군관리계획으로 구분된다.

② 도시·군계획은 특별시·광역시·시 또는 군의 관할구역에서 수립되는 다른 법률에 따른 토지의 이용·개발 및 보전에 관한 계획의 기본이 된다.

③ 지방자치단체는 도시·군계획을 수립함에 있어 국토교통부장관이 평가한 도시의 지속가능성 평가결과를 반영하지 않아도 된다.

④ 광역시장은 관할 구역에 대하여 다른 법률에 따른 환경에 관한 부문별 계획을 도시·군기본계획의 내용과 부합되지 않게 수립할 수 있다.

⑤ 산업통상자원부장관은 20만 제곱미터의 용도지역의 변경에 관한 도시·군관리계획의 결정을 의제하는 경제자유구역개발계획을 승인하고자 하는 경우에는 중앙도시계획위원회의 심의를 받아야 한다.

---

4. 정답 ② 해설 ① 학문상 광의의 도시계획 개념에는 광역도시계획·도시기본계획 및 도시계획(학문상 도시계획 = 「국토계획법」상 광역도시계획 + 도시·군계획)을 포함하여 말하나, 「국토계획법」에서의 "도시·군계획"이란 특별시·광역시·특별자치시·특별자치도·시 또는 군(광역시의 관할 구역에 있는 군은 제외)의 관할 구역에 대하여 수립하는 공간구조와 발전방향에 대한 계획으로서 도시·군기본계획과 도시·군관리계획만으로 엄격히 구분한다(법 제2조 제2호). ② 법 제4조 제1항.

③ **국토교통부장관**은 도시의 지속가능하고 균형 있는 발전과 주민의 편리하고 쾌적한 삶을 위하여 도시의 지속가능성 및 생활인프라(교육시설, 문화·체육시설, 교통시설 등의 시설로서 **국토교통부장관**이 정하는 것을 말한다) 수준을 평가할 수 있으며(법 제3조의2 제1항), 국가와 지방자치단체는 평가 결과를 도시·군계획의 수립 및 집행에 반영하여야 한다(법 제3조의2 제3항).

④ 특별시장·광역시장·특별자치시장·특별자치도지사·시장 또는 군수가 관할 구역에 대하여 다른 법률에 따른 환경·교통·수도·하수도·주택 등에 관한 부문별 계획을 수립할 때에는 도시·군기본계획의 내용에 부합되게 하여야 한다(법 제4조 제4항).

⑤ 중앙행정기관장이나 자치단체장은 다른 법률에서 이 법에 따른 도시·군관리계획의 결정을 의제(擬制)하는 내용이 포함되어 있는 계획을 허가·인가·승인 또는 결정하려면 **대통령령**으로 정하는 바에 따라 중앙도시계획위원회 또는 지방도시계획위원회의 심의를 받아야 한다. 다만, 다음 각 호 1. 법 제8조 제2항 또는 제3항에 따라 **국토교통부장관**과 협의하거나 **국토교통부장관** 또는 시·도지사의 승인을 받은 경우, 2. 다른 법률에 따라 중앙도시계획위원회나 지방도시계획위원회의 심의를 받은 경우, 3. 그 밖에 **대통령령**으로 정하는 경우의 어느 하나에 해당하는 경우에는 중앙도시계획위원회 또는 지방도시계획위원회의 심의를 생략할 수 있다(법 제9조). 중앙행정기관의 장이 30만제곱미터 이상의 용도지역·용도지구 또는 용도구역의 지정 또는 변경에 대한 도시·군관리계획의 결정을 의제하는 계획을 허가·인가·승인 또는 결정하고자 하는 경우나 지방자치단체의 장이 5제곱킬로미터 이상의 용도지역·용도지구 또는 용도구역의 지정 또는 변경에 대한 도시·군관리계획의 결정을 의제하는 계획을 허가·인가·승인 또는 결정하고자 하는 경우에 중앙도시계획위원회의 심의를 받아야 한다(영 제6조 제1항).

제2장 광역도시계획

5. 국토계획법령상 광역도시계획에 관한 설명으로 옳은 것은? <2014 제25회>

① 특별시장·광역시장·특별자치시장·특별자치도지사·시장 또는 군수는 광역계획권을 지정할 수 있다.

② 광역계획권을 지정한 날부터 2년이 지날 때까지 관할 시·도지사로부터 광역도시계획의 승인 신청이 없는 경우에는 국토교통부장관이 광역도시계획을 수립하여야 한다.

③ 광역계획권을 지정한 날부터 3년이 지날 때까지 관할 시장 또는 군수로부터 광역도시계획의 승인 신청이 없는 경우에는 국토교통부장관이 수립하여야 한다.

④ 국가계획과 관련된 광역도시계획의 수립이 필요한 경우에는 국토교통부장관이 직접 또는 관계 중앙행정기관의 장과 공동으로 수립한다.

⑤ 광역계획권이 둘 이상의 시·도의 관할 구역에 걸쳐 있는 경우에는 관할 시·도지사가 공동으로 수립하여야 한다.

---

5. **정답 ⑤ 해설** ① 광역계획권이 둘 이상의 시·도의 관할 구역에 걸쳐 있는 경우 **국토교통부장관**이 지정하고, 광역계획권이 도의 관할 구역에 속하여 있는 경우 도지사가 지정한다(법 제10조 제1항).
② ④ 국가계획과 관련된 광역도시계획의 수립이 필요한 경우나 광역계획권을 지정한 날부터 3년이 지날 때까지 관할 시·도지사로부터 광역도시계획의 승인 신청이 없는 경우 에는 **국토교통부장관**이 광역도시계획을 수립하여야 한다(법 제11조 제1항 제4호).
③ 광역계획권을 지정한 날부터 3년이 지날 때까지 관할 시장 또는 군수로부터 광역도시계획의 승인 신청이 없는 경우에는 관할 도지사가 수립하여야 한다(법 제11조 제1항 제3호). ⑤ 법 제11조 제1항 제2호.

6. 국토계획법령상 광역도시계획에 관한 설명으로 옳지 않은 것은? <2002 제13회 수정>

① 광역계획권이 둘 이상의 시·도의 관할구역에 걸치는 경우에는 원칙적으로 국토교통부장관이 광역도시계획을 수립한다.

② 광역계획권이 같은 도의 관할 구역에 속하여 있는 경우에는 원칙적으로 관할 도지사가 광역도시계획을 수립한다.

③ 도시·군기본계획의 내용이 광역도시계획의 내용과 다른 때에는 광역도시계획의 내용이 우선한다.

④ 광역도시계획을 수립·변경하려면 미리 공청회를 열어 주민 및 관계전문가 등으로부터 의견을 청취하여야 한다.

⑤ 국토교통부장관이 광역도시계획을 승인하거나 직접 광역도시계획을 수립 또는 변경 (시·도지사와 공동으로 수립하거나 변경하는 경우를 포함한다)하려면 중앙도시계획위원회의 심의를 거쳐야 한다.

7. 국토계획법령상 광역도시계획에 관한 설명으로 옳지 않은 것은? <2019 제30회>

① 광역계획권이 둘 이상의 인접한 시·도의 관할구역에 걸쳐 있는 경우 국토교통부장관이 광역계획권을 지정한다.

② 광역도시계획에는 광역계획권의 지정목적을 이루는 데 필요한 경관계획에 관한 사항이 포함되어야 한다.

---

6. **정답 ①** 해설 광역계획권이 둘 이상의 시·도의 관할 구역에 걸쳐 있는 경우 **국토교통부장관**이 지정하고, 광역계획권이 도의 관할 구역에 속하여 있는 경우 도지사가 지정한다(법 제10조 제1항).
① ② **국토교통부장관**, 시·도지사, 시장 또는 군수는 다음 각 호 1. 광역계획권이 같은 도의 관할 구역에 속하여 있는 경우: 관할 시장 또는 군수가 공동 수립, 2. 광역계획권이 둘 이상의 시·도의 관할 구역에 걸쳐 있는 경우: 관할 시·도지사 공동 수립, 3. 광역계획권을 지정한 날부터 3년이 지날 때까지 관할 시장 또는 군수로부터 광역도시계획의 승인 신청이 없는 경우: **관할 도지사 수립**, 4. **국가계획과 관련된 광역도시계획의 수립이 필요한 경우**나 광역계획권을 지정한 날부터 3년이 지날 때까지 관할 시·도지사로부터 광역도시계획의 승인 신청이 없는 경우: **국토교통부장관이 광역도시계획을 수립**하여야 한다(법 제11조 제1항).
③ 법 제4조 제3항. ④ 법 제14조 제1항. ⑤ 법 제16조 제2항.
7. **정답 ④** 해설 ① 광역계획권이 둘 이상의 시·도의 관할 구역에 걸쳐 있는 경우 **국토교통부장관**이 지정하고, 광역계획권이 도의 관할 구역에 속하여 있는 경우 도지사가 지정한다(법 제10조 제1항). ② 법 제12조 제1항 제4호. ③ 법 제14조 제1항.
④ 광역도시계획을 공동으로 수립하는 시·도지사는 그 내용에 관하여 서로 협의가 되지 아니하면 공동이나 단독으로 **국토교통부장관**에게 조정(調停)을 신청할 수 있다(법 제17조 제1항).
⑤ 광역도시계획협의회에서 광역도시계획의 수립에 관하여 협의·조정을 한 경우에는 그 조정 내용을 광역도시계획에 반영하여야 하며, 해당 시·도지사, 시장 또는 군수는 이에 따라야 한다(법 제17조의2 제2항).

③ 국토교통부장관은 광역도시계획을 수립하거나 변경하려면 미리 공청회를 열어야 한다.

④ 광역도시계획을 공동으로 수립하는 시·도지사는 그 내용에 관하여 서로 협의가 되지 아니하면 공동으로 조정을 신청하여야 한다.

⑤ 광역도시계획협의회에서 광역도시계획의 수립에 관하여 조정을 한 경우에는 그 조정 내용을 광역도시계획에 반영하여야 한다.

8. 국토계획법령상 광역도시계획에 관한 설명으로 옳지 않은 것은? <2010 제21회>

① 광역도시계획이란 국토교통부장관 또는 도지사가 지정한 광역계획권의 장기발전방향을 제시하는 계획을 말한다.

② 광역도시계획은 국토교통부장관, 시·도지사, 시장 또는 군수가 수립한다.

③ 광역도시계획을 수립하거나 변경하려면 미리 공청회를 열어 주민과 관계 전문가 등으로부터 의견을 들어야 한다.

④ 시장 또는 군수는 광역도시계획을 수립하거나 변경하려면 도지사의 승인을 얻어야 한다.

⑤ 국토교통부장관, 시·도지사, 시장 또는 군수는 5년마다 광역도시계획에 대하여 그 타당성 여부를 검토하여 이를 정비하여야 한다.

9. 국토계획법령상 다음 중 광역도시계획의 수립 또는 변경시의 공청회의 개최에 관한 설명으로 바르지 못한 것은? <2004 제15회>

① 국토교통부장관 또는 시·도지사는 공청회를 개최하고자 하는 때에는 개최목적 등을 당해 광역계획권에 속하는 특별시·광역시·시 또는 군의 지역을 주된 보급지역으로 하는 일간신문에 공청회개최예정일 14일 전까지 1회 이상 공고하여야 한다.

② 공청회에서 제시된 의견이 타당하다고 인정하는 때에는 이를 광역도시계획에 반영하여야 한다.

---

8. 정답 ⑤ 해설 ① 법 제2조 제1호. ② 법 제11조 제1항. ③ 법 제14조 제1항. ④ 법 제16조 제5항. ⑤ **국토교통부장관**, 시·도지사, 시장 또는 군수가 법 제13조 제4항에 따라 기초조사정보체계를 구축한 경우에는 등록된 정보의 현황을 5년마다 확인하고 변동사항을 반영하여야 한다(법 제13조 제5항). 특별시장·광역시장·특별자치시장·특별자치도지사·시장 또는 군수는 5년마다 관할 구역의 도시·군기본계획에 대하여 그 타당성 여부를 전반적으로 재검토하여 정비하여야 하고, 도시·군기본계획의 내용에 우선하는 광역도시계획 및 국가계획의 내용을 도시·군기본계획에 반영하여야 한다(법 제23조 제1·2항).

9. 정답 ③ 해설 ① 영 제12조 제1항. ② 법 제14조 제1항. ③ 공청회의 개최에 필요한 사항은 **대통령령**으로 정한다(법 제14조 제2항). ④ 영 제12조 제3항. ⑤영 제12조 제2항.

③ 공청회의 개최에 관하여 필요한 사항은 그 공청회를 개최하는 주체에 관계없이 국토교통부장관이 정하도록 하고 있다.

④ 공청회는 국토교통부장관 또는 시·도지사가 지명하는 자가 주재한다.

⑤ 공청회는 광역계획권 단위로 개최하되, 필요한 경우에는 광역계획권을 수개의 지역으로 구분하여 개최할 수 있다.

10. 국토계획법령상 광역도시계획에 관한 설명으로 옳은 것은? <2020 제31회>

① 광역도시계획에는 경관계획에 관한 사항 중 광역계획권의 지정목적을 이루는 데 필요한 사항에 대한 정책 방향이 포함되어야 한다.

② 도지사가 광역계획권을 지정하려면 관계 중앙행정기관의 장의 의견을 들은 후 지방의회의 동의를 얻어야 한다.

③ 광역도시계획을 공동으로 수립하는 시·도지사는 그 내용에 관하여 서로 협의가 되지 아니하는 경우 공동으로 국토교통부장관에게 조정을 신청하여야 한다.

④ 광역계획권이 둘 이상의 시·도의 관할 구역에 걸쳐 있는 경우에는 국토교통부장관이 당해 광역도시계획의 수립권자가 된다.

⑤ 도지사는 시장 또는 군수가 요청하는 경우에는 단독으로 광역도시계획을 수립할 수 있으며, 이 경우 국토교통부장관의 승인을 받아야 한다.

---

10. **정답** ① 해설 ① 광역도시계획에는 1. 광역계획권의 공간 구조와 기능 분담에 관한 사항, 2. 광역계획권의 녹지관리체계와 환경 보전에 관한 사항, 3. 광역시설의 배치·규모·설치에 관한 사항, 4. **경관계획**에 관한 사항, 5. 그 밖에 광역계획권에 속하는 특별시·광역시·특별자치시·특별자치도·시 또는 군 상호 간의 기능 연계에 관한 사항으로서 **대통령령**으로 정하는 사항[1. 광역계획권의 교통 및 물류유통체계에 관한 사항, 2. 광역계획권의 문화·여가공간 및 방재에 관한 사항(영 제9조)] **중 그 광역계획권의 지정목적을 이루는 데 필요한 사항**에 대한 **정책 방향**이 포함되어야 한다(법 제12조 제1항).
② 도지사가 광역계획권을 지정·변경하려면 관계 중앙행정기관의 장, 관계 시·도지사, 시장 또는 군수의 의견을 들은 후 **지방도시계획위원회의 심의**를 거쳐야 한다(법 제10조 제4항).
③ 광역도시계획을 공동으로 수립하는 **시·도지사**는 그 내용에 관하여 서로 협의가 되지 아니하면 **공동이나 단독**으로 **국토교통부장관**에게 조정을 신청할 수 있다(법 제17조 제1항).
④ 광역계획권이 둘 이상의 시·도의 관할 구역에 걸쳐 있는 경우에 관할 시·도지사 공동으로 광역계획권을 **수립**하여야 한다(법 제11조 제1항 제2호).
⑤ **도지사**는 시장·군수가 요청하는 경우에는 법 제11조 제1항에도 불구하고 관할 시장 또는 군수와 공동으로 광역도시계획을 수립할 수 있으며, 시장 또는 군수가 **협의**를 거쳐 **요청**하는 경우에는 단독으로 광역도시계획을 수립할 수 있다(법 제11조 제3항). 시·도지사는 광역도시계획을 수립·변경하려면 **국토교통부장관**의 승인을 받아야 한다(법 제16조 제1항 본문). 다만, 도지사는 시장 또는 군수가 요청하는 경우와 그 밖에 필요하다고 인정하는 경우에는 관할 시장 또는 군수와 공동으로 광역도시계획을 수립할 수 있으며, 시장 또는 군수가 협의를 거쳐 요청하여 단독으로 광역도시계획을 수립할 수 있다(법 제11조 제3항). 이 경우 도지사는 **국토교통부장관**의 승인을 받지 않아도 된다(법 제16조 제1항 단서).

11. 국토계획법령에서 명시하고 있는 광역도시계획의 내용에 해당하지 않는 것은?

<2015 제26회>

① 경관계획에 관한 사항

② 공간구조, 생활권의 설정 및 인구의 배분에 관한 사항

③ 광역계획권의 녹지관리체계와 환경 보전에 관한 사항

④ 광역계획권의 공간 구조와 기능 분담에 관한 사항

⑤ 광역시설의 배치·규모·설치에 관한 사항

12. 국토계획법령상 공청회를 개최하도록 규정하고 있는 경우는? <2000 제11회 수정>

① 광역도시계획의 수립·변경

② 도시·군기본계획의 정비

③ 도시·군관리계획의 입안

④ 개발제한구역의 지정

⑤ 실시계획인가의 취소

---

11. **정답 ②** 해설 광역도시계획에는 1. 광역계획권의 공간 구조와 기능 분담에 관한 사항, 2. 광역계획권의 녹지관리체계와 환경 보전에 관한 사항, 3. 광역시설의 배치·규모·설치에 관한 사항, 4. 경관계획에 관한 사항, 5. 그 밖에 광역계획권에 속하는 특별시·광역시·특별자치시·특별자치도·시 또는 군 상호 간의 기능 연계에 관한 사항으로서 **대통령령**으로 정하는 사항[1. 광역계획권의 교통 및 물류유통체계에 관한 사항, 2. 광역계획권의 문화·여가공간 및 방재에 관한 사항(영 제9조)] 중 그 광역계획권의 지정목적을 이루는 데 필요한 사항에 대한 정책 방향이 포함되어야 한다(법 제12조 제1항). ②가 정답이다.

12. **정답 ①** 해설 ① 법 제14조 제1항. ② 도시·군기본계획을 수립하거나 변경하는 경우에는 공청회 개최(법 제14조)를 준용하지만(법 제20조 제1항), 도시·군기본계획의 정비는 5년마다 관할 구역의 도시·군기본계획에 대하여 그 타당성 여부를 전반적으로 재검토하여 정비는 것으로(법 제23조 제1항), 도시·군기본계획의 내용에 우선하는 광역도시계획 및 국가계획의 내용을 도시·군기본계획에 반영하여야 한다(법 제23조 제2항). 법 제18조 제1항 단서의 규정에 의하여 도시·군기본계획을 수립하지 아니하는 시·군의 시장·군수는 도시·군관리계획을 재정비하는 때에는 법 제25조 제2항의 규정에 의한 계획설명서에 당해 시·군의 장기발전구상을 포함시켜야 하며, 공청회를 개최하여 이에 관한 주민의 의견을 들어야 한다(영 제29조 제3항).

③ **국토교통부장관**, 시·도지사, 시장 또는 군수는 도시·군관리계획을 입안할 때에는 주민의 의견을 듣는 정도이지 공청회를 개최하는 것이 아니다. 다만 이해관계자를 포함한 주민은 도시·군관리계획의 입안 및 결정과정에서는 과거 공청회를 개최하는 대신 도시·군관리계획을 입안할 수 있는 자에게 도시·군관리계획의 입안을 제안할 수 있다.

④ ⑤에서는 공청회 규정이 없다.

13. 국토계획법령상 계획의 수립 또는 변경 시 반드시 공청회를 개최하여야 하는 것을 모두 고른 것은? <2014 제25회>

ㄱ. 광역도시계획	ㄴ. 도시·군관리계획
ㄷ. 도시·군기본계획	ㄹ. 지구단위계획

① ㄱ, ㄴ   ② ㄱ, ㄷ   ③ ㄴ, ㄷ

④ ㄴ, ㄹ   ⑤ ㄷ, ㄹ

14. 국토계획법령상 광역도시계획 및 도시·군기본계획에 관한 설명으로 옳지 않은 것은? <2012 제23회>

① 국토교통부장관은 광역도시계획을 수립하려면 미리 공청회를 열어 주민과 관계 전문가 등으로부터 의견을 들어야 하며, 공청회에서 제시된 의견이 타당하다고 인정하면 광역도시계획에 반영하여야 한다.

② 광역계획권이 같은 도의 관할 구역에 속하여 있는 경우 시장 또는 군수가 협의를 거쳐 요청하면 도지사가 단독으로 광역도시계획을 수립할 수 있다.

③ 도시·군기본계획의 수립권자는 특별시장·광역시장·시장 또는 군수이며, 도시·군기본계획의 수립기준은 승인권자인 시·도지사가 정한다.

④ 도지사는 시장 또는 군수가 수립한 도시·군기본계획을 승인하려면 관계 행정기관의 장과 협의한 후 지방도시계획위원회의 심의를 거쳐야 한다.

⑤ 특별시장·광역시장·시장 또는 군수는 5년마다 관할 구역의 도시·군기본계획에 대하여 그 타당성 여부를 전반적으로 재검토하여 정비하여야 한다.

---

13. **정답 ②** 해설 ㄱ. 법 제14조 제1항. ㄷ. 법 제20조 제1항.

14. **정답 ③** 해설 ① 법 제14조 제1항. ② 법 제11조 제3항. ③ 도시·군기본계획의 수립기준 등은 **대통령령**으로 정하는 바에 따라 **국토교통부장관**이 정한다(법 제19조 제3항). ④ 법 제22조의2 제2항. ⑤ 법 제23조 제1항.

15. 국토계획법령상 도시·군계획 등에 관한 설명으로 옳은 것은? <2020 제31회>

① 광역도시계획은 광역계획권의 장기발전방향을 제시하는 계획을 말한다.

② 도시·군기본계획의 내용이 광역도시계획의 내용과 다를 때에는 도시·군기본계획의 내용이 우선한다.

③ 도시·군관리계획으로 결정하여야 할 사항은 국가계획에 포함될 수 없다.

④ 시장 또는 군수가 관할 구역에 대하여 다른 법률에 따른 환경에 관한 부문별 계획을 수립할 때에는 도시·군관리계획의 내용에 부합되게 하여야 한다.

⑤ 이해관계자가 도시·군관리계획의 입안을 제안한 경우, 그 입안 및 결정에 필요한 비용의 전부를 이해관계자가 부담하여야 한다.

---

15. 정답 ① 해설 ① 법 제2조 제1호. ② 도시·군기본계획은 그 광역도시계획에 부합되어야 하며, 도시·군기본계획의 내용이 광역도시계획의 내용과 다를 때에는 광역도시계획의 내용이 우선한다(법 제4조 제3항).
③ 국가계획이란 중앙행정기관이 법률에 따라 수립하거나 국가의 정책적인 목적을 이루기 위하여 수립하는 계획 중 **도시·군기본계획의 내용**이나 **도시·군관리계획**으로 결정하여야 할 사항이 포함된 계획을 말한다(법 제2조 제14호).
④ 특별시장·광역시장·특별자치시장·특별자치도지사·시장 또는 군수가 관할 구역에 대하여 다른 법률에 따른 환경·교통·수도·하수도·주택 등에 관한 부문별 계획을 수립할 때에는 **도시·군기본계획**의 내용에 부합되게 하여야 한다(법 제4조 제4항).
⑤ 도시·군관리계획의 입안을 제안 받은 자는 제안자와 협의하여 제안된 도시·군관리계획의 입안 및 결정에 필요한 비용의 전부 또는 일부를 제안자에게 부담시킬 수 있다(법 제26조 제3항).

제3장 도시·군기본계획

16. 국토계획법령상 다음 중 국토교통부장관의 권한에 해당하지 않는 것은? <2004 제15회>

① 광역도시계획의 조정

② 도시·군기본계획의 수립

③ 도시·군관리계획의 입안

④ 도시·군관리계획의 결정

⑤ 도시·군관리계획에 관한 지형도면의 작성

17. 국토계획법령상 도시·군기본계획을 수립하지 않을 수 있는 지방자치단체는? (단, 수도권은 「수도권정비계획법」상의 수도권을 의미함) <2016 제27회>

① 수도권에 속하는 인구 10만명 이하인 군

② 수도권에서 광역시·특별시와 경계를 같이하는 인구 10만명 이하인 시

③ 수도권외 지역에서 광역시와 경계를 같이하지 아니하는 인구 10만명 이하인 시

④ 관할구역 일부에 대하여 광역도시계획이 수립되어 있는 시로서 광역도시계획에 도시·

---

16. **정답 ②** 해설 ① 광역도시계획을 공동으로 수립하는 시·도지사는 그 내용에 관하여 서로 협의가 되지 아니하면 공동이나 단독으로 **국토교통부장관**에게 조정(調停)을 신청할 수 있다(법 제17조 제1항). **국토교통부장관**은 단독으로 조정신청을 받은 경우에는 기한을 정하여 당사자 간에 다시 협의를 하도록 권고할 수 있으며, 기한 내에 협의가 이루어지지 아니하는 경우에는 직접 조정할 수 있다(법 제17조 제2항).
② 도시·군기본계획의 수립권자는 특별시장·광역시장·특별자치시장·특별자치도지사·시장 또는 군수가 관할 구역에 대하여 수립한다(법 제18조 제1항).
③ 법 24조 제5항. ④ 법 제29조 제2항. ⑤ 법 제32조 제3항.

17. **정답 ③** 해설 특별시장·광역시장·특별자치시장·특별자치도지사·시장 또는 군수는 관할 구역에 대하여 도시·군기본계획을 수립하여야 한다. 다만, 시 또는 군의 위치, 인구의 규모, 인구감소율 등을 고려하여 **대통령령**으로 정하는 시 또는 군[1. 「수도권정비계획법」 제2조 제1호의 규정에 의한 수도권에 속하지 아니하고 광역시와 경계를 같이하지 아니한 시 또는 군으로서 인구 10만명 이하인 시 또는 군, 2. 관할 구역 전부에 대하여 광역도시계획이 수립되어 있는 시 또는 군으로서 당해 광역도시계획에 도시·군기본계획의 내용이 모두 포함되어 있는 시 또는 군(영 제14조)]은 도시·군기본계획을 수립하지 아니할 수 있다(법 제18조 제1항). ③이 옳다.

군기본계획의 내용이 모두 포함되어 있는 시

⑤ 관할구역 전부에 대하여 광역도시계획이 수립되어 있는 군으로서 광역도시계획에 도시·군기본계획의 내용이 일부 포함되어 있는 군

18. 국토계획법령상 국가계획, 광역도시계획 및 도시·군계획의 관계에 관한 설명으로 옳지 않은 것은? <2015 제26회>

① 광역도시계획의 내용이 국가계획의 내용과 다를 때에는 국가계획의 내용이 우선한다.

② 도시·군기본계획의 내용이 광역도시계획의 내용과 다를 때에는 광역도시계획의 내용이 우선한다.

③ 도시·군계획은 특별시·광역시·특별자치시·특별자치도·시 또는 군의 관할 구역에서 수립되는 다른 법률에 따른 토지의 이용·개발 및 보전에 관한 계획의 기본이 된다.

④ 도시·군계획은 국가계획에 부합되어야 하며, 도시·군계획의 내용이 국가계획의 내용과 다를 때에는 국가계획의 내용이 우선한다.

⑤ 특별시장이 관할 구역에 대하여 다른 법률에 따른 환경·교통·수도·하수도·주택에 관하여 수립하는 부문별 계획은 도시·군기본계획의 내에 부합되지 않아도 된다.

19. 국토계획법령상 도시·군기본계획에 관한 설명으로 옳지 않은 것은? <2010 제21회>

① 특별시장·광역시장·특별자치시장·특별자치도지사·시장 또는 군수는 지역여건상 필요하다고 인정되면 인접한 특별시·광역시·특별자치시·특별자치도·시 또는 군의 관할 구역 전부 또는 일부를 포함하여 도시·군기본계획을 수립할 수 있다.

---

18. 정답 ⑤ 해설 ① ④ 광역도시계획 및 도시·군계획은 국가계획에 부합되어야 하며, 광역도시계획 또는 도시·군계획의 내용이 국가계획의 내용과 다를 때에는 국가계획의 내용이 우선하도록 하고 있기 때문이다(법 제4조 제2항).
② 법 제4조 제3항. ③ 법 제4조 제1항.
⑤ 특별시장·광역시장·특별자치시장·특별자치도지사·시장 또는 군수가 관할 구역에 대하여 다른 법률에 따른 환경·교통·수도·하수도·주택 등에 관한 부문별 계획을 수립할 때에는 도시·군기본계획의 내용에 부합되게 하여야 한다(법 제4조 제4항).

19. 정답 ⑤ 해설 ① 법 제18조 제2항. ② 법 제22조의2 제1항. ③ 법 제23조 제1·2항. ④ 법 제4조 제3항.
⑤ 특별시장·광역시장·특별자치시장·특별자치도지사·시장 또는 군수는 도시·군기본계획을 수립하거나 변경하려면 미리 그 특별시·광역시·특별자치시·특별자치도·시 또는 군 의회의 의견을 들어야 한다(법 제21조 제1항). 시장 또는 군수는 도시·군기본계획을 수립하거나 변경하려면 도지사의 승인을 받아야 한다(법 제22조의2 제1항). 도지사는 도시·군기본계획을 승인하려면 관계 행정기관의 장과 협의한 후 지방도시계획위원회의 심의를 거쳐(법 제22조의2 제2항), 시·도지사가 시·군의 도시·군기본계획을 확정한다.

② 시장 또는 군수는 도시·군기본계획을 수립하거나 변경하려면 대통령령으로 정하는 바에 따라도지사의 승인을 받아야 한다.

③ 특별시장·광역시장·특별자치시장·특별자치도지사·시장 또는 군수는 도시·군기본계획 수립 시 광역도시계획 및 국가계획의 내용을 도시·군기본계획에 반영하여야 한다.

④ 도시·군기본계획의 내용이 광역도시계획의 내용과 다를 때에는 광역도시계획의 내용이 우선한다.

⑤ 특별시장·광역시장이 도시·군기본계획을 수립하거나 변경하려면 미리 지방도시계획위원회의 심의를 거친 후 관계행정기관의 장과 협의하여야 한다.

20. 국토계획법령상 도시·군기본계획에 관한 설명으로 옳지 않은 것은?

<2020 제31회>

① 다른 법률에 따른 지역·지구 등의 지정으로 인하여 도시·군기본계획의 변경이 필요한 경우에는 토지적성평가를 하지 아니할 수 있다.

② 광역시장은 도시·군기본계획을 변경하려면 관계 행정기관의 장과 협의한 후 지방도시계획위원회의 심의를 거쳐야 한다.

③ 시장 또는 군수는 도시·군기본계획을 변경하려면 도지사의 승인을 받아야 한다.

④ 시장 또는 군수는 10년마다 관할 구역의 도시·군기본계획에 대하여 그 타당성 여부를 전반적으로 재검토하여 정비하여야 한다.

⑤ 「수도권정비계획법」에 의한 수도권에 속하지 아니하고 광역시와 경계를 같이하지 아니한 시로서 인구 10만명 이하인 시의 시장은 도시기본계획을 수립하지 아니할 수 있다.

---

20. 정답 ④ 해설 ① 영 제21조 제2항 제3호

② <u>특별시장·광역시장·특별자치시장 또는 특별자치도지사</u>는 도시·군기본계획을 수립하거나 변경하려면 관계 행정기관의 장(**국토교통부장관**을 포함한다)과 <u>협의</u>한 후 <u>지방도시계획위원회의 심의를 거쳐</u>(법 제22조 제1항), 자신이 확정한다.

③ 법 제22조의2 제1항.

④ <u>특별시장·광역시장·특별자치시장·특별자치도지사·시장 또는 군수</u>는 5년마다 관할 구역의 도시·군기본계획에 대하여 타당성을 전반적으로 재검토하여 정비하여야 한다(법 제23조 제1항).

⑤ 법 제18조 제1항 및 영 제14조 제1호.

21. 국토계획법령상 도시·군기본계획에 포함되어야 하는 내용으로 옳은 것을 모두 고른 것은? <2014 제25회 수정>

ㄱ. 토지의 용도별 수요 및 공급에 관한 사항
ㄴ. 기후변화 대응 및 에너지절약에 관한 사항
ㄷ. 도심 및 주거환경의 정비·보전에 관한 사항
ㄹ. 경관에 관한 사항
---

① ㄱ, ㄹ   ② ㄴ, ㄷ   ③ ㄱ, ㄴ, ㄷ
④ ㄴ, ㄷ, ㄹ   ⑤ ㄱ, ㄴ, ㄷ, ㄹ

22. 국토계획법령에서 명시하고 있는 도시·군기본계획의 내용에 해당하지 않는 것은?
<2015 제26회>

① 토지의 이용 및 개발에 관한 사항

② 용도지역의 지정 또는 변경에 관한 사항

③ 방재에 관한 사항

④ 경관에 관한 사항

⑤ 기후변화 대응에 관한 사항

---

21. 정답 ⑤ 해설 도시·군기본계획에는 다음 각 호 1. 지역적 특성 및 계획의 방향·목표에 관한 사항, 2. 공간구조, 생활권의 설정 및 인구의 배분에 관한 사항, 3. 토지의 이용 및 개발에 관한 사항, 4. 토지의 용도별 수요 및 공급에 관한 사항, 5. 환경의 보전 및 관리에 관한 사항, 6. 기반시설에 관한 사항, 7. 공원·녹지에 관한 사항, 8. 경관에 관한 사항, 8의2. 기후변화 대응 및 에너지절약에 관한 사항, 8의3. 방재 및 안전에 관한 사항, 9. 제2호부터 제8호까지, 제8호의2 및 제8호의3에 규정된 사항의 단계별 추진에 관한 사항, 10. 그 밖에 **대통령령**으로 정하는 사항[1. 도심 및 주거환경의 정비·보전에 관한 사항, 2. 다른 법률에 따라 도시·군기본계획에 반영되어야 하는 사항, 3. 도시·군기본계획의 시행을 위하여 필요한 재원조달에 관한 사항, 4. 그 밖에 법 제22조의2 제1항에 따른 도시·군기본계획 승인권자가 필요하다고 인정하는 사항(영 제15조)]에 대한 정책 방향이 포함되어야 한다(법 제19조 제1항). ⑤가 맞다.
22. 정답 ② 해설 ② **국토교통부장관**, 시·도지사 또는 대도시 시장은 용도지역의 지정 또는 변경을 도시·군관리계획으로 결정한다(법 제36조 제1항). ① ③ ④ ⑤는 위 문제의 해설과 같다.

23. 국토계획법령상 도시·군기본계획에 관한 설명으로 옳은 것은? <2013 제24회>

① 시장 또는 군수는 지역여건상 필요하다고 인정되면 인접한 시 또는 군의 관할 구역 전부 또는 일부를 포함하여 도시·군기본계획을 수립할 수 있다.

② 도시·군기본계획은 광역도시계획과 도시·군관리계획 수립의 지침이 되는 계획을 말한다.

③ 시장 또는 군수는 도시·군기본계획을 변경하려면 국토교통부장관의 승인을 얻어야 한다.

④ 광역도시계획이 수립되어 있는 지역의 도시·군기본계획의 내용이 그 광역도시계획의 내용과 다를 때에는 도시·군기본계획의 내용이 우선한다.

⑤ 수도권에 속하는 인구 10만명 이하의 시 또는 군의 경우 도시·군기본계획을 수립하지 아니할 수 있다.

24. 국토계획법령상 도시·군기본계획에 관한 설명으로 옳은 것은? <2018 제29회>

① 시장 또는 군수는 도시·군기본계획의 수립을 위한 공청회 개최와 관련한 사항을 일간 신문에 공청회 개최예정일 7일 전까지 2회 이상 공고하여야 한다.

② 도시·군기본계획에는 기후변화 대응 및 에너지절약에 관한 사항에 대한 정책 방향이 포함되어야 한다.

③ 시장 또는 군수는 3년마다 관할 구역의 도시·군기본계획에 대하여 그 타당성 여부를 전반적으로 재검토하여 정비하여야 한다.

---

23. 정답 ① 해설 ① 법 제18조 제2항. ② 도시·군기본계획은 국토종합계획, 도종합계획, 광역도시계획 등 상위계획의 내용을 수용하여 시·군이 지향하여야 할 바람직한 미래상을 제시하고, 정책계획과 전략계획을 실현할 수 있는 도시·군관리계획의 지침적 계획으로서의 위상을 갖는다. 따라서 다른 법률에 의해 수립하는 각 부문별 계획이나 지침 등은 시·군의 가장 상위계획인 도시·군기본계획을 따라야 한다(도시기본계획수립지침 1-3-1).

③ 시장 또는 군수는 도시·군기본계획을 수립하거나 변경하려면 **대통령령**으로 정하는 바에 따라 상급 행정기관이라 할 수 있는 도지사의 승인을 받아야 한다(법 제22조의2 제1항).

④ 도시·군기본계획은 그 광역도시계획에 부합되어야 하며, 도시·군기본계획의 내용이 광역도시계획의 내용과 다를 때에는 광역도시계획의 내용이 우선한다(법 제4조 제3항).

⑤ 수도권에 속하지 아니하고 광역시와 경계를 같이하지 아니한 시 또는 군으로서 인구 10만명 이하인 시 또는 군은 도시·군기본계획(영 제14조 제1호)을 수립하지 아니할 수 있다(법 제18조 제1항).

24. 정답 ② 해설 ① 공청회 개최예정일 14일전까지 1회 이상 공고하여야 한다(영 제12조 제1항). ② 법 제19조 제1항.

③ 특별시장·광역시장·특별자치시장·특별자치도지사·시장 또는 군수는 5년마다 그 타당성 여부를 전반적으로 재검토하여 정비하여야 한다(법 제23조 제1항).

④ 시장 또는 군수는 도시·군기본계획을 수립하거나 변경하려면 미리 그 특별시·광역시·특별자치시·특별자치도·시 또는 군 의회의 의견을 들어야 한다(법 제21조 제1항).

⑤ 도시·군기본계획의 수립기준 등은 **대통령령**으로 정하는 바에 따라 **국토교통부장관**이 정한다(법 제19조 제3항).

④ 시장 또는 군수가 도시·군기본계획을 변경하려면 지방의회의 승인을 받아야 한다.

⑤ 시장 또는 군수는 대통령령이 정하는 바에 따라 도시·군기본계획의 수립기준을 정한다.

25. 국토계획법령상 도시·군기본계획을 수립함에 있어 주민 및 관계전문가 등의 의견 청취에 관한 설명으로 가장 바른 것은? <1999 제10회 변형>

① 의견청취는 행정절차법상의 청문절차를 거쳐야 한다는 것을 의미한다.

②「국토계획법」은 공청회의 절차에 관하여 법률에서 직접 자세한 규정을 두고 있다.

③ 공청회에 관한「국토계획법」제14조 및 제20조 제1항의 규정은 임의규정이므로 시장 또는 군수는 공청회를 열지 아니할 수 있다.

④ 특별시장·광역시장·특별자치시장·특별자치도지사·시장 또는 군수는 도시·군기본계획을 수립·변경하려면 미리 공청회를 열어 주민 및 관계전문가 등으로부터 의견을 들어야 하며, 공청회에서 제시된 의견이 타당하다고 인정하면 이를 도시·군기본계획의 수립에 반영하여야 한다.

⑤ 시장 또는 군수가 의견이 타당하다고 인정하면서도 이를 도시·군기본계획의 수립에 반영하지 아니하면 그 도시기본계획은 무효가 된다.

26. 국토계획법령상 도시·군기본계획과 도시·군관리계획 각각의 정비 주기로 옳은 것은? <2013 제24회>

① 3년 — 3년   ② 5년 — 3년   ③ 5년 — 5년
④ 10년 — 5년   ⑤ 10년 — 10년

---

25. **정답 ④** 해설 ① 법 제14조 제1항에 따라 미리 공청회를 열어 주민과 관계 전문가 등으로부터 의견을 들어야 한다.

② 공청회의 개최에 필요한 사항은 **대통령령**으로 정한다(법 제14조 제2항).

③ 공청회에 관한「국토계획법」제14조 제1항 및 제20조 제1항의 규정은 임의규정이 아니므로 시장 또는 군수는 공청회를 열어야 하며 이를 이행하지 않은 경우 절차하자가 문제될 수 있다. ④ 법 제20조 제1항 및 제14조 제1항.

⑤ 광역도시계획은 물론 국토종합계획이나 도시·군기본계획의 수립·변경에는 공청회(국토기본법 제11조, 국토계획법 제14조 및 제20조)와 주민과 관계 전문가 등으로부터 의견을 들어야 하며, 도시·군관리계획 입안 시에도 주민의 의견을 듣고(법 제28조 제1항), 제시의견이 타당하면 행정계획에 반영하도록 강행규정화하고 있으나, 제출된 의견의 타당성 여부에 대한 판단은 전적으로 행정청의 재량판단에 달려 있어, 타당하지 않다고 판단한 재량에 대해서 중대·명백한 하자라 입증되기 어려워 무효로 될 여지가 없어 보인다.

26. **정답 ③** 해설 특별시장·광역시장·특별자치시장·특별자치도지사·시장 또는 군수는 5년마다 관할 구역의 도시·군기본계획 및 도시·군관리계획에 대하여 **대통령령**으로 정하는 바에 따라 그 타당성 여부를 전반적으로 재검토하여 정비하여야 한다(법 제23조 제1항 및 제34조 제1항).

제4장 도시·군관리계획

제1절 의의

27. 국토계획법령상 도시·군관리계획에 관한 설명으로 옳지 않은 것은? <2018 제29회>

① 도시·군관리계획 결정의 효력은 지형도면을 고시한 날의 다음날부터 발생한다.

② 주민은 기반시설의 설치·정비 또는 개량에 관한 사항에 대하여 도시·군관리 계획의 입안을 제안할 수 있다.

③ 도시·군관리계획의 입안 시 주민의 의견을 청취하여야 하는 경우 그에 필요한 사항은 대통령령이 정하는 기준에 따라 해당 지방자치단체의 조례로 정한다.

④ 국가계획과 관련되어 국토교통부장관이 입안한 도시·군관리계획은 국토교통부장관이 결정한다.

⑤ 도시·군관리계획을 조속히 입안하여야 할 필요가 있다고 인정되면 광역도시계획이나 도시·군기본계획을 수립할 때에 도시·군관리계획을 함께 입안할 수 있다.

28. 국토계획법령상 도시·군관리계획에 관한 설명으로 옳지 않은 것은? <2019 제30회>

① 도시·군관리계획 결정의 효력은 그 결정이 있는 때부터 발생한다.

② 도시·군관리계획은 광역도시계획과 도시·군기본계획에 부합되어야 한다.

③ 수산자원보호구역의 지정에 관한 도시·군관리계획은 해양수산부장관이 결정할 수 있다.

④ 주민은 도시·군관리계획을 입안할 수 있는 자에게 기반시설의 개량에 관한 사항에 대

---

27. **정답 ①** 해설 ① 도시·군관리계획 결정의 효력은 지형도면을 고시한 날부터 발생한다(법 제31조 제1항). ② 법 제26조 제1항 제1호. ③ 법 제28조 제4항. ④ 법 제29조 제2항. ⑤ 법 제35조 제1항.
28. **정답 ①** 해설 ① 법 제31조 제1항. ② 법 제25조 제1항. ③ 법 제29조 제2항. ④ 법 제26조 제1항 제1호. ⑤ 법 제32조 제4항.

하여 도시·군관리계획의 입안을 제안할 수 있다.

⑤ 국토교통부장관이 직접 지형도면을 작성한 경우에는 이를 고시하여야 한다.

29. 국토계획법령상 도시·군관리계획에 해당하는 것은? <2013 제24회>

① 「국토기본법」상의 국토종합계획

② 「도시개발법」상의 도시개발사업에 관한 계획

③ 「수도권정비계획법」상의 수도권정비계획

④ 「주택법」상의 대지조성지구 지정에 관한 계획

⑤ 「경제자유구역의 지정 및 운영에 관한 특별법」상의 경제자유구역 지정에 관한 계획

30. 국토계획법령상 도시·군관리계획의 내용에 해당하지 않는 것은? <2012 제23회>

① 수산자원보호구역의 변경에 관한 계획

② 기반시설의 개량에 관한 계획

③ 도시개발사업이나 정비사업에 관한 계획

④ 지구단위계획구역의 변경에 관한 계획

⑤ 자연보전권역의 변경에 관한 계획

31. 국토계획법령에 규정된 도시·군관리계획에 해당하지 않는 것은? <2016 제27회>

① 용도지역·용도지구의 지정 또는 변경에 관한 계획

② 수산자원보호구역의 지정 또는 변경에 관한 계획

③ 기반시설의 설치·정비 또는 개량에 관한 계획

---

29. **정답** ② 해설 ② 법 제2조 제4호 라목. ① ③ ④ ⑤는 아니다.
30. **정답** ⑤ 해설 도시·군관리계획이란 특별시·광역시·특별자치시·특별자치도·시 또는 군의 개발·정비 및 보전을 위하여 수립하는 토지이용, 교통, 환경, 경관, 안전, 산업, 정보통신, 보건, 복지, 안보, 문화 등에 관한 다음 각 목, 가. 용도지역·용도지구의 지정 또는 변경에 관한 계획, 나. 개발제한구역, 도시자연공원구역, 시가화조정구역, 수산자원보호구역의 지정 또는 변경에 관한 계획, 다. 기반시설의 설치·정비 또는 개량에 관한 계획, 라. 도시개발사업이나 정비사업에 관한 계획, 마. 지구단위계획구역의 지정 또는 변경에 관한 계획과 지구단위계획, 바. 입지규제최소구역의 지정 또는 변경에 관한 계획과 입지규제최소구역계획을 말하고(법 제2조 제4호), ⑤는 아니다.
31. **정답** ④ 해설 도시·군관리계획이란 특별시·광역시·특별자치시·특별자치도·시 또는 군의 개발·정비 및 보전을 위하여 수립하는 토지이용, 교통, 환경, 경관, 안전, 산업, 정보통신, 보건, 복지, 안보, 문화 등에 관한 다음 각 목, 가. 용도지역·용도지구의 지정 또는 변경에 관한 계획, 나. 개발제한구역, 도시자연공원구역, 시가화조정구역, 수산자원보호구역의 지정 또는 변경에 관한 계획, 다. 기반시설의 설치·정비

④ 도시자연공원구역의 행위제한에 관한 계획

⑤ 입지규제최소구역의 지정 또는 변경에 관한 계획

32. 국토계획법령상 도시·군관리계획의 내용에 속하지 않는 것은? <2009 제20회>

① 특별시·광역시·특별자치시·특별자치도·시 또는 군의 관할 구역에 대하여 기본적인 공간구조와 장기발전방향을 제시하는 종합계획

② 도시개발사업이나 정비사업에 관한 계획

③ 용도지역·용도지구의 지정 또는 변경에 관한 계획

④ 기반시설의 설치·정비 또는 개량에 관한 계획

⑤ 지구단위계획구역의 지정 또는 변경에 관한 계획과 지구단위계획

33. 국토계획법령상 도시·군관리계획의 입안권자에 해당하지 않는 자는? (단, 조례는 고려하지 않음) <2016 제27회>

① 시장 ② 군수 ③ 구청장

④ 특별자치시장 ⑤ 특별자치도지사

또는 개량에 관한 계획, 라. 도시개발사업이나 정비사업에 관한 계획, 마. 지구단위계획구역의 지정 또는 변경에 관한 계획과 지구단위계획, 바. 입지규제최소구역의 지정 또는 변경에 관한 계획과 입지규제 최소구역계획을 말한다(법 제2조 제4호). ④ 도시·군관리계획으로 수립된 도시자연공원구역에 대하여 어떠한 행위제한 규정할 것인가는 입법자의 입법재량 영역일 것이다.

32. 정답 ① 해설 ① 특별시·광역시·특별자치시·특별자치도·시 또는 군의 관할 구역에 대하여 기본적인 공간구조와 장기발전방향을 제시하는 종합계획으로서 도시·군관리계획 수립의 지침이 되는 계획은 '도시·군기본계획'이다(법 제2조 제3호). ② ③ ④ ⑤는 도시·군관리계획의 내용이다.

33. 정답 ③ 해설 도시·군관리계획의 수립이라는 행위는 크게 입안과 결정으로 구분된다. 입안이란 구체적으로 계획안을 확정해 가는 작업을 말하며, 그 주체는 특별시장·광역시장·특별자치시장·특별자치도지사·시장 또는 군수로서, 도시·군관리계획의 입안권자(법 제24조 제1항)는 도시·군기본계획의 수립권자(법 제18조 제1항)와 같다. 구청장에게 계획고권을 제한한 입법 취지는 특별시·광역시의 자치구는 광역도의 시·군과 도시공간구조가 서로 다르기 때문에 구청장에게 계획고권을 인정하지 않은 것으로 이해된다. 이러한 입법취지는 권한의 위임·위탁 규정(법 제139조)에 의하여 무용지물이 되고 있다. 동법에 따른 시·도지사의 권한도 시·도의 조례로 정하는 바에 따라 **시장·군수 또는 구청장**에게 위임할 수 있다(법 제139조 제2항). 이에 근거하여 「서울시 도시계획조례」 제68조에서는 도시계획 입안권에 관한 폭넓은 사항과 결정권에 관한 서울특별시장의 권한 일부를 구청장에게 위임하고 있다. 조례에 의하여 서울특별시장의 입안권이 위임되는 경우라면 그 위임조항에 의해 구청장이 입안권자가 되며 입안권자가 누리는 법적지위를 향유할 것이다.

법 제139조 제2항에서 서울특별시장의 권한은 "시·도의 조례로 정하는 바에 따라" 시장·군수 또는 구청장에게 위임할 수 있으므로 "조례는 고려하지 않음"이라는 출제의도로 볼 때 ③이 정답이다.

34. 국토계획법령상 도시·군관리계획의 입안 등에 관한 설명으로 옳지 않은 것은?

<2017 제28회>

① 주민은 기반시설의 개량에 관한 사항에 대하여 도시·군관리계획의 입안을 제안할 수 있다.

② 도시·군관리계획의 입안을 제안받은 자는 제안자와 협의하여 제안된 도시·군 관리계획의 입안 및 결정에 필요한 비용의 전부 또는 일부를 제안자에게 부담시킬 수 있다.

③ 지구단위계획구역의 지정에 관한 사항에 대하여 도시·군관리계획의 입안을 제안 하려는 자는 국·공유지를 제외한 대상토지면적의 3분의 2 이상의 토지소유자의 동의를 받아야 한다.

④ 도시·군관리계획으로 입안하려는 지구단위계획구역이 상업지역에 위치하는 경우에는 재해취약성분석을 실시하여야 한다.

⑤ 도시지역의 축소에 따른 지구단위계획구역의 변경에 대한 도시·군관리계획을 입안할 때에는 주민의 의견청취가 요구되지 아니한다.

35. 국토계획법령상 그 결정권자가 국토교통부장관이 아닌 것은? <2010 제21회 수정>

① 국가계획과 관련된 도시·군관리계획

② 개발제한구역의 지정에 관한 도시·군관리계획

---

34. 정답 ④ 해설 ① 이해관계자를 포함한 주민은 다음 각 호 1. 기반시설의 설치·정비 또는 개량에 관한 사항, 2. 지구단위계획구역의 지정 및 변경과 지구단위계획의 수립 및 변경에 관한 사항, 3. 다음 각 목의 어느 하나에 해당하는 용도지구의 지정 및 변경에 관한 사항, 가. 개발진흥지구 중 공업기능 또는 유통물류기능 등을 집중적으로 개발·정비하기 위한 개발진흥지구로서 **대통령령**으로 정하는 개발진흥지구[영 제31조 제2항 제8호 나목에 따른 산업·유통개발진흥지구(영 제19조의2 제1항)], 나. 법 제37조에 따라 지정된 용도지구 중 해당 용도지구에 따른 건축물이나 그 밖의 시설의 용도·종류 및 규모 등의 제한을 지구단위계획으로 대체하기 위한 용도지구의 사항에 대하여 도시·군관리계획을 입안할 수 있는 자에게 도시·군관리계획의 입안을 제안할 수 있다. 이 경우 제안서에는 도시·군관리계획도서와 계획설명서를 첨부하여야 한다(법 제26조 제1항).

② 법 제26조 제3항. ③ 영 제19조의2 제2항.

④ 도시·군기본계획을 수립하거나 변경하는 경우(법 제20조 제2항), 도시·군관리계획을 입안하는 경우(법 제27조 제3항) 재해취약성분석을 실시한다.

⑤ 도시지역의 축소에 따른 용도지역·용도지구·용도구역 또는 지구단위계획구역의 변경인 경우 관계 행정기관의 장과의 협의, **국토교통부장관**과의 협의 및 중앙도시계획위원회 또는 지방도시계획위원회의 심의를 거치지 아니하고 도시·군관리계획(지구단위계획은 제외한다)을 변경할 수 있다(영 제25조 제3항 제4호).

35. 정답 ④ 해설 ① 법 제24조 제5항 제1호 및 법 제29조 제2항 제1호. ② **국토교통부장관**은 개발제한구역의 지정 또는 변경을 도시·군관리계획으로 결정할 수 있다(법 제38조, 법 제29조 제2항 제1호, 개발제한구역법 제8조 제1항).

③ 2010년 출제당시에는 시가화조정구역의 지정권자가 **국토교통부장관**이므로 정답이 "시가화조정구역의

③ 국가계획과 연계하여 시가화조정구역의 지정·변경이 필요한 경우의 그 지정에 관한 도시·군관리계획

④ 수산자원보호구역의 지정에 관한 도시·군관리계획

⑤ 국토교통부장관의 도시·군관리계획 조정 요구에 대하여 광역시장이 국토교통부장관이 정한 기한까지 정비하지 아니한 도시·군관리계획

제2절 도시·군관리계획의 수립 절차

36. 국토계획법령상 도시·군관리계획의 입안에 관한 설명으로 옳은 것은?
<2010 제21회>

① 특별시장·광역시장·특별자치시장·특별자치도지사·시장 또는 군수는 인접한 관할 구역 전부 또는 일부를 포함하여 도시·군기본계획을 수립할 경우, 입안권자를 지정하는 협의가 성립되지 아니하며 공동으로 입안하여야 한다.

지정에 관한 도시·군관리계획"이었으나, 2013. 7. 16. 개정(시행 2013. 7. 16. 법률 제11922호)으로 국가계획과 연계하여 시가화조정구역의 지정·변경이 필요한 경우 외에 시가화조정구역의 지정 및 변경에 관한 **국토교통부장관**의 도시·군관리계획 결정 권한을 시·도지사에게 이양하였으므로 시가화조정구역의 지정에 관한 도시·군관리계획의 원칙적인 지정권자는 시·도지사이다(법 제39조 제1항 및 법 제29조 제2항 제3호).

④ 수산자원보호구역의 지정 및 변경에 관한 도시·군관리계획은 해양수산부장관이 결정한다(법 제29조 제2항 단서).

⑤ 법 제24조 제5항 제3호 및 법 제29조 제2항 제1호.

36. 정답 ② 해설 ① 시·도지사, 시장 또는 군수는 지역여건상 필요하다고 인정하여 미리 인접한 시·도지사, 시장 또는 군수와 협의한 경우와 인접한 시·도, 시 또는 군의 관할 구역을 포함하여 도시·군기본계획을 수립한 경우의 어느 하나에 해당하면 인접한 시·도, 시 또는 군의 관할 구역 전부 또는 일부를 포함하여 도시·군관리계획을 입안할 수 있다(법 제24조 제2항). 이 경우 관계 시·도지사, 시장 또는 군수가 협의하여 공동으로 입안하거나 입안할 자를 정한 바에 따라야 할 것이나(법 제24조 제3항), 협의가 성립되지 아니하는 경우 도시·군관리계획을 입안하려는 구역이 같은 도의 관할 구역에 속할 때에는 관할 '도지사'가, 둘 이상의 시·도의 관할 구역에 걸쳐 있을 때에는 '**국토교통부장관**'이 입안할 자를 지정하고 그 사실을 고시하여야 한다(법 제24조 제4항). 이밖에도 공동 입안은 입안 절차도 협의에서 정한 바에 따라야 할 것이나, 도시·군관리계획의 결정은 공동결정에 대한 별도의 규정이 없으므로, 당해 구역을 관할하고 있는 결정권자(동법 제29조)가 각각 도시계획위원회의 심의 등을 거쳐 결정·고시하여야 한다.

② 법 제24조 제5항 제1호.

③ 도시계획입안에 있어서 이해관계를 갖는 주민에게 일반적이고 확정적인 도시계획 입안권을 인정할 수 없다. 법정한 사항에 대하여, 도시·군관리계획의 입안권자에게 도시·군관리계획의 입안을 제안할 수 있는 제한된 도시계획수립청구권의 근거규정을 마련하고 있다. 이 경우 제안서에는 도시·군관리계획도서와 계획설명서를 첨부하여야 한다(법 제26조 제1항 및 영 제19조의2 제1항).

② 국토교통부장관은 국가계획과 관련된 도시·군관리계획에 대하여는 관계 중앙행정기관의 장의 요청 없이도 직접 입안할 수 있다.

③ 일정한 사항에 관해서는 주민도 도시군관리계획을 입안 할 수 있으며 이 경우 도시·군관리계획도서와 계획설명서를 첨부하여야 한다.

④ 주민이 입안한 도시·군관리계획은 당해 지방자치단체에 설치된 지방도시계획위원회의 자문을 거쳐야 한다.

⑤ 국토교통부장관, 시·도지사, 시장 또는 군수는 도시·군관리계획을 입안할 때에는 주민의 의견을 들어야 하며, 주민의 의견 청취에 필요한 사항은 국토교통부장관이 정한다.

37. 국토계획법령상 도시·군관리계획의 입안에 관한 다음 설명 중 가장 옳은 것은?

<2002 제13회 수정>

① 도시·군관리계획은 원칙적으로 해당 관할 구역의 시장·군수 또는 구청장이 입안한다.

② 이해관계자를 포함한 주민은 도시·군관리계획의 입안을 제안할 수 있으며, 이 경우 제안된 도시·군관리계획의 입안 및 결정에 필요한 비용의 전부 또는 일부를 제안자에게 부담시킬 수 있다.

③ 주민으로부터 도시·군관리계획입안을 제안받은 도시·군관리계획입안권자는 제안일부터 30일 이내에 도시·군관리계획입안에의 반영여부를 제안자에게 통보하여야 한다.

---

④ **국토교통부장관**, 시·도지사, 시장 또는 군수는 법 제26조 제1항의 규정에 의한 제안을 도시·군관리계획 입안에 반영할 것인지 여부를 결정함에 있어서 필요한 경우에는 중앙도시계획위원회 또는 당해 지방자치단체에 설치된 지방도시계획위원회의 자문을 거칠 수 있다(영 제20조 제2항).

⑤ 주민의 의견 청취에 필요한 사항은 **대통령령**으로 정하는 기준에 따라 해당 지방자치단체의 조례로 정한다(법 제28조 제1항 본문 및 제4항).

37. **정답 ②** 해설 ① 시·도지사, 시장 또는 군수는 관할 구역에 대하여 도시·군관리계획을 입안하여야 한다(법 제24조 제1항). 따라서 구청장은 원칙적인 입안권자가 아니다. 단지 위임규정(법 제139조)에 따라 입안자가 될 뿐이다. ② 법 제26조 제3항.

③ 도시·군관리계획입안의 제안을 받은 **국토교통부장관**, 시·도지사, 시장 또는 군수는 제안일부터 45일 이내에 도시·군관리계획입안에의 반영여부를 제안자에게 통보하여야 한다. 다만, 부득이한 사정이 있는 경우에는 1회에 한하여 30일을 연장할 수 있다(영 제20조 제1항).

④ **국토교통부장관**, 시·도지사, 시장 또는 군수는 도시·군관리계획입안제안을 도시·군관리계획입안에 반영할 것인지 여부를 결정함에 있어서 필요한 경우에는 중앙도시계획위원회 또는 당해 지방자치단체에 설치된 지방도시계획위원회의 자문을 거칠 수 있다(영 제20조 제2항).

⑤ 도시·군관리계획을 입안할 때 작성하는 도시·군관리계획도서 중 계획도는 축척 1천분의 1 또는 축척 5천분의 1(축척 1천분의 1 또는 축척 5천분의 1의 지형도가 간행되어 있지 아니한 경우에는 축척 2만5천분의 1)의 지형도(수치지형도를 포함한다. 이하 같다)에 도시·군관리계획사항을 명시한 도면으로 작성하여야 한다. 다만, 지형도가 간행되어 있지 아니한 경우에는 해도·해저지형도 등의 도면으로 지형도에 갈음할 수 있다(영 제18조 제1항).

④ 도시·군관리계획입안권자는 주민의 제안을 도시·군관리계획입안에 반영할 것인지 여부를 결정함에 있어서 반드시 지방자치단체에 설치된 도시계획위원회의 자문을 거쳐야 한다.

⑤ 도시·군관리계획입안시에 작성하는 도시·군관리계획도서 중 계획도는 축척 1만분의 1의 지형도에 도시계획사항을 명시한 도면으로 작성하여야 한다.

38. 국토계획법령상 도시·군관리계획의 수립절차에 관한 설명으로 옳지 않은 것은?
<2009 제20회>

① 국토교통부장관은 국가계획과 관련된 경우 도시·군관리계획을 입안할 수 있다.

② 도시·군관리계획은 시·도지사가 직접 또는 시장·군수의 신청에 따라 결정하지만, 개발제한구역·수산자원보호구역의 지정 및 변경에 관한 도시·군관리계획은 국토교통부장관이 결정한다.

③ 국토교통부장관, 시·도지사, 시장 또는 군수는 도시·군관리계획을 입안하려면 대통령령으로 정하는 사항에 대하여 해당 지방의회의 의견을 들어야 한다.

④ 주민은 기반시설의 설치·정비 또는 개량에 관한 사항에 대하여 도시·군관리계획을 입안할 수 있는 자에게 도시·군관리계획의 입안을 제안할 수 있다.

⑤ 도시·군관리계획 입안의 제안신청을 반려하는 행위는 항고소송의 대상이 되는 행정처분에 해당한다는 것이 판례의 입장이다.

39. 국토계획법령상 도시·군관리계획의 입안 및 결정에 관한 설명 중 옳지 않은 것은?
<2000 제11회 변형>

① 시·도지사, 시장 또는 군수는 지역여건상 필요하다고 인정하여 미리 인접한 시·도지

---

38. 정답 ② 해설 ① 법 제24조 제5항 제1호. ② 개발제한구역은 **국토교통부장관**이 결정하지만, 수산자원보호구역의 지정 및 변경에 관한 도시·군관리계획은 해양수산부장관이 결정한다(개발제한구역법 제8조 제1항 및 법 제40조).
③ 법 제28조 제5항. ④ 법 제26조 제1항. ⑤ 도시계획구역 내 토지 등을 소유하고 있는 주민으로서는 입안권자에게 도시계획입안을 요구할 수 있는 법규상 또는 조리상의 신청권이 있다고 할 것이고, 이러한 신청에 대한 거부행위는 항고소송의 대상이 되는 행정처분에 해당한다(대법원 2004. 4. 28. 선고 2003두1806 판결; 대법원 2010. 7. 22. 선고 2010두5745 판결).

39. 정답 ② 해설 ① 법 제24조 제2항. ② **국토교통부장관**은 국가계획과 관련된 경우 등에는 관계 중앙행정기관의 장의 요청에 의하여 도시·군관리계획을 입안할 수 있다. 이 경우 **국토교통부장관**은 관할 시·도지사 및 시장·군수의 의견을 들어야 한다(법 제24조 제5항).
③ 법 제29조 제1항 본문. ④ 법 제31조 제1항. ⑤ 토지이용규제기본법 제8조 제4항.

사, 시장 또는 군수와 협의한 경우나 인접한 시·도, 시 또는 군의 관할 구역을 포함하여 도시·군기본계획을 수립한 경우에 해당하면 인접한 시·도, 시 또는 군의 관할 구역 전부 또는 일부를 포함하여 도시·군관리계획을 공동 입안할 수 있다.

② 관계행정기관의 장은 국토교통부장관에게 도시·군관리계획의 입안을 요청할 수 없다.

③ 도시·군관리계획은 시·도지사가 직접 또는 시장·군수의 신청에 따라 결정한다.

④ 도시·군관리계획 결정의 효력은 지형도면을 고시한 날부터 발생한다.

⑤ 지역·지구등을 지정할 때에 지형도면 등의 고시가 곤란한 경우로서 지적도에 지역·지구등을 명시할 수 있으나 지적과 지형의 불일치 등으로 지적도의 활용이 곤란한 경우에는 지역·지구등의 지정일부터 2년이 되는 날까지 지형도면 등을 고시하여야 하며, 지형도면 등의 고시가 없는 경우에는 그 2년이 되는 날의 다음 날부터 그 지정의 효력을 잃는다.

40. 국토계획법령상 도시·군관리계획의 결정에 관한 설명 중 옳은 것은? <2000 제11회 수정>

① 국토계획법상 도시·군관리계획의 결정에서 특별시·광역시·특별자치시·특별자치도의 도시·군관리계획은 그 입안권자와 결정권자가 동일하지만, 시장·군수가 입안한 도시·군관리계획은 원칙적으로 특별시장·광역시장·도지사가 결정한다.

② 도시·군관리계획의 수립·변경 시에는 공청회를 개최하기 때문에 시장·군수가 도시·군관리계획의 결정을 신청 할 경우 공청회개최 결과를 제출하여야 한다.

③ 도시·군관리계획의 결정에 관한 중앙도시계획위원회나 시·도도시계획위원회의 심의가 있을 때 이에 따라 도시·군관리계획은 결정된 것으로 간주된다.

④ 국토교통부장관이나 시·도지사는 국방상 또는 국가안전보장상 기밀을 지켜야 할 필요

---

40. 정답 ① 해설 ① 법 제24조 및 제29조. ② 광역도시계획(법 제14조 제1항 및 영 제13조 제1항)이나 도시·군기본계획(법 제20조 제1항 및 영 제17조 제1항)의 승인을 받으려면 그러하고 도시·군관리계획 결정절차에서는 공청회를 열지 않아도 된다.
③ 도시·군관리계획의 결정절차(법 제30조 제3항)에 불과하고 도시·군관리계획 결정의 효력은 지형도면을 고시한 날부터 발생한다(법 제31조 제1항).
④ **국토교통부장관**이나 시·도지사는 국방상 또는 국가안전보장상 기밀을 지켜야 할 필요가 있다고 인정되면(관계 중앙행정기관의 장이 요청할 때만 해당된다) 그 도시·군관리계획의 전부 또는 일부에 대하여 중앙행정기관의 장과 협의, **국토교통부장관**과 협의, 중앙도시계획위원회 또는 시·도도시계획위원회의 심의(법 제30조 제1항부터 제3항까지) 절차를 생략할 수 있다(법 제30조 제4항).
⑤ 시장이나 군수는 지형도면을 작성하여 도지사의 승인을 받고 이를 고시하여야 비로소 도시·군관리계획의 결정의 효력이 발생하며, 효력발생 후 일정한 사실의 발생에 기하여 실효의 문제가 대두될 수 있다.

가 있다고 인정되면 그 도시·군관리계획의 전부 또는 일부에 대하여 중앙도시계획위원회의 의결과 도시계획의 결정을 생략할 수 있다.

⑤ 도시·군관리계획의 결정을 고시 할 때 지형도면의 승인신청을 하지 아니하거나 국토교통부장관의 도면작성이 없는 경우 도시·군관리계획의 결정은 실효된다.

41. 국토계획법령상 도시·군관리계획의 입안권자와 결정권자가 다른 경우 결정권자가 진행하는 절차가 아닌 것은? <2004 제15회>

① 도시·군관리계획의 결정

② 도시계획위원회의 심의

③ 행정기관의 장과 협의

④ 지방의회의 의견청취

⑤ 지구단위계획 중 일정한 사항의 경우 시·도건축위원회와 도시계획위원회의 공동심의

42. 국토계획법령상 도시군·관리계획에 관한 설명으로 옳지 않은 것은? <2015 제26회>

① 이해관계인을 포함한 주민은 기반시설의 정비에 관한 사항에 대하여 도시·군관리계획의 입안권자에게 도시·군관리계획의 입안을 제안할 수 있다.

---

41. 정답 ④ ⑤ 해설 ① 시장·군수가 입안하는 경우 시장·군수의 신청에 따라 시·도지사가 도시·군관리계획을 결정한다(법 제29조 제1항 본문).
② 시·도지사가 도시·군관리계획을 결정하려면 시·도도시계획위원회의 심의를 거쳐야 한다. 다만, 시·도지사가 지구단위계획(지구단위계획과 지구단위계획구역을 동시에 결정할 때에는 지구단위계획구역의 지정 또는 변경에 관한 사항을 포함할 수 있다)이나 법 제52조 제1항 제1호의2에 따라 지구단위계획으로 대체하는 용도지구 폐지에 관한 사항을 결정하려면 **대통령령**으로 정하는 바에 따라 「건축법」 제4조에 따라 시·도에 두는 건축위원회와 도시계획위원회가 공동으로 하는 심의를 거쳐야 한다(법 제30조 제3항).
③ 시·도지사는 도시·군관리계획을 결정하려면 관계 행정기관의 장과 미리 협의하여야 한다(법 제30조 제1항).
④ **국토교통부장관**, 시·도지사, 시장 또는 군수는 도시·군관리계획을 입안하려면 입안절차에서 해당 지방의회의 의견을 들어야 한다(법 제28조 제5항).
⑤ 시장 또는 군수가 입안한 지구단위계획구역의 지정·변경과 지구단위계획의 수립·변경에 관한 도시·군관리계획이나 법 제52조 제1항 제1호의2에 따라 지구단위계획으로 대체하는 용도지구 폐지에 관한 도시·군관리계획[해당 시장(대도시 시장은 제외한다) 또는 군수가 도지사와 미리 협의한 경우에 한정한다]은 시장 또는 군수가 직접 결정(법 제29조 제1항)하므로 이 문제의 입안권자와 결정권자가 다른 경우에 해당하지 않는다. 왜냐하면 지구단위계획구역의 지정·변경과 지구단위계획의 수립·변경에 관한 도시·군관리계획 결정권한이 2013. 7. 16. 개정(시행 2014. 1. 17. 법률 제11922호)에 의해 행정권한이 이양되었고 지구단위계획의 입안 및 결정은 시장·군수이다(법 제29조 제1항 단서).

42. 정답 ③ 해설 ① 이해관계자를 포함한 주민은 일정한 사항에 대하여 도시·군관리계획을 입안할 수 있는지에게 도시·군관리계획의 입안을 제안할 수 있디(법 제26조 제1항).
② 법 제24조 제5항.

② 국토교통부장관은 국가계획과 관련된 경우에는 직접 도시·군관리계획을 입안할 수 있다.

③ 도시·군관리계획입안의 제안을 받은 입안권자는 부득이한 사정이 있는 경우를 제외하고는 제안일부터 30일 이내에 도시·군관리계획입안에의 반영여부를 제안자에게 통보하여야 한다.

④ 개발제한구역의 지정 및 변경에 관한 도시·군관리계획은 국토교통부장관이 결정한다.

⑤ 도시·군관리계획 결정의 효력은 지형도면을 고시한 날부터 발생한다.

43. 국토계획법령상 도시·군관리계획의 수립절차로서 주민의견청취에 대한 설명으로 옳은 것은? <2004 제15회 수정>

① 주민의견청취는 도시·군관리계획의 결정권자가 진행한다.

② 주민의 의견을 청취하고자 하는 때에는 일정한 요건을 갖춘 2이상의 일간신문에 공고하고 도시·군관리계획안을 7일 이상 열람할 수 있도록 하여야 한다.

③ 도시·군관리계획안의 내용에 대하여 의견이 있는 자는 열람기간이 종료된 후 14일 이내에 특별시장 등에게 의견서를 제출할 수 있다.

④ 절차진행자는 제출된 의견을 반영할 것인지를 검토하여 그 결과를 열람이 종료된 날로부터 30일 이내에 의견제출자에게 통보해야 한다.

⑤ 제출된 의견을 반영하고자 하는 경우 그 내용이 도시·군계획조례에서 정하는 중요한 사항인 때에는 그 내용을 다시 공고·열람하게 하여 주민의견을 들어야 한다.

---

③ 도시·군관리계획입안의 제안을 받은 **국토교통부장관**, 시·도지사, 시장 또는 군수는 제안일부터 45일 이내에 도시·군관리계획입안에의 반영여부를 제안자에게 통보하여야 한다. 다만, 부득이한 사정이 있는 경우에는 1회에 한하여 30일을 연장할 수 있다(영 제20조 제1항).

④ 법 제29조 제2항 제2호.

⑤ 법 제31조 제1항.

43. 정답 ⑤ 해설 ① 주민의견청취는 **국토교통부장관**(해양수산부장관), 시·도지사, 시장 또는 군수(법 제28조 제1항), 도시·군관리계획안을 송부 받은 특별시장·광역시장·특별자치시장·특별자치도지사·시장 또는 군수(법 제28조 제3항)가 주민의견청취를 진행하며 결정권자가 하는 것이 아니다.

② 특별시장·광역시장·특별자치시장·특별자치도지사·시장 또는 군수는 도시·군관리계획의 입안에 관하여 주민의 의견을 청취하고자 하는 때에는 도시·군관리계획안의 주요내용을 전국 또는 해당 특별시·광역시·특별자치시·특별자치도·시 또는 군의 지역을 주된 보급지역으로 하는 2 이상의 일간신문과 해당 특별시·광역시·특별자치시·특별자치도·시 또는 군의 인터넷 홈페이지 등에 공고하고 도시·군관리계획안을 14일 이상 일반이 열람할 수 있도록 하여야 한다(영 제22조 제2항).

③ 공고된 도시·군관리계획안의 내용에 대하여 의견이 있는 자는 열람기간 내에 특별시장·광역시장·특별자치시장·특별자치도지사·시장 또는 군수에게 의견서를 제출할 수 있다(영 제22조 제3항).

④ **국토교통부장관**, 시·도지사, 시장 또는 군수는 제출된 의견을 도시·군관리계획안에 반영할 것인지 여부를 검토하여 그 결과를 열람기간이 종료된 날부터 60일 이내에 당해 의견을 제출한 자에게 통보하여야 한다(영 제22조 제4항). ⑤ 영 제22조 제5항.

44. 국토계획법령상 도시·군관리계획의 입안 시에 지방의회의 의견을 들어야 할 사항이 아닌 것은? <1999 제10회 수정>

① 광역시설의 설치·정비 또는 개량에 관한 계획의 결정 및 변경결정

② 철도 중 도시철도

③ 자동차정류장 중 시외버스운송사업용 여객자동차터미널

④ 하수도 중 종말처리장

⑤ 학교 중 중·고등학교

45. 국토계획법령상 주민이 도시·군관리계획 입안권자에게 입안을 제안할 수 있는 사항은? <2013 제24회>

① 주거환경의 정비

② 용도지구의 변경

③ 용도지역의 변경

④ 지구단위계획의 변경

⑤ 용도구역의 변경

44. 정답 ⑤ 해설 **국토교통부장관**, 시·도지사, 시장 또는 군수는 도시·군관리계획을 입안하려면 **대통령령**으로 정하는 사항에 대하여 해당 지방의회의 의견을 들어야 한다(법 제28조 제5항). 특별시장·광역시장·특별자치시장·특별자치도지사·시장 또는 군수가 법 제28조 제5항에 따라 지방의회의 의견을 들으려면 의견 제시 기한을 밝혀 도시·군관리계획안을 송부하여야 한다. 이 경우 해당 지방의회는 명시된 기한까지 특별시장·광역시장·특별자치시장·특별자치도지사·시장 또는 군수에게 의견을 제시하여야 한다(법 제28조 제7항).
① 영 제22조 제7항 제2호. ② 영 제22조 제7항 제3호 나목.
③ 영 제22조 제7항 제3호 다목. ④ 영 제22조 제7항 제3호 파목. ⑤ 학교 중 대학(영 제22조 제7항 제3호 바목)만이 지방의회의 의견 청취 대상이다.

45. 정답 ④ 해설 ① 주거환경의 정비는 도시·군기본계획의 내용이다(법 제19조 제1항 및 영 제15조 제1호). 이해관계자를 포함한 주민은 다음 각 호 1. 기반시설의 설치·정비 또는 개량에 관한 사항, 2. 지구단위계획구역의 지정 및 변경과 지구단위계획의 수립 및 변경에 관한 사항, 3. 다음 각 목의 어느 하나에 해당하는 용도지구의 지정 및 변경에 관한 사항, 가. 개발진흥지구 중 공업기능 또는 유통물류기능 등을 집중적으로 개발·정비하기 위한 개발진흥지구로서 **대통령령**으로 정하는 개발진흥지구, 나. 법 제37조에 따라 지정된 용도지구 중 해당 용도지구에 따른 건축물이나 그 밖의 시설의 용도·종류 및 규모 등의 제한을 지구단위계획으로 대체하기 위한 용도지구의 사항에 대하여 제24조에 따라 도시·군관리계획을 입안할 수 있는 자에게 도시·군관리계획의 입안을 제안할 수 있다(법 제26조 제1항). 제안 대상에 용도지역·용도지구·용도구역의 지정을 포함시키지 않는 것은 개발제한구역의 해제와 같은 용도지역·용도지구·용도구역의 변경 또는 해제를 제안하는 사례가 남발되는 것을 방지하기 위한 것이다. ② ③ ⑤는 제외되고 ④가 해당된다.

46. 국토계획법령상 도시·군관리계획결정의 효력에 관한 설명으로 옳지 않은 것은?

<2009 제20회 수정>

① 도시·군관리계획 결정의 효력은 지형도면을 고시한 날부터 발생한다.

② 도시·군관리계획 결정 당시 허가를 받아 이미 사업이나 공사에 착수한 자도 그 사업이나 공사를 계속하기 위해서는 새로운 허가를 받아야 한다.

③ 도시·군관리계획 결정 효력의 구체적·개별적 범위는 지적고시도면(지형도면)에 의하여 확정된다는 것이 판례의 입장이다.

④ 「토지이용규제기본법」 제8조 제3항 단서에 해당되는 경우에는 지역·지구등의 지정일부터 2년이 되는 날까지 지형도면 등을 고시하여야 하며, 지형도면 등의 고시가 없는 경우에는 그 2년이 되는 날의 다음 날부터 그 지정의 효력을 잃는다.

⑤ 지역·지구등의 지정이 효력을 잃은 때에는 그 지역·지구등의 지정권자는 대통령령으로 정하는 바에 따라 지체 없이 그 사실을 관보 또는 공보에 고시하고, 이를 관계 특별자치도지사·시장·군수 또는 구청장에게 통보하여야 한다. 이 경우 시장·군수 또는 구청장은 그 내용을 국토이용정보체계에 등재하여 일반 국민이 볼 수 있도록 하여야 한다.

47. 국토계획법령상 지형도면에 관한 설명으로 옳지 않은 것은? <2012 제23회 수정>

① 도시·군관리계획 결정의 효력은 지형도면을 고시한 날부터 발생한다.

---

46. **정답 ②** 해설 ① 법 제31조 제1항.

② 도시·군관리계획 결정 당시 이미 사업이나 공사에 착수한 자(이 법 또는 다른 법률에 따라 허가·인가·승인 등을 받아야 하는 경우에는 그 허가·인가·승인 등을 받아 사업이나 공사에 착수한 자를 말한다)는 그 도시·군관리계획 결정에 관계없이 그 사업이나 공사를 계속할 수 있다(법 제31조 제2항 본문).

③ 구 「도시계획법」 제25조에 따르면 도시계획결정의 효력은 도시계획결정고시로 인하여 생기고 지적고시도면의 승인고시로 인하여 생기는 것은 아니라고 할 것이나, 일반적으로 도시계획결정고시의 도면만으로는 구체적인 범위나 개별토지의 도시계획선을 특정할 수 없으므로 결국 도시계획결정 효력의 구체적·개별적 범위는 지적고시도면에 의하여 확정된다(대법원 2000. 3. 23. 선고 99두11851 판결).

④ 「토지이용규제기본법」 제8조 제4항. ⑤ 「토지이용규제기본법」 제8조 제5항.

47. **정답 ④** 해설 이 문제는 2013. 7. 16. 법률 제11922호로 개정되고 2014. 1. 17.부터 시행된 「국토계획법」의 개정 전 출제된 것이어서 「토지이용규제 기본법」과 그 내용이 다소 달라 해석상 혼란의 여지가 있었던 시기에 출제된 것을 대폭 변형한 것이다.

① 도시·군관리계획 결정의 효력은 지형도면을 고시한 날부터 발생한다(법 제31조 제1항).

② 지형도면의 고시가 도시·군관리계획 결정의 효력발생요건이 된다.

③ 대법원 1993. 2. 9. 선고 92누5607 판결; 대법원 1994. 7. 29. 선고 94누3483 판결; 대법원 1999. 2. 9. 선고 98두13195 판결; 대법원 2000. 3. 23. 선고 99두11851 판결.

④ 「토지이용규제기본법」 제8조 제2항 본문에 따라 지형도면을 작성할 때에는 축척 500분의 1 이상 1천500분의 1 이하로 작성하여야 하고, 녹지지역의 임야, 관리지역, 농림지역 및 자연환경보전지역은 축척 3천분의 1 이상 6천분의 1 이하로 할 수 있다(「토지이용규제기본법 시행령」 제7조 제1항).

⑤ 법 제31조 제1항을 반대해석하면 된다.

② 도시·군관리계획 결정이 고시되었더라도, 지형도면이 고시되지 않으면 그 도시·군관리계획 결정은 대외적으로 아무런 효력이 발생하지 않는다.

③ 지형도면을 고시함으로써 비로소 도시·군관리계획결정의 효력이 개별토지에 구체적·개별적인 범위가 확정된다는 것이 판례의 입장이다.

④ 지형도면 고시절차를 거쳐 도시·군관리계획에 관한 사항을 축척 500분의 1 이상 1천 500분의 1 이하로만 작성하여야 한다.

⑤ 지형도면 고시는 도시·군관리계획 결정을 기초로 하여 도시·군관리계획 사항을 확정하는 것이므로 도시·군관리계획으로 결정되지 아니한 사항은 지형도면 고시가 되더라도 아무런 효력이 없다.

48. 국토계획법령상 도시·군계획 등에 관한 설명으로 옳은 것은? <2012 제23회>

① 도시계획은 광역도시계획과 도시·군기본계획으로 구분한다.

② 개발제한구역, 시가화조정구역의 지정 또는 변경에 관한 계획은 도시·군기본계획으로 결정한다.

③ 도시·군관리계획을 시행하기 위한 정비사업은 도시·군계획시설사업에 포함된다.

④ 도시·군계획시설은 기반시설 중 도시·군기본계획으로 결정된 시설을 말한다.

⑤ 자동차 및 건설기계검사시설과 그 시설의 기능발휘와 이용을 위하여 필요한 부대시설 및 편익시설은 기반시설에 해당한다.

49. 국토계획법령상 도시·군계획결정에 관한 판례의 입장으로 옳지 않은 것은?
   <2002 제13회 변형>

① 도시·군기본계획은 도시의 장기적 개발방향과 미래상을 제시하는 도시·군관리계획 입안의 지침이 되는 장기적·종합적인 개발계획으로서 행정청에 대한 직접적인 구속력은 없다는 것이 판례의 입장이다.

---

48. 정답 ⑤ 해설 ① 도시계획은 광역도시계획과 도시·군계획으로 구분한다.
② 도시·군관리계획으로 결정한다.
③ 「도시정비법」에 따른 정비사업은 도시·군계획시설사업이 아니다(법 제2조).
④ 도시·군관리계획으로 결정된 시설을 말한다.
⑤ 영 제2조 제1항 제1호.
49. 정답 ③ 해설 ① 대법원 2007. 4. 12 선고 2005두1893 판결.
② 대법원 1982. 3. 9. 선고 80누105 판결.
③ 판례는 도시·군계획입안 제안과 관련하여서는 주민이 입안권자에게 도시계획의 입안을 제안할 수 있고,

② 도시·군관리계획결정은 처분의 성질을 가지므로 항고소송의 대상이 된다는 것이 판례의 입장이다.

③ 판례는 도시·군계획입안 제안과 관련하여서는 주민이 입안권자에게 도시·군계획입안을 요구할 수 있는 법규상 또는 조리상의 신청권이 있으나, 이러한 신청에 대한 거부행위는 행정처분이 아니라고 판시하였다.

④ 판례는 후행 도시·군관리계획의 결정을 하는 행정청이 선행 도시·군관리계획의 결정·변경 등에 관한 권한을 가지는 경우에, 이미 도시·군관리계획이 결정·고시된 지역에 대해 새로이 도시·군관리계획이 결정·고시된 경우에는 특별할 사정이 없는 한 선행 도시·군관리계획은 후행 도시·군관리계획으로 적법하게 변경되었다고 보았다.

⑤ 판례는 도지사가 도시계획결정에 따르는 지적승인을 고시함에 있어서 승인된 도면을 누락한 위법은 절차상의 하자로서 그 고시의 취소사유가 되는 것은 별론으로 하고, 그와 같은 하자가 그 고시를 당연무효라고 보아야 할 만큼 중대하고 명백한 하자라고 볼 수는 없다고 판시하였다.

50. 국토계획법령상 도시·군관리계획에 관한 설명으로 옳은 것은? <2020 제31회>

① 도시·군관리계획 결정의 효력은 지형도면을 고시한 날의 다음날부터 발생한다.

② 시·도지사는 국토교통부장관이 입안하여 결정한 도시·군관리계획을 변경하려면 미리 환경부장관과 협의하여야 한다.

③ 도시·군관리계획을 입안할 수 있는 자가 입안을 제안 받은 경우 그 처리 결과를 제안자에게 알려야 한다.

도시계획구역 내 토지 등을 소유하고 있는 주민으로서는 입안권자에게 도시·군계획입안을 요구할 수 있는 법규상 또는 조리상의 신청권이 있다고 할 것이고, 이러한 신청에 대한 거부행위는 항고소송의 대상이 되는 행정처분에 해당한다고 판시하고 있다(대법원 2004. 4. 28. 선고 2003두1806 판결; 대법원 2010. 7. 22. 선고 2010두5745 판결).

④ 대법원 2000. 9. 8 선고 99두11257 판결. ⑤ 대법원 1990. 1. 25. 선고 89누2936 판결.

50. 정답 ③ 해설 ① 도시·군관리계획 결정의 효력은 지형도면을 고시한 날부터 발생한다(법 제31조 제1항).
② **시·도지사**는 **국토교통부장관**이 입안하여 결정한 도시·군관리계획을 **변경**하거나, 그 밖에 **대통령령**으로 정하는 중요한 사항에 관한 도시·군관리계획을 **결정**하려면, 미리 **국토교통부장관**과 **협의**하여야 한다(법 제30조 제2항).
③ 도시·군관리계획의 입안을 제안 받은 자는 그 처리 결과를 제안자에게 알려야 한다(법 제26조 제2항).
④ 도시·군관리계획의 수립기준, 도시·군관리계획도서 및 계획설명서의 작성기준·작성방법 등은 **대통령령**으로 정하는 바에 따라 **국토교통부장관**이 정한다(법 제25조 제4항).
⑤ **국토교통부장관**(법 제40조에 따른 수산자원보호구역의 경우 해양수산부장관)이나 도지사는 도시·군관리계획을 직접 입안한 경우에는 관계 *특별시장·광역시장·특별자치시장·특별자치도지사·시장 또는 군수*의 의견을 들어 직접 지형도면을 작성할 수 있다(법 제32조 제3항).

④ 도시·군관리계획도서 및 계획설명서의 작성기준·작성방법 등은 조례로 정한다.

⑤ 도지사가 도시·군관리계획을 직접 입안하는 경우 지형도면을 작성할 수 없다.

제3절 용도지역·용도지구·용도구역 및 행위제한

51. 국토계획법령상 용도지역, 용도지구, 용도구역의 지정에 관한 설명으로 옳지 않은 것은? <2013 제24회>

① 동일한 토지에 2개 이상의 용도지역을 중복하여 지정할 수 있다.

② 동일한 토지에 2개 이상의 용도지구를 중복하여 지정할 수 있다.

③ 동일한 토지에 용도지역과 용도지구를 중복하여 지정할 수 있다.

④ 동일한 토지에 용도구역과 용도지역를 중복하여 지정할 수 있다.

⑤ 동일한 토지에 용도구역과 용도지구를 중복하여 지정할 수 있다.

52. 국토계획법령상 용도지역에 관한 설명으로 옳은 것은? <2015 제26회>

① 도시지역, 관리지역, 농림지역 또는 자연환경보전지역으로 용도가 지정되지 아니한 지역에 대해서는 용도지역의 건폐율과 용적률 규정을 적용할 때에 자연환경보전지역에 관한 규정을 적용한다.

② 도시지역은 주거지역, 상업지역, 공업지역, 자연환경보전지역으로 구분하여 지정한다.

③ 자연환경보전지역은 녹지지역, 보전관리지역으로 구분하여 지정한다.

---

51. **정답 ①** 해설 ① ④ 용도지역은 용도지구와는 달리 서로 중복 지정되지 아니한다(법 제2조 제15호). 그리고 용도지역과 용도구역은 동일한 토지에 각각 중복지정이 허용되지 아니한다는 점에서는 공통점이 있으나, 용도지역은 그 규제대상이 건축제한에 한정된다는 점에서 용도구역과 다르다. 그러나 개발제한구역인 용도구역과 자연녹지지역인 용도지역을 중복하여 지정할 수 있다.
 ② ③ 성격상 서로 양립할 수 없는 용도지구가 아닌 한 하나의 토지에 둘 이상의 용도지구를 중복해서 지정할 수 있다. 그리고 용도지구는 용도지역의 기능을 보완하기 위한 것이므로 용도지역과 중복되어 지정되는데, 용도지구의 성격에 따라 특정한 용도지구를 지정할 수 있는 용도지역이 제한되기도 한다.
 ⑤ 용도구역은 용도지구와 같이 지정이 필요한 지역에 한하여 지정되지만, 각 용도구역의 지정목적이 전혀 다르므로 용도지구와 달리 동일한 토지에 용도구역을 중복 지정할 수 없지만, 용도구역과 용도지구를 중복하여 지정할 수 있다.
52. **정답 ①** 해설 ① 법 제79조 제1항. ② 도시지역은 주거지역·상업지역·공업지역·녹지지역으로 구분하여 지정한다(법 제36조 제1항 제1호).
 ③ 자연환경보전지역은 자연환경·수자원·해안·생태계·상수원 및 문화재의 보전과 수산자원의 보호·육성 등을 위하여 필요한 지역으로(법 제6조 제4호) 세분하여 지정하지 않는다.

④ 「항만법」에 따른 항만구역으로서 도시지역에 연접한 공유수면은 관리지역으로 결정·고시된 것으로 본다.

⑤ 도시지역에 대해서는 「도로법」 제40조에 따른 접도구역 규정이 적용된다.

53. 국토계획법령상 용도지역에 대한 설명 중 옳은 것은? <2004 제15회 수정>

① 가장 큰 분류의 용도지역은 도시지역, 준도시지역, 관리지역, 농림지역, 자연환경보전지역으로 나뉜다.

② 주거지역은 건폐율과 용적률면에서 상업지역보다 집약적인 개발이 가능한 곳이다.

③ 용도지역은 도시·군기본계획으로 지정되거나 변경된다.

④ 관리지역은 보전관리지역, 생산관리지역, 계획관리지역 및 환경관리지역으로 세분된다.

⑤ 용도지역은 상호 중첩지정 될 수 없지만, 용도지구와는 중복지정 될 수 있다.

54. 국토계획법령상 용도지역·용도지구·용도구역에 관한 설명으로 옳지 않은 것은? <2020 제31회>

① 녹지지역과 공업지역은 도시지역에 속한다.

② 용도지구 중 보호지구는 주거 및 교육 환경 보호나 청소년 보호 등의 목적으로 청소년 유해시설 등 특정시설의 입지를 제한할 필요가 있는 지구이다.

---

④ 다음 각 호 1. 「항만법」 제2조 제4호에 따른 항만구역으로서 도시지역에 연접한 공유수면, 2. 「어촌·어항법」 제17조 제1항에 따른 어항구역으로서 도시지역에 연접한 공유수면, 3. 「산업법」 제2조 제8호 가목부터 다목까지의 규정에 따른 국가산업단지, 일반산업단지 및 도시첨단산업단지, 4. 「택지개발촉진법」 제3조에 따른 택지개발지구, 5. 「전원개발촉진법」 제5조 및 같은 법 제11조에 따른 전원개발사업구역 및 예정구역(수력발전소 또는 송·변전설비만을 설치하기 위한 전원개발사업구역 및 예정구역은 제외한다)의 어느 하나의 구역은 이 법에 따른 도시지역으로 결정·고시된 것으로 본다(법 제42조 제1항). 이들 사업지구는 도시지역 내 계획 수립 이전까지 용도지역 미지정으로 분류한다.

⑤ 도시지역에 대하여는 다음 각 호 1. 「도로법」 제40조에 따른 접도구역, 2. 삭제 〈2014.1.14.〉, 3. 「농지법」 제8조에 따른 농지취득자격증명(다만, 녹지지역의 농지로서 도시·군계획시설사업에 필요하지 아니한 농지에 대하여는 그러하지 아니하다)의 법률 규정을 적용하지 아니한다(법 제83조).

53. 정답 ⑤ 해설 ① 용도지역은 도시지역, 관리지역, 농림지역, 자연환경보전지역으로 나뉜다(법 제36조 제1항).

② 주거지역은 건폐율(70퍼센트 이하)과 용적률(500퍼센트 이하)면에서 상업지역의 건폐율(90퍼세트 이하)과 용적률(1,500퍼센트 이하)보다 낮다.

③ **국토교통부장관**, 시·도지사 또는 대도시 시장은 용도지역의 지정 또는 변경을 도시·군관리계획으로 결정한다(법 제36조 제1항).

④ 관리지역은 보전관리지역, 생산관리지역, 계획관리지역으로 세분된다.

⑤ 각 용도구역의 지정목적이 전혀 다르므로 용도지구와 달리 동일한 토지에 용도구역이 중복 지정될 수 없지만, 용도지구와는 중복지정 될 수 있다.

③ 국토교통부장관은 국방부장관의 요청이 있어 보안상 도시의 개발을 제한할 필요가 있다고 인정되면 개발제한구역의 지정을 도시·군관리계획으로 결정할 수 있다.

④ 해양수산부장관은 수산자원을 보호·육성하기 위하여 필요한 공유수면이나 그에 인접한 토지에 대한 수산자원보호구역의 지정을 도시·군관리계획으로 결정할 수 있다.

⑤ 공유수면매립구역이 둘 이상의 용도지역에 걸쳐 있거나 이웃하고 있는 경우 그 매립구역이 속할 용도지역은 도시·군관리계획결정으로 지정하여야 한다.

55. 국토계획법령상 다른 법률에 따라 지정·고시된 지역이 이 법에 따른 도시지역으로 결정·고시된 것으로 보는 경우를 모두 고른 것은? <2019 제30회>

> ㄱ. 「택지개발촉진법」 제3조에 따른 택지개발지구
> ㄴ. 「산입법」 제2조 제8호 가목부터 다목까지의 규정에 따른 국가산업단지, 일반산업단지 및 도시첨단산업단지
> ㄷ. 「어촌·어항법」 제17조 제1항에 따른 어항구역으로서 도시지역에 연접한 공유수면
> ㄹ. 관리지역의 산림 중 「산지관리법」에 따라 보전산지로 지정·고시된 지역

① ㄱ, ㄴ   ② ㄷ, ㄹ   ③ ㄱ, ㄴ, ㄷ

④ ㄱ, ㄷ, ㄹ   ⑤ ㄴ, ㄷ, ㄹ

---

54. 정답 ② 해설 ① 도시지역은 주거지역·상업지역·공업지역·녹지지역으로 구분하여 지정한다(법 제36조 제1항 제1호).

② 주거 및 교육 환경 보호나 청소년 보호 등의 목적으로 오염물질 배출시설, 청소년 유해시설 등 특정시설의 입지를 제한할 필요가 있는 지구는 **특정용도제한지구**를 말하고(법 제37조 제1항 제8호), **보호지구란** 문화재, 중요 시설물[항만, 공항 등 **대통령령**으로 정하는 시설물[항만, 공항, 공용시설(공공업무시설, 공공필요성이 인정되는 문화시설·집회시설·운동시설 및 그 밖에 이와 유사한 시설로서 도시·군계획조례로 정하는 시설을 말한다), 교정시설·군사시설(영 제31조 제1항)]을 말한다] 및 문화적·생태적으로 보존가치가 큰 지역의 보호와 보존을 위하여 필요한 지구(법 제37조 제1항 제5호)를 말한다.

③ 법 제38조 제1항. ④ 법 제40조.

⑤ 공유수면의 매립 목적이 그 매립구역과 <u>이웃하고 있는 용도지역의 내용과 다른 경우</u> 및 <u>그 매립구역이 둘 이상의 용도지역에 걸쳐 있거나 이웃하고 있는 경우</u>, 그 매립구역이 속할 용도지역은 <u>도시·군관리계획결정으로 지정하여야 한다(법 제41조 제2항)</u>.

55. 정답 ③ 해설 다음 각 호 1.「항만법」제2조 제4호에 따른 항만구역으로서 도시지역에 연접한 공유수면, 2.「어촌·어항법」제17조 제1항에 따른 어항구역으로서 도시지역에 연접한 공유수면, 3.「산입법」제2조 제8호 가목부터 다목까지의 규정에 따른 국가산업단지, 일반산업단지 및 도시첨단산업단지, 4.「택지개발촉진법」제3조에 따른 택지개발지구, 5.「전원개발촉진법」제5조 및 같은 법 제11조에 따른 전원개발사업구역 및 예정구역(수력발전소 또는 송·변전설비만을 설치하기 위한 전원개발사업구역 및 예정구역은 제외한다)의 이느 하나의 구역은 이 법에 따른 도시지역으로 결정·고시된 것으로 본다(법 제42조 제1항).

56. 국토계획법령상 용도지역에 관한 설명이다. ( )에 들어갈 용어가 옳게 연결된 것은?
<2019 제30회>

- (ㄱ): 중고층주택을 중심으로 편리한 주거환경을 조성하기 위하여 필요한 지역
- (ㄴ): 환경을 저해하지 아니하는 공업의 배치를 위해 필요한 지역
- (ㄷ): 도시의 녹지공간의 확보, 도시확산의 방지, 장래 도시용지의 공급 등을 위하여 보전할 필요가 있는 지역으로서 불가피한 경우에 한하여 제한적인 개발이 허용되는 지역

① ㄱ: 제2종일반주거지역, ㄴ: 준공업지역,   ㄷ: 자연녹지지역
② ㄱ: 제2종일반주거지역, ㄴ: 준공업지역,   ㄷ: 보전녹지지역
③ ㄱ: 제2종일반주거지역, ㄴ: 일반공업지역, ㄷ: 자연녹지지역
④ ㄱ: 제3종일반주거지역, ㄴ: 일반공업지역, ㄷ: 보전녹지지역
⑤ ㄱ: 제3종일반주거지역, ㄴ: 일반공업지역, ㄷ: 자연녹지지역

57. 국토계획법령상 ( )에 들어갈 용도지역을 옳게 연결한 것은? <2018 제29회>

- 환경을 저해하지 아니하는 공업의 배치를 위하여 필요한 지역은 (ㄱ)으로 지정할 수 있다.
- 관리지역이 세부 용도지역으로 지정되지 아니한 경우에는 용도지역에서의 용적률 규정을 적용할 때에 (ㄴ)에 관한 규정을 적용한다.

① ㄱ: 일반공업지역, ㄴ: 보전관리지역   ② ㄱ: 일반공업지역, ㄴ: 계획관리지역
③ ㄱ: 일반공업지역, ㄴ: 생산관리지역   ④ ㄱ: 준공업지역,   ㄴ: 보전관리지역
⑤ ㄱ: 준공업지역,   ㄴ: 계획관리지역

58. 국토계획법령상 바다인 공유수면의 매립 목적이 그 매립구역과 이웃하고 있는 농림지역의 내용과 같은 경우, 그 매립준공구역의 용도지역에 관한 설명으로 옳은 것은? <2013 제24회>

① 도시·군관리계획의 입안 및 결정 절차를 거쳐 농림지역으로 지정된다.

56. **정답** ⑤
57. **정답** ① 해설 ㄱ: 영 제30조 제1항 제3호 나목. ㄴ: 법 제79조 제2항.
58. **정답** ④ 해설 ④ 공유수면(바다만 해당한다)의 매립 목적이 그 매립구역과 이웃하고 있는 용도지역의 내용과 같으면, 법 제25조와 제30조에도 불구하고 도시·군관리계획의 입안 및 결정 절차 없이 그 매립준공구역은 그 매립의 준공인가일부터 이와 이웃하고 있는 용도지역으로 지정된 것으로 본다(법 제41조 제1항). ① ② ③ ⑤는 틀린다.

② 도시·군관리계획의 입안 및 결정 절차를 거쳐 시가화조정구역으로 지정된다.

③ 도시·군관리계획의 입안 및 결정 절차를 거쳐 별도로 지정된다.

④ 도시·군관리계획의 입안 및 결정 절차를 거치지 않고 그 매립의 준공인가일부터 농림지역으로 지정된 것으로 본다.

⑤ 도시·군관리계획의 입안 및 결정 절차를 거치지 않고 그 매립의 준공인가일부터 수산자원보호구역으로 지정된 것으로 본다.

59. 국토계획법령상 용도지역의 세분에 관한 내용으로 옳게 연결한 것은? <2017 제28회>

① 제2종전용주거지역 — 단독주택 중심의 양호한 주거환경을 보호하기 위하여 필요한 지역

② 보전녹지지역 — 주로 농업적 생산을 위하여 개발을 유보할 필요가 있는 지역

③ 제3종일반주거지역 — 중고층주택을 중심으로 편리한 주거환경을 조성하기 위하여 필요한 지역

④ 일반상업지역 — 도심·부도심의 상업기능 및 업무기능의 확충을 위하여 필요한 지역

⑤ 전용공업지역 — 경공업 그 밖의 공업을 수용하되, 주거기능·상업기능 및 업무 기능의 보완이 필요한 지역

60. 국토계획법령상 용도지역별 건폐율의 상한을 비교한 것으로 옳은 것은? (단, 개별 조례의 규정은 고려하지 않음) <2014 제25회>

① 준공업지역 > 준주거지역 > 제3종일반주거지역 = 제2종일반주거지역

② 준공업지역 = 준주거지역 > 제3종일반주거지역 > 제2종일반주거지역

③ 준공업지역 = 준주거지역 > 제2종일반주거지역 > 제3종일반주거지역

④ 준주거지역 > 준공업지역 > 제3종일반주거지역 > 제2종일반주거지역

⑤ 준주거지역 > 준공업지역 > 제3종일반주거지역=제2종일반주거지역

---

59. **정답 ③** 해설 ① 제1종전용주거지역에 대한 설명이고, 제2종전용주거지역은 공동주택 중심의 양호한 주거환경을 보호하기 위하여 필요한 지역이다.

② 생산녹지지역에 대한 설명이고, 보전녹지지역은 도시의 자연환경·경관·산림 및 녹지공간을 보전할 필요가 있는 지역이다.

③④ 중심상업지역에 대한 설명이고, 일반상업지역은 일반적인 상업기능 및 업무기능을 담당하게 하기 위하여 필요한 지역이다.

⑤ 준공업지역에 대한 설명이고, 전용공업지역은 주로 중화학공업, 공해성 공업 등을 수용하기 위하여 필요한 지역이다.

60. **정답 ③** 해설 준공업지역 70퍼센트 = 준주기지역 70피센트 > 제2증일반주거지역 60퍼센드 > 제3종일반주거지역 50퍼센트 ③이 정답이다.

61. 국토계획법령상 용도지역별 건폐율의 최대한도가 큰 순서대로 나열된 것은? (단, 조례 및 기타 강화·완화조건은 고려하지 않음) <2019 제30회>

ㄱ. 계획관리지역	ㄴ. 자연녹지지역
ㄷ. 근린상업지역	ㄹ. 제2종일반주거지역

① ㄷ—ㄹ—ㄱ—ㄴ ② ㄷ—ㄹ—ㄴ—ㄱ ③ ㄹ—ㄱ—ㄷ—ㄴ

④ ㄹ—ㄷ—ㄱ—ㄴ ⑤ ㄹ—ㄷ—ㄴ—ㄱ

62. 국토계획법령상 용도지역별 건폐율의 최대한도가 옳은 것을 모두 고른 것은? (단, 조례와 건축법령상의 예외는 고려하지 않음) <2018 제29회>

ㄱ. 제1종일반주거지역: 60퍼센트 이하

ㄴ. 준주거지역: 70퍼센트 이하

ㄷ. 중심상업지역: 80퍼센트 이하

ㄹ. 준공업지역: 80퍼센트 이하

ㅁ. 계획관리지역: 20퍼센트 이하

① ㄱ, ㄴ ② ㄱ, ㄹ ③ ㄱ, ㄴ, ㄹ

④ ㄴ, ㄷ, ㅁ ⑤ ㄷ, ㄹ, ㅁ

63. 국토계획법령상 용도지역별 용적률의 상한이 다른 것은? <2009 제20회>

① 생산녹지지역

② 보전녹지지역

③ 보전관리지역

④ 생산관리지역

⑤ 자연환경보전지역

---

61. 정답 ① 해설 ㄷ. 근린상업지역 70퍼센트 이하 〉 ㄹ. 제2종일반주거지역 60퍼센트 이하 〉 ㄱ. 계획관리지역 40퍼센트 이하 〉 ㄴ. 자연녹지지역 20퍼센트 이하

62. 정답 ① 해설 ㄷ. 중심상업지역: 90퍼센트 이하 ㄹ. 준공업지역: 70퍼센트 이하 ㅁ. 계획관리지역: 40퍼센트 이하.

63. 정답 ① 해설 ① 100퍼센트 이하 ② 80퍼센트 이하 ③ 80퍼센트 이하 ④ 80퍼센트 이하 ⑤ 80퍼센트 이하

64. 국토계획법령상 용도지역별 용적률의 범위로 옳지 않은 것은?(단, 조례 및 기타 강화·완화조건은 고려하지 않음) <2020 제31회>

① 제2종일반주거지역: 100퍼센트 이상 250퍼센트 이하

② 유통상업지역: 200퍼센트 이상 1천100퍼센트 이하

③ 생산녹지지역: 50퍼센트 이상 100퍼센트 이하

④ 준공업지역: 150퍼센트 이상 500퍼센트 이하

⑤ 농림지역: 50퍼센트 이상 80퍼센트 이하

---

64. 정답 ④ 해설 법 제78조 제1항 및 제2항에 따른 용적률은 다음 각 호의 범위에서 관할구역의 면적, 인구규모 및 용도지역의 특성 등을 감안하여 특별시·광역시·특별자치시·특별자치도·시 또는 군의 도시·군계획**조례**가 정하는 비율을 초과할 수 없다(영 제85조 제1항). 준공업지역은 150퍼센트 이상 **400**퍼센트 이하이다.

용도지역	세분용도지역	용적률
전용주거지역	1.제1종전용주거지역:	50퍼센트 이상 **100**퍼센트 이하
	2.제2종전용주거지역:	50퍼센트 이상 **150**퍼센트 이하
일반주거지역	3.제1종일반주거지역:	100퍼센트 이상 **200**퍼센트 이하
	4.제2종일반주거지역:	100퍼센트 이상 **250**퍼센트 이하
	5.제3종일반주거지역:	100퍼센트 이상 **300**퍼센트 이하
준주거지역	6.준주거지역:	200퍼센트 이상 **500**퍼센트 이하
상업지역	7.중심상업지역:	200퍼센트 이상 **1천500**퍼센트 이하
	8.일반상업지역:	200퍼센트 이상 **1천300**퍼센트 이하
	9.근린상업지역:	200퍼센트 이상 **900**퍼센트 이하
	10.유통상업지역:	200퍼센트 이상 **1천100**퍼센트 이하
공업지역	11.전용공업지역:	150퍼센트 이상 **300**퍼센트 이하
	12.일반공업지역:	150퍼센트 이상 **350**퍼센트 이하
	13.준공업지역:	150퍼센트 이상 **400**퍼센트 이하
녹지지역	14.보전녹지지역:	50퍼센트 이상 **80**퍼센트 이하
	15.생산녹지지역:	50퍼센트 이상 **100**퍼센트 이하
	16.자연녹지지역:	50퍼센트 이상 **100**퍼센트 이하
관리지역	17.보전관리지역:	50퍼센트 이상 **80**퍼센트 이하
	18.생산관리지역:	50퍼센트 이상 **80**퍼센트 이하
	19.계획관리지역:	50퍼센트 이상 **100**퍼센트 이하
농림지역	20.농림지역:	50퍼센트 이상 **80**퍼센트 이하
자연환경보전지역	21.자연환경보전지역:	50퍼센트 이상 **80**퍼센트 이하

65. 국토계획법령상 용도지역에 관한 설명이다. ( )에 들어갈 용어가 옳게 연결 된 것은? <2012 제23회>

> (㉠): 공동주택 중심의 양호한 주거환경을 보호하기 위하여 필요한 지역
> (㉡): 근린지역에서의 일용품 및 서비스의 공급을 위하여 필요한 지역
> (㉢): 주로 농업적 생산을 위하여 개발을 유보할 필요가 있는 지역

	㉠	㉡	㉢
①	제2종일반주거지역	근린상업지역	생산녹지지역
②	제2종일반주거지역	근린상업지역	농림지역
③	제2종일반주거지역	일반상업지역	농림지역
④	제2종전용주거지역	근린상업지역	생산녹지지역
⑤	제2종전용주거지역	일반상업지역	생산녹지지역

66. 국토계획법령상 용도지역에 관하여 옳게 연결한 것은? <2014 제25회>

① 제1종전용주거지역—저층주택을 중심으로 편리한 주거환경을 조성하기 위하여 필요한 지역

② 제3종일반주거지역—중고층주택을 중심으로 편리한 주거환경을 조성하기 위하여 필요한 지역

③ 준주거지역—주거기능을 위주로 이를 지원하는 일부 상업기능 및 공업기능을 보완하기 위하여 필요한 지역

---

65. **정답 ④** 제2종일반주거지역은 중층주택을 중심으로 편리한 주거환경을 조성하기 위하여 필요한 지역[영 제30조 제1호 나목 (2)], 일반상업지역은 일반적인 상업기능 및 업무기능을 담당하게 하기 위하여 필요한 지역(영 제30조 제2호 나목), 농림지역은 도시지역에 속하지 아니하는 「농지법」에 따른 농업진흥지역 또는 「산지관리법」에 따른 보전산지 등으로서 농림업을 진흥시키고 산림을 보전하기 위하여 필요한 지역을 말한다(법 제6조 제3호).

66. **정답 ②** **해설** ① 제1종일반주거지역에 대한 설명이다. 제1종전용주거지역: 단독주택 중심의 양호한 주거환경을 보호하기 위하여 필요한 지역.

② 제3종일반주거지역의 설명이 맞다.

③ 준주거지역: 주거기능을 위주로 이를 지원하는 일부 상업기능 및 업무기능을 보완하기 위하여 필요한 지역.

④ 전용공업지역에 대한 설명이다. 준공업지역: 경공업 그 밖의 공업을 수용하되, 주거기능·상업기능 및 업무기능의 보완이 필요한 지역.

⑤ 보전녹지지역에 대한 설명이다. 자연녹지지역: 도시의 녹지공간의 확보, 도시확산의 방지, 장래 도시용지의 공급 등을 위하여 보전할 필요가 있는 지역으로서 불가피한 경우에 한하여 제한적인 개발이 허용되는 지역.

④ 준공업지역─주로 중화학공업, 공해성 공업 등을 수용하기 위하여 필요한 지역

⑤ 자연녹지지역─도시의 자연환경·경관·산림 및 녹지공간을 보전할 필요가 있는 지역

67. 국토계획법령상 제1종일반주거지역 안에서 건축할 수 있는 건축물에 해당하지 않는 것은? (단, 조례는 고려하지 않음) <2014 제25회, 2019 제30회>

① 아파트

② 단독주택

③ 제1종 근린생활시설

④ 고등학교

⑤ 노유자시설

68. 국토계획법령상 아파트를 건축할 수 있는 용도지역은? <2016 제27회>

① 준주거지역   ② 일반공업지역   ③ 유통상업지역

④ 계획관리지역   ⑤ 제1종 일반주기지역

69. 국토계획법령상 제3종일반주거지역 안에서 건축할 수 있는 건축물을 모두 고른 것은? (단, 조례는 고려하지 않음) <2017 제28회>

ㄱ. 다가구주택	ㄴ. 아파트	ㄷ. 공중화장실
ㄹ. 단란주점	ㅁ. 생활숙박시설	

① ㄱ, ㄴ, ㄷ   ② ㄱ, ㄴ, ㄹ   ③ ㄱ, ㄹ, ㅁ

④ ㄴ, ㄷ, ㅁ   ⑤ ㄷ, ㄹ, ㅁ

---

67. 정답 ① 해설 ① 아파트를 제외한 공동주택은 가능하다(영 제71조 제1항 제3호 별표4 제1호 나목).

68. 정답 ① 해설 ① 건축할 수 없는 건축물에 아파트를 규정하고 있지 않다(영 제71조 제1항 제6호 관련).
② 건축할 수 있는 건축물에 아파트가 없다(영 제71조 제1항 제12호 관련).
③ 공동주택을 건축할 수 없는 건축물로 정하고 있다(영 제71조 제1항 제10호 관련).
④ 공동주택 중 아파트를 건축할 수 없는 건축물로 하고 있다(영 제71조 제1항 제19호 관련).
⑤ 아파트를 제외한 공동주택을 건축할 수 있는 건축물로 정하고 있다.

69. 정답 ① 해설 ㄷ. 공중화장실은 제1종 근린생활시설에 속하므로 제2종전용주거지역, 일반주거지역, 공업지역, 녹지지역, 관리지역, 농림지역, 자연환경보전지역에서 가능하다. ㄹ. 단란주점은 상업지역에서만 가능하다. ㅁ. 생활숙박시설은 상업지역에 가능하고 준주거지역에는 제한적으로 가능하다.

70. 국토계획법령상 용도지역·용도지구 및 용도구역에 관한 설명으로 옳지 않은 것은?

<2009 제20회 수정>

① 용도지역은 도시지역·관리지역·농림지역·자연환경보전지역으로 구분되며, 도시지역은 주거지역·상업지역·공업지역·녹지지역으로 구분된다.

② 국토계획법령상 용도지구외의 용도지구안에서의 건축제한에 관하여는 그 용도지구지정의 목적달성에 필요한 범위안에서 특별시·광역시·특별자치시·특별자치도·시 또는 군의 도시·군계획조례로 정한다.

③ 국토교통부장관 또는 시·도지사는 5년 이상 20년 이내의 기간 동안 시가화를 유보할 필요가 있다고 인정되는 경우 시가화조정지역의 지정을 도시관리계획으로 결정할 수 있다.

④ 도시지역으로의 편입이 예상되는 지역이나 자연환경을 고려하여 제한적인 이용·개발을 하려는 지역으로서 계획적·체계적인 관리가 필요한 지역은 계획관리지역에 해당한다.

⑤ 집단취락지구는 녹지지역·관리지역·농림지역 또는 자연환경보전지역 안의 취락을 정비하기 위하여 필요한 지구를 말한다.

---

70. 정답 ⑤ 해설 ① 법 제36조 제1항. ② 영 제82조. ③ 법 제39조 제1항. ④ 법 제36조 제1항 제2호 다목.
⑤ 자연취락지구에 대한 설명이다(영 제31조 제2항 제7호 가목). 집단취락지구는 개발제한구역안의 취락을 정비하기 위하여 필요한 지구이다(영 제31조 제2항 제7호 나목).

71. 국토계획법령상 입지규제최소구역 지정에 관한 설명으로 옳은 것을 모두 고른 것은? <2020 제31회>

> ㄱ. 지역의 거점 역할을 수행하는 철도역사를 중심으로 주변지역을 집중적으로 정비할 필요가 있는 지역은 입지규제최소구역으로 지정될 수 있다.
> ㄴ. 세 개 이상의 노선이 교차하는 대중교통 결절지로부터 3킬로미터에 위치한 지역은 입지규제최소구역으로 지정될 수 있다.
> ㄷ. 도시정비법상 노후·불량 건축물이 밀집한 공업지역으로 정비가 시급한 지역은 입지규제최소구역으로 지정될 수 있다.
> ㄹ. 입지규제최소구역계획에는 건축물의 건폐율·용적률·높이에 관한 사항이 포함되어야 한다.

① ㄱ, ㄴ　　　　　② ㄱ, ㄷ　　　　　③ ㄴ, ㄹ
④ ㄱ, ㄷ, ㄹ　　　⑤ ㄴ, ㄷ, ㄹ

72. 국토계획법령상 용도지역 및 용도지구 안에서의 건축제한에 관한 설명으로 옳지 않은 것은? <2009 제20회>

① 자연취락지구 안에서는 도시·군계획조례로 10층 이하의 공동주택의 건축을 허용할 수 있다.

② 고도지구 안에서는 도시·군관리계획으로 정하는 높이를 초과하거나 미달하는 건축물을 건축할 수 없다.

---

71. **정답 ④** 해설 법 제29조에 따른 도시·군관리계획의 결정권자는 도시지역에서 복합적인 토지이용을 증진시켜 도시 정비를 촉진하고 지역 거점을 육성할 필요가 있다고 인정되면 1. 도시·군기본계획에 따른 도심·부도심 또는 생활권의 중심지역, 2. **철도역사**, 터미널, 항만, 공공청사, 문화시설 등의 **기반시설 중 지역의 거점 역할을 수행하는 시설을 중심으로 주변지역을 집중적으로 정비할 필요가 있는 지역**, 3. 세 개 이상의 노선이 교차하는 대중교통 결절지로부터 **1킬로미터 이내에 위치**한 지역, 4. 「도시정비법」 제2조 제3호에 따른 노후·불량건축물이 밀집한 **주거지역 또는 공업지역**으로 정비가 시급한 지역, 5. 「도시재생법」 제2조 제1항 제5호에 따른 도시재생활성화지역 중 같은 법 제2조 제1항 제6호에 따른 도시경제기반형 활성화계획을 수립하는 지역의 어느 하나에 해당하는 지역과 그 주변지역의 전부 또는 일부를 입지규제최소구역으로 지정할 수 있다(법 제40조의2 제1항).
입지규제최소구역의 **지정 목적**을 이루기 위하여 1. 건축물의 용도·종류 및 규모 등에 관한 사항, 2. 건축물의 건폐율·용적률·높이에 관한 사항, 3. 간선도로 등 주요 기반시설의 확보에 관한 사항, 4. 용도지역·용도지구, 도시·군계획시설 및 지구단위계획의 결정에 관한 사항, 5. 법 제83조의2 제1항 및 제2항에 따른 다른 법률 규정 적용의 완화 또는 배제에 관한 사항, 6. 그 밖에 입지규제최소구역의 체계적 개발과 관리에 필요한 사항이 포함되어야 한다(법 제40조의2 제2항).

72. **정답 ①** 해설 ① 도시·군계획조례가 정하는 바에 의하여 건축할 수 있는 건축물이더라도 4층 이하의 건축물에 한하고 아파트는 제외한다(영 제78조).
② 영 제74조. ③ 영 제72조 제1항. ④ 영 제80조.
⑤ 영 [별표 17] 긴축할 수 건축물은 4층 이하의 건축물에 한한다. 도시·군계획조례가 정하는 바에 의하여 건축할 수 있는 건축물에서 아파트를 제외한 공동주택을 건축할 수 있다.

③ 경관지구 안에서의 건축물의 건폐율, 용적률, 높이 등에 관하여는 그 지구의 경관의 보호·형성에 필요한 범위 안에서 도시·군계획조례로 정한다.

④ 특정용도제한지구안에서는 주거기능 및 교육환경을 훼손하거나 청소년 정서에 유해하다고 인정하여 도시·군계획조례가 정하는 건축물을 건축할 수 없다.

⑤ 자연녹지지역에서는 지목이 대(垈)라 하더라도 아파트를 건축할 수 없다.

73. 국토계획법령상 용도지역 안에서의 행위제한에 관한 설명으로 옳지 않은 것은?
<2010 제21회 수정>

① 용도지역에서의 건축물이나 그 밖의 시설의 용도·종류 및 규모 등의 제한에 관한 사항은 대통령령으로 정하도록 하고 있다.

② 「산업입지 및 개발에 관한 법률」에 따른 일반산업단지에서는 같은 법에서 정하는 바에 따른다.

③ 농림지역 중 농업진흥지역인 경우에는 「농지법」에서 정하는 바에 따른다.

④ 자연환경보전지역 중 「수도법」에 따른 상수원보호구역인 경우에는 「수도법」에서 정하는 바에 따른다.

⑤ 자연환경보전지역 중 수산자원보호구역인 경우에는 「수산자원관리법」에서 정하는 바에 따른다.

74. 국토계획법령상 계획관리지역의 건폐율 및 용적률의 최대한도를 바르게 연결한 것은? (단, 조례는 고려하지 않음) <2015 제26회>

① 건폐율: 20% 이하, 용적률: 80% 이하

② 건폐율: 20% 이하, 용적률: 100% 이하

③ 건폐율: 40% 이하, 용적률: 80% 이하

④ 건폐율: 40% 이하, 용적률: 100% 이하

⑤ 건폐율: 50% 이하, 용적률: 120% 이하

---

73. **정답** ② 해설 ① 법 제76조 제1항. ② 「산입법」 제2조 제8호 라목에 따른 농공단지에서는 같은 법에서 정하는 바에 따르고(법 제76조 제4항 제2호), 국가산업단지, 일반산업단지 및 도시첨단산업단지 등은 이 법에 따른다. ③ 법 제76조 제5항 제3호. ④ 법 제76조 제5항 제4호. ⑤ 법 제76조 제5항 제5호.
74. **정답** ④

75. 국토계획법령상 용도지역별 용적률의 상한이 같은 것은? <2010 제21회>

① 보전녹지지역―계획관리지역―자연녹지지역

② 보전녹지지역―보전관리지역―계획관리지역

③ 준주거지역―준공업지역―근린상업지역

④ 제1종전용주거지역―자연녹지지역―생산녹지지역

⑤ 전용공업지역―제3종일반주거지역―유통상업지역

76. 국토계획법령상 용도지역에서의 용적률의 최대한도가 큰 순서대로 나열된 것은?
(단, 조례는 고려하지 않음) <2017 제28회>

ㄱ. 제1종일반주거지역	ㄴ. 일반상업지역
ㄷ. 전용공업지역	ㄹ. 자연녹지지역

① ㄱ - ㄴ - ㄷ - ㄹ   ② ㄴ - ㄱ - ㄷ - ㄹ   ③ ㄴ - ㄷ - ㄱ - ㄹ

④ ㄷ - ㄱ - ㄴ - ㄹ   ⑤ ㄷ - ㄴ - ㄱ - ㄹ

77. 국토계획법령상 건축물을 건축하려는 자가 그 대지의 일부에 설치하여 국가 또는 지방자치단체에 기부채납하는 경우에 조례로 해당 용도지역에 적용되는 용적률을 완화할 수 있는 시설에 해당하는 것은? <2017 제28회>

① 「청소년활동진흥법」에 따른 청소년수련관

② 「노인복지법」에 따른 노인복지관

③ 「물류시설의 개발 및 운영에 관한 법률」에 따른 물류터미널

④ 「여객자동차 운수사업법」에 따른 차고

---

75. **정답 ④** 해설 ① 80―100―100 ② 80―80―100 ③ 500―400―900 ④ 100―100―100 ⑤ 300―300―1,100

76. **정답 ③** 해설 ㄴ. 일반상업지역 1천300퍼센트 이하 〉 ㄷ. 전용공업지역 300퍼센트 이하 〉ㄱ. 제1종일반주거지역 200퍼센트 이하〉 ㄹ. 자연녹지지역100퍼센트 이하

77. **정답 ②** 해설 ② 법 제78조 제1항에도 불구하고 건축물을 건축하려는 자가 그 대지의 일부에 「사회복지사업법」 제2조 제4호에 따른 사회복지시설 중 **대통령령**으로 정하는 시설[다음 각 호 1. 「영유아보육법」 제2조 제3호에 따른 어린이집, 2. 「노인복지법」 제36조 제1항 제1호에 따른 노인복지관, 3. 그 밖에 특별시장·광역시장·특별자치시장·특별자치도지사·시장 또는 군수가 해당 지역의 사회복지시설 수요를 고려하여 도시·군계획조례로 정하는 사회복지시설의 시설을 말한다(영 제85조 제10항)]을 설치하여 국가 또는 지방자치단체에 기부채납하는 경우에는 특별시·광역시·특별자치시·특별자치도·시 또는 군의 조례로 해당 용도지역에 적용되는 용적률을 완화할 수 있다. 이 경우 용석률 완화의 허용범위, 기부채납의 기준 및 절차 등에 필요한 사항은 **대통령령**으로 정한다(법 제78조 제6항).

⑤ 「농수산물유통 및 가격안정에 관한 법률」에 따른 농수산물도매시장

78. 국토계획법령상 용도지역 지정의제에 관한 설명으로 옳지 않은 것은? <2010 제21회>

① 「항만법」에 따른 항만구역으로서 도시지역에 연접한 공유수면은 이 법에 따른 도시지역으로 결정·고시된 것으로 본다.

② 「산업입지 및 개발에 관한 법률」에 따른 국가산업단지로 지정·고시된 지역은 도시지역으로 결정·고시된 것으로 본다.

③ 「택지개발촉진법」에 따른 택지개발지구는 도시지역으로 결정·고시된 것으로 본다.

④ 「어촌·어항법」에 따른 어항구역으로서 도시지역에 연접한 공유수면은 도시지역으로 결정·고시된 것으로 본다.

⑤ 관리지역의 산림 중 「산지관리법」에 따라 보전산지로 지정·고시된 지역은 자연환경보전지역으로 결정·고시된 것으로 본다.

79. 국토계획법령상 용도지역에 관한 설명으로 옳지 않은 것은? <2012 제23회>

① 도시지역, 관리지역, 농림지역 또는 자연환경보전지역으로 용도가 지정되지 아니한 지역에서 용도지역에서의 행위제한 등에 대하여는 자연환경보전지역에 관한 규정을 적용한다.

② 용도지역이 미세분된 도시지역에서의 행위제한 등에 대하여는 보전녹지지역에 관한 규정을 적용한다.

③ 관리지역에서 「농지법」에 따른 농업진흥지역으로 지정·고시된 지역은 생산관리지역으로 결정·고시된 것으로 본다.

④ 용도지역이 미세분된 관리지역에서의 행위제한 등에 대하여는 보전관리지역에 관한 규정을 적용한다.

⑤ 바다인 공유수면의 매립 목적이 그 매립구역과 이웃하고 있는 용도지역의 내용과 같으

---

78. **정답 ⑤** 해설 ① 법 제42조 제1항 제1호. ② 법 제42조 제1항 제3호. ③ 법 제42조 제1항 제4호. ④ 법 제42조 제1항 제2호.
　⑤ 관리지역의 산림 중 「산지관리법」에 따라 보전산지로 지정·고시된 지역은 그 고시에서 구분하는 바에 따라 이 법에 따른 농림지역 또는 자연환경보전지역으로 결정·고시된 것으로 본다(법 제42조 제2항).
79. **정답 ③** 해설 ① 법 제79조 제1항. ②④ 법 제79조 제2항 및 영 제86조. ③ 관리지역에서 「농지법」에 따른 농업진흥지역으로 지정·고시된 지역은 이 법에 따른 농림지역으로, 관리지역의 산림 중 「산지관리법」에 따라 보전산지로 지정·고시된 지역은 그 고시에서 구분하는 바에 따라 이 법에 따른 농림지역 또는 자연환경보전지역으로 결정·고시된 것으로 본다(법 제42조 제2항). ⑤ 법 제41조 제1항.

면, 도시·군관리계획의 입안 및 결정 절차 없이 그 매립준공구역은 그 매립의 준공인 가일부터 이와 이웃하고 있는 용도지역으로 지정된 것으로 본다.

80. 국토계획법령상 용도지역 미지정 지역의 건폐율의 최대한도(%)는? (단, 조례는 고려하지 않음) <2017 제28회>

① 20 ② 30 ③ 40

④ 50 ⑤ 60

81. 국토계획법령상 관리지역인 A지역은 아직 세부 용도지역으로 지정되지 않은 상태이다. A지역에 대하여 용적률을 정할 때 법령상 기준으로 옳은 것은? (단, 도시·군계획조례는 고려하지 않는다.) <2013 제24회>

① 20퍼센트 이상 80퍼센트 이하

② 40퍼센트 이상 80퍼센트 이하

③ 50퍼센트 이상 80퍼센트 이하

④ 50퍼센트 이상 100퍼센트 이하

⑤ 100퍼센트 이상 150퍼센트 이하

---

80. **정답 ①** 해설 ①도시지역, 관리지역, 농림지역 또는 자연환경보전지역으로 용도가 지정되지 아니한 지역(용도지역 미지정)에 대하여는 용도지역 및 용도지구에서의 건축물의 건축 제한 등(법 제76조), 용도지역의 건폐율(법 제77조), 용도지역에서의 용적률(법 제78조)의 규정을 적용할 때에 자연환경보전지역에 관한 규정을 적용한다(법 제79조 제1항). 자연환경보전지역의 건폐율은 20퍼센트 이하의 범위안에서 특별시·광역시·특별자치시·특별자치도·시 또는 군의 도시·군계획조례가 정하는 비율을 초과하여서는 아니된다(영 제84조 제1항).

81. **정답 ③** 해설 도시지역 또는 관리지역이 세부 용도지역으로 지정되지 아니한 경우에는, 법 제76조부터 제78조까지의 규정을 적용할 때에, 해당 용도지역이 도시지역인 경우에는 녹지지역 중 보전녹지지역에 관한 규정을 적용하고(영 제86조), 관리지역인 경우에는 보전관리지역에 관한 규정을 적용한다(법 제79조 제2항). 보전관리지역 용적률은 50퍼센트 이상 80퍼센트 이하(영 제85조 제1항 제17호)의 범위에서 관할구역의 면적, 인구규모 및 용도지역의 특성 등을 감안하여 특별시·광역시·특별자치시·특별자치도·시 또는 군의 도시·군계획조례가 정하는 비율을 초과할 수 없다. ③이 옳다.

82. 국토계획법령상의 용도지역·용도지구 안에서의 행위제한에 관한 다음 설명 중 옳지 않은 것은? <2002 제13회 수정>

① 도시지역, 관리지역, 농림지역 또는 자연환경보전지역으로 용도가 지정되지 아니한 지역(용도지역 미지정)에 대하여는 용도지역 및 용도지구에서의 건축물의 건축 제한 등, 건폐율, 용적률의 규정을 적용할 때에 자연환경보전지역에 관한 규정을 적용한다.

② 취락지구 안에서는 용적률 60%를 초과하는 시설을 설치할 수 없다.

③ 계획관리지역 안에서의 건폐율은 40% 이하로 하고, 용적률은 50% 이상 100% 이하의 범위에서 도시·군계획 조례가 정하는 비율을 초과할 수 없다.

④ 농림지역에 해당하는 경우의 건축물이나 그 밖의 시설의 용도·종류 및 규모 등의 제한에 관하여는 농림지역 중 농업진흥지역, 보전산지 또는 초지인 경우에는 각각 「농지법」, 「산지관리법」 또는 「초지법」에서 정하는 바에 따른다.

⑤ 시·도지사 또는 대도시 시장은 지역여건상 필요하면 대통령령으로 정하는 기준에 따라 그 시·도 또는 대도시의 조례로 용도지구의 명칭 및 지정목적, 건축이나 그 밖의 행위의 금지 및 제한에 관한 사항 등을 정하여 법정 용도지구 외의 용도지구의 지정 또는 변경을 도시·군관리계획으로 결정할 수 있다.

83. 국토계획법령상 용도지역 미세분 지역에 관한 설명이다. 다음 ( )안의 내용이 옳게 연결된 것은? <2016 제27회>

> 도시지역 또는 관리지역이 세부 용도지역으로 지정되지 아니한 경우, 용도 지역별 건축물의 건축제한에 관한 규정을 적용할 때에 해당 용도지역이 도시지역인 경우에는 (ㄱ)에 관한 규정을 적용하고, 관리지역인 경우에는 (ㄴ)에 관한 규정을 적용한다.

① ㄱ: 생산녹지지역, ㄴ: 보전관리지역

② ㄱ: 생산녹지지역, ㄴ: 자연환경보전지역

③ ㄱ: 보전녹지지역, ㄴ: 보전관리지역

---

82. 정답 ② 해설 ① 법 제79조 제1항. ② 취락지구안에서의 건폐율은 60퍼센트 이하(집단취락지구에 대하여는 개발제한구역법령이 정하는 바에 의한다)로 정한 범위에서 조례로 정하는 비율을 초과하여서는 아니 되고(영 제84조 제4항) 용적률에 관해서 별도의 제한은 없다. 자연취락지구는 녹지지역·관리지역·농림지역 또는 자연환경보전지역안의 취락을 정비하기 위하여 필요한 지구(영 제31조 제2항 제7호 가목)이므로, 해당 용도지역 용적률 100%이하, 80~100%이하, 80%이하, 80%이하의 범위에서 **대통령령**으로 정하는 기준에 따라 특별시·광역시·특별자치시·특별자치도·시 또는 군의 조례로 정한다(법 제78조 제1항). ③ 영 제84조 제1항 및 영 제85조 제1항. ④ 법 제76조 제5항 제3호. ⑤ 법 제37조 제3항.
83. 정답 ③ 해설 ③ 법 제79조 제2항.

④ ㄱ: 보전녹지지역, ㄴ: 자연환경보전지역

⑤ ㄱ: 자연환경보전지역, ㄴ: 자연환경보전지역

84. 국토계획법령상 '도시지역, 관리지역, 농림지역 또는 자연환경보전지역으로 용도가 지정되지 아니한 지역'의 용적률의 최대한도는? (단, 조례 및 기타 강화·완화조건을 고려하지 않음) <2019 제30회>

① 20퍼센트   ② 50퍼센트   ③ 80퍼센트

④ 100퍼센트   ⑤ 125퍼센트

85. 국토계획법령상 용도지구에 관한 설명으로 옳지 않은 것은? <2017 제28회>

① 용도지구는 토지의 이용 및 건축물의 용도 등에 대한 용도지역의 제한을 강화 하거나 완화하여 적용함으로써 용도지역의 기능을 증진시키고 미관·경관·안전 등을 도모하기 위하여 지정한다.

② 용도지구의 지정 또는 변경은 도시·군관리계획으로 결정한다.

③ 보호지구는 역사문화환경보호지구, 중요시설물보호지구, 생태계보호지구로 세분된다.

④ 개발제한구역안의 취락을 정비하기 위하여 필요한 지구는 자연취락지구이다.

⑤ 주거기능, 공업기능, 유통·물류기능 및 관광·휴양기능 중 2 이상의 기능을 중심으로 개발·정비할 필요가 있는 경우 복합개발진흥지구로 지정한다.

86. 국토계획법령상 용도지구에 관한 설명으로 옳지 않은 것은? <2015 제26회 수정>

① 용도지구란 토지의 이용 및 건축물의 용도·건폐율·용적률·높이 등에 대한 용도지역의 제한을 강화하거나 완화하여 적용함으로써 용도지역의 기능을 증진시키고 미관·경관· 안전 등을 도모하기 위하여 도시·군관리계획으로 결정하는 지역을 말한다.

---

84. **정답 ③** 해설 도시지역, 관리지역, 농림지역 또는 자연환경보전지역으로 용도가 지정되지 아니한 지역 (용도지역 미지정)에 대하여는 용도지역 및 용도지구에서의 건축물의 건축 제한 등(법 제76조), 용도지역의 건폐율(법 제77조), 용도지역에서의 용적률(법 제78조)의 규정을 적용할 때에 자연환경보전지역에 관한 규정을 적용한다(법 제79조 제1항). 자연환경보전지역의 용적률은 80퍼센트 이하이다.

85. **정답 ④** 해설 ① 법 제2조 제16호. ② 법 제37조 제1항. ③ 영 제31조 제2항 제5호 가목. ④ 자연취락지구는 녹지지역·관리지역·농림지역 또는 자연환경보전지역안의 취락을 정비하기 위하여 필요한 지구(영 제31조 제2항 제7호 가목)이고, 집단취락지구는 개발제한구역안의 취락을 정비하기 위하여 필요한 지구(영 제31조 제2항 제7호 나목) 이다. ⑤ 영 제31조 제2항 제8호 마목.

86. **정답 ②** 해설 ① 법 제2조 제16호. ② **국토교통부장관**, 시·도지사, 시장 또는 군수는 법 제37조에 따라

② 국토교통부장관은 지정된 용도지구의 일부에 대하여 지구단위계획구역을 지정할 수 없다.

③ 국토교통부장관은 경관지구를 자연경관지구, 시가지경관지구, 특화경관지구로 세분하여 지정할 수 있다.

④ 건축물이나 그 밖의 시설의 용도·종류 및 규모 등의 제한은 해당 용도지구의 지정목적에 적합하여야 한다.

⑤ 지방자치단체의 장이 다른 법률에 따라 토지 이용에 관한 지구를 지정하는 경우에는 그 지구의 지정목적이 「국토계획법」에 따른 용도지구의 지정목적에 부합되도록 하여야 한다.

87. 국토계획법령상 용도지구에 관한 설명으로 옳은 것은? <2012 제23회 수정>

① 용도지구란 토지의 이용 및 건축물의 용도 등에 대한 용도구역의 제한을 완화하여 적용함으로써 용도구역의 기능을 증진시키기 위하여 도시·군기본계획으로 결정하는 지역을 말한다.

② 복합개발진흥지구는 주거기능, 공업기능, 유통·물류기능 및 관광·휴양기능 외의 기능을 중심으로 특정한 목적을 위하여 개발·정비할 필요가 있는 지구를 말한다.

지정된 용도지구 등에 해당하는 지역의 전부 또는 일부에 대하여 지구단위계획구역을 <u>지정할 수 있다</u>(법 제51조 제1항).
③ **국토교통부장관**, 시·도지사 또는 대도시 시장은 법 제37조제2항에 따라 도시·군관리계획결정으로 경관지구를 가. 자연경관지구: 산지·구릉지 등 자연경관을 보호하거나 유지하기 위하여 필요한 지구, 나. 시가지경관지구: 지역 내 주거지, 중심지 등 시가지의 경관을 보호 또는 유지하거나 형성하기 위하여 필요한 지구, 다. 특화경관지구: 지역 내 주요 수계의 수변 또는 문화적 보존가치가 큰 건축물 주변의 경관 등 특별한 경관을 보호 또는 유지하거나 형성하기 위하여 필요한 지구로 세분하여 지정할 수 있다(영 제31조 제2항). ④ 법 제76조 제3항.
⑤ 중앙행정기관의 장이나 지방자치단체의 장은 다른 법률에 따라 토지 이용에 관한 지역·지구·구역 또는 구획 등(이하 '구역등'이라 한다)을 지정하려면 그 구역 등의 지정목적이 이 법에 따른 지역·지구제의 지정목적에 부합되도록 하여야 한다(법 제8조 제1항).
87. **정답 ⑤** 해설 ① "용도지구"란 토지의 이용 및 건축물의 용도·건폐율·용적률·높이 등에 대한 용도지역의 제한을 강화하거나 완화하여 적용함으로써 용도지역의 기능을 증진시키고 경관·안전 등을 도모하기 위하여 도시·군관리계획으로 결정하는 지역을 말한다(법 제2조 제16호).
② 복합개발진흥지구는 주거기능, 공업기능, 유통·물류기능 및 관광·휴양기능 중 2 이상의 기능을 중심으로 개발·정비할 필요가 있는 지구(영 제31조 제2항 제8호 마목)를 말한다.
③ 자연취락지구에 대한 설명이다(영 제31조 제2항 제7호 가목). 집단취락지구는 개발제한구역안의 취락을 정비하기 위하여 필요한 지구이다(영 제31조 제2항 제7호 나목).
④ 시·도지사 또는 대도시 시장은 지역여건상 필요하면 **대통령령**으로 정하는 기준에 따라 그 시·도 또는 대도시의 조례로 용도지구의 명칭 및 지정목적, 건축이나 그 밖의 행위의 금지 및 제한에 관한 사항 등을 정하여 법 제37조 제1항 각 호의 용도지구 외의 용도지구의 지정 또는 변경을 도시·군관리계획으

③ 집단취락지구는 녹지지역·관리지역·농림지역 또는 자연환경보전지역 안의 취락을 정비하기 위하여 필요한 지구를 말한다.

④ 시·도지사는 지역여건상 필요하면 법에서 정하고 있는 용도지역 또는 용도구역의 행위제한을 완화 하는 용도지구를 신설하여 도시·군관리계획으로 결정 할 수 있다.

⑤ 특화경관지구는 지역 내 주요 수계의 수변 또는 문화적 보존가치가 큰 건축물 주변의 경관 등 특별한 경관을 보호 또는 유지하거나 형성하기 위하여 필요한 지구를 말한다.

88. 국토계획법령상 개발진흥지구에 해당하지 않는 것은? <2018 제29회 변형>

① 주거개발진흥지구 ② 산업·유통개발진흥지구 ③ 공업개발진흥지구

④ 관광·휴양개발진흥지구 ⑤ 복합개발진흥지구

89. 다음은 국토계획법령상 무엇에 관한 설명인가? <2019 제30회>

주거 및 교육 환경 보호나 청소년 보호 등의 목적으로 오염물질 배출시설, 청소년 유해시설 등 특정시설의 입지를 제한할 필요가 있는 지구

① 방재지구 ② 방화지구 ③ 복합용도지구

④ 개발진흥지구 ⑤ 특정용도제한지구

로 결정할 수 있다(법 제37조 제3항).
⑤ 영 제31조 제2항 제1호 다목.

88. **정답 ③** 해설 **개발진흥지구**는(주거기능·상업기능·공업기능·유통물류기능·관광기능·휴양기능 등을 집중적으로 개발·정비할 필요가 있는 지구) 가. **주거개발진흥지구**: 주거기능을 중심으로 개발·정비할 필요가 있는 지구(영 제31조 제2항 제8호 가목), 나. **산업·유통개발진흥지구**: 공업기능 및 유통·물류기능을 중심으로 개발·정비할 필요가 있는 지구(영 제31조 제2항 제8호 가목), 다. 삭제〈2012. 4. 10.〉(영 제31조 제2항 제8호 다목), 라. **관광·휴양개발진흥지구**: 관광·휴양기능을 중심으로 개발·정비할 필요가 있는 지구(영 제31조 제2항 제8호 라목), 마. **복합개발진흥지구**: 주거기능, 공업기능, 유통·물류기능 및 관광·휴양기능중 2 이상의 기능을 중심으로 개발·정비할 필요가 있는 지구(영 제31조 제2항 제8호 마목), 바. **특정개발진흥지구**: 주거기능, 공업기능, 유통·물류기능 및 관광·휴양기능 외의 기능을 중심으로 특정한 목적을 위하여 개발·정비할 필요가 있는 지구(영 제31조 제2항 제8호 바목)로 세분된다.

89. **정답 ⑤** 해설 ⑤ 법 제37조 제1항 제8호.

90. 국토계획법령상 용도지구 중 취락지구에 대한 설명으로 맞지 않는 것은?

<1999 제10회 변형>

① 국토교통부장관, 시·도지사 또는 대도시 시장은 취락지구의 지정 또는 변경을 도시·군관리계획으로 결정한다.

② 자연취락지구는 녹지지역·관리지역·농림지역 또는 자연환경보전지역의 취락을 정비하기 위하여 필요한 지구이다.

③ 자연취락지구안에서 건축할 수 있는 건축물은 단독주택, 제1종 근린생활시설, 아파트를 포함한 공동주택 등이다.

④ 취락지구에서의 건폐율은 60퍼센트이하의 범위에서 대통령령으로 정하는 기준에 따라 특별시·광역시·특별자치시·특별자치도·시 또는 군의 조례로 따로 정한다.

⑤ 국가나 지방자치단체는 자연취락지구안에 있거나 자연취락지구에 연결되는 도로·수도공급설비·하수도 등의 정비 등 취락지구 주민의 생활 편익과 복지 증진 등을 위한 사업을 시행하거나 그 사업을 지원할 수 있다.

91. 국토계획법령상 용도구역에 관한 설명으로 옳은 것은? <2014 제25회>

① 도시의 자연환경 및 경관을 보호하고 도시민에게 건전한 여가·휴식공간을 제공하기 위하여 도시지역 안에서 식생(植生)이 양호한 산지의 개발을 제한할 필요가 있다고 인정되는 지역을 개발제한구역으로 지정할 수 있다.

② 국방부장관의 요청에 따라 국토교통부장관이 개발제한구역을 지정하는 경우에는 이를 광역도시계획으로 결정한다.

---

90. 정답 ③ 해설 ① 법 제37조 제1항. ② 영 제31조 제2항 제7호 가목.
　③ 영 제78조 제1항 [별표 23]에 따르면 자연취락지구안에서 건축할 수 있는 건축물은 도시·군계획조례가 정하는 바에 따라 아파트를 제외한 공동주택이다.
　④ 법 제77조 제3항 및 영 제84조 제4항 제1호. ⑤ 법 제105조 및 영 제107조 제2호 가목.

91. 정답 ⑤ 해설 ① ③ 시·도지사 또는 대도시 시장은 도시의 자연환경 및 경관을 보호하고 도시민에게 건전한 여가·휴식공간을 제공하기 위하여 도시지역 안에서 식생(植生)이 양호한 산지의 개발을 제한할 필요가 있다고 인정하면 도시자연공원구역의 지정 또는 변경을 도시·군관리계획으로 결정할 수 있다 (법 제38조의2 제1항).
　② **국토교통부장관**은 국방부장관의 요청이 있어 보안상 도시의 개발을 제한할 필요가 있다고 인정되면 개발제한구역의 지정 또는 변경을 도시·군관리계획으로 결정할 수 있다(법 제38조 제1항).
　④ 시·도지사는 5년 이상 20년 이내의 기간 동안 시가화를 유보할 필요가 있다고 인정되면 시가화조정구역의 지정 또는 변경을 도시·군관리계획으로 결정할 수 있다. 다만, 국가계획과 연계하여 시가화조정구역의 지정 또는 변경이 필요한 경우에는 **국토교통부장관**이 직접 시가화조정구역의 지정 또는 변경을 도시·군관리계획으로 결정할 수 있다(법 제39조 제1항).
　⑤ 법 제39조 제2항.

③ 국토교통부장관은 도시자연공원구역의 지정 또는 변경을 도시·군관리계획으로 결정할 수 있다.

④ 시가화조정구역의 시가화 유보기간은 10년 이상 20년 이내이다.

⑤ 시가화조정구역의 지정에 관한 도시·군관리계획의 결정은 시가화 유보기간이 끝난 날의 다음날부터 그 효력을 잃는다.

92. 국토계획법령상 도시·군관리계획의 폐지·변경 결정절차를 거치지 않아도 도시·군관리계획결정이 실효될 수 있는 경우에 관한 것 중 옳지 않은 것은? <2002 제13회 수정>

① 지역·지구등을 지정할 때에 지형도면 등의 고시가 곤란한 경우에는 지역·지구등의 지정일부터 2년이 되는 날까지 지형도면의 고시가 없는 경우

② 단계별집행계획 수립대상 도시·군계획시설에 대하여 도시·군계획결정의 고시일부터 3개월 이내에 단계별 집행계획이 수립되지 않은 경우

③ 시가화조정구역의 시가화유보기간이 만료된 경우

④ 도시·군계획시설결정이 고시된 도시·군계획시설에 대하여 결정·고시일부터 20년이 경과될 때까지 당해 도시·군계획시설사업이 시행되지 아니하는 경우

⑤ 지구단위계획구역의 지정에 관한 도시·군계획결정의 고시일부터 3년 이내에 당해 지구단위계획이 결정·고시되지 아니하는 경우

---

92. 정답 ② 해설 ① 「토지이용규제기본법」 제8조 제3항 단서 및 제8조 제4항.

② 3개월 이내에 단계별 집행계획이 수립되지 않은 경우라도 도시·군계획결정이 실효되지는 않는다.

③ 시가화조정구역의 지정에 관한 도시·군관리계획의 결정은 법 제39조 제1항에 따른 시가화 유보기간이 끝난 날의 다음날부터 그 효력을 잃는다. 이 경우 **국토교통부장관** 또는 시·도지사는 **대통령령**으로 정하는 바에 따라 그 사실을 고시하여야 한다(법 제39조 제2항).

④ 도시·군계획시설결정이 고시된 도시·군계획시설에 대하여 그 고시일부터 20년이 지날 때까지 그 시설의 설치에 관한 도시·군계획시설사업이 시행되지 아니하는 경우 그 도시·군계획시설결정은 그 고시일부터 20년이 되는 날의 다음날에 그 효력을 잃는다(법 제48조 제1항).

⑤ 지구단위계획구역의 지정에 관한 도시·군관리계획결정의 고시일부터 3년 이내에, 그 지구단위계획구역에 관한 지구단위계획이 결정·고시되지 아니하면, 그 3년이 되는 날의 다음날에 그 지구단위계획구역의 지정에 관한 도시·군관리계획결정은 효력을 잃는다. 다만, 다른 법률에서 지구단위계획의 결정(결정된 것으로 보는 경우를 포함한다)에 관하여 따로 정한 경우에는 그 법률에 따라 지구단위계획을 결정할 때까지 지구단위계획구역의 지정은 그 효력을 유지한다(제53조 제1항).

93. 국토계획법령상 최근의 개발제한구역의 헌법불합치 결정과 관련된 설명으로 옳지 않은 것은? <1999 제10회 변형>

① 헌법불합치 결정은 개발제한구역지정 자체가 위헌이라는 것은 아니다.

② 헌법불합치 결정은 개발제한구역의 지정이 부분적으로 사회적 제약의 한계를 넘는 것으로 볼 수 있다.

③ 개발제한구역으로 지정된 토지를 종래의 지목과 토지현황에 의한 이용방법에 따른 토지의 사용도 할 수 없는 경우에도 아무런 보상 없이 이를 감수하도록 하고 있는 한, 비례의 원칙에 위반되어 당해 토지소유자의 재산권을 과도하게 침해하는 것으로서 헌법에 위반된다.

④ 헌법불합치 결정에 따른 손실보상은 개발제한구역 지정으로 지가가 하락된 토지소유자를 대상으로 행하여지는 것으로 해석할 수 있다.

⑤ 헌법불합치 결정에 따른 문제해결 방법으로 개발제한구역의 해제도 포함될 수 있다.

---

93. 정답 ④ 해설 헌재 1998. 12. 24. 89헌마214, 90헌바16, 97헌바78(병합) 전원재판부

① 도시계획법 제21조에 규정된 개발제한구역제도 그 자체는 원칙적으로 합헌적인 규정인데, 토지소유자는 보상입법을 기다려 그에 따른 권리행사를 할 수 있을 뿐 개발제한구역의 지정이나 그에 따른 토지재산권의 제한 그 자체의 효력을 다투거나 위 조항에 위반하여 행한 자신들의 행위의 정당성을 주장할 수는 없다.

② 개발제한구역 지정으로 인하여 토지를 종래의 목적으로도 사용할 수 없거나 또는 더 이상 법적으로 허용된 토지이용의 방법이 없기 때문에 실질적으로 토지의 사용·수익의 길이 없는 경우에는 토지소유자가 수인해야 하는 사회적 제약의 한계를 넘는 것으로 보아야 한다.

③ 개발제한구역으로 지정된 토지를 종래의 지목과 토지현황에 의한 이용방법에 따른 토지의 사용도 할 수 없거나 실질적으로 사용·수익을 전혀 할 수 없는 예외적인 경우에도 아무런 보상없이 이를 감수하도록 하고 있는 한, 비례의 원칙에 위반되어 당해 토지소유자의 재산권을 과도하게 침해하는 것으로서 헌법에 위반된다.

④ 개발제한구역의 지정으로 인한 개발가능성의 소멸과 그에 따른 지가의 하락이나 지가상승률의 상대적 감소는 토지소유자가 감수해야 하는 사회적 제약의 범주에 속하는 것으로 보아야 한다. 자신의 토지를 장래에 건축이나 개발목적으로 사용할 수 있으리라는 기대가능성이나 신뢰 및 이에 따른 지가상승의 기회는 원칙적으로 재산권의 보호범위에 속하지 않는다. 구역지정 당시의 상태대로 토지를 사용·수익·처분할 수 있는 이상, 구역지정에 따른 단순한 토지이용의 제한은 원칙적으로 재산권에 내재하는 사회적 제약의 범주를 넘지 않는다. ⑤ 재산권의 침해와 공익간의 비례성을 다시 회복하기 위한 방법은 헌법상 반드시 금전보상만을 해야 하는 것은 아니다. 입법자는 지정의 해제 또는 토지매수청구권제도와 같이 금전보상에 갈음하거나 기타 손실을 완화할 수 있는 제도를 보완하는 등 여러 가지 다른 방법을 사용할 수 있다.

94. 국토계획법령상 용도구역에 관한 설명이다. 다음 ( )안에 알맞은 것은? <2017 제28회>

> 시·도지사 또는 대도시 시장은 도시의 자연환경 및 경관을 보호하고 도시민에게 건전한 여가·휴식공간을 제공하기 위하여 도시지역 안에서 식생이 양호한 산지(山地)의 개발을 제한할 필요가 있다고 인정하면 ( )의 지정 또는 변경을 도시·군관리계획으로 결정할 수 있다.

① 시가화조정구역　　　　② 개발제한구역　　　　③ 수산자원보호구역

④ 입지규제최소구역　　　⑤ 도시자연공원구역

95. 국토계획법령상 시가화조정구역에 관한 설명으로 옳지 않은 것은? <2010 제21회 수정>

① 계획관리지역에는 지정될 수 없다.

② 원칙적인 지정권자는 시·도지사이다.

③ 시가화 유보기간은 도시·군관리계획으로 정한다.

④ 시가화 유보기간은 5년 이상 20년 이내이다.

⑤ 구역지정의 실효고시는 관보나 공보에 게재하는 방법에 의한다.

96. 국토계획법령상 시가화조정구역에 관한 설명 중 틀린 것은? <2000 제11회 수정>

① 시가화조정구역은 시·도지사가 시가화조정구역의 지정 또는 변경을 도시·군관리계획으로 결정할 수 있다.

---

94. **정답 ⑤** 해설 ⑤ 법 제38조의2 제1항.

95. **정답 ①** 해설 ① **국토교통부장관** 또는 시·도지사는 법 제39조 제1항에 따라 시가화조정구역을 지정 또는 변경고자 하는 때에는 당해 <u>도시지역과 그 주변지역</u>의 인구의 동태, 토지의 이용상황, 산업발전 상황 등을 고려하여 도시·군관리계획으로 시가화유보기간을 정하여야 한다(영 제32조 제2항).
　② ③ ④ 법 제39조 제1항.
⑤ 법 제39조 제2항 후단에 따른 시가화조정구역지정의 실효고시는 실효일자 및 실효사유와 실효된 도시·군관리계획의 내용을 **국토교통부장관**이 하는 경우에는 관보에, 시·도지사가 하는 경우에는 해당 시·도의 공보에 게재하는 방법에 의한다(영 제32조 제3항).

96. **정답 ④** 해설 ① 법 제39조 제1항. ② 법 제39조 제2항.
③ 시가화조정구역에서의 도시·군계획사업은 **대통령령**으로 정하는 사업[국방상 또는 공익상 시가화조정구역안에서의 사업시행이 불가피한 것으로서 관계 중앙행정기관의 장의 요청에 의하여 **국토교통부장관**이 시가화조정구역의 지정목적달성에 지장이 없다고 인정하는 도시·군계획사업(영 제87조)]만 시행할 수 있다(법 제81조 제1항).
④ 시가화조정구역안에서는 농업·임업 또는 어업용의 건축물 중 **대통령령**으로 정하는 종류와 규모의 건축물이나 그 밖의 시설을 건축하는 행위는 특별시장·광역시장·특별자치시장·특별자치도지사·시장 또는 군수가 허가를 받아 그 행위를 할 수 있다(법 제81조 제2항 제1호).
⑤ 법 제31조 제2항 단서.

② 시가화조정구역의 지정에 관한 도시·군관리계획의 결정은 시가화 유보기간이 끝난 날의 다음날부터 그 효력을 잃는다.

③ 시가화조정구역안에서 예외적으로 도시·군계획사업의 시행이 허용되는 경우가 있다.

④ 시가화조정구역안에서는 농업·임업 또는 어업용의 건축물 중 대통령령으로 정하는 종류와 규모의 건축물이나 그 밖의 시설을 건축하는 행위는 허가를 받지 아니하고 그 행위를 할 수 있다.

⑤ 시가화조정구역의 지정에 관한 도시·군관리계획 결정이 있는 경우 도시·군관리계획 결정 당시 이미 사업이나 공사에 착수한 자는 대통령령으로 정하는 바에 따라 특별시장·광역시장·특별자치시장·특별자치도지사·시장 또는 군수에게 신고하고 그 사업이나 공사를 계속할 수 있다.

97. 국토계획법령상 시가화조정구역 내에서 허가권자의 허가를 받아 새로이 설치할 수 있는 시설이 아닌 것은? <2013 제24회>

① 공공도서관
② 119안전센터
③ 문화재관리용 건축물
④ 사회복지시설
⑤ 복합유통게임제공업의 시설

98. 국토계획법령상 용도구역의 종류이다. 시·도지사가 지정할 수 있는 용도구역을 모두 고른 것은? (단, 구역면적의 변경은 제외함) <2016 제27회>

ㄱ. 개발제한구역 ㄴ. 도시자연공원구역 ㄷ. 시가화조정구역 ㄹ. 입지규제최소구역

① ㄱ, ㄹ
② ㄴ, ㄷ
③ ㄷ, ㄹ
④ ㄱ, ㄴ, ㄷ
⑤ ㄴ, ㄷ, ㄹ

---

97. **정답 ⑤** 해설 법 제81조 제2항 제2호 및 영 제88조 관련 [별표 24]에서 정하고 있다. [별표 24] 2. 법 제81조 제2항 제2호의 규정에 의하여 할 수 있는 행위로서, 다. 공익시설·공용시설 및 공공시설 등의 설치에 해당하는 행위로서 ① ② ③ ④는 가능하나, ⑤는 아니다.

98. **정답 ⑤** 해설 ㄱ. **국토교통부장관**(법 제29조 제2항 제2호 및 법 제38조 제1항). ㄴ. 시·도지사 또는 대도시 시장(법 제38조의2 제1항). ㄷ. 시·도지사(법 제39조 제1항). 다만, 국가계획과 연계하여 시가화조정구역의 지정 또는 변경이 필요한 경우에는 **국토교통부장관**이 직접 시가화조정구역의 지정 또는 변경을 도시·군관리계획으로 결정할 수 있다(법 제29조 제2항 제3호 및 법 제29조 제2항 제3호). ㄹ. 종래 법 제29조 제2항 제5호에 따라 법 제40조의2에 따른 입지규제최소구역의 지정 및 변경과 입지규제최소구역계획에 관한 도시·군관리계획은 **국토교통부장관**이 결정하였으나, 2019. 8. 20. 개정 및 시행(법률 제16492호)으로 입지규제최소구역 지정 및 계획 결정을 도시·군관리계획 결정권자가 할 수 있도록 개정되었으므로, 2019. 8. 20. 시행법은 시·도지사도 입지규제최소구역을 지정할 수 있다. 출제 당시에는 ②가 정답이었으나, 현재는 ⑤가 정답이다.

99. 국토계획법령상 입지규제최소구역으로 지정할 수 있는 곳을 모두 고른 것은?
<2015 제26회>

ㄱ. 도시·군기본계획에 따른 생활권의 중심지역
ㄴ. 세 개 이상의 노선이 교차하는 대중교통 결절지(結節地)로부터 1킬로미터 이내에 위치한 지역
ㄷ. 「도시정비법」에 따른 노후·불량건축물이 밀집한 주거지역으로 정비가 시급한 지역
ㄹ. 「도시재생특별법」에 따른 도시재생활성화지역 중 도시경제기반형 활성화계획을 수립하는 지역

① ㄱ, ㄹ   ② ㄴ, ㄷ   ③ ㄱ, ㄴ, ㄷ
④ ㄴ, ㄷ, ㄹ   ⑤ ㄱ, ㄴ, ㄷ, ㄹ

100. 국토계획법령상 입지규제최소구역 등에 관한 설명으로 옳지 않은 것은? <2017 제28회 수정>

① 도시·군관리계획 입안권자 도시·군기본계획에 따른 도심·부도심 또는 생활권의 중심지역을 입지규제최소구역으로 지정할 수 있다.

② 입지규제최소구역계획에는 입지규제최소구역의 지정 목적을 이루기 위하여 건축물의 건폐율·용적률·높이에 관한 사항이 포함되어야 한다.

③ 입지규제최소구역계획은 도시·군관리계획으로 결정한다.

④ 입지규제최소구역에 대하여는 「주택법」 제35조에 따른 대지조성기준을 적용하지 아니할 수 있다.

⑤ 입지규제최소구역으로 지정된 지역은 「건축법」에 따른 특별건축구역으로 지정된 것으로 본다.

---

99. 정답 ⑤ 해설 법 제29조에 따른 도시·군관리계획의 결정권자는 도시지역에서 복합적인 토지이용을 증진시켜 도시 정비를 촉진하고 지역 거점을 육성할 필요가 있다고 인정되면 1. 도시·군기본계획에 따른 도심·부도심 또는 생활권의 중심지역, 2. 철도역사, 터미널, 항만, 공공청사, 문화시설 등의 기반시설 중 지역의 거점 역할을 수행하는 시설을 중심으로 주변지역을 집중적으로 정비할 필요가 있는 지역, 3. 세 개 이상의 노선이 교차하는 대중교통 결절지로부터 1킬로미터 이내에 위치한 지역, 4. 「도시정비법」 제2조 제3호에 따른 노후·불량건축물이 밀집한 주거지역 또는 공업지역으로 정비가 시급한 지역, 5. 「도시재생법」 제2조 제1항 제5호에 따른 도시재생활성지역 중 같은 법 제2조 제1항 제6호에 따른 도시경제기반형 활성화계획을 수립하는 지역의 어느 하나에 해당하는 지역과 그 주변지역의 전부 또는 일부를 입지규제최소구역으로 지정할 수 있다(법 제40조의2 제1항).

100. 정답 ① 해설 ① 종래 법 제29조 제2항 제5호에 따라 법 제40조의2에 따른 입지규제최소구역의 지정 및 변경과 입지규제최소구역계획에 관한 도시·군관리계획은 **국토교통부장관**이 결정하였으나, 2019. 8. 20. 개정 및 시행(법률 제16492호)으로 입지규제최소구역 지정 및 계획 결정을 <u>도시·군관리계획</u>

101. **국토계획법령이 규정하고 있는 용어 및 내용에 대한 설명으로 바른 것은?** <2004 제15회>

① 광역도시계획이란 도시의 기본적인 공간구조와 장기발전 방향을 제시하는 종합계획으로서 도시·군관리계획 수립의 지침이 되는 계획이다.

② 도시·군기본계획은 국가계획과 관련된 경우에는 국토교통부장관이 직접 수립할 수 있다.

③ 도시·군기본계획은 지역·지구·구역의 지정과 도시계획사업의 시행에 관한 사항을 주 내용으로 한다.

④ 시·도지사는 직접 또는 관계 행정기관의 장의 요청을 받아 도시지역과 그 주변지역의 무질서한 시가화를 방지하고 계획적·단계적인 개발을 도모하기 위하여 일정기간동안 시가화를 유보할 필요가 있다고 인정되는 경우에는 시가화조정구역의 지정 또는 변경을 도시·군관리계획으로 결정할 수 있다.

결정권자(**국토교통부장관**, 시·도지사, 시장·군수)가 할 수 있도록 개정되었다.

② 입지규제최소구역계획에는 입지규제최소구역의 지정 목적을 이루기 위하여 1. 건축물의 용도·종류 및 규모 등에 관한 사항, 2. 건축물의 건폐율·용적률·높이에 관한 사항, 3. 간선도로 등 주요 기반시설의 확보에 관한 사항, 4. 용도지역·용도지구, 도시·군계획시설 및 지구단위계획의 결정에 관한 사항, 5. 법 제83조의2 제1항 및 제2항에 따른 다른 법률 규정 적용의 완화 또는 배제에 관한 사항, 6. 그 밖에 입지규제최소구역의 체계적 개발과 관리에 필요한 사항에 관한 사항이 포함되어야 한다(법 제40조의2 제2항).

③ 입지규제최소구역의 지정 및 변경과 입지규제최소구역계획은 1. 입지규제최소구역의 지정 목적, 2. 해당 지역의 용도지역·기반시설 등 토지이용 현황, 3. 도시·군기본계획과의 부합성, 4. 주변 지역의 기반시설, 경관, 환경 등에 미치는 영향 및 도시환경 개선·정비 효과, 5. 도시의 개발 수요 및 지역에 미치는 사회적·경제적 파급효과의 사항을 종합적으로 고려하여 도시·군관리계획으로 결정한다(법 제40조의2 제3항).

④ 법 제83조의2 제1항 제1호. ⑤ 법 제83조의2 제3항.

101. **정답** ④ 해설 ① 광역도시계획이란 인접한 둘 이상의 특별시·광역시·시 또는 군의 행정구역(이하 '광역계획권'이라 한다)에 대하여 장기적인 발전방향을 제시하거나 시·군간 기능을 상호 연계함으로써 적정한 성장관리를 도모하기 위하여 수립한다(광역도시계획수립지침1-2-1).

② **국토교통부장관**이 국가계획과 관련되어 광역도시계획의 수립이 필요한 경우에는 광역도시계획을 수립할 수 있고(법 제11조 제1항 제4호), 국가계획과 관련된 경우 도시·군관리계획의 입안 및 결정을 할 수 있으며(법 제24조 제5항 제1호 및 법 제29조 제2항), 국가계획과 관련되거나 그 밖에 특히 필요하다고 인정되는 경우 도시·군계획시설사업을 직접 시행(법 제86조 제4항)할 수 있다.

③ 도시·군기본계획에는 다음 각 호 1. 지역적 특성 및 계획의 방향·목표에 관한 사항, 2. 공간구조, 생활권의 설정 및 인구의 배분에 관한 사항, 3. 토지의 이용 및 개발에 관한 사항, 4. 토지의 용도별 수요 및 공급에 관한 사항, 5. 환경의 보전 및 관리에 관한 사항, 6. 기반시설에 관한 사항, 7. 공원·녹지에 관한 사항, 8. 경관에 관한 사항, 8의2. 기후변화 대응 및 에너지절약에 관한 사항, 8의3. 방재 및 안전에 관한 사항, 9. 제2호부터 제8호까지, 제8호의2 및 제8호의3에 규정된 사항의 단계별 추진에 관한 사항, 10. 그 밖에 **대통령령**으로 정하는 사항에 대한 정책 방향이 포함되어야 한다(법 제19조 제1항). ④ 법 제39조 제1항.

⑤ 기반시설부담구역이란 개발밀도관리구역 외의 지역으로서 개발로 인하여 도로, 공원, 녹지 등 **대통령령**으로 정하는 기반시설의 설치가 필요한 지역을 대상으로 기반시설을 설치하거나 그에 필요한 용지를 확보하게 하기 위하여 법 제67조에 따라 지정·고시하는 구역을 말한다(법 제2조 제19호).

⑤ 기반시설부담구역이라 함은 개발밀도관리구역 내의 지역으로서 개발로 인하여 기반시설의 설치가 필요한 지역을 대상으로 기반시설을 설치하거나 그에 필요한 용지를 확보하게 하기 위하여 지정하는 구역을 말한다.

102. 국토계획법령상 하나의 대지가 아래와 같이 3개의 용도지역에 걸치는 경우 건축할 수 있는 건축물의 최상층 최대 연면적은? (단, 용적률은 상한 조건 이외 제약요소 또는 적용요소가 없다고 가정함) <2009 제20회>

A	B
C	
도로	

	면적	용도지역	용적률 상한
A	300제곱미터	제3종일반주거지역	250%
B	500제곱미터	자연녹지지역	80%
C	200제곱미터	준주거지역	500%

① 1,200제곱미터
② 1,450제곱미터
③ 1,650제곱미터
④ 1,850제곱미터
⑤ 2,150제곱미터

제4절 **도시·군계획시설**

---

103. 국토계획법령상 기반시설 중 공간시설에 해당하는 것은? <2019 제30회>

① 학교　　　　　　② 녹지　　　　　　③ 하천
④ 주차장　　　　　⑤ 빗물저장 및 이용시설

---

102. **정답 ⑤** 해설 연면적이란 하나의 건축물 각 층의 바닥면적의 합계를 말하는데(건축법 시행령 제119조 제1항 제4호), 용적률은 대지면적에 대한 연면적 비율을 말한다(건축법 제56조). 하나의 대지가 둘 이상의 용도지역등에 걸치는 경우로서 각 용도지역등에 걸치는 부분 중 가장 작은 부분의 규모가 **대통령령**으로 정하는 규모(330㎡, 다만 노선상업지역인 경우 660㎡) 이하인 경우에는, 전체 대지의 건폐율 및 용적률은 각 부분이 전체 대지 면적에서 차지하는 비율을 고려하여 각 용도지역등별 용적률을 가중평균한 값을 적용한다(법 제84조 제1항 본문 전단). 용적률 = 연면적/대지면적, 따라서 연면적 = 용적률×대지면적, 연면적 합계 2.5×300+0.8×500+5×200=2,150 제곱미터 이다. ⑤가 옳다.

103. **정답 ②** 해설 ① **공공·문화체육시설**: 학교·공공청사·문화시설·공공필요성이 인정되는 체육시설·연구시설·사회복지시설·공공직업훈련시설·청소년수련시설 ② **공간시설**: 광장·공원·녹지·유원지·공공공지 ③ **방재시설**: 하천·유수지·저수지·방화설비·방풍설비·방수설비·사방설비·방조설비 ④ **교통시설**:

104. 국토계획법령상 기반시설과 그 종류의 연결이 옳은 것은? <2012 제23회>

① 교통시설: 도로, 궤도, 폐차장

② 공간시설: 공원, 유원지, 운동장

③ 유통·공급시설: 수도, 공동구, 하수도

④ 보건위생시설: 장사시설, 도축장, 종합의료시설

⑤ 방재시설: 하천, 수질오염방지시설, 저수지

105. 국토계획법령상 기반시설 중 환경기초시설에 해당하지 않는 것은? <2018 제29회>

① 하수도　　　　　② 폐차장　　　　　③ 유류저장설비

④ 폐기물처리시설　　⑤ 수질오염방지시설

106. 국토계획법령상 기반시설의 구분과 시설 종류의 연결이 옳지 않은 것은? <2016 제27회>

① 공간시설: 공원, 운동장

② 유통·공급시설: 유통업무설비, 방송·통신시설

③ 보건위생시설: 장사시설·도축장

④ 환경기초시설: 하수도, 폐차장

⑤ 방재시설: 하천, 유수지

도로·철도·항만·공항·주차장·자동차정류장·궤도·차량 검사 및 면허시설 ⑤ **환경기초시설**: 하수도·폐기물처리 및 재활용시설·빗물저장 및 이용시설·수질오염방지시설·폐차장.

104. 정답 ④ 해설 ① 교통시설: 도로·철도·항만·공항·주차장·자동차정류장·궤도·자동차 및 건설기계검사시설(영 제2조 제1항 제1호). ② 공간시설: 광장·공원·녹지·유원지·공공공지(영 제2조 제1항 제2호). ③ 유통·공급시설: 유통업무설비, 수도·전기·가스·열공급설비, 방송·통신시설, 공동구·시장, 유류저장 및 송유설비(영 제2조 제1항 제3호). ④ 영 제2조 제1항 제7호. ⑤ 방재시설: 하천·유수지·저수지·방화설비·방풍설비·방수설비·사방설비·방조설비(영 제2조 제1항 제5호).

105. 정답 ③ 해설 환경기초시설: 하수도·폐기물처리 및 재활용시설·빗물저장 및 이용시설·수질오염방지시설·폐차장(영 제2조 제1항 제7호). 유류저장설비는 유통·공급시설(영 제2조 제1항 제3호)이다.

106. 정답 ① 해설 ① 공간시설: 광장·공원·녹지·유원지·공공공지(법 제2조 제6호 및 영 제2조 제1항 제2호).

107. 국토계획법령상 '도시지역 및 지구단위계획구역외의 지역'에서 도시·군관리계획으로 결정하지 아니하여도 설치할 수 있는 기반 시설에 해당하지 않는 것은? <2017 제28회>

① 궤도 및 전기공급설비   ② 공동구   ③ 주차장
④ 자동차정류장   ⑤ 광장중 건축물부설광장

108. 국토계획법령상 기반시설의 종류와 그 해당시설의 연결로 옳지 않은 것은? <2017 제28회>

① 유통·공급시설 — 방송·통신시설
② 보건위생시설 — 수질오염방지시설
③ 공공·문화체육시설 — 공공직업훈련시설
④ 방재시설 — 유수지
⑤ 공간시설 — 녹지

109. 국토계획법령상 기반시설 중 유통·공급시설에 해당하는 것은? <2020 제31회>

① 재활용시설   ② 방수설비   ③ 공동구
④ 주차장   ⑤ 도축장

---

107. 정답 ② 해설 ② 필수적 도시·군계획시설이다. ① ③ ④ ⑤ 임의적 도시·군계획시설이다.

108. 정답 ② 해설 ① 영 제2조 제1항 제3호. ② 보건위생시설: 장사시설·도축장·종합의료시설(영 제2조 제1항 제6호), 환경기초시설: 하수도·폐기물처리 및 재활용시설·빗물저장 및 이용시설·수질오염방지시설·폐차장(영 제2조 제1항 제7호). ③ 영 제2조 제1항 제4호. ④ 영 제2조 제1항 제5호. ⑤ 영 제2조 제1항 제2호.

109. 정답 ③ 해설 **"기반시설"**에 대하여 가. 도로·철도·항만·공항·주차장 등 **교통시설**, 나. 광장·공원·녹지 등 **공간시설**, 다. 유통업무설비, 수도·전기·가스공급설비, 방송·통신시설, 공동구 등 **유통·공급시설**, 라. 학교·공공청사·문화시설 및 공공필요성이 인정되는 체육시설 등 **공공·문화체육시설**, 마. 하천·유수지(遊水池)·방화설비 등 **방재시설**, 바. 장사시설 등 **보건위생시설**, 사. 하수도, 폐기물처리 및 재활용시설, 빗물저장 및 이용시설 등 **환경기초시설** 7개 부문의 대강을 정하고, **대통령령으로 위임**하고 있다(법 제2조 제6호 및 영 제2조 제1항).

110. 국토계획법령상의 도시·군계획시설의 내용으로 옳지 않은 것은? <2015 제26회>

① 기반시설에 관한 사항에 대한 정책 방향은 도시·군기본계획의 내용에 포함되어야 한다.

② 입지규제최소구역의 지정 목적을 이루기 위하여 간선도로 등 주요 기반시설의 확보에 관한 사항은 입지규제최소구역계획에 포함되어야 한다.

③ 지상이나 지하에 기반시설을 설치하려면 원칙적으로 그 시설의 종류·명칭·위치·규모 등을 미리 도시·군기본계획으로 결정하여야 한다.

④ 녹지는 기반시설 중 공간시설에 해당한다.

⑤ 주거·상업 또는 공업지역에서의 개발행위로 기반시설의 처리·공급 또는 수용능력이 부족할 것으로 예상되는 지역 중 기반시설의 설치가 곤란한 지역을 개발밀도관리구역으로 지정할 수 있다.

111. 국토계획법령상 지상·수상·공중·수중 또는 지하에 기반시설을 설치하려면 도시· 군관리계획으로 결정하여 설치하여야 하는 시설은? <2000 제11회 수정>

① 공공청사

② 주차장

③ 하수도

④ 「공원녹지법」의 규정에 의하여 점용허가대상이 되는 공원안의 기반시설

⑤ 연구시설

---

110. **정답 ③** 해설 ① 법 제19조 제1항 제6호. ② 입지규제최소구역계획에는 입지규제최소구역의 지정 목적을 이루기 위하여 1. 건축물의 용도·종류 및 규모 등에 관한 사항, 2. 건축물의 건폐율·용적률·높이에 관한 사항, 3. 간선도로 등 주요 기반시설의 확보에 관한 사항, 4. 용도지역·용도지구, 도시·군계획시설 및 지구단위계획의 결정에 관한 사항, 5. 법 제83조의2 제1항 및 제2항에 따른 다른 법률 규정 적용의 완화 또는 배제에 관한 사항, 6. 그 밖에 입지규제최소구역의 체계적 개발과 관리에 필요한 사항에 관한 사항이 포함되어야 한다(법 제40조의2 제2항).

　③ 지상·수상·공중·수중 또는 지하에 기반시설을 설치하려면 그 시설의 종류·명칭·위치·규모 등을 미리 도시·군관리계획으로 결정하여야 한다. 다만, 용도지역·기반시설의 특성 등을 고려하여 **대통령령**으로 정하는 경우에는 그러하지 아니하다(법 제43조 제1항).

　④ 영 제2조 제1항 제2호. ⑤ 법 제66조 제1항.

111. **정답 ③** 해설 ① ② ④ ⑤ 필수적 도시·군계획시설이며 공공성이 높은 기반시설이고, ③ 임의적 도시·군계획시설인데 상대적으로 공공성이 낮다.

112. 국토계획법령상 장기미집행 도시군계획시설부지의 매수 청구에 관한 다음 규정 중 ( )안에 들어가 옳은 것을 순서대로 나열한 것은? <2010 제21회>

> 도시·군계획시설에 대한 도시·군관리계획의 결정(이하 '도시·군계획시설결정'이라 한다)의 고시일부터 (ㄱ) 이내에 그 도시·군계획시설의 설치에 관한 도시·군계획시설사업이 시행되지 아니하는 경우(제88조에 따른 실시계획의 인가나 그에 상당하는 절차가 진행된 경우는 제외한다) 그 도시·군계획시설의 부지로 되어 있는 토지 중 지목(地目)이 (ㄴ) 인 토지(그 토지에 있는 건축물 및 정착물을 포함한다)의 소유자는 대통령령으로 정하는 바에 따라 특별시장·광역시장·특별자치시장·특별자치도지사·시장 또는 군수에게 그 토지의 매수를 청구할 수 있다.

	ㄱ	ㄴ
①	20년	대(垈)
②	10년	대(垈)
③	20년	잡종지
④	10년	잡종지
⑤	20년	답(畓)

113. 국토계획법령상 도시·군계획시설 부지의 매수 청구에 관한 설명이다. ( )에 들어갈 내용으로 옳게 연결한 것은? <2019 제30회>

> • 도시·군계획시설결정의 고시일부터 (ㄱ)년 이내에 그 도시·군계획시설사업이 시행되지 아니하는 경우(실시계획의 인가나 그에 상당하는 절차가 진행된 경우는 제외한다)에 청구할 수 있다.
> • 도시·군계획시설의 부지로 되어 있는 토지 중 (ㄴ)인 토지(그 토지에 있는 건축물 및 정착물을 포함한다)의 소유자가 청구할 수 있다.

① ㄱ: 10, ㄴ: 지목이 대

② ㄱ: 10, ㄴ: 용도지역이 주거지역

③ ㄱ: 10, ㄴ: 용도지역이 관리지역

④ ㄱ: 20, ㄴ: 지목이 대

⑤ ㄱ: 10, ㄴ: 용도지역이 관리지역

---

112. **정답 ②** 해설 법 제47조 제1항 본문. ②기 옳다.
113. **정답 ①** 해설 법 제47조 제1항.

114. 국토계획법령상 미집행 도시·군계획시설의 매수청구에 대한 설명으로 옳지 않은 것은? <2004 제15회 변형>

① 도시·군계획시설결정의 고시일부터 10년 이내에 도시·군계획시설사업이 시행되지 않는 경우 당해 도시·군계획시설의 부지로 되어있는 토지 중 지목이 대인 토지의 소유자는 매수청구권을 행사할 수 있다.

② 도시·군계획시설결정이 고시된 도시·군계획시설에 대해 그 고시일부터 20년이 경과하도록 당해 시설의 설치에 관한 도시·군계획시설사업이 시행되지 아니하는 경우 그 도시·군계획시설결정은 그 고시일로부터 20년이 되는 날의 다음날에 그 효력을 상실한다.

③ 도시·군계획시설사업의 시행여부를 판단하는 중요한 기준은 당해 도시·군계획시설사업에 관한 실시계획의 인가이다.

④ 매수의무자가 매수하기로 결정한 토지를 매수 결정을 알린 날부터 2년 이내에 매수하지 않는 경우 2년이 경과하면 매수할 수 없다.

⑤ 매수청구 대상은 지목이 대(垈)인 토지와 해당 토지에 있는 건축물 및 정착물로 한정하며 이주대책비·영업손실에 대한 보상 및 잔여지 보상 등은 청구대상이 아니다.

---

114. **정답** ④ 해설 이 문제는 감정평가실무에서 아주 중요한 내용들이다. ① ③ 법 제47조 제1항. ② 법 제48조 제1항.

④ 매수의무자는 매수 청구를 받은 날부터 6개월 이내에 매수 여부를 결정하여 토지소유자와 특별시장·광역시장·특별자치시장·특별자치도지사·시장 또는 군수(매수의무자가 특별시장·광역시장·특별자치시장·특별자치도지사·시장 또는 군수인 경우는 제외한다)에게 알려야 하며, 매수하기로 결정한 토지는 매수 결정을 알린 날부터 2년 이내에 매수하여야 한다(법 47조 제6항). 매수의무자가 일정기간 내에 매수여부를 결정하고, 일정기간 내에 매수하도록 매수의무자에게 의무를 부과한 규정으로 보아야 할 것이므로, 2년이 경과한 후에도 매수할 수 있다고 본다. 다만, 같은 조 제7항에 따라 2년이 경과하면 건축물을 건축할 수 있는 권리가 부여되므로 매수청구자(토지소유자)가 동의하여야 한다.

⑤ 매수청구 시 「토지보상법」 제74조에 따른 잔여지 청구가 가능한지 여부에 대하여 다음의 법제처 법령해석 사례와 같이 법 제47조 제4항은 "매수청구된 토지의 매수가격·매수절차 등에 관하여"라고 규정하고 있고, 달리 매수청구의 대상에 대하여는 아무런 규정을 두고 있지 않으므로, 명문상 매수청구된 토지 외의 잔여지 부분에 대한 매수청구에 관한 규정까지 준용하는 것으로 보기는 어렵다(법제처 법령해석 사례, 건설교통부―「국토계획법」 제47조(매수청구권의 범위) 관련, 안건번호 06-0392, 회신일자 2007. 3. 16.). 더욱이 이의 하위 규정인 영 제41조 제1항 및 칙 제7조에 따른 [별지 제3호 서식] 비고란에서 "매수청구 대상은 지목이 대(垈)인 토지와 해당 토지에 있는 건축물 및 정착물로 한정하며 이주대책비·영업손실에 대한 보상 및 잔여지 보상 등은 청구대상이 아니라고" 명시하고 있다.

115. 국토계획법령상 도시·군계획시설 부지의 매수 청구에 관한 설명으로 옳지 않은 것은? <2016 제27회>

① 매수청구대상에는 도시·군계획시설의 부지로 되어 있는 토지 중 지목이 잡종지인 토지는 포함되지 않는다.

② 부재부동산 소유자의 토지로서 매수대금이 2,000만원을 초과하는 경우 매수의무자는 도시·군계획시설채권을 발행하여 지급할 수 있다.

③ 도시·군계획시설사업의 시행자가 정하여진 경우 매수대상인 토지의 소유자는 시행자에게 그 토지의 매수를 청구할 수 있다.

④ 도시·군계획시설채권의 상환기간은 10년 이내로 한다.

⑤ 매수의무자가 매수하기로 결정한 토지는 매수 결정을 알린 날부터 2년 이내에 매수하여야 한다.

116. 국토계획법령상 도시·군계획시설 부지의 매수 청구에 관한 설명으로 옳은 것은? <2015 제26회>

① 매수의무자는 매수 청구를 받은 날부터 1년 이내에 매수 여부를 결정하여 토지소유자에게 알려야 한다.

② 지방자치단체인 매수의무자는 부재부동산 소유자의 토지 또는 비업무 토지로서 매수대금이 2천만원을 초과하여 그 초과하는 금액을 지급하는 경우에는 도시·군계획시설채권을 발행하여 지급하여야 한다.

---

115. **정답 ②** 해설 ① ③ 지목이 대(垈)인 토지(그 토지에 있는 건축물 및 정착물을 포함)의 소유자는 **대통령령**으로 정하는 바에 따라 특별시장·광역시장·특별자치시장·특별자치도지사·시장 또는 군수에게 그 토지의 매수를 청구할 수 있다. 다만, 다음 각 호 1. 이 법에 따라 해당 도시·군계획시설사업의 시행자가 정하여진 경우에는 그 시행자, 2. 국토계획법 또는 다른 법률에 따라 도시·군계획시설을 설치하거나 관리하여야 할 의무가 있는 자가 있으면 그 의무가 있는 자(이 경우 도시·군계획시설을 설치하거나 관리하여야 할 의무가 있는 자가 서로 다른 경우에는 설치하여야 할 의무가 있는 자에게 매수 청구하여야 한다)의 어느 하나에 해당하는 경우에는 그에 해당하는 자(매수의무자)에게 그 토지의 매수를 청구할 수 있다(법 제47조 제1항).

② 매수대금이 3천만원(영 제41조 제4항)을 초과하여 그 초과하는 금액을 지급하는 경우로서 매수의무자가 지방자치단체인 경우에는 도시·군계획시설채권을 발행하여 지급할 수 있다(법 47조 제2항).

④ 법 47조 제3항. ⑤ 법 47조 제6항.

116. **정답 ⑤** 해설 ① ⑤ 매수의무자는 매수 청구를 받은 날부터 6개월 이내에 매수 여부를 결정하여 하며, 매수하기로 결정한 토지는 매수 결정을 알린 날부터 2년 이내에 매수하여야 한다(법 47조 제6항).

② 매수대금이 3천만원을 초과하여 그 초과하는 금액을 지급하는 경우로서 매수의무자가 지방자치단체인 경우에는 채권을 발행하여 지급할 수 있다(법 47조 제2항).

③ 도시·군계획시설채권의 상환기간은 10년 이내로 하며, 그 이율은 1년 만기 정기예금금리의 평균 이상이어야 하며, 구체적인 상환기간과 이율은 특별시·광역시·특별자치시·특별자치도·시 또는 군의 조례

③ 도시·군계획시설채권의 구체적인 상환기간은 20년 이내의 범위에서 지방자치단체의 조례로 정한다.

④ 도시·군계획시설을 설치하거나 관리하여야 할 의무가 있는 자가 서로 다른 경우에는 관리하여야 할 의무가 있는 자에게 매수 청구하여야 한다.

⑤ 매수의무자가 매수하기로 결정한 토지는 매수 결정을 알린 날부터 2년 이내에 매수하여야 한다.

117. 국토계획법령상 도시·군계획시설의 매수 결정을 알린 날부터 2년이 지날 때까지 해당 토지를 매수하지 아니하는 경우, 매수 청구를 한 토지소유자가 허가를 받아 건축할 수 있는 건축물은? (단, 조례는 고려대상에서 제외함) <2009 제20회 수정>

① 2층의 문화 및 집회시설

② 2층의 종교시설

③ 3층의 한의원

④ 4층의 주택

⑤ 4층의 초등학교

로 정한다(법 47조 제3항).

④ 다음 각 호 1. 이 법에 따라 해당 도시·군계획시설사업의 시행자가 정하여진 경우에는 그 시행자, 2. 이 법 또는 다른 법률에 따라 도시·군계획시설을 설치하거나 관리하여야 할 의무가 있는 자가 있으면 그 의무가 있는 자(이 경우 도시·군계획시설을 설치하거나 관리하여야 할 의무가 있는 자가 서로 다른 경우에는 설치하여야 할 의무가 있는 자에게 매수 청구하여야 한다)의 어느 하나에 해당하는 경우에는 그에 해당하는 자(매수의무자)에게 그 토지의 매수를 청구할 수 있다(법 제47조 제1항).

117. 정답 ③ 해설 매수 청구를 한 토지의 소유자는 1. 매수하지 아니하기로 결정한 경우, 2. 매수 결정을 알린 날부터 2년이 지날 때까지 해당 토지를 매수하지 아니하는 경우의 어느 하나에 해당하는 경우, 개발행위의 허가를 받아 **대통령령으로 정하는 건축물 또는 공작물**을 설치할 수 있다. 이 경우 법 제54조(지구단위계획구역에서의 건축 등), 제58조(개발행위허가의 기준 등)와 제64조(도시·군계획시설 부지에서의 개발행위)는 적용하지 아니한다(법 47조 제7항).

법 제47조 제7항 각 호 외의 부분 전단에서 "**대통령령으로 정하는 건축물 또는 공작물**"이란 다음 각 호 1. 「건축령」[별표 1] 제1호 가목의 **단독주택으로서 3층 이하**인 것, 2. 「건축령」[별표 1] 제3호의 **제1종 근린생활시설로서 3층 이하**인 것, 2의2. 「건축령」[별표 1] 제4호의 **제2종 근린생활시설**[거. 다중생활시설(「다중이용업소의 안전관리에 관한 특별법」에 따른 다중이용업 중 고시원업의 시설로서 **국토교통부장관**이 고시하는 기준에 적합한 것을 말한다)로서 같은 건축물에 해당 용도로 쓰는 바닥면적의 합계가 500㎡미만인 것, 더. 단란주점으로서 같은 건축물에 해당 용도로 쓰는 바닥면적의 합계가 150㎡미만인 것, 러. 안마시술소, 노래연습장(같은 호 거목, 더목 및 러목)은 제외한다]**로서 3층 이하**인 것, 3. **공작물**을 말한다. 다만, 위의 각 호에 규정된 범위에서 특별시·광역시·특별자치시·특별자치도·시 또는 군의 도시·군계획**조례**로 따로 허용범위를 정하는 경우에는 그에 따른다(영 제41조 제5항).

① 「건축령」[별표 1] 제5호 **문화 및 집회시설**에 속하며 설치하지 못한다. ② 「건축령」[별표 1] 제6호 **종교시설**에 속하며 설치하지 못한다. ③ 「건축령」[별표 1] 제3호 **제1종근린생활시설** 라목에 속하며 3층 이하는 설치가 가능하다. ④ 4층의 **주택**은 「건축령」[별표 1] 제1호 3층 이하가 아니므로 건축할 수 없다. ⑤ 초등학교는 「건축령」[별표 1] 제10호 **교육연구시설**에 속하며 설치하지 못한다.

118. 국토계획법령상 도시·군계획시설을 공중·수중·수상 또는 지하에 설치하는 경우 토지나 건물의 소유권 행사에 제한을 받는 자에 대한 내용 중 옳은 것은? <1999 제10회 변형>

① 소유자는 시행자에게 토지 또는 건물의 매수를 청구할 수 있다.

② 토지 또는 건물을 수용하여야 한다.

③ 토지보상법에 의해 보상하여야 한다.

④ 그 높이나 깊이의 기준과 그 설치로 인하여 토지나 건물의 소유권 행사에 제한을 받는 자에 대한 보상 등에 관하여는 따로 법률로 정하도록 하고 있으며 지하보상에 관한 구체적인 법령이 제정되어 있다.

⑤ 별도로 보상하지 않는다.

119. 국토계획법령상 도시·군계획시설에 관한 다음 설명 중 가장 옳은 것은? <2002 제13회>

① 지상·수상·공중·수중 또는 지하에 모든 기반시설을 설치하려면 도시·군관리계획으로 결정하여야 한다.

② 도시·군계획시설을 공중·수중·수상 또는 지하에 설치하는 경우 그 높이나 깊이의 기준과 그 설치로 인하여 토지나 건물의 소유권 행사에 제한을 받는 자에 대한 보상 등에 관하여는 토지보상법에서 정하고 있다.

③ 도시·군계획시설사업에 의해 공동구가 설치된 경우 공동구에 수용하여야 할 시설이라도, 이미 별도로 가설된 공급시설의 경우에는 공동구에 수용하지 않아도 된다.

④ 광역시설도 도시·군계획시설이지만 광역시설의 설치는 일반 도시·군계획시설과는 달리 별도 법률에 의해 관계 특별시장·광역시장·시장 또는 군수가 협약을 체결하여 공동으로 설치한다.

---

118. 정답 ④ 해설 ④ 법 제46조.

119. 정답 ⑤ 해설 ① 기반시설을 설치하려면 원칙적으로 도시·군관리계획으로 결정하는 필수적 도시계획시설(법 제43조 제1항 본문)이 있는 반면, 다만, 용도지역·기반시설의 특성 등을 고려하여 **대통령령**으로 정하는 경우에는 도시·군관리계획으로 결정하지 않고서도 설치될 수 있는 임의적 도시계획시설이 있다(법 제43조 제1항 단서).
② 도시·군계획시설을 공중·수중·수상 또는 지하에 설치하는 경우 그 높이나 깊이의 기준과 그 설치로 인하여 토지나 건물의 소유권 행사에 제한을 받는 자에 대한 보상 등에 관하여는 따로 법률로 정한다(법 제46조).
③ 공동구가 설치된 경우에는 **대통령령**으로 정하는 바에 따라 공동구에 수용하여야 할 시설이 모두 수용되도록 하여야 한다(법 제44조 제3항).
④ 광역시설의 설치 및 관리는 도시·군계획시설의 설치·관리 규정(법 제43조)에 따른다(법 제45조 제1항). ⑤ 법 제45조 제3항.

⑤ 국가계획으로 설치하는 광역시설은 그 광역시설의 설치·관리를 사업목적 또는 사업종
목으로 하여 다른 법률에 따라 설립된 법인이 설치·관리할 수 있다.

120. 국토계획법령상 공동구에 관한 설명으로 옳지 않은 것은? <2017 제28회>

① 200만제곱미터를 초과하는 택지개발지구에서 개발사업을 시행하는 자는 공동구를 설
치하여야 한다.

② 공동구가 설치된 경우 가스관은 공동구협의회의 심의를 거쳐 공동구에 수용할 수 있다.

③ 공동구의 설치에 필요한 비용은 공동구 점용예정자가 부담하되, 그 부담액은 사업 시
행자와 협의하여 정한다.

④ 공동구의 효율적인 관리·운영을 위하여 필요하다고 인정하는 경우에는 지방공사 또는
지방공단에 그 관리·운영을 위탁할 수 있다.

⑤ 공동구관리자는 「시설물의 안전 및 유지관리에 관한 특별법」 제11조 및 제12조에 따른
안전점검 및 정밀안전진단을 1년에 1회 이상 공동구의 안전점검을 실시하여야 한다.

121. 국토계획법령상 공동구에 관한 설명으로 옳은 것은? <2018 제29회>

① 「도시개발법」에 따른 도시개발구역이 100만제곱미터를 초과하는 경우에는 해당 구역
에서 개발사업을 시행하는 자는 공동구를 설치하여야 한다.

② 공동구가 설치된 경우에 전선로, 통신선로 및 수도관은 공동구에 수용하지 아니할 수
있다.

---

120. **정답** ③ 해설 ① 법 제44조 제1항. ② 영 제35조의3.
  ③ 공동구의 설치(개량하는 경우를 포함한다)에 필요한 비용은 이 법 또는 다른 법률에 특별한 규정이
  있는 경우를 제외하고는 <u>공동구 점용예정자와 사업시행자가</u> 부담한다. 이 경우 공동구 점용예정자는
  해당 시설을 개별적으로 매설할 때 필요한 비용의 범위에서 **대통령령**으로 정하는 바에 따라 부담한다
  (법 제44조 제5항).
  ④ 법 제44조의2 제1항.
  ⑤ 공동구관리자는 **대통령령**으로 정하는 바에 따라[「시설물의 안전 및 유지관리에 관한 특별법」 제11조
  및 제12조에 따른 안전점검 및 정밀안전진단(영 제39조 제5항)] 1년에 1회 이상 공동구의 안전점검을
  실시하여야 하며, 안전점검결과 이상이 있다고 인정되는 때에는 지체 없이 정밀안전진단·보수·보강
  등 필요한 조치를 하여야 한다(법 제44조의2 제3항).
121. **정답** ④ 해설 ① <u>200만 제곱미터(</u>영 제35조의2 제1항)를 초과하는 경우에는 해당 지역등에서 개발사
  업을 시행하는 자(사업시행자)는 공동구를 설치하여야 한다(법 제44조 제1항).
  ② 공동구가 설치된 경우에는 법 제44조 제3항에 따라 제1호부터 제6호까지(1. 전선로, 2. 통신선로, 3.
  수도관, 4. 열수송관, 5. 중수도관, 6. 쓰레기수송관)의 시설을 <u>공동구에 수용하여야</u> 하며, 제7호 및
  제8호의 시설(7. 가스관, 8. 하수도관)은 법 제44조의2 제4항에 따른 공동구협의회의 <u>심의를 거쳐 수
  용할 수 있다</u>(영 제35조의3조).

③ 공동구 설치에 필요한 비용은 「국토계획법」이나 다른 법률에 특별한 규정이 있는 경우를 제외하고는 사업시행자가 단독으로 부담한다.

④ 공동구의 관리에 소요되는 비용은 그 공동구를 점용하는 자가 함께 부담하되, 부담비율은 점용면적을 고려하여 공동구관리자가 정한다.

⑤ 공동구관리자는 3년마다 해당 공동구의 안전 및 유지관리계획을 수립·시행하여야 한다.

122. 국토계획법령상 공동구에 관한 설명으로 옳지 않은 것은? <2019 제30회>

① 「택지개발촉진법」에 따른 100만 제곱미터의 택지개발지구에서 개발사업을 시행하는 자는 공동구를 설치하여야 한다.

② 공동구관리자는 5년마다 해당 공동구의 안전 및 유지관리계획을 수립·시행하여야 한다.

③ 공동구의 관리에 소요되는 비용은 그 공동구를 점용하는 자가 함께 부담하되, 부담비율은 점용면적을 고려하여 공동구관리자가 정한다.

④ 공동구 설치비용 부담액을 완납하지 않은 자가 공동구를 점용하려면 그 공동구를 관리하는 공동구관리자의 허가를 받아야 한다.

⑤ 공동구관리자는 1년에 1회 이상 공동구의 안전점검을 실시하여야 한다.

123. 국토계획법령상 도시·군계획시설부지의 매수청구에 관한 설명으로 옳은 것은?
<2013 제24회>

① 매수청구대상에는 도시·군계획시설의 부지로 되어 있는 토지 중 지목이 잡종지인 토지도 포함된다.

② 시장 또는 군수가 해당 도시·군계획시설사업의 시행자가 정하여진 경우에는 시장 또는 군수가 매수자이다.

---

③ 공동구의 설치(개량하는 경우를 포함한다)에 필요한 비용은 이 법 또는 다른 법률에 특별한 규정이 있는 경우를 제외하고는 공동구 점용예정자와 사업시행자가 부담한다. 이 경우 공동구 점용예정자는 해당 시설을 개별적으로 매설할 때 필요한 비용의 범위에서 **대통령령**으로 정하는 바에 따라 부담한다 (법 제44조 제5항).
④ 법 제44조의3 제1항.
⑤ 공동구관리자는 5년마다 해당 공동구의 안전 및 유지관리계획을 **대통령령**으로 정하는 바에 따라 수립·시행하여야 한다(법 제44조의2 제2항).
122. **정답 ①** 해설 ① **대통령령**으로 정하는 규모[200만 제곱미터(영 제35조의2 제1항)]를 초과하는 경우에는 해당 지역등에서 개발사업을 시행하는 자(사업시행자)는 공동구를 설치하여야 한다(법 제44조 제1항).
　② 법 제44조의2 제2항. ③ 법 제44조의3 제1항. ④ 법 제44조의3 제2항. ⑤ 법 제44조의2 제3항.
123. **정답 ②** 해설 ① 지목이 대(垈)인 토지(그 토지에 있는 건축물 및 정착물을 포함)의 소유자이어야(법

③ 매수의무자가 지방공사인 경우에는 채권으로 발행하여 지급할 수 있다.

④ 매수의무자는 매수 청구를 받은 날부터 3개월 이내에 매수 여부를 결정하여 토지소유자에게 알려야 한다.

⑤ 매수의무자가 매수하지 아니하기로 결정한 경우 매수 청구를 한 토지의 소유자는 개발행위의 허가 없이 그 토지에 공작물을 설치할 수 있다.

124. 국토계획법령상 매수의무자가 도시·군계획시설 부지의 매수 결정을 알린 날부터 2년이 지날 때까지 해당 토지를 매수하지 아니하는 경우 매수청구를 한 토지소유자가 개발행위허가를 받아 건축할 수 있는 것은? (단, 조례는 고려하지 않음)
<2018 제29회>

① 5층의 치과의원   ② 4층의 다가구주택   ③ 3층의 동물병원
④ 2층의 노래연습장   ⑤ 3층의 생활숙박시설

125. 국토계획법령상 결정 또는 지정이 실효되는 경우에 해당하는 것은? <2013 제24회 수정>

① 지역·지구등을 지정할 때에 지형도면 등의 고시가 곤란한 경우로서 지적도에 지역·지구등을 명시할 수 있으나 지적과 지형의 불일치 등으로 지적도의 활용이 곤란한 경우에는 지역·지구등의 지정일부터 2년이 되는 날까지 지형도면 등의 고시가 없는 경우

② 도시·군계획시설결정의 고시일부터 10년이 지날 때까지 그 시설의 설치에 관한 도시·군계획시설사업이 시행되지 아니하는 경우

제47조 제1항) 한다. ② 법 제47조 제1항.

③ 매수의무자가 지방자치단체인 경우에는 채권을 발행하여 지급할 수 있다(법 47조 제2항).

④ 매수의무자는 매수 청구를 받은 날부터 6개월 이내에 매수 여부를 결정하여 토지 소유자와 특별시장·광역시장·특별자치시장·특별자치도지사·시장 또는 군수(매수의무자가 특별시장·광역시장·특별자치시장·특별자치도지사·시장 또는 군수인 경우는 제외한다)에게 알려야 하며, 매수하기로 결정한 토지는 매수 결정을 알린 날부터 2년 이내에 매수하여야 한다(법 47조 제6항).

⑤ 매수 청구를 한 토지의 소유자는 1. 매수하지 아니하기로 결정한 경우, 2. 매수 결정을 알린 날부터 2년이 지날 때까지 해당 토지를 매수하지 아니하는 경우의 어느 하나에 해당하는 경우 개발행위의 허가를 받아 **대통령령**으로 정하는 건축물 또는 공작물을 설치할 수 있다(법 47조 제7항).

124. 정답 ③ 해설 영 제41조 제5항(앞의 각주 참고). ① 치과의원은 제1종 근린생활시설이나 3층을 초과하여 건축할 수 없고, ② 다가구주택도 단독주택이나 3층을 초과하여 건축할 수 없고, ③ 동물병원은 3층 이하 2종 근린생활시설이라서 건축할 수 있다. ④ 노래연습장은 건축에서 제외되는 제2종 근린생활시설이다. ⑤ 생활숙박시설은 숙박시설이라서 건축할 수 없다.

125. 정답 ① 해설 ①「토지이용규제기본법」제8조 제3항 단서 및 제8조 제4항. 출제 이후「국토계획법」이 개정되어 도시·군관리계획에 대한 지형도면의 작성 기준 및 방법과 지형도면의 고시방법 및 절차 등에 관하여「토지이용규제 기본법」제8조 제2항 및 제6항부터 제9항까지의 규정을 따르도록 하였다

③ 지구단위계획구역의 지정에 관한 도시·군관리계획결정의 고시일부터 1년 이내에, 그 지구단위계획구역에 관한 지구단위계획이 결정·고시되지 아니한 경우

④ 시가화조정구역의 지정에 관한 도시·군관리계획의 결정은 시가화 유보기간이 끝난 날로부터 3년이 경과한 경우

⑤ 도시·군계획시설결정의 고시일부터 5년이 지나 실시계획을 작성하거나 인가받은 도시·군계획시설사업의 시행자가 실시계획 고시일부터 5년 이내에 재결신청을 하지 아니한 경우

126. 국토계획법령상 도시·군계획시설결정의 실효에 관한 설명으로 가장 바른 것은?

<1999 제10회 변형>

① 도시·군계획시설결정 도시·군계획시설에 대하여 그 고시일부터 20년이 지날 때까지 그 시설의 설치에 관한 도시·군계획시설사업이 시행되지 아니하는 경우 그 도시·군계획시설결정은 그 고시일부터 20년이 되는 날에 그 효력을 잃는다.

② 실효된다는 것은 도시·군계획결정을 소급하여 취소한다는 것의 의미한다.

(법 제32조 제5항).

② 도시·군계획시설결정의 고시일부터 20년이 지날 때까지 그 시설의 설치에 관한 도시·군계획시설사업이 시행되지 아니하는 경우이다(법 제48조 제1항).

③ 지구단위계획구역의 지정에 관한 도시·군관리계획결정의 고시일부터 3년 이내에, 그 지구단위계획구역에 관한 지구단위계획이 결정·고시되지 아니하면, 그 3년이 되는 날의 다음날에 그 지구단위계획구역의 지정에 관한 도시·군관리계획결정은 효력을 잃는다. 다만, 다른 법률에서 지구단위계획의 결정(결정된 것으로 보는 경우를 포함한다)에 관하여 따로 정한 경우에는 그 법률에 따라 지구단위계획을 결정할 때까지 지구단위계획구역의 지정은 그 효력을 유지한다(제53조 제1항).

④ 시가화조정구역의 지정에 관한 도시·군관리계획의 결정은 법 제39조 제1항에 따른 시가화 유보기간이 끝난 날의 다음날부터 그 효력을 잃는다(법 제39조 제2항).

⑤ 원칙적으로는 도시·군계획시설결정의 고시일부터 10년이 지나 실시계획을 작성하거나 인가받은 도시·군계획시설사업의 시행자가 실시계획 고시일부터 5년 이내에 재결신청을 하지 아니한 경우에는 실시계획 고시일부터 5년이 지난 다음 날 그 실시계획의 효력이 상실되도록 하되, 일정한 요건을 충족하는 경우에는 실시계획 고시일부터 7년이 지난 다음 날 그 실시계획의 효력이 상실되도록 하였다(법 제88조 제7항).

126. 정답 ④ 해설 ① 도시·군계획시설결정은 그 고시일부터 20년이 되는 날의 다음날에 그 효력을 잃는다(법 제48조 제1항).

② ④ 실효는 행정청의 의사행위에 의하지 않고 일정한 사실의 발생에 의하여 당연히 그 효력이 장래에 향하여 소멸되는 것이다.

③ 부관이란 행정법규에 의하여 정하여진 행정행위의 본래의 법률효과를 제한 또는 보충하거나 별도의 의무를 부과하기 위하여 본체의 행정행위에 부가된 종된 행정청의 규율을 말한다. 법정부관이란 행정법령(국토계획법)이 직접 부가하는 부관을 말하는 것으로 부관이 아니다.

⑤ 무효는 행정행위의 중대하고 명백한 하지에 의하여 처음부터 아무런 효력을 발생하지 아니하는 것을 말하며, 적법하게 발생한 효력이 일정한 사실의 발생에 의하여 소멸하는 실효와 다르다.

③ 실효에 관한 국토계획법 제48조 제1항의 규정은 법정부관을 의미한다.

④ 실효는 행정청의 의사행위에 의하지 않고 일정한 객관적인 사실의 발생에 의하여 당연히 도시계획의 효력이 소멸되는 것을 말한다.

⑤ 도시·군계획시설결정의 실효는 도시·군계획시설결정이 효력을 발생하지 않는 점에서 무효와 같고, 따라서 실효는 무효와 동의어로 보는 것이 일반적이다.

127. 국토계획법령상 도시·군계획시설결정의 실효에 관한 설명으로 옳지 않은 것은?

① 도시·군계획시설결정 고시일부터 20년이 지날 때까지 그 시설의 설치에 관한 도시·군계획시설사업이 시행되지 아니하는 경우 그 도시·군계획시설결정은 그 고시일부터 20년이 되는 날의 다음날에 그 효력을 잃는다.

② 도시·군계획시설결정의 실효란 실효는 행정청의 의사행위에 의하지 않고 일정한 사실의 발생에 의하여 당연히 그 효력이 장래에 향하여 소멸되는 것이다.

③ 장기미집행 도시·군계획시설결정의 실효제도는 도시·군계획시설부지로 하여금 도시·군계획시설결정으로 인한 사회적 제약으로부터 벗어나게 하는 것으로서 결과적으로 개인의 재산권이 보다 보호되는 측면이 있는 것은 사실이나, 이와 같은 보호는 입법자가 새로운 제도를 마련함에 따라 얻게 되는 법률에 기한 권리일 뿐 헌법상 재산권으로부터 당연히 도출되는 권리는 아니라는 것이 헌법재판소의 입장이다.

④ 실효의 법리는 신의성실의 원칙에 바탕을 둔 파생원칙인 것으로서, 이는 본래 권리행사의 기회가 있음에도 불구하고 권리자가 장기간에 걸쳐 그의 권리를 행사하지 아니하였기 때문에 의무자인 상대방은 이미 그의 권리를 행사하지 아니할 것으로 믿을 만한 정당한 사유가 있게 되거나 행사하지 아니할 것으로 추인케 할 경우에 새삼스럽게 그 권리를 행사하는 것이 신의성실의 원칙에 반하는 결과가 될 때 그 권리행사를 허용하지 않는 것을 의미한다.

⑤ 실효고시라는 형식적 요건을 갖추지 않으면 도시·군계획시설결정은 효력이 상실되지 않는다.

---

127. **정답** ⑤ 해설 ① 법 제48조 제1항. ② 실효의 학문상 일반적인 개념이다. ③ 헌재 2005. 9. 29. 2002헌바84 등. ④ 대법원 1991. 7. 26. 선고 90다15488 판결. ⑤ 실효고시는 형식적 요건이라 할 수 있는데 실효고시를 하지 않아도 도시·군계획시설결정은 효력이 상실된다.

제5절 지구단위계획

128. 국토계획법령상 지구단위계획구역에 관한 설명으로 옳지 않은 것은? <2017 제28회>

① 지구단위계획구역은 도시·군관리계획으로 결정한다.

② 용도지구로 지정된 지역에 대하여는 지구단위계획구역을 지정할 수 없다.

③ 「도시정비법」에 따라 지정된 정비구역의 일부에 대하여 지구단위계획구역을 지정할 수 있다.

④ 도시지역 외 지구단위계획구역에서는 지구단위계획으로 당해 용도지역 또는 개발진흥지구에 적용되는 건폐율의 150퍼센트 이내에서 건폐율을 완화하여 적용할 수 있다.

⑤ 도시지역 내 지구단위계획구역의 지정목적이 한옥마을을 보존하고자 하는 경우 지구단위계획으로 「주차장법」에 의한 주차장 설치기준을 100퍼센트까지 완화하여 적용할 수 있다.

129. 국토계획법령상 반드시 지구단위계획구역으로 지정해야 하는 지역에 해당하지 않는 것은? (단, 당해 지역에 토지 이용과 건축에 관한 계획이 수립되어 있는 경우가 아님) <2014 제25회>

① 개발제한구역·도시자연공원구역·시가화조정구역 또는 공원에서 해제되는 구역 중 계획적인 개발 또는 관리가 필요한 지역

---

128. **정답** ② 해설 ① 법 제50조. ② **국토교통부장관**, 시·도지사, 시장 또는 군수는 법 제37조에 따라 지정된 용도지구의 전부 또는 일부에 대하여 지구단위계획구역을 지정할 수 있다(법 제51조 제1항 제1호). ③ 법 제51조 제1항 제3호. ④ 영 제47조 제1항. ⑤ 영 제46조 제6항 제1호.

129. **정답** ① 해설 법 제51조 제1항에 따르면 **국토교통부장관**, 시·도지사, 시장 또는 군수는 법정한 지역의 하나에 해당하는 지역의 전부 또는 일부에 대하여 지구단위계획구역을 지정할 수 있는데, 이를 임의적 지정대상지역이라 하고, 법 제51조 제2항에 따라 다음 각 호 1. 「도시정비법」 제8조에 따라 지정된 정비구역(법 제51조 제1항 제3호) 및 「택지개발촉진법」 제3조에 따라 지정된 택지개발지구(법 제51조 제1항 제4호)의 지역에서 시행되는 사업이 끝난 후 10년이 지난 지역, 2. 법 제51조 제1항 각 호 중 체계적·계획적인 개발 또는 관리가 필요한 지역으로서 **대통령령**으로 정하는 지역[다음 각 호 1. 시가화조정구역 또는 공원에서 해제되는 지역. 다만, 녹지지역으로 지정 또는 존치되거나 법 또는 다른 법령에 의하여 도시·군계획사업 등 개발계획이 수립되지 아니하는 경우를 제외한다. 2. 녹지지역에서 주거지역·상업지역 또는 공업지역으로 변경되는 지역, 3. 그 밖에 특별시·광역시·특별자치시·특별자치도·시 또는 군의 도시·군계획조례로 정하는 지역으로서 그 면적이 30만제곱미터 이상인 지역을 말한다(영 제43조 제5항)]의 어느 하나에 해당하는 지역은 지구단위계획구역으로 지정하여야(다만, 관계 법률에 따라 그 지역에 토지 이용과 건축에 관한 계획이 수립되어 있는 경우에는 그러하지 아니하다) 하는데 이를 필수직 대상지역이라 한다. ① 법 제51조 제2항 제1호. 개발제한구역·도시자연공원구역에서 해제되더라도 지구단위계획구역의 지정이 강제되지 않는다.

② 「택지개발촉진법」에 따라 지정된 택지개발지구의 지역에서 시행되는 사업이 끝난 후 10년이 지난 지역

③ 도시지역의 체계적·계획적인 개발 또는 관리가 필요한 지역으로서 녹지지역에서 주거지역으로 변경되는 지역으로서 그 면적이 30만제곱미터 이상인 지역

④ 도시지역의 체계적·계획적인 개발 또는 관리가 필요한 지역으로서 녹지지역에서 공업지역으로 변경되는 지역으로서 그 면적이 30만제곱미터 이상인 지역

⑤ 「도시정비법」에 따라 지정된 정비구역에서 시행되는 사업이 끝난 후 10년이 지난 지역

130. 국토계획법령상 지구단위계획의 수립 시 고려사항으로 명시하고 있지 않은 것은?
<2018 제29회>

① 지역 공동체의 활성화

② 해당 용도지역의 특성

③ 안전하고 지속가능한 생활권의 조성

④ 도시의 자연환경 및 경관보호와 도시민에게 건전한 여가·휴식공간의 제공

⑤ 해당 지역 및 인근 지역의 토지 이용을 고려한 토지이용계획과 건축계획의 조화

131. 국토계획법령상 지구단위계획의 내용에 해당하지 않는 것은? <2012 제23회>

① 정비구역에서 용도지역을 일반주거지역에서 일반상업지역으로 변경하는 내용

② 경관지구를 자연경관지구와 시가지경관지구로 세분하는 내용

---

130. **정답 ④** 해설 지구단위계획은 다음 각 호 1. 도시의 정비·관리·보전·개발 등 지구단위계획구역의 지정 목적, 2. 주거·산업·유통·관광휴양·복합 등 지구단위계획구역의 중심기능, 3. 해당 용도지역의 특성, 4. 지역 공동체의 활성화, 5. 안전하고 지속가능한 생활권의 조성, 6. 해당 지역 및 인근 지역의 토지 이용을 고려한 토지이용계획과 건축계획의 조화에 관한 사항을 고려하여 수립한다(법 제49조 제1항 및 영 제42조의3 제1항). ④ 시·도지사 또는 대도시 시장은 도시의 자연환경 및 경관을 보호하고 도시민에게 건전한 여가·휴식공간을 제공하기 위하여 도시지역 안에서 식생(植生)이 양호한 산지의 개발을 제한할 필요가 있다고 인정하면 도시자연공원구역의 지정 또는 변경을 도시·군관리계획으로 결정할 수 있다(법 제38조의2 제1항).

131. **정답 ①** 해설 ① ② 법 제52조 제1항 제1호에 따르면 **지구단위계획구역의 내용으로** 용도지역이나 용도지구를 **대통령령**으로 정하는 범위에서 세분하거나 변경하는 사항을 말하고, 영 제45조 제2항에 따르면 법 제52조 제1항 제1호의 규정에 의한 용도지역 또는 용도지구의 세분 또는 변경은 영 제30조 제1항 각호의 용도지역 또는 영 제31조 제2항 각호의 용도지구를 그 각호의 범위(제31조 제3항의 규정에 의하여 도시·군계획**조례**로 세분되는 용도지구를 포함한다)안에서 세분 또는 변경하는 것으로 한다. 따라서 ①에서 용도지역을 일반주거지역에서 일반상업지역으로 변경하는 내용은 영 제30조 각호의 용도지역안에서의 세분 또는 변경을 벗어난 것이므로 ①이 정답이다.
③ 법 제52조 제1항 제2호. ④ 법 제52조 제1항 제4호. ⑤ 법 제52조 제1항 제5호.

③ 당해 지구단위계획구역의 지정목적 달성을 위하여 필요한 주차장의 배치와 규모

④ 건축물의 용도제한

⑤ 건축물의 색채

132. 국토계획법령상 지구단위계획의 내용으로 반드시 포함되어야 하는 것은? (단, 여기서의 지구단위계획은 기존의 용도지구를 폐지하고 그 용도지구에서의 행위제한을 대체하는 사항을 내용으로 하는 지구단위계획이 아니다) <2013 제24회>

① 용도지역이나 용도지구를 대통령령으로 정하는 범위에서 세분하거나 변경하는 사항

② 건축물의 배치·형태·색채 또는 건축선에 관한 계획

③ 계획적인 개발·정비를 위하여 구획된 일단의 토지의 규모와 조성계획

④ 건축물의 용도제한, 건축물의 건폐율 또는 용적률, 건축물 높이의 최고한도 또는 최저한도

⑤ 간판의 크기·형태·색채 또는 재질

133. 국토계획법령상 지구단위계획에 관한 설명으로 옳은 것은? <2016 제27회>

① 지구단위계획은 도시·군기본계획으로 결정한다.

② 지구단위계획의 수립기준 등은 시·도지사가 정한다.

③ 지구단위계획구역은 계획관리지역에 한하여 지정할 수 있다.

132. **정답** ④ 해설 지구단위계획구역의 지정목적을 이루기 위하여 지구단위계획에는 다음 각 호 1. 용도지역이나 용도지구를 **대통령령**으로 정하는 범위에서 세분하거나 변경하는 사항, 1의2. 기존의 용도지구를 폐지하고 그 용도지구에서의 건축물이나 그 밖의 시설의 용도·종류 및 규모 등의 제한을 대체하는 사항, 2. **대통령령**으로 정하는 기반시설의 배치와 규모, 3. 도로로 둘러싸인 일단의 지역 또는 계획적인 개발·정비를 위하여 구획된 일단의 토지의 규모와 조성계획, 4. 건축물의 용도제한, 건축물의 건폐율 또는 용적률, 건축물 높이의 최고한도 또는 최저한도, 5. 건축물의 배치·형태·색채 또는 건축선에 관한 계획, 6. 환경관리계획 또는 경관계획, 7. 교통처리계획, 8. 그 밖에 토지 이용의 합리화, 도시나 농·산·어촌의 기능 증진 등에 필요한 사항으로서 **대통령령**으로 정하는 사항[1. 지하 또는 공중공간에 설치할 시설물의 높이·깊이·배치 또는 규모, 2. 대문·담 또는 울타리의 형태 또는 색채, 3. 간판의 크기·형태·색채 또는 재질, 4. 장애인·노약자 등을 위한 편의시설계획, 5. 에너지 및 자원의 절약과 재활용에 관한 계획, 6. 생물서식공간의 보호·조성·연결 및 물과 공기의 순환 등에 관한 계획, 7. 문화재 및 역사문화환경 보호에 관한 계획(영 제46조 제4항)] 중 **제2호와 제4호의 사항을 포함한 둘 이상의 사항이 포함**되어야 한다. 다만, 제1호의2를 내용으로 하는 지구단위계획의 경우에는 그러하지 아니하다(법 제52조 제1항). ① 법 제52조 제1항 제1호. ② 법 제52조 제1항 제5호. ③ 법 제52조 제1항 제3호 ④ 법 제52조 제1항 제4호는 지구단위계획 내용의 필수사항이다. ⑤ 영 제45조 제4항 제3호.

133. **정답** ⑤ 해설 ① 지구단위계획구역 및 지구단위계획은 도시·군관리계획으로 결정하도록 하고 있다(법 제50조).

④ 계획관리지역 내에 지정하는 지구단위계획구역에 대해서는 당해 지역에 적용되는 건폐율의 200퍼센트 및 용적률의 150퍼센트 이내에서 완화하여 적용할 수 있다.

⑤ 용도지역을 변경하는 지구단위계획에는 건축물의 용도제한이 반드시 포함되어야 한다.

134. 국토계획법령상 지구단위계획에 관한 설명으로 옳지 않은 것은? <2015 제26회>

① 지구단위계획은 도시·군관리계획으로 결정한다.

② 지구단위계획이 수립되어 있는 지구단위계획구역에서 건축물을 건축 또는 용도변경하거나 공작물을 설치하려면 그 지구단위계획에 맞게 하여야 한다.

③ 지구단위계획의 수립기준은 국토교통부장관이 정한다.

④ 지구단위계획을 수립한 지역에서 하는 개발행위는 중앙도시계획위원회나 지방도시계획위원회의 심의를 거쳐야 한다.

⑤ 지구단위계획구역으로 지정된 지역이 개발행위허가가 제한되어 있는 경우 중앙도시계획위원회나 지방도시계획위원회의 심의를 거치지 아니하고 한 차례만 2년 이내의 기간 동안 개발행위허가의 제한을 연장할 수 있다.

---

② 지구단위계획의 수립기준 등은 **대통령령**으로 정하는 바에 따라 **국토교통부장관**이 정한다(법 제49조 제2항).

③ 계획관리지역외에서도 지정할 수 있다(법 제51조, 영 제43조 및 제44조).

④ 지구단위계획으로 당해 용도지역 또는 개발진흥지구에 적용되는 건폐율의 150퍼센트 및 용적률의 200퍼센트 이내에서 건폐율 및 용적률을 완화하여 적용할 수 있다(영 제47조 제1항).

⑤ 지구단위계획의 내용 제2호 **대통령령**으로 정하는 기반시설의 배치와 규모와 제4호 건축물의 용도제한, 건축물의 건폐율 또는 용적률, 건축물 높이의 최고한도 또는 최저한도의 사항을 포함한 둘 이상의 사항이 포함되어야 한다(법 제52조 제1항).

134. 정답 ④ 해설 ① 법 제50조. ② 법 제54조. ③ 법 제49조 제2항.

④ 다음 각 호 1. 법 제8조(다른 법률에 따른 토지 이용에 관한 구역 등의 지정 제한 등), 제9조(다른 법률에 따른 도시·군관리계획의 변경 제한) 또는 다른 법률에 따라 도시계획위원회의 심의를 받는 구역에서 하는 개발행위, 2. 지구단위계획 또는 성장관리방안을 수립한 지역에서 하는 개발행위, 3. 주거지역·상업지역·공업지역에서 시행하는 개발행위 중 특별시·광역시·특별자치시·특별자치도·시 또는 군의 조례로 정하는 규모·위치 등에 해당하지 아니하는 개발행위, 4. 「환경영향평가법」에 따라 환경영향평가를 받은 개발행위, 5. 「도시교통정비 촉진법」에 따라 교통영향평가에 대한 검토를 받은 개발행위, 6. 「농어촌정비법」 제2조 제4호에 따른 농어촌정비사업 중 **대통령령**으로 정하는 사업을 위한 개발행위, 7. 「산림자원법」에 따른 산림사업 및 「사방사업법」에 따른 사방사업을 위한 개발행위의 어느 하나에 해당하는 개발행위는 중앙도시계획위원회와 지방도시계획위원회의 심의를 거치지 아니한다(법 제59조 제2항).

⑤ 법 제63조 제1항.

135. 국토계획법령상 도시지역 내 지구단위계획구역 안에서 건축물을 건축하고자 하는 자가 그 대지의 일부를 공공시설부지로 제공하는 경우에는 일정비율까지 건폐율·용적률 및 높이제한을 완화하여 적용할 수 있는 바, '완화할 수 있는 건폐율'의 비율이 옳은 것은? (단, 공공시설등의 부지로 제공하는 면적은 공공시설등의 부지를 제공하는 자가 법 제65조 제2항에 따라 용도가 폐지되는 공공시설을 무상으로 양수받은 경우에는 그 양수받은 부지면적을 빼고 산정한다) <2004 제15회 수정>

① 당해 용도지역에 적용되는 건폐율 × [1+1.5×(공공시설부지로 제공하는 면적÷공공시설부지 제공후의 대지면적)] 이내

② 당해 용도지역에 적용되는 건폐율 × (1+공공시설부지로 제공하는 면적÷당초의 대지면적) 이내

③ 당해 용도지역에 적용되는 건폐율 × [1+2×(공공시설부지로 제공하는 면적÷공공시설부지 제공후의 대지면적)] 이내

④ 당해 용도지역에 적용되는 건폐율 × [1+2.5×(공공시설부지로 제공하는 면적÷공공시설부지 제공후의 대지면적)] 이내

⑤ 당해 용도지역에 적용되는 건폐율 × [2+1.5×(공공시설부지로 제공하는 면적÷공공시설부지 제공후의 대지면적)] 이내

136. 국토계획법령상 도시지역의 지구단위계획구역에서 건축물을 건축하려는 자가 1,000제곱미터의 대지 중 400제곱미터를 공공시설 부지로 제공하는 경우 그 건축물에 적용되는 최대 용적률은? (단, 당해 대지 및 공공시설 제공 부지에 적용되는 용적률은 100퍼센트이고, 용적률의 상한은 고려하지 않음) <2014 제25회>

① 140퍼센트   ② 160퍼센트   ③ 180퍼센트
④ 200퍼센트   ⑤ 220퍼센트

---

135. **정답** ② 해설 ② 영 제46조 제1항 제1호 가목.
136. **정답** ④ 해설 공공시설 등의 부지를 제공하는 경우 완화할 수 있는 용적률 = 해당 용도지역에 적용되는 용적률 + [1.5 × (공공시설 등의 부지로 제공하는 면적 × 공공시설 등 제공부지의 용적률) ÷ 공공시설 등의 부지 제공 후의 대지면적] 이네이다(영 제46조 제1항 제1호 나목). 따라서 직용되는 최대 용적률 = 100% + [1.5 × {(400 × 100%) ÷ (1,000 - 400)}] = 100% + 100% = 200% ④가 정답이다.

137. 국토계획법령상 지구단위계획에 관한 설명으로 옳지 않은 것은? <2019 제30회>

① 지구단위계획구역의 지정에 관한 고시일부터 5년 이내에 지구단위계획이 결정·고시되지 아니하면 그 5년이 되는 날에 그 지구단위계획에 관한 도시·군관리계획결정은 효력을 잃는다.

② 지구단위계획에는 건축물의 건축선에 관한 계획이 포함될 수 있다.

③ 지구단위계획구역 및 지구단위계획은 도시·군관리계획으로 결정한다.

④ 국토교통부장관, 시·도지사, 시장 또는 군수는 지구단위계획구역 지정이 효력을 잃으면 지체 없이 그 사실을 고시하여야 한다.

⑤ 국토교통부장관 용도지구의 전부 또는 일부에 대하여 지구단위계획구역을 지정할 수 있다.

---

137. **정답 ①** 해설 ① 지구단위계획구역의 지정에 관한 <u>도시·군관리계획결정의 고시일부터 3년 이내에</u>, 그 지구단위계획구역에 관한 <u>지구단위계획이 결정·고시되지 아니하면, 그 3년이 되는 날의 다음날에</u> 그 지구단위계획구역의 지정에 관한 도시·군관리계획결정은 효력을 잃는다. 다만, 다른 법률에서 지구단위계획의 결정(결정된 것으로 보는 경우를 포함한다)에 관하여 따로 정한 경우에는 그 법률에 따라 지구단위계획을 결정할 때까지 지구단위계획구역의 지정은 그 효력을 유지한다(제53조 제1항).
② 법 제52조 제1항 제5호. ③ 법 제50조. ④ 법 제53조 제3항. ⑤ 법 제51조 제1항 제1호.

제5장 개발행위의 허가 및 기반시설의 설치

138. 국토계획법령상 개발행위의 허가제도에 관한 다음 설명 중 가장 타당한 것은?
<2002 제13회>

① 도시계획구역안의 산림에서 임도의 설치를 위하여 토지의 형질변경을 하고자 할 경우 도시계획법에 의한 개발행위 허가를 받아야 한다.

② 개발행위허가는 기속행위이므로 조건과 같은 부관을 붙일 수 없다.

③ 광역시장은 개발행위로 인하여 주변의 미관이 크게 손상될 위험이 있다고 판단하는

---

138. **정답** ⑤ **해설** ① 토지형질변경 및 토석채취 중 도시지역과 계획관리지역의 산림에서의 임도(林道) 설치에 관하여는 「산림자원법」에 따른다(법 제56조 제3항).

② 법령상 또는 실무상으로는 부관을 '조건'으로 표시하는 경우가 많은 점에 유의 할 필요가 있다. 즉, 조건부 허가로 규율되어 있지만 동 규정의 조건(條件)은 학문상으로는 부담(負擔)으로 해석하여야 한다. 행정행위의 부관은 일반적으로 재량행위에만 붙일 수 있으며(대법원 2004. 3. 25. 선고 2003두 12837 판결), 기속행위에는 붙일 수 없다는 것이 종래 통설이고, 판례의 입장이다(대법원 2000. 2. 11. 선고 98누7527 판결). 다만 개발행위허가를 기속행위로 보더라도 법령에 근거한 부관의 부가는 가능하다. 즉 개발행위허가를 기속행위로 파악하는 경우라도 법 제57조 제4항에 따른 부관은 법령에 정해진 기반시설을 설치하라는 의미에서 부관을 붙일 수 있다는 의미이다.

③ **국토교통부장관**, 시·도지사, 시장 또는 군수는 개발행위로 인하여 주변의 환경·경관·미관·문화재 등이 크게 오염되거나 손상될 우려가 있는 지역 등에 대해서는 도시·군관리계획상 특히 필요하다고 인정되는 지역에 대해서는 **대통령령**으로 정하는 바에 따라 중앙도시계획위원회나 지방도시계획위원회의 심의를 거쳐 **한 차례만** 3년 이내의 기간 동안 개발행위허가를 제한할 수 있다. 다만, 제3호부터 제5호까지에 해당하는 지역에 대해서는 중앙도시계획위원회나 지방도시계획위원회의 심의를 거치지 아니하고 **한 차례만** 2년 이내의 기간 동안 개발행위허가의 제한을 연장할 수 있다(법 제63조 제1항).

④ 허가권자는 도시·군계획시설의 설치 장소로 결정된 지상·수상·공중·수중 또는 지하는 그 도시·군계획시설이 아닌 건축물의 건축이나 공작물의 설치를 허가하여서는 아니 된다. 다만, 1. 지상·수상·공중·수중 또는 지하에 일정한 공간적 범위를 정하여 도시·군계획시설이 결정되어 있고, 그 도시·군계획시설의 설치·이용 및 장래의 확장 가능성에 지장이 없는 범위에서 도시·군계획시설이 아닌 건축물 또는 공작물을 그 도시·군계획시설인 건축물 또는 공직물의 부지에 실시하는 경우에는 허가할 수 있다(법 제64조 제1항 제1호). ⑤ 법 제65조 제2항.

지역에 대하여 해당 광역시 조례가 정하는 바에 따라 4년간 개발행위를 전면적으로 제한할 수 있다.

④ 광역시장은 도시·군계획시설의 설치장소로 결정된 토지에 대하여는 당해 도시계획시설이 아닌 건축물의 건축을 절대로 허가하여서는 아니 된다.

⑤ 개발행위허가를 받은 자가 행정청이 아닌 경우 개발행위허가를 받은 자가 새로이 설치한 공공시설은 그 시설을 관리할 관리청에 무상으로 귀속된다.

139. 국토계획법령상 개발행위 규모의 제한을 받는 경우 용도지역과 그 용도지역에서 허용되는 토지형질변경면적을 옳게 연결한 것은? <2020 제31회>

① 상업지역 — 3만제곱미터 미만
② 공업지역 — 3만제곱미터 미만
③ 보전녹지지역 — 1만제곱미터 미만
④ 관리지역 — 5만제곱미터 미만
⑤ 자연환경보전지역 — 1만제곱미터 미만

140. 국토계획법령상 개발행위의 허가에 관한 설명으로 옳지 않은 것은? (단, 조례는 고려하지 않음) <2018 제29회>

① 허가권자는 개발행위허가의 신청 내용이 도시·군계획사업의 시행에 지장이 있는 경우에는 개발행위허가를 하여서는 아니된다.

② 개발행위허가를 받은 부지면적을 3퍼센트 확대하는 경우에는 별도의 변경허가를 받지 않아도 된다.

---

139. **정답 ②** 해설 허가권자는 개발행위허가의 신청 내용이 용도지역별 특성을 고려하여 **대통령령**으로 정하는 개발행위의 규모에 적합할 것(다만, 개발행위가 「농어촌정비법」 제2조 제4호에 따른 농어촌정비사업으로 이루어지는 경우 등 **대통령령**으로 정하는 경우에는 개발행위 규모의 제한을 받지 아니한다) 등의 기준에 맞는 경우에만 개발행위허가 또는 변경허가를 하여야 한다(법 제58조 제1항 제1호). 법 제58조 제1항 제1호 본문에서 "**대통령령으로 정하는 개발행위의 규모**"란 다음 각 호 1. 도시지역 가. **주거지역·상업지역·자연녹지지역·생산녹지지역**: 1만제곱미터 미만, 나. **공업지역**: 3만제곱미터 미만, 다. **보전녹지지역**: 5천제곱미터 미만, 2. **관리지역**: 3만제곱미터 미만, 3. **농림지역**: 3만제곱미터 미만, 4. **자연환경보전지역**: 5천제곱미터 미만에 해당하는 토지의 형질변경면적을 말한다. 다만, 관리지역 및 농림지역에 대하여는 제2호 및 제3호의 규정에 의한 면적의 범위안에서 당해 **특별시·광역시·특별자치시·특별자치도·시 또는 군**의 도시·군계획**조례**로 따로 정할 수 있다(영 제55조 제1항).
140. **정답 ②** 해설 ① 법 제58조 제1항 제3호.
② 부지면적 또는 건축물 연면적을 5퍼센트 범위에서 축소(공작물의 무게, 부피 또는 수평투영면적을 5퍼센트 범위에서 축소하는 경우를 포함한다)하는 경우에 대해서 개발행위허가 면제 대상으로(영 제52조 제1항 제2호 가목) 규정하고 있으나, 확대하는 경우에 대해서는 개발행위허가를 받은 사항을 변경하는 경우로 보아 개발행위허가를 준용하여 허가를 받아야 한다(법 제56조 제2항 본문).
③ 법 제59조 제2항 제2호. ④ 법 제60조 제3항. ⑤ 법 제63조 제1항 단서.

③ 성장관리방안을 수립한 지역에서 개발행위허가를 하는 경우에는 중앙도시계획위원회와 지방도시계획위원회의 심의를 거치지 아니한다.

④ 특별시장, 광역시장, 특별자치시장, 특별자치도지사, 시장 또는 군수는 개발행위 허가 내용과 다르게 개발행위를 하는 자에게 그 토지의 원상회복을 명할 수 있다.

⑤ 지구단위계획구역으로 지정된 지역에 대해서는 중앙도시계획위원회나 지방도시계획위원회의 심의를 거치지 아니하고 한 차례만 2년 이내의 기간 동안 개발행위허가의 제한을 연장할 수 있다.

141. 국토계획법령상 개발행위허가에 관한 설명으로 옳지 않은 것은? (단, 조례는 고려하지 않음) <2010 제21회>

① 개발행위허가의 신청내용이 도시·군계획사업의 시행에 지장을 주는 때에는 개발행위허가를 할 수 없다.

② 토지의 일부를 공공용지 또는 공용지로 하기 위한 토지의 분할은 개발행위허가를 받을 필요가 없다.

③ 개발행위허가권자는 개발행위허가 신청에 대하여 특별한 사유가 없으면 15일 이내에 허가 또는 불허가의 처분을 하여야 하는데, 이 15일에는 도시계획위원회의 심의나 관계행정기관의 장의 협의에 소요되는 기간은 포함되지 않는다.

④ 개발행위허가권자는 개발행위를 허가하는 경우에 개발행위에 따른 기반시설의 설치, 환경오염방지, 경관, 조경 등에 관한 조치를 할 것을 조건으로 붙일 수 있으며, 이 때 미리 개발행위허가 신청자의 의견을 들을 필요는 없다.

⑤ 개발행위허가권자는 공공시설의 귀속에 관한 사항이 포함된 개발행위허가를 하려면 미리 해당 공공시설이 속한 관리청의 의견을 들어야 한다.

---

141. **정답** ④ 해설 ① 법 제58조 제1항 제3호. ② 영 제53조 제5호 나목.
　③ 허가권자는 개발행위허가의 신청에 대하여 특별한 사유가 없으면 15일(도시계획위원회의 심의를 거쳐야 하거나 관계 행정기관의 장과 협의를 하여야 하는 경우에는 심의 또는 협의기간을 제외한다) 이내에 허가 또는 불허가의 처분을 하여야 한다(법 제57조 제2항 및 동법 시행령 제54조 제1항).
　④ 특별시장·광역시장·특별자치시장·특별자치도지사·시장 또는 군수는 법 제57조 제4항에 따라 개발행위허가에 조건을 붙이려는 때에는 미리 개발행위허가를 신청한 자의 의견을 들어야 한다(영 제54조 제2항).
　⑤ 법 제65조 제3항 본문.

142. 국토계획법령상 개발행위허가권자의 허가를 받아야 하는 허가대상 행위가 아닌 것은? <2000 제11회 수정>

① 산림안에서의 재식(栽植)
② 토지의 형질변경
③ 토석의 채취
④ 건축물 건축 또는 공작물의 설치
⑤ 건축물이 있는 대지의 분할을 제외한 토지분할

143. 국토계획법령상 개발행위허가에 관한 설명으로 옳은 것은? (단, 조례는 고려하지 않음) <2015 제26회>

① 도시·군계획사업에 의한 행위의 경우에도 개발행위허가를 받아야 한다.
② 토지의 일부를 공공용지 또는 공용지로 하기 위한 토지의 분할은 개발행위허가를 받아야 한다.
③ 농림지역에 물건을 1개월 이상 쌓아놓는 경우 개발행위허가를 요하지 아니한다.
④ 경작을 위한 토지의 형질 변경으로서 전·답 사이의 지목의 변경을 수반하는 경우에는 개발행위허가를 받아야 한다.
⑤ 개발행위허가를 받은 사항으로서 사업면적을 10퍼센트 범위 안에서 축소하는 경우에는 개발행위 허가를 요하지 아니한다.

---

142. **정답** ① 해설 다음 각 호 1. 건축물의 건축 또는 공작물의 설치, 2. 토지의 형질 변경(경작을 위한 경우로서 **대통령령**으로 정하는 토지의 형질 변경은 제외한다), 3. 토석의 채취, 4. 토지 분할(건축물이 있는 대지의 분할은 제외한다), 5. 녹지지역·관리지역 또는 자연환경보전지역에 물건을 1개월 이상 쌓아놓는 행위의 어느 하나에 해당하는 행위로서 **대통령령**으로 정하는 행위(이하 "개발행위"라 한다)를 하려는 자는 특별시장·광역시장·특별자치시장·특별자치도지사·시장 또는 군수의 허가(이하 "개발행위허가"라 한다)를 받아야 한다. 다만, 도시·군계획사업(다른 법률에 따라 도시·군계획사업을 의제한 사업을 포함한다)에 의한 행위는 그러하지 아니하다. ①은 허가 대상이 아니다.

143. **정답** ③ 해설 ① 도시·군계획사업에 의한 행위는 허가를 받지 않아도 된다(법 제56조 제1항 단서).
② 법 제56조 제4항 제3호에 따라 **대통령령**으로 정하는 경미한 행위에 해당하는 행위는 개발행위허가를 받지 아니하고 할 수 있다(영 제53조 제5호 나목).
③ 녹지지역·관리지역 또는 자연환경보전지역안에서 건축물의 울타리 안(적법 절차에 의하여 조성된 대지에 한함)에 위치하지 아니한 토지에 물건을 1월 이상 쌓아놓는 행위(이하 '개발행위'라 한다)를 하려는 자는 허가권자의 허가(이하 '개발행위허가'라 한다)를 받아야 한다(법 제56조 제1항 본문 및 영 제51조 제6호). 따라서 농림지역은 허가대상이 아니다.
④ 경작을 위한 토지의 형질변경(법 제56조 제1항 본문 및 영 제51조 제3호)은 허가대상이 아니다.
⑤ 개발행위 허가를 요하지 않는 근거가 없다.

144. 국토계획법령상 개발행위허가에 관한 설명으로 옳은 것은? <2012 제23회>

① 개발행위허가를 할 때에 시장 또는 군수가 「광업법」에 따른 채굴계획의 인가에 관하여 미리 관계 행정기관의 장과 협의한 사항에 대하여는 그 인가를 받은 것으로 본다.

② 시장 또는 군수는 지구단위계획구역으로 지정된 지역에 대하여는 3년 이내의 기간 동안 개발행위 허가를 제한할 수 있으며, 개발행위허가의 제한은 그 기간을 연장할 수 없다.

③ 해당 지방자치단체의 조례로 정하는 공공단체가 시행하는 개발행위에 대하여 시장 또는 군수는 이행보증금을 예치하게 할 수 있다.

④ 지구단위계획을 수립한 지역에서 행하는 개발행위를 허가하려면 지방도시계획위원회의 심의를 거쳐야 한다.

⑤ 개발행위허가를 받은 행정청이 새로 공공시설을 설치한 경우 새로 설치된 공공시설은 그 시설을 관리할 관리청에 유상으로 귀속된다.

145. 국토계획법령상 개발행위허가에 관한 설명으로 옳은 것은? <2013 제24회>

① 개발행위허가를 받은 행정청이 새로 공공시설을 설치한 경우 새로 설치된 공공시설은 그 시설을 관리할 관리청에 유상으로 귀속된다.

---

144. **정답** ① 해설 ① 법 제61조 제1항.
② 다만, 제3호부터 제5호까지에 해당하는 지역에 대해서는 중앙도시계획위원회나 지방도시계획위원회의 심의를 거치지 아니하고 한 차례만 2년 이내의 기간 동안 개발행위허가의 제한을 연장할 수 있다(법 제63조 제1항).
③ 특별시장·광역시장·특별자치시장·특별자치도지사·시장 또는 군수는 기반시설의 설치나 그에 필요한 용지의 확보, 위해 방지, 환경오염 방지, 경관 조성, 조경 등을 위하여 필요하다고 인정되는 경우로서 **대통령령**으로 정하는 경우에는 그 이행을 담보하기 위하여 도시·군계획시설사업의 시행자에게 이행보증금을 예치하게 할 수 있다. 다만, 다음 각 호 1. 국가 또는 지방자치단체, 2. **대통령령**으로 정하는 공공기관, 3. 그 밖에 **대통령령**으로 정하는 자의 어느 하나에 해당하는 자에 대하여는 그러하지 아니하다(법 제89조 제1항).
④ 지구단위계획 또는 성장관리방안을 수립한 지역에서 하는 개발행위는 중앙도시계획위원회와 지방도시계획위원회의 심의를 거치지 아니한다(법 제59조 제2항 제2호).
⑤ 개발행위허가를 받은 자가 행정청인 경우 새로 공공시설을 설치하거나 기존의 공공시설에 대체되는 공공시설을 설치한 경우에는 「국유재산법」과 「공유재산법」에도 불구하고 새로 설치된 공공시설은 그 시설을 관리할 관리청에 무상으로 귀속되고, 종래의 공공시설은 개발행위허가를 받은 자에게 무상으로 귀속된다(법 제65조 제1항).
145. **정답** ⑤ 해설 ① 새로 설치된 공공시설은 그 시설을 관리할 관리청에 무상으로 귀속되고, 종래의 공공시설은 개발행위허가를 받은 자에게 무상으로 귀속된다(법 제65조 제1항).
② 개발행위를 하려는 자는 그 개발행위에 따른 기반시설의 설치나 그에 필요한 용지의 확보, 위해(危害) 방지, 환경오염 방지, 경관, 조경 등에 관한 계획서를 첨부한 신청서를 개발행위허가권자에게 제출하여야 한다. 이 경우 개발밀도관리구역 안에서는 기반시설의 설치나 그에 필요한 용지의 확보에 관한

② 개발밀도관리구역 안에서 개발행위허가 신청서를 제출할 때에도 기반시설의 설치 계획서를 첨부하여야 한다.

③ 허가권자는 불허가처분을 하는 때에는 지체 없이 신청인에게 불허가처분사유를 구두로 통지하여야 한다.

④ 개발행위허가에는 조건을 붙일 수 없다.

⑤ 허가권자는 개발행위허가의 신청 내용이 도시·군관리계획에 어긋나는 경우 개발행위허가를 하여서는 아니된다.

146. 국토계획법령상 개발행위허가에 관한 설명 중 틀린 것은? <1999 제10회 변형>

① 허가권자는 개발행위허가의 신청내용이 도시·군계획사업의 시행에 지장이 없을 것 등의 기준에 맞는 경우에만 개발행위허가 또는 변경허가를 하여야 한다.

② 허가권자는 개발행위허가 또는 변경허가를 하려면 그 개발행위가 도시·군계획사업의 시행에 지장을 주는지에 관하여 해당 지역에서 시행되는 도시·군계획사업의 시행자의 의견을 들어야 한다.

③ 개발행위허가를 받은 자가 토지형질변경 등의 그 개발행위를 마치면 허가권자의 준공검사를 받아야 한다.

④ 허가권자는 기반시설의 설치나 그에 필요한 용지의 확보, 위해 방지, 환경오염 방지, 경관, 조경 등을 위하여 필요하다고 인정되는 경우에는 이의 이행을 보증하기 위하여

계획서를 제출하지 아니한다(법 제57조 제1항). 여기서 현실적으로는 기반시설의 설치에 관한 사항이 가장 중요하기 때문에 아직 설치되어 있지 아니한 지역은 이를 신설한 계획을 제출하라는 의미이다. 그리고 개발밀도관리구역 안에서는 기반시설의 설치가 곤란한 지역이므로 기반시설을 설치할 필요가 없어 기반시설의 설치 계획서를 첨부할 필요가 없고, 건폐율 또는 용적률을 강화하는 방법으로 개발행위 자체를 억제한다.

③ 허가 또는 불허가처분을 하는 때에는 지체 없이 신청인에게 허가증을 교부하거나 불허가처분사유를 서면으로 통지하여야 한다(법 제57조 제3항).

④ 개발행위허가를 하는 경우에는 **대통령령**으로 정하는 바에 따라 그 개발행위에 따른 기반시설의 설치 또는 그에 필요한 용지의 확보, 위해 방지, 환경오염 방지, 경관, 조경 등에 관한 조치를 할 것을 조건으로 개발행위허가를 할 수 있다(법 제57조 제4항). ⑤ 법 제58조 제1항 제2호.

146. 정답 ⑤ 해설 ① 법 제58조 제1항. ② 법 제58조 제2항. ③ 법 제62조 제1항. ④ 법 제60조 제1항.
⑤ 용도폐지(用途閉止)라 함은 국유재산 중 행정재산을 행정재산으로 보존하지 않고 용도를 폐지하여 일반재산에 편입시키는 것을 말하고, 용도폐지의 사유에 관해서는 「국유재산법」 제40조 제1항에서 정하고 있다. 개발행위허가를 받은 자가 행정청인 경우 새로 공공시설을 설치하거나 기존의 공공시설에 대체되는 공공시설을 설치한 경우에는 「국유재산법」에 따른 용도폐지 절차를 밟지 않고 새로 설치된 공공시설은 그 시설을 관리할 관리청에 무상으로 귀속되고, 종래의 공공시설은 개발행위허가를 받은 자에게 무상으로 귀속된다(법 제65조 제1항).

개발행위허가를 받는 자로 하여금 이행보증금을 예치하게 할 수 있다.

⑤ 기존의 공공시설에 대체되는 공공시설을 설치한 경우 종래의 공공시설은 용도폐지절
차를 거쳐 매각된다.

147. 국토계획법령상 개발행위허가의 절차 등에 관한 설명으로 옳지 않은 것은? <2012 제23회>

① 도시·군계획사업에 의한 개발행위는 허가를 받을 필요가 없다.

② 허가권자가 개발행위허가에 조건을 붙이려는 때에는 미리 신청한 자의 의견을 들어야
한다.

③ 허가권자는 개발행위허가의 신청에 대하여 특별한 사유가 없으면 15일(심의 또는 협
의기간은 제외) 이내에 처분을 하여야 한다.

④ 허가권자가 처분을 할 때에는 허가증을 발급하거나 불허가처분의 사유를 서면으로 신
청인에게 알려야 한다.

⑤ 개발밀도관리구역 안에서 개발행위허가 신청을 할 때에는 기반시설의 설치나 그에 필
요한 용지의 확보에 관한 계획서를 제출하여야 한다.

148. 국토계획법령상 개발행위허가의 제한에 관한 설명으로 옳지 않은 것은? <2010 제21회>

① 국토교통부장관이 개발행위허가를 제한하고자 할 때에는 중앙도시계획위원회의 심의
를 거쳐야 한다.

② 기반시설부담구역으로 지정된 지역의 개발행위허가의 제한은 한 차례만 2년 이내의
기간 동안 개발행위허가의 제한을 연장할 수 있다.

---

147. 정답 ⑤ 해설 ① 법 제56조 제1항 단서. ② 영 제54조 제2항. ③ 법 제57조 제2항. ④ 법 제57조
제3항.
⑤ 개발행위를 하려는 자는 그 개발행위에 따른 기반시설의 설치나 그에 필요한 용지의 확보, 위해(危害)
방지, 환경오염 방지, 경관, 조경 등에 관한 계획서를 첨부한 신청서를 개발행위허가권자에게 제출하
여야 한다. 이 경우 개발밀도관리구역 안에서는 기반시설의 설치나 그에 필요한 용지의 확보에 관한
계획서를 제출하지 아니한다(법 제57조 제1항 본문). 개발밀도관리구역은 주거·상업 또는 공업지역에
서 개발행위로 인하여 기반시설의 처리·공급·수용능력이 부족할 것으로 예상되는 지역 중 기반시설
의 추가설치가 곤란한 지역을 대상으로, 개발밀도를 당해 지역에서 허용하고 있는 수준보다 강화하여
적용함으로써 개발행위 자체를 억제하는 제도이기 때문이다.
148. 정답 ② 해설 ① 법 제63조 제1항 및 영 제60조 제1항.
② **대통령령**으로 정하는 바에 따라 중앙도시계획위원회나 지방도시계획위원회의 심의를 거쳐 개발행위

③ 시·도지사가 개발행위허가를 제한하고자 할 때는 시·도도시계획위원회의 심의전에 미리 제한하고자 하는 지역을 관할하는 시장 또는 군수의 의견을 들어야 한다.

④ 개발행위로 인하여 주변의 환경·경관·미관·문화재 등이 크게 오염되거나 손상될 우려가 있는 지역에 대한 개발행위허가의 제한은 한 차례만 3년 이내의 기간 동안 할 수 있다.

⑤ 시·도지사의 개발행위허가 제한에 대한 고시는 당해 지방자치단체의 공보에 게재하는 방법에 의한다.

149. 국토계획법령상 개발행위허가의 제한에 대한 설명으로 옳지 않은 것은? <2004 제15회>

① 국토교통부장관 등은 도시·군관리계획상 특히 필요하다고 인정되는 지역에 대하여 3년 이내의 기간 동안 개발행위허가를 제한할 수 있다.

② 개발행위허가의 제한에 대해서는 제한지역·제한사유·제한대상행위 및 제한기간을 미리 고시하여야 한다.

③ 개발행위허가의 제한지역은 도시·군관리계획으로 지정되는 것이므로 이를 고시하려면 도시·군관리계획의 수립절차를 거쳐야 한다.

④ 녹지지역 또는 계획관리지역으로서 수목이 집단적으로 생육되고 있는 지역에 지정할 수 있다.

⑤ 지구단위계획구역으로 지정되어 지구단위계획을 수립하고 있는 지역에 지정할 수 있다.

허가의 제한은 한 차례만 3년 이내의 기간 동안 할 수 있고(법 제63조 제1항 본문), 다만 기반시설부담구역으로 지정된 지역의 개발행위허가의 제한은 중앙도시계획위원회나 지방도시계획위원회의 심의를 거치지 아니하고 한 차례만 2년 이내의 기간 동안 개발행위허가의 제한을 연장할 수 있다(법 제63조 제1항 단서).

③ 영 제60조 제2항. ④ 법 제63조 제1항 본문 제2호. ⑤ 영 제60조 제3항.

149. 정답 ③ 해설 ① 법 제63조 제1항. ② 법 제63조 제2항.
③ 도시계획위원회 심의 및 시장 또는 군수의 의견을 들으면 된다(법 제63조 제1항 및 영 제60조 제2항).
④ 법 제63조 제1항 제1호. ⑤ 법 제63조 제1항 제4호.

150. 국토계획법령상 도시계획사업의 시행자가 종래의 공공시설에 대체되는 새로운 공공시설을 설치한 경우에 관한 설명 중 틀린 것은? <1999 제10회>

① 종래의 공공시설이 시행자에게 귀속되기 위하여는 새로이 설치한 공공시설과의 대체성이 인정되어야 한다.

② 새로이 설치한 공공시설은 그 시설을 관리할 국가 또는 지방자치단체에 무상으로 귀속된다.

③ 새로이 설치한 공공시설의 대체성이 인정되는 종래의 공공시설은 모두 시행자에게 무상으로 귀속된다.

④ 공공시설의 귀속에 관한 사항이 포함된 도시계획사업의 실시계획을 인가할 때에는 미리 그 관리청의 의견을 들어야 한다.

⑤ 공공시설의 귀속은 "법률의 규정에 의한 소유권변동"이므로 등기를 하지 아니하더라도 물권변동의 효력이 발생한다.

151. 국토계획법령이 규정하고 있는 개발행위허가제에 대한 설명으로 옳지 않은 것은?
<2004 제15회 수정>

① 개발행위허가를 받지 아니하고 개발행위를 하거나 허가내용과 다르게 개발행위를 하는 자에 대하여는 그 토지의 원상회복을 명하는 대신에 이행보증금을 예치하게 할 수 있다.

② 관계 행정기관의 장이 일정한 개발행위에 대하여 개발행위허가를 하고자 하는 경우에는 중앙도시계획위원회나 지방도시계획위원회의 심의를 거쳐야 한다.

③ 개발행위허가를 받은 자가 행정청인 경우 개발행위허가를 받은 자가 새로이 공공시설

---

150. **정답 ③** 해설 ① ② 법 제65조 제1항 및 제2항.
　③ 개발행위허가를 받은 자가 행정청이 아닌 경우 새로 설치한 공공시설은 그 시설을 관리할 관리청에 무상으로 귀속되고, 개발행위로 용도가 폐지되는 공공시설은 「국유재산법」과 「공유재산법」에도 불구하고 새로 설치한 공공시설의 설치비용에 상당하는 범위에서 개발행위허가를 받은 자에게 무상으로 양도할 수 있다(법 제65조 제2항). ④ 법 제65조 제3항 본문. ⑤ 공공시설을 등기할 때에 「부동산등기법」에 따른 등기원인을 증명하는 서면은 준공검사를 받았음을 증명하는 서면으로 갈음한다(법 제65조 제7항). 대법원은 구 「도시계획법」상의 신설된 공공시설의 무상귀속규정과 관련하여 도시계획사업의 시행으로 공공시설이 설치되면 그 사업완료(준공검사)와 동시에 당해 공공시설을 구성하는 토지와 시설물의 소유권이 그 시설을 관리할 국가 또는 지방자치단체에 직접 원시적으로 귀속된다. 이는 「민법」제187조 법률규정에 의한 물권변동이므로 등기 없이도 소유권이 행정청에게 귀속된다고 판시했다(대법원 1999. 4. 15. 선고 96다24897 전원합의체 판결).
151. **정답 ①** 해설 ① 허가권자는 개발행위허가를 받지 아니하고 개발행위를 하거나 허가내용과 다르게 개발행위를 하는 자에게는 그 토지의 원상회복을 명할 수 있다(법 제60조 제3항). ② 법 제59조 제1항. ③ 법 제65조 제1항. ④ 법 제65조 제5항. ⑤ 법 제65조 제8항.

을 설치하거나 기존의 공공시설에 대체되는 공공시설을 설치한 때에는 새로이 설치된 공공시설은 그 시설을 관리할 관리청에 무상으로 귀속되고, 종래의 공공시설은 개발행위허가를 받은 자에게 무상으로 귀속된다.

④ 개발행위허가를 받은 자가 행정청인 경우 개발행위허가를 받은 자는 개발행위가 완료되어 준공검사를 마친 때에는 해당 시설의 관리청에 공공시설의 종류 및 토지의 세목을 통지하여야 한다. 이 경우 공공시설은 그 통지한 날에 당해 시설을 관리할 관리청과 개발행위허가를 받은 자에게 각각 귀속된 것으로 본다.

⑤ 개발행위허가를 받은 자가 행정청인 경우 개발행위허가를 받은 자는 그에게 귀속된 공공시설의 처분으로 인한 수익금을 도시계획사업외의 목적에 사용하여서는 아니 된다.

152. 국토계획법령상 개발행위의 허가 등에 관한 설명으로 옳은 것은?

<2020 제31회>

① 재난수습을 위한 응급조치인 경우에도 개발행위허가를 받고 하여야 한다.

② 시장 또는 군수가 개발행위허가에 경관에 관한 조치를 할 것을 조건으로 붙이는 경우 미리 개발행위허가를 신청한 자의 의견을 들어야 한다.

③ 성장관리방안을 수립한 지역에서 하는 개발행위는 중앙도시계획위원회와 지방도시계획위원회의 심의를 거쳐야 한다.

---

152. **정답** ② 해설 ① 다음 1. 재해복구나 재난수습을 위한 응급조치, 2. 「건축법」에 따라 **신고**하고 설치할 수 있는 건축물의 **개축·증축** 또는 **재축**과 이에 필요한 범위에서의 **토지의 형질 변경**(도시·군계획시설사업이 시행되지 아니하고 있는 도시·군계획시설의 부지인 경우만 가능하다), 3. 그 밖에 **대통령령**으로 정하는 경미한 행위에 해당하는 행위는 개발행위허가를 받지 아니하고 할 수 있다. 다만, 제1호의 응급조치를 한 경우에는 1개월 이내에 허가권자에게 신고하여야 한다(법 제56조 제4항). 이러한 규정을 허가면제절차라 한다.
② 기반시설이 미비하다고 하여 바로 개발행위불허가 처분을 하는 것이 아니고, **특별시장·광역시장·특별자치시장·특별자치도지사·시장 또는 군수**(개발행위허가권자)는 개발행위허가를 하는 경우에는 **대통령령**으로 정하는 바에 따라 그 개발행위에 따른 기반시설의 설치 또는 그에 필요한 **용지의 확보, 위해 방지, 환경오염 방지, 경관, 조경 등**에 관한 조치를 할 것을 **조건**으로 개발행위허가를 할 수 있다(법 제57조 제4항). 개발행위허가권자는 법 제57조 제4항에 따라 개발행위허가에 조건을 붙이려는 때에는 미리 개발행위허가를 신청한 자의 의견을 들어야 한다(영 제54조 제2항).
③ 지구단위계획 또는 성장관리방안을 수립한 지역에서 하는 개발행위에 해당하는 개발행위는 중앙도시계획위원회와 지방도시계획위원회의 심의를 거치지 아니한다(법 제59조 제2항).
④ 다음 각 호 1. 국가 또는 지방자치단체, 2. **대통령령**으로 정하는 공공기관, 3. 그 밖에 **대통령령**으로 정하는 자의 어느 하나에 해당하는 자에 대하여는 이행보증금을 예치하지 아니할 수 있다(법 제89조 제1항 단서).
⑤ 기반시설부담구역으로 지정된 지역에 해당되는 지역으로서 도시·군관리계획상 특히 필요하다고 인정되는 지역에 대해서는 **대통령령**으로 정하는 바에 따라[개발행위허가를 제한하고자 하는 자가 **국토교통부장관**인 경우에는 중앙도시계획위원회의 심의를 거쳐야 하며, 시·도지사 또는 시장·군수인 경우에

④ 지방자치단체는 자신이 시행하는 개발행위의 이행을 보증하기 위하여 이행보증금을 예치하여야 한다.

⑤ 기반시설부담구역으로 지정된 지역은 중앙도시계획위원회의 심의를 거쳐 10년 이내의 기간 동안 개발행위허가를 제한할 수 있다.

153. 국토계획법령상 성장관리방안에 관한 설명으로 옳지 않은 것은? <2014 제25회>

① 성장관리방안은 국토교통부장관 또는 시·도지사가 수립한다.

② 도로, 공원 등 기반시설의 배치와 규모에 관한 사항은 성장관리방안에 포함되어야 한다.

③ 성장관리방안을 수립한 지역에서 하는 개발행위는 중앙도시계획위원회와 지방도시계획위원회의 심의를 거치지 아니한다.

④ 성장관리방안이 수립된 계획관리지역의 경우 해당 지방자치단체의 조례로 건폐율 및 용적률을 완화하여 적용할 수 있다.

⑤ 성장관리방안을 수립하거나 변경한 경우에는 이를 고시하고 일반인이 열람할 수 있도록 하여야 한다.

154. 국토계획법령상 성장관리방안에 포함될 수 있는 사항을 모두 고른 것은? (단, 조례는 고려하지 않음) <2015 제26회>

ㄱ. 건축물의 형태   ㄴ. 환경관리계획   ㄷ. 건축물의 건축선   ㄹ. 건축물의 색채

① ㄱ, ㄴ, ㄷ   ② ㄱ, ㄴ, ㄹ   ③ ㄱ, ㄷ, ㄹ

④ ㄴ, ㄷ, ㄹ   ⑤ ㄱ, ㄴ, ㄷ, ㄹ

는 당해 지방자치단체에 설치된 지방도시계획위원회의 심의를 거쳐(영 제60조 제1항)] **한 차례만 3년 이내의 기간 동안 개발행위허가를 제한**할 수 있다. 다만, 제3호부터 제5호까지에 해당하는 지역에 대해서는 중앙도시계획위원회나 지방도시계획위원회의 심의를 거치지 아니하고 **한 차례만 2년 이내의 기간 동안** 개발행위허가의 **제한을 연장**할 수 있다(법 제63조 제1항 제5호).

153. **정답 ①** 해설 ① 수립권자는 특별시장·광역시장·특별자치시장·특별자치도지사·시장 또는 군수이고(법 제58조 제4항), 도지사는 포함되지 않는다. ② 영 제56조의2 제2항. ③ 법 제59조 제2항 제2호. ④ 건폐율 완화는 법 제77조 제5항, 용적률 완화는 법 제78조 제1항 제2호 다목 단서. ⑤ 법 제58조 제6항.

154. **정답 ②** 해설 성장관리방안에는 다음 각 호 1. 도로, 공원 등 기반시설의 배치와 규모에 관한 사항, 2. 건축물의 용도제한, 건축물의 건폐율 또는 용적률, 3. 건축물의 배치·형태·색채·높이, 4. 환경관리계획 또는 경관계획, 5. 그 밖에 난개발을 방지하고 계획적 개발을 유도하기 위하여 필요한 사항으로서 도시·군계획조례로 정하는 사항 중 제1호와 제2호를 포함한 둘 이상의 사항이 포함되어야 한다(영 제56조의2 제2항). ②가 옳다.

155. 국토계획법령상 개발행위에 따른 공공시설의 귀속에 관한 설명으로 옳은 것은?

<2019 제30회>

① 개발행위허가를 받은 자가 행정청이 아닌 경우 개발행위로 용도가 폐지되는 공공시설은 새로 설치한 공공시설의 설치비용에 상당하는 범위에서 개발행위허가를 받은 자에게 무상으로 양도할 수 있다.

② 개발행위허가를 받은 자가 행정청이 아닌 경우 개발행위허가를 받은 자가 새로 설치한 공공시설은 그 시설을 관리할 관리청에 유상으로 귀속된다.

③ 개발행위허가를 받은 자가 행정청인 경우 개발행위허가를 받은 자가 새로 설치한 공공시설은 개발행위허가를 받은 행정청에 귀속된다.

④ 군수는 공공시설인 도로의 귀속에 관한 사항이 포함된 개발행위허가를 하려면 미리 기획재정부장관의 의견을 들어야 한다.

⑤ 개발행위허가를 받은 자가 행정청인 경우 개발행위허가를 받은 자가 준공검사를 마쳤다면 해당 시설의 관리청에 공공시설의 종류를 통지할 필요가 없다.

---

155. 정답 ① 해설 ① ② 개발행위허가를 받은 자가 <u>행정청이 아닌 경우</u> 새로 설치한 공공시설은 그 시설을 관리할 관리청에 무상으로 귀속되고, 개발행위로 용도가 폐지되는 공공시설은 「국유재산법」과 「공유재산법」에도 불구하고 새로 설치한 공공시설의 설치비용에 상당하는 범위에서 개발행위허가를 받은 자에게 무상으로 양도할 수 있다(법 제65조 제2항).

③ 개발행위허가(다른 법률에 따라 개발행위허가가 의제되는 협의를 거친 인가·허가·승인 등을 포함한다)를 받은 자가 <u>행정청인 경우</u> 새로 공공시설을 설치하거나 기존의 공공시설에 대체되는 공공시설을 설치한 경우에는 「국유재산법」과 「공유재산법」에도 불구하고 새로 설치된 공공시설은 그 시설을 관리할 관리청에 무상으로 귀속되고, 종래의 공공시설은 개발행위허가를 받은 자에게 무상으로 귀속된다(법 제65조 제1항).

④ 허가권자는 공공시설의 귀속에 관한 사항이 포함된 개발행위허가를 하려면 미리 해당 공공시설이 속한 관리청의 의견을 들어야 한다(법 제65조 제3항 본문). 즉 허가권자는 인·허가전에 미리 관리청과 협의하여야 한다. 다만, 관리청이 지정되지 아니한 경우에는 관리청이 지정된 후 준공되기 전에 관리청의 의견을 들어야 하며, 관리청이 불분명한 경우에는 도로·하천 등에 대하여는 **국토교통부장관**을 관리청으로 보고, 그 외의 재산에 대하여는 기획재정부장관을 관리청으로 본다(법 제65조 제3항 단서).

⑤ 개발행위허가를 받은 자가 <u>행정청인 경우</u> 개발행위가 끝나 준공검사를 마친 때에는 해당 시설의 관리청에 공공시설의 종류와 토지의 세목(細目)을 통지하여야 한다. 이 경우 공공시설은 그 통지한 날에 해당 시설을 관리할 관리청과 개발행위허가를 받은 자에게 각각 귀속된 것으로 본다(법 제65조 제5항).

제2절 개발행위에 따른 기반시설의 설치(기반시설연동제)

156. 국토계획법령상 기반시설부담구역에 관한 설명으로 옳지 않은 것은? <2004 제15회 변형>

① 특별시장·광역시장·특별자치시장·특별자치도지사·시장 또는 군수는 개발밀도관리구역 외의 지역으로서 대통령령이 정하는 규모 이상으로 토지의 형질변경이 이루어지거나 이루어질 것으로 예상되는 지역을 기반시설부담구역으로 지정할 수 있다.

② 개발행위 허가권자는 국토계획법 또는 다른 법령의 제정·개정으로 인하여 행위 제한이 완화되거나 해제되는 지역, 국토계획법 또는 다른 법령에 따라 지정된 용도지역 등이 변경되거나 해제되어 행위 제한이 완화되는 지역, 개발행위허가 현황 및 인구증가율 등을 고려하여 대통령령으로 정하는 지역에 해당하는 지역에 대하여는 기반시설부담구역으로 지정하여야 한다.

③ 허가권자는 기반시설부담구역을 지정 또는 변경하려면 주민의견청취와 지방도시계획위원회의 심의를 거쳐 기반시설부담구역의 명칭·위치·면적 및 지정일자와 관계 도서의 열람방법을 해당 지방자치단체의 공보와 인터넷 홈페이지에 고시하여야 한다.

④ 허가권자는 기반시설부담구역이 지정되면 대통령령으로 정하는 바에 따라 기반시설설치계획을 수립하여야 하며, 이를 도시·군관리계획에 반영하여야 한다.

⑤ 기반시설부담구역에서 기반시설설치비용의 부과대상인 건축행위는 단독주택 및 숙박시설 등으로서 기존 건축물의 연면적을 포함하여 200제곱미터를 초과하는 건축물의 신축·증축 행위로 한다.

---

156. 정답 ① 해설 ① 특별시장·광역시장·특별자치시장·특별자치도지사·시장 또는 군수는 개발밀도관리구역 외의 지역으로서 개발로 인하여 <u>도로, 공원, 녹지 등</u> **대통령령**으로 정하는 기반시설의 설치가 필요한 지역을 대상으로 기반시설을 설치하거나 그에 필요한 용지를 확보하게 하기 위하여 법 제67조에 따라 기반시설부담구역을 지정·고시할 수 있다(법 제2조 제19호).
  ② 법 제67조 제1항. ③ 법 제67조 제2항 및 영 제64조 제2항. ④ 법 제67조 제4항. ⑤ 법 제68조 제1항.

157. 다음 중 국토계획법령이 규정하고 있는 개발밀도관리구역제도에 대한 설명으로 옳지 않은 것은? <2004 제15회>

① 개발밀도관리구역이라 함은 개발로 인하여 기반시설이 부족할 것이 예상되나 기반시설의 설치가 곤란한 지역을 대상으로 건폐율 또는 용적률을 강화하여 적용하기 위하여 지정하는 구역이다.

② 특별시장·광역시장·특별자치시장·특별자치도지사·시장 또는 군수는 주거·상업 또는 녹지지역에서의 개발행위로 인하여 기반시설의 처리·공급 또는 수용능력이 부족할 것으로 예상되는 지역 중 기반시설의 설치가 곤란한 지역을 개발밀도관리구역으로 지정할 수 있다.

③ 개발밀도관리구역을 지정 또는 변경하는 경우에는 이를 고시하여야 한다.

④ 개발밀도관리구역 안에서는 그 용도지역에 적용되는 용적률의 최대한도의 50퍼센트의 범위 안에서 용적률을 강화하여 적용한다.

⑤ 개발밀도관리구역을 지정 또는 이를 변경하고자 하는 경우에는 당해 지방자치단체에 설치된 지방도시계획위원회의 심의를 거쳐야 한다.

158. 국토계획법령상 개발밀도관리구역에 관한 설명으로 옳지 않은 것은? <2016 제27회>

① 주거·상업 또는 공업지역에서의 개발행위로 기반시설의 처리능력이 부족할 것이 예상되는 지역 중 기반시설의 설치가 곤란한 지역을 개발밀도관리구역으로 지정할 수 있다.

② 개발밀도관리구역을 지정할 때 개발밀도관리구역에서는 당해 용도지역에 적용되는 건폐율 또는 용적률을 강화하여 적용한다.

③ 개발밀도관리구역을 지정하기 위해서는 지방도시계획위원회의 심의를 거쳐야 한다.

④ 개발밀도관리구역의 경계는 특색 있는 지형지물을 이용하는 등 경계선이 분명하게 구분되도록 하여야 한다.

⑤ 개발밀도관리구역의 지정기준을 정할 때 고려되는 기반시설에 학교는 포함되지 않는다.

---

157. **정답 ②** 해설 ① 법 제2조 제18호. ② 주거·상업 또는 공업지역에서의 개발행위에 대하여 지정할 수 있다(법 제66조 제1항).
③ 개발밀도관리구역을 지정·변경한 경우에는 그 사실을 법 제66조 제3항 각 호의 사항을 당해 지방자치단체의 공보에 게재하고(영 제62조 제2항), 허가권자는 해당 기관의 인터넷 홈페이지에 게재하여야 한다(법 제66조 제4항 및 영 제62조 제3항).
④ 법 제66조 제2항 및 영 제62조 제1항. ⑤ 법 제66조 제3항.
158. **정답 ⑤** 해설 ① 법 제66조 제1항. ② 법 제2조 제18호. ③ 법 제66조 제3항. ④ 영 제63조 제2호.
⑤ 개발밀도관리구역은 도로·수도공급설비·하수도·학교 등 기반시설의 용량이 부족할 것으로 예상되는 지역 중 기반시설의 설치가 곤란한 지역을 대상으로 한다(영 제63조 제1호).

159. 국토계획법령상 개발밀도관리구역에 관한 설명으로 옳지 않은 것은?

<2020 제31회>

① 개발밀도관리구역의 지정권자는 특별시장·광역시장·특별자치시장·특별자치도지사·시장 또는 군수이다.

② 개발밀도관리구역은 기반시설의 설치가 용이한 지역을 대상으로 건폐율·용적률을 강화하여 적용하기 위해 지정한다.

③ 개발밀도관리구역에서는 해당 용도지역에 적용되는 용적률 최대한도의 50퍼센트 범위에서 용적률을 강화하여 적용한다.

④ 지정권자가 개발밀도관리구역을 지정하려면 해당 지방자치단체에 설치된 지방도시계획위원회의 심의를 거쳐야 한다.

⑤ 지정권자는 개발밀도관리구역을 지정·변경한 경우에는 그 사실을 당해 지방자치단체의 공보에 게재하는 방법으로 고시하여야 한다.

160. 국토계획법령상 기반시설부담구역에 설치가 필요한 기반시설에 해당하지 않는 것은? <2014 제25회>

① 도로   ② 공원   ③ 대학
④ 폐기물처리시설   ⑤ 하수도

---

159. **정답** ② 해설 ① 법 제66조 제1항.
② "개발밀도관리구역"이란 개발로 인하여 기반시설이 부족할 것으로 예상되나 기반시설을 설치하기 곤란한 지역을 대상으로 건폐율이나 용적률을 강화하여 적용하기 위하여 법 제66조에 따라 지정하는 구역을 말한다(법 제2조 제18호).
③ 법 제66조 제2항 및 영 제62조 제1항. ④ 법 제66조 제3항. ⑤ 영 제62조 제2항.

160. **정답** ③ 해설 "기반시설부담구역"이란 개발밀도관리구역 외의 지역으로서 개발로 인하여 도로, 공원, 녹지 등 대통령령으로 정하는 기반시설[1. 도로(인근의 간선도로로부터 기반시설부담구역까지의 진입도로를 포함한다), 2. 공원, 3. 녹지, 4. 학교(「고등교육법」 제2조에 따른 학교는 제외한다), 5. 수도(인근의 수도로부터 기반시설부담구역까지 연결하는 수도를 포함한다), 6. 하수도(인근의 하수도로부터 기반시설부담구역까지 연결하는 하수도를 포함한다), 7. 폐기물처리 및 재활용시설, 8. 그 밖에 특별시장·광역시장·특별자치시장·특별자치도지사·시장 또는 군수가 법 제68조제2항 단서에 따른 기반시설부담계획에서 정하는 시설(영 제4조의2)]의 설치가 필요한 지역을 대상으로 기반시설을 설치하거나 그에 필요한 용지를 확보하게 하기 위하여 법 제67조에 따라 지정·고시하는 구역을 말한다(법 제2조 제19호). 「고등교육법」 제2조(학교의 종류)에 따르면 고등교육을 실시하기 위하여 다음 각 호 1. 대학, 2. 산업대학, 3. 교육대학, 4. 전문대학, 5. 방송대학·통신대학·방송통신대학 및 사이버대학(이하 "원격대학"이라 한다), 6. 기술대학, 7. 각종학교를 말한다. 따라서 ③이 정답이다.

161. 국토계획법령상 기반시설설치비용에 관한 설명으로 옳은 것은? <2012 제23회>

① 특별시장·광역시장·시장 또는 군수는 기반시설설치비용을 부과하려면 부과기준시점부터 30일 이내에 납부의무자에게 적용되는 부과 기준 및 부과 될 기반시설설치비용을 미리 알려야 한다.

② 기존 건축물을 철거하고 신축하는 경우 기존 건축물의 연면적은 고려하지 않고 신축하는 건축물의 연면적만을 고려하여 기반시설설치비용을 부과한다.

③ 납부의무자는 건축허가를 받은 날부터 2개월 이내에 기반시설설치비용을 납부하여야 한다.

④ 기반시설설치비용 중 기반시설을 설치하는데 필요한 기반시설 표준시설비용에는 해당 구역의 평균 개별공시지가가 반영된다.

⑤ 납부한 기반시설설치비용은 해당 기반시설부담구역에 필요한 기반시설 및 용지를 모두 확보한 후 잔액이 생기면 납부의무자에게 환급된다.

162. 국토계획법령상 건축물별 기반시설유발계수가 가장 큰 것은? <2013 제24회>

① 업무시설   ② 숙박시설   ③ 판매시설
④ 제2종 근린생활시설   ⑤ 문화 및 집회시설

---

161. **정답 ①** 해설 ① 영 제70조의3 제1항.
② 기반시설부담구역에서 기반시설설치비용의 부과대상인 건축행위는 법 제2조 제20호에 따른 시설로서 200제곱미터(기존 건축물의 연면적을 포함한다)를 초과하는 건축물의 신축·증축 행위로 한다. 다만, 기존 건축물을 철거하고 신축하는 경우에는 기존 건축물의 건축연면적을 초과하는 건축행위만 부과대상으로 한다(법 제68조 제1항).
③ 허가권자는 납부의무자가 국가 또는 지방자치단체로부터 건축허가(다른 법률에 따른 사업승인 등 건축허가가 의제되는 경우에는 그 사업승인)를 받은 날부터 2개월 이내에 기반시설설치비용을 부과하여야 하고, 납부의무자는 사용승인(다른 법률에 따라 준공검사 등 사용승인이 의제되는 경우에는 그 준공검사) 신청 시까지 이를 내야 한다(법 제69조 제2항).
④ 기반시설 표준시설비용은 기반시설 조성을 위하여 사용되는 단위당 시설비로서 해당 연도의 생산자물가상승률 등을 고려하여 **대통령령**으로 정하는 바에 따라 **국토교통부장관**이 고시한다(법 제68조 제3항).
⑤ 특별시장·광역시장·특별자치시장·특별자치도지사·시장 또는 군수는 다음 각 호 1. 건축허가사항 등의 변경으로 건축면적이 감소되는 등 납부한 기반시설설치비용의 감소 사유가 발생한 경우, 2. 납부의무자가 [별표 1의4] 각 호의 어느 하나에 해당하는 비용을 추가로 납부한 경우, 3. 영 제70조 제1항에 따라 공제받을 금액이 증가한 경우의 어느 하나에 해당하는 경우에는 법 제69조 제4항에 따라 기반시설설치비용을 환급하여야 한다(영 제70조의10 제1항).
162. **정답 ④** 해설 법 제68조 제4항 및 영 제69조 제2항. ④ 제2종근린생활시설 1.6 > ⑤ 문화 및 집회시설 1.4 > ③ 판매시설 1.3 > ② 숙박시설 1.0 > ① 업무시설 0.7

제6장 도시·군계획시설사업의 시행

163. 국토계획법령상 도시·군계획시설사업의 시행에 관한 설명으로 옳지 않은 것은?

<2014 제25회 수정>

① 도시·군계획시설결정의 고시일부터 3개월 이내에 사업의 시행에 대한 단계별 집행계획을 수립하여야 한다.

② 사업시행자는 도시·군계획시설사업을 효율적으로 추진하기 위하여 필요하다고 인정되면 사업시행 대상지역을 둘 이상으로 분할하여 도시·군계획시설사업을 시행할 수 있다.

③ 특별시장·광역시장·특별자치시장·특별자치도지사·시장 또는 군수는 기반시설의 설치가 위하여 필요하다고 인정되는 경우에는 그 이행을 담보하기 위하여 지방자치단체에게 이행보증금을 예치하게 할 수 있다.

④ 사업시행자는 사업시행을 위하여 특히 필요하다고 인정되면 도시·군계획시설에 인접한 토지를 일시 사용할 수 있다.

⑤ 사업의 착수예정일의 변경을 내용으로 하는 실시계획 변경인가를 하는 경우에는 그에 대한 공고 및 열람을 하지 아니할 수 있다.

---

163. 정답 ③ 해설 ① 특별시장·광역시장·특별자치시장·특별자치도지사·시장 또는 군수는 도시·군계획시설에 대하여 도시·군계획시설결정의 고시일부터 3개월 이내에 **대통령령**으로 정하는 바에 따라 재원조달계획, 보상계획 등을 포함하는 단계별 집행계획을 수립하여야 한다. 다만, **대통령령**으로 정하는 법률에 따라 도시·군관리계획의 결정이 의제되는 경우에는 해당 도시·군계획시설결정의 고시일부터 2년 이내에 단계별 집행계획을 수립할 수 있다(법 제85조 제1항).

② 도시·군계획시설사업의 시행자는 도시·군계획시설사업을 효율적으로 추진하기 위하여 필요하다고 인정되면 사업시행 대상지역 또는 대상시설을 둘 이상으로 분할하여 도시·군계획시설사업을 시행할 수 있는 제도를 받아 들였다(법 제87조).

③ 특별시장·광역시장·특별자치시장·특별자치도지사·시장 또는 군수는 기반시설의 설치나 그에 필요한 용지의 확보, 위해 방지, 환경오염 방지, 경관 조성, 조경 등을 위하여 필요하다고 인정되는 경우로서 **대통령령**으로 정하는 경우에는 그 이행을 담보하기 위하여 도시·군계획시설사업의 시행자에게 이행보증금을 예치하게 할 수 있다. 다만, 다음 각 호 1. 국가 또는 지방자치단체, 2. **대통령령**으로 정하는 공공기관, 3. 그 밖에 **대통령령**으로 정하는 자의 어느 하나에 해당하는 자에 대하여는 그러하지 아니하다(법 제89조 제1항).

④ 법 제95조 제2항. ⑤ 영 제99조 제2항.

164. 국토계획법령에서 정하고 있는 공공시설이 아닌 것은? <2013 제24회>

① 행정청이 설치하는 저수지

② 도로

③ 광장

④ 방범시설

⑤ 방수설비

165. 국토계획법령상 공공시설에 관한 설명으로 옳지 않은 것은? <2009 제20회>

① 도로·공원·철도·수도·행정청이 설치하는 주차장은 공공시설에 해당한다.

② 행정청이 아닌 자가 개발행위허가를 받아 새로 공공시설을 설치하는 경우, 용도폐지된 종래의 공공시설은 개발행위허가를 받은 자에게 무상으로 귀속된다.

③ 개발행위허가를 받은 자가 행정청이 아닌 경우, 개발행위허가를 받은 자가 새로 설치한 공공시설은 그 시설을 관리할 관리청에 무상으로 귀속된다.

④ 행정청이 도시·군계획시설사업에 의하여 새로 공공시설을 설치한 경우, 새로 설치한 공공시설은 그 시설을 관리할 관리청에 무상으로 귀속된다.

⑤ 개발행위허가를 받은 자가 행정청인 경우, 행정청에 귀속된 공공시설의 처분으로 인한 수익금을 도시·군계획사업 외의 목적에 사용하여서는 아니 된다.

---

164. **정답 ④** 해설 공공시설이란 기반시설, 도시계획시설 개념과 별도로 공동체 생활에 필요한 일단의 시설 즉, 이란 도로·공원·철도·수도, 그 밖에 **대통령령**으로 정하는 공공용 시설[1. 항만·공항·광장·녹지·공공공지·공동구·하천·유수지·방화설비·방풍설비·방수설비·사방설비·방조설비·하수도·구거, 2. 행정청이 설치하는 시설로서 주차장, 저수지 및 그 밖에 국토교통부령으로 정하는 시설, 3. 「스마트도시 조성 및 산업진흥 등에 관한 법률」 제2조 제3호 다목에 따른 시설(영 제4조)]을 말한다(법 제2조 제13호). 영 제4조 제2호에서 "국토교통부령으로 정하는 시설"이란 다음 각 호 1. 공공필요성이 인정되는 체육시설 중 운동장, 2. 장사시설 중 화장장·공동묘지·봉안시설(자연장지 또는 장례식장에 화장장·공동묘지·봉안시설 중 한 가지 이상의 시설을 같이 설치하는 경우를 포함한다)의 시설을 말한다. 따라서 ① ② ③ ⑤는 맞고, ④는 아니다.

165. **정답 ②** 해설 ① 법 제2조 제13호 및 영 제4조 제2호.

② ③ 개발행위허가를 받은 자가 행정청이 아닌 경우 개발행위허가를 받은 자가 새로 설치한 공공시설은 그 시설을 관리할 관리청에 무상으로 귀속되고, 개발행위로 용도가 폐지되는 공공시설은 「국유재산법」과 「공유재산법」에도 불구하고 새로 설치한 공공시설의 설치비용에 상당하는 범위에서 개발행위허가를 받은 자에게 무상으로 양도할 수 있다(법 제65조 제2항).

④ 법 제65조 제1항. ⑤ 법 제65조 제8항.

166. 국토계획법령상 도시·군계획시설사업에 관한 설명 중 옳지 않은 것은?

<2000 제11회 수정>

① 도시·군계획시설사업은 국토계획법 또는 다른 법률에 특별한 규정이 있는 경우 외에는 관할하는 특별시장·광역시장·특별자치시장·특별자치도지사·시장 또는 군수가 시행한다.

② 둘 이상의 시·군의 행정구역에 걸쳐 도시계획사업을 시행하는 경우에는 관할 도지사가 시행한다.

③ 민간기업이 도시·군계획시설사업의 시행자로 지정을 받으려면 도시·군계획시설사업의 대상인 토지(국공유지는 제외한다)의 소유 면적 및 토지 소유자의 동의 비율에 관하여 도시계획시설사업의 대상인 국·공유지를 제외한 토지 면적의 3분의 2 이상에 해당하는 토지를 소유하고, 토지소유자 총수의 2분의 1 이상에 해당하는 자의 동의를 얻어야 한다.

④ 「국토계획법」은 토지 소유 요건 충족여부에 대한 판단기준에 관하여 아무런 규정을 두고 있지 않으나 사실상 소유하는 토지가 아닌 등기부 등본 소유자를 기준으로 한다는 것이 판례이다.

⑤ 도시·군계획시설사업의 시행자는 도시·군계획시설사업에 필요한 토지 등을 수용 또는 사용할 수 있고, 국토계획법에 특별한 규정이 있는 경우를 제외하고는 수용 또는 사용에 관하여는 「토지보상법」이 준용된다.

167. 국토계획법령상 도시·군계획시설사업 등에 관한 설명으로 옳은 것은? <2015 제26회>

① 도시·군계획시설사업의 시행자가 실시계획의 인가를 받고자 하는 경우 국토교통부장관이 지정한 시행자는 시·도지사의 인가를 받아야 한다.

② 준공검사를 받은 후에 해당 도시·군계획시설사업에 대하여 사업명칭을 변경하기 위하여 실시계획을 작성하는 경우에도 국토교통부장관의 인가를 받아야 한다.

---

166. **정답 ②** 해설 ① 특별시장·광역시장·특별자치시장·특별자치도지사·시장 또는 군수는 이 법 또는 다른 법률에 특별한 규정이 있는 경우 외에는 관할 구역의 도시·군계획시설사업을 시행한다(법 제86조 제1항).
② 도시·군계획시설사업이 둘 이상의 특별시·광역시·특별자치시·특별자치도·시 또는 군의 관할 구역에 걸쳐 시행되게 되는 경우에는 관계 특별시장·광역시장·특별자치시장·특별자치도지사·시장 또는 군수가 서로 협의하여 시행자를 정한다(법 제86조 제2항).
③ 법 제86조 제7항 및 영 제96조 제2항.
④ 대법원 2017. 7. 11. 선고 2016두35120 판결. ⑤ 법 제95조 제1항 및 법 제96조 제1항.
167. **정답 ⑤** 해설 ① 도시·군계획시설사업이 시행자(**국토교통부장관**, 시·도지사와 대도시 시장을 제외한다)는 실시계획을 작성하면 시행자가 실시계획의 인가를 받고자 하는 경우 **국토교통부장관**이 지정한

③ 도시·군계획시설사업에 관한 실시계획에는 사업의 종류 및 명칭은 포함되어야 하지만, 사업의 면적 또는 규모는 반드시 포함되어야 하는 것은 아니다.

④ 행정청이 아닌 도시·군계획시설사업 시행자의 처분에 대해서는 그 시행자에게 행정심판을 제기하여야 한다.

⑤ 도시·군계획시설사업을 분할 시행하는 때에는 분할된 지역별로 실시계획을 작성할 수 있다.

168. 국토계획법령상 도시·군계획시설사업에 관한 설명으로 틀린 것은? <2004 제15회>

① 도시·군계획시설사업의 시행자는 당해 도시·군계획시설사업에 관한 실시계획을 작성하여야 하며, 실시계획을 작성한 때에는 국토교통부장관 또는 시·도지사의 인가를 받아야 한다.

② 특별시장·광역시장·특별자치시장·특별자치도지사·시장 또는 군수 또는 국토교통부장관 외의 자도 국토교통부장관, 시·도지사, 시장 또는 군수로부터 시행자로 지정받아 도시·군계획시설사업을 시행할 수 있다.

③ 도시·군계획시설사업의 시행에 있어 실시계획을 변경하거나 폐지하고자 할 때에는 그 사실을 신고하여야 한다.

시행자는 **국토교통부장관**의 인가를 받아야 하며, 그 밖의 시행자는 시·도지사 또는 대도시 시장(이하 '인가권자'라 한다)의 인가를 받아야 한다(법 제88조 제2항 본문 및 영 제97조 제2항).

② 법 제98조에 따른 준공검사를 받은 후에 해당 도시·군계획시설사업에 대하여 사업명칭을 변경하는 경우 등에는 **국토교통부장관**, 시·도지사 또는 대도시 시장의 인가를 받지 아니한다(법 제88조 제2항 단서 및 칙 제16조).

③ 도시·군계획시설사업의 시행자는 다음 각 호 1. 사업의 종류 및 명칭, 2. 사업의 면적 또는 규모, 3. 사업시행자의 성명 및 주소(법인인 경우에는 법인의 명칭 및 소재지와 대표자의 성명 및 주소), 4. 사업의 착수예정일 및 준공예정일의 사항이 포함된 도시·군계획시설사업에 관한 실시계획을 작성하여야 한다(법 제88조 제1항 및 영 제97조 제1항).

④ 사업시행자 지정은 개발사업의 주체를 확정하는 제도이며 시행자 지정처분은 행정처분으로 이 법에 따른 도시·군계획시설사업 시행자의 처분에 대하여는 「행정심판법」에 따라 행정심판을 제기할 수 있고, 이 경우 행정청이 아닌 시행자의 처분에 대하여는 **국토교통부장관**, 시·도지사, 시장 또는 군수(법 제86조 제5항에 따라 그 시행자를 지정한 자)에게 행정심판을 제기하여야 한다(제134조). 그리고 취소소송의 대상도 된다(대법원 2004. 7. 8. 선고 2002두8350 판결).

⑤ 영 제97조 제5항.

168. 정답 ③ 해설 ① ③ 도시·군계획시설사업의 시행자(**국토교통부장관**, 시·도지사와 대도시 시장을 제외한다)는 실시계획을 작성하면 시행자가 실시계획의 인가를 받고자 하는 경우 **국토교통부장관**이 지정한 시행자는 **국토교통부장관**의 인가를 받아야 하며, 그 밖의 시행자는 시·도지사 또는 대도시 시장의 인가를 받아야 한다(법 제88조 제2항 본문 및 영 제97조 제2항). 인가받은 실시계획을 변경하거나 폐지하는 경우에는 법 제88조 제2항 본문을 준용한다.

② 법 제86조 제5항. ④ 법 제87조. ⑤ 법 제97조 제1항.

④ 도시·군계획시설사업의 시행자는 도시계획시설사업의 효율적인 추진을 위하여 필요하다고 인정되는 때에는 사업시행 대상지역을 둘 이상으로 분할하여 도·군시계획시설사업을 시행할 수 있다.

⑤ 도시·군관리계획결정의 고시가 있는 때에는 국·공유지로서 도시·군계획시설사업에 필요한 토지는 당해 도시·군관리계획으로 정하여진 목적 외의 목적으로 이를 매각하거나 양도할 수 없다.

169. 국토계획법령상 도시·군계획시설사업에 관한 설명으로 옳지 않은 것은?
<2018 제29회>

① 도시·군계획시설사업의 시행자는 사업시행대상지역 또는 대상시설을 둘 이상으로 분할하여 도시·군계획시설사업을 시행할 수 있다.

② 한국토지주택공사가 도시·군계획시설사업시행자로 지정을 받으려면 토지소유자 총수의 2분의 1 이상에 해당하는 자의 동의를 얻어야 한다.

③ 도지사는 광역도시계획과 관련되거나 특히 필요하다고 인정되는 경우에는 관계 시장 또는 군수의 의견을 들어 직접 도시·군계획시설사업을 시행할 수 있다.

④ 도시·군계획시설에 대한 단계별 집행계획은 제1단계 집행계획과 제2단계 집행계획으로 구분하여 수립하되, 3년 이내에 시행하는 도시·군계획시설 사업은 제1단계 집행계획에 포함되도록 하여야 한다.

⑤ 도시·군계획시설사업의 시행자로 지정받은 「지방공기업법」에 의한 지방공사는 기반시설의 설치가 필요한 경우에 그 이행을 담보하기 위한 이행보증금을 예치하지 않아도 된다.

---

169. **정답 ②** 해설 ① 법 제87조.
② 다음 각 호 1. 국가 또는 지방자치단체, 2. **대통령령**으로 정하는 공공기관[다음 각 호 1. 한국농수산식품유통공사, 2. 대한석탄공사, 3. 한국토지주택공사, 4. 한국관광공사, 5. 한국농어촌공사, 6. 한국도로공사, 7. 한국석유공사, 8. 한국수자원공사, 9. 한국전력공사, 10. 한국철도공사에 해당하는 기관을 말한다(영 제96조 제3항)], 3. 그 밖에 **대통령령**으로 정하는 재[1. 지방공사 및 지방공단, 2. 다른 법률에 의하여 도시·군계획시설사업이 포함된 사업의 시행자로 지정된 자, 3. 법 제65조의 규정에 의하여 공공시설을 관리할 관리청에 무상으로 귀속되는 공공시설을 설치하고자 하는 자, 4. 「국유재산법」 제13조 또는 「공유재산법」 제7조에 따라 기부를 조건으로 시설물을 설치하려는 자(영 제96조 제4항)]에 해당하지 아니하는 자, 즉, 민간기업이 도시·군계획시설사업의 시행자로 지정을 받으려면 도시·군계획시설사업의 대상인 토지(국공유지는 제외한다)의 소유 면적 및 토지 소유자의 동의 비율에 관하여 **대통령령**으로 정하는 요건[도시계획시설사업의 대상인 토지면적의 3분의 2 이상에 해당하는 토지를 소유하고, 토지소유자 총수의 2분의 1 이상에 해당하는 자의 동의를 얻는 것을 말한다(영 제96조 제2항)]을 갖추어야 한다(법 제86조 제7항).
③ 법 제86조 제4항. ④ 법 제85조 제3항. ⑤ 법 제89조 제1항.

170. 국토계획법령상 도시계획시설사업 시행자의 토지 등의 수용 및 사용에 관한 설명으로 옳지 않은 것은? <2010 제21회>

① 행정청뿐만 아니라 비행정청인 도시·군계획시설사업시행자도 도시·군계획시설사업에 필요한 토지·건축물을 수용 또는 사용할 수 있다.

② 시행자는 사업시행을 위하여 특히 필요하다고 인정되는 때에는 도시·군계획시설에 인접한 토지를 일시 사용할 수 있다.

③ 도시·군계획시설사업에 관한 실시계획의 고시가 있는 때에는「공익사업을 위한 토지 등의 취득 및 보상에 관한 법률」에 따른 사업인정 및 그 고시가 있었던 것으로 본다.

④ 시행자는 도시·군계획시설사업에 필요한 토지에 정착된 물건에 관한 소유권 외의 권리를 수용 또는 사용할 수 있다.

⑤ 시행자는 토지소유자 등과 협의가 성립하지 않을 때에는 도시·군계획시설사업에 관한 실시계획의 인가고시가 있는 날부터 1년 이내에 토지수용위원회에 재결신청을 하여야 한다.

171. 국토계획법령상 도시·군계획시설사업 시행자의 수용권 또는 사용권의 범위에 관한 설명으로 옳지 않은 것은? <2009 제20회>

① 도시·군계획시설사업 시행자는 도시·군계획시설사업에 필요한 토지의 지상권을 수용할 수 있다.

---

170. 정답 ⑤ 해설 ① 도시·군계획시설사업은「토지보상법」제4조에 따른 공익사업에 해당하며 행정청이 아닌 자도 사업시행자 지정 처분을 받으면 도시·군계획시설사업의 시행자가 될 수 있다. 즉 도시·군계획시설사업의 시행자가 될 수 있는 자 외의 자(행정청이 아닌 자로 통상 민간기업을 의미한다)는 **대통령령**으로 정하는 바에 따라 **국토교통부장관**, 시·도지사, 시장 또는 군수로부터 시행자로 지정을 받아 도시·군계획시설사업을 시행할 수 있다(법 제86조 제5항).

② ③ ④ 법 제95조 제2항.

⑤「토지보상법」을 준용할 때에 실시계획을 고시한 경우에는 같은 법 제20조 제1항과 제22조에 따른 사업인정 및 그 고시가 있었던 것으로 본다. 다만, 수용 또는 사용에 대한 재결신청은「토지보상법」제23조 및 같은 법 제28조 제1항의 사업인정고시가 된 날부터 1년 이내에 재결을 신청하도록 하는 규정에도 불구하고, 실시계획에서 정한 도시·군계획시설사업의 시행기간에 하여야 한다(제96조 제2항). 또한「도시정비법」에 따른 정비사업에서도 사업시행계획인가(사업시행계획변경인가를 포함한다)를 할 때 정한 사업시행기간 이내에 재결신청을 할 수 있도록 하고 있다(법 제65조 제3항). 도시·군계획시설사업 실시계획에서 정한 도시·군계획시설사업의 시행기간이나 정비사업의 사업시행계획인가(사업시행계획변경인가를 포함한다)를 할 때 정한 사업시행기간은 통상적으로 사업인정으로 의제되는 실시계획인가나 사업시행계획인가일로 1년 보다 긴 기간이므로 이는 재결신청기간의 특례에 해당한다.

171. 정답 ⑤ 해설 도시·군계획시설사업의 시행자는 도시·군계획시설사업에 필요한 다음 각 호 1. 토지·건축물 또는 그 토지에 정착된 물건, 2. 토지·건축물 또는 그 토지에 정착된 물건에 관한 소유권 외의 권리의 물건 또는 권리를 수용하거나 사용할 수 있다(법 제95조 제1항). 도시·군계획시설사업의 시행

② 도시·군계획시설사업 시행자는 도시·군계획시설사업에 필요한 건축물의 전세권을 수용할 수 있다.

③ 도시·군계획시설사업 시행자는 도시·군계획시설사업에 필요한 토지에 정착된 나무를 수용할 수 있다.

④ 도시·군계획시설사업 시행자는 도시·군계획시설사업 시행을 위하여 특히 필요하다고 인정되는 경우 도시계획시설에 인접한 건축물을 일시 사용할 수 있다.

⑤ 도시·군계획시설사업 시행자는 도시·군계획시설사업 시행을 위하여 특히 필요하다고 인정되는 경우 도시·군계획시설에 인접한 토지를 수용할 수 있다.

172. 국토계획법령상 도시·군계획사업시행자의 토지 등의 수용 및 사용에 관한 설명 중 틀린 것은? <2000 제11회 수정>

① 「국토계획법」에 특별한 규정이 있는 경우를 제외하고는 「토지보상법」을 준용한다.

② 도시·군계획시설사업의 시행자는 도시·군계획시설사업에 필요한 토지·건축물 또는 그 토지에 정착된 물건과 토지·건축물 또는 그 토지에 정착된 물건에 관한 소유권 외의 권리를 수용하거나 사용할 수 있다.

③ 도시·군계획시설사업의 시행자는 사업시행을 위하여 특히 필요하다고 인정되면 도시·군계획시설에 인접한 토지·건축물 또는 그 토지에 정착된 물건과 토지·건축물 또는 그 토지에 정착된 물건에 관한 소유권 외의 권리의 물건 또는 권리를 일시 사용할 수 있다.

④ 협의가 성립되지 아니하거나 협의를 할 수 없을 때에는 사업시행는 실시계획인가의 고시가 있은 날로부터 1년 이내에 관할 토지수용위원회에 재결을 신청하여야 한다.

⑤ 「국토계획법」의 「토지보상법」 준용범위를 "수용 및 사용"이외에도 협의매수 절차, 이주대책, 환매제도 등 「토지보상법」의 일반조항들이 「국토계획법」에 준용 된다는 것이 판례의 태도이다.

자는 사업시행을 위하여 특히 필요하다고 인정되면 도시·군계획시설에 인접한 다음 각 호 1. 토지·건축물 또는 그 토지에 정착된 물건, 2. 토지·건축물 또는 그 토지에 정착된 물건에 관한 소유권 외의 권리의 물건 또는 권리를 일시 사용할 수 있다(법 제95조 제2항).

따라서 ① ② ③ ④는 맞고, ⑤는 수용할 수 없고 일시 사용만 가능하다.

172. **정답** ④ 해설 ① 법 제96조 제1항. ② 법 제95조 제1항. ③ 법 제95조 제2항.
 ④ 다만, 재결 신청은 「토지보상법」 제23조 제1항과 제28조 제1항에 따른 사업인정고시가 된 날부터 1년 이내에 관할 토지수용위원회에 재결신청이 아니라, 실시계획에서 정한 도시·군계획시설사업의 시행기간에 하여야 한다(법 제96조 제2항).
 ⑤ 대법원 1997. 10. 24. 선고 97다31175 판결; 대법원 2004. 10. 27. 선고 2003두858 판결; 대법원 1995. 2. 10. 선고 94다31310 판결.

제7장 기타, 보칙 및 벌칙 규정

제1절 비용부담

173. 국토계획법령상 비용부담에 관한 설명으로 옳지 않은 것은? <2009 제20회 수정>

① 도시·군계획시설사업에 관한 비용에 관하여 이 법 또는 다른 법률에 특별한 규정이 없는 한 행정청이 아닌 자가 시행하는 경우에는 그 자가 부담함을 원칙으로 한다.

② 국토교통부장관 또는 시·도지사는 그가 시행한 도시·군계획시설사업으로 인하여 현저히 이익을 받는 시·도가 있는 때에는 당해 도시·군계획시설사업에 소요된 비용의 전부를 그 이익을 받은 시·도에 부담시킬 수 있다.

③ 도시·군관리계획의 입안을 제안 받은 자는 제안자와 협의하여 제안된 도시·군관리계획의 입안 및 결정에 필요한 비용의 전부 또는 일부를 제안자에게 부담 시킬 수 있다.

④ 공동구의 설치(개량하는 경우를 포함한다)에 필요한 비용은 이 법 또는 다른 법률에 특별한 규정이 있는 경우를 제외하고는 공동구 점용예정자와 사업시행자가 부담한다. 이 경우 공동구 점용예정자는 해당 시설을 개별적으로 매설할 때 필요한 비용의 범위에서 대통령령으로 정하는 바에 따라 부담한다.

⑤ 행정청이 시행하는 도시·군계획시설사업에 드는 비용은 대통령령이 정하는 바에 따라 그 비용의 전부 또는 일부를 국가예산에서 보조하거나 융자할 수 있다.

---

173. **정답 ②** 해설 ① 법 제101조. ② **국토교통부장관**이나 시·도지사는 그가 시행한 도시·군계획시설사업으로 현저히 이익을 받는 시·도, 시 또는 군이 있으면 **대통령령**으로 정하는 바에 따라 그 도시·군계획시설사업에 든 비용의 일부를 그 이익을 받는 시·도, 시 또는 군에 부담시킬 수 있다(제102조 제1항). ③ 법 제26조 제3항. ④ 법 제44조 제5항. ⑤ 제104조 제2항.

174. 국토계획법령상 도시·군계획시설사업의 비용 부담에 관한 설명으로 옳지 않은 것은? <2014 제25회>

① 도시·군계획시설사업을 지방자치단체가 하는 경우에는 해당 지방자치단체가 그에 관한 비용을 부담함을 원칙으로 한다.

② 국토교통부장관은 그가 시행한 도시·군계획시설사업으로 현저히 이익을 받는 시·도가 있으면 소요된 비용의 50퍼센트 이내에서 그 도시·군계획시설사업에 든 비용의 일부를 그 이익을 받는 시·도에 부담시킬 수 있다.

③ 행정청이 아닌 자가 시행하는 도시·군계획시설사업으로 공공시설의 관리자가 현저히 이익을 받았을 때 시행자는 사업에 소요된 비용의 3분의 1을 넘지 않는 범위 안에서 그 비용의 일부를 관리자에게 부담시킬 수 있다.

④ 행정청이 시행하는 도시·군계획시설사업에 드는 비용은 당해 도시·군계획시설사업에 소요되는 비용의 50퍼센트 이하의 범위안에서 그 비용의 전부 또는 일부를 국가예산으로 보조하거나 융자할 수 있다.

⑤ 행정청이 아닌 자가 시행하는 도시·군계획시설사업에 드는 비용은 소요되는 비용의 3분의 1 이하의 범위안에서 국가 또는 지방지치단체기 보조히거나 융지할 수 있다.

175. 국토계획법령상 자연취락지구 안의 주민의 생활편익과 복지증진 등을 위하여 국가 또는 지방자치단체가 시행하거나 지원할 수 있는 사업으로 옳은 것을 모두 고른 것은? <2014 제25회>

ㄱ. 주차장의 설치	ㄴ. 하수처리시설의 설치
ㄷ. 재해방지시설의 개량	ㄹ. 주택의 신축

① ㄱ, ㄹ   ② ㄴ, ㄷ   ③ ㄱ, ㄴ, ㄷ

④ ㄴ, ㄷ, ㄹ   ⑤ ㄱ, ㄴ, ㄷ, ㄹ

---

174. 정답 ③ 해설 ① 도시·군계획시설사업에 관한 비용은 이 법 또는 다른 법률에 특별한 규정이 있는 경우 외에는 국가가 하는 경우에는 국가예산에서, 지방자치단체가 하는 경우에는 해당 지방자치단체가, 행정청이 아닌 자가 하는 경우에는 그 자가 부담함을 원칙으로 한다(법 제101조).

② **국토교통부장관**이나 시·도지사는 그가 시행한 도시·군계획시설사업으로 현저히 이익을 받는 시·도, 시 또는 군이 있으면 도시·군계획시설사업에 소요된 비용의 50퍼센트 이내에서(영 제104조 제1항) 그 도시·군계획시설사업에 든 비용의 일부를 그 이익을 받는 시·도, 시 또는 군에 부담시킬 수 있다. 이 경우 **국토교통부장관**은 시·도, 시 또는 군에 비용을 부담시키기 전에 행정자치부장관과 협의하여야 한다(제102조 제1항).

④ ⑤ 법 제104주 제2항 및 영 제106주 제2항. ③ 법적 근거가 없다.

175. 정답 ⑤ 해설 법 제105조 및 영 제107조.

176. 국토계획법령상 중앙도시계획위원회에 관한 설명으로 옳지 않은 것은? <2018 제 29회>

① 국토교통부장관은 중앙도시계획위원회의 회의를 소집할 수 있다.

② 중앙도시계획위원회는 도시·군계획에 관한 조사·연구 업무를 수행할 수 있다.

③ 중앙도시계획위원회의 회의는 재적위원 과반수의 출석으로 개의(開議)하고, 출석 위원 과반수의 찬성으로 의결한다.

④ 중앙도시계획위원회의 위원장과 부위원장이 모두 부득이한 사유로 그 직무를 수행하지 못할 때에는 위원장이 미리 지명한 위원이 그 직무를 대행한다.

⑤ 중앙도시계획위원회의 회의록은 심의 종결 후 3개월이 지난 후에는 공개요청이 있는 경우 이를 공개하여야 한다.

177. 국토계획법령상 도시계획위원회에 관한 설명으로 옳은 것은? <2020 제31회>

① 시·도도시계획위원회는 위원장 및 부위원장 각 1명을 포함한 20명 이상 25명 이하의 위원으로 구성한다.

② 시·도도시계획위원회의 위원장과 부위원장은 위원 중에서 해당 시·도지사가 임명 또는 위촉한다.

③ 중앙도시계획위원회의 회의는 재적위원 과반수의 출석으로 개의하고, 출석위원 과반수의 찬성으로 의결한다.

---

176. **정답 ⑤** 해설 ① 법 제109조 제1항. ② 법 제111조 제1항. ③ 법 제109조 제2항. ④ 법 제108조 제3항.
　⑤ 중앙도시계획위원회 및 지방도시계획위원회의 심의 일시·장소·안건·내용·결과 등이 기록된 회의록은 1년의 범위에서 **대통령령**으로 정하는 기간[중앙도시계획위원회의 경우에는 심의 종결 후 6개월, 지방도시계획위원회의 경우에는 6개월 이하의 범위에서 해당 지방자치단체의 도시·군계획조례로 정하는 기간을 말한다(영 제113조의3 제1항)]이 지난 후에는 공개 요청이 있는 경우 **대통령령**으로 정하는 바[회의록의 공개는 열람 또는 사본을 제공하는 방법으로 한다(영 제113조의3 제2항)]에 따라 공개하여야 한다(법 제113조의2).
177. **정답 ③** 해설 ① 시·도도시계획위원회는 위원장 및 부위원장 각 1명을 포함한 25명 이상 30명 이하의 위원으로 구성한다(영 제111조 제1항).
　② 시·도도시계획위원회의 위원장은 위원 중에서 해당 시·도지사가 임명 또는 위촉하며, 부위원장은 위원중에서 호선한다(영 제111조 제2항).
　③ 법 제109조 제2항.

④ 시·군·구도시계획위원회에는 분과위원회를 둘 수 없다.

⑤ 중앙도시계획위원회 회의록은 심의 종결 후 3개월 이내에 공개 요청이 있는 경우 원본을 제공하여야 한다.

제3절 **보칙**

---

178. 국토계획법령상 시범도시에 관한 설명으로 옳은 것은? <2018 제29회>

① 국토교통부장관과 시·도지사는 시장·군수·구청장의 신청을 받아 시범도시를 지정할 수 있다.

② 시범도시사업의 시행을 위하여 필요한 경우에는 시범도시사업의 예산집행에 관한 사항을 도시·군계획조례로 정할 수 있다.

③ 시범도시를 공모할 경우 이에 응모할 수 있는 자는 특별시장·광역시장·특별자 치시

④ 시·도도시계획위원회나 시·군·구도시계획위원회의 심의 사항 중 **대통령령**으로 정하는 사항을 효율적으로 심의하기 위하여 시·도도시계획위원회나 시·군·구도시계획위원회에 분과위원회를 둘 수 있다(법 제113조 제3항).

⑤ 중앙도시계획위원회 및 지방도시계획위원회의 심의 일시·장소·안건·내용·결과 등이 기록된 회의록은 1년의 범위에서 **대통령령**으로 정하는 기간[중앙도시계획위원회의 경우에는 심의 종결 후 6개월, 지방도시계획위원회의 경우에는 6개월 이하의 범위에서 해당 지방자치단체의 도시·군계획**조례**로 정하는 기간을 말한다(영 제113조의3 제1항)]이 지난 후에는 공개 요청이 있는 경우 **대통령령**으로 정하는 바[회의록의 공개는 열람 또는 사본을 제공하는 방법으로 한다(영 제113조의3 제2항)]에 따라 공개하여야 한다. 다만, 공개에 의하여 부동산 투기 유발 등 공익을 현저히 해칠 우려가 있다고 인정하는 경우나 심의·의결의 공정성을 침해할 우려가 있다고 인정되는 이름·주민등록번호 등 대통령령으로 정하는 개인 식별 정보[이름·주민등록번호·직위 및 주소 등 특정인임을 식별할 수 있는 정보를 말한다(영 제113조의3 제3항)]에 관한 부분의 경우에는 그러하지 아니하다(법 제113조의2).

178. **정답** ② **해설** ① **국토교통부장관**은 도시의 경제·사회·문화적인 특성을 살려 개성 있고 지속가능한 발전을 촉진하기 위하여 필요하면 직접 또는 관계 중앙행정기관의 장이나 시·도지사의 요청에 의하여 경관, 생태, 정보통신, 과학, 문화, 관광, 그 밖에 **대통령령**으로 정하는 분야[교육·안전·교통·경제활력·도시재생 및 기후변화 분야(영 제126조 제1항)]별로 시범도시(시범지구나 시범단지를 포함한다)를 지정할 수 있다(법 제127조 제1항). ② 영 제129조 제4항.

③ 공모에 응모할 수 있는 자는 특별시장·광역시장·특별자치시장·특별자치도지사·시장·군수 또는 구청장으로 한다(영 제127조 제2항).

④ 관계 중앙행정기관의 장 또는 시·도지사는 법 제127조 제1항의 규정에 의하여 **국토교통부장관**에게 시범도시의 지정을 요청하고자 하는 때에는 미리 설문조사·열람 등을 통하여 주민의 의견을 들은 후 관계 지방자치단체의 장의 의견을 들어야 한다(영 제126조 제4항).

⑤ **국토교통부장관**, 관계 중앙행정기관의 장은 법 제127조 제2항에 따라 시범도시에 대하여 시범도시사업계획의 수립에 소요되는 비용의 80퍼센트 이하, 시범도시사업의 시행에 소요되는 비용(보상비를 제외한다)의 50퍼센트 이하의 범위에서 보조 또는 융자를 할 수 있다(영 제129조 제1항).

장·특별자치도지사·시장·군수·구청장 또는 주민자치회이다.

④ 국토교통부장관은 시범도시를 지정하려면 설문조사·열람 등을 통하여 주민의 의견을 들은 후 관계 지방자치단체장의 의견을 들어야 한다.

⑤ 국토교통부장관은 시범도시사업계획의 수립에 소요되는 비용의 전부에 대하여 보조 또는 융자할 수 있다.

179. 국토계획법령상 행정청인 도시·군계획시설사업의 시행자가 사업시행과 관련하여 타인의 토지를 출입하는 경우 등에 관한 설명으로 옳지 않은 것은? <2012 제23회>

① 타인의 토지에 출입하려면 출입하려는 날의 3일 전까지 그 토지의 소유자·점유자 또는 관리인에 게 그 일시와 장소를 알려야 한다.

② 타인의 토지를 임시통로로 일시사용하려면 그 토지의 소유자·점유자 또는 관리인의 동의를 받아야 한다.

③ 토지나 장애물의 소유자·점유자 또는 관리인이 현장에 없거나 주소 또는 거소가 불분명하여 그 동의를 받을 수 없는 경우에는 행정청이 아닌 도시·군계획시설사업의 시행자는 미리 관할 특별시장·광역시장·특별자치시장·특별자치도지사·시장 또는 군수의 허가를 받아야 한다.

④ 장애물을 제거하려면 제거하려는 날의 3일 전까지 장애물의 소유자·점유자 또는 관리인에게 알려야 한다.

⑤ 일출 전이나 일몰 후에는 그 토지 점유자의 승낙 없이 택지나 담장 또는 울타리로 둘러싸인 타인의 토지에 출입할 수 없다.

180. 다음은 국토계획법령상 타인 토지의 출입으로 인한 손실보상에 관한 설명이다. 가장 올바른 것은? <1999 제10회>

① 시장·군수·구청장은 국토이용계획에 관한 조사·측량을 위하여 타인이 점용하는 토지에 출입하고자 할 때에는 미리 특별시장·광역시장·도지사에게 허가를 받아야 한다.

② 타인이 점유하는 토지에 출입하고자 할 때에는 출입할 날의 3일전까지 당해 토지의 소유자 또는 점유자나 관리인에게 그 일시와 장소를 통지하여야 한다.

---

179. **정답 ①** 해설 ① 7일 전까지 알려야 한다(법 제130조 제2항). ② 법 제130조 제3항. ③ 법 제130조 제4항. ④ 법 제130조 제5항. ⑤ 법 제130조 제6항.
180. **정답 ⑤** 해설 ① ② 타인의 토지에 출입하려는 자는 특별시장·광역시장·특별자치시장·특별자치도지사·시장 또는 군수의 허가를 받아야 하며, 출입하려는 날의 <u>7일 전까지</u> 그 토지의 소유자·점유자 또

③ 출입등으로 인하여 손실이 발생한 때에는 그 손실보상에 관하여는 손실을 입힌 자와 손실을 입은 자가 협의하여야 한다.

④ 타인 토지에의 출입 등으로 인하여 손실을 입은 자가 있을 때에는 손실을 입힌 그 행위자가 직접 그 손실을 보상하여야 한다.

⑤ 손실을 보상할 자나 손실을 입은 자는 협의가 성립되지 아니하거나 협의를 할 수 없는 경우에는 관할 토지수용위원회에 재결을 신청할 수 있다.

181. 국토계획법령상 토지에의 출입 등에 관한 설명으로 옳은 것은? <2016 제27회>

① 도시·군계획에 관한 기초조사를 위해 타인의 토지에 출입하는 행위로 인하여 손실을 입은 자가 있으면, 그 행위자가 손실을 보상하여야 한다.

② 도시·군계획시설사업에 관한 조사를 위하여 필요한 경우 행정청인 도시·군계획시설사업의 시행자는 허가 없이 타인의 토지에 출입할 수 있다.

③ 도시·군계획시설사업에 관한 조사를 위하여 타인의 토지에 출입하려는 자는 시·도지사의 허가를 받아야 하며, 토지의 소유자·점유자 또는 관리인의 동의를 받아야 한다.

④ 도시·군계획시설사업의 시행자는 타인의 토지를 임시통로로 일시사용하는 경우 토지의 소유자·점유자 또는 관리인의 동의를 받을 필요가 없다.

⑤ 일출 전이나 일몰 후에는 그 토지 점유자의 승낙여부와 관계없이 택지나 담장 또는 울타리로 둘러싸인 타인의 토지에 출입할 수 없다.

는 관리인에게 그 일시와 장소를 알려야 한다. 다만, 행정청인 도시·군계획시설사업의 시행자는 허가를 받지 아니하고 타인의 토지에 출입할 수 있다(법 제130조 제2항).
③ 손실 보상에 관하여는 그 손실을 보상할 자와 손실을 입은 자가 협의하여야 한다(법 제131조 제2항).
④ 법 제130조 제1항에 따른 행위로 인하여 손실을 입은 자가 있으면 그 행위자가 속한 행정청이나 도시·군계획시설사업의 시행자가 그 손실을 보상하여야 한다(법 제131조 제1항). ⑤ 법 제131조 제3항.

181. **정답 ②** 해설 ① 손실을 입은 자가 있으면 그 행위자가 속한 행정청이나 도시·군계획시설사업의 시행자가 그 손실을 보상하여야 한다(법 제131조 제1항).
② 타인의 토지에 출입하려는 자는 특별시장·광역시장·특별자치시장·특별자치도지사·시장 또는 군수의 허가를 받아야 하며, 출입하려는 날의 7일 전까지 그 토지의 소유자·점유자 또는 관리인에게 그 일시와 장소를 알려야 한다. 다만, 행정청인 도시·군계획시설사업의 시행자는 허가를 받지 아니하고 타인의 토지에 출입할 수 있다(법 제130조 제2항).
③ 토지의 소유자·점유자 또는 관리인의 동의를 받을 필요는 없다. ④ 타인의 토지를 재료 적치장 또는 임시통로로 일시사용하거나 나무, 흙, 돌, 그 밖의 장애물을 변경 또는 제거하려는 자는 토지의 소유자·점유자 또는 관리인의 동의를 받아야 한다(법 제130조 제3항).
⑤ 일출 전이나 일몰 후에는 그 토지 점유자의 승낙 없이 택지나 담장 또는 울타리로 둘리싸인 타인의 토지에 출입할 수 없다(법 제130조 제6항).

182. 국토계획법령상 도시·군계획시설사업에 관한 조사·측량 등을 위하여 타인 토지의 출입 또는 장애물 변경·제거 등의 행위와 그에 따른 손실보상에 관한 설명 중 가장 올바른 것은? <2002 제13회>

① 손실보상의 방법은 일반 토지수용법리와는 달리 사후보상이다.

② 손실보상의 절차는 토지수용위원회의 재결로 일원화 되어 있다.

③ 도시·군계획, 광역도시계획의 수립을 위한 타인토지의 출입의 학문적 성격은 공용제한 중 사업제한에 해당한다.

④ 손실보상의무자는 손실을 준 자이다.

⑤ 관할 토지수용위원회의 재결에 대해서는 중앙토지수용위원회에 이의신청이 가능하며, 이의신청의 재결에 불복이 있는 경우에는 재결서 정본이 송달된 날부터 90일 이내에 행정법원에 행정소송을 제기할 수 있다.

---

182. 정답 ① 해설 ① ④ 행위가 있기 전이 아니라 행위가 있은 후에 그 행위로 인하여 손실을 입은 자에 대한 보상이므로 사후보상이며, 「토지보상법」 제62조에 따르면 사업시행자는 해당 공익사업을 위한 공사에 착수하기 이전에 토지소유자와 관계인에게 보상액 전액(全額)을 지급하여야 하는 사전보상이 원칙이다. 타인 토지에의 출입 등에 따른 행위로 인하여 손실을 입은 자가 있으면 그 행위자가 속한 행정청이나 도시·군계획시설사업의 시행자가 그 손실을 보상하여야 한다(법 제131조 제1항). 따라서 손실보상의무자는 손실보상을 입힌 행위자가 속한 행정청이나 도시·군계획시설사업의 시행자이다.

② 손실 보상에 관하여는 협의하여야 하고(법 제131조 제2항), 협의가 성립되지 아니하거나 협의를 할 수 없는 경우에는 관할 토지수용위원회에 재결을 신청할 수 있다(법 제131조 제3항).

③ 공용제한이란 공익상 필요한 특정한 공익사업 등 복리행정을 위하여 사인의 재산권에 가하여지는 행정법상의 제한을 말한다. 이에는 계획제한, 보전제한, 사업제한, 공물제한, 사용제한(공용사용)으로 나눌 수 있으며, 동 조항은 사용제한이다(김철용, 행정법(제6판), 881~882면; 김동희, 행정법Ⅱ, 377면).

⑤ 관할 토지수용위원회의 재결에 관하여는 「토지보상법」 제83조부터 제87조까지의 규정을 준용한다(법 제131조 제4항). 지방토지수용위원회의 재결에 이의가 있는 자는 해당 지방토지수용위원회를 거쳐 중앙토지수용위원회에 이의를 신청할 수 있는데 이에 따른 이의의 신청은 재결서의 정본을 받은 날부터 30일 이내에 하여야 한다(토지보상법 제83조 제2항 및 제3항). 수용재결에 불복할 때에는 재결서를 받은 날부터 90일 이내에, 이의신청을 거쳤을 때에는 이의신청에 대한 재결서를 받은 날부터 60일 이내에 각각 행정소송을 제기할 수 있다(토지보상법 제85조 제1항).

183. 국토계획법령상 '법률 등의 위반자에 대한 처분'을 함에 있어서 청문을 실시해야 하는 경우로 명시된 것을 모두 고른 것은? <2020 제31회>

ㄱ. 개발행위허가의 취소
ㄴ. 개발행위의 변경허가
ㄷ. 토지거래계약 허가의 취소
ㄹ. 실시계획인가의 취소
ㅁ. 도시·군계획시설사업의 시행자 지정의 취소

① ㄱ, ㄴ   ② ㄴ, ㄷ   ③ ㄱ, ㄹ, ㅁ
④ ㄷ, ㄹ, ㅁ   ⑤ ㄱ, ㄴ, ㄷ, ㄹ

184. 국토계획법령상 처분에 앞서 행하는 청문에 관하여 옳지 않은 것은?
     <2014 제25회 수정>

① 처분청이 개발행위허가의 취소처분을 하려면 청문을 하여야 한다.
② 처분청이 실시계획인가의 취소처분을 하려면 청문을 하여야 한다.
③ 처분청이 행정청이 아닌 자로서 도시·군계획시설사업의 시행자 지정의 취소처분을 하려면 청문을 하여야 한다.
④ 장기미집행 도시·군계획시설 부지의 매수 청구를 거부하는 처분을 할 경우 해당 토지소유자에 대하여 청문을 하여야 한다.
⑤ 청문이란 행정청이 어떠한 처분을 하기 전에 당사자등의 의견을 직접 듣고 증거를 조사하는 절차를 말한다.

---

183. **정답 ③** 해설 **국토교통부장관**, 시·도지사, 시장·군수 또는 **구청장**은 법 제133조(법률 등의 위반자에 대한 처분) 제1항에 따라 1. 개발행위허가의 취소, 2. 행정청이 아닌 자로서 도시·군계획시설사업의 시행자 지정의 취소, 3. 실시계획인가의 취소, 4. 삭제에 해당하는 처분을 하려면 청문을 하여야 한다 (법 제136조).

184. **정답 ④** 해설 ① ② ③ 법 제136조. ④ 이에 대하여 청문을 하도록 규정하고 있지 않고, 다만 매수하지 아니하기로 결정한 경우 개발행위의 허가를 받아 **대통령령**으로 정하는 건축물 또는 공직물을 설치할 수 있을 뿐이다(법 47조 제7항). ⑤ 「행정절차법」 제2조 제5호.

185. 국토계획법령상의 법률 등의 위반자에 대한 감독처분 등에 관한 설명으로 옳지 않은 것은? <2002 제13회 변형>

① 국토교통부장관, 시·도지사, 시장·군수 또는 구청장은 법률 등의 위반자에게 「국토계획법」에 따른 허가·인가 등의 취소, 공사의 중지, 공작물 등의 개축 또는 이전, 그 밖에 필요한 처분을 하거나 조치를 명할 수 있다.

② 「국토계획법」에 따른 허가·인가 등의 취소, 공사의 중지, 공작물 등의 개축 또는 이전 등의 처분 또는 조치명령을 위반한 자는 1년 이하의 징역 또는 1천만원 이하의 벌금에 처한다.

③ 법인의 대표자나 법인 또는 개인의 대리인, 사용인, 그 밖의 종업원이 그 법인 또는 개인의 업무에 관하여 법률 등의 위반행위를 하면, 그 행위자를 벌할 뿐만 아니라 그 법인 또는 개인에게도 해당 조문의 벌금형을 과(科)한다.

④ 행정청이 「국토계획법」에 의한 명령이나 처분에 위반한 자에 대하여 「국토계획법」에 의한 허가의 취소, 공사의 중지, 공작물의 이전명령을 하고자 할 경우 청문을 실시하여야 한다.

⑤ 「국토계획법」에 따른 도시·군계획시설사업 시행자의 처분에 대하여는 「행정심판법」에 따라 행정심판을 제기할 수 있고, 이 경우 행정청이 아닌 시행자의 처분에 대하여는 국토교통부장관, 시·도지사, 시장 또는 군수에게 행정심판을 제기하여야 한다.

---

185. 정답 ④ 해설 ① 법 제133조 제1항. ② 법 제142조. ③ 법 제143조. ④ **국토교통부장관**, 시·도지사, 시장·군수 또는 구청장은 법 제133조(법률 등의 위반자에 대한 처분) 제1항에 따라 1. 개발행위허가 취소, 2. 행정청이 아닌 자로서 도시·군계획시설사업의 시행자 지정 취소, 3. 실시계획인가 취소에 해당하는 처분을 하려면 청문을 하여야 한다(법 제136조). ⑤ 「국토계획법」에 따른 도시·군계획시설사업 시행자의 처분에 대하여는 「행정심판법」에 따라 행정심판을 제기할 수 있고, 이 경우 행정청이 아닌 시행자의 처분에 대하여는 **국토교통부장관**, 시·도지사, 시장 또는 군수(법 제86조 제5항에 따라 그 시행자를 지정한 자)에게 행정심판을 제기하여야 한다(법 제134조).

제4절   벌칙

186. 국토계획법령상 벌칙사항 중 형량의 내용이 동일하지 않은 것은? <2004 제15회 수정>

① 도시·군관리계획의 결정이 없이 기반시설을 설치한 자

② 개발행위허가 또는 변경허가를 받지 아니하거나, 속임수나 그 밖의 부정한 방법으로 허가 또는 변경허가를 받아 개발행위를 한 자

③ 지구단위계획에 맞지 아니하게 건축물을 건축하거나 용도를 변경한 자

④ 용도지역 또는 용도지구에서의 건축물이나 그 밖의 시설의 용도·종류 및 규모 등의 제한을 위반하여 건축물이나 그 밖의 시설을 건축 또는 설치하거나 그 용도를 변경한 자

⑤ 공동구에 수용하여야 하는 시설을 공동구에 수용하지 아니한 자

187. 국토계획법령상 벌칙과 관련된 다음 설명 중 옳지 않은 것은? <2002 제13회 수정>

① 개발행위허가 또는 변경허가를 받지 아니하거나, 속임수나 그 밖의 부정한 방법으로 허가 또는 변경허가를 받아 개발행위를 한 자는 3년 이하의 징역 또는 3천만원 이하의 벌금에 처한다.

② 기반시설설치비용을 면탈·경감할 목적 또는 면탈·경감하게 할 목적으로 거짓 계약을 체결하거나 거짓 자료를 제출한 자는 3년 이하의 징역 또는 면탈·경감하였거나 면탈·경감하고자 한 기반시설 표준시설비용의 3배 이하에 상당하는 벌금에 처한다.

③ 법인의 대표자나 법인 또는 개인의 대리인, 사용인, 그 밖의 종업원이 그 법인 또는 개인의 업무에 관하여 위반행위를 하면 그 행위자를 벌할 뿐만 아니라 그 법인 또는 개인에게도 해당 조문의 벌금형을 과(科)한다.

④ 1천만원 이하 및 500만원 이하의 과태료부과는 행정질서벌이다.

⑤ 행정청의 과태료 부과에 불복하는 당사자는 과태료 부과 통지를 받은 날부터 60일 이내에 해당 행정청에 서면으로 이의제기를 할 수 있다.

---

186. 정답 ② 해설 ① ③ ④ ⑤ 2년 이하의 징역 또는 2천만원 이하의 벌금(법 제141조). ② 3년 이하의 징역 또는 3천만원 이하 등의 벌금(법 제140조 제1호).

187. 정답 ② 해설 ① 법 제140조 제1호. ② <u>기반시설설치비용의 3배 이하</u>에 상당하는 벌금에 처한다(법 제140조의2). ③ 법 제143조. ④ 징역 및 벌금은 행정형벌이고 과태료부과는 행정질서벌이다. ⑤「질서위반행위규제법」 제20조 제1항.

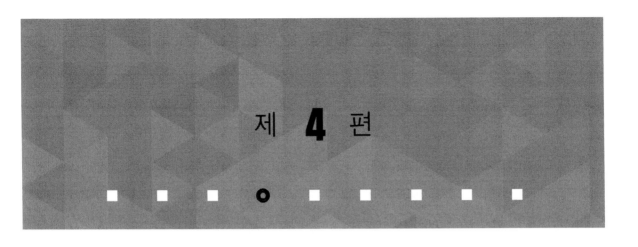

제 4 편

건축법

제1장 총설

1. 건축법령상 용어의 정의로서 옳지 않은 것은? <2012 제23회>

① "고층건축물"이란 층수가 30층 이상이거나 높이가 100m 이상인 건축물을 말한다.

② "지하층"이란 건축물의 바닥이 지표면 아래에 있는 층으로서 바닥에서 지표면까지 평균높이가 해당층 높이의 2분의 1이상인 것을 말한다.

③ "리모델링"이란 건축물의 노후화를 억제하거나 기능 향상 등을 위하여 대수선하거나 일부 증축하는 행위를 말한다.

④ "건축물의 용도"란 건축물의 종류를 유사한 구조, 이용 목적 및 형태별로 묶어 분류한 것을 말한다.

⑤ "건축주"란 건축물의 건축·대수선·용도변경, 건축설비의 설치 또는 공작물의 축조에 관한 공사를 발주하거나 현장 관리인을 두어 스스로 그 공사를 하는 자를 말한다.

2. 건축법령상 용어에 관한 설명으로 옳은 것은? <2014 제25회>

① '이전'은 건축물의 주요구조부를 해체하여 같은 대지의 다른 위치로 옮기는 것을 말한다.

② 건축물의 피난계단을 증설하는 것은 '증축'에 해당 한다.

---

1. **정답 ①** 해설 ① "고층건축물"이란 층수가 30층 이상이거나 높이가 120미터 이상인 건축물을 말한다(법 제2조 제1항 제19호). ② 법 제2조 제1항 제5호. ③ 법 제2조 제1항 제10호. ④ 법 제2조 제3호. ⑤ 법 제2조 제1항 제12호.
2. **정답 ⑤** 해설 ① '이전'이란 건축물의 주요구조부를 해체하지 아니하고 같은 대지의 다른 위치로 옮기는 것을 말한다(영 제2조 제5호).
② '증축'이란 기존 건축물이 있는 대지에서 건축물의 건축면적, 연면적, 층수 또는 높이를 늘리는 것을 말한다(영 제2조 제2호).
③ '개축'이란 기존 건축물의 전부 또는 일부[내력벽·기둥·보·지붕틀(제16호에 따른 한옥의 경우에는 지붕틀의 범위에서 서까래는 제외한다) 중 셋 이상이 포함되는 경우를 말한다]를 철거하고 그 대지에 종전과 같은 규모의 범위에서 건축물을 다시 축조하는 것을 말한다(영 제2조 제3호). '재축'이란 건축물이 천재지변이나 그 밖의 재해(災害)로 멸실된 경우 그 대지에 다음 각 목 가. 연면적 합계는 종전 규모 이하로 할 것, 나. 동(棟)수, 층수 및 높이는 다음 1) 동수, 층수 및 높이가 모두 종전 규모 이하일 것, 2) 동수, 층수 또는 높이의 어느 하나가 종전 규모를 초과하는 경우에는 해당 동수, 층수 및 높이가 「건축법」(이하

③ '개축'은 건축물이 천재지변이나 그 밖의 재해(災害)로 멸실된 경우 그 대지에 종전과 같은 규모에서 다시 축조하는 것을 말한다.

④ 건축물의 바닥이 지표면 아래에 있는 층으로서 바닥에서 지표면까지 평균높이가 해당 층 높이의 3분의 1인 것은 '지하층'에 해당한다.

⑤ 바닥(최하층 바닥은 제외)은 '주요구조부'에 해당한다.

3. 건축법령상 용어에 관한 설명으로 옳지 않은 것은? <2016 제27회>

① '지하층'이란 건축물의 바닥이 지표면 아래에 있는 층으로서 바닥에서 지표면까 지 평균높이가 해당 층 높이의 2분의 1 이상인 것을 말한다.

② 건축물을 이전하는 것은 '건축'에 해당하지 않는다.

③ '리모델링'이란 건축물의 노후화를 억제하거나 기능 향상 등을 위하여 대수선하 거나 일부 증축하는 행위를 말한다.

④ 층수가 30층이며, 높이가 120미터인 건축물은 '고층건축물'에 해당한다.

⑤ 피뢰침은 '건축설비'에 해당한다.

"법"이라 한다), 이 영 또는 건축조례(이하 "법령등"이라 한다)에 모두 적합할 것의 어느 하나에 해당할 것의 요건을 모두 갖추어 다시 축조하는 것을 말한다(영 제2조 제4호).

④ '지하층'이란 건축물의 바닥이 지표면 아래에 있는 층으로서 바닥에서 지표면까지 평균높이가 해당 층 높이의 2분의 1 이상인 것을 말한다(법 제2조 제1항 제5호).

⑤ '주요구조부'란 내력벽(耐力壁), 기둥, 바닥, 보, 지붕틀 및 주계단(主階段)을 말한다. 다만, 사이 기둥, 최하층 바닥, 작은 보, 차양, 옥외 계단, 그 밖에 이와 유사한 것으로 건축물의 구조상 중요하지 아니한 부분은 제외한다(법 제2조 제1항 제7호).

3. **정답 ②** 해설 ① 법 제2조 제1항 제5호. ② 건축이란 건축물을 신축·증축·개축·재축(再築)하거나 건축물을 이전하는 것이라 하고 있다(법 제2조 제1항 제8호). ③ 법 제2조 제1항 제10호. ④ 법 제2조 제1항 제19호. ⑤ "건축설비"란 건축물에 설치하는 전기·전화 설비, 초고속 정보통신 설비, 지능형 홈네트워크 설비, 가스·급수·배수(配水)·배수(排水)·환기·난방·냉방·소화(消火)·배연(排煙) 및 오물처리의 설비, 굴뚝, 승강기, 피뢰침, 국기 게양대, 공동시청 안테나, 유선방송 수신시설, 우편함, 저수조(貯水槽), 방범시설, 그 밖에 국토교통부령으로 정하는 설비를 말한다(법 제2조 제1항 제4호).

4. 건축법령상 건축법을 적용하지 않는 건축물을 모두 고른 것은? <2019 제30회>

ㄱ. 「문화재보호법」에 따른 지정문화재나 임시지정문화재,
ㄴ. 철도나 궤도의 선로 부지(敷地)에 있는 플랫폼
ㄷ. 고속도로 통행료 징수시설
ㄹ. 주거용 건축물의 대지에 설치한 컨테이너를 이용한 간이창고
ㅁ. 「하천법」에 따른 하천구역 내의 수문조작실

① ㄱ, ㄹ
② ㄴ, ㄷ
③ ㄱ, ㄴ, ㄷ, ㅁ
④ ㄱ, ㄷ, ㄹ, ㅁ
⑤ ㄴ, ㄷ, ㄹ, ㅁ

5. 다음의 건축물 중 건축법령이 적용되는 것은? <2010 제21회>

① 「문화재보호법」에 따른 지정문화재
② 관람석의 바닥면적의 합계가 1천 제곱미터 이상인 경정장
③ 고속도로 통행료 징수시설
④ 궤도의 선로 부지에 있는 플랫폼
⑤ 「문화재보호법」에 따른 임시지정문화재

---

4. **정답** ③ 해설 다음 각 호 1. 「문화재보호법」에 따른 지정문화재나 임시지정문화재, 2. 철도나 궤도의 선로 부지(敷地)에 있는 다음 각 목 가. 운전보안시설, 나. 철도 선로의 위나 아래를 가로지르는 보행시설, 다. 플랫폼, 라. 해당 철도 또는 궤도사업용 급수(給水)·급탄(給炭) 및 급유(給油) 시설의 시설, 3. 고속도로 통행료 징수시설, 4. 컨테이너를 이용한 간이창고(「산업집적활성화 및 공장설립에 관한 법률」 제2조 제1호에 따른 공장의 용도로만 사용되는 건축물의 대지에 설치하는 것으로서 이동이 쉬운 것만 해당된다), 5. 「하천법」에 따른 하천구역 내의 수문조작실의 어느 하나에 해당하는 건축물에는 이 법을 적용하지 아니한다(법 제3조 제1항). 「국토계획법 시행령」 제2조 제1항 제1호에 의하면 궤도는 도로·철도·항만·공항·주차장·자동차정류장·차량 검사 및 면허시설과 함께 기반시설에 해당하며, 기차나 전차의 바퀴가 굴러가도록 레일을 깔아 놓은 길을 말한다. ㄹ. 주거용 건축물의 대지에 설치한 컨테이너를 이용한 간이창고는 「건축법」 적용 배제 대상이 아니다. 따라서 ③이 옳다.
5. **정답** ③ 앞의 문제 **해설**을 참고하라.

제2장 건축물의 건축(건축절차)

제1절 의의

6. 건축법상 대수선의 범위에 해당하지 아니하는 것은? <2000 제11회 수정>

① 보를 3개 이상 해체하여 수선 또는 변경하는 것

② 지붕틀을 3개 이상 해체하여 수선 또는 변경하는 것

③ 방화벽 또는 방화구획을 위한 바닥 또는 벽을 증설 또는 해체하거나 수선 또는 변경

④ 내력벽의 벽면적 30㎡ 미만을 해체하여 수선하는 것

⑤ 특별피난계단을 해체하여 수선 또는 변경하는 것

제2절 건축 관련 입지와 규모의 사전결정

7. 건축법령상 건축 관련 입지와 규모의 사전결정에 관한 설명으로 옳지 않은 것은?
<2014 제25회>

① 건축허가 대상건축물을 건축하려는 자는 건축허가를 신청하기 전에 허가권자에게 그

---

6. **정답 ④** 해설 영 제3조의2(대수선의 범위) 제1호에 따르면 내력벽을 증설 또는 해체하거나 그 벽면적을 30㎡이상 수선 또는 변경하는 것을 말한다.

7. **정답 ④** 해설 ① 법 제10조 제1항. ② 법 제10조 제2항. ③ 법 제10조 제3항.

④ 사전결정 통지를 받은 경우에는 다음 1.「국토계획법」제56조에 따른 개발행위허가, 2.「산지관리법」 제14조와 제15조에 따른 산지전용허가와 산지전용신고, 같은 법 제15조의2에 따른 산지일시사용허가·신고(다만, 보전산지인 경우에는 도시지역만 해당된다), 3.「농지법」제34조, 제35조 및 제43조에 따른 농지전용허가·신고 및 협의, 4.「하천법」제33조에 따른 하천점용허가의 허가를 받거나 신고 또는 협의를 한 것으로 본다(법 제10조 제6항).

⑤ 법 제10조 제9항.

건축물을 해당 대지에 건축하는 것이 「건축법」이나 다른 법령에서 허용되는지에 대한 사전결정을 신청할 수 있다.

② 사전결정신청자는 건축위원회 심의와 「도시교통정비촉진법」에 따른 교통영향평가서의 검토를 동시에 신청할 수 있다.

③ 허가권자는 사전결정이 신청된 건축물의 대지면적이 소규모 환경영향평가 대상사업인 경우 환경부장관이나 지방환경관서의 장과 소규모 환경영향평가에 관한 협의를 하여야 한다.

④ 사전결정 통지를 받은 경우에는 「국토계획법」에 따른 개발행위허가를 따로 받아야 한다.

⑤ 사전결정신청자는 사전결정을 통지받은 날부터 2년 이내에 건축허가를 신청하지 아니하면 사전결정은 효력이 상실된다.

8. 건축법령상 건축 관련 입지와 규모의 사전결정에 관한 설명으로 옳지 않은 것은?
<2018 제29회>

① 건축허가 대상 건축물을 건축하려는 자는 건축허가를 신청하기 전에 허가권자에게 해당 대지에 건축 가능한 건축물의 규모에 대한 사전결정을 신청할 수 있다.

② 사전결정신청자는 건축위원회 심의와 「도시교통정비 촉진법」에 따른 교통영향 평가서의 검토를 동시에 신청할 수 있다.

③ 허가권자는 사전결정이 신청된 건축물의 대지면적이 「환경영향평가법」에 따른 소규모 환경영향평가 대상사업인 경우 환경부장관이나 지방환경관서의 장과 소규모 환경영향평가에 관한 협의를 하여야 한다.

④ 사전결정신청자가 사전결정 통지를 받은 경우에는 「하천법」에 따른 하천점용허가를 받은 것으로 본다.

---

8. **정답 ⑤** 해설 ① ② 건축허가 대상 건축물을 건축하려는 자는 건축허가를 신청하기 전에 특별시장·광역시장·특별자치시장·특별자치도지사 또는 시장·군수·구청장(**허가권자**)에게 그 건축물의 건축에 관한 다음 1. 해당 대지에 건축하는 것이 「건축법」이나 관계 법령에서 허용되는지 여부, 2. 건축기준 및 건축제한, 그 완화에 관한 사항 등을 고려하여 해당 대지에 건축 가능한 건축물의 규모, 3. 건축허가를 받기 위하여 신청자가 고려하여야 할 사항에 대한 사전결정을 신청할 수 있으며, 건축위원회 심의와 「도시교통정비촉진법」에 따른 교통영향평가를 동시에 신청할 수 있다(법 제10조 제1항·제2항).
③ 법 제10조 제3항. ④ 법 제10조 제6항 제4호.
⑤ 사전결정신청자는 사전결정을 통지받은 날부터 2년 이내에 건축허가를 신청하여야 하며, 이 기간에 건축허가를 신청하지 아니하면 사전결정은 독자적 효력을 더 이상 인정하기 어려우므로 그 효력이 상실된다(법 제10조 제9항). 사전결정 효력을 인정받기 위해서는 사전결정을 받은 내용에 변동이 없어야 하고, 2년의 효력기간은 해당 기간 중에 법령의 제·개정이 이루어지더라도 사전결정을 받은 내용은 보호를 받을 수 있다.

⑤ 사전결정신청자는 사전결정을 통지받은 날부터 2년 이내에 건축허가를 받아야 하며, 이 기간에 건축허가를 받지 아니하면 사전결정의 효력은 상실된다.

9. 건축법령상 건축허가권자로부터 건축 관련 입지와 규모의 사전결정 통지를 받은 경우 허가를 받은 것으로 보는 것이 아닌 것은? <2020 제31회>

① 「국토의 계획 및 이용에 관한 법률」에 따른 개발행위허가
② 「산지관리법」에 따른 산지전용허가(보전산지가 아님)
③ 「농지법」에 따른 농지전용허가
④ 「하천법」에 따른 하천점용허가
⑤ 「도로법」에 따른 도로점용허가

제3절　건축허가

10. 건축법령상 건축허가권자를 모두 나열한 것은? <2010 제21회 수정>

① 특별시장, 광역시장, 도지사, 시장·군수·구청장
② 국토교통부장관, 특별자치도지사, 시장·군수·구청장
③ 국토교통부장관, 특별시장, 광역시장, 도지사, 시장·군수·구청장
④ 특별시장, 광역시장, 특별자치시장, 특별자치도지사, 시장·군수·구청장

---

9. 정답 ⑤ 해설 사전결정 통지를 받은 경우에는 다음 1. 「국토계획법」제56조에 따른 개발행위허가, 2. 「산지관리법」제14조와 제15조에 따른 산지전용허가와 산지전용신고, 같은 법 제15조의2에 따른 산지일시사용허가·신고(다만, 보전산지인 경우에는 도시지역만 해당된다), 3. 「농지법」제34조, 제35조 및 제43조에 따른 농지전용허가·신고 및 협의, 4. 「하천법」제33조에 따른 하천점용허가의 허가를 받거나 신고 또는 협의를 한 것으로 본다(법 제10조 제6항).
　　그러나 **건축허가나 신고를 받으면** 전술한 법 제10조 제6항 이외에 ⑤ 「도로법」제61조에 따른 도로의 점용 허가(법 제11조 제5항 제9호 및 법 제14조 제2항) 등도 사전결정 통지를 받으면 인·허가가 의제된다.
10. 정답 ④ 해설 건축**허가권자**는 특별시장·광역시장·특별자치시장·특별자치도지사 또는 시장·군수·구청장이다. 다만, 층수가 21층 이상이거나 연면적의 합계가 10만㎡ 이상인 건축물의 건축(연면적의 10분의 3 이상을 증축하여 층수가 21층 이상으로 되거나 연면적의 합계가 10만㎡ 이상으로 되는 경우를 포함한다)을 특별시나 광역시에 건축하려면 특별시장이나 광역시장의 허가를 받아야 한다(법 제11조 제1항). 법 제11조 제1항 단서 조항의 요건이 충족되는 건축물에 대해서는 군수·구청장의 건축허가권은 배제된다. 그러므로 이 경우 **건축주**는 특별시장이나 광역시장에게 건축허가를 직접 신청하여야 할 것이다. 그리고 특별자치시장·특별자치도지사에게는 단서 조항이 의미가 없다. 따라서 **국토교통부장관**이나 도지사는 건축**허가권자**가 아니다. 따라서 ④가 옳다.

⑤ 국토교통부장관, 특별시장, 광역시장, 도지사, 시장·군수·구청장

11. 건축법령상 건축물의 건축허가를 받으면 허가를 받거나 신고를 한 것으로 본다. 이러한 허가 등의 의제에 관한 해당하지 않는 것은? <2015 제26회>

① 「농지법」에 따른 농지전용허가

② 「하천법」에 따른 하천점용 등의 허가

③ 「폐기물처리법」에 따른 폐기물처리업허가

④ 「대기환경보전법」에 따른 대기오염물질 배출시설설치의 허가나 신고

⑤ 「국토계획법」에 따른 개발행위허가

12. 건축법령상 건축허가에 관한 설명으로 옳지 않은 것은? (단, 조례는 고려하지 않음) <2019 제30회>

① 50층의 공동주택을 광역시에 건축하려면 광역시장의 허가를 받아야 한다.

② 자연환경을 보호하기 위하여 도지사가 지정·공고한 구역에 건축하는 3층의 숙박시설에 대하여 시장·군수가 건축허가를 하려면 도지사의 승인을 받아야 한다.

③ 건축허가를 받으면 「자연공원법」에 따른 행위허가를 받은 것으로 본다.

④ 건축허가시 실시하는 건축물 안전영향평가는 건축물이 연면적 10만 제곱미터 이상이고 21층 이상일 것을 요건으로 한다.

---

11. **정답 ③** 해설 ① 법 제11조 제5항 제7호. ② 법 제11조 제5항 제10호. ④ 법 제11조 제5항 제16호. ⑤ 법 제11조 제5항 제3호. ③ 「폐기물처리법」에 따른 폐기물처리업허가는 인·허가 의제 사항이 아니다.

12. **정답 ④** 해설 ① 21층 이상이거나 연면적의 합계가 10만㎡이상인 건축물의 건축을 특별시나 광역시에 건축하려면 특별시장이나 광역시장의 허가를 받아야 하므로(법 제11조 제1항 및 영 제8조 제1항 본문), 50층의 공동주택도 이에 해당한다.

② 자연환경이나 수질을 보호하기 위하여 도지사가 지정·공고한 구역에 건축하는 3층 이상 또는 연면적의 합계가 1천㎡ 이상인 건축물로서 위락시설과 숙박시설 등 **대통령령**으로 정하는 용도에 해당하는 건축물[1. 공동주택, 2. 제2종 근린생활시설(일반음식점만 해당한다), 3. 업무시설(일반업무시설만 해당한다), 4. 숙박시설, 5. 위락시설(영 제8조 제3항)] 등의 건축을 허가하려면 미리 건축계획서와 국토교통부령으로 정하는 건축물의 용도, 규모 및 형태가 표시된 기본설계도서를 첨부하여 도지사의 승인을 받아야 한다(법 제11조 제2항 제2호).

③ 법 제11조 제5항 제19호.

④ 다음 각 호 1. 초고층 건축물, 2. 다음 각 목 가. 연면적(하나의 대지에 둘 이상의 건축물을 건축하는 경우에는 각각의 건축물의 연면적을 말한다)이 10만 제곱미터 이상일 것, 나. 16층 이상일 것의 요건을 모두 충족하는 건축물의 어느 하나에 해당하는 건축물을 말한다(영 제10조의3 제1항)에 대하여 건축허가를 하기 전에 건축물의 구조안전과 인접 대지의 안전에 미치는 영향 등을 평가하는 건축물 안전영향평가를 안전영향평가기관에 의뢰하여 실시하여야 한다(법 제13조의2 제1항).

⑤ 허가 대상 건축물이라 하더라도 바닥면적의 합계가 85㎡ 이내의 증축·개축 또는 재축에 해당하는 경우

⑤ 2층 건축물이 건축허가 대상이라도 증축하려는 부분의 바닥면적의 합계가 80제곱미터인 경우에는 증축에 대한 건축신고를 하면 건축허가를 받은 것으로 본다.

13. 건축법령상 건축허가 등에 관한 설명으로 옳지 않은 것은? <2017 제28회>

① 광역시에 연면적의 합계가 20만제곱미터인 공장을 건축하려면 광역시장의 허가를 받아야 한다.
② 허가권자는 숙박시설에 해당하는 건축물의 용도·규모 또는 형태가 주거환경이나 교육환경 등 주변 환경을 고려할 때 부적합하다고 인정되는 경우에는 건축위원회의 심의를 거쳐 건축허가를 하지 아니할 수 있다.
③ 건축허가를 받으면 「도로법」에 따른 도로의 점용 허가를 받은 것으로 본다.
④ 건축 관련 입지와 규모에 대한 사전결정을 신청한 자는 사전결정을 통지받은 날부터 2년 이내에 건축허가를 신청하여야 한다.
⑤ 건축허가를 받은 후 건축주를 변경하는 경우에는 신고하여야 한다.

14. 건축법령상 건축허가에 관한 설명으로 옳은 것은? <2016 제27회>

① 위락시설에 해당하는 건축물의 건축을 허가하는 경우 건축물의 용도·규모가 주 거환경 등 주변 환경을 고려할 때 부적합하다고 인정되면 건축위원회의 심의를 거쳐 건축허가를 하지 않을 수 있다.

에는 미리 특별자치시장·특별자치도지사 또는 시장·군수·구청장에게 국토교통부령으로 정하는 바에 따라 신고를 하면 건축허가를 받은 것으로 본다(법 제14조 제1항).
13. **정답 ①** 해설 ① 다만, 다음 각 호 1. 공장, 2. 창고, 3. 지방건축위원회의 심의를 거친 건축물(특별시 또는 광역시의 건축조례로 정하는 바에 따라 해당 지방건축위원회의 심의사항으로 할 수 있는 건축물에 한정하며, 초고층 건축물은 제외한다)의 어느 하나에 해당하는 건축물의 건축은 특별시장이나 광역시장의 허가에서 제외한다(영 제8조 제1항 단서).
② 법 제11조 제4항 단서. ③ 법 제11조 제5항 제9호. ④ 법 제10조 제9항. ⑤ 법 제16조 제1항 및 영 제12조 제1항 제3호.
14. **정답 ①** 해설 ① 법 제11조 제4항 단서.
② 건축**허가권자**는 특별시장·광역시장·특별자치시장·특별자치도지사 또는 시장·군수·구청장이다. 다만, 층수가 21층 이상이거나 연면적의 합계가 10만㎡이상인 건축물의 건축(연면적의 10분의 3 이상을 증축하여 층수가 21층 이상으로 되거나 연면적의 합계가 10만㎡이상으로 되는 경우를 포함한다)을 특별시나 광역시에 건축하려면 특별시장이나 광역시장의 허가를 받아야 한다(법 제11조 제1항 및 영 제8조 제1항 본문). 다만, 다음 각 호 1. 공장, 2. 창고, 3. 지방건축위원회의 심의를 거친 건축물(특별시 또는 광역시의 건축조례로 정하는 바에 따라 해당 지방건축위원회의 심의사항으로 할 수 있는 건축물에 한정하며, 초고층 건축물은 제외한다)의 어느 하나에 해당하는 건축물의 건축은 제외한다(영 제8조 제1항 단서).

② 연면적의 합계가 10만 제곱미터 이상인 공장을 광역시에 건축하려면 광역시장의 허가를 받아야 한다.

③ 고속도로 통행료 징수시설을 대수선하려는 자는 시장·군수·구청장의 허가를 받아야 한다.

④ 허가권자는 건축허가를 받은 자가 허가를 받은 날부터 6개월 이내에 공사에 착 수하지 아니한 경우 허가를 취소하여야 한다.

⑤ 건축위원회의 심의를 받은 자가 심의 결과를 통지 받은 날부터 1년 이내에 건축 허가를 신청하지 아니하면 건축위원회 심의의 효력이 상실된다.

15. 건축법령상 건축허가 전에 건축물 안전영향평가를 받아야 하는 주요 건축물에 해당하지 않는 것은? (단, 하나의 대지 위에 하나의 건축물이 있는 경우를 전제로 함)

<2018 제29회>

① 층수가 70층인 건축물

② 높이가 250미터인 건축물

③ 연면적 10만 제곱미터인 20층의 건축물

④ 연면적 20만 제곱미터인 30층의 건축물

⑤ 층수가 15층이고 높이가 150미터인 연면적 10만 제곱미터의 건축물

---

③ 고속도로 통행료 징수시설은 「건축법」을 적용하지 아니한다(법 제3조 제1항).

④ 허가를 받은 날부터 2년(「산업집적활성화 및 공장설립에 관한 법률」 제13조에 따라 공장의 신설·증설 또는 업종변경의 승인을 받은 공장은 3년) 이내에 공사에 착수하지 아니한 경우에는 허가를 취소하여야 한다. 다만, 제1호에 해당하는 경우로서 정당한 사유가 있다고 인정되면 1년의 범위에서 공사의 착수기간을 연장할 수 있다(법 제11조 제7항 제1호).

⑤ 법 제4조 제1항에 따른 건축위원회의 심의를 받은 자가 심의 결과를 통지 받은 날부터 2년 이내에 건축허가를 신청하지 아니하면 건축위원회 심의의 효력이 상실된다(법 제11조 제10항).

15. 정답 ⑤ 해설 ① ② ③ ④ **허가권자**는 초고층 건축물 등 **대통령령**으로 정하는 주요 건축물[다음 각 호 1. 초고층 건축물[층수가 50층 이상이거나 높이가 200미터 이상(영 제2조 제15호)], 2. 연면적(하나의 대지에 둘 이상의 건축물을 건축하는 경우에는 각각의 건축물의 연면적을 말한다)이 10만 제곱미터 이상이면서 16층 이상일 것의 요건을 모두 충족하는 건축물의 어느 하나에 해당하는 건축물을 말한다(영 제10조의3 제1항)에 대하여 건축허가를 하기 전에 건축물의 구조안전과 인접 대지의 안전에 미치는 영향 등을 평가하는 건축물 안전영향평가를 안전영향평가기관에 의뢰하여 실시하여야 한다(법 제13조의2 제1항).

⑤ 연면적은 가능하나 층수가 16층 미만이라서 안전영향평가를 실시할 필요가 없다.

16. 건축법령상 건축허가 및 신고에 관한 설명으로 옳지 않은 것은? <2012 제23회>

① 허가권자는 주변의 교육환경을 고려할 때 부적합하다고 인정되는 숙박시설에 대해서는 건축위원회의 심의를 거쳐 건축허가를 거부할 수 있다.

② 허가권자는 공사에 착수하였으나 공사의 완료가 불가능하다고 인정되는 경우 건축허가를 취소할 수 있다.

③ 연면적 200㎡ 미만이고 3층 미만인 건축물의 대수선은 건축신고 사항이다.

④ 건축신고일부터 1년 이내에 공사에 착수하지 아니 하면 그 신고의 효력은 없어진다.

⑤ 국토교통부장관은 국토관리를 위하여 특히 필요하다고 인정할 경우 건축허가를 받은 건축물의 착공을 제한할 수 있다.

17. 건축법상 건축물의 허가 및 신고에 관한 설명 중 옳은 것은? <2000 제11회 수정>

① 허가대상 건축물이라 하더라도 바닥 면적의 합계가 85㎡ 이내의 신축·증축 또는 재축의 경우에는 미리 특별자치시장·특별자치도지사 또는 시장·군수·구청장에게 신고함으로써 건축허가를 받은 것으로 본다.

② 특별시장 또는 광역시장의 허가를 받아야 하는 건축물의 건축은 층수가 20층 이상이거나 연면적의 합계가 10만㎡ 이상인 건축물의 건축(연면적의 10분의 1 이상을 증축하여 층수가 20층 이상으로 되거나 연면적의 합계가 10만㎡이상으로 되는 경우를 포함한다)으로 한다.

---

16. **정답** ② 해설 ① 법 제11조 제4항 단서.
② **허가권자**는 건축허가를 받은 자가 다음, 1. 허가를 받은 날부터 2년(「산업집적활성화 및 공장설립에 관한 법률」 제13조에 따라 공장의 신설·증설 또는 업종변경의 승인을 받은 공장은 3년) 이내에 공사에 착수하지 아니한 경우, 2. 법 제11조 제1항 제1호의 기간 이내에 공사에 착수하였으나 공사의 완료가 불가능하다고 인정되는 경우, 3. 법 제21조에 따른 착공신고 전에 경매 또는 공매 등으로 **건축주가** 대지의 소유권을 상실한 때부터 6개월이 경과한 이후 공사의 착수가 불가능하다고 판단되는 경우의 어느 하나에 해당하면 허가를 취소하여야 한다. 법 규정의 표현방식으로는 **허가권자**가 반드시 건축허가를 철회해야 하는 것처럼 규정되어 있다.
③ 법 제1조 제1항. ④ 법 제14조 제5항. ⑤법 제18조 제1항.
17. **정답** ⑤ 해설 ① 증축·개축 또는 재축이 이에 해당하고 신축은 허가를 받아야 한다(법 제14조 제1항 제1호).
② 특별시장 또는 광역시장의 허가를 받아야 하는 건축물의 건축은 층수가 21층 이상이거나 연면적의 합계가 10만㎡ 이상인 건축물의 건축(연면적의 10분의 3 이상을 증축하여 층수가 21층 이상으로 되거나 연면적의 합계가 10만㎡이상으로 되는 경우를 포함한다)으로 한다(법 제11조 제1항 및 영 제8조 제1항 본문).
③ 다만, 신축·증축·개축·재축·이전·대수선 또는 용도변경에 해당하지 아니하는 경미한 변경은 설계변경의 허가 또는 신고가 필요하지 않다(법 제16조 제1항 단서 및 영 제12조 제2항). 단서 조항의 건축행위나 대수선 또는 용도변경에 해당하지 않는 행위는 원칙적으로 건축허가의 대상도 되지 아니하므로 설계변경을 자유롭게 할 수 있다는 점에서 동 조항은 특별한 의미가 없다.

③ 건축주가 건축허가를 받았거나 신고를 한 사항을 변경하고자 하는 경우에는 대통령령이 정하는 바에 의하여 이를 변경하기 전에 허가권자의 허가를 받거나 특별자치시장·특별자치도지사 또는 시장·군수·구청장에게 신고하여야 한다. 다만 개축이나 재축 등과 같이 경미한 사항의 변경의 경우에는 그러하지 아니하다.

④ 시장·군수는 위락시설 및 숙박시설에 해당하는 건축물의 건축을 허가하려면 필요하다고 인정할 경우 미리 건축계획서와 기본설계도서를 첨부하여 도지사의 승인을 받아야 한다.

⑤ 건축주가 대지의 소유권을 확보하지 못하였으나 그 대지를 사용할 수 있는 권원을 확보한 경우(다만, 분양을 목적으로 하는 공동주택은 제외한다)에도 건축허가를 받을 수 있다.

제4절 건축신고

18. 건축법령상 허가 대상 건축물이라 하더라도 건축신고를 하면 건축허가를 받은 것으로 보는 경우를 모두 고른 것은? <2017 제28회>

> ㄱ. 연면적이 150 제곱미터이고 2층인 건축물의 대수선
> ㄴ. 보를 5개 수선하는 것
> ㄷ. 내력벽의 면적을 50 제곱미터 수선하는 것
> ㄹ. 소규모 건축물로서 연면적의 합계가 150 제곱미터인 건축물의 신축
> ㅁ. 소규모 건축물로서 건축물의 높이를 5 미터 증축하는 건축물의 증축

① ㄱ, ㄴ, ㄷ ② ㄱ, ㄷ, ㄹ ③ ㄱ, ㄹ, ㅁ ④ ㄴ, ㄷ, ㄹ ⑤ ㄴ, ㄷ, ㄹ, ㅁ

---

④ 시장·군수는 1. 층수가 21층 이상이거나 연면적의 합계가 10만㎡ 이상인 건축물의 건축, 2. 자연환경이나 수질을 보호하기 위하여 도지사가 지정·공고한 구역에 건축하는 3층 이상 또는 연면적의 합계가 1천㎡ 이상인 건축물로서 위락시설과 숙박시설 등 **대통령령**으로 정하는 용도에 해당하는 건축물, 3. 주거환경이나 교육환경 등 주변 환경을 보호하기 위하여 필요하다고 인정하여 도지사가 지정·공고한 구역에 건축하는 위락시설 및 숙박시설에 해당하는 건축물에 해당하는 건축물의 건축을 허가하려면 미리 건축계획서와 국토교통부령으로 정하는 건축물의 용도, 규모 및 형태가 표시된 기본설계도서를 첨부하여 도지사의 승인을 받아야 한다(법 제11조 제2항).

⑤ 법 제11조 제11항 제1호.

18. 정답 ① 해설

건축신고 대상 및 규모(법 제14조 제1항)

규모	행위
1. 바닥면적 합계 85㎡이하(3층 이상 건축물인 경우 바닥면적 합계가 연면적 10분의 1 이내로 한정)	증축, 개축, 재축,

제5절   허가와 신고사항의 변경

제6절   용도변경

19. 용도변경과 관련된 설명 중 가장 올바른 것은? <2004 제15회>

① 단독주택을 공동주택으로 용도변경하는 경우 신고하여야 한다.

② 용도변경하고자 하는 부분의 바닥면적의 합계가 100제곱미터 이상인 경우에는 모두 사용승인을 얻어야 한다.

③ 전시장을 장례식장으로 용도변경하는 경우 신고를 하지 아니하나 건축물대장의 기재 내용의 변경을 신청하여야 한다.

2. 관리지역·농림지역·자연환경보전지역에서 연면적 200㎡ 미만이고 3층 미만인 건축물의 건축 [지구단위계획구역, 방재지구, 붕괴위험지역 제외(영 제11조 제1항)]	건축
3. 연면적이 200㎡ 미만이고 3층 미만인 건축물의 대수선	
4. 주요구조부의 해체가 없는 등 **대통령령**으로 정하는 대수선[1.내력벽의 면적을 30㎡ 이상 수선하는 것, 2.기둥을 세 개 이상 수선하는 것, 3. 보를 세 개 이상 수선하는 것, 4.지붕틀을 세 개 이상 수선하는 것, 5.방화벽 또는 방화구획을 위한 바닥 또는 벽을 수선하는 것, 6.주계단·피난계단 또는 특별피난계단을 수선하는 것(영 제11조 제2항)]	대수선
5. 그 밖에 소규모 건축물의 건축으로서 **대통령령**으로 정하는 건축물[1.연면적 합계 100㎡ 이하인 건축물, 2.건축물의 높이 3m 이하의 증축, 3.표준설계도서에 의해 건축하는 건축물로 그 용도, 규모가 주위환경, 미관에 지장이 없다고 인정되어 건축조례로 정하는 건축물, 4.공업지역, 지구단위계획구역, 산업단지에서 2층 이하인 건축물로 연면적의 합계가 500㎡ 이하인 공장, 5.농업 또는 수산업을 위한 읍·면지역에서 연면적 200㎡ 이하의 창고 및 연면적 400㎡ 이하의 축사·작물재배사, 종묘배양시설, 화초 및 분재 등의 온실(영 제11조 제3항)]	건축

19. 정답 ④ 해설 ① 단독주택을 공동주택으로 용도변경하는 경우와 같은 시설군(주거업무시설군) 안에서 용도를 변경하려는 자는 국토교통부령으로 정하는 바에 따라 특별자치시장·특별자치도지사 또는 시장·군수·구청장에게 건축물대장 기재내용의 변경을 신청하여야 한다(법 제19조 제3항 본문).

② 허가나 신고 대상인 경우로서 용도변경하려는 부분의 바닥면적의 합계가 100㎡이상인 경우의 사용승인에 관하여는 건축물의 사용승인을 준용한다. 다만, 용도변경하려는 부분의 바닥면적의 합계가 500㎡미만으로서 대수선에 해당되는 공사를 수반하지 아니하는 경우에는 그러하지 아니하다(법 제19조 제5항).

③ 전시장은 문화 및 집회시설이고 제4호의 문화 및 집회시설군에 속하나, 장례식장은 장례시설이고 제2호 산업 등 시설군에 속하므로 하위군의 용도를 상위군에 해당하는 용도로 변경하는 경우이므로 특별자치시장·특별자치도지사 또는 시장·군수·구청장의 허가를 받아야 한다(법 제19조 제2항 제1호).

④ 창고시설은 제2호 산업 등 시설에 속하고, 다중생활시설은 제외한 제2종 근린생활시설은 제7호 근린생활시설군에 속하므로 상위군에 속하는 건축물의 용도를 하위군에 해당하는 용도로 변경하는 경우이므로 특별자치시장·특별자치도지사 또는 시장·군수·구청장의 허가를 받거나 신고해야 한다(법 제19조 제2항 제2호).

⑤ 시설군은 9개의 시설군(1. 자동차 관련 시설군, 2. 산업 등의 시설군, 3. 전기통신시설군, 4. 문화 및 집회시설군, 5. 영업시설군, 6. 교육 및 복지시설군, 7. 근린생활시설군, 8. 주거업무시설군, 9. 그 밖의 시설군)

④ 창고시설을 제2종 근린생활시설로 용도변경하는 경우 신고하여야 한다.

⑤ 용도변경과 관련된 시설군은 "영업 및 판매시설군", "문화 및 집회시설군", "교육 및 의료시설군", "주거 및 업무시설군"의 4개 시설군으로 구분된다.

20. 건축법령상 용도별 건축물의 종류를 연결한 것으로 옳지 않은 것은? <2010 제21회>

건축물의 종류		건축물의 용도
① 다가구주택	—	단독주택
② 여객자동차터미널	—	운수시설
③ 무도학원	—	위락시설
④ 식물원	—	동물 및 식물관련 시설
⑤ 운전학원	—	자동차 관련 시설

21. 건축법령상 건축물의 용도변경으로서 허가대상인 것을 모두 고른 것은? <2014 제25회>

	용도변경 전	용도변경 후
ㄱ.	숙박시설	위락시설
ㄴ.	문화 및 집회시설	교육연구시설
ㄷ.	판매시설	관광휴게시설
ㄹ.	의료시설	장례식장
ㅁ.	운동시설	수련시설

① ㄱ, ㄴ, ㅁ ② ㄱ, ㄷ, ㄹ ③ ㄴ, ㄷ, ㄹ ④ ㄴ, ㄹ, ㅁ ⑤ ㄷ, ㄹ, ㅁ

이 있으며, 각 시설군에 속하는 건축물의 세부 용도는 **대통령령**으로 정하고 있다(법 제19조 제4항).

20. 정답 ④ 해설 ① ② ③은 맞고, ④ 영 제3조의5 제5호 마목에 따르면 동·식물원(동물원, 식물원, 수족관, 그 밖에 이와 비슷한 것을 말한다)은 문화 및 집회시설에 속하므로 틀리다.
그리고 ⑤ 영 제3조의5 제4호 카목에 따르면 자동차학원·무도학원 및 정보통신기술을 활용하여 원격으로 교습하는 것은 제외한 학원, 직업훈련소(운전·정비 관련 직업훈련소는 제외한다)로서 같은 건축물에 해당 용도로 쓰는 바닥면적의 합계가 500㎡미만인 것은 제2종 근린생활시설에 속한다.

21. 정답 ② 해설 ㄴ, ㅁ은 신고사항이다.

22. 건축법령상 건축물의 용도와 그에 부합하는 시설군의 연결로 옳지 않은 것은?
<2018 제29회>

① 묘지 관련 시설 — 교육 및 복지시설군

② 발전시설 — 전기통신시설군

③ 관광휴게시설 — 문화 및 집회시설군

④ 숙박시설 — 영업시설군

⑤ 교정 및 군사시설 — 주거업무시설군

23. 건축법령상 시설군과 그에 속하는 건축물의 용도를 옳게 연결한 것은? <2020 제31회>

① 자동차 관련 시설군 — 운수시설   ② 산업 등 시설군 — 자원순환 관련 시설

③ 전기통신시설군 — 공장   ④ 문화집회시설군 — 수련시설

⑤ 교육 및 복지시설군 — 종교시설

24. 건축법상 신고를 하여야 하는 용도변경은 다음 중 어느 것인가? <2002 제13회 수정>

① 일반음식점을 단독주택으로 용도변경

② 학교를 도매시장으로 용도변경

③ 병원을 장례식장으로 용도변경

---

22. **정답 ①** 해설 건축물의 용도변경에 대한 규제의 필요성에서 「건축법」 제2조 제2항에서 건축물의 29개
시설의 용도를 다시 다음과 같은 9개의 시설군(施設群)으로 묶어 용도변경을 규제하고 있다. 건축물
용도분류와 다른 분류체계를 규정하고 있는 이유는 시설군 분류가 개념적으로 위험도를 기준으로 하기
때문이라고 설명하고 있다. 법 제19조 제4항 각 호의 시설군에 속하는 건축물의 용도는 다음 각 호와
같다(영 제14조 제5항).
1. **자**동차 관련 시설군: 자동차 관련 시설
2. **산**업 등 시설군: 가. 운수시설, 나. 창고시설, 다. 공장, 라. 위험물저장 및 처리시설, 마. 자원순환 관련
시설, 바. 묘지 관련 시설, 사. 장례시설
3. **전**기통신시설군: 가. 방송통신시설, 나. 발전시설
4. **문**화집회시설군: 가. 문화 및 집회시설, 나. 종교시설, 다. 위락시설, 라. 관광휴게시설
5. **영**업시설군: 가. 판매시설, 나. 운동시설, 다. 숙박시설, 라. 제2종 근린생활시설 중 다중생활시설
6. **교**육 및 복지시설군: 가. 의료시설, 나. 교육연구시설, 다. 노유자시설(老幼者施設), 라. 수련시설, 마.
야영장 시설
7. **근**린생활시설군: 가. 제1종 근린생활시설, 나. 제2종 근린생활시설(다중생활시설은 제외한다)
8. **주**거업무시설군: 가. 단독주택, 나. 공동주택, 다. 업무시설, 라. 교정 및 군사시설
9. 그 밖의 시설군: 가. 동물 및 식물 관련 시설, 나. 삭제 <2010.12.13>
23. **정답 ②**
24. **정답 ①** 해설 ① 일반음식점(제2종근린생활시설)을 단독주택(단독주택)으로 용도변경 7. 근린생활시설
군에서 8. 주거업무시설군으로는 신고사항(법 제19조 제2항 제2호).

④ 호텔을 휴양콘도미니엄으로 용도변경

⑤ 미술관을 식물원으로 용도변경

허가·신고대상 가설건축물 및 신고대상 공작물

25. 건축법령상 건축물과 분리하여 공작물을 축조할 경우 특별자치도지사 또는 시장·군수·구청장에게 신고해야 하는 공작물에 해당하는 것은? <2013 제24회>

① 높이 5미터의 굴뚝   ② 높이 5미터의 광고탑

③ 높이 5미터의 기념탑   ④ 높이 5미터의 고가수조

⑤ 높이 5미터의 장식탑

---

② 학교(교육연구시설)를 도매시장(판매시설)으로 용도변경은 6. 교육 및 복지시설군에서 5. 영업시설군으로는 허가사항(법 제19조 제2항 제1호).

③ 병원(의료시설)을 장례식장(장례시설)으로 용도변경 6. 교육 및 복지시설군에서 2. 산업 등 시설군으로 변경은 허가사항(법 제19조 제2항 제1호).

④ ⑤ 호텔(숙박시설)을 휴양콘도미니엄(숙박시설)으로의 용도변경과 미술관(문화 및 집회시설)을 식물원(문화 및 집회시설)으로 용도변경은 같은 시설군 안에서의 용도변경이므로 건축물대장 기재내용의 변경신청 대상이다(법 제19조 제3항 본문).

25. 정답 ② 해설 법 제83조 제1항에 따라 공작물을 축조(건축물과 분리하여 축조하는 것을 말한다)할 때 특별자치시장·특별자치도지사 또는 시장·군수·구청장에게 신고를 하여야 하는 공작물은 다음 각 호 1. 높이 6미터를 넘는 굴뚝, 2. 높이 6미터를 넘는 장식탑, 기념탑, 그 밖에 이와 비슷한 것, 3. 높이 4미터를 넘는 광고탑, 광고판, 그 밖에 이와 비슷한 것, 4. 높이 8미터를 넘는 고가수조(高架水槽)나 그 밖에 이와 비슷한 것, 5. 높이 2미터를 넘는 옹벽 또는 담장, 6. 바닥면적 30㎡를 넘는 지하대피호, 7. 높이 6미터를 넘는 골프연습장 등의 운동시설을 위한 철탑, 주거지역·상업지역에 설치하는 통신용 철탑, 그 밖에 이와 비슷한 것, 8. 높이 8미터(위험을 방지하기 위한 난간의 높이는 제외한다) 이하의 기계식 주차장 및 철골 조립식 주차장(바닥면이 조립식이 아닌 것을 포함한다)으로서 외벽이 없는 것, 9. 건축조례로 정하는 제조시설, 저장시설(시멘트사일로를 포함), 유희시설, 그 밖에 이와 비슷한 것, 10. 건축물의 구조에 심대한 영향을 줄 수 있는 중량물로서 건축조례로 정하는 것, 11. 높이 5미터를 넘는 「신에너지 및 재생에너지 개발·이용·보급 촉진법」 제2조 제2호 가목에 따른 태양에너지를 이용하는 발전설비와 그 밖에 이와 비슷한 것과 같다(영 제118조).

② 4미터를 넘는 광고탑은 신고대상이다.

착공신고 및 사용승인

26. 건축법상 건축절차에 관한 다음 기술 중 적합한 것은? <1999 제10회 수정>

① 동일 시설군내 용도변경은 신고할 필요가 없다.

② 가설건축물은 건축물대장에 기재·관리한다.

③ 임시 사용승인 기간은 1년을 초과할 수 없다.

④ 건축물 해체시에는 미리 신고를 하면 된다.

⑤ 허가권자는 건축허가, 건축신고, 사용승인 및 임시사용승인과 관련되는 현장조사·검사 및 확인업무를 해당 건축물의 설계자 또는 공사감리자로 하여금 대행하게 할 수 있다.

27. 건축법상 착공신고에 대한 다음 설명 중 가장 부적당한 것은 어느 것인가? <2002 제13회>

① 모든 건축물은 착공신고대상이 된다.

② 공사계획을 허가권자에게 신고하여야 한다.

③ 신고한 사항을 변경하는 경우에도 신고하여야 한다.

---

26. 정답 ① 해설 ① 9개 시설군 중 같은 시설군 안에서 용도를 변경하려는 자는 신고할 필요가 없고 특별자치시장·특별자치도지사 또는 시장·군수·구청장에게 건축물대장 기재내용의 변경을 신청하여야 한다(법 제19조 제3항 본문).

② 특별자치시장·특별자치도지사 또는 시장·군수·구청장은 가설건축물의 건축을 허가하거나 축조신고를 받은 경우 국토교통부령으로 정하는 바에 따라 가설건축물대장에 이를 기재하여 관리하여야 한다(법 제20조 제6항).

③ 임시사용승인의 기간은 2년 이내로 한다. 다만, **허가권자**는 대형 건축물 또는 암반공사 등으로 인하여 공사기간이 긴 건축물에 대하여는 그 기간을 연장할 수 있다(영 제17조 제4항).

④ 종래에는 「건축법」 제36조 제1항에 따라 건축물의 소유자나 관리자는 건축물을 철거하려면 철거를 하기 전에 특별자치시장·특별자치도지사 또는 시장·군수·구청장에게 신고하도록 하였으나, 2019. 4. 30. 「건축물관리법」의 제정(법률 제16416호)으로 철거에서 해체로 바뀌면서 「건축물관리법」으로 옮겨서 규율하고 있다. 관리자가 건축물을 해체하려는 경우에는 특별자치시장·특별자치도지사 또는 시장·군수·구청장(**허가권자**)의 허가를 받아야 한다(건축물관리법 제30조 제1항). 따라서 현행 법은 허가를 받아야 한다.

⑤ **허가권자**는 건축물의 사용승인 및 임시사용승인과 관련된 현장조사·검사 및 확인업무를 대행할 건축사를 다음 각 호 1. 해당 건축물의 설계자 또는 공사감리자가 아닐 것, 2. **건축주**의 추천을 받지 아니하고 직접 선정할 것의 기준에 따라 선정하여야 한다(영 제20조 제1항).

27. 정답 ① 해설 ① ② 건축허가(법 제11조)·건축신고(제14조) 또는 도시·군계획시설 및 도시·군계획시설 예정지에서 가설건축물의 건축허가(제20조 제1항)에 따라 허가를 받거나 신고를 한 건축물의 공사를 착수하려는 **건축주**는 국토교통부령으로 정하는 바에 따라 **허가권자**에게 공사계획을 신고하여야 한다. 다만, 「건축물관리법」 제30조에 따라 건축물의 해체 허가를 받거나 신고할 때 착공 예정일을 기재한 경우에는 그러하지 아니하다(법 제21조 제1항).

③ ④ 공사계획을 신고하거나 변경신고를 하는 경우 해당 공사감리자(제25조 제1항에 따른 공사감리자를 지정한 경우만 해당된다)와 공사시공자가 신고서에 함께 서명하여야 한다(법 제21조 제2항). ⑤ 칙 제

④ 공사계획을 신고하는 경우 해당 공사감리자 및 공사시공자는 그 신고서에 함께 서명하여야 한다.

⑤ 건축허가를 받은 건축물의 경우에는 설계도서와 계약서사본을 첨부하여야 한다.

제9절　설계·시공 및 공사감리

28. 건축법령상 공사감리자의 업무내용으로 부적합한 것은? <2011 제22회>

① 공정표의 검토

② 허가권자에 대한 위법건축공사보고서의 작성 및 제출

③ 허가권자에 대한 감리보고서의 작성 및 제출

④ 설계변경의 적정여부의 검토·확인

⑤ 건축법령에 의한 명령이나 처분에 위반사항의 시정요청

제10절　기타 건축행정

제11절　건축물의 유지와 관리

14조 제1항.

28. 정답 ③ 해설 ① 칙 제19조의2 제4호.
② 공사감리자는 시공자가 이에 응하지 않는 경우 위법건축공사보고서를 작성하여 **허가권자**에게 제출하여야 한다(칙 제19조 제1항).
③ 공사감리자는 국토교통부령으로 정하는 바에 따라 감리일지를 기록·유지하여야 하고, 공사의 공정(工程)이 **대통령령**으로 정하는 진도에 다다른 경우에는 감리중간보고서를, 공사를 완료한 경우에는 감리완료보고서를 국토교통부령으로 정하는 바에 따라 각각 작성하여 **건축주**에게 제출하여야 하며, **건축주**는 건축물의 사용승인을 신청할 때 중간감리보고서와 감리완료보고서를 첨부하여 **허가권자**에게 제출하여야 한다(법 제25조 제6항). 공사감리자가 감리보고서를 작성하지만 **건축주**가 제출한다.
④ 칙 제19조의2 제8호.
⑤ 공사감리자는 공사감리를 할 때 이 법과 이 법에 따른 명령이나 처분, 그 밖의 관계 법령에 위반된 사항을 발견하거나 공사시공자가 설계도서대로 공사를 하지 아니하면 이를 **건축주**에게 알린 후 공사시공자에게 시정하거나 재시공하도록 요청하여야 하며, 공사시공자가 시정이나 재시공 요청에 따르지 아니하면 서면으로 그 건축공사를 중지하도록 요청할 수 있다. 이 경우 공시중지를 요청받은 공사시공자는 정당한 사유가 없으면 즉시 공사를 중지하여야 한다(법 제25조 제3항).

제3장 건축허가요건

제1절 개설

제2절 국토계획법적 요건

제1항 | 건축물의 대지와 도로

29. 건축법령상 공개공지등의 확보에 관한 설명으로 옳지 않은 것은? <2017 제28회>

① 상업지역에서 업무시설로서 해당 용도로 쓰는 바닥면적의 합계가 5천 제곱미터 이상인 건축물의 대지에는 공개공지등을 확보하여야 한다.

② 공개 공지는 필로티의 구조로 설치할 수 있다.

③ 공개공지등에는 물건을 쌓아 놓거나 출입을 차단하는 시설을 설치하지 아니하여야 한다.

④ 공개공지등의 면적은 건축면적의 100분의 10 이하로 한다.

⑤ 공개공지등을 설치하는 경우에는 건축물의 용적률 기준을 완화하여 적용할 수 있다.

30. 건축법령상 공개공지의 확보에 관한 설명으로 옳지 않은 것은? <2011 제22회>

① 공개공지등의 면적은 대지면적의 100분의 10 이하의 범위에서 건축조례로 정한다.

---

29. 정답 ④ 해설 ① 법 제43조 제1항 및 영 제27조의2 제1항. ② 영 제27조의2 제1항. ③ 법 제43조 제4항.
 ④ 공개공지의 면적은 대지면적의 10% 이하의 범위에서 건축조례로 정하도록 규정하고 있다(영 제27조의2 제2항 1문). ⑤ 법 제43조 제2항.
30. 정답 ② 해설 ① 영 제27조의2 제2항.
 ② 문화 및 집회시설, 종교시설, 판매시설(「농수산물 유통 및 가격안정에 관한 법률」에 따른 농수산물유통시설은 제외한다), 운수시설(여객용 시설만 해당한다), 업무시설 및 숙박시설로서 해당 용도로 쓰는 바

② 문화 및 집회시설로서 해당 용도로 쓰는 바닥면적의 합계가 3천㎡ 이상인 건축물은 공개공지등을 설치하여야 한다.

③ 공개공지등을 설치하는 경우에는 용적률은 해당 지역에 적용하는 용적률의 1.2배 이하의 범위내에서 건축조례로 정하여 완화할 수 있다.

④ 공개공지등에는 연간 60일 이내의 기간 동안 건축조례로 정하는 바에 따라 주민들을 위한 문화행사를 열거나 판촉활동을 할 수 있다.

⑤ 공개공지등을 설치할 때에는 모든 사람들이 환경친화적으로 편리하게 이용할 수 있도록 긴 의자 또는 조경시설 등 건축조례로 정하는 시설을 설치해야 한다.

31. 건축법령상 건축물의 대지와 도로에 관한 설명으로 옳지 않은 것은? (단, 건축법상 적용제외 규정 및 건축협정에 따른 특례는 고려하지 않음) <2017 제28회>

① 건축물의 주변에 허가권자가 인정한 유원지가 있는 경우에는 건축물의 대지가 자동차 전용도로가 아닌 도로에 2미터 이상 접할 것이 요구되지 아니 한다.

② 연면적의 합계가 3천제곱미터인 작물 재배사의 대지는 너비 6미터 이상의 도로에 4미터 이상 접할 것이 요구되지 아니 한다.

닥면적의 합계가 5천 제곱미터 이상인 건축물, 2. 그 밖에 다중이 이용하는 시설로서 건축조례로 정하는 건축물)은 일반이 사용할 수 있도록 **대통령령**으로 정하는 기준에 따라 소규모 휴식시설 등의 공개공지 또는 공개공간(이하 "공개공지등"이라 한다)을 설치하여야 한다(법 제43조 제1항 및 영 제27조의2 제1항).

③ 공개공지등 설치의무대상 건축물(의무대상 건축물과 의무대상이 아닌 건축물이 하나의 건축물로 복합된 경우를 포함한다)에 공개공지등을 설치하는 경우에는 법 제43조 제2항에 따라 다음 각 호 1. 법 제56조에 따른 용적률은 해당 지역에 적용하는 용적률의 1.2배 이하, 2. 법 제60조에 따른 높이 제한은 해당 건축물에 적용하는 높이기준의 1.2배 이하의 범위에서 대지면적에 대한 공개공지등 면적 비율에 따라 법 제56조 및 제60조를 완화하여 적용한다. 다만, 다음 각 호의 범위에서 건축조례로 정한 기준이 완화 비율보다 큰 경우에는 해당 건축조례로 정하는 바에 따른다(영 제27조의2 제4항).

④ 영 제27조의2 제6항. ⑤ 영 제27조의2 제3항.

31. 정답 ③ 해설 ① 법 제44조 제1항 단서 및 영 제28조 제1항.

② 연면적의 합계가 2천㎡(공장인 경우에는 3천㎡) 이상인 건축물(축사, 작물 재배사, 그 밖에 이와 비슷한 건축물로서 건축조례로 정하는 규모의 건축물은 제외한다)의 대지는 너비 6미터 이상의 도로에 4미터 이상 접하여야 한다(영 제28조 제2항).

③ **허가권자**는 도로의 위치를 지정·공고 하려면 국토교통부령으로 정하는 바에 따라 그 도로에 대한 이해관계인의 동의를 받아야 한다. 다만, 다음 각 호 1. **허가권자**가 이해관계인이 해외에 거주하는 등의 사유로 이해관계인의 동의를 받기가 곤란하다고 인정하는 경우, 2. 주민이 오랫동안 통행로로 이용하고 있는 사실상의 통로로서 해당 지방자치단체의 조례로 정하는 것인 경우의 어느 하나에 해당하면 이해관계인의 동의를 받지 아니하고 건축위원회의 심의를 거쳐 도로를 지정할 수 있다(법 제45조 제1항).

④ 다만, 조경이 필요하지 아니한 건축물로서 **대통령령**으로 정하는 건축물[1. 녹지지역에 건축하는 건축물, 2. 면적 5천㎡ 미만인 대지에 건축하는 공장, 3. 연면적의 합계가 1천500㎡ 미만인 공장, 4. 「산업집적 활성화 및 공장설립에 관한 법률」 제2조 제14호에 따른 산업단지의 공장, 5. 대지에 염분이 함유되어

③ 주민이 오랫동안 통행로로 이용하고 있는 사실상의 통로로서 해당 지방자치단체의 조례로 정하는 것인 경우의 「건축법」상 도로는 이해관계인의 동의를 받지 아니하고 건축위원회의 심의를 거쳐 그 도로를 폐지할 수 있다.

④ 면적 5천 제곱미터 미만인 대지에 공장을 건축하는 건축주는 대지에 조경 등의 조치를 하지 아니할 수 있다.

⑤ 도로면으로부터 높이 4.5미터 이하에 있는 창문은 열고 닫을 때 건축선의 수직면을 넘지 아니하는 구조로 하여야 한다.

32. 건축법령상 면적이 200제곱미터 이상인 대지에 건축을 하는 건축주는 용도지역 및 건축물의 규모에 따라 해당 지방자치단체의 조례로 정하는 기준에 따라 대지에 조경이나 그 밖에 필요한 조치를 하여야 한다. 다만, 건축법령은 예외적으로 조경 등의 조치를 필요로 하지 않는 건축물을 허용하고 있다. 이러한 예외에 해당하는 것을 모두 고른 것은? (단, 그 밖의 조례, 건축법 제73조에 따른 적용 특례, 건축협정은 고려하지 않음) <2020 제31회>

> ㄱ. 축사
> ㄴ. 녹지지역에 건축하는 건축물
> ㄷ. 건축법 상 가설건축물
> ㄹ. 면적 4천 제곱미터인 대지에 건축하는 공장
> ㅁ. 상업지역에 건축하는 연면적 합계가 1천 500제곱미터인 물류시설

① ㄱ, ㄴ, ㄹ   ② ㄱ, ㄴ, ㅁ   ③ ㄷ, ㄹ, ㅁ

④ ㄱ, ㄴ, ㄷ, ㄹ   ⑤ ㄴ, ㄷ, ㄹ, ㅁ

있는 경우 또는 건축물 용도의 특성상 조경 등의 조치를 하기가 곤란하거나 조경 등의 조치를 하는 것이 불합리한 경우로서 건축조례로 정하는 건축물, 6. 축사, 7. 법 제20조 제1항에 따른 가설건축물, 8. 연면적의 합계가 1천500㎡ 미만인 물류시설(주거지역 또는 상업지역에 건축하는 것은 제외한다)로서 국토교통부령으로 정하는 것, 9. 「국토계획법」에 따라 지정된 자연환경보전지역·농림지역 또는 관리지역(지구단위계획구역으로 지정된 지역은 제외한다)의 건축물, 10. 다음 각 목 가. 「관광진흥법」 제2조 제6호에 따른 관광지 또는 같은 조 제7호에 따른 관광단지에 설치하는 관광시설, 나. 「관광진흥법 시행령」 제2조 제1항 제3호 가목에 따른 전문휴양업의 시설 또는 같은 호 나목에 따른 종합휴양업의 시설, 다. 「국토계획법 시행령」 제48조 제10호에 따른 관광·휴양형 지구단위계획구역에 설치하는 관광시설, 라. 「체육시설의 설치·이용에 관한 법률 시행령」 [별표 1]에 따른 골프장건축물(영 제27조 제1항)]의 어느 하나에 해당하는 건축물 중 건축조례로 정하는 <u>건축물에 대하여는 조경 등의 조치를 하지 아니할 수 있다</u>(법 제42조 제1항 단서).

⑤ 법 제47조 제1항.

32. **정답 ④** **해설** 조경이라 함은 경관을 생태적·기능적·심미적으로 조성하기 위하여 식물을 이용한 식생공간을 만들거나 조경시설을 설치하는 것을 말한다(조경기준 제3조 제1호). 면적이 200㎡ 이상인 대지에

33. 건축법령상 대지에 대해 조경 등의 조치를 하여야 하는 건축물은? <2013 제24회>

① 녹지지역에 건축하는 건축물

② 면적 5천 제곱미터 미만인 대지에 건축하는 공장

③ 상업지역에 건축하는 연면적 합계가 1천500제곱미터 미만인 물류시설

④ 축사

⑤ 연면적의 합계가 1천200제곱미터 미만인 공장

34. 건축법령상 건축물의 대지와 도로에 관한 설명으로 옳지 않은 것은? <2012 제23회>

① 대지의 배수에 지장이 없는 경우에는 대지가 인접한 도로면보다 낮아도 된다.

② 녹지지역의 건축물은 면적이 200㎡ 이상인 대지에 건축하는 경우에도 조경 등의 조치를 하지 아니할 수 있다.

③ 건축물의 대지는 2m 이상이 자동차전용도로가 아닌 도로에 접하여야 하지만, 해당 건축물의 출입에 지장이 없다고 인정되는 경우에는 그러하지 아니 하다.

건축을 하는 ~~건축주~~는 용도지역 및 건축물의 규모에 따라 해당 지방자치단체의 **조례**로 정하는 기준에 따라 대지에 조경이나 그 밖에 필요한 조치를 하여야 한다(법 제42조 제1항 본문). 다만, 조경이 필요하지 아니한 건축물로서 **대통령령**으로 정하는 건축물[1. 녹지지역에 건축하는 건축물, 2. 면적 5천㎡ 미만인 대지에 건축하는 공장, 3. 연면적의 합계가 1천500㎡ 미만인 공장, 4.「산업집적활성화 및 공장설립에 관한 법률」제2조 제14호에 따른 산업단지의 공장, 5. 대지에 염분이 함유되어 있는 경우 또는 건축물 용도의 특성상 조경 등의 조치를 하기가 곤란하거나 조경 등의 조치를 하는 것이 불합리한 경우로서 건축**조례**로 정하는 건축물, 6. 축사, 7. 법 제20조 제1항에 따른 가설건축물, 8. 연면적의 합계가 1천500㎡ 미만인 물류시설(주거지역 또는 상업지역에 건축하는 것은 제외한다)로서 국토교통부령으로 정하는 것, 9.「국토계획법」에 따라 지정된 자연환경보전지역·농림지역 또는 관리지역(지구단위계획구역으로 지정된 지역은 제외한다)의 건축물, 10. 다음 각 목 가.「관광진흥법」제2조 제6호에 따른 관광지 또는 같은 조 제7호에 따른 관광단지에 설치하는 관광시설, 나.「관광진흥법 시행령」제2조 제1항 제3호 가목에 따른 전문휴양업의 시설 또는 같은 호 나목에 따른 종합휴양업의 시설, 다.「국토계획법 시행령」제48조 제10호에 따른 관광·휴양형 지구단위계획구역에 설치하는 관광시설, 라.「체육시설의 설치·이용에 관한 법률 시행령」[별표 1]에 따른 골프장건축물(영 제27조 제1항)]의 어느 하나에 해당하는 건축물 중 건축**조례**로 정하는 건축물에 대하여는 조경 등의 조치를 하지 아니할 수 있으며, 옥상조경 등 **대통령령**으로 따로 기준을 정하는 경우에는 그 기준에 따른다(법 제42조 제1항 단서). 연면적의 합계가 1천500㎡ 미만인 물류시설을 <u>주거지역 또는 상업지역에 건축하는 것은 제외</u>한다. ④가 정답이다.

33. **정답 ③** 해설 앞의 각주 참고. ③ 주거지역 또는 상업지역에 건축하는 연면적의 합계가 1천500㎡ 미만인 물류시설로서 국토교통부령으로 정하는 것은 조경을 하여야 한다.

34. **정답 ⑤** 해설 ① 법 제40조 제1항. ② 법 제42조 제1항 및 영 제27조 제1항 제1호. ③ 법 제44조 제1항 단서 제2호. ④ 법 제45조 제1항.

⑤ 건축물과 담장은 건축선의 수직면(垂直面)을 넘어서는 아니 된다. 다만, 지표(地表) 아래 부분은 넘을 수 있다(법 제47조 제1항). 즉 지하는 넘을 수 있다. 도로면으로부터 높이 4.5미터 이하에 있는 출입구, 창문, 그 밖에 이와 유사한 구조물은 열고 닫을 때 건축선의 수직면을 넘지 아니하는 구조로 하여야 한다(법 제47조 제1항). 출입구를 안쪽을 열리게 하거나 미닫이문으로 하여야 한다.

④ 이해관계인이 해외에 거주하여 동의를 받기 곤란한 경우에 허가권자는 건축위원회의 심의를 거쳐 이해관계인의 동의 없이 도로의 위치를 지정·공고할 수 있다.

⑤ 건축물은 지표의 위·아래 부분에서 건축선의 수직면을 넘어서는 아니 되며, 도로면으로부터 높이 4.5m 이하에 있는 창문은 열고 닫을 때 건축선의 수직면을 넘지 않는 구조로 하여야 한다.

35. 건축법령상 건축선에 관한 다음 설명 중 적합한 것은? <1999 제10회>

① 원칙적으로 건축선은 인접대지와의 경계선이다.

② 소요너비에 미달되는 도로는 중심선으로부터 소요너비만큼 후퇴하여 건축선이 지정된다.

③ 특별자치시장·특별자치도지사 또는 시장·군수·구청장은 법 제46조 제2항에 따라 「국토계획법」 제36조 제1항 제1호에 따른 도시지역에는 4미터 이하의 범위에서 건축선을 따로 지정할 수 있다.

④ 교차되는 도로의 너비가 모두 6미터 미만인 경우에는 도로모퉁이의 건축선 후퇴를 할 필요가 없다.

⑤ 지표하의 부분도 건축선을 넘을 수 없다.

---

35. 정답 ③ 해설 ① ② 도로와 접한 부분에 건축물을 건축할 수 있는 선(이하 "건축선"이라 한다)은 대지와 도로의 경계선으로 한다. 다만, 법 제2조 제1항 제11호에 따른 소요 너비에 못 미치는 너비의 도로인 경우에는 그 중심선으로부터 그 소요 너비의 2분의 1의 수평거리만큼 물러난 선을 건축선으로 한다(법 제46조 제1항).

③ 영 제31조 제2항. ④ 법 제46조 제1항에 따라 너비 8미터 미만인 도로의 모퉁이에 위치한 대지의 도로모퉁이 부분의 건축선은 그 대지에 접한 도로경계선의 교차점으로부터 도로경계선에 따라 다음의 표에 따른 거리를 각각 후퇴한 두 점을 연결한 선으로 한다(영 제31조 제1항).

도로의 교차각	당해 도로의 너비		교차되는 도로의 너비
	6 이상 8 미만	4 이상 6 미만	
90° 미만	4	3	6 이상 8 미만
	3	2	4 이상 6 미만
90° 이상 120° 미만	3	2	6 이상 8 미만
	2	2	4 이상 6 미만

⑤ 건축물과 담장은 건축선의 수직면(垂直面)을 넘어서는 아니 된다. 다만, 지표(地表) 아래 부분은 그러하지 아니하다(법 제47조 제1항). 즉 지하는 넘을 수 있다.

제2항 | 지역 및 지구의 건축물

36. 건축법령상 대지면적 600제곱미터인 대지에 각층 바닥 면적이 300제곱미터인 지하 1층, 지상 3층 건축물을 건축할 경우의 용적률은? <2009 제20회>

① 50퍼센트

② 100퍼센트

③ 150퍼센트

④ 200퍼센트

⑤ 250퍼센트

37. 건축법령상 건축물이 있는 대지는 일정면적에 미달되게 분할하는 것이 제한되는데 그 범위로서 옳지 않은 것은? (단, 조례는 고려대상에서 제외함) <2009 제20회>

① 관리지역 — 100제곱미터

② 주거지역 — 60제곱미터

③ 상업지역 — 150제곱미터

④ 공업지역 — 150제곱미터

⑤ 녹지지역 — 200제곱미터

38. 건축법령상 건축물이 있는 대지를 분할할 수 있는 면적기준으로 옳지 않은 것은? (단, 조례는 고려하지 않음) <2010 제21회>

① 주거지역: 60제곱미터 이상

② 상업지역: 150제곱미터 이상

③ 공업지역: 180제곱미터 이상

④ 녹지지역: 200제곱미터 이상

⑤ 계획관리지역: 60제곱미터 이상

---

36. 정답 ③ 해설 하나의 건축물 각 층의 바닥면적의 합계를 연면적(영 제119조 제1항 제4호)이라 하고 용적률은 대지면적에 대한 연면적 비율을 말한다(법 제56조). 따라서 연면적은 300제곱미터×3층 = 900제곱미터, 용적률은 900/600 = 150퍼센트이다. ③이 정답이다.

37. 정답 ① 해설 건축물이 있는 대지는 1. 주거지역: 60㎡, 2. 상업지역: 150㎡, 3. 공업지역: 150㎡, 4. 녹지지역: 200㎡, 5. 제1호부터 제4호까지의 규정에 해당하지 아니하는 지역: 60㎡의 범위에서 해당 지방자치단체의 조례로 정하는 면적에 못 미치게 분할할 수 없다(법 제57조 제1항 및 영 제80조). 따라서 ①은 60㎡의 범위의 면적에 못 미치게 분할할 수 없다.

38. 정답 ③

39. 건축법령상 건축물의 높이 제한에 관한 설명으로 옳은 것은? (단, 건축법 제73조에 따른 적용 특례 및 조례는 고려하지 않음) <2015 제26회>

① 허가권자는 같은 가로구역에서 건축물의 용도 및 형태에 따라 건축물의 높이를 다르게 정하여서는 아니 된다.

② 가로구역별 건축물의 높이를 지정하려면 지방건축위원회의 심의를 거치지 아니한다.

③ 가로구역별로 건축물의 높이를 지정·공고할 때에는 건축물의 높이는 지표면으로 그 건축물의 상단까지의 높이로 산정한다.

④ 가로구역별로 건축물의 높이를 지정·공고할 때에는 해당 가로구역의 상·하수도 등 간선시설의 수용능력을 고려하여야 한다.

⑤ 일반상업지역에서 하나의 대지에 두 동 이상의 공동주택을 건축하는 경우에는 채광의 확보를 위하여 높이가 제한된다.

40. 건축법령상 건축물의 높이제한에 관한 설명으로 옳지 않은 것은? <2011 제22회 수정>

① 건축물의 높이제한은 주로 건축물의 안전 확보, 일조, 채광, 통풍 등 위생적이고 쾌적한 환경 확보 및 도시미관 유지 등을 도모하기 위한 것이다.

② 건축법상 일조권 확보를 위한 건축물의 높이를 제한하는 지역은 원칙적으로 전용주거

---

39. 정답 ④ 해설 ① **허가권자**는 같은 가로구역에서 건축물의 용도 및 형태에 따라 건축물의 높이를 다르게 정할 수 있다(영 제82조 제3항).

② **허가권자**는 가로구역별 건축물의 높이를 지정하려면 지방건축위원회의 심의를 거쳐야 한다. 이 경우 주민의 의견청취 절차 등은 「토지이용규제 기본법」 제8조에 따른다(영 제82조 제2항).

③ 법 제60조에 따른 건축물의 높이는 전면도로의 중심선으로부터의 높이로 산정한다(영 제119조 제1항 제5호).

④ 영 제82조 제1항 제3호.

⑤ 일반상업지역과 중심상업지역에 건축하는 것을 제외한 공동주택의 일조권 규정은 원칙적으로 일조 확보를 위한 건축물의 높이 제한 규정을 충족해야 하며, 동시에 채광창과 인동간격 규정을 중복하여 충족시켜야 하는 구조를 지니고 있다. 「건축법」 제61조 제2항에서 일반상업지역과 중심상업지역에 건축하는 경우에는 일조권 규정을 배제하는 이유는 도심공동화 방지를 위한 「건축법」의 배려차원으로 이해할 수 있다.

40. 정답 ② 해설 ① ② 전용주거지역과 일반주거지역 안에서 건축하는 건축물의 높이는 일조 등의 확보를 위하여 정북방향(正北方向)의 인접 대지경계선으로부터의 거리에 따라 **대통령령**으로 정하는 높이 이하로 하여야 한다(법 제61조 제1항). 그러므로 건축허가요건으로서 일조요건은 상업지역, 공업지역, 녹지지역, 준주거지역 등에는 적용되지 않는다. 법률에 의하여 적용 용도지역이 한정된 일조관련 건축허가요건은 다시 **대통령령**에 의해 구체적인 높이제한규정으로 완성된다.

③ 공동주택은 채광 등의 확보를 위하여 다음 각 호 1. 인접 대지경계선 등의 방향으로 채광을 위한 창문 등을 두는 경우(이를 '채광창'이라 한다), 2. 하나의 대지에 두 동(棟) 이상을 건축하는 경우(이를 '인동간격'이라 한다)의 어느 하나에 해당하는 **대통령령**으로 정하는 높이 이하로 하여야 한다(법 제61조 제2항).

④ 법 제60조 제1항 본문. ⑤ 법 제60조 제2항.

지역과 일반주거지역 및 준주거지역이다.

③ 공동주택은 채광 등의 확보를 위하여 인접 대지경계선 등의 방향으로 채광을 위한 창문 등을 두거나 하나의 대지에 두 동(棟) 이상을 건축하는 경우에 해당하는 대통령령으로 정하는 높이 이하로 하여야 한다.

④ 허가권자는 가로구역[(街路區域): 도로로 둘러싸인 일단(一團)의 지역을 말한다]을 단위로 하여 대통령령으로 정하는 기준과 절차에 따라 건축물의 높이를 지정·공고할 수 있다.

⑤ 특별시장이나 광역시장은 도시의 관리를 위하여 필요하면 제1항에 따른 가로구역별 건축물의 높이를 특별시나 광역시의 조례로 정할 수 있다.

41. 건축법령상 허가권자가 가로구역별로 건축물의 높이를 지정·공고할 때 고려하여야 할 사항에 해당하지 않는 것은? <2019 제30회>

① 도시·군관리계획 등의 토지이용계획

② 해당 가로구역이 접하는 도로의 너비

③ 해당 가로구역의 상·하수도 등 간선시설의 수용능력

④ 도시미관 및 경관계획

⑤ 에너지이용 관리계획

42. 건축법령 및 판례에 의할 때 일조권에 관한 설명으로 옳지 않은 것은?
<2009 제20회>

① 동지를 기준으로 오전 9시부터 오후 3시까지 사이에 일조시간을 2시간 이상 계속하여 확보하면 수인한도를 넘지 않은 것으로 본다.

② 동지를 기준으로 오전 8시부터 오후 4시까지 사이의 8시간 중 일조시간을 통틀어 4시간 이상 확보하면 수인한도를 넘지 않은 것으로 본다.

---

41. 정답 ⑤ 해설 **허가권자**는 법 제60조 제1항에 따라 가로구역별로 건축물의 높이를 지정·공고할 때에는 다음 각 호 1. 도시·군관리계획 등의 토지이용계획, 2. 해당 가로구역이 접하는 도로의 너비, 3. 해당 가로구역의 상·하수도 등 간선시설의 수용능력, 4. 도시미관 및 경관계획, 5. 해당 도시의 장래 발전계획의 사항을 고려하여야 한다(영 제82조 제1항).

⑤ 에너지이용 관리계획은 고려하여야 할 사항에 해당하지 않는다.

42. 정답 ④ 해설 ① 영 제86조 제3항 제2호 및 대법원 2007. 9. 7. 선고 2005다72485 판결. ② 대법원 2007. 9. 7. 선고 2005다72485 판결.

③ 대법원 2008. 4. 17. 선고 2006다35865 전원합의체 판결.

③ 주거의 일조는 쾌적하고 건강한 생활에 필요한 생활이익으로서 가치가 있다고 인정되면 법적 보호의 대상이 된다.

④ 초등학교 학생과 같이 건물을 일시적으로 이용하는 자도 생활이익으로서의 일조권을 법적으로 보호 받을 수 있는 지위에 있다.

⑤ 일조권의 침해를 받았더라도 건축허가에 기하여 이미 건축공사를 완료하였다면 그 건축허가처분의 취소를 구할 소의 이익이 없다.

제3절 건축물의 위험방지요건

43. 건축법령상 건축물의 구조 및 재료에 관한 설명으로 옳지 않은 것은? <2012 제23회>

① 건축물은 고정하중, 적재하중, 적설하중 등에 대하여 안전한 구조를 가져야 한다.

② 인접 대지경계선으로부터 직선거리 2미터 이내에 이웃 주택의 내부가 보이는 창문 등을 설치하는 경우에는 차면시설을 설치하여야 한다.

③ 방화지구 안에서 간판, 광고탑을 건축물의 지붕위에 설치하는 경우 그 높이가 3m 미만인 경우에는 주요부를 불연재료로 하지 않아도 된다.

---

④ 판례는 일조권 침해에 있어 객관적인 생활이익으로서 일조이익을 향유하는 '토지의 소유자 등'은 토지소유자, 건물소유자, 지상권자, 전세권자 또는 임차인 등의 거주자를 말하는 것으로서, 초등학교 학생들은 공공시설인 학교시설을 방학기간이나 휴일을 제외한 개학기간 중, 그것도 학교에 머무르는 시간 동안 일시적으로 이용하는 지위에 있을 뿐이고, 학교를 점유하면서 지속적으로 거주하고 있다고 할 수 없어서 생활이익으로서의 일조권을 법적으로 <u>보호받을 수 있는 지위에 있지 않다</u>고 판시하였다(대법원 2008. 12. 24. 선고 2008다41499 판결).

⑤ 판례는 위법한 행정처분의 취소를 구하는 소는 위법한 처분에 의하여 발생한 위법상태를 배제하여 원상으로 회복시키고 그 처분으로 침해되거나 방해받은 권리와 이익을 보호·구제하고자 하는 소송이므로, 비록 그 위법한 처분을 취소한다 하더라도 원상회복이 불가능한 경우에는 그 취소를 구할 이익이 없다고 판시하였다(대법원 1996. 11. 29. 선고 96누9768 판결).

43. 정답 **③** 해설 ① 법 제48조 제1항.

② 직선거리 2미터 이내에 설치하는 경우에는 차면시설(遮面施設)을 설치하여야 한다(영 제55조). 이웃 주택의 내부가 보이는 창문, 출입구, 그 밖의 개구부를 설치하는 경우에 이를 가릴 수 있는 시설로서 이는 거주민의 프라이버시권을 위한 규정이다.

③ 방화지구 안의 공작물로서 간판, 광고탑, 그 밖에 **대통령령**으로 정하는 공작물 중 건축물의 지붕 위에 설치하는 공작물이나 높이 3미터 이상의 공작물은 주요부를 불연(不燃)재료로 하여야 한다(법 제51조 제2항). 즉 지붕 위에 설치하는 공작물은 높이에 관계없이 불연재료로 하여야 하고 지붕위가 아니고 단독으로 서 있는 공작물은 높이가 3미터 이상인 경우 불연재료로 하여야 한다는 의미이다. 그래서 답지와 같이 간판, 광고탑을 건축물의 지붕위에 설치하는 경우 그 높이와 관계없이 불연재료로 하여야 한다.

④ 영 제37조. ⑤ 영 제46조 제3항.

④ 바닥면적의 합계가 3천㎡인 공연장을 지하층에 설치하는 경우에는 각 실에 있는 자가 피난층으로 대피할 수 있도록 천장이 개방된 외부 공간을 설치하여야 한다.

⑤ 건축물의 일부가 문화 및 집회시설에 해당하는 경우에는 그 부분과 다른 부분을 방화구획으로 구획하여야 한다.

44. 건축법령상 건축물의 구조 및 재료 등에 관한 설명으로 옳지 않은 것은?
<2020 제31회>

① 건축물은 고정하중, 적재하중, 적설하중, 풍압, 지진, 그 밖의 진동 및 충격 등에 대하여 안전한 구조를 가져야 한다.

② 지방자치단체의 장은 구조 안전 확인 대상 건축물에 대하여 건축허가를 하는 경우 내진성능 확보 여부를 확인하여야 한다.

③ 국토교통부장관은 지진으로부터 건축물의 구조 안전을 확보하기 위하여 건축물의 용도, 규모 및 설계구조의 중요도에 따라 내진등급을 설정하여야 한다.

④ 연면적이 200제곱미터인 목구조 건축물을 건축하고자 하는 자는 사용승인을 받는 즉시 내진능력을 공개하여야 한다.

⑤ 국가 또는 지방자치단체는 건축물의 소유자나 관리자에게 피난시설 등의 설치, 개량·보수 등 유지·관리에 대한 기술지원을 할 수 있다.

---

44. 정답 ④ 해설 ① 법 제48조 제1항. ② 법 제48조 제3항. ③ 법 제48조의2 제1항.
④ 다음 각 호는 건축허가 시 **허가권자**에게 내진구조 확인을 받아야 하는 대상 건축물이다. 즉, 1. 층수가 2층(목구조 건축물의 경우에는 3층) 이상인 건축물, 2. 연면적이 200㎡(목구조 건축물의 경우에는 500㎡) 이상인 건축물, 3. 그 밖에 건축물의 규모와 중요도를 고려하여 **대통령령**으로 정하는 건축물[3. 높이가 13미터 이상인 건축물, 4. 처마높이가 9미터 이상인 건축물, 5. 기둥과 기둥 사이의 거리가 10미터 이상인 건축물, 6. 건축물의 용도 및 규모를 고려한 중요도가 높은 건축물로서 국토교통부령으로 정하는 건축물, 7. 국가적 문화유산으로 보존할 가치가 있는 건축물로서 국토교통부령으로 정하는 것, 8. 영 제2조 제18호 가목 및 다목의 건축물, 9. [별표 1] 제1호의 단독주택 및 같은 표 제2호의 공동주택(영 제32조의2 제2항 및 영 제32조 제2항 제3호부터 제9호까지)]의 어느 하나에 해당하는 건축물을 건축하고자 하는 자는 사용승인을 받는 즉시 내진능력을 공개하여야 한다. 다만, 법 제48조 제2항에 따른 구조안전 확인 대상 건축물이 아니거나 내진능력 산정이 곤란한 건축물로서 **대통령령**으로 정하는 건축물[1. 창고, 축사, 작물 재배사 및 표준설계도서에 따라 건축하는 건축물로서 영 제32조 제2항 제1호 및 제3호부터 제9호까지의 어느 하나에도 해당하지 아니하는 건축물, 2. 영 제32조 제1항에 따른 구조기준 중 국토교통부령으로 정하는 소규모건축구조기준을 적용한 건축물(영 제32조의2 제1항)]은 공개하지 아니한다(법 제48조의3 제1항).
⑤ 법 제49조의2.

45. 건축법상 직통계단의 설치에 관한 설명 중 옳은 것은? <2000 제11회>

① 건축물의 피난층외의 층에서는 피난층 또는 지상으로 통하는 직통계단을 거실의 각 부분으로부터 계단에 이르는 보행거리가 30m 미만이 되도록 설치하여야 한다.

② 주요구조부가 내화구조 또는 불연재료로 된 건축물은 그 보행거리가 60m 이하가 되도록 직통계단을 설치할 수 있다.

③ 문화 및 집회시설의 용도에 쓰이는 층으로서 건물 전체 바닥면적의 합계가 200㎡ 이상인 경우에는 피난층 또는 지상으로 통하는 직통계단을 2개소 이상 설치하여야 한다.

④ 5층 이상 또는 지하 2층 이하의 층에 설치하는 직통계단은 국토교통부령이 정하는 기준에 따라 피난계단 또는 특별피난계단으로 설치하여야 한다.

⑤ 지하층으로서 그 층의 거실의 바닥면적의 합계가 200㎡ 이상인 경우에는 피난층 또는 지상으로 통하는 직통계단을 최소 1개소 이상 설치하여야 한다.

46. 옥상에 대한 다음 설명 중 옳지 않은 것은? <2004 제15회 수정>

① 건축물의 옥상에 조경을 하는 경우에는 옥상부분의 조경면적의 1/3에 해당하는 면적을 대지안의 조경면적으로 산정할 수 있다.

---

45. 정답 ④ 해설 ① 직통계단이란 건축물의 피난층(직접 지상으로 통하는 출입구가 있는 층 및 피난안전구역)을 제외한 모든 층에서 피난층 또는 지상으로 직접 연결되는 계단(경사로를 포함)을 말하고, 이러한 직통계단을 거실의 각 부분으로부터 계단에 이르는 보행거리가 30미터 이하가 되도록 설치하여야 한다(영 제34조 제1항 본문).

② 다만, 건축물(지하층에 설치하는 것으로서 바닥면적의 합계가 300㎡ 이상인 공연장·집회장·관람장 및 전시장은 제외한다)의 주요구조부가 내화구조 또는 불연재료로 된 건축물은 그 보행거리가 50미터(층수가 16층 이상인 공동주택은 40미터) 이하가 되도록 설치할 수 있으며, 자동화 생산시설에 스프링클러 등 자동식 소화설비를 설치한 공장으로서 국토교통부령으로 정하는 공장인 경우에는 그 보행거리가 75미터(무인화 공장인 경우에는 100미터) 이하가 되도록 설치할 수 있다(영 제34조 제1항 단서). 법 제49조 제1항에 따라 피난층 외의 층이 대통령으로 정하는 용도 및 규모의 건축물에는 국토교통부령으로 정하는 기준에 따라 피난층 또는 지상으로 통하는 직통계단을 2개소 이상 설치하여야 한다(영 제34조 제2항).

③ 문화 및 집회시설(전시장 및 동·식물원은 제외한다), 종교시설, 위락시설 중 주점영업 또는 장례시설의 용도로 쓰는 층으로서 그 층에서 해당 용도로 쓰는 바닥면적의 합계가 200제곱미터(제2종 근린생활시설 중 공연장·종교집회장은 각각 300제곱미터) 이상인 것의 어느 하나에 해당하는 용도 및 규모의 건축물에는 국토교통부령으로 정하는 기준에 따라 피난층 또는 지상으로 통하는 직통계단을 2개소 이상 설치하여야 한다(영 제34조 제2항 제1호).

④ 영 제35조 제1항.

⑤ 지하층으로서 그 층 거실의 바닥면적의 합계가 200제곱미터 이상인 것에 해당하는 용도 및 규모의 건축물에는 국토교통부령으로 정하는 기준에 따라 피난층 또는 지상으로 통하는 직통계단을 2개소 이상 설치하여야 한다(영 제34조 제2항 제5호).

46. 정답 ① 해설 ① 건축물의 옥상에 법 제42조 제2항에 따라 **국토교통부장관**이 고시하는 기준에 따라

② 옥상광장에 있는 출입할 수 있는 노대 주위에는 높이 1.2m 이상의 난간을 설치하여야 한다.

③ 11층 이상의 층의 바닥면적의 합계가 10,000㎡이상인 15층 업무시설 건축물의 옥상에는 헬리포트를 설치하여야 한다.

④ 옥상에 설치하는 물탱크와 냉각탑의 설치를 위한 구조물은 바닥면적에 산입하지 아니한다.

⑤ 5층 이상의 층이 주점영업의 용도에 쓰이는 경우에는 피난의 용도에 쓸 수 있는 광장을 옥상에 설치하여야 한다.

제4절 건축물의 기능·소음방지 및 위생 요건

47. 건축법상 승강기설치에 관한 설명 중 옳지 않은 것은? <2000 제11회 수정>

① 건축주는 6층 이상으로서 연면적 2,000㎡ 이상인 건축물을 건축하고자 하는 경우에는

조경이나 그 밖에 필요한 조치를 하는 경우에는 옥상부분 조경면적의 3분의 2에 해당하는 면적을 법 제42조 제1항에 따른 대지의 조경면적으로 산정할 수 있다. 이 경우 조경면적으로 산정하는 면적은 법 제42조 제1항에 따른 조경면적의 100분의 50을 초과할 수 없다(영 제27조 제3항).

② 옥상광장 또는 2층 이상인 층에 있는 노대(露臺)나 그 밖에 이와 비슷한 것의 주위에는 높이 1.2미터 이상의 난간을 설치하여야 한다(영 제40조 제1항 본문).

③ 층수가 11층 이상인 건축물로서 11층 이상인 층의 바닥면적의 합계가 1만 제곱미터 이상인 건축물의 옥상에는 다음 각 호 1. 건축물의 지붕을 평지붕으로 하는 경우: 헬리포트를 설치하거나 헬리콥터를 통하여 인명 등을 구조할 수 있는 공간, 2. 건축물의 지붕을 경사지붕으로 하는 경우: 경사지붕 아래에 설치하는 대피공간의 구분에 따른 공간을 확보하여야 한다(영 제40조 제3항).

④ 승강기탑(옥상 출입용 승강장을 포함한다), 계단탑, 장식탑, 다락[층고(層高)가 1.5미터(경사진 형태의 지붕인 경우에는 1.8미터) 이하인 것만 해당한다], 건축물의 외부 또는 내부에 설치하는 굴뚝, 더스트슈트, 설비덕트, 그 밖에 이와 비슷한 것과 옥상·옥외 또는 지하에 설치하는 물탱크, 기름탱크, 냉각탑, 정화조, 도시가스 정압기, 그 밖에 이와 비슷한 것을 설치하기 위한 구조물과 건축물 간에 화물의 이동에 이용되는 컨베이어벨트만을 설치하기 위한 구조물은 바닥면적에 산입하지 아니한다(영 제119조 제1항 제3호 라목).

⑤ 옥상광장이란 일반적으로 건축물 상층부 구조물의 상단에 마련된 노대(露臺)의 구조를 띤 광장을 말한다. 옥상광장도 모든 건축물에 그 설치의무가 부과되는 것은 아니며, 5층 이상인 층이 제2종 근린생활시설 중 공연장·종교집회장·인터넷컴퓨터게임시설제공업소(해당 용도로 쓰는 바닥면적의 합계가 각각 300㎡이상인 경우만 해당한다), 문화 및 집회시설(전시장 및 동·식물원은 제외한다), 종교시설, 판매시설, 위락시설 중 주점영업 또는 장례시설의 용도로 쓰는 경우에는 피난 용도로 쓸 수 있는 광장을 옥상에 설치하여야 한다(영 제40조 제2항).

47. 정답 ③ 해설 ① 법 제64조 제1항. ② 법 제64조 제2항. ③ 층수가 6층 이상인 건축물로서 각층 기실의 바닥면적 300㎡ 이내마다 1개소 이상의 직통계단을 설치한 건축물은 승강기를 설치하지 않을 수 있다 (법 제64조 제1항 및 영 제89조). ④ 영 제90조 제2항. ⑤ 영 제90조 제1항 제1호.

승강기를 설치하여야 한다.

② 높이 31m를 초과하는 건축물에는 대통령령이 정하는 바에 따라 비상용승강기를 설치하여야 한다.

③ 층수가 6층 이상인 건축물로서 각층 거실의 바닥면적 300㎡ 이내마다 1개소 이상의 직통계단을 설치한 건축물은 승강기를 설치하여야 한다.

④ 2대 이상의 비상용승강기를 설치해야 하는 경우에는 화재시 소화에 지장이 없도록 일정한 간격을 두고 설치하여야 한다.

⑤ 높이 31m를 넘는 각층의 바닥면적 중 최대 바닥면적이 1,500㎡ 이하인 건축물에는 1대 이상의 비상용승강기를 설치하여야 한다.

48. 건축법령상 소음방지를 위하여 일정한 기준에 따라 경계벽을 설치하여야 하는 경우가 아닌 것은? (단, 건축법 제73조에 따른 적용 특례는 고려하지 않음) <2015 제26회>

① 의료시설의 병실 간

② 숙박시설의 객실 간

③ 도서관의 열람실 간

④ 단독주택 중 다가구주택의 각 가구 간

⑤ 제2종 근린생활시설 중 다중생활시설의 호실 간

49. 건축법령상 국토교통부장관이 고시하는 범죄예방 기준에 따라 건축하여야 하는 건축물이 아닌 것은? (단, 건축법 제3조에 따른 적용 제외는 고려하지 않음) <2015 제26회>

① 수련시설

② 노유자시설

---

48. 정답 ③ 해설 ① ② ④ ⑤ **대통령령**으로 정하는 용도 및 규모의 건축물에 대하여 가구·세대 등 간 소음방지를 위하여 국토교통부령으로 정하는 바에 따라 경계벽 및 바닥을 설치하여야 한다(건축법 제49조 제4항). 법 제49조 제4항에 따라 다음 각 호 1. 단독주택 중 다가구주택의 각 가구 간 또는 공동주택(기숙사는 제외한다)의 각 세대 간 경계벽(제2조 제14호 후단에 따라 거실·침실 등의 용도로 쓰지 아니하는 발코니 부분은 제외한다), 2. 공동주택 중 기숙사의 침실, 의료시설의 병실, 교육연구시설 중 학교의 교실 또는 숙박시설의 객실 간 경계벽, 3. 제2종 근린생활시설 중 다중생활시설의 호실 간 경계벽, 4. 노유자시설 중 「노인복지법」 제32조 제1항 제3호에 따른 노인복지주택의 각 세대 간 경계벽, 5. 노유자시설 중 노인요양시설의 호실 간 경계벽의 어느 하나에 해당하는 건축물의 경계벽은 국토교통부령으로 정하는 기준에 따라 설치해야 한다(영 제53조 제1항).

③ 도서관의 열람실 간에는 경계벽 설치 규정이 없다.

③ 제2종 근린생활시설 중 다중생활시설

④ 제1종 근린생활시설 중 일용품을 판매하는 소매점

⑤ 공동주택 중 세대수가 300세대 이상인 아파트

50. 건축법령상 지하층에 관한 건축법령상의 규정을 설명한 것이다. 가장 올바르게 설명한 것은 다음 중 어느 것인가? <2002 제13회>

① 용적률을 산정하는 때에 연면적에는 기계실 또는 주차장을 제외한 지하층의 면적은 포함하여 산정한다.

② 건축물의 연면적을 산정하는 경우 지하층에 포함된 기계실과 주차장면적은 제외된다.

③ 업무시설의 경우 지하층이라 함은 지표면 이하에 평균적으로 3분의2 이상이 묻힌 층을 말한다.

④ 지하층의 바닥면적이 1,500제곱미터인 때에는 피난층 또는 지상으로 통하는 직통계단을 방화구획으로 구획되는 부분마다 설치하여야 한다.

⑤ 지하층의 바닥면적(거실을 말한다)이 500제곱미터인 층에는 배연설비를 설치하여야 한다.

---

49. 정답 ⑤ 해설 대통령령으로 정하는 건축물은 범죄예방 기준에 따라 건축하여야 한다(법 제53조의2 제2항). 법 제53조의2 제2항에서 **"대통령령**으로 정하는 건축물"이란 다음 각 호 1. 다가구주택, 아파트, 연립주택 및 다세대주택, 2. 제1종 근린생활시설 중 일용품을 판매하는 소매점, 3. 제2종 근린생활시설 중 다중생활시설, 4. 문화 및 집회시설(동·식물원은 제외한다), 5. 교육연구시설(연구소 및 도서관은 제외한다), 6. 노유자시설, 7. 수련시설, 8. 업무시설 중 오피스텔, 9. 숙박시설 중 다중생활시설의 어느 하나에 해당하는 건축물을 말한다(영 제63조의2).
⑤ 100세대를 기준으로 건축물의 용도별 범죄예방 기준이 다를 뿐이다(「범죄예방 건축기준 고시」 제10조 및 제11조).

50. 정답 ④ 해설 ① ② 연면적은 하나의 건축물 각 층의 바닥면적의 합계로 하되, 용적률을 산정할 때에는 지하층의 면적은 제외한다(영 제119조 제1항 제4호).
③ 평균적으로 2분의1 이상이 묻힌 층을 말한다(법 제2조 제1항 제5호).
④ 법 제49조 제2항에 따라 다음 각 호 1. 6층 이상인 건축물로서 다음 각 목 가. 제2종 근린생활시설 중 공연장, 종교집회장, 인터넷컴퓨터게임시설제공업소 및 다중생활시설(공연장, 종교집회장 및 인터넷컴퓨터게임시설제공업소는 해당 용도로 쓰는 바닥면적의 합계가 각각 300㎡이상인 경우만 해당한다), 나. 문화 및 집회시설, 다. 종교시설, 라. 판매시설, 마. 운수시설, 바. 의료시설(요양병원 및 정신병원은 제외한다), 사. 교육연구시설 중 연구소, 아. 노유자시설 중 아동 관련 시설, 노인복지시설(노인요양시설은 제외한다), 자. 수련시설 중 유스호스텔, 차. 운동시설, 카. 업무시설, 타. 숙박시설, 파. 위락시설, 하. 관광휴게시설, 거. 장례시설의 어느 하나에 해당하는 용도로 쓰는 건축물, 2. 다음 각 목 가. 의료시설 중 요양병원 및 정신병원, 나. 노유자시설 중 노인요양시설·장애인 거주시설 및 장애인 의료재활시설의 어느 하나에 해당하는 용도로 쓰는 건축물의 어느 하나에 해당하는 건축물의 거실(피난층의 거실은 제외한다)에는 배연설비를 해야 한다(영 제51조 제2항).
⑤ 지하층에 배연설비를 설치에 관한 별도의 규정이 없다.

51. 건축법령상 지하층에 대한 설명 중 옳지 않은 것은? <2004 제15회 수정>

① 지하층이라 함은 건축물의 바닥이 지표면 아래에 있는 층으로서 그 바닥으로부터 지표면까지의 평균 높이가 당해 층 높이의 1/2 이상인 것을 말한다.

② 직접 지상으로 통하는 출입구가 있지 아니한 지하층으로서 그 층의 거실의 바닥면적의 합계가 200㎡ 이상인 건축물에는 지상으로 통하는 직통계단(경사로를 포함)을 1개소 이상 설치하여야 한다.

③ 지하층은 건축물의 층수에 산입하지 아니한다.

④ 지하의 지표면 산정방법은 각 층의 주위가 접하는 각 지표면부분의 높이를 당해 지표면부분의 수평거리에 따라 가중평균한 높이의 수평면을 지표면으로 본다.

⑤ 지하층의 면적은 용적률의 산정에서 제외한다.

제5절 그 밖의 요건

---

51. **정답 ②** 해설 ① 법 제2조 제1항 제5호.
② 법 제49조 제1항에 따라 피난층 외의 층이 지하층으로서 그 층 거실의 바닥면적의 합계가 200제곱미터 이상인 것의 어느 하나에 해당하는 용도 및 규모의 건축물에는 국토교통부령으로 정하는 기준에 따라 피난층 또는 지상으로 통하는 직통계단을 2개소 이상 설치하여야 한다(영 제34조 제2항).
③ 지하층과 필로티, 다락은 건축물의 층수에 산입하지 아니하고, 층의 구분이 명확하지 아니한 건축물은 그 건축물의 높이 4미터마다 하나의 층으로 보고 그 층수를 산정하며, 건축물이 부분에 따라 그 층수가 다른 경우에는 그 중 가장 많은 층수를 그 건축물의 층수로 본다(영 제119조 제1항 제9호).
④ 영 제119조 제1항 제10호.
⑤ 연면적은 하나의 건축물 각 층의 바닥면적의 합계로 하되, 용적률을 산정할 때에는 다음 각 목 가. 지하층의 면적, 나. 지상층의 주차용(해당 건축물의 부속용도인 경우만 해당한다)으로 쓰는 면적, 다. 법 제34조 제3항 및 제4항에 따라 초고층 건축물과 준초고층 건축물에 설치하는 피난안전구역의 면적, 라. 영 제40조 제3항 제2호에 따라 건축물의 경사지붕 아래에 설치하는 대피공간의 면적에 해당하는 면적은 제외한다(영 제119조 제1항 제4호).

제4장 국토계획법적 규정

제1절 특별건축구역

52. 건축법령상 국토교통부장관이 특별건축구역으로 지정할 수 있는 것은? <2018 제29회>

① 국가가 국제행사를 개최하는 도시의 사업구역

② 「자연공원법」에 따른 자연공원

③ 「개발제한구역의 지정 및 관리에 관한 특별조치법」에 따른 개발제한구역

④ 「산지관리법」에 따른 보전산지

⑤ 「도로법」에 따른 접도구역

52. **정답 ①** 해설 다음 각 호 1. **국토교통부장관**이 지정하는 경우: 가. 국가가 국제행사 등을 개최하는 도시 또는 지역의 사업구역, 나. 관계법령에 따른 국가정책사업으로서 **대통령령**으로 정하는 사업구역, 2. 시·도지사가 지정하는 경우: 가. 지방자치단체가 국제행사 등을 개최하는 도시 또는 지역의 사업구역, 나. 관계법령에 따른 도시개발·도시재정비 및 건축문화 진흥사업으로서 건축물 또는 공간환경을 조성하기 위하여 **대통령령**으로 정하는 사업구역, 다. 그 밖에 **대통령령**으로 정하는 도시 또는 지역의 사업구역의 구분에 따라 도시나 지역의 일부가 특별건축구역으로 특례 적용이 필요하다고 인정하는 경우에는 특별건축구역을 지정할 수 있다(법 제69조 제1항).

53. 건축법령상 특별건축구역에 관한 설명으로 옳은 것은? <2019 제30회>

① 시장·군수·구청장은 특별건축구역의 지정을 신청할 수 없다.

② 「군사기지 및 군사시설 보호법」에 따른 군사기지 및 군사시설 보호구역은 특례 적용 이 필요하다고 인정하는 경우에는 특별건축구역으로 지정할 수 없다.

③ 시·도지사는 「도시개발법」에 따른 도시개발구역에 대하여 특별건축구역으로 지정할 수 있다.

④ 「주택도시기금법」에 따른 주택도시보증공사가 건축하는 건축물은 특별건축구역에서 특례사항을 적용하여 건축할 수 있는 건축물에 해당한다.

⑤ 지정신청기관은 특별건축구역 지정 이후 특별건축구역의 도시·관리계획에 관한 사항 이 변경되는 경우에는 변경지정을 받지 않아도 된다.

54. 건축법령상 특별건축구역에 관한 설명으로 옳은 것은? <2008 제19회 중개>

① 「도시정비법」에 따른 정비구역에는 특별건축구역을 지정할 수 없다.

② 「개발제한구역법」에 따른 개발제한구역에는 특별건축구역을 지정할 수 있다.

③ 특별건축구역 지정신청이 접수된 경우 국토교통부장관 또는 특별시장·광역시장·도지 사는 지정신청을 받은 날부터 15일 이내에 각각 중앙건축위원회 또는 시·도건축위원 회의 심의를 거쳐야 한다.

---

53. **정답 ③** 해설 ① 중앙행정기관의 장 또는 시·도지사는 **국토교통부장관**에게, 시장·군수·구청장은 특별 시장·광역시장·도지사에게 각각 특별건축구역의 지정을 신청할 수 있다(법 제71조 제1항).
② 특별건축구역으로 지정하고자 하는 에는 국방부장관과 사전에 협의하여야 한다(법 제69조 제3항).
③ 영 제105조 제1항 제7호.
④ 특별건축구역에서 법 제73조에 따라 건축기준 등의 특례사항을 적용하여 건축할 수 있는 건축물은 다 음 각 호 1. 국가 또는 지방자치단체가 건축하는 건축물, 2. 「공공기관운영법」제4조에 따른 공공기관 중 **대통령령**으로 정하는 공공기관[1. 한국토지주택공사, 2. 한국수자원공사, 3. 한국도로공사, 4. 삭제 〈2009. 9. 21.〉, 5. 한국철도공사, 6. 한국철도시설공단, 7. 한국관광공사, 8. 한국농어촌공사(영 제 106조 제1항)]이 건축하는 건축물, 3. 그 밖에 **대통령령**으로 정하는 용도·규모의 건축물에 해당되어야 한다(법 제70조).
⑤ 특별건축구역의 지정신청기관이 다음 각 호 1. 특별건축구역의 범위가 10분의 1(특별건축구역의 면적 이 10만 제곱미터 미만인 경우에는 20분의 1) 이상 증가하거나 감소하는 경우, 2. 특별건축구역의 도 시·군관리계획에 관한 사항이 변경되는 경우, 3. 건축물의 설계, 공사감리 및 건축시공 등 발주방법이 변경되는 경우, 4. 그 밖에 특별건축구역의 지정 목적이 변경되는 등 국토교통부령으로 정하는 경우의 어느 하나에 해당하여 법 제71조 제7항에 따라 특별건축구역의 변경지정을 받으려는 경우에는 국토교 통부령으로 정하는 자료를 갖추어 **국토교통부장관** 또는 특별시장·광역시장·도지사에게 변경지정 신청 을 하여야 한다(영 제107조 제4항).

54. **정답 ④** 해설 ① 특별건축구역을 지정할 수 있다(영 제105조 제2항 제3호).
② 다음 각 호 1. 「개발제한구역법」에 따른 개발제한구역, 2. 「자연공원법」에 따른 자연공원, 3. 「도로법」

④ 특별건축구역에서는 「문화예술진흥법」에 따른 건축물에 대한 미술작품의 설치 규정을 개별 건축물마다 적용하지 아니하고 특별건축구역 전부 또는 일부를 대상으로 통합하여 적용할 수 있다.

⑤ 특별건축구역을 지정하거나 변경한 경우에는 「국토계획법」에 따른 용도지역의 지정이 있는 것으로 본다.

제2절　건축협정

55. 건축법령상 건축협정에 관한 설명으로 틀린 것은? <2016 제27회 중개>

① 건축물의 소유자 등은 과반수의 동의로 건축물의 리모델링에 관한 협정을 체결할 수 있다.

② 협정체결자 또는 건축협정운영회의 대표자는 건축협정서를 작성하여 해당 건축협정인가권자의 인가를 받아야 한다.

에 따른 접도구역, 4. 「산지관리법」에 따른 보전산지, 5. 삭제 <2016.2.3.>의 어느 하나에 해당하는 지역·구역 등에 대하여는 특별건축구역으로 지정할 수 없다(법 제69조 제2항).
③ 지정신청을 받은 날부터 30일 이내에 **국토교통부장관**이 지정신청을 받은 경우에는 중앙건축위원회, 특별시장·광역시장·도지사가 지정신청을 받은 경우에는 각각 특별시장·광역시장·도지사가 두는 건축위원회의 심의를 거쳐야 한다(법 제71조 제4항). <개정2020. 4. 7.>[시행일: 2021. 1. 8.]
④ 특별건축구역에서는 다음 각 호 1. 「문화예술진흥법」제9조에 따른 건축물에 대한 미술작품의 설치, 2. 「주차장법」제19조에 따른 부설주차장의 설치, 3. 「공원녹지법」에 따른 공원의 설치의 관계 법령의 규정에 대하여는 개별 건축물마다 적용하지 아니하고 특별건축구역 전부 또는 일부를 대상으로 통합하여 적용할 수 있다(법 제74조 제1항).
⑤ 특별건축구역을 지정하거나 변경한 경우에는 「국토계획법」제30조에 따른 도시·군관리계획의 결정(용도지역·지구·구역의 지정 및 변경을 제외한다)이 있는 것으로 본다(법 제71조 제11항). <개정2020. 4. 7., 2020. 6. 9.>[시행일: 2021. 1. 8.]

55. **정답 ①** 해설 ① 소유자등은 전원의 합의로 다음 각 호 1. 「국토계획법」제51조에 따라 지정된 지구단위계획구역, 2. 「도시정비법」제2조 제2호 가목에 따른 주거환경개선사업을 시행하기 위하여 같은 법 제8조에 따라 지정·고시된 정비구역, 3. 「도시재정비특별법」제2조 제6호에 따른 존치지역, 4. 「도시재생법」제2조 제1항 제5호에 따른 도시재생활성화지역, 5. 그 밖에 시·도지사 및 시장·군수·구청장(이하 "건축협정인가권자"라 한다)이 도시 및 주거환경개선이 필요하다고 인정하여 해당 지방자치단체의 조례로 정하는 구역의 어느 하나에 해당하는 지역 또는 구역에서 건축물의 건축·대수선 또는 리모델링에 관한 협정(이하 "건축협정"이라 한다)을 체결할 수 있다(법 제77조의4 제1항).
② 협정체결자 또는 건축협정운영회의 대표자는 건축협정서를 작성하여 국토교통부령으로 정하는 바에 따라 해당 건축협정인가권자의 인가를 받아야 한다. 이 경우 인가신청을 받은 건축협정인가권자는 인가를 하기 전에 건축협정인가권자가 두는 건축위원회의 심의를 거쳐야 한다(법 제77조의6 제1항).
③ 법 제77조의6 제3항. ④ 법 제77조의6 제2항. ⑤ 법 제77조의9 제1항.

③ 건축협정인가권자는 건축협정을 인가하였을 때에는 국토교통부령으로 정하는 바에 따라 그 내용을 공고하여야 한다.

④ 건축협정 체결 대상 토지가 둘 이상의 특별자치시 또는 시·군·구에 걸치는 경우 건축협정 체결 대상 토지면적의 과반(過半)이 속하는 건축협정인가권자에게 인가를 신청할 수 있다.

⑤ 협정체결자 또는 건축협정운영회의 대표자는 건축협정을 폐지하려는 경우에는 협정체결자 과반수의 동의를 받아 건축협정인가권자의 인가를 받아야 한다.

제3절   결합건축

제5장 보칙

56. 건축법령상 건축위원회에 관한 설명으로 옳지 않은 것은? <2013 제24회 수정>

① 국토교통부장관, 시·도지사 및 시장·군수·구청장은 각각 건축위원회를 두어야 한다.

② 시장·군수·구청장은 자신이 설치하는 건축위원회에 건축분쟁전문위원회를 둘 수 없다.

③ 자치구의 경우에는 해당 자치구의 조례로 건축위원회의 조직·운영, 그 밖에 필요한 사항을 정한다.

④ 전문위원회의 심의등을 거친 사항은 건축위원회의 심의등을 거친 것으로 본다.

⑤ 전문위원회는 건축위원회가 정하는 사항에 대하여 심의등을 한다.

---

56. 정답 ③ 해설 ① 법 제4조 제1항. ② 건축분쟁전문위원회는 국토교통부에 설치하는 건축위원회에 한정한다(법 제4조 제2항).

③ 지방건축위원회 위원의 임명·위촉·제척·기피·회피·해촉·임기 등에 관한 사항, 회의 및 소위원회의 구성·운영 및 심의등에 관한 사항, 위원의 수당 및 여비 등에 관한 사항은 조례로 정하되, 영 제5조의5 제6항 각 호의 기준에 따라야 한다. 따라서 소위원회의 구성·운영 등에 관해서 조례에서 정하도록 하고 있다.

④ 법 제4조 제4항. ⑤ 법 제4조 제3항.

제2절 전문위원회

57. 건축법령상 조정(調停) 및 재정(裁定)에 관한 설명으로 옳지 않은 것은? <2013 제24회>

① 재정은 문서로 하여야 한다.

② 조정은 3명의 위원으로 구성되며 조정위원회에서 한다.

③ 건축분쟁전문위원회는 재정신청이 된 사건을 조정에 회부하는 것이 적합하다고 인정하면 직권으로 직접 조정할 수 있다.

④ 당사자가 재정에 불복하여 소송을 제기한 경우 시효의 중단과 제소기간의 산정에 있어서는 재정신청을 재판상의 청구로 본다.

⑤ 재정위원회의 회의는 구성원 과반수의 출석으로 열고 출석한 위원 과반수의 찬성으로 의결한다.

제3절 기타 보칙에 관한 규정

58. 건축면적이 560㎡이고 높이 28m인 건축물의 옥상에 좌측에는 수평투영면적이 63㎡이고 높이 9m로된 장식탑을 세우고, 우측에는 수평투영면적이 42㎡이고 높이 14m인 옥탑을 설치하였을 경우, 이 건축물의 건축법령상의 높이는? <2011 제22회>

① 28m   ② 30m   ③ 37m   ④ 42m   ⑤ 51m

---

57. 정답 ⑤ 해설 ① 법 제97조 제1항. ② 조정은 3명의 위원으로 구성되는 조정위원회에서 하고, 재정은 5명의 위원으로 구성되는 재정위원회에서 한다(법 제94조 제1항). ③ 법 제101조. ④ 법 제100조. ⑤ 조정위원회와 재정위원회의 회의는 구성원 전원의 출석으로 열고 과반수의 찬성으로 의결한다(법 제94조 제3항).

58. 정답 ④ 해설 ①②③④⑤ 지표면으로부터 그 건축물의 상단까지의 높이(건축물의 1층 전체에 필로티(건축물을 사용하기 위한 경비실, 계단실, 승강기실, 그 밖에 이와 비슷한 것을 포함한다)가 설치되어 있는 경우에는 법 제60조 및 법 제61조 제2항을 적용할 때 필로티의 층고를 제외한 높이로 한다. 다만, 다음 각 목의 어느 하나에 해당하는 경우에는 각 목에서 정하는 바에 따른다(영 제119조 제1항 제5호). 건축물의 옥상에 설치되는 승강기탑·계단탑·망루·장식탑·옥탑 등으로서 그 수평투영면적의 합계가 해당 건축물 건축면적의 8분의 1(「주택법」 제15조 제1항에 따른 사업계획승인 대상인 공동주택 중 세대별 전용면적이 85㎡이하인 경우에는 6분의 1) 이하인 경우로서 그 부분의 높이가 12미터를 넘는 경우에는 그 넘는 부분만 해당 건축물의 높이에 산입한다(영 제119조 제1항 제5호 다목). 옥상에 설치된 수평투영면적의 합계가(63㎡ + 42㎡=105㎡) 건축면적의 8분의 1(560/8 = 70㎡)을 초과하므로 28m + 14m = 42m이다. 만약 옥상에 설치된 장식탑이 44㎡이고 옥탑 24㎡일 경우 수평투영면적의 합계가(44㎡ + 24㎡=68㎡) 건축면적의 8분의 1(560/8 = 70㎡) 이하에 대항되어 그 부분의 높이가

59. 건축법에 규정된 건축물의 건축면적에 대한 설명 중 옳지 않은 것은? <2004 제15회>

① 지표면으로부터 1m 이하에 있는 부분은 건축면적에서 제외한다.

② 건축면적은 건축물의 외벽의 중심선으로 둘러싸인 부분의 수평투영면적으로 한다.

③ 태양열을 주된 에너지원으로 이용하는 주택의 건축면적은 외벽 중 내측내력벽의 중심선을 기준으로 한다.

④ 처마, 차양, 부연(附椽), 그 밖에 이와 비슷한 것으로서 그 외벽의 중심선으로부터 수평거리 1미터 이상 돌출된 부분이 있는 건축물의 건축면적은 그 돌출된 끝부분으로부터 한옥은 3미터 이하의 범위에서 외벽의 중심선까지의 수평거리를 후퇴한 선으로 둘러싸인 부분의 수평투영면적으로 한다.

⑤ 대지면적에 대한 건축면적의 비율이 건폐율이다.

60. 건축법령상 건축물의 높이산정 등에 관한 다음 설명 중 가장 부적당한 것은 어느 것인가? <2002 제13회>

① 지표면으로부터 당해 건축물의 상단까지의 높이로 하는 것이 원칙이다.

② 지표면에 고저차가 있는 경우에는 건축물의 주위가 접하는 각 지표면부분의 높이를 지표면부분의 수평 거리에 따라 가중평균한 높이의 수평면을 지표면으로 본다.

③ 일조권 등을 위한 높이산정에 있어 건축물의 대지의 지표면과 인접대지의 지표면간에 고저차가 있는 경우에는 그 지표면의 평균수평면을 지표면으로 본다.

12미터를 넘는 경우에는 그 넘는 부분만 해당 건축물의 높이에 산입하므로 28m + (14m - 12m) = 30m이다.

59. 정답 ④ 해설 ① 영 제119조 제1항 제2호 다목 (1).
② 영 제119조 제1항 제2호 각목 외의 부분.
③ 칙 제43조 제1항.
④ 처마, 차양, 부연(附椽), 그 밖에 이와 비슷한 것으로서 그 외벽의 중심선으로부터 수평거리 1미터 이상 돌출된 부분이 있는 건축물의 건축면적은 그 돌출된 끝부분으로부터 (1) 전통사찰의 지붕: 4미터 이하의 범위에서 외벽의 중심선까지의 거리, (2) 캔틸레버 돌출 차양 설치 축사: 3미터 이하의 범위에서 외벽의 중심선까지의 거리, (3) 한옥 지붕: 2미터 이하의 범위에서 외벽의 중심선까지의 거리, (4) 충전시설의 설치를 목적으로 처마, 차양, 부연, 그 밖에 이와 비슷한 것이 설치된 공동주택: 2미터 이하의 범위에서 외벽의 중심선까지의 거리, (5) 그 밖의 건축물: 1미터 이하의 범위에서 외벽의 중심선까지의 거리에 따른 수평거리를 후퇴한 선으로 둘러싸인 부분의 수평투영면적으로 한다(영 제119조 제1항 제2호 가목).
⑤ 법 제55조.

60. 정답 ④ 해설 ① 영 제119조 제1항 제5호. ② 영 제119조 제2항. ③ 영 제119조 제1항 제5호 나목.
④ 건축물의 대지의 지표면이 전면도로보다 높은 경우에는 그 고저차의 2분의 1의 높이만큼 올라온 위치에 그 전면도로의 면이 있는 것으로 본다[영 제119조 제1항 제5호 가목 2)].
⑤ 영 제119조 제1항 제5호 라목.

④ 건축물의 대지의 지표면이 전면도로보다 낮은 경우에는 그 고저차의 2분의1의 높이만 큼 올라온 위치에 당해 표지면이 있는 것으로 본다.

⑤ 굴뚝의 옥상돌출부는 당해 건축물의 높이에 산입하지 아니한다.

제6장 불법건축에 대한 강제수단

제1절　불법건축의 의의

제2절　간접적 강제 수단

61. 건축법령상 이행강제금에 관한 설명으로 옳지 않은 것은? (다툼이 있는 경우 판례에 따름)

① 이행강제금은 비대체적 작위의무 또는 부작위의무를 강제하기 위하여 일정 기한까지 이행하지 않으면 금전적 부담을 과한다는 뜻을 미리 계고하여 의무자에게 심리적 압박을 가함으로써 의무이행을 간접적으로 강제하는 수단이다.

② 이행강제금은 형벌의 성격을 가지지 않으며, 따라서 고의·과실을 요구하지 않는다. 그리고 이행강제금은 동일한 사안에 대하여 형사벌과 병과하여 부과될 수 있다.

③ 이행강제금은 대체적 작위의무 위반에 대하여도 부과될 수 있다.

④ 형사처벌이나 과태료는 부과 이후에도 위반행위가 시정되지 않는 경우에는 다시 부과할 수 없지만 이행강제금은 반복하여 부과할 수 있다.

---

61. **정답 ⑤** **해설** ① 이행강제금은 전통적으로 비대체적 작위의무 또는 부작위의무를 강제위한 간접강제수단이다(헌재 2004. 2. 26. 2001헌바80 등; 홍준형, 행정법, 603면).

② 건축법 제78조에 의한 무허가 건축행위에 대한 형사처벌과 건축법 제83조 제1항에 의한 시정명령 위반에 대한 이행강제금의 부과는 그 처벌 내지 제재대상이 되는 기본적 사실관계로서의 행위를 달리하며, 또한 그 보호법익과 목적에서도 차이가 있으므로 헌법 제13조 제1항이 금지하는 이중처벌에 해당한다고 할 수 없다(헌재 2004. 2. 26. 2001헌바80 등).

③ 헌재 2004. 2. 26. 2001헌바80 등.

④ ⑤ 개별사건에 있어서 위반내용, 위반자의 시정의지 등을 감안하여 행정청은 대집행과 이행강제금을 선택적으로 활용할 수 있다고 할 것이며, 이처럼 그 합리적인 재량에 의해 선택하여 활용하는 이상 중첩적인 제재에 해당한다고 볼 수 없다(헌재 2004. 2. 26. 2001헌바80 등).

⑤ 행정청은 행정대집행과 이행강제금을 선택적으로 활용할 수 없고, 이처럼 선택적으로 행사하는 것은 중첩적인 제재에 해당한다.

62. 건축법령상 이행강제금에 관한 설명으로 적합하지 않은 것은? <1999 제10회 수정>

① 위반면적, 내용 등에 따라 부과금액이 다르다.

② 부과전에 미리 계고하여야 한다.

③ 사전에 반드시 시정명령을 하여야 한다.

④ 허가권자는 이행강제금 부과처분을 받은 자가 이행강제금을 납부기한까지 내지 아니하면 「지방행정제재·부과금의 징수 등에 관한 법률」에 따라 징수한다.

⑤ 1년에 4회까지 반복 부과할 수 있다.

63. 건축법령상 이행강제금에 관한 설명으로 옳은 것은? <2009 제20회 수정>

① 허가권자는 계고 없이 이행강제금을 부과·징수할 수 있다.

② 위법이 시정된 경우에는 이미 부과된 이행강제금은 징수하지 아니한다.

③ 허가권자는 이행강제금 부과처분을 받은 자가 이행강제금을 납부기한까지 내지 아니하면 「지방행정제재·부과금의 징수 등에 관한 법률」에 따라 징수한다.

④ 이행강제금은 1년에 1회 이내의 범위에서 그 시정명령이 이행될 때까지 반복하여 부과·징수할 수 있다.

⑤ 긴급한 경우에는 시정명령 없이 이행강제금을 부과할 수 있다.

---

62. 정답 ⑤ 해설 ① 위반면적(법 제80조 제1항 제1호 및 제2항), 건축물이 건폐율이나 용적률을 초과하여 건축된 경우(부작위의무) 또는 허가를 받지 아니하거나 신고를 하지 아니하고 건축된 경우(작위의무) 등 위반행위의 내용에 따라 부과금액이 다르다(법 제80조 제1항 및 제2항).

② 법 제80조 제3항.

③ 공사중지명령과 해체(철거)명령은 건축법령상 과거의 의무위반행위로 야기되어 현재에도 존재하는 위법상태를 제거하는 것을 명하는 행정행위로서 시정명령이라 한다. 시정명령은 강학상 하명에 해당한다. **허가권자**는 시정명령을 받은 후 시정기간 내에 시정명령을 이행하지 아니한 **건축주**등에 대하여는 그 시정명령의 이행에 필요한 상당한 이행기한을 정하여 그 기한까지 시정명령을 이행하지 아니하면 법정한 범위에서 위반내용에 따라 **대통령령**으로 정하는 금액의 이행강제금을 부과한다(법 제80조 제1항).

④ 법 제80조 제7항.

⑤ **허가권자**는 최초의 시정명령이 있었던 날을 기준으로 하여 1년에 2회 이내의 범위에서 해당 지방자치단체의 조례로 정하는 횟수만큼 그 시정명령이 이행될 때까지 반복하여 이행강제금을 부과·징수할 수 있다(법 제80조 제5항).

63. 정답 ③ 해설 ① **허가권자**는 이행강제금을 부과하기 전에 미리 문서로써 계고(戒告)하여야 한다(법 제80조 제3항).

② **허가권자**는 시정명령을 받은 자가 이를 이행하면 새로운 이행강제금의 부과를 즉시 중지하되, 이미 부

64. 건축법령상 위반 건축물 등에 대한 조치에 관한 설명으로 옳지 않은 것은?

<2016 제27회 수정>

① 허가권자는 건축물이 건축법령에 위반되는 경우 그 건축물의 현장관리인에게 공사의 중지를 명할 수 있다.

② 건축물이 용적률을 초과하여 건축된 경우 해당 건축물에 적용되는 시가표준액의 100분의 10에 해당하는 금액으로 이행강제금이 부과된다.

③ 허가권자는 이행강제금을 부과하기 전에 이행강제금을 부과·징수한다는 뜻을 미리 문서로써 계고(戒告)하여야 한다.

④ 허가권자는 이행강제금 부과처분을 받은 자가 이행강제금을 납부기한까지 내지 아니하면 「지방행정제재·부과금의 징수 등에 관한 법률」에 따라 징수한다.

⑤ 허가권자는 시정명령을 받은 자가 이를 이행하면 새로운 이행강제금의 부과를 즉시 중지하되, 이미 부과된 이행강제금은 징수하여야 한다.

과된 이행강제금은 징수하여야 한다(법 제80조 제6항).

③ 법 제80조 제7항.

④ **허가권자**는 최초의 시정명령이 있었던 날을 기준으로 하여 1년에 2회 이내의 범위에서 해당 지방자치단체의 조례로 정하는 횟수만큼 그 시정명령이 이행될 때까지 반복하여 이행강제금을 부과·징수할 수 있다(법 제80조 제5항).

⑤ **허가권자**는 법 제79조 제1항에 따라 시정명령을 받은 후 시정기간 내에 시정명령을 이행하지 아니한 **건축주등**에 대하여는 그 시정명령의 이행에 필요한 상당한 이행기한을 정하여 그 기한까지 시정명령을 이행하지 아니하면 이행강제금을 부과한다(법 제80조 제1항).

64. **정답 ②** 해설 ① **허가권자**는 이 법 또는 이 법에 따른 명령이나 처분에 위반되는 대지나 건축물에 대하여 이 법에 따른 허가 또는 승인을 취소하거나 그 건축물의 **건축주**·공사시공자·현장관리인·소유자·관리자 또는 점유자(이하 "**건축주등**"이라 한다)에게 공사의 중지를 명하거나 당한 기간을 정하여 그 건축물의 철거·개축·증축·수선·용도변경·사용금지·사용제한, 그 밖에 필요한 조치를 명할 수 있다(법 제79조 제1항). 즉, 불법건축물에 대하여 허가취소, 공사중지명령, 철거명령을 할 수 있다.

② **허가권자**는 시정명령을 받은 후 시정기간 내에 시정명령을 이행하지 아니한 **건축주등**에 대하여는 그 시정명령의 이행에 필요한 상당한 이행기한을 정하여 그 기한까지 시정명령을 이행하지 아니하면 다음 각 호 1. 건축물이 건폐율이나 용적률을 초과하여 건축된 경우(부작위의무) 또는 허가를 받지 아니하거나 신고를 하지 아니하고 건축된 경우(작위의무)에는 「지방세법」에 따라 해당 건축물에 적용되는 1㎡의 시가표준액의 100분의 50에 해당하는 금액에 위반면적을 곱한 금액 이하의 범위에서 위반 내용에 따라 **대통령령**으로 정하는 비율[다음 각 호 1. 건폐율을 초과하여 건축한 경우: 100분의 80, 2. 용적률을 초과하여 건축한 경우: 100분의 90, 3. 허가를 받지 아니하고 건축한 경우: 100분의 100, 4. 신고를 하지 아니하고 건축한 경우: 100분의 70의 구분에 따른 비율을 말한다. 다만, 건축조례로 다음 각 호의 비율을 낮추어 정할 수 있되, 낮추는 경우에도 그 비율은 100분의 60 이상이어야 한다(영 제115조의3 제1항)]을 곱한 금액의 이행강제금을 부과한다(법 제80조 제1항).

③ 법 제80조 제3항. ④ 법 제80조 제7항. ⑤ 법 제80조 제6항.

65. 건축법령상 이행강제금에 관한 설명으로 옳지 않은 것은? <2014 제25회 수정>

① 이행강제금은 건축허가 대상 건축물뿐만 아니라 건축신고 대상 건축물에 대해서도 부과할 수 있다.

② 연면적 60제곱미터의 이하인 주거용 건축물인 경우에는 법정 이행강제금의 2분의 1의 범위에서 해당 지방자치단체의 조례로 정하는 금액을 부과한다.

③ 허가권자는 이행강제금을 부과하기 전에 이행강제금을 부과·징수한다는 뜻을 미리 문서로써 계고(戒告)하여야 한다.

④ 허가권자는 위반 건축물에 대한 시정명령을 받은 자가 이를 이행하면 이미 부과된 이행강제금의 징수를 즉시 중지하여야 한다.

⑤ 허가권자는 이행강제금 부과처분을 받은 자가 이행강제금을 납부기한까지 내지 아니하면 「지방행정제재·부과금의 징수 등에 관한 법률」에 따라 징수한다.

66. 건축법령상 「행정대집행법」 적용의 특례 사유로 규정되지 않은 것은? <2016 제27회>

① 어린이를 보호하기 위하여 필요하다고 인정되는 경우

② 재해가 발생할 위험이 절박한 경우

③ 건축물의 구조 안전상 심각한 문제가 있어 붕괴 등 손괴의 위험이 예상되는 경우

④ 허가권자의 공사중지명령을 받고도 불응하여 공사를 강행하는 경우

⑤ 도로통행에 현저하게 지장을 주는 불법건축물인 경우

제3절	벌칙(직접적 강제 수단)

---

65. 정답 ④ 해설 ① 허가나 신고 대상을 가리지 않는다. ② 법 제80조 제1항. ③ 법 제80조 제3항. ④ **허가권자**는 시정명령을 받은 자가 이를 이행하면 새로운 이행강제금의 부과를 즉시 중지하되, 이미 부과된 이행강제금은 징수하여야 한다(법 제80조 제6항). ⑤ 법 제80조 제7항.

66. 정답 ① 해설 **허가권자**는 법 제11조, 제14조, 제41조와 제79조 제1항에 따라 필요한 조치를 할 때 다음 각 호 1. 재해가 발생할 위험이 절박한 경우, 2. 건축물의 구조 안전상 심각한 문제가 있어 붕괴 등 손괴의 위험이 예상되는 경우, 3. **허가권자**의 공사중지명령을 받고도 불응하여 공사를 강행하는 경우, 4. 도로통행에 현저하게 지장을 주는 불법건축물인 경우, 5. 그 밖에 공공의 안전 및 공익에 심히 저해되어 신속하게 실시할 필요가 있다고 인정되는 경우로서 **대통령령**으로 정하는 경우[「대기환경보전법」에 따른 대기오염물질 또는 「물환경보전법」에 따른 수질오염물질을 배출하는 건축물로서 주변 환경을 심각하게 오염시킬 우려가 있는 경우를 (영 제119조의2)]의 어느 하나에 해당하는 경우로서 「행정대집행법」 제3조 제1항과 제2항에 따른 절차에 의하면 그 목적을 달성하기 곤란한 때에는 해당 절차를 거치지 아니하고 대집행할 수 있다(법 제85조 제1항).

제 **5** 편

도시 및 주거환경정비법

제1장 총설

1. 도시정비법령상 토지등소유자에 해당하지 않는 자는? <2013 제24회 중개 수정>

① 주거환경개선사업의 경우에는 정비구역에 위치한 토지 또는 건축물의 소유자

② 주거환경개선사업의 경우에는 정비구역에 위치한 토지의 지상권자

③ 재건축사업의 경우에는 정비구역에 위치한 건축물 및 그 부속토지의 지상권자

④ 재개발사업의 경우에는 정비구역에 위치한 토지 또는 건축물의 소유자

⑤ 재개발사업의 경우에는 정비구역에 위치한 토지의 지상권자

2. 도시정비법령상 정비기반시설이 아닌 것은? <2020 제31회>

① 경찰서　　　　② 공용주차장　　　　③ 상수도

④ 하천　　　　⑤ 지역난방시설

---

1. **정답 ③** 해설 ① ② ④ ⑤ 주거환경개선사업 및 재개발사업의 경우에는 정비구역에 위치한 토지 또는 건축물의 소유자 또는 그 지상권자(법 제2조 제9호 나목).
③ 재건축사업의 경우에는 정비구역에 위치한 건축물 및 그 부속토지의 소유자(법 제2조 제9호 가목).

2. **정답 ①** 해설 정비기반시설이란 도로·상하수도·공원·공용주차장·공동구(국토계획법 제2조 제9호), 그 밖에 주민의 생활에 필요한 열·가스 등의 공급시설로서 **대통령령**으로 정하는 시설[1. 녹지, 2. 하천, 3. 공공공지, 4. 광장, 5. 소방용수시설, 6. 비상대피시설, 7. 가스공급시설, 8. 지역난방시설, 9. 주거환경개선사업을 위하여 지정·고시된 정비구역에 설치하는 공동이용시설로서 법 제52조에 따른 사업시행계획서(이하 "사업시행계획서"라 한다)에 해당 특별자치시장·특별자치도지사·시장·군수 또는 자치구의 구청장(이하 "시장·군수등"이라 한다)이 관리하는 것으로 포함된 시설(영 제3조)]을 말한다(법 제2조 제4호). 따라서 ①이 정답이다.

3. 도시정비법령상 용어의 정의에 관한 설명으로 틀린 것은? <2012 제23회 중개 수정>

① 건축물이 훼손되거나 일부가 멸실되어 붕괴, 그 밖의 안전사고의 우려가 있는 건축물은 노후·불량건축물에 해당한다.

② 주거환경개선사업은 정비기반시설이 열악하고 노후·불량건축물이 밀집한 지역에서 주거환경을 개선하거나 상업지역·공업지역 등에서 도시기능의 회복 및 상권활성화 등을 위하여 도시환경을 개선하기 위한 사업을 말한다.

③ 도로·상하수도·공원·공용주차장·공동구(「국토계획법」 제2조 제9호에 따른 공동구를 말한다), 그 밖에 주민의 생활에 필요한 열·가스 등의 공급시설로서 대통령령으로 정하는 시설은 정비기반시설에 해당한다.

④ 재개발사업의 경우에는 정비구역에 위치한 토지의 지상권자는 토지등소유자에 해당한다.

⑤ 주택단지란 「건축법」 제11조에 따라 건축허가를 받아 아파트 또는 연립주택을 건설한 일단의 토지를 말한다.

---

3. **정답** ② 해설 ① 법 제2조 제3호 가목.

② 재개발사업이다(법 제2조 제2호 나목). 주거환경개선사업은 도시저소득 주민이 집단거주하는 지역으로서 정비기반시설이 극히 열악하고 노후·불량건축물이 과도하게 밀집한 지역의 주거환경을 개선하거나 단독주택 및 다세대주택이 밀집한 지역에서 정비기반시설과 공동이용시설 확충을 통하여 주거환경을 보전·정비·개량하기 위한 사업을 말한다(법 제2조 제2호 가목).

③ 법 제2조 제4호. ④ 법 제2조 제9호 가목. ⑤ 법 제2조 제7호 마목.

제2장 기본계획의 수립 및 정비구역의 지정

제1절 도시·주거환경정비 기본방침

4. 도시정비법령상 도시·주거환경정비 기본방침(이하 '기본방침')에 관한 설명으로 옳지 않은 것은?

① 국토교통부장관이 기본방침을 수립한다.

② 국토교통부장관은 도시 및 주거환경을 개선하기 위하여 10년마다 법정한 사항을 포함한 기본방침을 정하고, 5년마다 타당성을 검토하여 그 결과를 기본방침에 반영하여야 한다.

③ 도시 및 주거환경 정비를 위한 국가 정책 방향, 도시·주거환경정비기본계획의 수립 방향, 노후·불량 주거지 조사 및 개선계획의 수립, 도시 및 주거환경 개선에 필요한 재정지원계획 등을 명시하고 있다.

④ 기본방침은 법문언상으로는 국가가 수립하는 국가계획의 성격으로, 지방자치단체계획이라 할 수 있는 도시·주거환경정비기본계획 및 도시·주거환경정비계획의 상위계획으로서의 성격을 가진다.

⑤ 기본방침은 정비사업에 관한 종합계획으로 특별시·광역시·특별자치시·특별자치도·시 단위로 수립한다

---

4. 정답 ⑤ 해설 ① ② ③ ④는 옳고, ⑤ 기본계획은 정비사업에 관한 종합계획으로 특별시·광역시·특별자치시·특별자치도·시 단위로 수립한다.

제2절   기본계획의 수립

5. 도시정비법령상 도시·주거환경정비기본계획(이하 '기본계획')에 관한 설명으로 옳지 않은 것은? <2019 제30회>

① 도지사가 대도시가 아닌 시로서 기본계획을 수립할 필요가 없다고 인정하는 시에 대하여는 기본계획을 수립하지 아니할 수 있다.

② 정비사업의 계획기간을 단축하는 경우 기본계획의 수립권자는 주민공람과 지방의회의 의견청취 절차를 거쳐야 한다.

③ 기본계획에는 세입자에 대한 주거안정대책도 포함되어야 한다.

④ 대도시의 시장이 아닌 시장은 기본계획을 수립하려면 도지사의 승인을 받아야 한다.

⑤ 기본계획의 수립권자는 기본계획을 수립하는 경우에 14일 이상 주민에게 공람하여 의견을 들어야 한다.

6. 도시정비법령상 도시·주거환경정비기본계획(이하 '기본계획'이라 한다)의 수립에 관한 설명으로 틀린 것은? <2015 제26회 중개>

① 도지사가 대도시가 아닌 시로서 기본계획을 수립할 필요가 없다고 인정하는 시에 대하여는 기본계획을 수립하지 아니할 수 있다.

② 기본계획의 수립권자는 기본계획을 수립하거나 변경하려는 경우에는 14일 이상 주민에게 공람하여 의견을 들어야한다.

③ 대도시의 시장이 아닌 시장은 기본계획을 수립하거나 변경하려면 도지사의 승인을 받아야 한다.

④ 기본계획의 수립권자는 기본계획을 수립하거나 변경한 때에는 지체 없이 이를 해당 지방자치단체의 공보에 고시하고 일반인이 열람할 수 있도록 하여야 한다.

⑤ 기본계획의 수립권자는 기본계획에 대하여 3년마다 타당성 여부를 검토하여 그 결과를 기본계획에 반영하여야 한다.

---

5. **정답 ②** 해설 ① 법 제4조 제1항 단서. ② 법 제6조 제3항에 따라 경미한 사항의 변경은 주민공람과 지방의회의 의견청취 절차를 생략할 수 있다. ③ 법 제5조 제1항 제12호. ④ 법 제7조 제2항. ⑤ 법 제6조 제1항.

6. **정답 ⑤** 해설 ① 법 제4조 제1항 단서. ② 법 제6조 제1항. ③ 법 제7조 제2항. ④ 법 제7조 제3항. ⑤ 5년마다 타당성 여부를 검토하여야 한다(법 제4조 제2항).

7. 도시정비법령상 도시·주거환경정비기본계획(이하 '기본계획'이라 한다)의 수립에 관한 설명으로 틀린 것은? <2016 제27회 중개 유사>

① 기본계획의 작성방법은 국토교통부장관이 정한다.

② 대도시의 시장이 아닌 시장은 기본계획의 내용 중 단계별 정비사업 추진계획을 변경하는 때에는 도지사의 승인을 받지 아니할 수 있다.

③ 기본계획에 생활권별 기반시설 설치계획이 포함된 경우에는 기본계획에 포함되어야 할 사항 중 주거지 관리계획이 생략될 수 있다.

④ 대도시의 시장은 기본계획을 수립하거나 변경하려면 지방도시계획위원회의 심의를 거치기 전에 관계 행정기관의 장과 협의하여야 한다.

⑤ 도지사가 대도시가 아닌 시로서 기본계획을 수립할 필요가 없다고 인정하는 시에 대하여는 기본계획을 수립하지 아니할 수 있다.

8. 도시정비법령상 도시·주거환경정비기본계획(이하 '기본계획'이라 한다)의 수립에 관한 설명으로 틀린 것은? <2018 제29회 중개>

① 도지사가 대도시가 아닌 시로서 기본계획을 수립할 필요가 없다고 인정하는 시에 대하여는 기본계획을 수립하지 아니할 수 있다.

② 국토교통부장관은 기본계획에 대하여 5년마다 타당성 여부를 검토하여 그 결과를 기본계획에 반영하여야 한다.

③ 기본계획의 수립권자는 기본계획을 수립하거나 변경하려는 경우에는 14일 이상 주민에게 공람하여 의견을 들어야한다.

④ 기본계획에는 사회복지시설 및 주민문화시설 등의 설치계획이 포함되어야 한다.

⑤ 대도시의 시장이 아닌 시장은 기본계획의 내용 중 정비사업의 계획기간을 단축하는 경우에 해당하는 변경의 경우에는 도지사의 승인을 받지 아니할 수 있다.

---

7. 정답 ③ 해설 ① 법 제5조 제3항. ② 법 제7조 제2항 단서 및 영 제6조 제4항 제6호.
③ 기본계획에 생활권별 기반시설 설치계획이 포함된 경우에는 기본계획에 포함되어야 할 사항 중 정비예정구역의 개략적 범위와 단계별 정비사업 추진계획을 생략할 수 있다(법 제5조 제1항 제9호·제10호 및 제2항). 그러나 주거지 관리계획이 생략할 수 없다(법 제5조 제1항 제4호). ④ 법 제7조 제1항. ⑤ 법 제4조 제1항 단서.
8. 정답 ② 해설 ① 법 제4조 제1항 단서. ② 특별시장·광역시장·특별자치시장·특별자치도지사 또는 시장(이하 "기본계획의 수립권자"라 한다)은 기본계획에 대하여 5년마다 타당성 여부를 검토하여 그 결과를 기본계획에 반영하여야 한다(법 제4조 제2항).
③ 법 제6조 제1항. ④ 법 제5조 제1항 제7호. ⑤ 법 제7조 제2항 단서 및 영 제6조 제4항 제2호.

9. 도시정비법령상 도시·주거환경정비기본계획에 포함되어야 하는 사항에 해당하지 않는 것은? <2017 제28회>

① 도시 및 주거환경 정비를 위한 국가 정책방향

② 정비사업의 기본방향

③ 녹지·조경 등에 관한 환경계획

④ 도시의 광역적 재정비를 위한 기본방향

⑤ 건폐율·용적률 등에 관한 건축물의 밀도계획

10. 도시정비법령상 정비예정구역의 법적 효과에 관한 설명으로 옳지 않은 것은?

① 기본계획의 내용에 정비예정구역의 개략적 범위를 포함하여 확정·고시하도록 하고 있다.

② 기본계획은 정비계획에 대해 구속력이 있지만 대국민적 구속력은 없는 행정청의 내부적 기준일 뿐이므로 건축물의 건축, 토지의 분할 행위를 제한할 수 없다.

③ 국토교통부장관, 시·도지사, 시장, 군수 또는 구청장은 비경제적인 건축행위 및 투기수요의 유입을 막기 위하여 기본계획을 공람 중인 정비예정구역에 대하여 3년 이내의 기간을 정하여 제한할 수 있는데 1년의 범위에서 한 차례만 연장할 수 있다.

④ 현지개량방식을 제외한 주거환경개선사업을 시행하려는 경우에는 정비계획 입안을 위한 공람공고일 현재 해당 '정비예정구역'의 토지 또는 건축물의 소유자 또는 지상권자의 3분의 2 이상의 동의와 세입자 세대수의 과반수의 동의를 각각 받아야 한다.

⑤ 시·도지사가 투기를 억제하기 위하여 기본계획 수립 후 정비구역 지정·고시 전에 따로 정하는 날의 다음날을 기준으로 조합원 자격을 정하는 기준일(주택 등 건축물을 분

---

9. **정답 ①** 해설 ① 도시·주거환경정비 기본방침에서 명시하고 있다(법 제3조 제1호).

10. **정답 ②** 해설 ① 기본계획의 내용에 정비예정구역의 개략적 범위를 포함하여 확정·고시하도록 하고 있다(법 제5조 제1항 제9호).

② ③ **국토교통부장관**, 시·도지사, 시장, 군수 또는 구청장(자치구의 구청장을 말한다)은 비경제적인 건축행위 및 투기 수요의 유입을 막기 위하여 **기본계획을 공람 중인 '정비예정구역'** 또는 정비계획을 수립 중인 지역에 대하여 3년 이내의 기간(1년의 범위에서 **한 차례만** 연장할 수 있다)을 정하여 **대통령령**으로 정하는 방법과 절차에 따라 건축물의 건축과 토지의 분할 행위를 제한할 수 있다(법 제19조 제7항).

④ 정비계획 입안(법 제15조 제1항)을 위한 공람공고일 현재 해당 '정비예정구역'의 토지 또는 건축물의 소유자 또는 지상권자의 3분의 2 이상의 동의와 세입자(법 제15조 제1항에 따른 공람공고일 3개월 전부터 해당 정비예정구역에 3개월 이상 거주하고 있는 자를 말한다) 세대수의 과반수의 동의를 각각 받아야 하는 것으로 정하고 있다(법 제24조 제3항).

⑤ 시·도지사가 투기를 억제하기 위하여 기본계획 수립(정비예정구역) 후 정비구역 지정·고시 전에 따로 정하는 날의 다음날을 기준으로 조합원 자격을 정하는 기준일(주택 등 건축물을 분양받을 권리의 산정 기준일)로 정한다(법 제77조 제1항).

양받을 권리의 산정 기준일)로 정한다.

제3절　정비계획의 수립 및 정비구역의 지정

11. 도시정비법령상 정비구역에 관한 설명으로 옳지 않은 것은?(단, 조례는 고려하지 않음) <2019 제30회>

① 정비구역의 지정권자는 정비구역에서의 건축물의 최고 높이를 변경하는 경우에는 지방도시계획위원회의 심의를 거치지 아니할 수 있다.

② 정비구역의 지정권자는 정비사업의 효율적인 추진을 위하여 필요하다고 인정하는 경우에는 하나의 정비구역을 둘 이상의 정비구역으로 분할하는 방법으로 정비구역을 지정할 수 있다.

③ 정비사업의 시행으로 토지등소유자에게 과도한 부담이 발생할 것으로 예상되는 경우 정비구역의 지정권자는 지방도시계획위원회의 심의를 거치지 아니하고 정비구역등을 해제할 수 있다.

④ 주거환경개선사업은 사업시행자가 정비구역에서 정비기반시설 및 공동이용시설을 새로 설치하거나 확대하고 토지등소유자가 스스로 주택을 보전·정비하거나 개량하는 방법으로 할 수 있다.

⑤ 정비구역등의 추진 상황으로 보아 지정 목적을 달성할 수 없다고 인정되어 정비구역등이 해제된 경우 정비계획으로 변경된 용도지역은 정비구역 지정 이전의 상태로 환원된 것으로 본다.

---

11. 정답 ③ 해설 ① 법 제15조 제3항 및 영 제13조 제4항 제8호.
② 법 제18조 제1항.
③ 법 제21조 제1항 제1호에 따른 정비구역 지정권자의 정비구역등에 대한 재량적 직권해제 사항으로 해제의 절차에 관하여는 법 제20조 제3항부터 제5항까지 및 제7항을 준용하며(법 제21조 제2항)법 제20조 제3항부터 제5항에 따르면 지방도시계획위원회의 심의를 거쳐야 한다.
④ 법 제23조 제1항 제1호.
⑤ 법 제21조 제1항 제2호 및 법 제22조 제1항.

12. 도시정비법령상 정비계획의 입안 등에 관한 설명으로 옳지 않은 것은?

① 정비구역의 지정권자는 특별시장·광역시장·특별자치시장·특별자치도지사, 시장 또는 군수이며, 도지사와 자치구의 구청장 또는 광역시의 군수는 제외한다.

② 정비구역의 지정권자는 정비구역 지정을 위하여 직접 정비계획을 입안할 수 있으므로 동시에 정비계획의 입안권자이다.

③ 정비계획의 입안권자는 특별시장·광역시장·특별자치시장·특별자치도지사, 시장·군수 또는 구청장등이다.

④ 구청장등(자치구의 구청장 또는 광역시의 군수)은 정비계획을 입안하여 특별시장·광역시장에게 정비구역 지정을 신청하여야 한다.

⑤ 정비계획을 입안하는 주체에 시장·군수 외에 토지등소유자가 포함될 수 있다.

13. 도시정비법령상 정비계획의 내용에 포함되어야 하는 사항에 해당하지 않는 것은?

① 건폐율·용적률 등에 관한 건축물의 밀도계획

② 도시·군계획시설의 설치에 관한 계획

③ 공동이용시설 설치계획

---

12. 정답 ⑤ 해설 ① ② 정비구역의 지정권자(특별시장·광역시장·특별자치시장·특별자치도지사, 시장 또는 군수이며, 광역시의 군수와 도지사는 제외)는 정비구역 지정을 위하여 직접 정비계획을 입안할 수 있으므로 동시에 정비계획의 입안권자이다(법 제8조 제1항 및 법 제8조 제4항).

③ 법 제9조 제3항.

④ 구청장등(자치구의 구청장 또는 광역시의 군수)은 정비계획을 입안하여 특별시장·광역시장에게 정비구역 지정을 신청하여야 한다(법 제8조 제5항).

⑤ 정비계획을 입안하는 주체에 시장·군수 외에 **토지등소유자**가 포함될 수 있는지에 대한 법령해석에서 시장·군수 외에 법 제2조 제9호의 **토지등소유자**가 포함될 수 없다(법제처 법령해석, 안건번호 13-0415, 회신일자 2013. 12. 6.). **토지등소유자**는 법 제14조 제1항에서 일정한 경우에 시장·군수에게 정비계획의 입안을 제안할 수 있다.

13. 정답 ① 해설 ① 기본계획에는 다음 각 호 1. 정비사업의 기본방향, 2. 정비사업의 계획기간, 3. 인구·건축물·토지이용·정비기반시설·지형 및 환경 등의 현황, 4. 주거지 관리계획, 5. 토지이용계획·정비기반시설계획·공동이용시설설치계획 및 교통계획, 6. 녹지·조경·에너지공급·폐기물처리 등에 관한 환경계획, 7. 사회복지시설 및 주민문화시설 등의 설치계획, 8. 도시의 광역적 재정비를 위한 기본방향, 9. **정비예정구역의 개략적 범위**, 10. **단계별 정비사업 추진계획**(정비예정구역별 정비계획의 수립시기가 포함되어야 한다), 11. 건폐율·용적률 등에 관한 건축물의 밀도계획, 12. 세입자에 대한 주거안정대책, 13. 그 밖에 주거환경 등을 개선하기 위하여 필요한 사항으로서 **대통령령**으로 정하는 사항[1. 도시관리·주택·교통정책 등 「국토계획법」 제2조 제2호의 도시·군계획과 연계된 도시·주거환경정비의 기본방향, 2. 도시·주거환경정비의 목표, 3. 도심기능의 활성화 및 도심공동화 방지 방안, 4. 역사적 유물 및 전통건축물의 보존계획, 5. 정비사업의 유형별 공공 및 민간부문의 역할, 6. 정비사업의 시행을 위하여 필요한 재원조달에 관한 사항(영 제5조)]이 포함되어야 한다(법 제5조 제1항).

② ③ ④ ⑤ 정비계획에 포함될 사항으로 다음 각 호 1. 정비사업의 명칭, 2. 정비구역 및 그 면적, 3.

④ 건축물의 주용도·건폐율·용적률·높이에 관한 계획

⑤ 정비사업시행 예정시기

14. 도시정비법령상 정비구역지정의 법적 효과에 관한 설명으로 옳지 않은 것은?

① 정비구역의 지정·고시가 있는 경우 해당 정비구역 및 정비계획 중 「국토계획법」의 지구단위계획의 내용에 해당하는 사항은 지구단위계획구역 및 지구단위계획으로 결정·고시된 것으로 간주한다.

② 사업시행자가 정비구역에 있는 대지의 가액 일부에 해당하는 금액을 현금으로 납부한

도시·군계획시설의 설치에 관한 계획, 4. 공동이용시설 설치계획, 5. 건축물의 주용도·건폐율·용적률·높이에 관한 계획, 6. 환경보전 및 재난방지에 관한 계획, 7. 정비구역 주변의 교육환경 보호에 관한 계획, 8. 세입자 주거대책, 9. 정비사업시행 예정시기, 10. 정비사업을 통하여 「민간임대주택에 관한 특별법」 제2조 제4호에 따른 공공지원민간임대주택을 공급하거나 같은 조 제11호에 따른 주택임대관리업자(이하 '주택임대관리업자'라 한다)에게 임대할 목적으로 주택을 위탁하려는 경우에는 다음 각 목 가. 공공지원민간임대주택 또는 임대관리 위탁주택에 관한 획지별 토지이용계획, 나. 주거·상업·업무 등의 기능을 결합하는 등 복합적인 토지이용을 증진시키기 위하여 필요한 건축물의 용도에 관한 계획, 다. 주거지역을 세분 또는 변경하는 계획과 용적률에 관한 사항(국토계획법 제36조 제1항 제1호 가목), 라. 그 밖에 공공지원민간임대주택 또는 임대관리 위탁주택의 원활한 공급 등을 위하여 **대통령령**으로 정하는 사항[다만, 나목과 다목의 사항은 건설하는 주택 전체 세대수에서 공공지원민간임대주택 또는 임대할 목적으로 주택임대관리업자에게 위탁하려는 주택(이하 '임대관리 위탁주택'이라 한다)이 차지하는 비율이 100분의 20 이상, 임대기간이 8년 이상의 범위 등에서 **대통령령**으로 정하는 요건에 해당하는 경우로 한정한다], 11. 필요한 경우에 한하여 「국토계획법」 제52조(지구단위계획의 내용) 제1항 각 호의 사항에 관한 계획, 12. 그 밖에 정비사업의 시행을 위하여 필요한 사항으로서 **대통령령**으로 정하는 사항[1. 법 제17조 제4항에 따른 현금납부에 관한 사항, 2. 법 제18조에 따라 정비구역을 분할, 통합 또는 결합하여 지정하려는 경우 그 계획, 3. 법 제23조 제1항 제2호에 따른 방법으로 시행하는 주거환경개선사업의 경우 법 제24조에 따른 사업시행자로 예정된 자, 4. 정비사업의 시행방법, 5. 기존 건축물의 정비·개량에 관한 계획, 6. 정비기반시설의 설치계획, 7. 건축물의 건축선에 관한 계획, 8. 홍수 등 재해에 대한 취약요인에 관한 검토 결과, 9. 정비구역 및 주변지역의 주택수급에 관한 사항, 10. 안전 및 범죄예방에 관한 사항, 11. 그 밖에 정비사업의 원활한 추진을 위하여 시·도조례로 정하는 사항(영 제8조 제3항)]이 포함되어야 한다(법 제9조 제1항).

14. **정답 ⑤** 해설 ① 정비구역의 지정·고시가 있는 경우 해당 정비구역 및 정비계획 중 「국토계획법」 제52조 제1항 각 호의 어느 하나에 해당하는 사항은 같은 법 제50조에 따라 지구단위계획구역 및 지구단위계획으로 결정·고시된 것으로 본다(법 제17조 제1항).

② 용적률이 완화되는 경우로서 사업시행자가 정비구역에 있는 대지의 가액 일부에 해당하는 금액을 현금으로 납부한 경우에는 **대통령령**으로 정하는 공공시설 또는 기반시설(이하 '공공시설등'이라 한다)의 부지를 제공하거나 공공시설등을 설치하여 제공한 것으로 본다(법 제17조 제4항). 현금 기부채납 규정은 2016. 1. 27. 개정 및 시행(법률 제13912호)으로 기부채납에 대한 현금 납부를 허용한 것이다.

③ 법 제19조 제1항 및 영 제15조 제1항.

④ 토지등소유자는 정비조합을 결성하여 사업을 주도하는 사업시행자의 잠재적 구성원이므로 정비구역의 지정이 갖는 가장 중요한 법적 효과 중의 하나가 바로 토지등소유자의 확정이다.

⑤ 토지등소유자의 확정은 정비구역내 추진위원회를 구성하기 위한 전제가 되므로(법 제31조 제1항), 정비구역의 지정·고시는 추진위원회의 승인을 위한 요건이 된다. 특히 정비구구역의 시성이 없는 한 사업대상지가 전혀 정해질 수 없으므로 정비구역지정 없는 추진위원회의 승인은 무효이다.

경우에는 공공시설등의 부지를 제공하거나 공공시설등을 설치하여 제공한 것으로 보도록 하여 현금 기부채납을 허용한 것이다.

③ 정비구역이 지정·고시되면 예외적인 경우 이외에 곧 건축물을 철거할 예정이므로 건축행위 등을 제한하고 있다.

④ 정비구역이 지정·고시되어 효력을 발생하게 되면 비로소 대상구역의 위치와 면적이 확정되므로, 그로 인해 토지등소유자가 법적으로 확정된다.

⑤ 기본계획에 정비예정구역의 개략적 범위를 포함하여 확정·고시하도록 하고 있으므로 정비구역의 지정·고시가 없어도 추진위원회의 승인을 위한 요건이 된다.

15. 도시정비법령상 정비구역 지정권자가 정비구역등을 직권으로 해제할 수 있는 해제 사유에 해당하지 않는 것은?

① 정비구역등의 추진 상황으로 보아 지정 목적을 달성할 수 없다고 인정되는 경우

② 한국토지주택공사 등이 사업시행자가 되는 주거환경개선사업 정비구역의 경우 추진위원회가 구성되지 아니한 구역에 한하여 토지등소유자의 100분의 30 이상이 정비구역등의 해제를 요청하는 경우

③ 현지개량방식(법 제23조 제1항 제1호)으로 시행 중인 주거환경개선사업의 정비구역이 지정·고시된 날부터 10년 이상 경과하고, 추진 상황으로 보아 지정 목적을 달성할 수 없다고 인정되는 경우로서 토지등소유자의 과반수가 정비구역의 해제에 동의하는 경우

④ 추진위원회 구성 또는 조합 설립에 동의한 토지등소유자의 2분의 1 이상 3분의 2 이하의 범위에서 시·도조례로 정하는 비율 이상의 동의로 정비구역의 해제를 요청하는 경우

⑤ 추진위원회가 구성되거나 조합이 설립된 정비구역에서 토지등소유자 과반수의 동의로

---

15. **정답** ② 해설 ① 법 제21조 제1항 제2호.

② 주거환경개선사업은 법 제24조 제1항 및 제2항에 따라 정비예정구역안의 **토지 또는 건축물의 소유자 또는 지상권자의 3분의 2 이상(법 제23조 제1항 제1호에 따라 시행하는 경우에는 과반수)의 동의와 세입자 세대수 과반수의 동의를 각각 얻어 사업시행자를 지정하게 되는 점**을 고려할 때, 사업시행자 지정에 동의한 **토지등소유자**는 해당 정비구역의 유지 및 정비사업의 시행에 대한 신뢰를 갖게 된다고 볼 수 있을 것이고, 토지등소유자의 **100분의 30의 요청만으로 정비구역을 해제할 수 있다고 하면 정비구역 내 건축물의 소유자 또는 지상권자가 불측의 손해를 입을 우려가 있는 점**에 비추어 볼 때, 법 제21조 제1항 제3호는 정비구역의 해제요청권을 **토지등소유자**가 추진위원회를 구성하고 조합을 설립하여 정비사업을 시행하는 구역으로 제한한다는 취지로 해석하는 것이 합리적일 것이다(법제처 법령해석, 안건번호 13-0563, 회신일자 2014. 3. 13.). 주거환경개선사업의 경우에는 추진위원회가 구성되지 아니한 구역에 한하여 **토지등소유자의 100분의 30 이상**이 정비구역등의 해제를 요청하는 경우(법 제21조 제1항 제3호)를 적용하여 사업시행자 지정 후에 정비구역 지정 해제를 요청할 수 없다.

③ 법 제21조 제1항 제4호. ④ 법 제21조 제1항 제5호. ⑤ 법 제21조 제1항 제6호.

정비구역의 해제를 요청하는 경우

16. 도시정비법령상 안전진단에 관한 설명으로 옳은 것은? <2011 제22회 중개>

① 안전진단의 실시를 요청하려면 정비예정구역에 위치한 건축물 및 그 부속토지의 소유자 3분의 1 이상의 동의를 얻어야 한다.

② 주택의 구조안전상 사용금지가 필요하다고 정비계획의 입안권자가 인정할 때에는 안전진단을 실시하여야 한다.

③ 「시설물의 안전 및 유지관리에 관한 특별법」에 의한 한국시설안전공단은 재건축사업의 안전진단을 할 수 있다.

④ 정비계획의 입안권자가 천재지변 등으로 주택이 붕괴되어 신속히 재건축을 추진할 필요가 있다고 인정할 때에는 안전진단을 실시하여야 한다.

⑤ 정비계획의 입안권자는 수익자 부담원칙에 의하여 안전진단에 드는 비용을 원칙적으로 부담하지 않는다.

17. 도시정비법령상 안전진단에 관한 설명으로 틀린 것은? <2017 제28회 중개>

① 정비계획의 입안권자는 단계별 정비사업 추진계획에 따른 정비예정구역별 정비계획의 수립시기가 도래한 때에 안전진단을 실시하여야 한다.

---

16. 정답 ③ 해설 ① 정비예정구역에 위치한 건축물 및 그 부속토지의 소유자 10분의 1 이상의 동의를 받아 안전진단의 실시를 요청하는 경우 등에는 정비계획의 입안권자는 안전진단을 실시하여야 한다(법 제12조 제2항 제1호).

② 주택의 구조안전상 사용금지가 필요하다고 정비계획의 입안권자가 인정하는 때에는 안전진단에서 제외할 수 있다(법 제12조 제3항 단서 및 영 제10조 제3항 제2호).

③ 정비계획의 입안권자는 현지조사 등을 통하여 해당 건축물의 구조안전성, 건축마감, 설비노후도 및 주거환경 적합성 등을 심사하여 안전진단의 실시 여부를 결정하여야 하며, 안전진단의 실시가 필요하다고 결정한 경우에는 **대통령령**으로 정하는 안전진단기관에 안전진단을 의뢰하여야 한다(법 제12조 제4항 및 영 제10조 제4항 제3호).

④ 천재지변 등으로 주택이 붕괴되어 신속히 재건축을 추진할 필요가 있다고 인정하는 때에는 안전진단에서 제외할 수 있다(법 제12조 제3항 단서 및 영 제10조 제3항 제1호).

⑤ 안전진단에 드는 비용은 정비계획의 입안권자가 부담하는 것을 원칙이고, 해당 안전진단의 실시를 요청하는 자에게 부담하게 할 수 있다(법 제12조 제2항).

17. 정답 ⑤ 해설 ① 법 제12조 제1항.

② 법 제12조 제3항 단서 및 영 제10조 제3항 제4호.

③ 법 제12조 제4항.

④ 법 제13조 제2항.

⑤ 정비계획의 입안권자는 정비계획의 입안 여부를 결정한 경우에는 지체 없이 특별시장·광역시장·도지사에게 결정내용과 해당 안전진단 결과보고서를 제출하여야 한다(법 제13조 제1항).

② 진입도로 등 기반시설 설치를 위하여 불가피하게 정비구역에 포함된 것으로 정비계획의 입안권자가 인정하는 주택단지 내의 건축물은 안전진단 대상에서 제외할 수 있다.

③ 정비계획의 입안권자는 현지조사 등을 통하여 해당 건축물의 구조안전성, 건축마감, 설비노후도 및 주거환경 적합성 등을 심사하여 안전진단의 실시 여부를 결정하여야 한다.

④ 시·도지사는 필요한 경우 한국시설안전공단에 안전진단 결과의 적정성 여부에 대한 검토를 의뢰할 수 있다

⑤ 정비계획의 입안권자는 정비계획의 입안 여부를 결정한 경우에는 지체 없이 국토교통부장관에게 안전진단 결과보고서를 제출하여야 한다.

18. 도시정비법령상 정비구역등에 대한 기속적(필수적) 직권 해제사유로 틀린 것은?

<2013 제24회 중개 수정>

① 정비예정구역에 대하여 기본계획에서 정한 정비구역지정 예정일부터 3년이 되는 날까지 특별자치시장, 특별자치도지사, 시장 또는 군수가 정비구역을 지정하지 아니하거나 구청장등이 정비구역의 지정을 신청하지 아니하는 경우

② 재개발사업·재건축사업을 조합이 시행하는 경우에 한하여, 토지등소유자가 정비구역으로 지정·고시된 날부터 2년이 되는 날까지 추진위원회의 승인을 신청하지 아니하는 경우

③ 재개발사업·재건축사업을 조합이 시행하는 경우에 한하여, 추진위원회가 추진위원회 승인일부터 2년이 되는 날까지 조합설립인가를 신청하지 아니하는 경우

④ 재개발사업·재건축사업을 조합이 시행하는 경우에 한하여 조합이 조합설립인가를 받은 날부터 3년이 되는 날까지 사업시행계획인가를 신청하지 아니하는 경우

⑤ 토지등소유자가 시행하는 재건축사업으로서 토지등소유자가 정비구역으로 지정·고시된 날부터 5년이 되는 날까지 사업시행계획인가를 신청하지 아니하는 경우

18. **정답 ⑤** 해설 ⑤ 정비구역의 지정권자는 **토지등소유자**가 시행하는 재개발사업으로서 **토지등소유자**가 정비구역으로 지정·고시된 날부터 5년이 되는 날까지 사업시행계획인가를 신청하지 아니하는 경우에는 정비구역등을 해제하여야 한다(법 제20조 제1항 제3호). **토지등소유자**가 20인 미만인 경우에는 **토지등소유자**가 직접 시행하는 **토지등소유자**방식은 재개발사업에서만 가능하고 재건축사업에서의 시행방식이 아니다(법 제25조 제1항 제2호).

19. 도시정비법령상 정비구역의 해제사유에 해당하는 것은? <2020 제31회>

① 조합의 재건축사업의 경우, 토지등소유자가 정비구역으로 지정·고시된 날부터 1년이 되는 날까지 조합설립추진위원회의 승인을 신청하지 않은 경우

② 조합의 재건축사업의 경우, 토지등소유자가 정비구역으로 지정·고시된 날부터 2년이 되는 날까지 조합설립인가를 신청하지 않은 경우

③ 조합의 재건축사업의 경우, 조합설립추진위원회가 추진위원회 승인일부터 1년이 되는 날까지 조합설립인가를 신청하지 않은 경우

④ 토지등소유자가 재개발사업을 시행하는 경우로서 토지등소유자가 정비구역으로 지정·고시된 날부터 5년이 되는 날까지 사업시행계획인가를 신청하지 않은 경우

⑤ 조합설립추진위원회가 구성된 구역에서 토지등소유자의 100분의 20이 정비구역의 해제를 요청한 경우

---

19. 정답 ④ 해설 ① 정비구역으로 지정·고시된 날부터 2년이 되는 날까지 추진위원회의 승인을 신청하지 아니하는 경우(법 제20조 제1항 제2호 가목).

② 정비구역으로 지정·고시된 날부터 3년이 되는 날까지 조합설립인가를 신청하지 아니하는 경우(법 제20조 제1항 제2호 나목).

③ 추진위원회가 추진위원회 승인일부터 2년이 되는 날까지 조합설립인가를 신청하지 아니하는 경우(법 제20조 제1항 제2호 다목). ④ 법 제20조 제1항 제3호.

⑤ 추진위원회가 구성되지 아니한 구역에 한하여 **토지등소유자의 100분의 30 이상**이 정비구역등의 해제를 요청하는 경우(법 제21조 제1항 제3호).

제3장 정비사업의 시행

20. 도시정비법령상 정비사업의 시행방식으로 허용되지 않는 것은? <2009 제20회 중개 수정>

① 주거환경개선사업은 정비구역에서 정비기반시설 및 공동이용시설을 새로 설치하거나 확대하고 토지등소유자가 스스로 주택을 보전·정비하거나 개량하는 방법으로 할 수 있다.

② 주거환경개선사업은 정비구역의 전부 또는 일부를 수용하여 주택을 건설한 후 토지등소유자에게 우선 공급하거나 대지를 토지등소유자 또는 토지등소유자 외의 자에게 공급하는 방법으로 할 수 있다.

③ 주거환경개선사업은 인가받은 관리처분계획에 따라 건축물을 건설하여 공급하는 방법으로 할 수 있다.

④ 재개발사업은 정비구역에서 인가받은 관리처분계획에 따라 주택, 부대·복리시설 및 오피스텔을 건설하여 공급하거나 환지로 공급하는 방법으로 할 수 있다.

⑤ 재건축사업은 정비구역에서 인가받은 관리처분계획에 따라 주택, 부대시설·복리시설 및 오피스텔을 건설하여 공급하는 방법으로 할 수 있다.

---

20. **정답 ③** 해설 ① 법 제23조 제1항 제1호. ② 법 제23조 제1항 제2호.
③ 주거환경개선사업은 인가받은 관리처분계획에 따라 주택 및 부대시설·복리시설을 건설하여 공급하도록 하여(법 제23조 제1항 제4호), 건축물의 유형이 주택, 부대시설·복리시설 및 오피스텔로만 한정된다.
④ 재개발사업은 정비구역에서 인가받은 관리처분계획에 따라 건축물을 건설하여 공급하거나 환지로 공급하는 방법으로(법 제23조 제2항) 개정되었으나, 여전히 2018. 2. 9. 시행법 이전의 방법인 주택, 부대·복리시설 및 오피스텔을 건설하여 공급하는 방법으로도 시행할 수 있다.
⑤ 법 제23조 제3항.

21. 도시정비법령상 정비구역에서의 행위제한에 관한 설명으로 틀린 것은? <2009 제20회 중개>

① 이동이 쉽지 아니한 물건을 1개월 이상 쌓아놓는 행위를 하려는 자는 시장·군수등의 허가를 받아야 한다.

② 시장·군수등은 행위에 대한 허가를 하려는 경우로서 사업시행자가 있는 경우에는 미리 그 사업시행자의 의견을 들어야 한다.

③ 허가받은 사항을 변경하려는 때에도 시장·군수등에게 신고를 하여야 한다.

④ 허가를 받아야 하는 행위로서 정비구역의 지정 및 고시 당시 이미 관계 법령에 따라 행위허가를 받았거나 허가를 받을 필요가 없는 행위에 관하여 그 공사 또는 사업에 착수한 자는 정비구역이 지정·고시된 날부터 30일 이내에 그 공사 또는 사업의 진행 상황과 시행계획을 첨부하여 관할 시장·군수등에게 신고한 후 이를 계속 시행할 수 있다.

⑤ 허가를 받은 경우에는 「국토계획법」에 따른 개발행위의 허가를 받은 것으로 본다.

22. 도시정비법령상 정비사업의 시행방식으로 허용되지 않는 것은?

① 재개발·재건축사업은 조합이 단독시행하거나 조합이 조합원의 과반수의 동의를 받아 시장·군수등, 토지주택공사등, 건설업자, 등록사업자 또는 신탁업자와 한국감정원과 공동으로 시행하는 방법으로 시행할 수 있다.

② 시장·군수등은 재개발사업·재건축사업이 법정한 특수한 사유에 의해 조합을 대신하여 시장·군수등이 직접 정비사업을 시행하거나 토지주택공사등(토지주택공사등이 건설업 자등과 공동시행을 포함)을 사업시행자로 지정하여 정비사업의 사업시행자가 되는 자를 공공시행자라 한다.

③ 시장·군수등은 재개발사업·재건축사업이 법정한 특수한 사유에 해당하는 때에는 토지 등소유자, 민관합동법인 또는 신탁업자로서 대통령령으로 정하는 요건을 갖춘 자(지정 개발자)를 사업시행자로 지정하여 정비사업을 시행하게 할 수 있다.

---

21. **정답** ③ 해설 ① 법 제19조 제1항 및 영 제15조 제1항 제6호. ② 영 제15조 제2항. ③ 허가받은 사항을 변경하려는 때에도 시장·군수등의 허가를 받아야 한다(법 제19조 제1항). ④ 법 제19조 제3항 및 영 제15조 제4항. ⑤ 법 제19조 제6항.

22. **정답** ① 해설 ① 재건축사업은 재개발사업과 달리 신탁업자 또는 한국감정원과 공동시행이 불가하다(법 제25조 제1항 및 영 제19조, 법 제25조 제2항). ② 법 제26조 제1항. ③ 법 제27소 제1항. ④ 법 제28 조 제1항. ⑤ 법 제27조 제1항 및 법 제28조 제1항.

④ 시장·군수등이 장기간 정비사업이 지연되거나 권리관계에 관한 분쟁 등으로 해당 조합 또는 토지등소유자가 시행하는 정비사업을 계속 추진하기 어렵다고 인정하는 경우나 토지등소유자(조합을 설립한 경우에는 조합원을 말한다)의 과반수 동의로 요청하는 경우에는 해당 조합 또는 토지등소유자를 대신하여 직접 정비사업을 시행하거나 토지주택공사등 또는 지정개발자에게 해당 조합 또는 토지등소유자를 대신하여 정비사업을 시행(사업대행자)하게 할 수 있다.

⑤ 지정개발자는 조합방식 또는 토지등소유자방식의 사업시행자 자체를 변경하여 지정함으로써 정비사업을 추진하려는 규정이고, 사업을 대행하는 것은 사업시행자는 그대로 두고 사업대행자를 지정하여 대신 사업을 추진하게 하려는 규정으로서 두 제도는 정비사업 추진에 관한 별개의 제도이다.

23. 도시정비법령상 군수가 재개발사업을 시행할 수 있는 사유에 해당되지 않는 것은?

<2015 제26회 중개>

① 해당 정비구역의 토지면적 2분의 1 이상의 토지소유자와 토지등소유자의 3분의 2 이상에 해당하는 자가 시장·군수등 또는 토지주택공사등을 사업시행자로 지정할 것을 요청하는 때

② 해당 정비구역의 국·공유지 면적이 전체 토지면적의 3분의 1 이상으로서 토지등소유자의 과반수가 군수의 직접시행을 동의하는 때

③ 순환정비방식으로 정비사업을 시행할 필요가 있다고 인정하는 때

④ 천재지변 사유로 긴급하게 정비사업을 시행할 필요가 있다고 인정하는 때

⑤ 고시된 정비계획에서 정한 정비사업시행 예정일부터 2년 이내에 사업시행계획인가를 신청하지 아니하거나 사업시행계획인가를 신청한 내용이 위법 또는 부당하다고 인정하는 때

---

23. **정답 ②** 해설 ① 법 제26조 제1항 제8호. ② 해당 정비구역의 국·공유지 면적 또는 국·공유지와 토지주택공사등이 소유한 토지를 합한 면적이 전체 토지면적의 2분의 1 이상으로서 **토지등소유자**의 과반수가 시장·군수등 또는 토지주택공사등을 사업시행자로 지정하는 것에 동의하는 때(법 제26조 제1항 제7호). ③ 법 제26조 제1항 제5호. ④ 법 제26조 제1항 제1호. ⑤ 법 제26조 제1항 제2호.

24. 도시정비법령상 시공자 선정에 관한 설명으로 틀린 것은? <2015 제26회 중개 유사>

① 토지등소유자가 재개발사업을 시행하는 경우에는 사업시행계획인가를 받은 후 경쟁입찰의 방법으로 시공자로 선정하여야 한다.

② 군수가 직접 정비사업을 시행하는 경우 군수는 주민대표회의가 경쟁입찰 또는 수의계약(2회 이상 경쟁입찰이 유찰된 경우로 한정한다)의 방법에 따라 시공자를 추천한 경우 추천받은 자를 시공자로 선정하여야 한다.

③ 주민대표회의가 시공자를 추천하기 위한 입찰방식에는 일반경쟁입찰·제한경쟁입찰 또는 지명경쟁입찰이 있다.

④ 조합원이 100인 이하인 정비사업은 조합총회에서 정관으로 정하는 바에 따라 선정할 수 있다.

⑤ 사업시행자는 선정된 시공자와 공사에 관한 계약을 체결할 때에는 기존 건축물의 철거 공사에 관한 사항을 포함하여야 한다.

---

24. 정답 ① 해설 ① **토지등소유자**가 20인 미만인 경우에는 **토지등소유자**가 시행하거나, **토지등소유자**가 **토지등소유자**의 과반수의 동의를 받아 시장·군수등, 토지주택공사등, 건설업자등 또는 **대통령령**으로 정하는 요건을 갖춘 자와 공동으로 시행하는 방법에 따라 재개발사업을 시행하는 경우에는 사업시행계획인가를 받은 후 사업시행자인 **토지등소유자**가 자치적으로 정한 규약에 따라 건설업자등을 시공자로 선정하여야 한다(법 제29조 제5항).

② ③ 시장·군수등이 재개발사업·재건축사업의 공공시행자(법 제26조 제1항) 및 지정개발자(법 제27조 제1항)로서 직접 정비사업을 시행하거나 토지주택공사등 또는 지정개발자를 사업시행자로 지정한 경우에 시공자를 선정하거나 관리처분방식(법 제23조 제1항 제4호)으로 시행하는 주거환경개선사업의 사업시행자를 시공자를 선정하는 경우 주민대표회의(법 제47조) 또는 **토지등소유자** 전체회의(법 제48조)는 1. 일반경쟁입찰·제한경쟁입찰 또는 지명경쟁입찰 중 하나일 것, 2. 해당 지역에서 발간되는 일간신문에 1회 이상 제1호의 입찰을 위한 공고를 하고, 입찰 참가자를 대상으로 현장 설명회를 개최할 것, 3. 해당 지역 주민을 대상으로 합동홍보설명회를 개최할 것, 4. **토지등소유자**를 대상으로 제출된 입찰서에 대한 투표를 실시하고 그 결과를 반영할 것의 요건을 모두 갖춘 입찰방법(영 제24조 제4항) 또는 수의계약(2회 이상 경쟁입찰이 유찰된 경우로 한정한다)의 방법으로 시공자를 추천할 수 있다(법 제29조 제7항).

④ 조합원이 100인 이하인 정비사업은 조합총회에서 정관으로 정하는 바에 따라 선정할 수 있다(법 제29조 제4항 단서 및 영 제24조 제3항).

⑤ 사업시행자(사업대행자를 포함한다)는 선정된 시공자와 공사에 관한 계약을 체결할 때에는 기존 건축물의 철거 공사(석면안전관리법에 따른 석면 조사·해체·제거를 포함한다)에 관한 사항을 포함시키도록 개정하였다(법 제29조 제9항).

제2절 조합설립추진위원회 및 조합의 설립

25. 도시정비법령상 정비사업의 시행을 위한 조합설립추진위원회(이하 '추진위원회'라 함)에 관한 설명 중 틀린 것은? <2007 제18회 중개>

① 추진위원장을 포함한 5명 이상의 추진위원에 대하여 토지등소유자 과반수의 동의를 받아야 한다.
② 추진위원회를 구성하여 국토교통부령으로 정하는 방법과 절차에 따라 시장·군수등의 승인을 받아야 한다.
③ 추진위원회는 정비사업전문관리업자의 선정 및 변경 업무를 수행할 수 없다.
④ 추진위원회는 수행한 업무와 관련된 권리·의무는 조합이 포괄승계한다.
⑤ 추진위원회는 운영규정에 따라 운영하여야 하며, 토지등소유자는 운영에 필요한 경비를 운영규정에 따라 납부하여야 한다.

26. 도시정비법령상 정비사업의 시행에 관한 설명으로 옳지 않은 것은? <2019 제30회>

① 재건축사업은 조합이 조합원의 과반수의 동의를 받아 시장·군수등과 공동으로 시행할 수 있다.
② 토지등소유자가 20인 미만인 경우에는 토지등소유자가 직접 재개발사업을 시행할 수 없다.
③ 조합설립추진위원회도 개략적인 정비사업 시행계획서를 작성할 수 있다.
④ 재개발사업은 정비구역에서 인가받은 관리처분계획에 따라 건축물을 건설하여 공급하거나 환지를 공급하는 방법으로 한다.

---

25. **정답 ③** 해설 ① ② 법 제31조 제1항. ③ 추진위원회는 다음 각 호 1. **정비업자**의 선정 및 변경, 2. **설계자**의 선정 및 변경, 3. 개략적인 정비사업 **시행계획서**의 작성, 4. 조합설립인가를 받기 위한 준비업무, 5. 그 밖에 조합설립을 추진하기 위하여 **대통령령**으로 정하는 업무[1. 법 제31조 제1항 제2호에 따른 추진위원회 운영규정의 작성, 2. 토지등소유자의 동의서의 접수, 3. 조합의 설립을 위한 창립총회의 개최, 4. 조합 정관의 초안 작성, 5. **그 밖에 추진위원회 운영규정으로 정하는 업무**(영 제26조)]를 수행할 수 있다(법 제32조 제1항). ④ 법 제34조 제3항. ⑤ 법 제34조 제2항.

26. **정답 ②** 해설 ① 법 제25조 제2항. ② 법 제25조 제1항 제2호 및 영 제19조에 따르면 2018. 2. 9. 시행법부터 도시환경정비사업에 대한 조항이 현재 재개발사업으로 통합되면서, 조합을 결성하지 않고 **토지등소유자**가 시행(**토지등소유자**방식)할 수 있는 경우를 20명 미만으로 제한하고 있다. ③ 법 제32조 제1항 제3호. ④ 법 제23조 제2항으로 2018. 2. 9. 시행법부터는 건축할 수 있는 건축물의 범위가 확대되어 사업수익성을 높일 수 있게 되었다. ⑤ 법 제50조 제2항으로 2018. 2. 9. 시행법부터 인가권자는 60일 이내에 인가 여부를 결정하여 통보하도록 하는 의무화규정을 신설하였다.

⑤ 조합이 사업시행자인 경우 시장·군수등은 특별한 사유가 없으면 사업시행계획서의 제출이 있은 날부터 60일 이내에 인가 여부를 결정하여 사업시행자에게 통보하여야 한다.

27. 도시정비법령상 조합설립추진위원회와 조합에 관한 설명으로 옳지 않은 것은?

<2020 제31회>

① 조합설립추진위원회는 설계자의 선정 및 변경의 업무를 수행할 수 있다.
② 조합설립추진위원회는 추진위원회를 대표하는 추진위원장 1명과 감사를 두어야 한다.
③ 조합장이 자기를 위하여 조합과 계약이나 소송을 할 때에는 이사가 조합을 대표한다.
④ 정비사업전문관리업자의 선정 및 변경의 사항은 조합 총회의 의결을 거쳐야 한다.
⑤ 조합장이 아닌 조합임원은 조합의 대의원이 될 수 없다.

28. 도시정비법령상 조합원 자격에 관한 설명으로 틀린 것은?(투기과열지구 밖을 전제함)

① 재개발사업의 조합설립인가 후 조합원 2인이 결혼하여 세대를 합쳐 1세대에 속하게

---

27. 정답 ③ 해설 ① 법 제32조 제1항 제2호. ② 법 제33조 제1항. ③ 조합장 또는 이사가 자기를 위하여 조합과 계약이나 소송을 할 때에는 감사가 조합을 대표한다(법 제42조 제3항). ④ 법 제45조 제1항 제6호. ⑤ 법 제46조 제3항.

28. 정답 ② 해설 ① 법 제39조 제1항 제2호에서 그 여러 명을 대표하는 1명을 조합원으로 보는 경우 "여러 명의 **토지등소유자**가 1세대에 속할 것"만을 그 요건으로 하고 있을 뿐이고 그 시점은 요건으로 하고 있지 않으므로, 해당 규정의 문언상 1세대에 속하게 된 시점이 조합설립인가 전인지 후인지와 상관없이 여러 명의 **토지등소유자**가 1세대에 속하는 경우에 해당하기만 하면 법 제39조 제1항 제2호가 적용된다고 보아야 할 것이고, 또한 사업시행자가 관리처분계획을 수립할 때 1세대 또는 1인이 하나 이상의 주택 또는 토지를 소유한 경우에는 1주택을 공급하도록 규정하고 있는 점도 이 사안을 해석할 때 고려하여야 할 것이다(법제처 법령해석 안건번호 17-0300, 회신일자 2017. 6. 22.).
② 사업시행변경인가로 인하여 법 제72조에 따른 분양신청을 다시 하게 되는 경우에는 그 분양신청을 다시 하는 때를 기준으로 하여 조합원 자격을 갖춘 자만이 분양신청을 다시 할 수 있다. 여러 명을 대표하는 1인을 조합원으로 보는 경우 "여러 명의 **토지등소유자**가 1세대에 속할 것"만을 그 요건으로 하고 있을 뿐이고 그 시점은 요건으로 하고 있지 않으므로, 해당 규정의 문언상 1세대에 속하게 된 시점이 분양신청 전인지 후인지와 상관없이 여러 명의 **토지등소유자**가 1세대에 속하는 경우에 해당하기만 하면 법 제39조 제1항 제2호가 적용된다고 보아야 할 것이다(법제처 법령해석, 안건번호 17-0300, 회신일자 2017. 6. 22.).
③ 법 제39조 제1항 제2호에서는 "여러 명의 **토지등소유자**가 1세대에 속하는 때"에는 그 여러 명을 대표하는 1인을 조합원으로 본다고 규정하여 "여러 명의 **토지등소유자**가 1세대에 속할 것"만을 요건으로 하고 있을 뿐이고 그 시점이나 경위 등은 요건으로 하고 있지 않으므로, 해당 규정의 문언상 그 시점이 관리처분계획의 효력이 발생하기 전인지 후인지, 또는 그 경위가 세대원 간 주택 등의 양도·양수로 인한 것인지 세대원과 제3자 간 주택 등의 양도·양수로 인한 것인지 등과 상관없이 위 규정이 적용된다고 보아야 할 것이다. 관리처분계획이 인가·고시된 이후에도 그 계획에 따라 확정된 분양권을 전전 매수하는 등의 방법으로 투기세력이 유입될 가능성이 있다는 점을 고려할 때, 관리처분계획의 효력이 발생한 이후에도 해당 규정을 적용할 필요가 있다고 할 것이고, 이와 같이 해석하더라도 같은 호에서 괄호를

된 경우, 그 2인을 대표하는 1인만 조합원 자격을 갖게 된다.

② 재개발사업의 조합원 2인이 각각 분양신청을 한 후 결혼하여 세대를 합쳐 1세대에 속하게 되었고, 그 후 사업시행변경인가로 인하여 분양신청을 다시 하게 된 경우, 그 2인이 각각 분양신청을 다시 할 수 있다.

③ 관리처분계획이 인가·고시된 이후 해당 재개발조합의 조합원 A와 동일 세대를 이루고 있는 자녀 C가 같은 조합의 다른 조합원 B로부터 그 소유 주택에 대한 소유권을 이전받은 경우에도 동일 세대원인 A와 C를 대표하는 1인만 조합원 자격을 가진다.

④ 재개발사업구역 안에 소재한 토지 또는 건축물의 소유권 또는 지상권을 각각 보유하는 A, B, C, D가 1세대에 속하던 중 조합설립인가 이후 다른 세대에 속하는 甲이 C로부터 C의 소유권 또는 지상권을 양수하여 토지등소유자의 지위를 취득한 경우, 甲은 토지등

두어 19세 이상 자녀의 분가 등 투기의 목적이 없는 경우 조합원 자격 취득을 예외적으로 허용하고 있으므로, 세대원의 조합원 자격 취득을 지나치게 제한하는 것은 아니라고 할 것이다(법제처 법령해석, 안건번호 17-0040, 회신일자 2017. 4. 27.).

④ 법문언상 법 제39조 제1항 제2호는 "여러 명의 **토지등소유자**가 1세대에 속하는 경우"를 대상으로 하고 있는 바, 이 사안에서와 같이 1세대에 속하는 A, B, C, D 중 C가 조합 설립 인가 이후 다른 세대에 속하는 甲에게 C의 소유권 또는 지상권을 양도한 경우라면 甲은 A, B, D 와 1세대에 속하지 아니할 뿐만 아니라 독립적인 **토지등소유자**의 지위를 갖는다고 할 것이므로 같은 호의 적용대상에 해당하지 않고, 조합설립인가 후 여러 명의 **토지등소유자** 일부가 양도·양수로 인해 1세대가 아닌 사람이 소유하게 된 경우까지도 이를 1세대로 간주하는 명문의 규정을 두고 있지 아니하므로, 이 사안에서 甲은 「도시정비법」 제39조 제1항 각 호 외의 부분에 따라 단독으로 조합원의 자격을 가진다고 할 것이다. 따라서 여러 명의 **토지등소유자**가 1세대에 속하는 경우 그 중 1인이 양도를 하면 1세대의 1인과 양수인이 조합원이 되는 반면, 양도하지 아니하면 1세대의 1인만 조합원이 된다(법제처 법령해석, 안건번호 12-0468, 회신일자 2012. 12. 26.).

⑤ 이 사안과 같이 "2채"의 아파트를 부부가 각각 공유하다가 그 중 한 채를 제3자에게 양도하여 양수인이 단독으로 소유하는 경우는 "하나"의 토지 또는 건축물을 수인이 공유하는 경우를 그 적용대상으로 하는 법 제39조 제1항 제1호에 해당하지 않는다고 할 것이고, 부부와 제3자인 양수인은 1세대에 속하지 않으므로 같은 항 제2호에도 해당하지 않는다고 할 것이다. 다음으로, 제3호에서는 여러 명을 대표하는 1인을 조합원으로 보는 경우 중 하나로 "조합설립인가 후 1인의 **토지등소유자**로부터 토지 또는 건축물의 소유권이나 지상권을 양수하여 여러 명이 소유하게 된 때"라고 규정하고 있는 바, 이 사안과 같이 "부부가 2채의 아파트를 각각 공유하고 있는 경우"를 "1인의 **토지등소유자**"로 볼 수 있는지, 그리고 부부가 2채 중 1채의 아파트를 조합설립인가 후 제3자인 양수인에게 양도하여 "1채는 부부가 공유하고, 나머지 1채는 양수인인 제3자가 소유하는 경우"가 "토지 또는 건축물의 소유권을 양수하여 여러 명이 소유하게 된 경우"에 해당하는지를 각각 검토할 필요가 있다. 법 제39조 제1항 제3호에 따른 "**토지등소유자** 수"를 산정할 때에도 영 제33조 제1항 제2호가 적용된다고 할 것이고, 그렇다면 부부가 2채의 아파트를 각각 공유하는 경우 **토지등소유자**는 "1인"으로 산정하여야 할 것이다. 즉 부부가 재건축사업의 정비사업 구역 안에 있는 2채의 아파트를 각각 공유하다가 조합설립인가 후 그 중 한 채를 제3자에게 양도함으로써 한 채는 부부가, 다른 한 채는 양수인이 각각 소유하게 되는 경우는 「도시정비법」 제39조 제1항 제3호에서 규정하는 "조합설립인가 후 1인의 **토지등소유자**로부터 토지 또는 건축물의 소유권이나 지상권을 양수하여 여러 명이 소유하게 된 경우"에 해당하므로 같은 항 각 호 외의 부분 단서에 따라 양도인인 부부와 양수인인 제3자를 대표하는 1인만이 조합원 자격을 갖는다고 할 것이다(법제처 법령해석, 안건번호 16-0632, 회신일자 2017. 1. 25.).

소유자로서 A, B, D와 별도로 단독 조합원의 자격을 가진다.

⑤ 재건축사업의 정비구역 안에 소재한 아파트단지에서 2채의 아파트를 각각 동일한 지분으로 공유하고 있는 부부가 재건축조합 설립인가 후 1채의 아파트를 제3자에게 양도하는 경우, 양수인인 제3자는 단독으로 조합원의 자격을 가질 수 없고, 부부와 양수인인 제3자를 대표하는 1인만 조합원의 자격을 가진다.

29. 도시정비법령상 투기과열지구지정 지역에서 조합원변경 관한 설명으로 틀린 것은?

① 투기과열지구로 지정된 지역에서 재건축사업을 시행하는 경우에는 조합설립인가 후, 재개발사업을 시행하는 경우에는 관리처분계획의 인가 후 해당 정비사업의 건축물 또는 토지를 양수(매매·증여, 그 밖의 권리의 변동을 수반하는 일체의 행위를 포함하되, 상속·이혼으로 인한 양도·양수의 경우는 제외한다)한 자는 조합원이 될 수 없다.

---

29. **정답 ⑤** 해설 ① 법 제39조 제2항 본문.
② 법 제39조 제2항 단서.
③ 법 제39조 제2항 본문은 **토지등소유자**(공유자)에게 조합원(대표조합원) 자격을 부여하고 있는 같은 조 제1항의 특례로서, 재건축주택의 투기수요를 차단하기 위해 투기과열지구에서는 재건축사업조합설립인가 후에 해당 정비사업의 건축물 또는 토지를 양수하더라도 그 양수인은 조합원 자격을 취득할 수 없도록 제한하려는 규정이다. 따라서 조합원(대표조합원) 자격 취득이 제한되는 대상은 그 문언상 "양수인"에 한정됨이 명백하므로, 결국 양도인이 대표조합원의 자격을 가진다(법제처 법령해석, 안건번호 17-0691, 회신일자 2018. 4. 16.).
④ 그 이유로, 「도시정비법」 투기과열지구로 지정된 지역으로서 재건축사업구역내에 1개의 건축물을 가진 자가 이를 조합설립인가 후에 양도하는 경우뿐만 아니라 2개의 건축물을 가진 자가 조합설립인가 후에 1개의 건축물을 양도하는 경우에도 그 양수인은 조합원의 자격이 없고, 해당 정비사업에 따른 건축물에 대한 분양권이 없다고 보아야 할 것이다. 한편, 2개의 주택이 아니라 주택과 상가를 각각 1개씩 소유한 조합원이 조합설립인가 후에 상가를 양도한 경우에는 법 제39조 제2항에서는 "조합설립인가 후 당해 정비사업의 건축물을 양수한 자"라고만 규정되어 있을 뿐 달리 위 건축물에서 상가를 제외한다는 규정을 두고 있지 아니하고, 또한 재건축사업구역에서의 투기 방지 목적이라는 측면에서 보면 주택과 상가를 달리 취급할 이유가 없다는 점에서 조합설립인가 후 상가를 양도하는 경우에도 법 제39조 제2항 및 제3항이 적용된다고 할 것이다(법제처 법령해석, 안건번호 11-0293, 회신일자 2011. 8. 11.).
⑤ 투기과열지구로 지정된 지역으로서 재건축사업구역내에 주택과 상가를 각각 1개씩 소유한 조합원이 조합설립인가 후 상가를 양도한 경우에도 기존 조합원인 양도인이 정비사업에 따른 건축물인 주택과 상가를 각각 1개씩 분양받을 수 있는지에 관하여 살펴보면, 앞서 본 바와 같이 위 사업구역내에서 조합설립인가 후 상가를 양수한 자가 「도시정비법」 제39조 제2항 각 호의 어느 하나에 해당하는 경우에는 같은 항 단서에 따라 양수인이 정비사업에 따른 건축물을 분양받는 것이고, 법 제39조 제2항 각 호의 어느 하나에 해당하지 않는 경우에는 같은 항 각 호 외의 부분 본문 및 같은 조 제3항에 따라 양수인이 상가에 관한 현금청산의 대상자가 된다고 할 것인 바, 그렇다면 기존의 주택과 상가를 각각 1개씩 보유했던 조합원이 상가를 양도한 경우에는 양도인은 기존 주택을 기준으로 하여 정비사업에 따른 건축물을 분양받을 수 있다고 보아야 할 것이지, 양수인의 분양권 또는 현금청산의 대상인 상가를 전제로 하여 정비사업에 따른 건축물을 분양받을 수는 없다고 할 것이나(법제저 법령해석, 안건번호 11-0293, 회신일자 2011. 8. 11.).

② 양도인이 세대원의 근무상 또는 생업상의 사정이나 질병치료·취학·결혼으로 세대원이 모두 해당 사업구역에 위치하지 아니한 특별시·광역시·특별자치시·특별자치도, 시 또는 군으로 이전하는 경우 등에 해당하는 경우 그 양도인으로부터 그 건축물 또는 토지를 양수한 자는 조합원 지위가 인정된다.

③ 투기과열지구로 지정된 지역에서 주택을 단독으로 소유하면서 재건축조합원 자격을 가지는 자가 그 조합설립인가 후 해당 주택의 소유권 일부를 조합원이 아닌 제3자에게 양도하여 양도인과 양수인이 해당 주택의 소유권을 공유하게 된 경우, 그 양도인(법 제39조 제2항 각 호에 해당하지 않는 경우로 한정함)은 조합원 자격을 가진다.

④ 투기과열지구로 지정된 지역으로서 재건축사업구역내에 주택과 상가를 각각 1개씩 소유한 조합원이 조합설립인가 후 상가를 양도한 경우, 상가를 양수한 자는(법 제39조 제2항 각 호에 해당하지 않는 한) 정비사업에 따른 건축물을 분양받을 수 없다.

⑤ ④의 사례에서 기존 조합원인 양도인은 대표 조합원으로서 정비사업에 따른 건축물인 주택과 상가를 각각 1개씩 분양받을 수는 있다.

30. 도시정비법령상 조합설립추진위원회가 수행할 수 있는 업무에 해당하지 않는 것은? (단, 조합설립추진위원회 운영규정은 고려하지 않음) <2018 제29회>

① 정비사업전문관리업자의 선정
② 조합정관의 변경
③ 설계자의 변경
④ 개략적인 정비사업 시행계획서의 작성
⑤ 토지등소유자의 동의서 징구

31. 도시정비법령상 조합을 설립하는 경우 토지등소유자의 동의자수 산정방법으로 옳지 않은 것은? <2017 제28회 수정>

① 재건축사업의 경우 1명이 둘 이상의 소유권을 소유하고 있는 경우에는 소유권의 수에 관계없이 토지등소유자를 1명으로 산정한다.

---

30. **정답 ②** 해설 ② 영 제26조 제4호에 따르면 조합설립추진위원회는 조합 정관의 초안을 작성할 수 있고, 법 제45조 제1항 제1호에 따르면 조합정관의 변경은 원칙적으로 총회의 의결사항이다.
31. **정답 ⑤** 해설 ① 영 제33조 제1항 제2호 나목. ② 영 제33조 제1항 제1호 가목.
③ 영 제33조 제1항 제5호. ④ 영 제33조 제1항 제1호 나목.
⑤ 재개발사업으로서 <u>토지등소유자가 재개발사업을 시행하는 경우</u>(법 제25조 제1항 제2호) **토지등소유**

② 재개발사업의 경우 하나의 건축물이 여러 명의 공유에 속하는 때에는 그 여러 명을 대표하는 1인을 토지등소유자로 산정한다.

③ 국·공유지에 대해서는 그 재산관리청을 토지등소유자로 산정한다.

④ 재개발사업의 경우 토지에 지상권이 설정되어 있는 경우에는 토지의 소유자와 해당 토지의 지상권자를 대표하는 1인을 토지등소유자로 산정한다.

⑤ 재개발사업으로서 토지등소유자가 재개발사업을 시행하는 경우로서 토지등소유자가 정비구역 지정 후에 정비사업을 목적으로 토지를 추가로 취득하여 1인이 다수 필지의 토지를 소유하게 된 경우에는 필지의 수에 관계없이 토지등소유자를 1인으로 산정한다.

32. 도시정비법령상 조합의 정관으로 정할 수 없는 것은? <2017 제28회 중개>

① 대의원의 수

② 대의원의 선임방법

③ 대의원회의 법정 의결정족수 완화

④ 청산금의 분할징수 여부의 결정

⑤ 조합 상근임원의 보수에 관한 사항

자가 정비구역 지정 후에 정비사업을 목적으로 취득한 토지 또는 건축물에 대해서는 정비구역 지정 당시의 토지 또는 건축물의 소유자를 **토지등소유자**의 수에 포함하여 산정하되, 이 경우 동의 여부는 이를 취득한 **토지등소유자**에 따른다(영 제33조 제1항 제1호 다목).

32. **정답 ③** 해설 ①과 ②는 법 제40조 제1항 제7호.

③ 대의원회는 재적대의원 과반수의 출석과 출석대의원 과반수의 찬성으로 의결한다. 다만, 그 이상의 범위에서 정관으로 달리 정하는 경우에는 그에 따른다(영 제44조 제8항). 대의원회의 대의원의 수 및 의결정족수에 관하여 최소한의 범위를 규정하면서, 영 제44조 제8항 단서에서는 동조 동항 본문의 범위 안에서 달리 정할 수 있는데, 가령 본문의 "재적대의원 과반수의 출석과 출석대의원 과반수의 찬성의결"을 "과반수의 출석과 출석대의원 3분의 2의 찬성의결"등으로 의결정족수를 강화하라는 의미이다. 만약 의결정족수를 완화한다면 대의원회의 권한이 높아져 이들의 전횡으로 조합원의 이익이 침해될 수 있다. 그리고 정관에서 대의원회의 구성, 개회와 기능, 의결권의 행사방법 및 그 밖에 회의의 운영에 관한 사항을 정관으로 정할 수 있다(영 제38조 제3호).

④ 청산금의 징수·지급의 방법 및 절차(법 제40조 제1항 제15호).

⑤ 영 제38조 제16호.

33. 도시정비법령상 조합이 정관의 기재사항을 변경하려고 할 때, 조합원 3분의 2 이상의 찬성을 받아야 하는 것을 모두 고른 것은? (단, 조례는 고려하지 않음) <2020 제31회>

```
ㄱ. 조합의 명칭 및 사무소의 소재지
ㄴ. 조합원의 자격
ㄷ. 조합원의 제명·탈퇴 및 교체
ㄹ. 정비사업비의 부담 시기 및 절차
ㅁ. 조합의 비용부담 및 조합의 회계
```

① ㄱ, ㄴ, ㄷ   ② ㄱ, ㄹ, ㅁ   ③ ㄴ, ㄷ, ㄹ

④ ㄱ, ㄴ, ㄷ, ㅁ   ⑤ ㄴ, ㄷ, ㄹ, ㅁ

34. 도시정비법령상 조합임원에 관한 설명으로 옳은 것은? <2019 제30회>

① 조합임원이 금고 이상의 형의 집행유예를 받고 그 유예기간 중에 있는 경우에는 총회의 의결을 거쳐 해임된다.

33. **정답 ⑤** 해설 조합의 정관에는 다음 각 호 1. 조합의 명칭 및 사무소의 소재지, **2. 조합원의 자격**(2/3), **3. 조합원의 제명·탈퇴 및 교체**(2/3), **4. 정비구역의 위치 및 면적**(2/3), 5. 조합임원의 수 및 업무의 범위, 6. 조합임원의 권리·의무·보수·선임방법·변경 및 해임, 7. 대의원의 수, 선임방법, 선임절차 및 대의원회의 의결방법, **8. 조합의 비용부담 및 조합의 회계**(2/3), 9. 정비사업의 시행연도 및 시행방법, 10. 총회의 소집 절차·시기 및 의결방법, 11. 총회의 개최 및 조합원의 총회소집 요구, 12. 법 제73조 제3항에 따른 이자 지급, **13. 정비사업비의 부담 시기 및 절차**(2/3), 14. 정비사업이 종결된 때의 청산절차, 15. 청산금의 징수·지급의 방법 및 절차, **16. 시공자·설계자의 선정 및 계약서에 포함될 내용**(2/3), 17. 정관의 변경절차, 18. 그 밖에 정비사업의 추진 및 조합의 운영을 위하여 필요한 사항으로서 **대통령령으로 정하는 사항**[법 제40조 제1항 제18호는 정관에서 기재하여야 할 사항을 **대통령령으로** 위임하여 그 내용을 구체적으로 규정하도록 하고 있는 것으로 다음 각 호 1. 정비사업의 종류 및 명칭, 2. 임원의 임기, 업무의 분담 및 대행 등에 관한 사항, 3. 대의원회의 구성, 개회와 기능, 의결권의 행사방법 및 그 밖에 회의의 운영에 관한 사항, 4. 법 제24조 및 제25조에 따른 정비사업의 공동시행에 관한 사항, 5. 정비업자에 관한 사항, 6. 정비사업의 시행에 따른 회계 및 계약에 관한 사항, 7. 정비기반시설 및 공동이용시설의 부담에 관한 개략적인 사항, 8. 공고·공람 및 통지의 방법, 9. 토지 및 건축물 등에 관한 권리의 평가방법에 관한 사항, 10. 관리처분계획(법 제74조 제1항) 및 청산(분할징수 또는 납입에 관한 사항을 포함한다)에 관한 사항, 11. 사업시행계획서의 변경에 관한 사항, 12. 조합의 합병 또는 해산에 관한 사항, 13. 임대주택의 건설 및 처분에 관한 사항, 14. 총회의 의결을 거쳐야 할 사항의 범위, 15. 조합원의 권리·의무에 관한 사항, 16. 조합직원의 채용 및 임원 중 상근임원의 지정에 관한 사항과 직원 및 상근임원의 보수에 관한 사항, 17. 그 밖에 시·도조례로 정하는 사항을 말한다(영 제38조)]이 포함되어야 한다(법 제40조 제1항).
조합이 정관의 기재사항을 변경하려는 경우에는 조합설립인가를 위한 **토지등소유자**의 동의율과 달리 (법 제35조 제2항부터 제5항까지의 규정에도 불구하고) **총회를 개최하여 조합원 과반수의 찬성으로 시장·군수등의 인가**를 받아야 한다. 다만, 제1항 **제2호·제3호·제4호·제8호·제13호 또는 제16호**의 경우에는 **조합원 3분의 2 이상의 찬성**으로 한다(법 제40조 제3항). 따라서 ⑤가 정답이다.

34. **정답 ②** 해설 ① 법 제43조 제1항 제4호에 따른 조합임원의 결격사유에 해당하는 경우에는 총회의 의결절차 없이 당연 퇴임한다(법 제43조 제2항). 법 제45조 제1항에 제7호 따르면 조합임원의 선임

② 조합임원은 조합원 10분의 1 이상의 요구로 소집된 총회에서 조합원 과반수의 출석과 출석 조합원 과반수의 동의를 받아 해임할 수 있다.

③ 조합장 또는 이사가 자기를 위하여 조합과 계약과 소송을 할 때에는 대의원회의 의장이 조합을 대표한다.

④ 조합임원의 임기는 정관으로 정하되, 연임할 수 없다.

⑤ 조합의 정관에는 조합임원 업무의 분담 및 대행 등에 관한 사항은 포함되지 아니한다.

35. 도시정비법령상 동의자 수 산정기준에 관한 설명으로 옳지 않은 것은?

① 재개발사업은 1필지의 토지 또는 하나의 건축물을 여럿이서 공유할 때에는 그 여럿을 대표하는 1인을 토지등소유자로 산정한다. 다만, 여럿이서 조합설립을 위한 동의여부에 대하여 의견이 일치하지 않아 그 여럿을 대표하는 1인을 정하지 못한 경우, 조합설립에 동의한 자의 지분에 해당하는 면적만큼 동의한 것으로 산정할 수 있다.

② 재개발사업은 토지에 지상권이 설정되어 있는 경우 토지의 소유자와 해당 토지의 지상권자를 대표하는 1인을 토지등소유자로 산정한다.

및 해임은 총회의 의결사항이다.

② 법 제44조 제2항 및 법 제45조 제3항. ③ 조합장 또는 이사가 자기를 위하여 조합과 계약이나 소송을 할 때에는 감사가 조합을 대표한다(법 제42조 제3항).

④ 조합임원의 임기는 3년 이하의 범위에서 정관으로 정하되, 연임할 수 있다(법 제41조 제4항).

⑤ 영 제38조 제2호에 따르면 조합임원의 임기, 업무의 분담 및 대행 등에 관한 사항이 포함된다.

35. 정답 ① 해설 ① 영 제33조 제1항 제1호 가목, 법제처는 조합설립에 동의한 자의 지분에 해당하는 면적만큼 동의한 것으로 산정할 수는 없다고 해석하였다. 그 이유로 1필지 토지공유자들이 조합설립에 대한 동의를 하기 위해서는 공유자 간 충분한 협의가 필요하다고 할 것이고, 더불어 정비사업구역내 토지 또는 건축물이 여러 명의 공유에 속하는 경우 그 여러 명을 대표하는 1인을 조합원으로 보고 그 이후 대표하는 1인을 기준으로 조합 총회 등의 의결 및 분양이 이루어지도록 한 「도시정비법」의 체계(법 제48조 제3항) 등을 고려할 때, 1필지 토지공유자들의 조합설립에 대한 동의여부는 공유자 간 협의에 따라 선출된 대표자 1인을 기준으로 판단하여야 할 것으로 해석된다(법제처 법령해석, 안건번호 11-0666, 회신일자 2011. 12. 8.).

② 영 제33조 제1항 제1호 나목.

③ 영 제33조 제1항 제1호 다목. 재개발사업은 1인이 다수 필지의 토지 또는 다수의 건축물을 소유하고 있는 경우에는 필지나 건축물의 수에 관계없이 **토지등소유자**를 1인으로 산정할 것. 다만, 재개발사업으로서 **토지등소유자**가 재개발사업을 시행하는 경우(법 제25조 제1항 제2호에 따른 **토지등소유자**방식) **토지등소유자**가 정비구역 지정 후에 정비사업을 목적으로 취득한 토지 또는 건축물에 대해서는 정비구역 지정 당시의 토지 또는 건축물의 소유자를 **토지등소유자**의 수에 포함하여 산정하되, 이 경우 동의여부는 이를 취득한 **토지등소유자**에 따른다.

④ 영 제33조 제1항 제1호 라목.

⑤ 영 제33조 제1항 제2호 가·다목, 재건축사업의 경우에 소유권 또는 구분소유권을 여럿이서 공유하는 경우에는 그 여럿을 대표하는 1인을 **토지등소유자**로 산정할 것과 둘 이상의 소유권 또는 구분소유권을 소유한 공유자가 동일한 경우에는 그 공유자 여럿을 대표하는 1인을 **토지등소유자**로 할 것.

③ 재개발사업으로서 토지등소유자가 재개발사업을 시행하는 경우 정비구역지정 당시 총 토지등소유자가 18명이었는데, 정비구역지정 후 그 1인이 다른 사람이 소유하고 있는 토지 또는 건축물을 소유하게 되어서 소유자가 17인으로 줄어들더라도 총 토지등소유자의 수는 18인으로 산정하고, 대신 새로 소유한 토지 또는 건축물에 대한 동의여부는 새로 취득한 토지등소유자가 행사하게 된다.

④ 재개발사업은 둘 이상의 토지 또는 건축물을 소유한 공유자가 동일한 경우에는 그 공유자 여럿을 대표하는 1인을 토지등소유자로 산정할 것의 기준에 의한다.

⑤ 재건축사업에서 아파트 101호와 102호를 갑·을·병 3명이 공유하는 경우 공유자를 대표하는 1인을 토지등소유자로 산정하고, 101호는 갑·을·병이 102호를 을·병·무가 소유한 경우 각 아파트별로 1인의 대표자를 달리하여 토지등소유자로 산정한다.

36. 도시정비법령상 재개발조합을 설립을 위한 동의자수 산정 시, 다음에서 산정되는 토지등소유자의 수는? (단, 권리관계는 제시된 것만 고려하며, 토지는 정비구역 안에 소재함) <2014 제25회 중개 유사>

- A, B, C 3명이 공유한 1필지 상의 토지에 두개의 주택을 단독 소유한 D
- 3필지의 나대지를 단독 소유한 E
- 1필지의 나대지를 단독 소유한 F와 그 나대지에 대한 지상권자 G

① 3명　　　　② 4명　　　　③ 5명　　　　④ 6명　　　　⑤ 7명

---

36. **정답 ②** 해설 재개발사업의 경우에 **토지등소유자**는 정비구역에 위치한 토지 또는 건축물의 소유자 또는 그 지상권자이다(법 제2조 제9호 가목). 1필지의 토지 또는 하나의 건축물을 여럿이서 공유할 때에는 그 여럿을 대표하는 1인을 **토지등소유자**로 산정하고(영 제33조 제1항 제1호 가목), 토지에 지상권이 설정되어 있는 경우 토지의 소유자와 해당 토지의 지상권자를 대표하는 1인을 **토지등소유자**로 산정하며(영 제33조 제1항 제1호 나목), 1인이 다수 필지의 토지 또는 다수의 건축물을 소유하고 있는 경우에는 필지나 건축물의 수에 관계없이 **토지등소유자**를 1인으로 산정하며(영 제33조 제1항 제1호 다목), A, B, C 중 대표하는 1명과 D, E 2명과 F와 G를 대표하는 1인을 합쳐서 동의자 수 산정의 **토지등소유자**는 4명이다.

37. 도시정비법령상 토지소유자인 갑은 조합설립추진위원회에 재개발사업을 위한 조합설립동의를 하였으나, 조합설립인가신청 전 2020. 10. 1. 추진위원회와 인가권자인 시장에게 각각 동의철회서를 발송하였다. 시장은 갑의 철회서가 접수된 사실을 2010. 10. 5. 추진위원회에 통지하였고, 갑이 추진위원회에 발송한 철회서는 2010. 10. 7. 추진위원회에 도달하였다. 이 경우 동의철회의 효력은 언제부터 발생하는가?(다만, 철회는 적법함을 전제함) <2010 제21회 중개>

① 2010. 10. 1   ② 2010. 10. 5.   ③ 2010. 10. 6
④ 2010. 10. 7   ⑤ 2010. 10. 8

38. 도시정비법령상 조합설립변경인가 및 경미한 사항의 변경신고에 관한 설명으로 옳지 않은 것은?

① 설립된 조합이 인가받은 사항을 변경하고자 하는 때에는 총회에서 조합원의 동의율은 당초 조합설립인가신청 시와 같고, 법정한 서류의 사항을 첨부하여 시장·군수등의 인가를 받아야 한다.

② 조합설립변경인가를 위한 동이내용도 당초 조합설립인가를 위한 동의내용과 같다.

③ 판례는 조합설립변경인가의 신청 전에 총회를 새로 개최하여 조합정관의 확정·조합임원의 선임 등에 관한 결의를 하는 등의 절차적 요건을 구비하여야 한다. 다만 이 경우 새로 개최된 총회의 의사결정은 종전의 조합설립인가의 신청 전에 이루어진 창립총회의 결의를 추인하는 결의를 하거나 총회의 진행 경과 등에 비추어 그러한 추인의 취지가 포함된 것으로 볼 수 있는 사정이 있으면 충분하다고 보았다.

---

37. **정답 ②** 해설 동의의 철회나 반대의 의사표시를 하려는 **토지등소유자**는 철회서에 **토지등소유자**가 성명을 적고 지장(指章)을 날인한 후 주민등록증 및 여권 등 신원을 확인할 수 있는 신분증명서 사본을 첨부하여 동의의 상대방 및 시장·군수등에게 내용증명의 방법으로 발송하여야 한다. 이 경우 시장·군수등이 철회서를 받은 때에는 지체 없이 동의의 상대방에게 철회서가 접수된 사실을 통지하여야 한다(영 제33조 제3항). 동의의 철회나 반대의 의사표시는 철회서가 동의의 상대방에게 도달한 때 또는 같은 항 후단에 따라 시장·군수등이 동의의 상대방에게 철회서가 접수된 사실을 통지한 때 중 빠른 때에 효력이 발생한다(영 제33조 제4항). 동의의 상대방에게 도달한 때(2010. 10. 7.) 또는 시장·군수등이 동의의 상대방에게 철회서가 접수된 사실을 통지한 때(2010. 10. 5.) 중 빠른 날인 2010. 10. 5. 효력이 발생한다. ②가 정답이다.

38. **정답 ①** 해설 ① 2018. 2. 9. 시행법에서는 조합설립변경인가 시 당초 조합설립인가신청 시와 동일한 동의율을 요구하는 태도를 버리고, 총회에서 조합원의 3분의 2이상의 찬성으로 의결토록 개정하였다(법 제35조 제5항 본문).
② 조합설립변경인가를 위한 동의내용도 당초 조합설립인가를 위한 동의내용(영 제30조 제2항에 따른 다섯 항목, 즉 1. 건설되는 건축물의 설계의 개요, 2. 정비사업비, 3. 정비사업비의 분담기준, 4. 사업 완료 후 소유권의 귀속에 관한 사항, 5. 조합 정관)과 같다(법 제35조 제7항).
③ 대법원 2014. 5. 29. 선고 2013두18773 판결. ④ 법 제35조 제5항 단서. ⑤ 영 제31조 제8호 단서.

④ 대통령령으로 정하는 경미한 사항을 변경하려는 때에는 총회의 의결 없이 시장·군수 등에게 신고하고 변경할 수 있다.

⑤ 정비구역 면적이 10퍼센트 이상의 범위에서 변경되는 경우는 경미한 사항의 변경신고 에서 제외된다.

39. 도시정비법령상 설립된 조합이 인가받은 사항의 변경에 대하여 경미한 사항의 변경 신고사항이 아닌 것은?

① 조합의 명칭 및 주된 사무소의 소재지와 조합장의 변경을 포함하여 조합장의 성명 및 주소 변경

② 토지 또는 건축물의 매매 등으로 조합원의 권리가 이전된 경우의 조합원의 교체 또는 신규가입

③ 총회 의결 또는 대의원회 의결을 거친 경우로 한정하여 조합임원 또는 대의원의 변경

④ 정비사업비 변경

⑤ 정비구역·정비계획의 변경에 따른 변경. 다만, 정비구역 면적이 10퍼센트 이상의 범위 에서 변경되는 경우는 제외한다.

40. 재개발·재건축사업의 토지등소유자의 동의는 국토교통부령으로 정하는 동의서에 동의를 받아야 할 사항 아닌 것은?

① 건설되는 건축물의 설계 개요   ② 정비사업비 및 그의 분담기준

③ 관리처분계획   ④ 사업 완료 후 소유권 귀속에 관한 사항

⑤ 조합 정관

---

39. 정답 ① 해설 ① 조합의 명칭 및 주된 사무소의 소재지와 조합장의 변경이 없는 경우로 한정하여 조합 장의 성명 및 주소 변경이고(영 제31조 제2호), 조합장은 총회의 의결을 거친 후(법 제45조 제1항 제7 호) 변경할 수 있고 이러한 절차를 거친 경우(영 제31조 제4호) 경미한 사항의 변경으로 신고사항이다. 나머지는 맞다.

40. 정답 ③ 해설 동의서에는 다음 각 호 1. 건설되는 건축물의 설계의 개요, 2. 공사비 등 정비사업비용에 드는 비용(정비사업비), 3. 정비사업비의 분담기준, 4. 사업 완료 후 소유권의 귀속에 관한 사항, 5. 조 합 정관의 사항이 포함되어야 한다(영 제30조 제1항 및 제2항). 관리처분계획은 아니다.

41. 도시정비법령상 정비구역 안에서 시장·군수의 허가를 받아야 하는 행위로 옳은 것만을 모두 고른 것은? (단, 재해복구 또는 재난수습에 필요한 응급조치를 위하여 하는 행위는 고려하지 않으며, 정비구역의 지정 및 고시 당시 이미 행위허가를 받았거나 받을 필요가 없는 행위는 제외함) <2016 제27회>

ㄱ. 가설공연장의 용도변경
ㄴ. 죽목의 벌채
ㄷ. 토지분할
ㄹ. 이동이 용이하지 아니한 물건을 3주일 동안 쌓아놓는 행위

---

① ㄱ, ㄹ   　　② ㄷ, ㄹ   　　③ ㄱ, ㄴ, ㄷ
④ ㄱ, ㄷ, ㄹ   　　⑤ ㄱ, ㄴ, ㄷ, ㄹ

제3절　사업시행계획의 인가

제4절　기타 정비사업 시행을 위한 조치

---

42. 도시정비법령상 정비사업시행을 위한 조치 등에 관한 설명으로 틀린 것은? <2008 제19회 중개>

① 사업시행자는 재개발사업의 시행으로 철거되는 주택의 소유자 또는 세입자에게 해당 정비구역 안과 밖에 위치한 임대주택 등의 시설에 임시로 거주하게 하거나 주택자금의 융자를 알선하는 등 임시거주에 상응하는 조치를 하여야 한다.

---

41. 정답 ③ 해설 정비구역에서 다음 각 호 1. **건축물의 건축:** 「건축법」 제2조 제1항 제2호에 따른 건축물(가설건축물을 포함한다)의 건축, 용도변경, 2. **공작물의 설치:** 인공을 가하여 제작한 시설물(「건축법」 제2조 제1항 제2호에 따른 건축물을 제외한다)의 설치, 3. **토지의 형질변경:** 절토·성토·정지·포장 등의 방법으로 토지의 형상을 변경하는 행위, 토지의 굴착 또는 공유수면의 매립, 4. **토석의 채취:** 흙·모래·자갈·바위 등의 토석을 채취하는 행위. 다만, 토지의 형질변경을 목적으로 하는 것은 제3호에 따른다. 5. **토지분할,** 6. **물건을 쌓아놓는 행위:** 이동이 쉽지 아니한 물건을 1개월 이상 쌓아놓는 행위, 7. **죽목의 벌채 및 식재**에 해당하는 행위를 하려는 자는 시장·군수등의 허가를 받아야 한다. 허가받은 사항을 변경하려는 때에도 또한 같다(법 제19조 제1항 및 영 제15조 제1항). ㄹ. 이동이 용이하지 아니한 물건을 1개월 이상이 아닌 3주일 동안 쌓아놓는 행위는 허가대상이 아니다. 따라서 ③이 정답이다.

42. 정답 ③ 해설 ① 사업시행자는 주거환경개선사업 및 재개발사업의 시행으로 철거되는 주택의 소유자 또는 세입자에게 해당 정비구역 안과 밖에 위치한 임대주택 등의 시설에 임시로 거주하게 히거나 주택자금의 융자를 알선하는 등 임시거주에 상응하는 조치를 하여야 한다(법 제61조 제1항).

② 국가는 사업시행자로부터 임시거주시설에 필요한 건축물의 사용신청을 받은 때에는 그 건축물에 대하여 제3자와 이미 매매계약을 체결한 경우에는 그 사용신청을 거절할 수 있다.

③ 주거환경개선사업에 따른 건축허가를 받은 때와 소유권 보존등기 또는 이전등기로 한정하여 부동산등기를 하는 때에는 「주택도시기금법」 제8조의 국민주택채권의 매입에 관한 규정을 적용한다.

④ 정비사업의 시행으로 전세권의 설정 목적을 달성할 수 없는 때에는 그 권리자는 계약을 해지할 수 있다.

⑤ 재개발사업의 사업시행자는 그 정비사업의 시행으로 철거되는 주택의 소유자 또는 세입자를 임시로 거주하게 하는 등 그 정비구역을 순차적으로 정비하는 방법으로 주택의 소유자 또는 세입자의 이주대책을 수립하여야 한다.

43. 도시정비법령상 토지 등의 수용·사용 및 「토지보상법」의 준용에 관한 설명으로 옳은 것은?

① 재건축사업의 시행자는 천재·지변 그 밖의 불가피한 사유로 인하여 긴급히 정비사업을 시행할 필요가 있다고 인정되는 경우에만 수용할 수 있다.

---

② 국가 또는 지방자치단체는 사업시행자로부터 임시거주시설에 필요한 건축물이나 토지의 사용신청을 받은 때에는 1. 법 제61조 제1항에 따른 임시거주시설의 설치를 위하여 필요한 건축물이나 토지에 대하여 제3자와 이미 매매계약을 체결한 경우, 2. 사용신청 이전에 임시거주시설의 설치를 위하여 필요한 건축물이나 토지에 대한 사용계획이 확정된 경우, 3. 제3자에게 이미 임시거주시설의 설치를 위하여 필요한 건축물이나 토지에 대한 사용허가를 한 경우의 사유가 없으면 이를 거절하지 못한다(법 제61조 제3항 및 영 제53조).

③ 주거환경개선사업에 따른 건축허가를 받은 때와 부동산등기(소유권 보존등기 또는 이전등기로 한정한다)를 하는 때에는 「주택도시기금법」 제8조의 국민주택채권의 매입에 관한 규정을 적용하지 아니한다(법 제68조 제1항).

④ 정비사업의 시행으로 지상권·전세권 또는 임차권의 설정 목적을 달성할 수 없는 때에는 그 권리자는 계약을 해지할 수 있다(법 제70조 제1항).

⑤ 순환정비방식은 정비구역의 안과 밖에 새로 건설한 주택 또는 이미 건설되어 있는 주택의 경우 그 정비사업의 시행으로 철거되는 주택의 소유자 또는 세입자(정비구역에서 실제 거주하는 자로 한정한다)를 임시로 거주하게 하는 등 그 정비구역을 순차적으로 정비하는 방식이며 사업시행자는 이러한 순환정비방식으로 주택의 소유자 또는 세입자의 이주대책을 수립하여야 한다(법 제59조 제1항).

43. 정답 ① 해설 ① 법 제63조 괄호 및 대법원 2014. 7. 24. 선고 2012다62561,62578 판결.

② 사업시행자인 조합은 사업시행인가 전에 「도시정비법」 제65조 제1항에 따라 「토지보상법」 제9조부터 제13조까지를 준용하여 정비구역 내 토지에 출입하여 측량하거나 조사를 할 수는 없다고 해석하였다(법제처 법령해석, 안건번호 12-0105, 회신일자 2012. 3 .15.).

③ 정비구역의 지정을 위한 주민 공람공고일부터 계약체결일 또는 수용재결까지 계속하여 거주한 건축물의 소유자는 이주대책대상자에 포함한다(영 제54조 제1항).

② 사업시행자인 조합은 「토지보상법」을 준용하는 규정에 따라 사업시행인가 전에 「토지보상법」을 준용하여 정비구역 내 토지에 출입하여 측량하거나 조사를 할 수 있다.

③ 정비구역의 지정·고시일부터 계약체결일 또는 수용재결일까지 계속하여 거주하고 있는 건축물의 소유자는 이주대책대상자에 해당한다.

④ 정비사업으로 인한 영업의 폐지 또는 휴업에 대하여 손실을 평가하는 경우 영업의 휴업기간은 4개월로 한다.

⑤ 영업손실을 보상하는 경우 보상대상자의 인정시점 및 주거이전비를 보상하는 경우 보상대상자의 인정시점은 정비구역의 지정·고시일로 본다.

제5절 관리처분계획

44. 도시정비법령상 분양공고에 포함되어야 할 사항으로 명시되지 않은 것은? (단, 토지등소유자 1인이 시행하는 재개발사업은 제외하고, 조례는 고려하지 않음) <2019 제30회 중개>

① 분양신청자격

② 분양신청방법

③ 분양신청기간 및 장소

④ 분양대상자별 분담금의 추산액

⑤ 분양대상 대지 또는 건축물의 내역

---

④ 정비사업으로 인한 영업의 폐지 또는 휴업에 대하여 손실을 평가하는 경우 영업의 휴업기간은 4개월 이내로 한다. 다만, 다음 각 호 1. 해당 정비사업을 위한 영업의 금지 또는 제한으로 인하여 4개월 이상의 기간동안 영업을 할 수 없는 경우, 2. 영업시설의 규모가 크거나 이전에 고도의 정밀성을 요구하는 등 해당 영업의 고유한 특수성으로 인하여 4개월 이내에 다른 장소로 이전하는 것이 어렵다고 객관적으로 인정되는 경우의 어느 하나에 해당하는 경우에는 실제 휴업기간으로 하되, 그 휴업기간은 2년을 초과할 수 없다(영 제54조 제2항).

⑤ 영업손실을 보상하는 경우 보상대상자의 인정시점 및 주거이전비를 보상하는 경우 보상대상자의 인정시점은 정비구역의 지정을 위한 주민 공람공고일로 본다(영 제54조 제3항 및 제4항).

44. 정답 ④ 해설 **토지등소유자** 1인이 시행하는 재개발사업의 경우에는 **토지등소유자**에게 통지나 일간신문의 공고를 생략한다(법 제72조 제1항 단서). ④ 분양대상자별 분담금의 추산액과 분양대상자별 종전의 토지 또는 건축물의 명세 및 사업시행계획인가의 고시가 있는 날을 기준으로 한 가격은 **토지등소유자**에게 통지사항이다(법 제72조).

① ② ③ ⑤는 옳다.

45. 도시정비법령상 관리처분계획에 포함되어야 할 사항으로 명시되지 않은 것은?

<2018 제29회>

① 분양설계

② 분양대상자의 주소 및 성명

③ 세입자의 주거 및 이주대책

④ 기존 건축물의 철거 예정시기

⑤ 세입자별 손실보상을 위한 권리명세 및 그 평가액

46. 도시정비법령상 관리처분계획에 관한 설명으로 옳은 것은? <2017 제28회 수정>

① 재건축사업에서 주택분양에 관한 권리를 포기하는 토지등소유자에 대한 임대 주택의 공급에 따라 관리처분계획을 변경하는 때에는 시장·군수에게 신고하여야 한다.

② 재개발사업에서 관리처분계획은 주택단지의 경우 1개의 건축물의 대지는 1필지의 토지가 되도록 정하여야 한다.

③ 재건축사업의 관리처분계획에서 분양대상자별 분양예정인 건축물의 추산액을 평가할 때에는 시장·군수가 선정·계약한 2인 이상의 감정평가법인등이 평가한 금액을 산술평균하여 산정한다.

④ 재개발사업에서 지방자치단체인 토지등소유자에게는 하나 이상의 주택 또는 토지를 소유한 경우라도 1주택을 공급하도록 관리처분계획을 정한다.

⑤ 사업시행자는 관리처분계획의 수립·시장·군수등의 인가를 받아야 하고, 변경·중지 또는 폐지하는 경우 시장·군수등에게 신고하여야 한다.

---

45. 정답 ③ 해설 법 제52조 제1항에 따른 세입자의 주거 및 이주대책은 법 제72조에 따른 분양신청기간이 종료된 때에는 분양신청의 현황을 기초로 관리처분계획의 수립 이전, 사업시행자의 사업시행계획의 작성(입안)에서 포함되는 사항이다.

46. 정답 ① 해설 ① 법 제74조 제1항 각 호 외의 부분 단서 및 영 제61조 제5호.

② 주거환경개선사업과 재개발사업의 경우 1개의 건축물의 대지는 1필지의 토지가 되도록 정할 것. 다만, 주택단지의 경우에는 그러하지 아니하다(영 제63조 제1항 제2호).

③ 정비사업에서 재산 또는 권리를 평가할 때에는 재건축사업에서는 시장·군수등이 선정·계약한 1인 이상의 **감정평가법인등**과 조합총회의 의결로 선정·계약한 1인 이상의 **감정평가법인등**이 평가한 금액을 산술평균하여 산정한다(법 제74조 제2항 제1호 나목).

④ 국가, 지방자치단체 및 토지주택공사등의 **토지등소유자**에게는 소유한 주택 수만큼 공급할 수 있다(법 제76조 제1항 제7호 나목).

⑤ 관리처분계획을 수립한 후 사업시행자는 시장·군수등의 인가를 받아야 하며, 관리처분계획을 변경·중지 또는 폐지하려는 경우에도 또한 같다(법 제74조 제1항 본문).

47. 도시정비법령상 관리처분계획에 관한 설명으로 옳은 것은? <2005 제16회 중개 수정>

① 사업시행자는 사업시행계획인가의 고시가 있은 날부터 60일 이내에 분양대상자별 종전의 토지 또는 건축물의 명세 및 사업시행계획인가의 고시가 있은 날을 기준으로 한 가격, 분양대상자별 분담금의 추산액, 분양신청기간 등을 토지등소유자에게 통지하여야 한다.

② 분양신청기간은 사업시행계획인가의 고시가 있은 날부터 30일 이상 60일 이내로 하여야 한다.

③ 사업시행자는 관리처분계획이 인가·고시된 날부터 90일 이내에 분양신청을 하지 아니한 자 등과 토지, 건축물 또는 그 밖의 권리의 손실보상에 관한 협의를 하여야 한다.

④ 관리처분계획에는 정비사업비의 추산액 및 그에 따른 조합원 분담규모 및 분담시기가 포함된 사항을 수립하여야 한다.

⑤ 관리처분계획을 수립한 후 사업시행자는 시장·군수등의 인가를 받아야 하며, 관리처분계획을 변경·중지 또는 폐지하려는 경우에는 신고를 하여야 한다.

48. 도시정비법령상 관리처분계획의 기준에 관한 설명으로 틀린 것은? <2012 제23회, 2017 제28회 중개 수정>

① 1세대 또는 1명이 하나 이상의 주택 또는 토지를 소유한 경우 1주택을 공급하고, 같은 세대에 속하지 아니하는 2명 이상이 1주택 또는 1토지를 공유한 경우에는 소유자 수만큼 공급하여야 한다.

② 지나치게 좁거나 넓은 토지 또는 건축물은 넓히거나 좁혀 대지 또는 건축물이 적정 규모가 되도록 한다.

③ 분양설계에 관한 계획은 분양신청기간이 만료하는 날을 기준으로 하여 수립한다.

④ 근로자 숙소, 기숙사 용도로 주택을 소유하고 있는 토지등소유자에게는 소유한 주택

---

47. **정답 ④** 해설 ① 120일 이내로 개정되었다(법 제72조 제1항 본문).
② 분양신청기간은 통지한 날부터 30일 이상 60일 이내로 하여야 한다(법 제72조 제2항 본문).
③ 사업시행자는 관리처분계획이 <u>인가·고시된 다음 날부터</u> 90일 이내에 분양신청을 하지 아니한 자 등과 토지, 건축물 또는 그 밖의 권리의 손실보상에 관한 협의를 하여야 한다(법 제73조 제1항 본문).
④ 법 제74조 제1항 본문. ⑤ 관리처분계획을 수립한 후 사업시행자는 시장·군수등의 인가를 받아야 하며, 관리처분계획을 변경·중지 또는 폐지하려는 경우에도 인가를 받아야 한다(법 제74조 제1항 본문).
48. **정답 ①** 해설 ① 1세대 또는 1명이 하나 이상의 주택 또는 토지를 소유한 경우 1주택을 공급하고, 같은 세대에 속하지 아니하는 2명 이상이 1주택 또는 1토지를 공유한 경우에는 **1주택만** 공급하는 것이 원칙이다(법 제76조 제1항 제6호). ② 법 제76조 제1항 2호. ③ 법 제76조 제1항 5호. ④ 법 제76조 제1항 제7호 나목. ⑤ 법 제76조 제1항 3호.

수만큼 공급할 수 있다.

⑤ 너무 좁은 토지 또는 건축물이나 정비구역 지정 후 분할된 토지를 취득한 자에게는 현금으로 청산할 수 있다.

49. 도시정비법령상 재건축사업의 관리처분방법에 관한 설명으로 옳지 않은 것은?

① 조합이 조합원 전원의 동의를 받아 그 기준을 따로 정하는 경우에는 그에 따른다.

② 부속토지를 포함한 부대시설·복리시설의 소유자에게는 주택이나 부대시설·복리시설 중 부대시설·복리시설의 소유자가 입주하기를 원하는 대로 우선배정하여 공급한다.

③ 기존 부대시설·복리시설의 가액이 2.5억원이고 분양주택 중 최소분양단위규모의 추산액이 3억원인 경우에 정관등으로 정하는 비율 0.8인 경우에는 1주택을 공급할 수 있다.

④ 기존 부대시설·복리시설의 가액 5억원에서 새로 공급받는 부대시설·복리시설의 추산액 3억원을 뺀 2억원이 분양주택 중 최소분양단위규모의 추산액에 3억원인 경우 정관등으로 정하는 비율이 0.8을 곱한 가액보다 클 것에 해당하지 않아서 1주택을 공급할 수 없다.

⑤ 새로 건설한 부대시설·복리시설 중 최소분양단위규모의 추산액이 5억원인 경우 분양주택 중 최소분양단위규모의 추산액 3억원 보다 클 것에 해당하여 1주택을 공급할 수 있다.

---

49. 정답 ② 해설 ① 영 제63조 제2항 단서. ② 부속토지를 포함한 부대시설·복리시설의 소유자에게는 부대시설·복리시설을 공급하는 것이 원칙이다(영 제63조 제2항 제2호 본문).

③ 새로운 부대시설·복리시설을 건설하지 아니하는 경우로서, 기존 부대시설·복리시설의 가액이 분양주택 중 최소분양단위규모의 추산액에 정관등으로 정하는 비율을 곱한 가액보다 클 것에 해당하는 경우에는 1주택을 공급할 수 있다. 즉 2.5억>2.4억(3×0.8)이 된다(영 제63조 제2항 제2호 가목).

④ 기존 부대시설·복리시설의 가액에서 새로 공급받는 부대시설·복리시설의 추산액을 뺀 금액이 분양주택 중 최소분양단위규모의 추산액에 정관등으로 정하는 비율을 곱한 가액보다 클 것에 해당하는 경우에는 1주택을 공급할 수 있다. 즉 2.0억<2.4억(3×0.8)이 되어 분양 받을 수 없다(영 제63조 제2항 제2호의 나목).

⑤ 새로 건설한 부대시설·복리시설 중 최소분양단위규모의 추산액이 5억원인 경우 분양주택 중 최소분양단위규모의 추산액보다 클 것에 해당하는 경우에는 1주택을 공급할 수 있다(영 제63조 제2항 제2호의 다목).

50. 도시정비법령상 다음의 경우 재건축사업의 주택공급과 관련하여 최대로 공급받을 수 있는 주택의 수는? <2006 제17회 중개 수정>

㉠ 과밀억제권역 밖에 위치한 재건축사업에서 1세대 4주택을 소유한 조합원

㉡ 과밀억제권역 내에 위치한 재건축사업에서 1세대 4주택을 소유한 조합원

㉢ 전용면적 84㎡, 74㎡, 59㎡ 주택형으로 분양공고가 난 재건축사업에서 종전 주택의 주거전용면적 160㎡를 소유한 조합원

※ 단, 투기과열지구 또는 「주택법」 제63조의2 제1항 제1호에 따라 지정된 조정대상지역에서 사업시행계획인가(최초 사업시행계획인가를 말한다)를 신청하는 재건축사업의 토지등소유자가 아니고, 주택을 공급받은 자는 근로자 숙소·기숙사 용도로 주택을 소유하고 있는 토지등소유자가 아니며, 국가·지방자치단체 및 주택공사등이 아닌 것으로 한다.

---

① ㉠ ─ 4 ㉡ ─ 4 ㉢ ─ 1(84㎡, 74㎡, 59㎡ 주택형 중 1세대)

② ㉠ ─ 1 ㉡ ─ 3 ㉢ ─ 2(84㎡+74㎡)

③ ㉠ ─ 3 ㉡ ─ 4 ㉢ ─ 3(84㎡+74㎡+59㎡)

④ ㉠ ─ 3 ㉡ ─ 1 ㉢ ─ 1(84㎡, 74㎡, 59㎡ 주택형 중 1세대)

⑤ ㉠ ─ 4 ㉡ ─ 3 ㉢ ─ 2(84㎡+59㎡)

제6절	준공인가와 이전고시

---

50. 정답 ⑤ 해설 ㉠ 과밀억제권역 밖에 위치한 재건축사업에서 1세대 4주택을 소유한 조합원 ─ 소유한 주택 수만큼 공급할 수 있다(법 제76조 제1항 제7호 나목). ㉡ 과밀억제권역 내에 위치한 재건축사업에서 1세대 4주택을 소유한 조합원 ─ 토지등소유자가 소유한 주택수의 범위에서 3주택까지 공급할 수 있다(법 제76조 제1항 제7호 라목). 주택의 권리가액이나 전용면적을 기준으로 조합원들에게 2주택 공급이 가능하도록 규정하고 있다. ㉢ 재건축사업에서 종전 주택의 주거전용면적 160㎡(종전재산)인 조합원은 신축아파트 전용 84㎡+59㎡(143㎡) 두 채까지 공급 받을 수 있다(법 제76조 제1항 제7호 다목). 이 중 1주택은 주거전용면적을 60㎡ 이하이어야 하므로 84㎡+74㎡(158㎡) 주택형으로 받을 수는 없다. 따라서 정답은 ⑤이다.

제4장 보칙 및 벌칙

51. 도시정비법령상 비용부담 등에 관한 설명으로 옳지 않은 것은?

① 시장·군수는 시장·군수가 아닌 사업시행자가 시행하는 정비사업의 정비계획에 따라 설치되는 도시·군계획시설 중 녹지에 대하여는 그 건설에 소요되는 비용 의 전부 또는 일부를 부담할 수 있다.

② 시장·군수는 그가 시행하는 정비사업으로 인하여 현저한 이익을 받는 정비기반 시설의 관리자가 있는 경우에는 그 정비기반시설의 관리자와 협의하여 당해 정 비사업비의 3분의 2까지를 그 관리자에게 부담시킬 수 있다.

③ 시장·군수가 아닌 사업시행자는 부과금 또는 연체료를 체납하는 자가 있는 때 에는 시장·군수에게 그 부과·징수를 위탁할 수 있다.

④ 공동구에 수용될 전기·가스·수도의 공급시설과 전기통신시설 등의 관리자가 부담할 공동구의 설치에 소요되는 비용의 부담비율은 공동구의 점용예정면적비율에 의한다.

⑤ 사업시행자가 정비사업비의 일부를 정비기반시설의 관리자에게 부담시키고자 하는 때에는 정비사업에 소요된 비용의 명세와 부담 금액을 명시하여 그 비용을 부담시키고자 하는 자에게 통지하여야 한다.

---

51. 정답 ② 해설 ① 법 제92조 제2항 및 영 제77조 제6호.
② 시장·군수등은 자신이 시행하는 정비사업으로 현저한 이익을 받는 정비기반시설의 관리자가 있는 경우에는 **대통령령**으로 정하는 방법 및 절차에 따라 해당 정비사업비의 일부를 그 정비기반시설의 관리자와 협의하여 그 관리자에게 부담시킬 수 있다(법 제94조 제1항). 법 제94조 제1항에 따라 정비기반시설 관리자가 부담하는 비용의 총액은 해당 정비사업에 소요된 비용(제76조 제3항 제1호의 비용을 제외한 다. 이하 이 항에서 같다)의 3분의 1을 초과해서는 아니 된다. 다만, 다른 정비기반시설의 정비가 그 정비사업의 주된 내용이 되는 경우에는 그 부담비용의 총액은 해당 정비사업에 소요된 비용의 2분의 1까지로 할 수 있다(영 제78조 제1항).
③ 법 제93조 제4항. ④ 법 제94조 제3항 및 칙 제16조 제2항. ⑤ 영 제78조 제2항.

52. 도시정비법령상 비용부담 등에 관한 설명으로 옳지 않은 것은? <2018 제29회>

① 정비사업비는 「도시정비법」 또는 다른 법령에 특별한 규정이 있는 경우를 제외하고는 사업시행자 부담으로 한다.

② 사업시행자는 토지등소유자로부터 정비사업비용과 정비사업의 시행과정에서 발생한 수입의 차액을 부과금으로 부과·징수할 수 있다.

③ 시장·군수가 아닌 사업시행자는 부과금 또는 연체료를 체납하는 자가 있는 때에는 시장·군수에게 그 부과·징수를 위탁할 수 있다.

④ 국가는 시장·군수가 아닌 사업시행자가 시행하는 정비사업에 소요되는 비용의 일부에 대해 융자를 알선할 수 없다.

⑤ 정비구역안의 국·공유재산은 정비사업 외의 목적으로 매각하거나 양도할 수 없다.

제2절	정비사업전문관리업자

제3절	감독 등

제4절	기타 보칙

제5절	벌칙

---

52. **정답** ④ 해설 ① 법 제92조 제1항. ② 법 제93조 제1항. ③ 법 제93조 제4항.
  ④ 국가 또는 지방자치단체는 시장·군수등이 아닌 사업시행자가 시행하는 정비사업에 드는 비용의 일부를 보조 또는 융자하거나 융지를 알선할 수 있다(법 제95조 제3항).
  ⑤ 법 제98조 제3항.

제 6 편

국유재산법

 지난 12년간 60문제의 문제 출제경향을 보면 아래와 같은데 제1장 국유재산의 구분과 종류, 제3장 국유재산의 취득, 제4장 및 제5장의 행정재산과 일반재산의 관리처분에 관한 것이 76%로 출체빈도가 높았다.

목차		기출경향	기출비율		
제1장 총설	제1절 국유재산법 및 국유재산의 의의	국유재산의 구분과 종류	7	11	11
	제2절 통칙	국유재산 관리·처분의 기본원칙, 국유재산의 시효취득, 국유재산의 관리전환	4		
제2장 국유재산의 관리체계	제1절 국유재산종합계획			4	6.7
	제2절 국유재산관리기관	국유재산관리기관으로서 총괄청과 중앙관서의 장(구 관리청)의 권한	3		
	제3절 국유재산관리기금		1		
제3장 국유재산의 취득		소유자 없는 부동산의 취득, 기부채납	5	5	8.3
제4장 행정재산의 관리·처분		행정재산의 사용허가, 용도폐지	20	20	33.4
제5장 일반재산의 관리·처분	제1절 통칙	관리·처분 사무의 위임·위탁 계약의 방법, 처분재산의 가격결정	5	14	23.3
	제2절 대부		2		
	제3절 매각	용도를 지정한 매각 및 매각대금의 납부	3		
	제4절 교환	교환의 요건	3		
	제5절 양여	양여의 유형	1		
	제6절 개발		1		
	제7절 현물출자	출제빈도가 높지 않으므로 개념 위주로 접근			
	제8절 정부배당				
제6장 지식재산관리·처분의 특례			1	1	1.7
제7장 대장(臺帳)과 보고		대장과 실태조사, 국유재산관리운용보고서	1	5	8.3
제8장 보칙 및 벌칙		변상금의 징수	4		
누계			60 문제	60 문제	100%

제1장 총설

제1절 **국유재산법 및 국유재산의 의의**

1. 국유재산법령상 국유재산에 관한 설명으로 옳지 않은 것은? <2018 제29회>

① 대통령 관저와 국무총리 공관은 공용재산이다.

② 행정재산 외의 모든 국유재산은 일반재산이다.

③ 행정재산의 사용 여부는 「국가재정법」제6조에 따른 중앙관서의 장의 의견을 들어 기획재정부장관이 결정한다.

④ 국가가 보존할 필요가 있다고 국토교통부장관이 결정한 재산은 보존용재산이다.

⑤ 정부기업이 비상근무에 종사하는 직원에게 제공하는 해당 근무지의 구내 또는 이와 인접한 장소에 설치된 주거용 시설은 기업용재산이다.

2. 국유재산법령상 국유재산에 관한 설명으로 옳지 않은 것은? <2009 제20회 수정>

① 국가의 부담에 의하여 국유로 된 부동산과 그 종물은 국유재산이다.

② 기부의 채납에 의하여 국유로 된 선박·항공기와 그들의 종물은 국유재산이다.

---

1. **정답 ④** 해설 ① 법 제6조 제2항, 영 제4조 제2항. ② 법 제6조 제3항. ③ 영 제4조 제5항. ④ 보존용재산이란 법령이나 그 밖의 필요에 따라 국가가 보존하는 재산[국가가 보존할 필요가 있다고 **총괄청**이 결정한 재산(문화재, 요존국유림 등)을 말한다(영 제4조 제4항)]을 말한다(법 제6조 제2항 제4호).
⑤ **기업용재산이란** 정부기업이 직접 사무용·사업용 또는 그 기업에 종사하는 직원의 주거용[직무 수행을 위하여 필요한 경우로서 **대통령령**으로 정하는 경우(영 제4조 제2항 제4호부터 제6호까지에 해당하는 목적으로 사용하거나 사용하려는 경우, 영 제4조 제3항)로 한정한다]으로 사용하거나 **대통령령**으로 정하는 기한[국가나 「정부기업예산법」 제2조에 따른 정부기업이 행정재산으로 사용하기로 결정한 날부터 5년이 되는 날(영 제4조 제1항)]까지 사용하기로 결정한 재산을 말한다(법 제6조 제2항 제3호).
2. **정답 ④** 해설 ① 법 제5조 제항 제1호. ② 법 제5조 제1항 제2호 ③ 법 제2조 제1호 및 법 제5조 제1항 제6호 다목.
④ 공물은 어떠한 물건이 공적 목적에 제공됨으로써 공법적 규율을 받게 되는 점에 착안하여 수립된 학문상

③ 국가의 부담, 기부채납이나 법령 또는 조약에 따라 국가 소유로 된 「식물신품종 보호법」 제2조 제4호에 따른 품종보호권은 국유재산이다.

④ 국유재산은 그 종류와 용도에 무관하게 공법의 적용을 받는 공물에 해당한다.

⑤ 국가가 직접 그 사무용·사업용 또는 공무원의 주거용으로 사용하거나 사용하기로 결정한 재산은 공용재산이다.

3. 국유재산법령상 국유재산의 구분과 종류에 관한 설명으로 옳은 것은? <2014 제25회>

① 국유재산은 그 형상에 따라 행정재산과 공공재산 및 일반재산으로 구분한다.

② 대통령 관저는 공용재산이 아니다.

③ 국가가 비상근무에 종사하는 공무원에게 제공하는 해당 근무지의 구내 또는 이와 인접한 장소에 설치된 주거용 시설은 공공용재산이다.

④ 정부기업이 인사명령에 의하여 지역을 순환하여 근무하는 직원의 주거용으로 사용하는 재산은 기업용재산이다.

⑤ 국가가 보존할 필요가 있다고 국토교통부장관이 결정한 재산은 보존용재산이다.

4. 국유재산법령상 국유재산의 구분과 종류 등에 관한 설명으로 옳지 않은 것은? <2012 제23회 수정>

① 정부기업이 직원의 주거용으로 사용하는 국유재산은 일반재산이다.

② 국유재산을 관리·처분할 경우에는 취득과 처분이 균형을 이루어야 한다.

③ 디자인권은 국유재산의 범위에 포함된다.

의 개념이며, 그 물건의 소유권 귀속과는 관계가 없다. 이에 반하여 국유재산은 소유권이 국가에 있다. 이 둘의 관계는 사유재산이라도 행정주체에 의해 공적 목적에 제공되면 "공물"인데 대하여 "국유재산"이라도 공적목적에 제공되지 않으면 공물이 아니다. 현재 국유재산은 그 용도에 따라 행정재산과 일반재산으로 구분되며, 이중에서 "일반재산"은 학문적 의미의 공물에는 포함되지 않는 실정법상 개념이다.

⑤ 국가가 직접 사무용·사업용 또는 공무원의 주거용으로 사용하거나, 국가나 「정부기업예산법」 제2조에 따른 정부기업이 행정재산으로 사용하기로 결정한 날부터 5년이 되는 날(영 제4조 제1항)까지 사용하기로 결정한 재산이 공용재산이다(법 제6조 제2항 제1호).

3. **정답 ④** 해설 ① 국유재산은 그 용도에 따라 행정재산과 일반재산으로 구분한다(법 제6조 제1항). ② 직무 수행을 위하여 필요한 경우로서 대통령 관저는 공용재산이다(영 제4조 제2항 제1호).

③ 비상근무에 종사하는 사람에게 제공되는 해당 근무지의 구내 또는 이와 인접한 장소에 설치된 주거용 시설도 공용재산이다(영 제4조 제2항 제5호). ④ 법 제6조 제2항 제3호.

⑤ 보존용재산이란 법령이나 그 밖의 필요에 따라 국가가 보존하는 재산[국가가 보존할 필요가 있다고 **총괄청**이 결정한 재산(문화재, 요존국유림 등)을 말한다(영 제4조 제4항)]을 말한다(법 제6조 제2항 제4호).

4. **정답 ①** 해설 ① 정부기업이 직접 사무용·사업용 또는 그 기업에 종사하는 직원의 주거용[직무 수행을

④ 국유재산은 행정재산과 일반재산으로 구분되며, 행정재산은 공용재산, 공공용재산, 기업용재산, 보존재산으로 분류된다.

⑤ 정부기업이 사용하던 궤도차량이 정부기업의 폐지와 함께 포괄적으로 용도폐지된 경우에도 국유재산에 해당한다.

5. 국유재산법령상 행정재산에 해당하지 않는 것은? <2011 제22회>

① 국가가 매수하여 공무원이 주거용으로 사용하는 건물

② 국가가 기부채납 받아 직접 사업용으로 사용하는 토지

③ 정부기업이 그 기업에 종사하는 직원의 주거용으로 사용하는 국가소유의 건물

④ 국가가 임차하여 직접 사무용으로 사용하는 건물

⑤ 국가가 보존할 필요가 있다고 총괄청이 결정한 국가 소유의 건물

6. 국유재산법령상 시효취득에 관한 설명으로 옳은 것은? (다툼이 있으면 판례에 의함)
<2013 제24회>

① 보존용재산은 「민법」상 시효취득의 대상이 된다.

② 일반재산은 취득시효기간 동안 계속하여 일반재산이어야만 취득시효가 완성된다.

③ 행정재산이 기능을 상실하여 본래의 용도에 제공되지 않는 상태에 있었다면 공용폐지 없이도 시효취득의 대상이 된다.

위하여 필요한 경우로서 영 제4조 제2항 제4호부터 제6호까지에 해당하는 목적으로 사용하거나 사용하려는 경우로 한정한다(영 제4조 제3항)]으로 사용하거나 국가나 「정부기업예산법」 제2조에 따른 정부기업이 행정재산으로 사용하기로 결정한 날부터 5년이 되는 날까지 사용하기로 결정한 재산은 기업용재산으로 한다(법 제6조 제2항 제3호).

② 법 제3조 제2호. ③ 법 제5조 제1항 제6호 가목. ④ 법 제6조 제1항 및 제2항.

⑤ 정부기업이나, 정부시설에서 사용하는 기계와 기구 중 기관차·전차·객차(客車)·화차(貨車)·기동차(汽動車) 등 궤도차량에서 사용하는 기계와 기구로서 해당 기업이나 시설의 폐지와 함께 포괄적으로 용도폐지된 것은 해당 기업이나 시설이 폐지된 후에도 국유재산으로 한다(법 제5조 제2항).

5. **정답 ④** 해설 ① ② ③ **공용재산은** 국가가 직접 사무용·사업용 또는 공무원의 주거용으로 사용하거나, 국가나 「정부기업예산법」 제2조에 따른 정부기업이 행정재산으로 사용하기로 결정한 날부터 5년이 되는 날(영 제4조 제1항)까지 사용하기로 결정한 재산(청사, 관사, 학교 등)을 말한다(법 제6조 제2항 제1호).

⑤ 법령이나 국가가 보존할 필요가 있다고 **총괄청**이 결정한 재산을 말한다(법 제6조 제2항 제1호 및 영 제4조 제4항).

6. **정답 ②** 해설 ① 행정재산은 「민법」 제245조에도 불구하고 시효취득(時效取得)의 대상이 되지 아니한다(법 제7조 제2항).

② 대법원 2009. 12. 10. 선고 2006다19177 판결.

③ 행정재산이 기능을 상실하여 본래의 용도에 제공되지 않는 상태에 있다 하더라도 관계 법령에 의하여

④ 토지의 지목이 도로이고 국유재산대장에 등재되어 있다면 그 사실만으로 당해 토지는 시효취득의 대상이 되지 않는다.

⑤ 국유 하천부지는 공용개시행위가 있어야만 시효취득의 대상이 되지 않는다.

7. 행정재산의 관리전환에 관해 맞는 것은? <1999 제10회 수정>

① 국유재산을 다른 중앙관서의 장에 이관하는 것을 관리전환이라 하는데, 다른 회계간의 이관은 이에 포함되지 않는다.

② 국유재산을 관리전환을 하거나 그 사용을 승인하는 때에는 원칙적으로 유상으로 하여야 한다.

③ 관리전환에서 재산가액의 결정에 관해서는 일반재산의 가격결정을 준용하는데, 이 경우 「감정평가법」에 의한 감정평가법인의 평가가 필수적이다.

용도폐지가 되지 아니한 이상 당연히 취득시효의 대상이 되는 일반재산이 되는 것은 아니고, 공용폐지의 의사표시는 묵시적인 방법으로도 가능하나 행정재산이 본래의 용도에 제공되지 않는 상태에 있다는 사정만으로는 묵시적인 공용폐지의 의사표시가 있다고 볼 수도 없다(대법원 2010. 11. 25. 선고 2010다58957 판결; 대법원 1998. 11. 10. 선고 98다42974 판결).

④ **총괄청**은 「국유재산법」상의 행정재산이란 국가가 소유하는 재산으로서 직접 공용, 공공용 또는 기업용으로 사용하거나 사용하기로 결정한 재산을 말하고(법 제6조 제2항), 그 중 도로와 같은 인공적 공공용 재산은 법령에 의하여 지정되거나 행정처분으로써 공공용으로 사용하기로 결정한 경우 또는 행정재산으로 실제로 사용하는 경우의 어느 하나에 해당하여야 비로소 행정재산이 되는데, 특히 도로는 도로로서의 형태를 갖추고 「도로법」에 따른 노선의 지정 또는 인정의 공고 및 도로구역 결정·고시를 한 때 또는 「도시계획법」 또는 「도시재개발법」에서 정한 절차를 거쳐 도로를 설치하였을 때에 공공공물로서 공용개시행위가 있으므로, 토지의 지목이 도로이고 국유재산대장에 등재되어 있다는 사정만으로 바로 토지가 도로로서 행정재산에 해당한다고 할 수는 없다. 이는 국유재산대장에 행정재산으로 등재되어 있다가 용도폐지된 바가 있더라도 마찬가지이다(대법원 2016. 5. 12. 선고 2015다255524 판결; 대법원 2009. 10. 15. 선고 2009다41533 판결; 대법원 2000. 2. 25. 선고 99다54332 판결; 대법원 1996. 1. 26. 선고 95다24654 판결).

⑤ 국유 하천부지는 자연의 상태 그대로 공공용에 제공될 수 있는 실체를 갖추고 있는 이른바 자연공물로서 별도의 공용개시행위가 없더라도 행정재산이 되고 그 후 본래의 용도에 공여되지 않는 상태에 놓여 있더라도 국유재산법령에 의한 용도폐지를 하지 않은 이상 당연히 잡종재산으로 된다고는 할 수 없다(대법원 2007. 6. 1. 선고 2005도7523 판결; 대법원 1997. 8. 22. 선고 96다10737 판결; 대법원 1993. 4. 13. 선고 92누18528 판결).

7. 정답 ② 해설 ① 국유재산의 관리전환이란 일반회계와 특별회계·기금 간 또는 서로 다른 특별회계·기금 간에 국유재산의 관리권을 넘기는 것을 말한다(법 제2조 제5호). 구법의 "관리환"이라는 용어는 2009. 1. 30. 개정으로 "관리전환"이라는 용어로 변경되었다. 관리환이라는 용어로 제정된 이래 관리청 간(間)의 소관 국유재산의 이관을 나타내는 개념에서, 회계와 기금이 추가되어 개념이 넓어지게 개정되었다가, 현재는 **중앙관서의 장** 간(間) 전환 개념을 폐지하였다. 관리전환은 해당 행정기관의 사무 증감에 따라 필요로 하는 재산을 원활하게 공급하는 기능을 한다. 구법에서는 소관 국유재산의 행정청이 이를 다른 행정청으로 이관하기 위해서는 원래 용도폐지하여 **총괄청**에 이관한 후에 **총괄청**에서 필요로 하는 행정청으로 이관해야 하나, 현행법은 관리전환 제도를 통해 불필요한 행정절차를 거치지 아니하고 이관할 수 있다.

④ 중앙관서의 장 간의 협의가 성립되지 않는 경우 행정심판에 의한다.

⑤ 관리전환의 경우 등기, 등록 등의 절차가 필요하지 않다.

8. 국유재산법령상 국유재산에 관한 설명으로 옳은 것은? <2020 제31회>

① 행정재산은 「민법」에 따른 시효취득의 대상이 된다.

② 판결에 따라 취득하는 경우에도 사권(私權)이 소멸되지 않은 재산은 국유재산으로 취득하지 못한다.

③ 총괄청은 일반재산을 보존용재산으로 전환하여 관리할 수 있다.

④ 직접 공공용으로 사용하기 위하여 국유재산을 관리전환하는 경우에는 유상으로 하여야 한다.

⑤ 중앙관서의 장이 국유재산으로 취득한 소유자 없는 부동산은 등기일부터 20년간은 처분할 수 없다.

---

② 법 제17조. ③ 유상 관리전환을 하는 경우 해당 재산가액은 다음 각 호 1. 증권: 영 제43조 및 제44조를 준용하여 산출한 가액, 2. 증권 외의 국유재산: 「감정평가법」에 따른 **감정평가법인등** 중 하나의 **감정평가법인등**이 평가한 가액의 구분에 따른 방법으로 결정한다(영 제12조 제1항). 그러나 무상 관리전환을 할 경우 해당 재산가액은 국유재산의 대장에 기록된 가격으로 한다(영 제12조 제2항).

④ 협의가 성립되지 아니하는 경우 **총괄청**은 다음 각 호 1. 해당 재산의 관리 상황 및 활용 계획, 2. 국가의 정책목적 달성을 위한 우선 순위의 사항을 고려하여 소관 **중앙관서의 장**을 결정한다(법 제16조 제2항).

⑤ 법 제16조 제2항에 따라 관리전환을 결정받으려는 **중앙관서의 장**은 등기부 등본 및 지적공부 등을 포함한 서류를 **총괄청**에 제출하여야 하므로(칙 제6조 제1항) 등기의 절차를 거친다고 보아야 한다.

8. 정답 ③ 해설 ① 행정재산은 「민법」 제245조에도 불구하고 시효취득(時效取得)의 대상이 되지 아니한다(법 제7조 제2항). 행정재산은 공용폐지가 되지 아니하는 한 사법상 거래의 대상이 될 수 없으므로 시효취득의 대상이 되지 않는다.

② 사권이 설정된 재산은 그 사권이 소멸된 후가 아니면 국유재산으로 취득하지 못한다. 다만, 판결에 따라 취득하는 경우에는 그러하지 아니하다(법 제11조 제1항).

③ 법 제8조 제2항.

④ 국유재산을 관리전환하거나 서로 다른 회계·기금 간에 그 사용을 하도록 하는 경우에는 **유상**으로 하여야 한다(유상원칙). 다만, 다음 각 호 1. 직접 도로, 하천, 항만, 공항, 철도, 공유수면, 그 밖의 공공용으로 사용하기 위하여 필요한 경우, 2. 다음 각 목 가. 관리전환하려는 국유재산의 감정평가에 드는 비용이 해당 재산의 가액(價額)에 비하여 과다할 것으로 예상되는 경우, 나. 상호교환의 형식으로 관리전환하는 경우로서 유상으로 관리전환하는데 드는 예산을 확보하기가 곤란한 경우, 다. 법 제8조 제3항에 따른 특별회계 및 기금에 속하는 일반재산의 효율적인 활용을 위하여 필요한 경우로서 법 제26조에 따른 국유재산정책심의위원회의 심의를 거친 경우의 어느 하나에 해당하는 사유로, **총괄청과 중앙관서의 장 또는 중앙관서의 장** 간에 무상으로 관리전환하기로 합의하는 경우에는 **무상**으로 할 수 있다(법 제17조).

⑤ 무주의 부동산(**소유자 없는 부동산**)을 국유재산으로 취득한 경우에는 그 **등기일부터 10년간**은 처분을 하여서는 아니 된다. 다만, 해당 국유재산이 「토지보상법」에 따른 공익사업에 필요하게 된 경우, 2. 해당 국유재산을 매각하여야 하는 불가피한 사유가 있는 경우로서 법 제9조 제4항 제3호(국유재산 처분의 기준에 관한 사항)에 따른 기준에서 정한 경우가 있으면 처분할 수 있다(법 제12조 제4항 및 영 제7조 제3항).

9. 국유재산에 관한 다음 설명 중 가장 옳은 것은? <2002 제13회>

① 사인이 국가에 재산을 기부함에 있어서 조건을 붙일 수 있다.

② 국가가 사권이 설정된 재산을 취득한 경우에는 그 사권은 당연 소멸한다.

③ 국유재산에 관한 사무에 종사하는 직원이 그가 처리하는 국유재산을 취득하기 위해서는 총괄청의 허가를 받아야 한다.

④ 국가가 무주의 부동산을 취득한 경우에는 특별한 사유가 없는 한 그 등기일부터 10년간은 처분을 하여서는 아니 된다.

⑤ 국유재산을 등기함에 있어서 그 권리자의 명의는 대통령으로 하되, 소관 중앙관서의 명칭을 함께 기재하여야 한다.

제2절 통칙

10. 국유재산법상 국유재산 관리·처분의 기본원칙으로 명시되어 있는 것은? <2018 제29회>

① 수익과 손실이 균형을 이룰 것

② 보존가치와 활용가치를 고려할 것

③ 투명하고 효율적인 절차를 따를 것

④ 지속가능한 미래의 가치와 비용을 고려할 것

⑤ 국유재산이 소재한 지방자치단체의 이익에 부합되도록 할 것

---

9. 정답 ④ 해설 ① **총괄청**이나 **중앙관서의 장**은 국가에 기부하려는 재산이 국가가 관리하기 곤란하거나 필요하지 아니한 것인 경우 또는 기부에 조건이 붙은 경우에는 받아서는 아니 된다(법 제13조 제2항). ② 사권이 설정된 재산은 그 사권이 소멸된 후가 아니면 국유재산으로 취득하지 못한다. 다만, 판결에 따라 취득하는 경우에는 그러하지 아니하다(법 제11조 제1항). 따라서 사권이 설정된 재산을 취득한 경우에도 그 사권은 소멸하지 않는다. ③ 국유재산에 관한 사무에 종사하는 직원은 그 처리하는 국유재산을 취득하거나 자기의 소유재산과 교환하지 못한다. 다만, 해당 **총괄청**이나 **중앙관서의 장**의 허가를 받은 경우에는 국유재산을 취득하거나 자기의 소유재산과 교환할 수 있다(법 제20조 제1항). ④ 법 제12조 제4항. ⑤ 등기·등록이나 명의개서가 필요한 국유재산인 경우 그 권리자의 명의는 국(國)으로 하되 소관 중앙관서의 명칭을 함께 적어야 한다(법 제14조 제2항).

10. 정답 ③ 해설 ① 취득과 처분이 균형을 이룰 것(법 제3조 제2호). ② 공공가치와 활용가치를 고려할 것(법 제3조 제3호). ③ 법 제3조 제4호. ④ 경제적 비용을 고려할 것 (법 제3조 제3의2호). ⑤ 국가전체의 이익에 부합되도록 할 것(법 제3조 제1호).

11. 국유재산법령상 국유재산에 관한 설명으로 옳지 않은 것은? <2019 제30회>

① 사권이 설정된 재산을 판결에 따라 취득하는 경우 그 사권이 소멸된 후가 아니면 국유
재산으로 취득하지 못한다.

② 국유재산이 범위에는 선박, 지상권, 광업권, 특허권, 저작권이 포함된다.

③ 총괄청은 다음 연도의 국유재산의 관리·처분에 관한 계획의 작성을 위한 지침을 매년
4월 30일까지 중앙관서의 장에게 통보하여야 한다.

④ 총괄청은 일반재산을 보존용재산으로 전환하여 관리할 수 있다.

⑤ 확정판결에 따라 일반재산에 사권을 설정할 수 있다.

12. 국유재산법령상 국유재산에 관한 설명으로 옳은 것은? <2015 제26회>

① 대통령 관저는 공용재산이다.

② 기업재산은 행정재산이 아니고 일반재산이다.

③ 정부기업이 직접 사업용으로 사용하는 재산은 보존용재산이다.

④ 총괄청은 일반재산을 공용재산으로 전환하여 관리 할 수 있다.

⑤ 행정재산은 시효취득의 대상이 된다.

---

11. **정답 ①** 해설 ① 사권이 설정된 재산은 그 사권이 소멸된 후가 아니면 국유재산으로 취득하지 못하지
만, 판결에 따라 취득하는 경우에는 사권이 소멸되기 전에도 취득할 수 있다(법 제11조 제1항). ② 법
제5조 제1항에 따른 국유재산의 범위

1. 부동산과 그 종물
2. 선박, 부표(浮標), 부잔교(浮棧橋), 부선거(浮船渠) 및 항공기와 그들의 종물
3. 정부기업이나 정부시설에서 사용하는 기계와 기구 중 **대통령령**으로 정하는 것
4. 지상권, 지역권, 전세권, 광업권, 그 밖에 이에 준하는 권리
5. 「자본시장과 금융투자업에 관한 법률」 제4조에 따른 증권
6. 특허권, 저작권, 상표권, 디자인권, 실용신안권, 그 밖에 이에 준하는 권리

③ 법 제9조 제1항.

④ **총괄청**은 일반재산을 보존용재산으로 전환하여 관리할 수 있다(법 제8조 제2항).

⑤ 국유재산에는 사권을 설정하지 못한다. 다만, 일반재산에 대하여 1. 다른 법률 또는 확정판결(재판상
화해 등 확정판결과 같은 효력을 갖는 것을 포함한다)에 따라 일반재산에 사권(私權)을 설정하는 경우,
2. 일반재산의 사용 및 이용에 지장이 없고 재산의 활용가치를 높일 수 있는 경우로서 **중앙관서의 장등**
이 필요하다고 인정하는 경우에는 사권을 설정할 수 있다(법 제11조 제2항 및 영 제6조).

12. **정답 ①** 해설 ① 영 제4조 제2항 제1호. ② 행정재산의 종류는 다음 각 호 1. 공용재산, 2. 공공용재산,
3. 기업용재산, 4. 보존용재산으로 한다(법 제6조 제2항).

③ 정부기업이 직접 사무용·사업용 또는 그 기업에 종사하는 직원의 주거용(직무 수행을 위하여 필요한
경우로서 **대통령령**으로 정하는 경우로 한정한다)으로 사용하거나 **대통령령**으로 정하는 기한까지 사용
하기로 결정한 재산은 기업용재산이다(법 제6조 제2항 제3호).

④ **총괄청**은 일반재산을 보존용재산으로 전환하여 관리할 수 있다(법 제8소 제2항).

⑤ 행정재산은 「민법」 제245조에도 불구하고 시효취득(時效取得)의 대상이 되지 아니한다(법 제7조 제2항).

13. 국유재산법령상 국유재산에 관한 설명으로 옳은 것은? <2013 제24회>

① 정부는 정부출자기업체의 고유목적사업을 원활히 수행하기 위하여 자본의 확충이 필요한 경우에는 행정재산과 일반재산을 현물출자할 수 있다.

② 행정재산의 관리에 관한 사무를 위임받은 공무원이 경미한 과실로 그 재산에 대하여 손해를 끼친 경우에는 변상의 책임이 있다.

③ 관리전환하려는 국유재산의 감정평가에 드는 비용이 해당 재산의 가액(價額)에 비하여 과다할 것으로 예상되는 경우 총괄청과 중앙관서의 장 또는 중앙관서의 장간에 무상으로 관리전환하기로 합의하면 국유재산의 관리전환을 무상으로 할 수 있다.

④ 국유재산에 관한 사무에 종사하는 직원이 해당 총괄청의 장의 허가 없이 그 처리하는 국유재산을 자기의 소유재산과 교환했다면 총괄청의 장은 이를 취소하여야 한다.

⑤ 「국유재산법」에서 정하는 절차와 방법에 따르지 아니하고 일반재산을 사용하거나 수익한 자는 2년 이하의 징역 또는 1천만원 이하의 벌금에 처한다.

---

13. 정답 ③ 해설 ① 정부는 다음 각 호 1. 정부출자기업체를 새로 설립하려는 경우, 2. 정부출자기업체의 고유목적사업을 원활히 수행하기 위하여 자본의 확충이 필요한 경우, 3. 정부출자기업체의 운영체제와 경영구조의 개편을 위하여 필요한 경우의 어느 하나에 해당하는 경우에는 일반재산을 현물출자 할 수 있다(법 제60조). 현물출자는 금전이외의 재산을 목적으로 하는 출자를 말한다. 재산의 목적인 재산은 일반재산만이 현물출자 가능하다.

② 일반적으로 「민법」에서 과실이라고 하면 경과실을 의미하나 「국유재산법」에서는 중과실을 요구하고 있다. 즉 법 제28조에 따라 국유재산의 관리에 관한 사무를 위임받은 자가 고의나 중대한 과실로 그 임무를 위반한 행위를 함으로써 그 재산에 대하여 손해를 끼친 경우에는 변상의 책임이 있다(법 제79조 제1항).

③ 국유재산을 관리전환하거나 서로 다른 회계·기금 간에 그 사용을 하도록 하는 경우에는 유상으로 하여야 한다(유상원칙). 다만, 다음 각 호 1. 직접 도로, 하천, 항만, 공항, 철도, 공유수면, 그 밖의 공공용으로 사용하기 위하여 필요한 경우, 2. 다음 각 목 가. 관리전환하려는 국유재산의 감정평가에 드는 비용이 해당 재산의 가액(價額)에 비하여 과다할 것으로 예상되는 경우, 나. 상호교환의 형식으로 관리전환하는 경우로서 유상으로 관리전환하는데 드는 예산을 확보하기가 곤란한 경우, 다. 법 제8조 제3항에 따른 특별회계 및 기금에 속하는 일반재산의 효율적인 활용을 위하여 필요한 경우로서 법 제26조에 따른 국유재산정책심의위원회의 심의를 거친 경우의 어느 하나에 해당하는 사유로, **총괄청**과 **중앙관서의 장** 또는 **중앙관서의 장** 간에 **무상**으로 관리전환하기로 합의하는 경우의 어느 하나에 해당하는 경우에는 무상으로 할 수 있다(법 제17조).

④ 국유재산에 관한 사무에 종사하는 직원은 그 처리하는 국유재산을 취득하거나 자기의 소유재산과 교환하지 못한다. 다만, 해당 **총괄청**이나 **중앙관서의 장**의 허가를 받은 경우에는 그러하지 아니하다(법 제20조 제1항). 제1항을 위반한 행위는 무효로 한다(법 제20조 제2항). 대법원 1997. 6. 27. 선고 97다9529 판결.

⑤ 누구든지 이 법 또는 다른 법률에서 정하는 절차와 방법에 따르지 아니하고는 국유재산을 사용하거나 수익하지 못한다(법 제7조 제1항). 법 제7조 제1항을 위반하여 행정재산을 사용하거나 수익한 자는 2년 이하의 징역 또는 2천만원 이하의 벌금에 처한다(법 제82조). 유일한 형사처벌 조항이나 일반재산에 대해서는 형사처벌이 없다.

제2장 국유재산의 관리체계

제1절 국유재산종합계획

제2절 국유재산관리기관

14. 국유재산법령상 국유재산에 관한 설명으로 옳지 않은 것은? <2012 제23회>

① 중앙관서의 장이 국유재산의 관리에 관련된 법령을 개정하려면 그 내용에 관하여 총괄청 및 감사원과 협의하여야 한다.

② 총괄청이나 중앙관서의 장은 소유자 없는 부동산을 국유재산으로 취득한다.

③ 확정판결에 의한 경우에는 일반재산에 대하여 사권을 설정할 수 있다.

④ 위법한 재산관리로 사용승인이 철회되어 총괄청에 인계된 행정재산도 그 용도가 폐지되는 것은 아니다.

⑤ 총괄청은 일반재산을 보존용재산으로 전환하여 관리할 수 있다.

---

14. 정답 ④ 해설 ① 각 **중앙관서의 장**은 국유재산의 관리·처분에 관련된 법령을 제정·개정하거나 폐지하려면 그 내용에 관하여 **총괄청** 및 감사원과 협의하여야 한다(법 제19조).

② 법 제12조 제1항.

③ 법 제11조 제2항 및 영 제6조 제1호.

④ **총괄청**은 사용을 승인한 행정재산에 대하여 다음 각 호 1. 다른 국가기관의 행정목적을 달성하기 위하여 우선적으로 필요한 경우, 2. 법 제21조 제1항에 따른 보고나 같은 조 제3항에 따른 감사 결과 <u>위법</u>하거나 부당한 재산관리가 인정되는 경우, 3. 제1호 및 제2호의 경우 외에 감사원의 감사 결과 <u>위법</u>하거나 부당한 재산관리가 인정되는 등 사용 승인의 철회가 불가피하다고 인정되는 경우의 어느 하나에 해당하는 경우에는 국유재산정책심의위원회의 심의를 거쳐 그 사용 승인을 철회할 수 있다(법 제8조의2 제1항). **총괄청**은 사용승인 철회를 하려면 미리 그 내용을 **중앙관서의 장**에게 알려 의견을 제출할 기회를 주어야 한다(법 제8조의2 제2항). **중앙관서의 장**은 사용승인이 철회된 경우에는 해당 행정재산을 지체 없이 **총괄청**에 인계하여야 한다. 이 경우 인계된 재산은 법 제40조 제1항에 따라 <u>용도가 폐지된 것으로 본다</u>(법 제8조의2 제3항).

⑤ 법 제8조 제2항.

15. 국유재산법령상 총괄청의 권한에 해당하지 않는 것은? <2019 제30회>

① 중앙관서의 장에게 해당 국유재산의 관리상황에 관한 보고의 요구

② 중앙관서의 장에게 그 소관 국유재산 용도폐지의 요구

③ 국유재산의 관리·처분에 관한 소관 중앙관서의 장이 분명하지 아니한 국유재산에 대한 그 소관 중앙관서 장의 지정

④ 중앙관서 소관 국유재산의 관리·처분 업무를 효율적으로 수행하기 위한 국유재산책임관의 임명

⑤ 국유재산관리기금의 관리·운용을 위하여 필요한 자금의 차입

16. 국유재산법령상 다음 중 총괄청이 할 수 없는 것은? <2000 제11회 수정>

① 총괄청은 중앙관서의 장에 그 소관에 속하는 국유재산의 용도를 폐지하거나 변경할 것을 요구할 수 있으며, 총괄청은 중앙관서의 장이 정당한 사유 없이 용도폐지 등을 이행하지 아니하는 경우에는 직권으로 용도폐지 등을 할 수 있다

② 총괄청은 국유재산의 관리·처분에 관한 소관 중앙관서의 장이 없거나 분명하지 아니한 국유재산에 대하여 그 소관 중앙관서의 장을 지정한다.

③ 총괄청은 용도를 폐지함으로써 일반재산으로 된 국유재산에 대하여 필요하다고 인정하는 경우에는 그 처리방법을 지정하거나 이를 인계받아 직접 처리할 수 있다.

④ 총괄청은 중앙관서의 장등에 해당 국유재산의 관리상황에 관하여 보고하게 하거나 자료를 제출하게 할 수 있다.

---

15. **정답 ④** 해설 ① **총괄청**은 **중앙관서의 장등**에 해당 국유재산의 관리상황에 관하여 보고하게 하거나 자료를 제출하게 할 수 있다(법 제21조 제1항).
② **총괄청**은 **중앙관서의 장**에 그 소관에 속하는 국유재산의 용도를 폐지하거나 변경할 것을 요구할 수 있으며 그 국유재산을 관리전환하게 하거나 **총괄청**에 인계하게 할 수 있다(법 제22조 제1항).
③ **총괄청**은 국유재산의 관리·처분에 관한 소관 **중앙관서의 장**이 없거나 분명하지 아니한 국유재산에 대하여 그 소관 **중앙관서의 장**을 지정한다(법 제24조).
④ **중앙관서의 장**이 임명하여야 한다(법 제27조의2 제1항).
⑤ **총괄청**은 국유재산관리기금의 관리·운용을 위하여 필요한 경우에는 위원회의 심의를 거쳐 국유재산관리기금의 부담으로 금융회사 등이나 다른 회계 또는 다른 기금으로부터 자금을 차입할 수 있다(법 제26조의4 제1항).

16. **정답 ⑤** 해설 ① 용도폐지(用途閉止)라 함은 국유재산 중 행정재산을 행정재산으로 보존하지 않고 용도를 폐지하여 일반재산에 편입시키는 것을 말한다. **총괄청**은 **중앙관서의 장**에 그 소관에 속하는 국유재산의 용도를 폐지하거나 변경할 것을 요구할 수 있으며(법 제22조 제1항), **총괄청**은 **중앙관서의 장**이 정당한 사유 없이 용도폐지 등을 이행하지 아니하는 경우에는 직권으로 용도폐지 등을 할 수 있다(법 제22조 제3항). ② 법 제24조. ③ 법 제23조. ④ 법 제21조 제1항. ⑤ 위임이 아니고 위탁할 수 있는데 위임과 위탁은 의미가 다르다(법 제25조).

⑤ 총괄청은 대통령령으로 정하는 바에 따라 이 법에서 규정하는 총괄에 관한 사무의 일부를 조달청장 또는 지방자치단체의 장에게 위임하거나 정부출자기업체 또는 특별법에 따라 설립된 법인으로서 대통령령으로 정하는 자에게 위임할 수 있다.

제3절　국유재산관리기금

17. 국유재산법령상 국유재산관리기금에 관한 설명으로 옳지 않은 것은? <2014 제25회>

① 국유재산관리기금은 국유재산의 취득에 필요한 비용의 지출에 사용할 수 있다.

② 국유재산관리기금은 총괄청 소관 일반재산의 관리·처분에 필요한 비용의 지출에 사용할 수 있다.

③ 금융회사 등으로부터의 차입금은 국유재산관리기금의 재원에 해당한다.

④ 총괄청은 국유재산관리기금의 결산보고서 작성에 관한 사무를 한국자산관리공사에 위탁한다.

⑤ 국유재산관리기금에서 취득한 재산은 특별회계 소속으로 한다.

18. 국유재산법령상 국유재산정책심의회에 관한 설명으로 옳지 않은 것은?

① 국유재산정책심의위원회는 자문위원회에 속한다.

② 국유재산정책심의위원회는 일반재산의 개발에 관한 사항을 심의한다.

③ 위원회를 효율적으로 운영하기 위하여 위원회에 분야별 분과위원회를 둘 수 있고, 분과위원회의 심의 후 국유재산정책심의위원회의 심의를 거쳐야 한다.

---

17. 정답 ⑤ 해설 ① 법 제26조의5 제1항 제1호. ② 법 제26조의5 제1항 제2호. ③ 법 제26조의3 제3호. ④ 영 제18조의2 제1항 제2호. ⑤ 국유재산관리기금에서 취득한 재산은 일반회계 소속으로 한다(법 제26조의5 제2항).

18. 정답 ③ 해설 ① 행정기관위원회는 행정위원회와 자문위원회로 나뉜다. 행정위원회는 법률에 의하여 행정기관 소관사무의 일부를 부여받아 독자적으로 그 권한을 행사하는데, 집단적 의사결정을 하며, 규칙을 제정하는 준입법적 활동 및 재결을 행하는 준사법적 활동을 수행하고, 독임제행정청에 비해 행정의 안정성의 확보에 기여한다. 또한 행정위원회는 산하에 보좌기관을 운용하는 경우가 많고, 법적 구속력이 있다. 자문위원회는 일반적으로 법적 구속력을 가지고 있지 않다. 국유재산정책심의위원회는 자문위원회에 속한다.
② 국유재산정책심의위원회는 국유재산의 중요 정책방향에 관한 사항, 국유재산과 관련한 법령 및 제도의 개폐에 관한 중요 사항, 행정재산의 사용 승인 철회에 관한 사항, 국유재산종합계획의 수립 및 변경에 관한 중요 사항, 소관 **중앙관서의 장**의 지정 및 직권 용도폐지에 관한 사항, 무상 관리전환에 관한 사항,

④ 위원회 구성 위원 중 국유재산 관련 분야에 학식과 경험이 풍부한 사람 중에서 기획재정부장관이 임명 또는 위촉하는 교수, 변호사, 공인회계사, 감정평가사 등의 민간위원의 임기는 1년으로 한다.

⑤ 위원회의 위원장은 기획재정부장관이 되고, 공무원이 아닌 위원의 정수는 전체 위원 정수의 과반수가 되어야 한다.

국유재산관리기금의 관리·운용에 관한 사항, 일반재산의 개발에 관한 사항, 현물출자에 관한 중요 사항, 국유재산특례의 신설등 및 국유재산특례의 점검·평가에 관한 사항, 그 밖에 국유재산의 관리·처분 업무와 관련하여 **총괄청**이 중요하다고 인정한 사항을 심의한다(법 제26조 제1항).
③ 이 경우 분과위원회의 심의는 위원회의 심의로 본다(법 제26조 제4항).
④ 영 제17조 제2항. ⑤ 법 제26조 제3항.

제3장 국유재산의 취득

19. 국유재산법령상 국유재산과 그 관리에 관한 설명 중 옳지 않은 것은? <2000 제11회>

① 국유재산은 국가의 부담이나 기부의 채납 또는 법령이나 조약의 규정에 의하여 국유로 된 재산을 말한다.

② 모든 국유재산은 「민법」 제245조의 규정에 불구하고 시효취득의 대상이 되지 않는다.

③ 총괄청은 국유재산에 관한 사무를 총괄하고, 중앙관서의 장은 그 소관에 속하는 국유재산을 관리한다.

④ 국유재산에 관한 사무에 종사하는 직원은 중앙관서의 장의 허가없이 그 처리하는 국유재산을 취득하거나 자기의 소유재산과 교환하지 못하며, 이를 위반한 행위는 무효로 한다.

⑤ 총괄청 또는 중앙관서의 장은 무주의 부동산을 국유재산으로 취득할 수 있으나, 6월 이상의 기간을 정하여 정당한 권리자 기타 이해관계인이 이의를 제기할 수 있다는 뜻을 공고하여야 한다.

20. 국유재산법령상 국유재산관리에 관한 설명으로 옳지 않은 것은? <2011 제22회>

① 기획재정부장관은 일반재산을 보존용재산으로 전환하여 관리할 수 있다.

---

19. **정답 ②** 해설 ① 법 제2조 제1호. ② 행정재산은 「민법」 제245조에도 불구하고 시효취득(時效取得)의 대상이 되지 아니한다(법 제7조 제2항). 따라서 일반재산은 시효취득의 대상이 된다. ③ 법 제8조 제1항 및 법 제8조 제3항. ④ 법 제20조 제1항 및 제2항. ⑤ 법 제12조 제2항 영 제7조 제1항.

20. **정답 ②** 해설 ① 법 제8조 제2항. ② ③ 일반재산에 대하여 다른 법률 또는 확정판결(재판상 화해 등 확정판결과 같은 효력을 갖는 것을 포함한다)에 따라 일반재산에 사권(私權)을 설정하는 경우에는 사권을 설정할 수 있다(법 제11조 제2항 및 영 제6조). ④ 국가 외의 자는 국유재산에 건물, 교량 등 구조물과 그 밖의 영구시설물을 축조하지 못한다. 이를 반대해석하면 국가는 당연히 영구시설물을 축조할 수 있다. ⑤ 법 제12조 제1항.

② 행정재산이라도 판결에 따라 사권을 설정하는 것은 허용된다.

③ 판결에 따라 취득하는 경우에는 사권이 설정된 재산이라도 국유재산을 취득할 수 있다.

④ 국가는 행정재산에 건물, 교량 등 구조물과 그 밖의 영구시설물을 축조할 수 있다.

⑤ 총괄청이나 중앙관서의 장은 소유자 없는 부동산을 국유재산으로 취득한다.

21. 무주부동산의 처리에 관한 설명으로 옳지 않은 것은? <1999 제10회 변경>

① 총괄청은 무주의 부동산을 국유재산으로 취득한다.

② 중앙관서의 장은 무주의 부동산을 국유재산으로 취득한다.

③ 무주의 부동산을 취득함에 있어서는 부동산의 표시와 공고 후 6개월이 경과할 때까지 당해 부동산에 대하여 정당한 권리를 주장하는 자의 신고가 없는 경우에는 이를 국유재산으로 취득한다는 뜻 등에 관한 사항을 공고하여야 한다.

④ 총괄청 또는 중앙관서의 장은 정당한 권리자의 이의가 없는 경우에 한하여 공고를 하였음을 입증하는 서류를 첨부하여 지적법에 의한 소관청에 소유자등록을 신청할 수 있다.

⑤ 총괄청 또는 중앙관서의 장이 무주의 부동산을 국유재산으로 취득한 경우에는 그 취득 일로부터 20년간은 이를 매각하여서는 아니 된다.

22. 국유재산법령상 무주부동산의 처리에 관한 설명으로 옳지 않은 것은? <2009 제20회>

① 국유재산관리의 총괄청 또는 중앙관서의 장은 무주의 부동산을 국유재산으로 취득한다.

② 무주의 부동산을 국유재산으로 취득함에 있어서는 대통령령이 정하는 바에 따라 6월

---

21. **정답 ⑤** 해설 ① ② **총괄청**이나 **중앙관서의 장**은 소유자 없는 부동산을 국유재산으로 취득한다(법 제12조 제1항).

③ **총괄청**이나 **중앙관서의 장**은 소유자 없는 부동산을 국유재산으로 취득할 경우에는 해당 부동산의 표시와 공고 후 6개월이 지날 때까지 해당 부동산에 대하여 정당한 권리를 주장하는 자가 신고하지 아니하면 국유재산으로 취득한다는 뜻을 공고하여야 한다(법 제12조 제2항 영 제7조 제1항).

④ **총괄청**이나 **중앙관서의 장**은 소유자 없는 부동산을 취득하려면 공고기간에 이의가 없는 경우에만 공고를 하였음을 입증하는 서류를 첨부하여 「공간정보관리법」에 따른 지적소관청에 소유자 등록을 신청할 수 있다(법 제12조 제3항).

⑤ 무주의 부동산을 국유재산으로 취득한 경우에는 그 등기일부터 10년간은 처분을 하여서는 아니 된다. 다만, **대통령령**으로 정하는 특별한 사유가 있으면 그러하지 아니하다(법 제12조 제4항).

22. **정답 ④** 해설 ① 법 제12조 제1항. ② 법 제12조 제2항. ③ 법 제14조 제2항. ④ 소유자 없는 부동산으로 취득한 국유재산은 그 등기일부터 10년간은 처분을 하여서는 아니 된다(법 제12조 제4항). ⑤ 대법원 2016. 8. 24. 선고 2016다220679 판결; 대법원 2008. 10. 23. 선고 2008다45057 판결.

이상의 기간을 정하여 그 기간 내에 정당한 권리자 기타 이해관계인이 이의를 제기할 수 있다는 뜻을 공고하여야 한다.

③ 무주의 부동산을 국유재산으로 취득하여 소유자 등록을 한 경우 그 권리자의 명의는 국(國)으로 한다.

④ 취득한 국유재산은 당해 국유재산이 「토지보상법」에 의한 공익사업에 필요하게 된 경우 그 취득일부터 10년간은 이를 매각할 수 없다.

⑤ 부동산의 소유자가 따로 있음을 알 수 있는 부동산에 대하여 국가가 무주부동산 공고 절차를 거쳐 국유재산으로 등기를 마치고 점유를 개시하였다면, 그 점유의 개시에 있어 자기의 소유라고 믿은데 과실이 있다는 것이 판례의 입장이다.

23. 국유재산법령상 국유재산으로 기부채납을 받을 수 있는 경우는? <2011 제22회>

① 국가에 기부하려는 재산이 재산가액 대비 유지·보수비용이 지나치게 많은 경우

② 기부자의 상속인에게 무상으로 사용허가하여 줄 것을 조건으로 하여 국가에 행정재산으로 기부하는 경우

③ 기부하려는 재산이 국가에 이익이 없는 것으로 인정되는 경우

④ 기부자의 사망 후 상속인에게 반환하여 줄 것을 조건으로 국가에 재산을 기부하는 경우

⑤ 특정한 행정재산의 용도를 변경하여 줄 것을 조건으로 국가에 재산을 기부하는 경우

---

23. **정답** ② 해설 ① ③ ④ ⑤ **총괄청**이나 **중앙관서의 장**은 국가에 기부하려는 재산이 국가가 관리하기 곤란하거나 필요하지 아니한 것인 경우 또는 기부에 조건이 붙은 경우에는 받아서는 아니 된다(법 제13조 제2항 본문). 법 제13조 제2항 각 호 외의 부분 본문에서 "국가가 관리하기 곤란하거나 필요하지 아니한 것인 경우"란 다음 각 호 1. 법 제13조 제2항 제1호에 따른 무상 사용허가 기간이 지난 후에도 해당 **중앙관서의 장**이 직접 사용하기 곤란한 경우, 2. 재산가액 대비 유지·보수비용이 지나치게 많은 경우, 3. 그 밖에 국가에 이익이 없는 것으로 인정되는 경우를 말한다(영 제8조 제3항). ② 행정재산으로 기부하는 재산에 대하여 기부자, 그 상속인, 그 밖의 포괄승계인에게 무상으로 사용허가하여 줄 것을 조건으로 그 재산을 기부하는 경우에는 기부에 조건이 붙은 것으로 보지 아니한다(법 제13조 제2항 단서). 따라서 기부채납이 가능하다.

제4장 행정재산의 관리·처분

24. 국유재산법령상 국유재산에 관한 설명으로 옳지 않은 것은? <2011 제22회 수정>

① 국유재산에 관한 사무에 종사하는 직원이 소관청의 허가를 받지 아니하고 자신이 처리하는 국유재산을 취득한 경우 이는 무효로 한다. 다만 판례는 거래안전의 보호 등을 위하여 그 규정들에 위반하여 취득한 국유재산을 제3자가 전득하는 행위는 당연무효가 아니라고 판시하였다.

② 국유재산의 관리·처분에 관한 소관 중앙관서의 장이 없는 경우에는 총괄청이 이를 지정한다.

③ 등기가 필요한 국유재산의 경우 그 권리자의 명의는 국(國)으로 하되 소관 중앙관서의

---

24. **정답 ①** 해설 ① 법 제20조, 판례는 국유재산에 관한 사무에 종사하는 직원이 타인의 명의로 국유재산을 취득하는 행위는 강행법규인 같은 법 규정들의 적용을 잠탈하기 위한 탈법행위로서 무효이고, 나아가 같은 법이 거래안전의 보호 등을 위하여 그 무효로 주장할 수 있는 상대방을 제한하는 규정을 따로 두고 있지 아니한 이상, 그 무효는 원칙적으로 누구에 대하여서나 주장할 수 있으므로, 그 규정들에 위반하여 취득한 국유재산을 제3자가 전득하는 행위 또한 당연무효라고 판시하였다(대법원 1997. 6. 27. 선고 97다9529 판결). ② 법 제24조.

③ 등기·등록이나 명의개서가 필요한 국유재산인 경우 그 권리자의 명의는 국(國)으로 하되 소관 중앙관서의 명칭을 함께 적어야 한다. 다만, **대통령령**으로 정하는 법인에 증권을 예탁(預託)하는 경우에는 권리자의 명의를 그 법인으로 할 수 있다(법 제14조 제2항 본문). ④ 법 제7조 제2항.

⑤ 국가 외의 자는 국유재산에 건물, 교량 등 구조물과 그 밖의 영구시설물을 축조하지 못한다. 다만, 다음 각 호 1. 기부를 조건으로 축조하는 경우, 2. 다른 법률에 따라 국가에 소유권이 귀속되는 공공시설을 축조하는 경우, 2의2. 법 제50조 제2항에 따라 매각대금을 나누어 내고 있는 일반재산으로서 **대통령령**으로 정하는 경우, 3. 지방자치단체나 「지방공기업법」에 따른 지방공기업(이하 "지방공기업"이라 한다)이 「사회기반시설에 대한 민간투자법」 제2조제1호의 사회기반시설 중 주민생활을 위한 문화시설, 생활체육시설 등 기획재정부령으로 정하는 사회기반시설을 해당 국유재산 소관 **중앙관서의 장**과 협의를 거쳐 **총괄청**의 승인을 받아 축조하는 경우, 4. 민간참여개발(법 제59조의2)에 따라 개발하는 경우, 5. 법률 제4347호 「지방교육자치에관한법률」 시행 전에 설립한 초등학교·중학교·고등학교 및 특수학교에 **총괄청** 및 관련 **중앙관서의 장**과 협의를 거쳐 교육부장관의 승인을 받아 「학교시설사업 촉진법」 제2조제1호에 따른 학교시설을 증축 또는 개축하는 경우, 6. 그 밖에 국유재산의 사용 및 이용에 지장이 없고 국유재산의 활용가치를 높일 수 있는 경우로서 대부계약의 사용목적을 달성하기 위하여 **중앙관서의 장등**이 필요하다고 인정하는 경우의 어느 하나에 해당하는 경우에 한하여 영구시설물의 설치를 허용하였다(법 제18조 제1항).

명칭을 함께 적어야 한다.

④ 행정재산은 시효취득의 대상이 되지 아니한다.

⑤ 기부채납을 조건으로 하는 경우 사인이라도 국유 하천에 교량 등 영구시설물을 축조할
수 있다.

25. 국유재산법령상 행정재산에 관한 설명으로 가장 바른 것은? <1999 제10회>

① 행정재산은 시효취득의 대상이 된다.

② 행정재산은 행정목적 달성을 위해서는 대부하거나 출자의 목적으로 할 수 있다.

③ 행정재산의 사용 또는 수익의 허가는 전혀 허용되지 않는다.

④ 행정재산의 사용허가를 받은 자는 그 허가받은 행정재산을 국가에 기부를 전제로 하는
경우에는 영구시설물의 축조를 위한 사용도 가능하다.

⑤ 행정재산의 사용·수익 허가기간은 3년 이내로 하여야 하며 갱신허가는 허용되지 않는다.

26. 국유재산법령상 행정재산에 관한 설명으로 옳지 않은 것은? <2020 제31회>

① 행정재산은 사유재산과 교환할 수 없다.

② 행정재산을 경쟁입찰의 방법으로 사용허가하는 경우 1개 이상의 유효한 입찰이 있으
면 최고가격으로 응찰한 자를 낙찰자로 한다.

---

25. **정답** ④ 해설 ① 행정재산은 「민법」 제245조에도 불구하고 시효취득(時效取得)의 대상이 되지 아니한
다(법 제7조 제2항).
② 행정재산에 대해서는 처분불가능성(법 제27조 제1항)과 시효배제(법 제7조 제2항)를 규정하고 있고 민
간에 의한 활용에 있어서도 사용허가(법 제30조)라는 행정행위 내지 처분의 형식을 취하도록 하는 한
편, 일반재산에 대해서는 처분가능성을 규정하고(법 제41조 제1항) 취득시효의 대상이 되도록 하고 있
으며 민간에 의한 활용의 모습도 대부계약(법 제46조)이라는 형식을 취하도록 하고 있다. 행정재산은
일반재산과 달리 직접 행정목적에 제공된 재산이므로 원칙적으로 처분·교환·양여 또는 신탁 및 현물출
자의 대상이 되거나, 그것에 용익 및 담보물권과 같은 사권을 설정할 수 없다.
③ **중앙관서의 장**은 다음 각 호 1. 공용·공공용·기업용 재산: 그 용도나 목적에 장애가 되지 아니하는 범
위, 2. 보존용재산: 보존목적의 수행에 필요한 범위에서만 행정재산의 사용허가를 할 수 있다(법 제30조
제1항). ④ 법 제18조 제1항.
⑤ 행정재산의 사용허가기간은 5년 이내로 한다. 다만, 제34조 제1항 제1호의 경우에는 사용료의 총액이
기부를 받은 재산의 가액에 이르는 기간 이내로 한다(법 제35조 제1항). 법 제35조 제1항의 허가기간이
끝난 재산에 대하여 일정한 경우를 제외하고는 5년을 초과하지 아니하는 범위에서 종전의 사용허가를
갱신할 수 있다. 다만, 수의의 방법으로 사용허가를 할 수 있는 경우가 아니면 1회만 갱신할 수 있다(법
제35조 제2항 및 영 제34조 제1항).

26. **정답** ① 해설 ① 행정재산은 처분하지 못한다. 다만, 다음 각 호 1. 공유(公有) 또는 사유재산과 **교환**하
여 그 교환받은 재산을 행정재산으로 관리하려는 경우, 2. **대통령령**으로 정하는 행정재산(영 제58조
제1항 각 호의 어느 하나에 해당하는 재산)을 직접 공용이나 공공용으로 사용하려는 지방자치단체에

③ 두 번에 걸쳐 유효한 입찰이 성립되지 아니한 행정재산의 경우 수의의 방법으로 사용
허가를 받을 자를 결정할 수 있다.

④ 중앙관서의 장이 행정재산의 사용허가를 철회하려는 경우에는 청문을 하여야 한다.

⑤ 중앙관서의 장은 행정재산으로 사용하기로 결정한 날부터 5년이 지난날까지 행정재산
으로 사용되지 아니한 행정재산은 지체 없이 그 용도를 폐지하여야 한다.

27. 국유재산법령상 행정재산에 대한 설명 중 타당하지 않은 것은? <2004 제15회>

① 대법원의 견해에 의하면 행정재산은 공용폐지되지 않는 한 시효취득의 대상이 되지
않는다.

② 대법원의 견해에 의하면 행정재산의 사용·수익허가는 행정소송의 대상이 된다.

③ 행정재산은 대부·매각 등을 할 수 없으며 이에 대해 사권을 설정할 수 없다.

④ 행정재산의 사용허가기간은 5년 이내로 하는 것이 원칙이다.

⑤ 행정재산으로 할 목적으로 기부를 채납한 재산에 대한 기부자 등에게 사용을 허가하는
경우 10년 이하의 범위에서 사용허가기간을 정할 수 있다.

28. 국유재산법령상 행정재산에 관한 설명으로 옳지 않은 것은? <2014 제25회>

① 행정재산을 사용허가한 때에 징수하는 사용료는 선납하여야 한다.

② 중앙관서의 장은 그 소속 공무원에게 행정재산 관리에 관한 사무를 위임하거나 분장하
게 한 경우에는 그 뜻을 국토교통부장관에게 통지하여야 한다.

양여하는 경우의 어느 하나에 해당하는 경우에는 **교환**하거나 **양여**할 수 있다(법 제27조 제1항).
② 영 제27조 제1항. ③ 영 제27조 제3항 제8호. ④ 법 제37조. ⑤ 법 제40조 제1항 제2호.

27. 정답 ⑤ 해설 ① 대법원 1995. 4. 28. 선고 93다42658 판결.
② 대법원 1998. 2. 27. 선고 97누1105 판결; 대법원 2006. 3. 9. 선고 2004다31074 판결.
③ 행정재산은 일반재산과 달리 직접 행정목적에 제공된 재산이므로 원칙적으로 처분·교환·양여 또는 신
탁 및 현물출자의 대상이 되거나, 그것에 용익 및 담보물권과 같은 사권을 설정할 수 없다.
④ 법 제35조 제1항.
⑤ 행정재산의 사용허가기간은 5년 이내가 원칙이지만, 행정재산으로 할 목적으로 기부를 받은 재산에 대
하여 기부자나 그 상속인, 그 밖의 포괄승계인에게 사용허가를 하는 경우 사용료의 총액이 기부를 받은
재산의 가액에 이르는 기간 이내로 하며(법 제35조 제1항), 허가기간이 끝난 재산에 대하여 **대통령령**으
로 정하는 경우를 제외하고는 5년을 초과하지 아니하는 범위에서 종전의 사용허가를 갱신할 수 있다(법
제35조 제2항).

28. 정답 ② 해설 ① 행정재산을 사용허가한 때에 사용료(법 제32조 제1항) 및 지식재산의 사용료 등(법
제65조의9 제1항)은 선납하여야 한다(영 제30조 제1항).
② **중앙관서의 장**은 **대통령령**으로 정하는 바에 따라 소속 공무원에게 그 소관에 속하는 행정재산의 관리에
관한 사무를 위임할 수 있다(법 제28조 제1항). **중앙관서의 장**은 법 제28조 제1항 및 제2항에 따라

③ 중앙관서의 장은 공용·공공용·기업용 재산에 대하여 그 용도나 목적에 장애가 되지 아니하는 범위에서 사용허가를 할 수 있다.

④ 행정재산에 대하여 주거용으로 사용허가를 하는 경우에는 수의(隨意)의 방법으로 사용허가를 받을 자를 결정할 수 있다.

⑤ 중앙관서의 장은 행정재산으로 사용하기로 결정한 날부터 5년이 지난 날까지 행정재산으로 사용되지 아니한 경우에는 지체 없이 행정재산의 용도를 폐지한다.

29. 국유재산법령상 행정재산에 관한 설명으로 옳은 것은? <2015 제26회>

① 중앙관서의 장은 행정재산으로 사용하기로 결정한 날부터 5년이 지난 날까지 행정재산으로 사용되지 아니한 경우 지체 없이 그 용도를 폐지하여야 한다.

② 행정재산은 처분하지 못하므로 사유재산과 교환하여 그 교환받은 재산을 행정재산으로 관리하려는 경우에도 교환할 수 없다.

③ 행정재산의 관리수탁자는 위탁받은 재산의 연간 관리현황을 감사원에 보고하여야 한다.

④ 행정재산을 사용허가하려는 경우 수의(隨意)의 방법을 우선적으로 사용하여야 한다.

⑤ 중앙관서의 장은 행정재산에 대하여 일반경쟁입찰을 두 번 실시하여도 낙찰자가 없는 재산에 대하여는 세 번째 입찰부터 최초 사용료 예정가의 100분의 10을 최저한도로 하여 매회 100분의 5의 금액만큼 그 예정가격을 낮추는 방법으로 조정할 수 있다.

그 소속 공무원에게 행정재산 관리에 관한 사무를 위임하거나 분장하게 한 경우에는 그 뜻을 감사원에 통지하여야 한다(영 제20조 제1항).

③ 사용허가 요건에 대하여 **중앙관서의 장**은 다음 각 호 1. 공용·공공용·기업용 재산: 그 용도나 목적에 장애가 되지 아니하는 범위, 2. 보존용재산: 보존목적의 수행에 필요한 범위에서만 행정재산의 사용허가를 할 수 있다(법 제30조 제1항).

④ 행정재산이 주거용으로 사용허가를 하는 경우에는 수의의 방법으로 사용허가를 받을 자를 결정할 수 있다(영 제27조 제3항 제1호).

⑤ 법 제40조 제1항.

29. 정답 ① 해설 ① 법 제40조 제1항.

② 법 제27조 제1항.

③ 관리수탁자는 위탁받은 재산의 연간 관리현황을 다음 연도 1월 31일까지 해당 **중앙관서의 장**에게 보고하여야 한다(영 제25조 제1항).

④ 행정재산을 사용허가하려는 경우에는 그 뜻을 공고하여 일반경쟁에 부쳐야 한다(법 제31조 제1항 본문). 다만, 사용허가의 목적·성질·규모 등을 고려하여 필요하다고 인정되면 **대통령령**으로 정하는 바에 따라 참가자의 자격을 제한(제한경쟁)하거나 참가자를 지명하여 경쟁(지명경쟁)에 부치거나 수의(隨意)의 방법으로 할 수 있다(법 제31조 제1항 단서).

⑤ **중앙관서의 장**은 행정재산에 대하여 일반경쟁입찰을 두 번 실시하여도 낙찰자가 없는 재산에 대하여는 세 번째 입찰부터 최초 사용료 예정가격의 <u>100분의 20</u>을 최저한도로 하여 매회 <u>100분의 10</u>의 금액만큼 그 예정가격을 낮추는 방법으로 조정할 수 있다(영 제27조 제5항).

30. 국유재산법령상 국유재산에 관한 설명으로 옳지 않은 것은? <2010 제21회 수정>

① 행정재산으로 기부하는 재산에 대하여 기부자가 자신에게 무상으로 사용허가하여 줄 것을 조건으로 기부하는 경우에는 총괄청은 기부를 받을 수 없다.

② 총괄청은 중앙관서의 장이 없거나 분명하지 아니한 국유재산에 대하여 중앙관서의 장을 지정한다.

③ 일반재산은 대통령령이 정하는 바에 따라 부동산신탁을 취급하는 신탁업자에게 신탁하여 개발할 수 있다.

④ 행정재산의 사용허가를 받은 자가 그 행정재산의 관리를 소홀히 하여 재산상의 손해를 발생하게 한 경우에는 사용료 외에 대통령령으로 정하는 바에 따라 그 사용료를 넘지 아니하는 범위에서 가산금을 징수할 수 있다.

⑤ 총괄청은 5년 이상 활용되지 아니한 재산이나 국유재산정책심의위원회의 심의를 거쳐 개발이 필요하다고 인정되는 재산에 해당하는 일반재산을 국가, 지방자치단체 및 공공기관, 특별법에 따라 설립된 공사 또는 공단에 해당하는 자를 제외한 법인(외국법인을 포함한다)과 공동으로 개발할 수 있다.

31. 국유재산법령상의 내용으로 옳지 않은 것은? <2015 제26회>

① 행정재산을 사용허가한 때에는 매년 사용료를 징수한다.

② 정부는 정부출자기업체를 새로 설립하려는 경우 일반재산을 현물출자할 수 있다.

③ 사권이 설정된 재산은 판결에 따라 취득하는 경우에도 그 사권이 소멸된 후가 아니면 국유재산으로 취득하지 못한다.

④ 일반재산은 대부할 수 있다.

---

30. 정답 ① 해설 ① 법 제13조 제2항 제1호에 따르면 부담부 기부채납 금지의 원칙에 대한 예외 조항이다. 법령상 또는 실무상으로는 부관을 '조건'으로 표시하는 경우가 많은 점에 유의할 필요가 있다. 즉, 조건부 허가로 규율되어 있지만 동 규정의 조건(條件)은 학문상으로는 부담(負擔)으로 해석하여야 한다. ② 법 제24조. ③ 법 제58조 제1항. ④ 법 제39조. ⑤ 법 제59조의2 제1항 및 영 제64조의2.

31. 정답 ③ 해설 ① 행정재산을 사용허가한 때에는 **대통령령**으로 정하는 요율(料率)과 산출방법에 따라 매년 사용료를 징수한다(법 제32조 제1항 본문).
② 정부는 다음 각 호 1. 정부출자기업체를 새로 설립하려는 경우, 2. 정부출자기업체의 고유목적사업을 원활히 수행하기 위하여 자본의 확충이 필요한 경우, 3. 정부출자기업체의 운영체제와 경영구조의 개편을 위하여 필요한 경우의 어느 하나에 해당하는 경우에는 일반재산을 현물출자 할 수 있다(법 제60조).
③ 사권이 설정된 재산은 그 사권이 소멸된 후가 아니면 국유재산으로 취득하지 못한다. 다만, 판결에 따라 취득하는 경우에는 그러하지 아니하다(법 제11조 제1항).
④ 일반재산은 대부 또는 처분할 수 있다(법 제41조 제1항). ⑤ 행정재산은 그 사용료를 면제할 수 있다(법 제34조 제1항).

⑤ 행정재산의 사용료가 면제되는 경우도 있다.

32. 국유재산법령상 행정재산에 관한 설명으로 옳지 않은 것은? <2017 제28회>

① 중앙관서의 장은 행정재산을 효율적으로 관리하기 위하여 필요하면 국가기관 외의 자에게 그 재산의 관리를 위탁할 수 있다.
② 행정재산을 사용허가하려는 경우 수의(隨意)의 방법으로는 사용허가를 받을 자를 결정할 수 없다.
③ 행정재산의 관리위탁을 받은 자는 미리 해당 중앙관서의 장의 승인을 받아 위탁 받은 재산의 일부를 다른 사람에게 사용·수익하게 할 수 있다.
④ 중앙관서의 장은 건물 등을 신축하여 기부채납을 하려는 자가 신축기간에 그 부지를 사용하는 경우 그 사용료를 면제할 수 있다.
⑤ 중앙관서의 장은 행정재산의 사용허가를 철회하려는 경우에는 청문을 하여야 한다.

33. 국유재산법령상 국유재산에 관한 설명으로 옳지 않은 것은? <2010 제21회 수정>

① 행정재산은 「민법」 제245조(점유로 인한 부동산소유권의 취득기간)에도 불구하고 시효취득의 대상이 되지 아니한다.
② 판결에 따라 취득하는 경우를 제외하고는 사권이 설정된 재산은 그 사권이 소멸된 후가 아니면 국유재산으로 취득하지 못한다.
③ 행정재산에 대한 종전의 사용허가를 갱신을 받으려 하는 자는 허가기간이 끝나기 1개월 전에 중앙관서의 장에게 신청하여야 한다.
④ 일반재산 중 조림을 목적으로 하는 토지와 그 정착물의 경우에는 대부기간을 10년 이내로 한다.

---

32. **정답** ② **해설** ① 법 제29조 제1항.
② 행정재산을 사용허가하려는 경우에는 그 뜻을 공고하여 일반경쟁에 부쳐야 한다(법 제31조 제1항 본문). 다만, 사용허가의 목적·성질·규모 등을 고려하여 필요하다고 인정되면 **대통령령**으로 정하는 바에 따라 참가자의 자격을 제한하거나 참가자를 지명하여 경쟁에 부치거나 수의(隨意)의 방법으로 할 수 있다(법 제31조 제1항 단서).
③ 법 제30조 제2항. ④ 법 제34조 제1항 제1의2호. ⑤ 법 제37조.
33. **정답** ④ **해설** ① 법 제7조 제2항. ② 법 제11조 제1항. ③ 법 제35조 제3항. ④ 2018. 6. 27. 시행법부터 국유재산의 활용도를 높이기 위하여 조림을 목적으로 하는 토지와 그 정착물에 대한 대부기간을 최대 10년에서 최대 20년으로, 대부 받은 자의 비용으로 시설을 보수하는 건물에 대한 대부기간을 최대 5년에서 최대 10년으로 각각 연장하였다(법 제46조 제1항). ⑤ 법 제36조 제1항.

⑤ 중앙관서의 장은 행정재산의 사용허가를 받은 자가 중앙관서의 장의 승인 없이 사용허가를 받은 재산의 원래 상태를 변경하는 경우에는 그 허가를 취소하거나 철회할 수 있다.

34. 국유재산법령상 행정재산의 사용허가에 관한 설명으로 옳은 것은? <2010 제21회>

① 행정재산의 사용허가기간이 끝난 재산에 대하여 대통령령이 정하는 경우를 제외하고는 10년을 초과하지 아니하는 범위에서 종전의 사용허가를 갱신할 수 있다.

② 중앙관서의 장은 사용허가를 한 행정재산을 국가나 지방자치단가 직접 공용이나 공공용으로 사용하기 위하여 필요하게 된 경우에는 그 허가를 취소할 수 있다.

③ 행정재산을 직접 공용·공공용 또는 비영리공익사업용으로 사용하려는 지방자치단체에 사용허가를 하는 경우에는 사용료를 면제할 수 없다.

④ 중앙관서의 장은 동일인이 같은 행정재산을 6개월을 초과하여 계속 사용·수익하는 경우로서 대통령령으로 정하는 경우에는 사용료를 조정할 수 있다.

⑤ 중앙관서의 장은 행정재산을 사용허가하려는 경우, 사용허가의 목적·성질·규모 등을 고려하여 필요하다고 인정되면 대통령령으로 정하는 바에 따라 참가자의 자격을 제한하거나 참가자를 지명하여 경쟁에 부치거나 수의(隨意)의 방법으로 할 수 있다.

---

34. 정답 ⑤ 해설 ① 법 제35조 제1항의 허가기간이 끝난 재산에 대하여 **대통령령**으로 정하는 경우[1. 법 제30조 제1항(1. 공용·공공용·기업용 재산: 그 용도나 목적에 장애가 되지 아니하는 범위, 2. 보존용재산: 보존목적의 수행에 필요한 범위)의 사용허가 범위에 포함되지 아니한 경우, 2. 법 제36조 제1항 각 호(사용허가의 취소와 철회 사유)의 어느 하나에 해당하는 경우, 3. 사용허가한 재산을 국가나 지방자치단체가 직접 공용이나 공공용으로 사용하기 위하여 필요한 경우, 4. 사용허가 조건을 위반한 경우, 5. **중앙관서의 장**이 사용허가 외의 방법으로 해당 재산을 관리·처분할 필요가 있다고 인정되는 경우(영 제34조 제1항)]를 제외하고는 **5년을 초과하지 아니하는 범위**에서 종전의 사용허가를 갱신할 수 있다. 다만, <u>수의의 방법</u>으로 사용허가를 할 수 있는 경우가 아니면 <u>1회만 갱신</u>할 수 있다(법 제35조 제2항). ② 법 제36조 제2항.
③ **중앙관서의 장**은 다음 각 호 1. 행정재산으로 할 목적으로 기부를 받은 재산에 대하여 기부자나 그 상속인, 그 밖의 포괄승계인에게 사용허가하는 경우, 1의2. 건물 등을 신축하여 기부채납을 하려는 자가 신축기간에 그 부지를 사용하는 경우, 2. 행정재산을 직접 공용·공공용 또는 비영리 공익사업용으로 사용하려는 지방자치단체에 사용허가하는 경우, 3. 행정재산을 직접 비영리 공익사업용으로 사용하려는 **대통령령**으로 정하는 공공단체에 사용허가하는 경우의 어느 하나에 해당하면 **대통령령**으로 정하는 바에 따라 그 <u>사용료를 면제할 수 있다</u>(법 제34조 제1항 제2호).
④ **중앙관서의 장**은 동일인(상속인이나 그 밖의 포괄승계인은 피승계인과 동일인으로 본다)이 같은 행정재산을 사용허가기간 내에서 1년을 초과하여 계속 사용·수익하는 경우로서 **대통령령**으로 정하는 경우에는 <u>사용료를 조정할 수 있다</u>(법 제33조 제1항). ⑤ 법 제31조 제1항 단서.

35. 국유재산법령상 행정재산의 사용허가 등에 관한 설명으로 옳은 것은? <2012 제23회 수정>

① 공유(公有) 또는 사유재산과 교환하여 그 교환받은 재산을 행정재산으로 관리하려는 경우에는 행정재산도 교환하거나 양여할 수 있다.

② 행정재산의 사용허가에 관하여는 「국가를 당사자로 하는 계약에 관한 법률」의 규정이 준용되지 않는다.

③ 행정재산을 주거용으로 사용허가할 수 있지만, 수의의 방법으로 할 수는 없다.

④ 5년을 초과하지 아니하는 범위에서 행정재산의 사용허가를 갱신할 수 있지만 수의의 방법으로, 사용허가를 받은 재산에 대하여는 1회에 한하여 갱신 할 수 있다.

⑤ 중앙관서의 장이 행정재산을 직접 공용으로 사용하려는 지방자치단체에게 사용허가하는 경우에는 사용료를 면제하여야 한다.

36. 행정재산의 사용허가에 관한 설명 중 옳지 않은 것은? <2000 제11회>

① 그 용도 또는 목적에 장애가 되지 아니하는 범위 안에서 사용을 허가할 수 있다.

② 사용료는 매년 징수하되 분할납부하게 할 수 있다.

③ 사용의 허가기간은 5년 이내로 한다.

④ 일정한 법정 사유에 해당하는 경우에는 사용허가를 반드시 취소 또는 철회하여야 한다.

35. 정답 ① 해설 ① 행정재산은 처분하지 못한다. 다만, 다음 각 호 1. 공유(公有) 또는 사유재산과 교환하여 그 교환받은 재산을 행정재산으로 관리하려는 경우, 2. **대통령령**으로 정하는 행정재산을 직접 공용이나 공공용으로 사용하기 위하여 필요로 하는 지방자치단체에 양여하는 경우의 어느 하나에 해당하는 경우에는 교환하거나 양여할 수 있다(법 제27조 제1항).
② 행정재산의 사용허가에 관하여는 이 법에서 정한 것을 제외하고는 「국가를 당사자로 하는 계약에 관한 법률」(이하 '국당법'이라 한다)의 규정을 준용한다(법 제31조 제3항).
③ 행정재산을 주거용으로 사용허가를 하는 경우에는 법 제31조 제1항 단서에 따라 수의의 방법으로 사용허가를 받을 자를 결정할 수 있다(영 제27조 제3항 제1호).
④ 사용허가기간이 끝난 재산에 대하여 일정한 경우를 제외하고 5년을 초과하지 아니하는 범위에서 종전의 사용허가를 갱신할 수 있다. 다만, 수의의 방법으로 사용허가를 할 수 있는 경우가 아니면 1회만 갱신할 수 있다(법 제35조 제2항 및 영 제34조 제1항).
⑤ **중앙관서의 장**은 행정재산을 직접 공용·공공용 또는 비영리 공익사업용으로 사용하려는 지방자치단체에 사용허가하는 경우에 해당하면 **대통령령**으로 정하는 바에 따라 그 사용료를 면제할 수 있다(법 제34조 제1항).

36. 정답 ④ 해설 ① 사용허가 요건에 대하여, **중앙관서의 장**은 다음 각 호 1. 공용·공공용·기업용 재산: 그 용도나 목적에 장애가 되지 아니하는 범위, 2. 보존용재산: 보존목적의 수행에 필요한 범위에서만 행정재산의 사용허가를 할 수 있다(법 제30조 제1항). ② 법 제32조 제1항 및 제2항. ③ 법 제35조 제1항.
④ 허가를 취소하거나 철회는 임의규정이지 의무규정이 아니다(법 제36조 제1항). ⑤ 청문은 의무규정이다(법 제37조).

⑤ 사용의 허가를 취소 또는 철회하고자 하는 경우에는 반드시 청문을 실시하여야 한다.

37. 국유재산법령상 행정재산에 관한 설명으로 옳은 것을 모두 고른 것은? <2016 제27회>

> ㄱ. 행정재산의 사용허가를 받은 자가 그 행정재산의 관리를 소홀히 하여 재산상의 손해를 발생하게 한 경우에는 사용료 이외에 가산금을 징수할 수 있다.
> ㄴ. 주거용으로 사용허가를 하는 경우에는 수의의 방법으로 사용허가를 받을 자를 결정할 수 없다.
> ㄷ. 행정재산인 부동산에 대한 사용허가기간은 기부받은 재산을 그 기부자 등에게 사용허가하는 경우를 제외하고는 5년 이내로 한다.
> ㄹ. 행정재산인 부동산을 직접 비영리 공익사업용으로 사용하려는 개인에게 사용허가한 경우 중앙관서의 장은 그 사용료를 면제할 수 있다.

① ㄱ, ㄴ   ② ㄱ, ㄷ   ③ ㄴ, ㄷ
④ ㄴ, ㄹ   ⑤ ㄷ, ㄹ

38. 국유재산법상 행정재산에 관한 설명으로 옳지 않은 것은? <2018 제29회>

① 행정재산의 사용허가를 철회하려는 경우에는 청문을 하여야 한다.
② 행정재산의 사용허가에 관하여는 「국유재산법」에서 정한 것을 제외하고는 「민법」의 규정을 준용한다.
③ 행정재산으로 할 목적으로 기부를 받은 재산에 대하여 중앙관서의 장이 기부자에게 사용허가하는 경우 그 사용료를 면제할 수 있다.

---

37. 정답 ② 해설 ㄱ. 행정재산의 사용허가를 받은 자가 그 행정재산의 관리를 소홀히 하여 재산상의 손해를 발생하게 한 경우에는 사용료 외에 **대통령령**으로 정하는 바에 따라 그 사용료를 넘지 아니하는 범위에서 가산금을 징수할 수 있다(법 제39조). ㄴ. 행정재산이 다음 각 호 1. 주거용으로 사용허가를 하는 경우에는 법 제31조 제1항 단서에 따라 <u>수의 방법으로 사용허가를 받을 자를 결정할 수 있다</u>(영 제27조 제3항). ㄷ. 행정재산의 사용허가기간은 5년 이내로 한다. 다만, 제34조 제1항 제1호의 경우에는 사용료의 총액이 기부를 받은 재산의 가액에 이르는 기간 이내로 한다(법 제35조 제1항). ㄹ. **중앙관서의 장**은 다음 각 호 1. 행정재산으로 할 목적으로 기부를 받은 재산에 대하여 기부자나 그 상속인, 그 밖의 포괄승계인에게 사용허가하는 경우, 1의2. 건물 등을 신축하여 기부채납을 하려는 자가 신축기간에 그 부지를 사용하는 경우, 2. 행정재산을 직접 공용·공공용 또는 비영리 공익사업용으로 사용하려는 지방자치단체에 사용허가하는 경우, 3. 행정재산을 직접 비영리 공익사업용으로 사용하려는 **대통령령**으로 정하는 공공단체에 사용허가하는 경우의 어느 하나에 해당하면 **대통령령**으로 정하는 바에 따라 그 사용료를 면제할 수 있다(법 제34조 제1항). 따라서 ②가 옳다.
38. 정답 ② 해설 ① 법 제37조. ② 행정재산의 사용허가에 관하여는 이 법에서 정한 것을 제외하고는 「국가를 당사자로 하는 계약에 관한 법률」의 규정을 준용한다(법 제31조 제3항). ③ 법 제34조 제1항. ④ 법 제36조 제1항 제3호. ⑤ 법 제40조 제1항 제2호.

④ 행정재산의 사용허가를 받은 자가 해당 재산의 보존을 게을리 한 경우 그 허가를 철회할 수 있다.

⑤ 행정재산으로 사용하기로 결정한 날부터 5년이 지난 날까지 해당 재산이 행정 재산으로 사용되지 아니한 경우 지체 없이 행정재산의 용도를 폐지하여야 한다.

39. 국유재산법령상 행정재산의 사용허가에 관한 설명으로 옳지 않은 것은? <2009 제 20회 수정>

① 행정재산 중 공용·공공용·기업용 재산은 그 용도나 목적에 장애가 되지 아니하는 범위에서만 행정재산의 사용허가를 할 수 있다.

② 중앙관서의 장이 행정재산의 사용·수익을 허가한 다음 그 사용·수익하는 자에 대하여 하는 사용료 부과는 순전히 사경제주체로서 행하는 사법상의 이행청구라 할 수 없고, 이는 중앙관서의 장이 공권력을 가진 우월적 지위에서 행한 것으로서 항고소송의 대상이 되는 행정처분이라는 것이 판례이다

③ 기부를 받은 재산에 대하여 사용허가를 받은 자가 그 재산의 기부자이거나 그 상속인, 그 밖의 포괄승계인인 경우에는 중앙관서의 장의 승인을 받아 다른 사람에게 사용·수익하게 할 수 있다.

④ 중앙관서의 장이 행정재산의 사용허가를 취소하거나 철회하려는 경우에 청문의 실시 여부는 중앙관서의 장의 재량사항이다.

⑤ 중앙관서의 장은 행정재산의 사용허가를 받은 자가 해당 재산의 보존을 게을리하였거나 그 사용목적을 위배한 경우에는 그 허가를 취소 또는 철회할 수 있다.

40. 국유재산법령상 행정재산의 사용허가에 대한 설명이다. 가장 옳은 것은? <2002 제13회>

① 일반재산도 그 목적에 장애가 되지 아니하는 범위안에서 사용·수익을 허가할 수 있다.

② 행정재산의 사용·수익허가기간은 5년 이내이며, 1년 이내의 범위내에서 갱신할 수 있다.

---

39. **정답 ④** 해설 ① 법 제30조 제1항 제1호. ② 대법원 1996. 2. 13. 선고 95누11023 판결; 대법원 1998. 2. 27. 선고 97누1105 판결; 대법원 2006. 3. 9. 선고 2004다31074 판결. ③ 사용허가를 받은 자는 그 재산을 다른 사람에게 사용·수익하게 하여서는 아니 된다. 다만, 기부를 받은 재산에 대하여 사용허가를 받은 자가 그 재산의 기부자이거나 그 상속인, 그 밖의 포괄승계인인 경우에는 **중앙관서의 장**의 승인을 받아 다른 사람에게 사용·수익하게 할 수 있다(법 제30조 제2항 제1호). ④ 청문의 실시여부는 **중앙관서의 장**의 기속사항이다(법 제37조). ⑤ 법 제36조 제1항 제3호.

40. **정답 ④** 해설 ① 행정재산의 사용허가 요건에 대하여, **중앙관서의 장**은 다음 각 호 1. 공용·공공용·기업용 재산: 그 용도나 목적에 장애가 되지 아니하는 범위, 2. 보존용재산: 보존목적의 수행에 필요한

③ 사용료의 산출기준이 되는 토지의 가액은 시가를 참작하여 예정가격을 결정하되, 「감정평가법」에 의한 2개 감정평가법인등의 평가액 산술평균치를 적용한다.

④ 행정재산의 사용허가에 따른 사용료는 원칙적으로 선납하여야 한다.

⑤ 사용허가기간은 법정기간으로 반드시 보호된다.

41. 행정재산의 사용허가를 하는 경우 예외적으로 수의(隨意)의 방법으로 사용허가자를 결정할 수 있다. 다음 중 이에 해당하지 않는 경우는? <2004 제15회 수정>

① 주거용으로 사용허가를 하는 경우

② 경작의 목적으로 실경작자에게 사용허가를 하는 경우

③ 외교상 또는 국방상 이유에 의하여 사용행위를 비밀히 할 필요가 있는 경우

④ 천재·지변 기타 이에 준하는 부득이한 사유가 발생하여 재해복구 또는 구호의 목적으로 사용허가를 하는 경우

⑤ 세 번에 걸쳐 유효한 입찰이 성립되지 아니한 경우

42. 국유재산법령상 중앙관서의 장이 행정재산의 사용료를 면제할 수 있는 경우에 해당하지 않는 것은? <2020 제31회>

① 행정재산으로 할 목적으로 기부를 받은 재산에 대하여 기부자의 상속인에게 사용허가하는 경우

② 건물 등을 신축하여 기부채납을 하려는 자가 신축기간에 그 부지를 사용하는 경우

범위에서만 행정재산의 사용허가를 할 수 있다(법 제30조 제1항). 일반재산은 국가 외의 자가 일정 기간 유상이나 무상으로 사용·수익할 수 있도록 **중앙관서의 장**과 대부계약을 체결할 수 있다(법 제2조 제8호).

② 행정재산의 사용허가기간은 5년 이내로 한다(법 제35조 제1항). 5년을 초과하지 아니하는 범위에서 종전의 사용허가를 갱신할 수 있다. 다만, 수의의 방법으로 사용허가를 할 수 있는 경우가 아니면 1회만 갱신할 수 있다(법 제35조 제2항).

③ 토지의 사용료를 계산할 때 해당 재산가액은 사용료 산출을 위한 재산가액 결정 당시의 개별공시지가(「부동산가격공시법」 제10조에 따른 해당 토지의 개별공시지가로 하며, 해당 토지의 개별공시지가가 없으면 같은 법 제8조에 따른 공시지가를 기준으로 하여 산출한 금액을 말한다)로 산출한다(영 제29조 제2항 제1호).

④ 영 제30조 제1항. ⑤ **중앙관서의 장**은 행정재산의 사용허가를 받은 자가 일정한 경우에 해당하면 그 허가를 취소하거나 철회할 수 있고 그에 따르면 사용허가기간이 반드시 보호되는 것은 아니다(법 제36조 제1항).

41. <u>정답 ⑤</u> 해설 ①~④ 영 제27조 제3항. ⑤ 두 번에 걸쳐 유효한 입찰이 성립되지 아니한 경우(영 제27조 제3항 제8호).

42. <u>정답 ⑤</u> 해설 ① 법 제34조 제1항 제1호. ② 법 제34조 제1항 제1의2호. ③ 법 제34조 제1항 제2호.

③ 행정재산을 직접 공공용으로 사용하려는 지방자치단체에 사용허가하는 경우

④ 사용허가를 받은 행정재산을 천재지변으로 사용하지 못하게 되었을 때 그 사용하지 못한 기간에 대한 사용료의 경우

⑤ 법령에 따라 정부가 자본금의 50퍼센트 이상을 출자하는 법인이 행정재산을 직접 비영리 공익사업용으로 사용하고자 하여 사용허가하는 경우

43. 국유재산법령상 부동산인 행정재산의 사용료에 관한 설명으로 옳지 않은 것은?
      <2016 제27회>

① 경쟁입찰로 사용허가를 하는 경우 첫 해의 사용료는 최고입찰가로 결정한다.

② 사용료가 100만원을 초과하는 경우에 연 6회 이내에서 나누어 내게 할 수 있다.

③ 사용료를 나누어 내게 할 때 연간 사용료가 1천만원 이상인 경우에는 그 허가를 받은 자에게 연간 사용료의 100분의 50에 해당하는 금액의 범위에서 보증금을 예치하게 하거나 이행보증조치를 하도록 하여야 한다.

④ 중앙관서의 장은 행정재산을 공용으로 사용하려는 지방자치단체에 사용허가하는 경우 사용료를 면제하여야 한다.

⑤ 보존용재산을 사용허가하는 경우에 재산의 유지·보존을 위하여 관리비가 특히 필요할 때에는 사용료에서 그 관리비 상당액을 뺀 나머지 금액을 징수할 수 있다.

---

   ④ 법 제34조 제2항.
 ⑤ **중앙관서의 장**은 행정재산을 직접 비영리 공익사업용으로 사용하려는 **대통령령**으로 정하는 공공단체[1. 법령에 따라 정부가 자본금의 전액을 출자하는 법인, 2. 법령에 따라 정부가 기본재산의 전액을 출연하는 법인(영 제33조)]에 사용허가 하는 경우에 해당하면 **대통령령**으로 정하는 바에 따라 그 사용료를 면제할 수 있다(법 제34조 제1항 제3호).

43. **정답 ④** 해설 ① 경쟁입찰로 사용허가를 하는 경우 첫해의 사용료는 최고입찰가로 결정하고, 2차 연도 이후 기간(사용허가를 갱신하지 아니한 사용허가기간 중으로 한정한다)의 사용료는 다음의 계산식에 따라 산출한다. 다만, 제1항 제6호 단서에 따라 **총괄청**이 기간을 정하여 고시한 경우 해당 기간의 사용료는 같은 호 단서에 따라 산출한 사용료로 한다(영 제29조 제6항).

② 법 제32조 제2항 전단에 따라 사용료를 나누어 내게 하려는 경우에는 사용료가 <u>50만원을 초과하는</u> 경우에만 연 6회 이내에서 나누어 내게 할 수 있다. 이 경우 남은 금액에 대해서는 시중은행의 1년 만기 정기예금의 평균 수신금리를 고려하여 **총괄청**이 고시하는 이자율(이하 "고시이자율"이라 한다)을 적용하여 산출한 이자를 붙여야 한다(영 제30조 제4항). <u>50만원을 초과하는</u> 경우이니 100만원을 초과하는 경우에도 분납이 가능하다.

③ 사용료를 나누어 내게 하려는 경우에는 연간 사용료가 1천만원 이상인 경우에는 사용허가(허가를 갱신하는 경우를 포함한다)할 때에 그 허가를 받는 자에게 연간 사용료의 100분의 50에 해당하는 금액의 범위에서 보증금을 예치하게 하거나 이행보증조치를 하도록 하여야 한다(법 제32조 제2항 후단 및 영 제30조 제5항).

④ 면제할 수 있는 임의규정이지 의무규정이 아니다(법 제34조 제1항 제2호). ⑤ 영 제29조 제7항.

44. 국유재산법령상 행정재산의 사용허가의 취소·철회사유에 해당하지 않는 것은?

<2017 제28회>

① 해당 재산의 보존을 게을리한 경우

② 부실한 증명서류를 제시하여 사용허가를 받은 경우

③ 중앙관서의 장이 사용허가 외의 방법으로 해당 재산을 관리·처분할 필요가 있다고 인정되는 경우

④ 납부기한까지 사용료를 납부하지 않은 경우

⑤ 중앙관서의 장의 승인 없이 사용허가를 받은 재산의 원래 상태를 변경한 경우

45. 국유재산법령상의 내용으로 옳지 않은 것은? <2009 제20회 수정>

① 국유재산에 관한 사무를 총괄하는 총괄청은 기획재정부장관이다.

② 총괄청이나 중앙관서의 장은 국유재산의 범위에 속하는 재산의 기부에 조건이 붙은 경우에도 이를 채납할 수 있다.

③ 행정재산에 대하여는 사권을 설정할 수 없다.

④ 행정재산이라도 직접 공용으로 사용하기 위하여 필요로 하는 지방자치단체에 양여하는 것은 가능하다.

⑤ 국가가 장차 6년 후에 직접 공공용으로 사용하기로 결정한 재산은 행정재산에 해당하지 않는다.

44. **정답 ③** 해설 ① ② ④ ⑤ **중앙관서의 장**은 행정재산의 사용허가를 받은 자가 다음 각 호 1. 거짓 진술을 하거나 부실한 증명서류를 제시하거나 그 밖에 부정한 방법으로 사용허가를 받은 경우, 2. 사용허가 받은 재산을 법 제30조 제2항을 위반하여 다른 사람에게 사용·수익하게 한 경우, 3. 해당 재산의 보존을 게을리하였거나 그 사용목적을 위배한 경우, 4. 납부기한까지 사용료를 납부하지 아니하거나 법 제32조 제2항 후단에 따른 보증금 예치나 이행보증조치를 하지 아니한 경우, 5. **중앙관서의 장**의 승인 없이 사용허가를 받은 재산의 원래 상태를 변경한 경우의 어느 하나에 해당하면 그 허가를 취소하거나 철회할 수 있다(법 제36조 제1항).
③ 종전의 사용허가를 갱신할 수 없는 사유이다(영 제34조 제1항).
45. **정답 ②** 해설 ① 법 제2조 제10호. ② **총괄청**이나 **중앙관서의 장**은 기부에 조건이 붙은 경우에는 받아서는 아니 된다(법 제13조 제2항).
③ 국유재산에는 사권을 설정하지 못한다. 다만, 일반재산에 대하여 **대통령령**으로 정하는 경우에는 그러하지 아니하다(법 제11조 제2항).
④ 행정재산은 처분하지 못한다. 다만, **대통령령**으로 정하는 행정재산을 직접 공용이나 공공용으로 사용하기 위하여 필요로 하는 지방자치단체에 양여하는 경우에는 교환하거나 양여할 수 있다(법 제27조).
⑤ **중앙관서의 장**은 행정재산이 다음 각 호 1. 행정목적으로 사용되지 아니하게 된 경우, 2. 행정재산으로 사용하기로 결정한 날부터 5년이 지난 날까지 행정재산으로 사용되지 아니한 경우, 3. 제57조에 따라 개발하기 위하여 필요한 경우의 어느 하나에 해당하는 경우에는 지체 없이 그 용도를 폐지하여야 한다(법 제40조 제1항).

제5장 일반재산의 관리·처분

46. 국유 일반재산의 관리·처분 사무의 위임·위탁에 관한 다음 설명 중 잘못된 것은?
<2002 제13회 수정>

① 총괄청은 대통령령으로 정하는 바에 따라 소관 일반재산의 관리·처분에 관한 사무의 전부 또는 일부를 총괄청 소속 공무원, 중앙관서의 장 또는 그 소속 공무원, 지방자치단체의 장 또는 그 소속 공무원에게 위임하거나 정부출자기업체, 금융기관, 투자매매업자·투자중개업자 또는 특별법에 따라 설립된 법인으로서 대통령령으로 정하는 자에게 위탁할 수 있다.

② 총괄청은 중앙관서의 장이 관리·처분하는 일반재산의 관리·처분에 관한 사무의 일부를 위탁받을 수 있으며, 필요한 경우 위탁하는 중앙관서의 장과 협의를 거쳐 특별법에 따라 설립된 법인으로서 대통령령으로 정하는 자에게 위탁받은 사무를 재위탁할 수 있다.

③ 중앙관서의 장이 소관 특별회계나 기금에 속하는 일반재산을 개발하려는 경우에는 위탁할 수 있다.

④ 중앙관서의 장과 위임받은 기관이 일반재산을 관리·처분하는 경우에는 관리사무의 위임에 관한 조항 및 관리위탁에 관한 조항을 준용한다.

⑤ 일반재산의 관리·처분에 관한 사무를 위임이나 위탁한 총괄청이나 중앙관서의 장은 위임이나 위탁을 받은 자가 해당 사무를 부적절하게 집행하고 있다고 인정되거나 일반재

---

46. 정답 ① 해설 ① 일부만을 위탁할 수 있다(법 제42조 제1항).
② 2020. 10. 1. 시행법부터 **총괄청**이 일반재산의 관리·처분에 관하여 위탁받은 사무를 특별법에 따라 설립된 법인에 재위탁할 수 있는 근거를 마련하였다(법 제42조 제2항 및 법 제8조 제3항).
③ 법 제42조 제3항. ④ 법 제42조 제4항. ⑤ 법 제42조 제5항.

산의 집중적 관리 등을 위하여 필요한 경우에는 그 위임이나 위탁을 철회할 수 있다.

47. 국유재산법령상 일반재산에 관한 설명으로 옳지 않은 것은? <2018 제29회>

① 일반재산은 대부 또는 처분할 수 있다.

② 중앙관서의 장은 국가의 활용계획이 없는 건물이 재산가액에 비하여 유지·보수 비용이 과다한 경우 이를 철거할 수 있다.

③ 일반재산은 매립사업을 시행하기 위하여 그 사업의 완성을 조건으로 총괄청과 협의하여 매각을 예약할 수 있다.

④ 일반재산을 매각하는 경우에는 대통령령으로 정하는 바에 따라 매수자에게 그 재산의 용도와 그 용도에 사용하여야 할 기간을 정하여 매각할 수 있다.

⑤ 총괄청은 일반재산을 보존용재산으로 전환하여 관리할 수 없다.

48. 국유재산법령상 일반재산에 관한 설명으로 옳은 것은? <2020 제31회>

① 총괄청은 일반재산의 관리·처분에 관한 사무의 일부를 위탁받을 수 없다.

② 증권을 제외한 일반재산을 지방자치단체에 처분할 때 처분재산의 예정가격은 두 개의 감정평가업자의 평가액을 산술평균한 금액으로 결정한다.

③ 조림을 목적으로 하는 토지의 대부기간은 25년 이상으로 한다.

---

47. **정답 ⑤** 해설 ① 법 제41조 제1항. ② 법 제41조 제2항 제2호. ③ 법 제45조 제1항. ④ 법 제49조.
⑤ **총괄청**은 일반재산을 보존용재산으로 전환하여 관리할 수 있다(법 제8조 제2항).

48. **정답 ④** 해설 ① **총괄청**은 법 제8조 제3항에 따라 **중앙관서의 장**이 관리·처분하는 일반재산의 관리·처분에 관한 사무의 일부를 **위탁받을 수 있으며**, 필요한 경우 **위탁**하는 **중앙관서의 장**과 협의를 거쳐 특별법에 따라 설립된 법인으로서 **대통령령**으로 정하는 자에게 위탁받은 사무를 **재위탁**할 수 있다(법 제42조 제2항).

② 증권을 제외한 일반재산을 처분할 때에는 시가를 고려하여 해당 재산의 예정가격을 결정하여야 한다. 이 경우 예정가격의 결정방법은 다음과 같다. 1. **대장가격이 3천만원 이상**인 경우(제2호의 경우는 제외한다): **두 개의 감정평가법인등**의 평가액을 산술평균한 금액, 2. 대장가격이 **3천만원 미만**인 경우나 **지방자치단체 또는 공공기관**에 처분하는 경우: 하나의 **감정평가법인등**의 평가액으로 한다(영 제42조 제1항). **감정평가법인등**의 평가액은 평가일부터 1년이 지나면 적용할 수 없다(영 제42조 제2항).

③ 일반재산의 대부기간은 조림을 목적으로 하는 토지와 그 정착물은 **20년**의 기간 이내로 한다(법 제46조 제1항 제1호).

④ ~~중앙관서의 장등~~은 일반재산을 교환하려면 그 내용을 감사원에 보고하여야 한다(법 제54조 제4항).

⑤ 법 제50조 제2항에 따라 매각대금을 나누어 내게 하는 경우로서 공익사업의 원활한 시행 등을 위하여 소유권의 이전이 불가피하여 **대통령령**으로 정하는 경우[영 제55조 제2항 제1호·제2호 및 제4호부터 제7호까지, 같은 조 제3항 제3호·제5호, 같은 조 제4항 제1호에 따라 매각대금을 나누어 내는 경우를 말한다(영 제56조)]에는 매각대금이 완납되기 전에 소유권을 이전할 수 있다. 이 경우 저당권 설정 등 채권의 확보를 위하여 필요한 조치를 취하여야 한다(법 제51조 제2항).

④ 중앙관서의 장은 일반재산을 교환하려면 그 내용을 감사원에 보고하여야 한다.

⑤ 일반재산을 매각하면서 매각대금을 한꺼번에 납부하기로 한 경우 매각대금의 완납 이전에도 해당 매각재산의 소유권 이전이 가능하다.

49. 증권을 제외한 일반재산을 처분할 때에는 시가를 고려하여 해당 재산의 예정가격을 결정하여야 한다. 1호 대장가격이 ( )만원 이상인 경우(제2호의 경우는 제외한다): 두 개의 감정평가법인등의 평가액을 산술평균한 금액, 2호 대장가격이 ( )만원 미만인 경우나 지방자치단체 또는 공공기관에 처분하는 경우: 하나의 감정평가법인등의 평가액을 예정가격으로 한다. 감정평가법인등의 평가액은 평가일부터 ( )이 지나면 적용할 수 없다. ( )에 들어갈 내용을 순서대로 올바르게 조합한 것은? <2004 제15회 수정>

① 3,000 — 7,000 — 6개월
② 3,000 — 3,000 — 1년
③ 5,000 — 7,000 — 1년 6개월
④ 5,000 — 1억 1,000 — 2년
⑤ 7,000 — 1억 1,300 — 3년

50. 국유재산법령상 일반재산에 관한 설명으로 옳지 않은 것은? <2016 제27회>

① 일반재산은 대부 또는 처분할 수 있다.

② 총괄청은 일반재산의 관리·처분에 관한 사무의 일부를 위탁받을 수 있다.

③ 일반재산인 토지의 대장가격이 3천만원 이상인 경우 처분예정가격은 하나의 감정평가법인의 평가액으로 한다.

---

49. **정답 ②** 해설 증권을 제외한 일반재산을 처분할 때에는 시가를 고려하여 해당 재산의 예정가격을 결정하여야 한다. 이 경우 예정가격의 결정방법은 다음과 같다. 1. 대장가격이 3천만원 이상인 경우(제2호의 경우는 제외한다): 두 개의 **감정평가법인등**의 평가액을 산술평균한 금액, 2. 대장가격이 3천만원 미만인 경우나 지방자치단체 또는 공공기관에 처분하는 경우: 하나의 **감정평가법인등**의 평가액으로 한다(영 제42조 제1항). **감정평가법인등**의 평가액은 평가일부터 1년이 지나면 적용할 수 없다(영 제42조 제2항). ②가 맞다.

50. **정답 ③** 해설 ① 법 제41조 제1항. ② **총괄청**은 **대통령령**으로 정하는 바에 따라 소관 일반재산의 관리·처분에 관한 사무의 일부를 **총괄청** 소속 공무원, **중앙관서의 장** 또는 그 소속 공무원, 지방자치단체의 장 또는 그 소속 공무원에게 **위임하거나**, 정부출자기업체, 금융기관, 투자매매업자·투자중개업자 또는 특별법에 따라 설립된 법인으로서 **대통령령**으로 정하는 자에게 **위탁할 수 있다**(법 제42조 제1항). **총괄청**은 법 제8조 제3항에 따라 **중앙관서의 장**이 관리·처분하는 일반재산의 관리·처분에 관한 사무의 일부를 **위탁받을 수 있으며**, 필요한 경우 위탁하는 **중앙관서의 장**과 협의를 거쳐 특별법에 따라 설립된 법인으로서 **대통령령**으로 정하는 자에게 위탁받은 사무를 **재위탁**할 수 있다(법 제42조 제2항). ③ 증권을 제외한 일반재산을 처분할 때에는 시가를 고려하여 해당 재산의 예정가격을 결정하여야 한다. 이 경우 예정가격의 결정방법은 다음과 같다. 1. 대장가격이 3천만원 이상인 경우(제2호의 경우는 제외한다): 두 개의 **감정평가법인등**의 평가액을 산술평균한 금액, 2. 대장가격이 3천만원 미만인 경우나

④ 일반재산은 개척사업을 시행하기 위하여 그 사업의 완성을 조건으로 대부·매각 또는 양여를 예약할 수 있다.

⑤ 대부계약의 갱신을 받으려는 자는 대부기간이 끝나기 1개월 전에 중앙관서의 장 등에 신청하여야 한다.

51. 국유재산법령상 일반재산의 처분가격에 관한 설명으로 옳은 것은? <2017 제28회>

① 지식재산을 처분할 때의 예정가격은 두 개의 감정평가법인등의 평가액을 산술평균한 금액으로 한다.

② 상장법인이 발행한 주권을 처분할 때의 예정가격은 하나의 감정평가법인등의 평가액으로 한다.

③ 비상장법인이 발행한 지분증권을 처분할 때의 예정가격은 두 개의 감정평가법인등의

지방자치단체 또는 공공기관에 처분하는 경우: 하나의 **감정평가법인등**의 평가액으로 한다(영 제42조 제1항).

④ 일반재산은 개척·매립·간척 또는 조림 사업을 시행하기 위하여 그 사업의 완성을 조건으로 **대통령령**으로 정하는 바에 따라 대부·매각 또는 양여를 예약할 수 있다(법 제45조 제1항).

⑤ 법 제46조 제3항.

51. **정답 ④** 해설 ① 지식재산을 처분할 때의 예정가격은 다음 각 호 1. 해당 지식재산 존속기간 중의 사용료 또는 대부료 추정 총액, 2. **감정평가법인등**이 평가한 금액(제1호에 따라 예정가격을 결정할 수 없는 경우로 한정한다)의 방법으로 결정한 금액으로 한다(영 제42조의2 제1항).

② 상장법인이 발행한 주권을 처분할 때에는 그 예정가격은 다음 각 호 1. 평가기준일 전 1년 이내의 최근에 거래된 30일간의 증권시장에서의 최종 시세가액을 가중산술평균하여 산출한 가액으로 하되, 거래 실적이 있는 날이 30일 미만일 때에는 거래된 날의 증권시장의 최종 시세가액을 가중산술평균한 가액과 영 제44조 제1항의 방법에 따른 가액을 고려하여 산출한 가격. 다만, 경쟁입찰의 방법으로 처분하거나 「자본시장과 금융투자업에 관한 법률」 제9조 제9항에 따른 매출의 방법으로 처분하는 경우에는 평가기준일 전 1년 이내의 최근에 거래된 30일간(거래 실적이 있는 날이 30일 미만인 경우에는 거래된 날)의 증권시장에서의 최종 시세가액을 가중산술평균한 가액과 영 제44조 제1항의 방법에 따른 가액을 고려하여 산출한 가격으로 할 수 있다. 2. 영 제41조 제3호에 따라 공개매수에 응모하는 경우에는 그 공개매수 가격, 3. 영 제41조 제4호에 따라 주식매수청구권을 행사하는 경우에는 「자본시장과 금융투자업에 관한 법률」 제165조의5에 따라 산출한 가격, 4. 영 제41조 제5호에 따라 매각가격을 특정할 수 있는 경우에는 그 가격의 어느 하나에 해당하는 가격 이상으로 한다(영 제43조 제1항).

③ 비상장법인이 발행한 지분증권을 처분할 때에는 그 예정가격은 기획재정부령으로 정하는 산출방식에 따라 비상장법인의 자산가치, 수익가치 및 상대가치를 고려하여 산출한 가격 이상으로 한다. 다만, 기획재정부령으로 정하는 경우에는 수익가치 또는 상대가치를 고려하지 아니할 수 있다(영 제44조 제1항).

④ 증권을 제외한 일반재산을 처분할 때에는 시가를 고려하여 해당 재산의 예정가격을 결정하여야 한다. 이 경우 예정가격의 결정방법은 다음과 같다. 1. 대장가격이 3천만원 이상인 경우(제2호의 경우는 제외한다): 두 개의 **감정평가법인등**의 평가액을 산술평균한 금액, 2. 대장가격이 3천만원 미만인 경우나 지방자치단체 또는 공공기관에 처분하는 경우: 하나의 **감정평가법인등**의 평가액으로 한다(영 제42조 제1항).

⑤ **감정평가법인등**의 평가액은 평가일부터 1년이 지나면 적용할 수 없다(영 제42조 제2항).

평가액을 산술평균한 금액으로 한다.

④ 대장가격이 3천만원인 부동산을 공공기관에 처분할 때의 예정가격은 하나의 감정 평가업자의 평가액으로 결정한다.

⑤ 증권을 제외한 일반재산을 처분할 때의 예정가격에 대한 감정평가법인등의 평가액은 평가일부터 3년 이내에만 적용할 수 있다.

제2절   대부

52. 국유재산법령상 일반재산에 관한 설명으로 옳지 않은 것은? <2019 제30회>

① 일반재산은 대부 또는 처분할 수 있다.

② 총괄청은 3년 이상 활용되지 아니한 일반재산을 민간사업자와 공동으로 개발할 수 있다.

③ 정부출자기업체의 주주 등 출자자에게 해당 기업체의 지분증권을 매각하는 경우에는 일반재산을 수의계약으로 처분할 수 있다.

④ 정부는 정부출자기업체의 운영체제와 경영구조의 개편을 위하여 필요한 경우에는 일반재산을 현물출자할 수 있다.

⑤ 일반재산인 토지와 사유재산인 토지를 교환할 때 쌍방의 가격이 같지 아니하면 그 차액을 금전으로 대납하여야 한다.

53. 국유재산법령상 일반재산의 대부에 관한 설명으로 옳은 것은? <2017 제28회>

① 일반재산은 대부는 할 수 있으나 처분은 할 수 없다.

② 영구시설물의 축조를 목적으로 하는 토지와 그 정착물의 대부기간은 50년이 넘도록 정할 수 있다.

---

52. 정답 ② 해설 ① 법 제41조 제1항. ② **총괄청**은 5년 이상 활용되지 아니한 재산이나 국유재산정책심의위원회의 심의를 거쳐 개발이 필요하다고 인정되는 재산에 해당하는 일반재산을 1. 국가, 지방자치단체 및 공공기관, 2. 특별법에 따라 설립된 공사 또는 공단에 해당하는 자를 제외한 법인(외국법인을 포함한다)과 공동으로 개발할 수 있다(법 제59조의2 제1항 및 영 제64조의2).
③ 영 제40조 제3항 제19호.
④ 정부는 다음 각 호 1. 정부출자기업체를 새로 설립하려는 경우, 2. 정부출자기업체의 고유목적사업을 원활히 수행하기 위하여 자본의 확충이 필요한 경우, 3. 정부출자기업체의 운영체제와 경영구조의 개편을 위하여 필요한 경우이 어느 하나에 해당하는 경우에는 일반재산을 현물출자 할 수 있다(법 제60조).
⑤ 법 제54조 제3항.

③ 대부기간이 끝난 일반재산에 대하여 종전의 대부계약을 갱신할 수 있는 경우에도 수의계약의 방법으로 대부할 수 있는 경우에는 1회만 갱신할 수 있다.

④ 중앙관서의 장등은 연간 대부료의 일부를 대부보증금으로 환산하여 받아야 한다.

⑤ 일반재산을 주거용으로 대부계약을 하는 경우에는 수의(隨意)의 방법으로 대부 계약의 상대방을 결정할 수 있다.

제3절 매각

54. 국유재산법령상 일반재산에 관한 설명으로 옳은 것은? <2014 제25회>

① 조림을 목적으로 하는 일반재산인 토지는 20년간 대부할 수 있다.

② 증권을 제외한 일반재산을 처분할 때에 그 대장가격이 3천만원 미만인 경우에는 두 개의 감정평가법인의 평가액을 산술평균한 금액으로 예정가격을 결정한다.

③ 일반재산인 토지와 사유재산인 토지를 교환할 때 쌍방의 가격이 같지 아니하면 그 차액을 금전, 증권 또는 현물로 대납(代納)할 수 있다.

④ 일반재산을 매각하는 경우 매수자에게 그 재산의 용도와 그 용도에 사용하여야 할 기

---

53. **정답 ⑤** 해설 ① 일반재산은 대부 또는 처분할 수 있다(법 제41조 제1항).
② 일반재산의 대부기간은 다음 각 호 1. 조림을 목적으로 하는 토지와 그 정착물: 20년, 2. 대부 받은 자의 비용으로 시설을 보수하는 건물(**대통령령**으로 정하는 경우에 한정한다): 10년, 3. 제1호 및 제2호 외의 토지와 그 정착물: 5년, 4. 그 밖의 재산: 1년의 기간 이내로 한다. 다만, 제18조 제1항 단서에 따라 영구시설물을 축조하는 경우에는 <u>10년 이내로 한다</u>(법 제46조 제1항).
③ 대부기간이 끝난 재산에 대하여 **대통령령**으로 정하는 경우를 제외하고는 그 대부기간을 초과하지 아니하는 범위에서 종전의 대부계약을 갱신할 수 있다. 다만, 수의계약의 방법으로 대부할 수 있는 경우가 아니면 1회만 갱신할 수 있다(법 제46조 제2항).
④ 대부료에 관하여는 **대통령령**으로 정하는 바에 따라 연간 대부료의 <u>전부 또는 일부를</u> 대부보증금으로 환산하여 받을 수 있다(법 제47조 제2항).
⑤ 행정재산이 주거용으로 사용허가를 하는 경우 수의의 방법으로 사용허가를 받을 자를 결정할 수 있다(영 제27조 제3항 제1호). 영 제51조의 준용규정에 따르면 영 제27조를 준용하도록 하고 있으므로 옳다.

54. **정답 ①** 해설 ① 법 제46조 제1항 제1호.
② 대장가격이 3천만원 미만인 경우나 지방자치단체 또는 공공기관에 처분하는 경우: 하나의 **감정평가법인등**의 평가액으로 한다(영 제42조 제1항).
③ 교환할 때 쌍방의 가격이 같지 아니하면 그 차액을 금전으로 대납(代納)하여야 한다(법 제54조 제3항).
④ 일반재산을 매각하는 경우에는 **대통령령**으로 정하는 바에 따라 매수자에게 그 재산의 용도와 그 용도에 사용하여야 할 기간을 정하여 매각할 수 있다(법 제49조).
⑤ **중앙관서의 장**이 소관 특별회계나 기금에 속하는 일반재산 중 **대통령령**으로 정하는 일반재산(1. 공용재산으로 사용 후 용도폐지된 토지나 건물, 2. 일단의 토지 면적이 3천제곱미터를 초과하는 재산)을 매각하려는 경우에는 **총괄청**과 협의하여야 한다(법 제48조 제2항 및 영 제52조 제2항).

간을 정하여 매각하는 것은 허용되지 않는다.

⑤ 중앙관서의 장이 소관 특별회계에 속하는 일반재산 중 일단의 토지면적이 4천제곱미터인 재산을 매각하려는 경우에는 총괄청과 협의하여야 한다.

55. 국유재산법령상 일반재산의 매각계약 해제사유로 규정되어 있지 않은 것은? <2013 제24회>

① 매수자가 매각대금을 체납한 경우

② 매수자가 거짓 진술을 하여 매수한 경우

③ 매수자가 부실한 증명서류를 제시하여 매수한 경우

④ 용도를 지정하여 매각한 경우에 매수자가 지정된 날짜가 지나도 그 용도에 사용하지 아니한 경우

⑤ 매수자가 다른 사람에게 사용·수익하게 한 경우

제4절 교환

---

56. 일반재산의 교환에 관한 설명 중 옳지 아니한 것은? <1999 제10회 수정>

① 국가가 직접 행정재산으로 사용하기 위하여 필요한 경우이어야 한다.

② 교환에 있어서 쌍방의 가격이 동일하지 아니한 때에는 그 차액을 금전으로 대납하여야 한다.

③ 교환하는 재산은 부득이한 경우를 제외하고 서로 유사한 재산이어야 한다.

④ 중앙관서의 장이 일반재산을 교환하고자 할 때에는 그 내용을 기획재정부에 보고하여

---

55. **정답 ⑤** 해설 ① ② ③ ④ 일반재산을 매각한 경우에 다음 각 호 1. 매수자가 매각대금을 체납한 경우, 2. 매수자가 거짓 진술을 하거나 부실한 증명서류를 제시하거나 그 밖의 부정한 방법으로 매수한 경우, 3. 법 제49조에 따라 용도를 지정하여 매각한 경우에 매수자가 지정된 날짜가 지나도 그 용도에 사용하지 아니하거나 지정된 용도에 제공한 후 지정된 기간에 그 용도를 폐지한 경우의 어느 하나에 해당하는 사유가 있으면 그 계약을 해제할 수 있다(법 제52조).

56. **정답 ④** 해설 ① 법 제54조 제1항 제1호. ② 법 제54조 제3항. ③ 영 제57조 제1항.
④ ~~중앙관서의 장~~등은 일반재산을 교환하려면 그 내용을 감사원에 보고하여야 한다(법 제54조 제4항).
⑤ ~~중앙관서의 장~~등은 일반재산이 한쪽 재산의 가격이 다른 쪽 재산 가격의 4분의 3(법 제54조 제1항 제2호에 따른 소규모 일반재산을 한 곳에 모아 관리함으로써 재산의 효용성을 높이기 위하여 필요한 경우의 교환인 경우에는 2분의 1을 말한다) 미만인 경우에는 교환해서는 아니 된다(영 제57조 제3항).

야 한다.

⑤ 중앙관서의 장등은 원칙적으로 교환하는 재산 한 쪽의 가격이 다른 쪽의 가격의 4분의 3 미만인 때에는 이를 교환하여서는 아니 된다.

57. 일반재산의 교환에 관한 설명 중 가장 옳지 않은 것은? <2002 제13회 수정>

① 국가가 직접 행정재산으로 사용하기 위하여 필요한 경우이어야 한다.

② 중앙관서의 장은 일반재산을 교환하고자 할 때에는 그 내용을 국세청에 보고하여야 한다.

③ 교환에 있어서 쌍방의 가격이 동일하지 아니한 때에는 그 차액을 금전으로 대납하여야 한다.

④ 교환하는 재산은 부득이한 사유가 있는 경우를 제외하고는 서로 유사하여야 한다.

⑤ 교환하는 재산 한쪽의 가격이 다른 쪽의 가격의 4분의3 미만인 때에는 이를 교환하여 서는 아니된다.

58. 국유재산법령상 일반재산의 매각·교환 및 양여에 관한 설명으로 옳은 것은? <2010 제21회>

① 일반재산을 용도를 지정하여 매각하는 경우에는 그 재산의 매각일로부터 10년 이상 지정된 용도로 활용하여야 한다.

② 일반재산의 매각대금은 분할 납부할 수 없다.

---

57. **정답 ②** 해설 ① 다음 각 호 1. 국가가 직접 행정재산으로 사용하기 위하여 필요한 경우, 2. 소규모 일반재산을 한 곳에 모아 관리함으로써 재산의 효용성을 높이기 위하여 필요한 경우, 3. 일반재산의 가치와 이용도를 높이기 위하여 필요한 경우로서 매각 등 다른 방법으로 해당 재산의 처분이 곤란한 경우, 4. 상호 점유를 하고 있고 해당 재산 소유자가 사유토지만으로는 진입·출입이 곤란한 경우 등 **대통령령**으로 정하는 불가피한 사유[1. 사유재산 소유자가 사유토지만으로는 진입·출입이 곤란한 경우, 2. 국가의 점유로 인하여 해당 사유재산의 효용이 현저하게 감소된 경우, 3. 2016년 3월 2일 전부터 사유재산 소유자가 소유한 건물로 점유·사용되고 있는 일반재산인 토지로서 해당 토지의 향후 행정재산으로서의 활용가능성이 현저하게 낮은 경우(영 제57조 제4항)]로 인하여 점유 중인 일반재산과 교환을 요청한 경우의 어느 하나에 해당하는 경우에는 일반재산인 토지·건물, 그 밖의 토지의 정착물, 동산과 공유 또는 사유재산인 토지·건물, 그 밖의 토지의 정착물, 동산을 교환할 수 있다(법 제54조 제1항).
② 법 제54조 제4항. ③ 법 제54조 제3항. ④ 영 제57조 제1항. ⑤ 영 제57조 제3항.

58. **정답 ①** 해설 ① 일반재산을 매각하는 경우에는 법 제49조에 따라 용도를 지정하여 매각하는 경우에는 그 재산의 매각일부터 10년 이상 지정된 용도로 활용하여야 한다(영 제53조 제1항).
② 일반재산의 매각대금을 한꺼번에 납부하도록 하는 것이 곤란하다고 인정되어 매각대금이 1천만원을 초과하는 경우에는 그 매각대금을 3년 이내의 기간에 걸쳐 나누어 내게 할 수 있다(영 제55조 제1항).
③ 일반재산을 매각하는 경우 해당 매각재산의 소유권 이전은 원칙적으로 매각대금이 완납된 후에 하여야

③ 일반재산의 매각으로 인한 소유권이전은 매각대금의 완납이전에는 할 수 없다.

④ 중앙관서의 장등이 일반재산을 직접 공용이나 공공용으로 사용하려는 지방자치단체에게 양여하는 경우에는 총괄청과 협의할 필요는 없다.

⑤ 중앙관서의 장등은 일반재산을 교환하려면 그 내용을 기획재정부장관에게 보고하여야 한다.

제5절 양여

제6절 개발

59. 국유재산법령상 일반재산에 관한 설명으로 옳은 것은? <2012 제23회>

① 일반재산을 개발하는 경우에 공공의 편익성이나 지역발전의 기여도 등은 고려해야 하지만 재정수입의 증대는 고려요소가 아니다.

② 용도를 지정하여 매각하는 일반재산은 그 재산의 매각일로부터 10년 이상 지정된 용

한다(법 제51조 제1항). 매각대금을 분할납부 하는 경우로서 공익사업의 원활한 시행 등을 위하여 소유권의 이전이 불가피하여 **대통령령**으로 정하는 경우에는 매각대금이 완납되기 전에 소유권을 이전할 수 있다. 이 경우 저당권 설정 등 채권의 확보를 위하여 필요한 조치를 취하여야 한다(법 제51조 제2항).

④ 국유재산 중 일반재산은 다음 각 호 1. **대통령령**으로 정하는 일반재산을 직접 공용이나 공공용으로 사용하려는 지방자치단체에 양여하려면 **총괄청**과 협의하여야 한다(법 제55조 제3항).

⑤ 감사원에 보고하여야 한다(법 제54조 제4항).

59. 정답 ② 해설 ① 일반재산을 개발하는 경우에는 다음 각 호 1. 재정수입의 증대 등 재정관리의 건전성, 2. 공공시설의 확보 등 공공의 편익성, 3. 주변환경의 개선 등 지역발전의 기여도, 4. 제1호부터 제3호까지의 규정에 따른 사항 외에 국가 행정목적 달성을 위한 필요성의 사항을 고려하여야 한다(법 제57조 제4항).

② 영 제53조 제1항.

③ 법 제58조 제1항에 따르면 일반재산은 **대통령령**으로 정하는 바에 따라 부동산신탁을 취급하는 신탁업자에게 신탁하여 개발할 수 있다.

④ 증권을 제외한 일반재산을 처분할 때에는 시가를 고려하여 해당 재산의 예정가격을 결정하여야 한다. 이 경우 예정가격의 결정방법은 다음과 같다. 1. 대장가격이 3천만원 이상인 경우(제2호의 경우는 제외한다): 두 개의 **감정평가법인등**의 평가액을 산술평균한 금액, 2. 대장가격이 3천만원 미만인 경우나 지방자치단체 또는 공공기관에 처분하는 경우: 하나의 **감정평가법인등**의 평가액으로 한다(영 제42조 제1항). 설문의 경우 공공기관에 처분하기 때문에 하나의 **감정평가법인등**의 평가액으로 한다.

⑤ 중앙관서의 장등은 일반재산을 양여하려면 **총괄청**과 협의하여야 한다. 다만, **대통령령**으로 정하는 가액 이하의 일반재산을 법 제55조 제1항 제3호에 따라 양여하는 경우에는 그러하지 아니하다(법 제55조 제3항).

도로 활용하여야 한다.

③ 일반재산은 부동산신탁을 취급하는 신탁업자에게 신탁하여 개발하게 해서는 안 된다.

④ 증권이 아닌 일반재산을 공공기관에 처분하는 경우에 예정가격은 두 개의 감정평가법
인의 평가액을 산술평균한 금액으로 결정한다.

⑤ 중앙관서의 장이 국가 외의 자가 소유하는 토지에 있는 국가소유의 건물을 그 토지소
유자에게 양여하는 경우에는 총괄청과 협의 없이 양여할 수 있다.

제7절   현물출자

제8절   정부배당

제6장 지식재산 관리·처분의 특례

60. 국유재산법령상 지식재산에 관한 설명으로 옳지 않은 것은? <2016 제27회>

① 「디자인보호법」에 따라 등록된 디자인권은 지식재산에 해당한다.

② 중앙관서의 장등은 지식재산의 사용허가등을 하려는 경우에는 수의(隨意)의 방법으로 할 수 있다.

③ 상표권의 사용허가등의 기간은 10년 이내로 한다.

④ 중앙관서의 장등은 「중소기업기본법」에 따른 중소기업의 수출증진을 위하여 필요하다고 인정하는 경우 지식재산의 사용허가에 따른 사용료를 면제할 수 있다.

⑤ 저작권등의 사용허가등을 받은 자는 해당 지식재산을 관리하는 중앙관서의 장등의 승인을 받아 그 저작물을 변형할 수 있다.

---

60. 정답 ③ 해설 ① 법 제5조 제1항 제6호 가목.

② 중앙관서의 장등은 지식재산의 사용허가등을 하려는 경우에는 제31조 제1항 본문 및 제47조 제1항에도 불구하고 수의(隨意)의 방법으로 하되, 다수에게 일시에 또는 수회에 걸쳐 할 수 있다(법 제65조의8 제1항).

③ 지식재산의 사용허가기간 또는 대부기간은 <u>5년 이내</u>에서 **대통령령**으로 정한다(법 제65조의11 제1항).

④ 중앙관서의 장등은 「농업·농촌 및 식품산업 기본법」 제3조 제2호에 따른 농업인과 「수산업·어촌 발전 기본법」 제3조 제3호에 따른 어업인의 소득 증대, 「중소기업기본법」 제2조에 따른 중소기업의 수출 증진, 「중소기업창업 지원법」 제2조 제2호 및 제2호의2에 따른 창업자·재창업자에 대한 지원 및 「벤처기업육성에 관한 특별조치법」 제2조 제1항에 따른 벤처기업의 창업 촉진, 그 밖에 이에 준하는 국가시책을 추진하기 위하여 중앙관서의 장등이 필요하다고 인정하는 경우에 면제할 수 있다(법 제65조의10).

⑤ 저작권 등의 사용허가 등을 받은 자는 해당 지식재산을 관리하는 중앙관서의 장등의 승인을 받아 그 저작물의 변형, 변경 또는 개작을 할 수 있다(법 제65조의7 제2항).

제7장 대장(臺帳)과 보고

61. 국유재산법령상 국유재산의 대장과 보고에 관한 설명으로 옳은 것은? <2013 제24회>

① 국방부장관은 그가 관리하는 항공기가 멸실된 경우에 지체없이 그 사실을 총괄청과 감사원에 보고하여야 한다.

② 총괄청으로부터 일반재산의 관리·처분에 관한 사무를 위탁받은 투자매매업자가 해당 사무와 관련하여 등기소의 장에게 등기사항증명서의 교부를 청구하려면 수수료를 납부하여야 한다.

③ 총괄청은 매년 국유재산관리운용보고서와 검사보고서를 감사원에 제출하여야 한다.

④ 총괄청은 중앙관서별로 국유재산에 관한 총괄부를 갖추어 두어 그 상황을 명백히 하여야 하기 때문에 그 총괄부를 전산자료로 대신할 수 없다.

⑤ 중앙관서의 장은 국유재산의 구분과 종류에 따라 그 소관에 속하는 국유재산의 대장·등기사항증명서와 도면을 갖추어 두어야 하며, 국유재산의 대장은 전산자료로 대신할 수 있다.

---

61. 정답 ⑤ 해설 ① **중앙관서의 장등**은 그 소관에 속하는 국유재산이 멸실되거나 철거된 경우에는 지체없이 그 사실을 **총괄청**과 감사원에 보고하여야 한다(법 제70조). 국방부장관이 관리하는 법 제5조 제1항 제2호의 재산과 그 밖에 **중앙관서의 장**이 **총괄청**과 협의하여 정하는 재산은 제68조부터 제70조까지의 규정을 적용하지 아니한다(법 제71조). 따라서 법 제70조에 따른 **중앙관서의 장등**의 멸실 등의 보고는 국방부장관은 적용이 제외된다.

② **총괄청, 중앙관서의 장** 또는 관리사무를 위임받은 공무원이나 위탁받은 자가 국유재산의 관리·처분을 위하여 필요하면 등기소, 그 밖의 관계 행정기관의 장에게 **무료로** 필요한 서류의 열람과 등사 또는 그 등본, 초본 또는 등기사항증명서의 교부를 청구할 수 있다(법 제66조 제5항).

③ **중앙관서의 장**은 그 소관에 속하는 국유재산에 관하여 국유재산관리운용보고서를 작성하여 다음 연도 2월 말일까지 **총괄청**에 제출하여야 한다(법 제69조 제1항). **총괄청**은 국유재산관리운용보고서를 통합하여 국유재산관리운용총보고서를 작성하여야 한다(법 제69조 제2항). **총괄청**은 국유재산관리운용총보고서를 다음 연도 4월 10일까지 감사원에 제출하여 검사를 받아야 한다(법 제69조 제3항). **총괄청**은 감사원의 검사를 받은 국유재산관리운용총보고서와 감사원의 검사보고서를 다음 연도 5월 31일까지 국회에 제출하여야 한다(법 제69조 제4항).

④ **총괄청**은 중앙관서별로 국유재산에 관한 총괄부(總括簿)를 갖추어 두어 그 상황을 명백히 하여야 한다. 이 경우 총괄부는 전산자료로 대신할 수 있다(법 제66조 제4항).

⑤ 법 제66조 제1항.

제8장 보칙 및 벌칙

제1절   보칙

제2절   벌칙

---

62. 국유재산에 대한 설명으로 옳지 않은 것은? <2004 제15회 수정>

① 국유재산을 관리전환하거나 서로 다른 회계·기금 간에 그 사용을 하도독 하는 경우에는 원칙적으로 유상으로 하여야 한다.

② 국유재산의 관리·처분에 관한 소관 중앙관서의 장이 없거나 분명하지 아니한 국유재산에 대하여 총괄청은 그 소관 중앙관서의 장을 지정한다.

③ 국유재산의 사용허가나 대부계약 없이 국유재산을 사용·수익하거나 점유한 자(사용허가나 대부계약 기간이 끝난 후 다시 사용허가나 대부계약 없이 국유재산을 계속 사용·수익하거나 점유한 자를 포함한다. 이하 "무단점유자"라 한다)에게 변상금을 부과할 수 있으며, 무단점유자에 대하여 대통령령으로 정하는 바에 따라 그 재산에 대한 사용료나 대부료의 100분의 150에 상당하는 변상금을 징수한다.

④ 총괄청은 중앙관서의 장등에 해당 국유재산의 관리상황에 관하여 보고하게 하거나 자료를 제출하게 할 수 있고, 중앙관서의 장은 소관 행정재산 중 대통령령으로 정하는 유휴 행정재산 현황을 매년 1월 31일까지 총괄청에 보고하여야 하며, 이에 따라 총괄청은 중앙관서의 장등의 재산 관리상황과 유휴 행정재산 현황을 감사(監査)하거나 그 밖에 필요한 조치를 할 수 있다.

---

62. 정답 ③ 해설 ① 법 제17조 본문. ② 법 제24조. ③ 사용료나 대부료의 100분의 120에 상당하는 변상금을 징수한다(법 제2조 제9호 및 법 제72조 제1항). ④ 법 제21조. ⑤ 법 제34조 제1항.

⑤ 행정재산으로 할 목적으로 기부를 받은 재산에 대하여 기부자나 그 상속인, 그 밖의 포괄승계인에게 사용허가를 하는 경우에는 사용료를 면제할 수 있다.

63. 「국유재산법」의 변상금에 관한 설명 중 틀린 것은? <2000 제11회>

① 사용·수익의 허가를 받지 아니하고 행정재산을 사용·수익한 경우에는 변상금을 징수한다.

② 행정재산의 경우 변상금은 사용료의 120%에 상당하는 금액으로 한다.

③ 변상금을 제때에 납부하지 아니하는 경우에는 가산금을 부과할 수 있다.

④ 변상금을 국세체납처분의 예에 의하여 강제징수할 수 있다.

⑤ 변상금 부과처분에 대하여는 행정쟁송을 제기할 수 있다.

---

63. 정답 ③ 해설 ① 법 제2조 제9호. ② 법 제72조 제1항 본문.
③ 「국유재산법」에서 가산금은 법 제75조에 따라 과오납된 국유재산의 사용료, 대부료, 매각대금 또는 변상금을 반환하는 경우에는 과오납된 날의 다음 날부터 반환하는 날까지의 기간에 대하여 고시이자율을 적용하여 산출한 이자를 가산하여 국가가 행정의 상대방에 지급하는 가산금이 있다. 이 문제에서 가산금은 법 제39조에 따라 행정재산의 사용허가를 받은 자가 그 행정재산의 관리를 소홀히 하여 재산상의 손해를 발생하게 한 경우에는 사용료 외에 **대통령령**으로 정하는 바에 따라 그 사용료를 넘지 아니하는 범위에서 해당 **중앙관서의 장** 또는 법 제28조에 따라 위임을 받은 자가 징수하는 사용료에 가산하는 가산금을 말하는데 이러한 "관리소홀에 따른 가산금"이 만약 납부기한까지 납부되지 아니한 경우 **중앙관서의 장**은 **대통령령**으로 정하는 바에 따라 연체료를 징수할 수 있고(법 제73조 제1항), 이러한 연체료가 납부기한까지 납부되지 아니한 경우에는 강제징수 할 수 있다(법 제73조 제2항). 그러나 변상금 체납에 따른 가산금 징수 규정은 없다.
④ 법 제73조 제2항.
⑤ 변상금부과처분은 순전히 사경제 주체로서 행하는 사법상의 법률행위라고 할 수 없고 이는 **중앙관서의 장**이 공권력을 가진 우월적 지위에서 행한 것으로서 행정소송의 대상이 되는 행정처분이다(대법원 1988. 2. 23. 선고 87누1046 판결).

64. 국유재산법령상 무단점유자에 관한 설명으로 옳지 않은 것은? <2019 제30회>

① 행정재산에 대한 사용허가 기간이 끝난 후 다시 사용허가 없이 행정재산을 계속 사용한 자는 무단점유자에 해당한다.

② 정당한 사유 없이 국유재산에 시설물을 설치한 경우 중앙관서의 장등은「행정대집행법」을 준용하여 철거할 수 있다.

③ 무단점유자가 재해로 재산에 심한 손실을 입은 경우는 중앙관서의 장등이 변상금 징수를 미룰 수 있는 사유에 해당한다.

④ 변상금의 연체료 부과대상이 되는 연체기간은 납기일부터 60개월을 초과할 수 없다.

⑤ 중앙관서의 장등은 행정재산의 무단점유자에 대하여 그 재산에 대한 사용료의 100분의 150에 상당하는 변상금을 징수한다.

---

64. **정답 ⑤** 해설 ① '무단점유자'라 함은 사용허가나 대부계약 기간이 끝난 후 다시 사용허가나 대부계약 없이 국유재산을 계속 사용·수익하거나 점유한 자를 포함하여 사용허가나 대부계약 없이 국유재산을 사용·수익하거나 점유한 자를 말한다(법 제2조 제9호).
② 법 제74조에서는 정당한 사유 없이 국유재산을 점유하거나 이에 시설물을 설치한 경우에는 ~~중앙관서의 장등~~은「행정대집행법」을 준용하여 철거할 수 있다.
③ ~~중앙관서의 장등~~은 무단점유자가 다음 각 호 1. 재해나 도난으로 재산에 심한 손실을 입은 경우, 2. 무단점유자 또는 그 동거 가족의 질병이나 중상해로 장기 치료가 필요한 경우, 3.「국민기초생활 보장법」제2조 제2호에 따른 수급자인 경우, 4. 그 밖에 제1호 및 제2호에 준하는 사유로 인정되는 경우의 어느 하나에 해당하는 경우에는 변상금의 최초 납부기한부터 1년의 범위에서 그 징수를 미룰 수 있다 (영 제71조 제2항). ④ 법 제73조 제1항.
⑤ ~~중앙관서의 장등~~은 무단점유자에 대하여 **대통령령**으로 정하는 바에 따라 그 재산에 대한 사용료나 대부료의 100분의 120에 상당하는 변상금을 징수한다(법 제72조 제1항 본문).

65. 국유재산법령상 국유재산의 관리에 관한 설명으로 옳지 않은 것은? <2015 제26회>

① 국유재산의 사용료가 납부기한까지 납부되지 아니 한 경우 연체료 부과대상이 되는 연체기간은 납기일부터 60개월을 초과할 수 없다.

② 국가는 과오납된 국유재산의 사용료를 반환하는 경우에는 과오납된 날의 다음 날부터 반환하는 날까지의 기간에 대하여 이자를 가산하여 반환한다.

③ 지방자치단체가 은닉된 국유재산이나 소유자 없는 부동산을 발견하여 신고한 경우에는 그 재산가액의 2분의 1의 범위에서 그 지방자치단체에 국유재산을 양여하거나 보상금을 지급할 수 있다.

④ 정당한 사유 없이 국유재산을 점유하거나 이에 시설물을 설치한 경우 「행정대집행법」을 준용하여 철거할 수 없다.

⑤ 은닉된 국유재산을 선의(善意)로 취득한 후 그 재산을 국가에 자진 반환한 자에게 같은 재산을 매각하는 경우에는 그 매각대금을 이자 없이 12년 이하에 걸쳐 나누어 내게 할 수 있다.

---

65. 정답 ④ 해설 ① **중앙관서의 장등**은 국유재산의 사용료, 관리소홀에 따른 가산금, 대부료, 매각대금, 교환자금 및 변상금(징수를 미루거나 나누어 내는 경우 이자는 제외한다)이 납부기한까지 납부되지 아니한 경우 **대통령령**으로 정하는 바에 따라 연체료를 징수할 수 있다. 이 경우 연체료 부과대상이 되는 연체기간은 납기일부터 60개월을 초과할 수 없다(법 제73조 제1항).

② 국가는 과오납된 국유재산의 사용료, 대부료, 매각대금 또는 변상금을 반환하는 경우에는 과오납된 날의 다음 날부터 반환하는 날까지의 기간에 대하여 고시이자율을 적용하여 산출한 이자를 가산하여 반환한다(법 제75조 및 영 제73조).

③ 법 제77조 제2항.

④ 정당한 사유 없이 국유재산을 점유하거나 이에 시설물을 설치한 경우에는 **중앙관서의 장등**은 「행정대집행법」을 준용하여 철거하거나 그 밖에 필요한 조치를 할 수 있다(법 제74조).

⑤ 은닉된 국유재산을 선의(善意)로 취득한 후, 그 재산을 다음 각 호 1. 자진 반환, 2. 재판상의 화해, 3. 그 밖에 **대통령령**으로 정하는 원인의 어느 하나에 해당하는 원인으로 국가에 반환한 자에게, 같은 재산을 매각하는 경우에는 법 제50조에도 불구하고 **대통령령**으로 정하는 바에 따라, 반환의 원인별로 차등을 두어, 그 매각대금을 이자 없이 12년 이하에 걸쳐 나누어 내게 하거나, 매각 가격에서 8할 이하의 금액을 뺀 잔액을 그 매각대금으로 하여 전액을 한꺼번에 내게 할 수 있다(법 제78조).

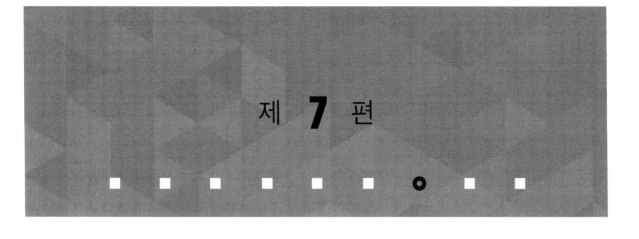

제 7 편

공간정보의 구축 및 관리 등에
관한 법률 중 지적에 관한 규정

제1장 총설

1. 공간정보관리법령상 용어에 관한 설명으로 옳지 않은 것은? <2017 제28회>

① 지적측량은 지적확정측량 및 지적재조사측량을 포함한다.

② 필지를 구획하는 선의 굴곡점으로서 지적도에 도해(圖解) 형태로 등록하는 점은 경계점에 해당한다.

③ 지적공부는 지적측량 등을 통하여 조사된 토지의 표시와 해당 토지의 소유자 등을 기록한 대장 및 도면을 말한다.

④ 축척변경은 지적도에 등록된 경계점의 정밀도를 높이기 위하여 작은 축척을 큰 축척으로 변경하여 등록하는 것을 말한다.

⑤ 등록전환은 토지대장 및 지적도에 등록된 임야를 임야대장 및 임야도에 옮겨 등록하는 것을 말한다.

---

1. **정답 ⑤** 해설 ① "지적측량"이란 토지를 지적공부에 등록하거나 지적공부에 등록된 경계점을 지상에 복원하기 위하여 필지의 경계 또는 좌표와 면적을 정하는 측량을 말하며, 지적확정측량 및 지적재조사측량을 포함한다(법 제2조 제4호).

② "경계점"이란 필지를 구획하는 선의 굴곡점으로서 지적도나 임야도에 도해(圖解) 형태로 등록하거나 경계점좌표등록부에 좌표 형태로 등록하는 점을 말한다(법 제2조 제25호).

③ "지적공부"란 토지대장, 임야대장, 공유지연명부, 대지권등록부, 지적도, 임야도 및 경계점좌표등록부 등 지적측량 등을 통하여 조사된 토지의 표시와 해당 토지의 소유자 등을 기록한 대장 및 도면(정보처리시스템을 통하여 기록·저장된 것을 포함한다)을 말한다(법 제2조 제19호).

④ 법 제2조 제34호. ⑤ "등록전환"이란 임야대장 및 임야도에 등록된 토지를 토지대장 및 지적도에 옮겨 등록하는 것을 말한다(법 제2조 제30호).

제2장 토지의 등록

2. 공간정보관리법령상 토지의 등록에 관한 설명으로 옳지 않은 것은? <2017 제28회>

① 국토교통부장관은 모든 토지에 대하여 필지별로 소재·지번·지목·면적·경계 또는 좌표 등을 조사·측량하여 지적공부에 등록하여야 한다.

② 지번은 지적소관청이 지번부여지역별로 차례대로 부여한다.

③ 지적공부에 등록하는 경계 또는 좌표는 토지의 이동이 있을 때 토지소유자의 신청이 없는 경우 지적소관청이 직권으로 조사·측량하여 결정할 수는 없다.

④ 물을 상시적으로 이용하지 않고 약초를 주로 재배하는 토지의 지목은 전(田)이다.

⑤ 지목은 필지마다 하나의 지목을 설정하여야 한다.

---

2. 정답 ③ 해설 ① 법 제64조 제1항. ② 법 제66조 제1항.

③ 지적공부에 등록하는 지번·지목·면적·경계 또는 좌표는 토지의 이동이 있을 때 토지소유자(법인이 아닌 사단이나 재단의 경우에는 그 대표자나 관리인을 말한다)의 신청을 받아 지적소관청이 결정한다(법 제64조 제2항 본문). 다만, 토지소유자의 신청이 없으면 지적소관청이 직권으로 조사·측량하여 결정할 수 있다(법 제64조 제2항 단서).

④ 전은 물을 상시적으로 이용하지 않고 곡물·원예작물(과수류는 제외한다)·약초·뽕나무·닥나무·묘목·관상수 등의 식물을 주로 재배하는 토지와 식용(食用)으로 죽순을 재배하는 토지이다(영 제58조 제1호).

⑤ 법 제67조 제1항에 따른 지목의 설정은 필지마다 하나의 지목을 설정할 것과 1필지가 둘 이상의 용도로 활용되는 경우에는 주된 용도에 따라 지목을 설정할 것의 방법에 따른다(영 제59조 제1항).

3. 공간정보관리법령상 지상 경계의 결정기준을 옳게 연결한 것을 모두 고른 것은?
<2016 제27회>

ㄱ. 연접되는 토지 간에 높낮이 차이가 없는 경우: 그 구조물 등의 중앙
ㄴ. 토지가 해면 또는 수면에 접하는 경우: 최대만조위 또는 최대만수위가 되는 선
ㄷ. 도로·구거 등의 토지에 절토된 부분이 있는 경우: 경사면의 중앙
ㄹ. 공유수면매립지의 토지 중 제방 등을 토지에 편입하여 등록하는 경우: 바깥쪽 하단부
ㅁ. 연접되는 토지 간에 높낮이 차이가 있는 경우: 그 구조물 등의 하단부

---

① ㄱ, ㄹ   ② ㄷ, ㅁ   ③ ㄱ, ㄴ, ㄹ
④ ㄱ, ㄴ, ㅁ   ⑤ ㄴ, ㄷ, ㄹ, ㅁ

4. 공간정보관리법령상 지상 경계를 새로 결정하려는 경우의 기준으로 옳은 것은? (단, 지상 경계의 구획을 형성하는 구조물 등의 소유자가 다르지 않은 경우를 전제로 한다.)
<2013 제24회>

① 연접되는 토지 간에 높낮이 차이가 없는 경우: 그 구조물 등의 중앙
② 연접되는 토지 간에 높낮이 차이가 있는 경우: 그 구조물 등의 상단부
③ 도로·구거 등의 토지에 절토(切土)된 부분이 있는 경우: 그 경사면의 하단부
④ 토지가 해면 또는 수면에 접하는 경우: 최대만조위 또는 최대만수위가 되는 선
⑤ 공유수면매립지의 토지 중 제방 등을 토지에 편입하여 등록하는 경우: 안쪽 어깨부분

5. 공간정보관리법령상 지번의 구성과 부여방법에 관한 설명으로 옳지 않은 것은?
<2016 제27회>

① 지번은 북서에서 남동으로 순차적으로 부여하여야 한다.

---

3. **정답 ④** 해설 지상 경계의 결정기준은 다음에 따른다(영 제55조 제1항). ㄷ. 도로·구거 등의 토지에 절토된 부분이 있는 경우: 그 경사면의 상단부, ㄹ. 공유수면매립지의 토지 중 제방 등을 토지에 편입하여 등록하는 경우: 바깥쪽 어깨부분.
4. **정답 ①** 해설 ① 영 제55조 제1항 제1호.
② 연접되는 토지 간에 높낮이 차이가 있는 경우: 그 구조물 등의 하단부(영 제55조 제1항 제2호).
③ 도로·구거 등의 토지에 절토(切土)된 부분이 있는 경우: 그 경사면의 상단부(영 제55조 제1항 제3호).
④ 토지가 해면 또는 수면에 접하는 경우: 최대만조위 또는 최대만수위가 되는 선(영 제55조 제1항 제4호).
⑤ 공유수면매립지의 토지 중 제방 등을 토지에 편입하여 등록하는 경우: 바깥쪽 어깨부분(영 제55조 제1항 제5호).
5. **정답 ②** 해설 ① 영 제56조 제3항 제1호.
② ③ 합병의 경우에는 합병 대상 지번 중 선순위의 지번을 그 지번으로 하되, 본번으로 된 지번이 있을

② 토지소유자가 합병 전의 필지에 주거·사무실 등의 건축물이 있어서 그 건축물이 위치한 지번을 합병 후의 지번으로 신청한 경우에도 합병 대상 지번 중 선순위의 지번으로 부여하여야 한다.

③ 분할의 경우에는 분할 후의 필지 중 주거·사무실 등의 건축물이 있는 필지에 대해서는 분할 전의 지번을 우선하여 부여하여야 한다.

④ 지번은 아라비아숫자로 표기하되, 임야대장 및 임야도에 등록하는 토지의 지번은 숫자 앞에 "산"자를 붙인다.

⑤ 신규등록 및 등록전환의 경우에 대상토지가 여러 필지로 되어 있는 경우에는 그 지번부여지역의 최종 본번의 다음 순번부터 본번으로 하여 순차적으로 지번을 부여할 수 있다.

6. 공간정보관리법령상 지번에 관한 설명 중 틀린 것은? <2000 제11회>

① 분할의 경우 당해 지번설정지역안의 인접토지의 본번에 부번을 붙여서 지번을 설정한다.

② 토지소유자가 합병하기 전의 지번 중 특정 지번으로 지정하여 신청할 때에는 그 사유를 심사하여 소유자가 원하는 지번으로 설정할 수 있다.

③ 지번은 아라비아 숫자로 표기하고, 임야의 경우에는 숫자 앞에 "산"자를 붙여 표기한다.

④ 지번은 북서에서 남동으로 순차적으로 설정한다.

⑤ 등록전환의 경우 부번을 붙이는 것이 부적당하다고 인정될 때에는 당해 지번설정지역의 최종 본번의 다음 번호부터 본번으로 하여 순차적으로 지번을 설정할 수 있다.

7. 공간정보관리법령상 지번의 부여 등에 관한 설명으로 옳지 않은 것은? <2018 제29회>

① 지번은 지적소관청이 지번부여지역별로 차례대로 부여한다.

때에는 본번 중 선순위의 지번을 합병 후의 지번으로 할 것. 이 경우 토지소유자가 합병 전의 필지에 주거·사무실 등의 건축물이 있어서 그 건축물이 위치한 지번을 합병 후의 지번으로 신청할 때에는 그 지번을 합병 후의 지번으로 부여하여야 한다(영 제56조 제3항 제4호).

④ 영 제56조 제1항. ⑤ 영 제56조 제3항 제2호.

6. 정답 ① 해설 ① 분할의 경우에는 분할 후의 필지 중 1필지의 지번은 분할 전의 지번으로 하고, 나머지 필지의 지번은 본번의 최종 부번 다음 순번으로 부번을 부여할 것. 이 경우 주거·사무실 등의 건축물이 있는 필지에 대해서는 분할 전의 지번을 우선하여 부여하여야 한다(영 제56조 제3항 제3호). ② 영 제56조 제3항 제4호. ③ 영 제56조 제1항. ④ 영 제56조 제3항 제1호. ⑤ 영 제56조 제3항 제2호.

7. 정답 ⑤ 해설 ① 법 제66조 제1항. ② 영 제56조 제3항 제1호. ③ 영 제57조 제2항. ④ 영 제56조 제1항. ⑤ 지적소관청은 지적공부에 등록된 지번을 변경할 필요가 있다고 인정하면 시·도지사나 대도시 시장의 승인을 받아 지번부여지역의 전부 또는 일부에 대하여 지번을 새로 부여할 수 있다(법 제66조 제2항).

② 지번은 북서에서 남동으로 순차적으로 부여한다.

③ 지번변경 승인신청을 받은 승인권자는 지번변경 사유 등을 심사한 후 그 결과를 지적 소관청에 통지하여야 한다.

④ 지번은 아라비아숫자로 표기하되, 임야대장 및 임야도에 등록하는 토지의 지번은 숫자 앞에 "산"자를 붙인다.

⑤ 지적소관청이 지적공부에 등록된 지번을 변경하려면 국토교통부장관의 승인을 받아야 한다.

8. 공간정보관리법령상 시·도지사의 승인 사항이 아닌 것은? <2004 제15회 수정>

① 지적공부 반출

② 지번변경

③ 지번부여지역의 전부 또는 일부에 대한 재부여

④ 시·군·구 단위의 지적전산자료 활용

⑤ 축척변경

---

8. 정답 ④ 해설 ① 지적소관청은 해당 청사에 지적서고를 설치하고 그 곳에 지적공부(정보처리시스템을 통하여 기록·저장한 경우는 제외한다)를 영구히 보존하여야 하며, 천재지변이나 그 밖에 이에 준하는 재난을 피하기 위하여 필요한 경우나 관할 시·도지사 또는 대도시 시장의 승인을 받은 경우의 어느 하나에 해당하는 경우 외에는 해당 청사 밖으로 지적공부를 반출할 수 없다(법 제69조 제1항).

② 지적소관청은 법 제66조 제2항에 따라 지번을 변경하려면 지번변경 사유를 적은 승인신청서에 지번변경 대상지역의 지번·지목·면적·소유자에 대한 상세한 내용을 기재하여 시·도지사 또는 대도시 시장(법 제25조 제1항의 대도시 시장을 말한다)에게 제출하여야 한다(영 제57조 제1항).

③ 지적소관청은 지적공부에 등록된 지번을 변경할 필요가 있다고 인정하면 시·도지사나 대도시 시장의 승인을 받아 지번부여지역의 전부 또는 일부에 대하여 지번을 새로 부여할 수 있다(법 제66조 제2항).

④ 시험출제당시 구 「지적법」에서는 지적전산자료(지적공부에 관한 전산자료)를 이용 또는 활용하고자 하는 자는 관계 중앙행정기관의 장의 심사를 거쳐 다음 각 호의 구분에 따라 행정자치부장관, 시·도지사 또는 소관청의 승인을 얻도록 하였으나(법 제15조 제1항), 현행법은 지적공부에 관한 전산자료(연속지적도를 포함한다)를 이용하거나 활용하려는 자는 다음 각 호 1. 전국 단위의 지적전산자료: **국토교통부장관**, 시·도지사 또는 지적소관청, 2. 시·도 단위의 지적전산자료: 시·도지사 또는 지적소관청, 3. 시·군·구(자치구가 아닌 구를 포함한다) 단위의 지적전산자료: 지적소관청의 구분에 따라 **국토교통부장관**, 시·도지사 또는 지적소관청에 지적전산자료를 신청하여야 한다(법 제76조 제1항).

⑤ 지적소관청은 축척변경을 하려면 축척변경 시행지역의 토지소유자 3분의 2 이상의 동의를 받아 제1항에 따른 축척변경위원회의 의결을 거친 후 시·도지사 또는 대도시 시장의 승인을 받아야 한다(법 제83조 제3항).

9. 공간정보관리법령상 지목 중 전과 답의 지목결정 기준이 되는 것은? <2004 제15회>

① 작물의 품종

② 작물의 생리

③ 작물의 경작방식

④ 작물의 형태

⑤ 작물의 활용

10. 공간정보관리법령상 지적도와 임야도에 지목을 부호로 표기하는 방법 중 옳은 것은? <2002 제13회>

① 답 → 논　　　　② 주유소용지 → 주　　　③ 공원 → 원

④ 목장용지 → 장　　⑤ 하천 → 하

11. 공간정보관리법령상 지목이 대(垈)에 해당하는 것은? <2017 제28회>

① 일반 공중의 종교의식을 위하여 법요를 하기 위한 사찰의 부지

② 고속도로의 휴게소 부지

③ 영구적 건축물 중 미술관의 부지

---

9. **정답 ③** 해설 물을 상시적으로 이용하지 않고 작물을 재배하는 토지를 전이라 하고 물을 상시적으로 직접 이용하여 작물을 재배하는 토지를 답이라 하므로 작물의 경작방식이라 할 수 있다(영 제58조 제1호 및 제2호).

10. **정답 ②** 해설 지목은 토지대장, 임야대장에는 아래 지목명칭과 코드번호를 함께 등록한다. 그러나 지적도나 임야도에 등록할 때에는 부호로 표기한다(칙 제64조). 일반적으로 지목의 명칭 중 첫 글자로 표기하나, 공장용지(장), 하천(천), 유원지(원), 주차장(차)은 차문자로 표기한다.

지목의 부호

지목	부호	코드번호	지목	부호	코드번호	지목	부호	코드번호	지목	부호	코드번호
전	전	01	대	대	08	철도용지	철	15	공원	공	22
답	답	02	공장용지	**장**	09	하천	**천**	16	체육용지	체	23
과수원	과	03	학교용지	학	10	제방	제	17	유원지	**원**	24
목장용지	목	04	주차장	**차**	11	구거	구	18	종교용지	종	25
임야	임	05	주유소용지	주	12	유지	유	19	사적지	사	26
광천지	광	06	창고용지	창	13	양어장	양	20	묘지	묘	27
염전	염	07	도로	도	14	수도용지	수	21	잡종지	잡	28

11. **정답 ③** 해설 ① 종교용지(영 제58조 제25호). ② 도로(영 제58조 제14호). ③ 가. 영구적 건축물 중 주거·사무실·점포와 박물관·극장·미술관 등 문화시설과 이에 접속된 정원 및 부속시설물의 부지, 나. 「국토계획법」 등 관계 법령에 따른 택지조성공사가 준공된 토지(영 제58조 제8호). ④ 학교용지(영 제58조 제10호). ⑤ 창고용지(영 제58조 제13호).

④ 학교의 교사(校舍) 부지

⑤ 물건 등을 보관하거나 저장하기 위하여 독립적으로 설치된 보관시설물의 부지

12. 공간정보관리법령상 다음의 설명에 해당하는 지목은? <2016 제27회>

> 용수(用水) 또는 배수(排水)를 위하여 일정한 형태를 갖춘 인공적인 수로·둑 및 그 부속시설물의 부지와 자연의 유수(流水)가 있거나 있을 것으로 예상되는 소규모 수로부지

① 제방   ② 유지   ③ 하천   ④ 광천지   ⑤ 구거

13. 공간정보관리법령상 지목이 잡종지로 되어 있는 것이 아닌 것을 다음에서 선택하시오.
<1999 제10회 수정>

① 갈대밭, 물건을 쌓아두는 곳

② 습지, 축사

③ 야외시장, 돌을 캐내는 곳

④ 변전소, 송신소

⑤ 공동우물, 영구적 건축물 중 변전소

14. 공간정보관리법령상 지목에 관한 설명으로 옳지 않은 것은? <2011 제22회>

① 물을 상시적으로 직접 이용하여 벼·연(蓮)·미나리·왕골 등의 식물을 주로 재배하는 토지는 '답'이다.

---

12. **정답** ⑤ 해설 ⑤ 영 제58조 제18호.
13. **정답** ② 해설 다음 각 목 가. 갈대밭, 실외에 물건을 쌓아두는 곳, 돌을 캐내는 곳, 흙을 파내는 곳, 야외시장, 비행장, 공동우물, 나. 영구적 건축물 중 변전소, 송신소, 수신소, 송유시설, 도축장, 자동차운전학원, 쓰레기 및 오물처리장 등의 부지, 다. 다른 지목에 속하지 않는 토지. 다만, 원상회복을 조건으로 돌을 캐내는 곳 또는 흙을 파내는 곳으로 허가된 토지는 제외한다(영 제58조 제28호). 습지는 **임야**(영 제58조 제5호), 「축산법」 제2조 제1호에 따른 가축을 사육하는 축사 등의 부지는 목장용지이다(영 제58조 제4호).
14. **정답** ② 해설 ① 법 제67조 및 영 제58조 제2호.
  ② 유지(溜池)는 물이 고이거나 상시적으로 물을 저장하고 있는 댐·저수지·소류지(沼溜地)·호수·연못 등의 토지와 연·왕골 등이 자생하는 배수가 잘 되지 아니하는 토지이다(법 제67조 및 영 제58조 제19호).
  ③ 사적지는 문화재로 지정된 역사적인 유적·고적·기념물 등을 보존하기 위하여 구획된 토지이다. 다만, 학교용지·공원·종교용지 등 다른 지목으로 된 토지에 있는 유적·고적·기념물 등을 보호하기 위하여 구획된 토지는 제외한다(법 제67조 및 영 제58조 제26호).
  ④ 법 제67조 및 영 제58조 제20호.

② 자연의 유수(流水)가 있거나 있을 것으로 예상되는 토지는 '유지(溜池)'이다.

③ 종교용지인 토지에 있는 유적·고적·기념물 등을 보호하기 위하여 구획된 토지는 '사적지'가 아니다.

④ 육상에 인공으로 조성된 수산생물의 번식 또는 양식을 위한 시설을 갖춘 부지와 이에 접속된 부속시설물의 부지는 '양어장'이다.

⑤ 산림 및 원야(原野)를 이루고 있는 수림지(樹林地)·죽림지·암석지·자갈땅·모래땅·습지·황무지 등의 토지는 '임야'이다.

15. 공간정보관리법령상 지적소관청이 토지의 이동에 따라 지상경계를 새로 정한 경우 지상경계점등록부에 등록할 사항에 해당하지 않는 것은? <2019 제30회>

① 토지의 소재　　　　　　　② 지번　　　　　　　③ 경계점 위치 설명도

④ 경계점의 사진파일　　　　⑤ 경계점 위치의 토지소유자 성명

16. 공간정보관리법령상 지목의 종류에 해당하지 않는 것은? <2019 제30회>

① 창고용지　　② 공장용지　　③ 수도용지　　④ 주택용지　　⑤ 철도용지

17. 공간정보관리법령상 지목에 관한 설명으로 옳지 않은 것은? <2012 제23회>

① 묘지의 관리를 위한 건축물 부지의 지목은 "대"로 한다.

② 과수류를 집단적으로 재배하는 토지에 접속된 주거용 건축물 부지의 지목은 "대"로 한다.

---

⑤ 법 제67조 및 영 제58조 제5호.

15. **정답 ⑤** 해설 지적소관청은 토지의 이동에 따라 지상경계를 새로 정한 경우에는 다음 각 호 1. 토지의 소재, 2. 지번, 3. 경계점 좌표(경계점좌표등록부 시행지역에 한정한다), 4. 경계점 위치 설명도, 5. 그 밖에 국토교통부령으로 정하는 사항[1. 공부상 지목과 실제 토지이용 지목, 2. 경계점의 사진 파일, 3. 경계점표지의 종류 및 경계점 위치의 사항(칙 제60조)]을 등록한 지상경계점등록부를 작성·관리하여야 한다(법 제65조 제2항).

16. **정답 ④** 해설 "지목"이란 토지의 주된 용도에 따라 토지의 종류를 구분하여 지적공부에 등록한 것을 말한다(법 제2조 제24호). 지목은 전·답·과수원·목장용지·임야·광천지·염전·대(垈)·공장용지·학교용지·주차장·주유소용지·창고용지·도로·철도용지·제방(堤防)·하천·구거(溝渠)·유지(溜池)·양어장·수도용지·공원·체육용지·유원지·종교용지·사적지·묘지·잡종지로 구분하여 정한다(법 제67조 제1항). 지목의 구분 및 설정방법 등에 필요한 사항은 **대통령령**으로 정한다(법 제67조 제2항).

17. **정답 ③** 해설 ① 법 제67조 및 영 제58조 제27호 단서.

② 법 제67조 및 영 제58조 제3호 단서.

③ 주차장은 자동차 등의 주차에 필요한 독립적인 시설을 갖춘 부지와 주차전용 건축물 및 이에 접속된 부속시설물의 부지. 다만, 다음 각 목 가. 「주차장법」 제2조 제1호 가목 및 다목에 따른 노상주차장

③ 「주차장법」에 따른 노상주차장 부지의 지목은 "주차장"으로 한다.

④ 제조업을 하고 있는 공장시설물의 부지와 같은 구역에 있는 부속시설물인 의료시설 부지의 지목은 "공장용지"로 한다.

⑤ 자연의 유수가 있을 것으로 예상되는 토지의 지목은 "하천"으로 한다.

18. 공간정보관리법령상 지목의 구분기준과 종류가 옳게 연결된 것은? <2018 제29회>

① 자연의 유수(流水)가 있거나 있을 것으로 예상되는 토지 — 하천

② 축산업 및 낙농업을 하기 위하여 초지를 조성한 토지 내의 주거용 건축물의 부지 — 목장용지

③ 지하에서 용출되는 온수를 일정한 장소로 운송하는 송수관 및 저장시설의 부지 — 광천지

④ 자동차 등의 판매 목적으로 설치된 물류장 — 주차장

⑤ 아파트·공장 등 단일 용도의 일정한 단지 안에 설치된 통로 — 도로

19. 공간정보관리법령상 지목의 구분과 그에 속하는 내용의 연결로 옳지 않은 것은?

<2020 제31회>

① 도로 — 고속도로의 휴게소 부지

② 하천 — 자연의 유수가 있거나 있을 것으로 예상되는 토지

및 부설주차장(「주차장법」 제19조 제4항에 따라 시설물의 부지 인근에 설치된 부설주차장은 제외한다), 나. 자동차 등의 판매 목적으로 설치된 물류장 및 야외전시장의 어느 하나에 해당하는 시설의 부지는 제외한다(법 제67조 및 영 제58조 제11호).

④ 법 제67조 및 영 제58조 제9호.

⑤ 법 제67조 및 영 제58조 제17호.

18. **정답 ①** 해설 ① 영 제58조 제17호. ② 다음 각 목 가. 축산업 및 낙농업을 하기 위하여 초지를 조성한 토지, 나. 「축산법」 제2조 제1호에 따른 가축을 사육하는 축사 등의 부지, 다. 가목 및 나목의 토지와 접속된 부속시설물의 부지의 토지. 다만, 주거용 건축물의 부지는 "대"로 한다(영 제58조 제4호).

③ 지하에서 온수·약수·석유류 등이 용출되는 용출구(湧出口)와 그 유지(維持)에 사용되는 부지. 다만, 온수·약수·석유류 등을 일정한 장소로 운송하는 송수관·송유관 및 저장시설의 부지는 제외한다(영 제58조 제6호). ④ 자동차 등의 주차에 필요한 독립적인 시설을 갖춘 부지와 주차전용 건축물 및 이에 접속된 부속시설물의 부지. 다만, 다음 각 목 가. 「주차장법」 제2조 제1호 가목 및 다목에 따른 노상주차장 및 부설주차장(「주차장법」 제19조 제4항에 따라 시설물의 부지 인근에 설치된 부설주차장은 제외한다), 나. 자동차 등의 판매 목적으로 설치된 물류장 및 야외전시장의 어느 하나에 해당하는 시설의 부지는 제외한다(영 제58조 제11호).

⑤ 아파트·공장 등 단일 용도의 일정한 단지 안에 설치된 통로 등은 제외한다(영 제58조 제14호 단서).

19. **정답 ⑤** 해설 ① 영 제58조 제14호. ② 영 제58조 제17호. ③ 영 제58조 제16호. ④ 묘지의 관리를 위한 건축물의 부지는 "대"로 한다(영 제58조 제27호).

⑤ 물을 상시적으로 이용하지 않고 곡물·원예식물(과수류는 제외한다)·약초·뽕나무·닥나무·묘목·관상수

③ 제방 ― 방조제의 부지

④ 대 ― 묘지 관리를 위한 건축물의 부지

⑤ 전 ― 물을 상시적으로 직접 이용하여 미나리를 주로 재배하는 토지

20. 공간정보관리법령상 토지의 용도와 지목이 옳게 연결된 것은? <2014 제25회>

① 물을 상시적으로 이용하지 않고 과수를 집단적으로 재배하는 토지―전

② 묘지의 관리를 위한 건축물의 부지―대

③ 식용을 죽순으로 재배하는 토지―과수원

④ 자동차정비공장 내 급유시설부지―주유소용지

⑤ 종교용지로 된 토지에 있는 유적을 보호하기 위하여 구획된 토지―사적지

21. 공간정보관리법령상 '6-1, 7-2, 8-3, 10, 11'의 지번이 각각 부여되어 있는 인접한 나대지들을 하나로 합병할 경우 부여하여야 할 지번은? <2014 제25회>

① 6-1   ② 8-3   ③ 10   ④ 11   ⑤ 12

등의 식물을 주로 재배하는 토지와 식용(食用)으로 죽순을 재배하는 토지를 "전"으로 한다(영 제58조 제1호).

20. 정답 ② 해설 ① 물을 상시적으로 이용하지 않고는 '전'이나 과수를 집단적으로 재배하는 토지는 과수원이다.

③ 식용을 죽순으로 재배하는 토지는 '전'이다.

④ 자동차·선박·기차 등의 제작 또는 정비공장 안에 설치된 급유·송유시설 등의 부지는 '주유소부지'에서 제외한다.

⑤ 학교용지·공원·종교용지 등 다른 지목으로 된 토지에 있는 유적·고적·기념물 등을 보호하기 위하여 구획된 토지는 '사적지'에서 제외한다.

② 묘지의 관리를 위한 건축물의 부지는 "대"로 한다.

21. 정답 ③ 해설 합병의 경우에는 합병 대상 지번 중 선순위의 지번을 그 지번으로 하되, 본번으로 된 지번이 있을 때에는 본번 중 선순위의 지번을 합병 후의 지번으로 할 것. 이 경우 토지소유자가 합병 전의 필지에 주거·사무실 등의 건축물이 있어서 그 건축물이 위치한 지번을 합병 후의 지번으로 신청할 때에는 그 지번을 합병 후의 지번으로 부여하여야 한다(영 제56조 제3항 제4호). ③ 10번지 이다.

22. 공간정보관리법령상 동일한 지번부여지역 내에서 지번이 77인 토지를 3필지로 분할하고자 하는 경우 분할되는 필지의 지번으로 옳은 것은? (단, 최종지번이 1000이며, 77의 최종 부번은 3임) <2009 제20회>

① 77, 78, 79

② 77, 77-1, 77-2

③ 77, 77-4, 77-5

④ 77-1, 77-2, 77-3

⑤ 77-4, 77-5, 77-6

23. 공간정보관리법령상 지번의 구성 및 부여에 관한 설명으로 옳은 것은? <2012 제23회>

① 경계점좌표등록부에는 지번을 등록하지 아니 한다.

② 여러 필지로 되어 있는 토지를 등록전환할 경우에는 그 지번부여지역의 최종 본번의 다음 순번부터 본번으로 하여 순차적으로 지번을 부여할 수 있다.

③ 도시개발사업 시행지역의 지번은 그 사업의 준공 이전에 부여하여야 한다.

④ 지번은 북동에서 서로 순차적으로 부여한다.

⑤ 지적소관청이 지번부여지역 전부의 지번을 변경할 경우에는 국토교통부장관의 승인을 받고 일부의 지번을 변경할 경우에는, 시·도지사나 대도시 시장의 승인을 받아야 한다.

---

22. 정답 ③ 해설 분할의 경우에는 분할 후의 필지 중 1필지의 지번은 분할 전의 지번으로 하고(77), 나머지 필지의 지번은 본번의 최종 부번 다음 순번으로 부번을 부여할 것(77-4). 이 경우 주거·사무실 등의 건축물이 있는 필지에 대해서는 분할 전의 지번을 우선하여 부여하여야 한다(영 제56조 제3항 제3호). 따라서 ③이 옳다.

23. 정답 ② 해설 ① 지적소관청은 법 제86조에 따른 도시개발사업 등에 따라 새로이 지적공부에 등록하는 토지에 대하여는 다음 각 호 1. 토지의 소재, 2. 지번, 3. **좌표**, 4. 그 밖에 국토교통부령으로 정하는 사항[1. 토지의 고유번호, 2. 지적도면의 번호, 3. 필지별 경계점좌표등록부의 장번호, 4. **부호 및 부호도**(칙 제71조 제3항)]을 등록한 경계점좌표등록부를 작성하고 갖춰 두어야 한다(법 제73조).

② 영 제56조 제3항 제2호 다목.

③ 법 제86조에 따른 도시개발사업 등이 준공되기 전에 사업시행자가 지번부여 신청을 하면 국토교통부령으로 정하는 바에 따라 지번을 부여할 수 있다(영 제56조 제4항).

④ 지번은 북서에서 남동으로 순차적으로 부여할 것(영 제56조 제3항 제1호).

⑤ 지적소관청은 법 제66조 제2항에 따라 지번을 변경하려면 지번변경 사유를 적은 승인신청서에 지번변경 대상지역의 지번·지목·면적·소유자에 대한 상세한 내용(이하 "지번 등 명세"라 한다)을 기재하여 시·도지사 또는 대도시 시장(법 제25조 제1항의 대도시 시장을 말한다)에게 제출하여야 한다. 이 경우 시·도지사 또는 대도시 시장은 「전자정부법」 제36조 제1항에 따른 행정정보의 공동이용을 통하여 지번변경 대상지역의 지적도 및 임야도를 확인하여야 한다(영 제57조 제1항). 신청을 받은 시·도지사 또는 대도시 시장은 지번변경 사유 등을 심사한 후 그 결과를 지적소관청에 통지하여야 한다(영 제57조 제2항).

24. 공간정보관리법령상 지목의 구분 및 설정방법 등에 관한 설명으로 옳지 않은 것은?

<2015 제26회>

① 1필지가 둘 이상의 용도로 활용되는 경우에는 주된 용도에 따라 지목을 설정할 것의 방법에 따른다.

② 토지가 일시적 또는 임시적인 용도로 사용될 때에는 지목을 변경하지 아니한다.

③ 원상회복을 조건으로 돌을 캐내는 곳 또는 흙을 파내는 곳으로 허가된 토지는 '잡종지'로 한다.

④ 자연의 유수(流水)가 있거나 있을 것으로 예상되는 토지는 '하천'으로 한다.

⑤ 육상에 인공으로 조성된 수산생물의 번식 또는 양식을 위한 시설을 갖춘 부지와 이에 접속된 부속시설물의 부지는 '양어장'으로 한다.

25. 공간정보관리법령상 지목에 관한 설명으로 옳지 않은 것은? <2009 제20회 수정>

① 지목은 법정지목인 철도용지를 포함하여 모두 28개 종류로 구분된다.

② 지적도에 등록된 사항 중 "원"으로 표기된 부호는 "과수원"이라는 법정지목을 의미하는 것이다.

③ 토지가 일시적 또는 임시적인 용도로 사용되는 때에는 지목변경을 하지 않는다.

④ 지적소관청은 토지의 이용현황을 직권으로 조사·측량하여 토지의 지번·지목·면적·경계 또는 좌표를 결정하려는 때에는 토지이동현황 조사계획을 수립하여야 한다.

⑤ 임야도에 등록된 토지가 사실상 형질변경 되었으나 지목변경을 할 수 없는 경우에는 지목의 변경 없이 등록전환을 신청할 수 있다.

26. 공간정보관리법령상 지목에 관한 설명으로 옳지 않은 것은? <2013 제24회>

① 사과·배·밤·호두·귤나무 등 과수류를 집단적으로 재배하는 토지와 이에 접속된 저장고 등 부속시설물의 부지는 "과수원"으로 한다.

---

24. 정답 ③ 해설 ① 영 제59조 제1항. ② 영 제59조 제2항.
③ 원상회복을 조건으로 돌을 캐내는 곳 또는 흙을 파내는 곳으로 허가된 토지는 잡종지에서 제외한다(영 제58조 제28호). ④ 영 제58조 제17호. ⑤ 영 제58조 제20호.
25. 정답 ② 해설 ① 법 제67조 제1항. ② 과수원의 부호는 "과"로 표기한다. ③ 영 제59조 제2항. ④ 칙 제59조 제1항. ⑤ 영 제64조 제1항 제3호.
26. 정답 ③ 해설 ① 사과·배·밤·호두·귤나무 등 과수류를 집단적으로 재배하는 토지와 이에 접속된 저장고 등 부속시설물의 부지는 과수원으로 한다. 다만, 주거용 건축물의 부지는 "대"로 한다(영 제58조 제3호). ② 영 제58조 제4호.

② 축산업 및 낙농업을 하기 위하여 초지를 조성한 토지와 이에 접속된 부속시설물의 부지(주거용 건축물의 부지는 제외)는 "목장용지"로 한다.

③ 천일제염 방식으로 하지 아니하고 동력으로 바닷물을 끌어들여 소금을 제조하는 공장시설물의 부지는 "염전"으로 한다.

④ 「국토계획법」 등 관계 법령에 따른 택지조성공사가 준공된 토지는 "대"로 한다.

⑤ 제조업을 하고 있는 공장시설물의 부지와 같은 구역에 있는 의료시설 등 부속시설물의 부지는 "공장용지"로 한다.

27. 공간정보관리법령상 면적에 관한 설명으로 옳지 않은 것은? <2009 제20회 수정>

① 면적은 토지대장과 임야대장에 등록하여야 한다.

② 면적이란 지적공부에 등록한 필지의 수평면상 넓이를 말하며, 면적의 단위는 제곱미터로 한다.

③ 토지의 면적에 1제곱미터 미만의 끝수가 있는 경우 0.5제곱미터 미만일 때에는 버리고 0.5제곱미터를 초과하는 때에는 올리는 것이 원칙이다.

④ 지적도의 축척이 600분의 1인 지역에서 측정한 1필지의 면적이 0.09제곱미터인 경우에는 1제곱미터로 한다.

⑤ 경계점좌표등록부에 등록하는 지역의 토지 면적은 1필지의 면적이 0.1제곱미터 미만일 때에는 0.1제곱미터로 한다.

---

③ 바닷물을 끌어들여 소금을 채취하기 위하여 조성된 토지와 이에 접속된 제염장(製鹽場) 등 부속시설물의 부지. 다만, 천일제염 방식으로 하지 아니하고 동력으로 바닷물을 끌어들여 소금을 제조하는 공장시설물의 부지는 염전에서 제외한다(영 제58조 제7호). ④ 영 제58조 제8호 나목. ⑤ 영 제58조 제9호.

27. 정답 ④ 해설 ① ② 법 제2조 제27호 및 법 제68조 제1항. ③ 영 제60조 제1항 제1호
④ ⑤ 지적도의 축척이 600분의 1인 지역과 경계점좌표등록부에 등록하는 지역의 토지 면적은 제1호에도 불구하고 제곱미터 이하 한 자리 단위로 하되, 0.1제곱미터 미만의 끝수가 있는 경우 0.05제곱미터 미만일 때에는 버리고 0.05제곱미터를 초과할 때에는 올리며, 0.05제곱미터일 때에는 구하려는 끝자리의 숫자가 0 또는 짝수이면 버리고 홀수이면 올린다. 다만, 1필지의 면적이 0.1제곱미터 미만일 때에는 0.1제곱미터로 한다(영 제60조 제1항 제2호).

제3장 지적공부 및 부동산종합공부

28. 공간정보관리법령상 지적공부와 부동산등기부에 관한 설명으로 옳지 않은 것은?

<2016 제27회>

① 지적소관청은 지적공부의 등록사항중 지적도 및 임야도에 등록된 필지가 면적의 증감 없이 경계의 위치만 잘못된 경우를 발견하면 직권으로 조사·측량하여 정 정할 수 있다.

② 지적소관청 소속 공무원이 지적공부와 부동산등기부의 부합 여부를 확인하기 위 하여 등기사항증명서의 발급을 신청하는 경우 그 수수료를 감경할 수 있다.

③ 행정구역의 명칭이 변경되었으면 지적공부에 등록된 토지의 소재는 새로운 행정 구역의 명칭으로 변경된 것으로 본다.

④ 지적공부에 신규등록하는 토지의 소유자에 관한 사항은 지적소관청이 직접 조사 하여 등록한다.

⑤ 「국유재산법」상 중앙관서의 장이 소유자 없는 부동산에 대한 소유자 등록을 신청하는 때에 지적소관청은 지적공부에 해당 토지의 소유자가 등록되지 아니한 경우에만 등록 할 수 있다.

---

28. 정답 ② 해설 ① 영 제82조 제1항 제2호.

② 지적소관청 소속 공무원이 지적공부와 부동산등기부의 부합 여부를 확인하기 위하여 등기부를 열람하 거나, 등기사항증명서의 발급을 신청하거나, 등기전산정보자료의 제공을 요청하는 경우 그 수수료는 무 료로 한다(법 제88조 제5항). ③ 법 제85조 제1항.

④ 신규등록하는 토지의 소유자는 지적소관청이 직접 조사하여 등록한다(법 제88조 제1항 단서). 소유권에 관한 사항은 등기필증 등의 등기관련 자료에 근거하여 지적정리를 하여야 하지만, 신규등록을 할 때 등기관련 자료가 존재하지 않을 것이므로 지적소관청이 신규등록 신청 당시 제출된 소유권 증명서류에 의하여 조사한 후 등록한다. ⑤ 법 제88조 제2항.

29. 공간정보관리법령상 지적공부에 관한 내용으로 옳지 않은 것은? <2020 제31회>

① 지적소관청은 관할 시·도지사의 승인을 받은 경우 지적서고에 보존되어 있는 지적공부를 해당 청사 밖으로 반출할 수 있다.

② 지적공부를 정보처리시스템을 통하여 기록·저장한 경우 관할 시·도지사, 시장·군수 또는 구청장은 그 지적공부를 지적정보관리체계에 영구히 보존하여야 한다.

③ 지적소관청은 부동산의 효율적 이용과 부동산과 관련된 정보의 종합적 관리·운영을 위하여 부동산종합공부를 관리·운영한다.

④ 부동산종합공부를 열람하거나 부동산종합증명서를 발급받으려는 자는 지적소관청이나 읍·면·동의 장에게 신청할 수 있다.

⑤ 지적전산자료를 신청하려는 자는 지적전산자료의 이용 또는 활용 목적 등에 관하여 미리 중앙지적위원회의 심사를 받아야 한다.

30. 공간정보관리법령상 토지대장과 지적도에 공통적으로 등록하여야 하는 항목으로 옳지 않은 것은? <2011 제22회>

① 면적　　　　② 토지의 소재　　　　③ 지번

④ 지목　　　　⑤ 도면의 축척

---

29. **정답 ⑤** 해설 ① 법 제69조 제1항. ② 법 제69조 제2항. ③ 법 제76조의2 제1항. ④ 법 제76조의4 제1항. ⑤ 지적전산자료를 **신청**하려는 자는 **대통령령**으로 정하는 바에 따라 지적전산자료의 이용 또는 활용 목적 등에 관하여 미리 관계 중앙행정기관의 **심사**를 받아야 한다. 다만, 중앙행정기관의 장, 그 소속 기관의 장 또는 지방자치단체의 장이 신청하는 경우에는 그러하지 아니하다(법 제76조 제2항).

30. **정답 ①** 해설 토지대장과 임야대장에는 다음 각 호 1. 토지의 소재, 2. 지번, 3. 지목, 4. 면적, 5. 소유자의 성명 또는 명칭, 주소 및 주민등록번호(국가, 지방자치단체, 법인, 법인 아닌 사단이나 재단 및 외국인의 경우에는 「부동산등기법」 제49조에 따라 부여된 등록번호를 말한다), 6. 토지의 고유번호(각 필지를 서로 구별하기 위하여 필지마다 붙이는 고유한 번호를 말한다), 7. 지적도 또는 임야도의 번호와 필지별 토지대장 또는 임야대장의 장번호 및 축척, 8. 토지의 이동사유, 9. 토지소유자가 변경된 날과 그 원인, 10. 토지등급 또는 기준수확량등급과 그 설정·수정 연월일, 11. 개별공시지가와 그 기준일, 12. 그 밖에 **국토교통부장관**이 정하는 사항을 등록하여야 한다(법 제71조 제1항 및 시행규칙 제68조 제2항). 지적도 및 임야도에는 다음 각 호 1. 토지의 소재, 2. 지번, 3. 지목, 4. 경계, 5. 지적도면의 색인도(인접도면의 연결 순서를 표시하기 위하여 기재한 도표와 번호를 말한다), 6. 지적도면의 제명 및 축척, 7. 도곽선(圖廓線)과 그 수치, 8. 좌표에 의하여 계산된 경계점 간의 거리(경계점좌표등록부를 갖춰 두는 지역으로 한정한다), 9. 삼각점 및 지적기준점의 위치, 10. 건축물 및 구조물 등의 위치, 11. 그 밖에 **국토교통부장관**이 정하는 사항을 등록하여야 한다(법 제72조 및 시행규칙 제69조 제2항). 지적도에는 면적을 등록하지 않는다.

31. 공간정보관리법령상 지적도에 등록하여야 하는 사항이 아닌 것은? <2020 제31회>

① 토지의 소재   ② 소유권 지분   ③ 도곽선(圖廓線)과 그 수치

④ 삼각점 및 지적기준점의 위치   ⑤ 지목

32. 공간정보관리법령상 지적공부와 등록사항의 연결이 바르지 않은 것은? <2015 제26회>

① 토지대장 ― 지목과 면적

② 공유지연명부 ― 소유권 지분

③ 지적도 ― 건축물 및 구조물 등의 위치

④ 경계점좌표등록부 ― 소유자와 부호도

⑤ 대지권등록부 ― 전유부분의 건물표시

---

31. 정답 ② 해설 지적도 및 임야도에는 다음 각 호 1. 토지의 소재, 2. 지번, 3. 지목, 4. 경계, 5. 그 밖에 국토교통부령으로 정하는 사항[1. 지적도면의 색인도(인접도면의 연결 순서를 표시하기 위하여 기재한 도표와 번호를 말한다), 2. 지적도면의 제명 및 축척, 3. 도곽선(圖廓線)과 그 수치, 4. 좌표에 의하여 계산된 경계점 간의 거리(경계점좌표등록부를 갖춰 두는 지역으로 한정한다), 5. 삼각점 및 지적기준점의 위치, 6. 건축물 및 구조물 등의 위치, 7. 그 밖에 **국토교통부장관**이 정하는 사항(칙 제69조 제2항)]을 등록하여야 한다(법 제72조). ② 소유권 지분은 소유자가 둘 이상이면 공유지연명부(법 제71조 제2항 제3호)나 토지대장이나 임야대장에 등록하는 토지가 「부동산등기법」에 따라 대지권 등기가 되어 있는 경우에는 대지권등록부에 등록(법 제71조 제3항 및 칙 제68조 제4항)하여야 한다.

32. 정답 ④ 해설 ① 법 제71조 제1항.

② 소유자가 둘 이상이면 공유지연명부에 다음 각 호 1. 토지의 소재, 2. 지번, 3. 소유권 지분, 4. 소유자의 성명 또는 명칭, 주소 및 주민등록번호, 5. 그 밖에 국토교통부령으로 정하는 사항[1. 토지의 고유번호, 2. 필지별 공유지연명부의 장번호, 3. 토지소유자가 변경된 날과 그 원인(칙 제68조 제3항)]을 등록하여야 한다(법 제71조 제2항).

③ 지적도 및 임야도에는 다음 각 호 1. 토지의 소재, 2. 지번, 3. 지목, 4. 경계, 5. 그 밖에 국토교통부령으로 정하는 사항[1. 지적도면의 색인도(인접도면의 연결 순서를 표시하기 위하여 기재한 도표와 번호를 말한다), 2. 지적도면의 제명 및 축척, 3. 도곽선(圖廓線)과 그 수치, 4. 좌표에 의하여 계산된 경계점 간의 거리(경계점좌표등록부를 갖춰 두는 지역으로 한정한다), 5. 삼각점 및 지적기준점의 위치, 6. 건축물 및 구조물 등의 위치, 7. 그 밖에 **국토교통부장관**이 정하는 사항(칙 제69조 제2항)]을 등록하여야 한다(법 제72조).

④ 지적소관청은 법 제86조에 따른 도시개발사업 등에 따라 새로이 지적공부에 등록하는 토지에 대하여는 다음 각 호 1. 토지의 소재, 2. 지번, 3. **좌표**, 4. 그 밖에 국토교통부령으로 정하는 사항[1. 토지의 고유번호, 2. 지적도면의 번호, 3. 필지별 경계점좌표등록부의 장번호, 4. 부호 및 부호도(칙 제71조 제3항)]을 등록한 경계점좌표등록부를 작성하고 갖춰 두어야 한다(법 제73조). ② 영 제56조 제3항 제2호 다목. ③ 법 제86조에 따른 도시개발사업 등이 준공되기 전에 사업시행자가 지번부여 신청을 하면 국토교통부령으로 정하는 바에 따라 지번을 부여할 수 있다(영 제56조 제4항).

⑤ 토지대장이나 임야대장에 등록하는 토지가 「부동산등기법」에 따라 대지권 등기가 되어 있는 경우에는 대지권등록부에 다음 각 호 1. 토지의 소재, 2. 지번, 3. 대지권 비율, 4. 소유자의 성명 또는 명칭, 주소 및 주민등록번호, 5. 그 밖에 국토교통부령으로 정하는 사항[1. 토지의 고유번호, 2. 전유부분(專有部分)의 건물표시, 3. 건물의 명칭, 4. 집합건물별 대지권등록부의 장번호, 5. 토지소유자가 변경된 날과 그 원인, 6. 소유권 지분(칙 제68조 제3항)]을 등록하여야 한다(법 제71조 제3항).

33. 공간정보관리법령상 지적공부의 등록사항에 관한 설명 중 틀린 것은?

<2002 제13회 수정>

① 토지대장과 임야대장에는 개별공시지가와 그 기준일을 등록한다.

② 대지권등록부에는 대지권 비율·전유부분의 건물 표시 및 소유권 지분 등을 등록한다.

③ 지적도 및 임야도에는 에는 지번·지목·경계와 건축물 및 구조물 등의 위치 등을 등록한다.

④ 공유지연명부에는 지번 및 소유권 지분 등을 등록한다.

⑤ 경계점좌표등록부에는 지번·지목·좌표 및 면적을 등록한다.

34. 공간정보관리법령상 토지대장과 공유지연명부의 공통적인 등록사항이 아닌 것은?

<2014 제25회>

① 토지의 소재　　② 지번　　③ 지목

④ 소유자의 성명 또는 명칭　　⑤ 토지의 고유번호

35. 공간정보관리법령상 공유지연명부에 등록하여야 하는 사항에 해당하지 않는 것은?

<2018 제29회>

① 토지의 소재　　② 지번　　③ 지목

④ 소유권 지분　　⑤ 소유자의 성명 또는 명칭, 주소 및 주민등록번호

---

33. 정답 ⑤ 해설 ① 칙 제68조 제2항 제6호. ② 법 제71조 제3항 및 시행규칙 제68조 제4항. ③ 법 제72조 및 칙 제69조 제2항. ④ 법 제71조 제2항 및 칙 제68조 제3항. ⑤ 지적소관청은 법 제86조에 따른 도시개발사업 등에 따라 새로이 지적공부에 등록하는 토지에 대하여는 다음 각 호 1. 토지의 소재, 2. 지번, 3. **좌표**, 4. 그 밖에 국토교통부령으로 정하는 사항[1. 토지의 고유번호, 2. 지적도면의 번호, 3. 필지별 경계점좌표등록부의 장번호, 4. **부호 및 부호도**(칙 제71조 제3항)]을 등록한 경계점좌표등록부를 작성하고 갖춰 두어야 한다(법 제73조).

② 영 제56조 제3항 제2호 다목. ③ 법 제86조에 따른 도시개발사업 등이 준공되기 전에 사업시행자가 지번부여 신청을 하면 국토교통부령으로 정하는 바에 따라 지번을 부여할 수 있다(영 제56조 제4항). 법 제73조의 경계점좌표등록부는 별지 제69호 서식과 같다(칙 제71조 제1항). 법 제73조에 따라 경계점좌표등록부를 갖춰 두는 토지는 지적확정측량 또는 축척변경을 위한 측량을 실시하여 경계점을 좌표로 등록한 지역의 토지로 한다(칙 제71조 제2항).

34. 정답 ③ 해설 지목은 토지대장에만 등록한다.

35. 정답 ③ 해설 법 제71조 제1항 제5호의 소유자가 둘 이상이면 공유지연명부에 다음 각 호 1. 토지의 소재, 2. 지번, 3. 소유권 지분, 4. 소유자의 성명 또는 명칭, 주소 및 주민등록번호, 5. 그 밖에 국토교통부령으로 정하는 사항[1. 토지의 고유번호, 2. 필지별 공유지연명부의 장번호, 3. 토지소유자가 변경된 날과 그 원인(칙 제68조 제3항)]을 등록하여야 한다(법 제71조 제2항).

36. 공간정보관리법령상 대지권등록부에 등록하여야 하는 사항에 해당하지 않는 것은?
<2019 제30회>

① 토지의 소재   ② 지번   ③ 대지권 비율

④ 소유자의 성명 및 명칭   ⑤ 개별공시지가의 그 기준일

37. 공간정보관리법령상 개별공시지가와 그 기준일을 등록한 지적공부로 옳게 짝지 어진 것은? <2012 제23회>

① 지적도과 임야도

② 토지대장과 임야대장

③ 토지대장과 대지권등록부

④ 임야대장과 공유지연명부

⑤ 지적도와 경계점좌표등록부

38. 공간정보관리법령상 토지대장에 등록하여야 할 사항에 해당하지 않는 것은? <2013 제24회>

① 건축물 및 구조물 등의 위치

② 지적도의 번호

③ 개별공시지가와 그 기준일

④ 토지의 이동사유

⑤ 소유자의 성명 또는 명칭, 주소

---

36. 정답 ⑤ 해설 토지대장이나 임야대장에 등록하는 토지가 「부동산등기법」에 따라 대지권 등기가 되어 있는 경우에는 대지권등록부에 다음 각 호 1. 토지의 소재, 2. 지번, 3. 대지권 비율, 4. 소유자의 성명 또는 명칭, 주소 및 주민등록번호, 5. 그 밖에 국토교통부령으로 정하는 사항[1. 토지의 고유번호, 2. 전유부분(專有部分)의 건물표시, 3. 건물의 명칭, 4. 집합건물별 대지권등록부의 장번호, 5. 토지소유자가 변경된 날과 그 원인, 6. 소유권 지분(칙 제68조 제3항)]을 등록하여야 한다(법 제71조 제3항).

37. 정답 ② 앞 설명 참고.

38. 정답 ① 해설 토지대장과 임야대장에는 다음 각 호 1. 토지의 소재, 2. 지번, 3. 지목, 4. 면적, 5. 소유자의 성명 또는 명칭, 주소 및 주민등록번호(국가, 지방자치단체, 법인, 법인 아닌 사단이나 재단 및 외국인의 경우에는 「부동산등기법」제49조에 따라 부여된 등록번호를 말한다), 6. 그 밖에 국토교통부령으로 정하는 사항[1. 토지의 고유번호(각 필지를 서로 구별하기 위하여 필지마다 붙이는 고유한 번호를 말한다), 2. 지적도 또는 임야도의 번호와 필지별 토지대장 또는 임야대장의 장번호 및 축척, 3. 토지의 이동사유, 4. 토지소유자가 변경된 날과 그 원인, 5. 토지등급 또는 기준수확량등급과 그 설정·수정 연월일, 6. 개별공시지가와 그 기준일, 7. 그 밖에 **국토교통부장관**이 정하는 사항(칙 제68조 제2항)]을 등록하여야 한다(법 제71조 제1항). ① 지적도 및 임야도 등의 등록사항이다(칙 제69조 제2항 제6호).

39. 공간정보관리법령상 지적공부에 관한 설명으로 옳지 않은 것은? <2019 제30회>

① 정보처리시스템을 통하여 기록·저장한 지적공부의 전부가 멸실된 경우에는 국토교통부장관은 지체 없이 이를 복구하여야 한다.

② 국토교통부장관은 정보처리시스템을 통하여 지적정보관리체계에 기록·저장한 지적공부가 멸실된 경우를 대비하여 지적공부를 복제하여 관리하는 정보관리체계를 구축하여야 한다.

③ 지적공부를 정보처리시스템을 통하여 기록·저장한 경우 관할 시·도지사, 시장·군수 또는 구청장은 그 지적공부를 지적정보관리체계에 영구히 보존하여야 한다.

④ 국토교통부장관은 지적공부의 효율적인 관리 및 활용을 위하여 지적정보 전담 관리기구를 설치·운영한다.

⑤ 지방자치단체의 장이 지적전산자료를 신청하는 경우에는 지적전산자료의 이용 목적 등에 관하여 미리 관계 중앙행정기관의 심사를 받지 않아도 된다.

40. 공간정보관리법령상 지적공부에 관한 설명으로 옳지 않은 것은? <2018 제29회>

① 지적공부를 정보처리시스템을 통하여 기록·저상한 경우 그 지적공부는 지적 정보관리

---

39. 정답 ① 해설 ① 지적소관청(법 제69조 제2항에 따른 지적공부의 경우에는 시·도지사, 시장·군수 또는 구청장)은 지적공부의 전부 또는 일부가 멸실되거나 훼손된 경우에는 **대통령령**으로 정하는 바에 따라 지체 없이 이를 복구하여야 한다(법 제74조).

② **국토교통부장관**은 보존하여야 하는 지적공부가 멸실되거나 훼손될 경우를 대비하여 지적공부를 복제하여 관리하는 정보관리체계를 구축하여야 한다(법 제69조 제3항).

③ 법 제69조 제2항. ④ 법 제70조 제1항.

⑤ 지적전산자료를 신청하려는 자는 **대통령령**으로 정하는 바에 따라 지적전산자료의 이용 또는 활용 목적 등에 관하여 미리 관계 중앙행정기관의 심사를 받아야 한다. 다만, 중앙행정기관의 장, 그 소속 기관의 장 또는 지방자치단체의 장이 신청하는 경우에는 그러하지 아니하다(법 제76조 제2항).

40. 정답 ③ 해설 ① 법 제69조 제2항. ② 지적공부를 열람하거나 그 등본을 발급받으려는 자는 해당 지적소관청에 그 열람 또는 발급을 신청하여야 한다. 다만, 정보처리시스템을 통하여 기록·저장된 지적공부(지적도 및 임야도는 제외한다)를 열람하거나 그 등본을 발급받으려는 경우에는 특별자치시장, 시장·군수 또는 구청장이나 읍·면·동의 장에게 신청할 수 있다(법 제75조 제1항).

③ 지적전산자료를 신청하려는 자는 **대통령령**으로 정하는 바에 따라 지적전산자료의 이용 또는 활용 목적 등에 관하여 미리 관계 중앙행정기관의 심사를 받아야 한다. 다만, 중앙행정기관의 장, 그 소속 기관의 장 또는 지방자치단체의 장이 신청하는 경우에는 그러하지 아니하다(법 제76조 제2항).

④ 영 제61조 제1항 단서.

⑤ 지적공부에 관한 전산자료(연속지적도를 포함한다)를 이용하거나 활용하려는 자는 다음 각 호 1. 전국 단위의 지적전산자료: **국토교통부장관**, 시·도지사 또는 지적소관청, 2. 시·도 단위의 지적전산자료: 시·도지사 또는 지적소관청, 3. 시·군·구(자치구가 아닌 구를 포함한다) 단위의 지적전산자료: 지적소관청의 구분에 따라 **국토교통부장관**, 시·도지사 또는 지적소관청에 지적전산자료를 신청하여야 한다(법 제76조 제1항).

체계에 영구히 보존되어야 한다.

② 정보처리시스템을 통하여 기록·저장된 공유지연명부를 열람하려는 경우에는 특별자치시장, 시장·군수 또는 구청장이나 읍·면·동의 장에게 신청할 수 있다.

③ 지방자치단체장이 지적전산자료를 신청하는 경우에는 지적전산자료의 이용에 관하여 미리 관계 중앙행정기관의 심사를 받아야 한다.

④ 정보처리시스템을 통하여 기록·저장된 지적공부 사항 중 소유자에 관한 사항을 복구할 때에는 부동산등기부나 법원의 확정판결에 따라야 한다.

⑤ 시·군·구 단위의 지적전산자료를 이용하거나 활용하려는 자는 지적소관청에 지적전산자료를 신청하여야 한다.

---

41. 경계점좌표등록부를 갖춰 두는 지역의 지적도가 아래와 같은 경우 이에 관한 설명으로 옳은 것은? <2010 제21회 중개>

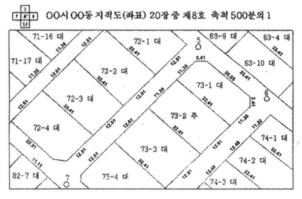

OO시 OO동 지적도(좌표) 20장 중 제8호 축척 500분의 1

① 73-2에 대한 면적측정은 전자면적측정기에 의한다.

② 73-2의 경계선상에 등록된 22.41은 좌표에 의해 계산된 경계점간의 거리를 나타낸다.

③ 73-2에 대한 경계복원측량은 본 도면으로 실시하여야 한다.

④ 73-2에 대한 토지면적은 경계점좌표등록부에 등록한다.

⑤ 73-2에 대한 지목은 주차장이다.

---

41. 정답 ② 해설 ① 경계점좌표등록부를 갖춰 두지 아니하는 지역을 경계점좌표등록부를 갖춰 두는 지역으로 축척변경을 하는 경우에는 그 필지의 경계점을 평판(平板) 측량방법이나 전자평판(電子平板) 측량방법으로 지상에 복원시킨 후 경위의(經緯儀) 측량방법 등으로 경계점좌표를 구하여야 한다. 이 경우 면적은 칙 제87조 제2항에도 불구하고 경계점좌표에 따라 결정하여야 한다(칙 제87조 제3항).
③ 경계점좌표등록부를 갖춰두는 지적도에는 해당 도면의 제명 끝에 "(좌표)"라고 표시하고, 도곽선의 오른쪽 아래 끝에 "이 도면에 의하여 측량할 수 없음"이라고 적어야 한다.
④ 토지면적은 경계점좌표등록부의 등록사항이 아니다.
⑤ "주"는 주유소용지이고, 주차장은 "차"로 표기한다. ②가 옳다.

42. 공간정보관리법령상 지적공부 등본의 발급 기관은? (단, 정보처리시스템을 통하여 기록·저장된 지적공부의 등본을 발급하려는 경우는 고려하지 않음) <2015 제26회>

① 해당 시·도지사

② 해당 지적소관청

③ 국토교통부장관

④ 행정자치부장관

⑤ 해당 등기소장

제2절 부동산종합공부

---

43. 공간정보관리법령상 비용부담 등에 관한 설명으로 옳지 않은 것은? <2014 제25회>

① 지적소관청은 부동산종합공부를 영구히 보존하여야 한다.

② 지적공부의 내용 중 토지의 소유자에 관한 사항은 부동산종합공부의 등록사항이다.

③ 토지이용계획확인서의 내용 중 토지의 이용 및 규제에 관한 사항은 부동산종합공부의 등록사항이다.

④ 부동산종합증명서를 발급 받으려는 자는 지적소관청 이외에 읍·면·동의 장에게도 신청할 수 있다.

⑤ 부동산종합공부의 등록사항에 잘못이 있는 경우에는 지적소관청의 직권정정만 허용된다.

---

42. **정답** ② 해설 지적공부를 열람하거나 그 등본을 발급받으려는 자는 해당 지적소관청에 그 열람 또는 발급을 신청하여야 한다. 다만, 정보처리시스템을 통하여 기록·저장된 지적공부(지적도 및 임야도는 제외한다)를 열람하거나 그 등본을 발급받으려는 경우에는 특별자치시장, 시장·군수 또는 구청장이나 읍·면·동의 장에게 신청할 수 있다(법 제75조 제1항). ②가 옳다.

43. **정답** ⑤ 해설 ① 법 제76조의2 제2항. ② ③ 법 제76조의3. ④법 제76조의4 제1항.
⑤ 부동산종합공부의 등록사항 정정에 관하여는 법 제84조(등록사항의 정정)를 준용한다(법 제76조의5). 토지소유자는 지적공부의 등록사항에 잘못이 있음을 발견하면 지적소관청에 그 정정을 신청할 수 있다 (법 제84조 제1항).

제4장 토지의 이동 신청 및 지적정리 등

제1절 토지의 이동 신청

44. 공간정보관리법령상 토지소유자의 합병 신청이 제한되는 사유가 아닌 것은? <2010 제21회>

① 합병하려는 토지의 지번부여지역이 서로 다른 경우

② 합병하려는 토지에 지상권의 등기가 있는 경우

③ 합병하려는 토지의 지목이 서로 다른 경우

④ 합병하려는 토지의 소유자가 서로 다른 경우

⑤ 합병하려는 토지의 지적도 및 임야도의 축척이 서로 다른 경우

45. 공간정보관리법령상 토지의 합병이 가능한 경우이다. 틀린 것은 어느 것인가? <1999 제10회>

① 합병하고자 하는 토지의 지반이 연속되어 있을 때

② 합병하고자 하는 토지들이 미등기의 토지일 때

③ 합병하고자 하는 각 필지의 도면의 축척이 같을 때

---

44. 정답 ④ 해설 ① ③ ④ ⑤는 **합병 신청 제한 사유가 맞고**, ② 합병하려는 토지에 다음 각 목 가. 소유권·지상권·전세권 또는 임차권의 등기, 나. 승역지(承役地)에 대한 지역권의 등기, 다. 합병하려는 토지 전부에 대한 등기원인(登記原因) 및 그 연월일과 접수번호가 같은 저당권의 등기 외의 등기가 있는 경우에는 합병 신청을 할 수 없다(법 제80조 제3항 제2호). ②가 정답이다.

45. 정답 ⑤ 해설 다음 각 호 1. 합병하려는 토지의 지번부여지역, 지목 또는 소유자가 서로 다른 경우, 2. 합병하려는 토지에 다음 각 목 가. 소유권·지상권·전세권 또는 임차권의 등기, 나. 승역지(承役地)에 대한 지역권의 등기, 다. 합병하려는 토지 전부에 대한 등기원인(登記原因) 및 그 연월일과 접수번호가 같은 저당권의 등기, 라. 합병하려는 토지 전부에 대한 「부동산등기법」 제81조 제1항 각 호의 등기사항이 동일한 신탁등기 외의 등기가 있는 경우, 3. 합병하려는 토지의 지적도 및 임야도의 축척이 서로 다른 경우, 4. 합병하려는 각 필지의 지반이 연속되지 아니한 경우, 5. 합병하려는 토지가 등기된 토지

④ 합병하고자 하는 각 필지의 지목이 같을 때

⑤ 합병하고자 하는 토지의 소유자별 공부지분이 다르거나 소유자의 주소가 서로 다른 경우

46. 공간정보관리법령상 축척변경에 관한 설명 중 옳지 않은 것은? <2000 제11회>

① 지적소관청은 하나의 지번부여지역에 서로 다른 축척의 지적도가 있는 경우 그 지역의 축척을 변경할 수 있다.

② 지적소관청은 축척변경이 필요하다고 인정될 때에는 축척변경위원회의 의결을 거친 후 시·도지사의 승인을 얻어 이를 시행할 수 있다.

③ 지적소관청은 축척변경의 시행에 관하여 시·도지사 또는 대도시 시장의 승인을 얻은 때에는 지체 없이 공고사항을 20일 이상 공고하여야 한다.

④ 축척변경 시행지역내의 토지소유자 또는 점유자는 시행공고가 있는 날로부터 30일 이내에 시행 공고일 현재 점유하고 있는 경계에 국토교통부령으로 정하는 경계점표지를 설치하여야 한다.

⑤ 지적소관청은 축척변경 시행기간 중이라도 시행지역내의 지적공부정리와 경계복원측량을 계속할 수 있다.

47. 공간정보관리법령상 축척변경에 관한 설명 중 가장 옳은 것은? <2002 제13회 수정>

① 합병하고자 하는 토지가 축척이 다른 지적도에 각각 등록되어 있어 축척변경을 하는 경우에도 시·도지사의 승인을 얻어야 한다.

와 등기되지 아니한 토지인 경우, 6. 합병하려는 각 필지의 지목은 같으나 일부 토지의 용도가 다르게 되어 법 제79조 제2항에 따른 분할대상 토지인 경우. 다만, 합병 신청과 동시에 토지의 용도에 따라 분할 신청을 하는 경우는 제외한다. 7. 합병하려는 토지의 소유자별 공유지분이 다르거나 소유자의 주소가 서로 다른 경우, 8. 합병하려는 토지가 구획정리, 경지정리 또는 축척변경을 시행하고 있는 지역의 토지와 그 지역 밖의 토지인 경우의 어느 하나에 해당하는 경우에는 합병 신청을 할 수 없다(법 제80조 제3항 및 영 제66조 제3항).

46. **정답 ⑤** 해설 ① 법 제83조 제2항 제2호. ② 법 제83조 제3항. ③ 영 제71조 제1항.
④ 영 제71조 제3항.
⑤ 지적소관청은 축척변경 시행기간 중에는 축척변경 시행지역의 지적공부정리와 경계복원측량(영 제71조 제3항에 따른 경계점표지의 설치를 위한 경계복원측량은 제외한다)을 제78조에 따른 축척변경 확정공고일까지 정지하여야 한다. 다만, 축척변경위원회의 의결이 있는 경우에는 그러하지 아니하다(영 제74조).

47. **정답 ⑤** 해설 ① ② 지적소관청은 축척변경을 하려면 축척변경 시행지역의 토지소유자 3분의 2 이상의 동의를 받아 축척변경위원회의 의결을 거친 후 시·도지사 또는 대도시 시장의 승인을 받아야 한다. 다만, 다음 각 호 1. 합병하려는 토지가 축척이 다른 지적도에 각각 등록되어 있어 축척변경을 하는 경우,

② 축척변경을 하고자 하는 때에는 축척변경시행지역안의 토지소유자의 과반수 이상의 동의를 얻어야 한다.

③ 축척변경승인신청을 받은 시·도지사는 승인신청을 받은 날부터 30일 이내에 그 승인 여부를 소관청에 통지하여야 한다.

④ 축척변경이라 함은 지적도나 임야도에 등록된 경계점의 정밀도를 높이기 위하여 작은 축척을 큰 축척으로 변경하여 등록하는 것을 말한다.

⑤ 축척변경에 따른 청산금의 납부고지를 받은 자는 그 고지를 받은 날부터 6개월 이내에 청산금을 지적소관청에 내야 한다.

48. 공간정보관리법령상 토지의 이동 신청 및 지적정리 등에 관한 설명으로 옳은 것은?
<2017 제28회>

① 토지소유자는 신규등록할 토지가 있으면 그 사유가 발생한 날부터 60일 이내에 지적 소관청에 신규등록을 신청하여야 한다.

② 합병하려는 토지의 소유자가 서로 다른 경우에는 합병에 합의한 날로부터 90일 이내에 지적소관청에 합병을 신청하여야 한다.

③ 지적소관청은 바다로 된 토지의 등록말소 신청을 하도록 통지받은 토지소유자가 그

---

2. 도시개발사업 등의 시행지역에 있는 토지로서 그 사업 시행에서 제외된 토지의 축척변경을 하는 경우의 어느 하나에 해당하는 경우에는 축척변경위원회의 의결 및 시·도지사 또는 대도시 시장의 승인 없이 축척변경을 할 수 있다(법 제83조 제3항).

③ 축척변경승인신청을 받은 시·도지사 또는 대도시 시장은 축척변경 사유 등을 심사한 후 그 승인 여부를 지적소관청에 통지하여야 한다(영 제70조 제2항).

④ "축척변경"이란 지적도에 등록된 경계점의 정밀도를 높이기 위하여 작은 축척을 큰 축척으로 변경하여 등록하는 것을 말한다(법 제2조 제34호). ⑤ 영 제76조 제2항.

48. 정답 ① 해설 ① 법 제77조. ② 합병하려는 토지의 지번부여지역, 지목 또는 소유자가 서로 다른 경우 등에는 합병 신청을 할 수 없다(법 제80조 제3항 제1호).

③ 지적소관청은 지적공부에 등록된 토지가 지형의 변화 등으로 바다로 된 경우로서 원상(原狀)으로 회복될 수 없거나 다른 지목의 토지로 될 가능성이 없는 경우에는 지적공부에 등록된 토지소유자에게 지적공부의 등록말소 신청을 하도록 통지하여야 한다(법 제82조 제1항). 지적소관청은 토지소유자가 통지를 받은 날부터 **90일** 이내에 등록말소 신청을 하지 아니하면 **대통령령**으로 정하는 바에 따라 등록을 말소한다(법 제82조 제2항). 법 제82조 제2항에 따라 토지소유자가 등록말소 신청을 하지 아니하면 지적소관청이 직권으로 그 지적공부의 등록사항을 말소하여야 한다(영 제68조 제1항).

④ 지적소관청은 축척변경을 하려면 축척변경 시행지역의 토지소유자 3분의 2 이상의 동의를 받아 축척변경위원회의 의결을 거친 후 시·도지사 또는 대도시 시장의 승인을 받아야 한다(법 제83조 제3항 본문).

⑤ 다만, 다음 각 호 1. 합병하려는 토지가 축척이 다른 지적도에 각각 등록되어 있어 축척변경을 하는 경우, 2. 제86조에 따른 도시개발사업 등의 시행지역에 있는 토지로서 그 사업 시행에서 제외된 토지의 축척변경을 하는 경우의 어느 하나에 해당하는 경우에는 축척변경위원회의 의결 및 시·도지사 또는 대도시 시장의 승인 없이 축척변경을 할 수 있다(법 제83조 제3항 단서).

통지를 받은 날로부터 60일 이내에 등록말소 신청을 하지 아니하면 등록을 말소한다.

④ 지적소관청은 축척변경을 하려면 축척변경 시행지역의 토지소유자 과반수의 동의를 받아야 한다.

⑤ 지적소관청은 합병하려는 토지가 축척이 다른 지적도에 각각 등록되어 있어 축척 변경을 하는 경우에는 시·도지사의 승인을 받아야 한다.

제2절 기타 토지이동

49. 공간정보관리법령상 도시개발사업 등 시행지역의 토지이동 신청에 관한 특례에서 대통령령으로 정하는 토지개발사업의 범위에 해당하지 않는 것은? <1999 제10회 수정>

① 「공유수면 관리 및 매립에 관한 법률」에 따른 매립사업

② 「도시 및 주거환경정비법」에 따른 정비사업

③ 토지면적 10,000㎡ 미만의 「국토의 계획 및 이용에 관한 법률」에 따른 도시·군계획사업

④ 「택지개발촉진법」에 따른 택지개발사업

⑤ 「주택법」에 따른 주택건설사업

50. 공간정보관리법령상 토지이동에 대하여 토지소유자가 하여야 하는 신청을 대신할 수 있는 자가 아닌 자는? <2013 제24회 수정>

① 국가나 지방자치단체가 취득하는 토지인 경우: 해당 토지를 관리하는 행정기관의 장 또는 지방자치단체의 장

② 공공사업 등에 따라 학교용지의 지목으로 되는 토지인 경우: 해당 토지를 관리하는 지방자치단체의 장

③ 공공사업 등에 따라 제방·하천의 지목으로 되는 토지인 경우: 해당 사업의 시행자

④ 「주택법」에 따른 공동주택의 부지인 경우: 「집합건물법」에 따른 관리인(관리인이 없는 경우에는 공유자가 선임한 대표자) 또는 해당 사업의 시행자

⑤ 「민법」 제404조에 따른 채권자

---

49. 정답 ③ 해설 영 제83조(토지개발사업 등의 범위 및 신고) 제1항

50. 정답 ② 해설 ① 법 제87조 제2호. ② ③ 공공사업 등에 따라 학교용지·도로·철도용지·제방·하천·구거·유지·수도용지 등의 지목으로 되는 토지인 경우: 해당 사업의 시행자(법 제87조 제1호). ④ 법 제87조 제3호. ⑤ 법 제87조 제4호.

51. 공간정보관리법령상 토지소유자가 하여야 하는 신청을 대신할 수 있는 자에 해당하지 않는 것은? (단, 등록사항 정정 대상 토지는 제외함) <2020 제31회>

① 국가가 취득하는 토지인 경우: 해당 토지를 관리하는 행정기관의 장

② 지방자치단체가 취득하는 토지인 경우: 해당 지방지적위원회

③ 「주택법」에 따른 공동주택의 부지인 경우: 「집합건물의 소유 및 관리에 관한 법률」에 따른 관리인 또는 해당 사업의 시행자

④ 「민법」 제404조에 따른 채권자

⑤ 공공사업 등에 따라 지목이 학교용지로 되는 토지인 경우: 해당 사업의 시행자

52. 공간정보관리법령상 지적소관청이 직권으로 조사·측량하여 지적공부의 등록사항을 정정할 수 없는 경우는? <2011 제22회>

① 지적측량 적부심사에 대한 중앙지적위원회의 의결서 사본을 받은 경우

② 지적도 및 임야도에 등록된 필지의 면적 및 경계의 위치가 잘못된 경우

③ 지적공부의 작성 또는 재작성 당시 잘못 정리된 경우

④ 지적측량성과와 다르게 정리된 경우

⑤ 평방미터 단위로 면적 환산이 잘못된 경우

---

51. **정답 ②** 해설 ① 법 제87조 제2호. ② 국가나 지방자치단체가 취득하는 토지인 경우에는 해당 토지를 관리하는 행정기관의 장 또는 지방자치단체의 장은 토지소유자가 하여야 하는 신청을 대신할 수 있다 (법 제87조 제2호).
③ 법 제87조 제3호. ④ 법 제87조 제4호. ⑤ 법 제87조 제1호.
52. **정답 ②** 해설 ① 법 제29조 제9항 및 제10항.
② 1필지가 각각 다른 지적도나 임야도에 등록되어 있는 경우로서 지적공부에 등록된 면적과 측량한 실제 면적은 일치하지만 지적도나 임야도에 등록된 경계가 서로 접합되지 않아 지적도나 임야도에 등록된 경계를 지상의 경계에 맞추어 정정하여야 하는 토지가 발견된 경우(영 제82조 제1항 제3호)에 직권으로 정정할 수 있는데, 지문의 면적은 지적도 및 임야도의 등록 사항이 아닐뿐더러 면적은 토지소유자의 신청에 의한 정정사항이다.
③ 영 제82조 제1항 제4호. ④ 영 제82조 제1항 제5호. ⑤ 영 제82조 제1항 제9호.

53. 공간정보관리법령상 토지소유자의 정리에 관한 설명으로 옳지 않은 것은? <2010 제21회>

① 지적공부에 신규등록하는 토지의 소유자는 등기관이 직접 조사하여 등록한다.
② 지적공부에 등록된 토지소유자의 변경사항은 등기관서에서 등기한 것을 증명하는 등기필증, 등기완료통지서, 등기사항증명서 또는 등기관서에서 제공한 등기전산정보자료에 따라 정리한다.
③ 「국유재산법」에 따라 소유자 없는 부동산에 대한 소유자 등록을 총괄청이나 중앙관서의 장이 소유자 등록을 신청하는 경우 지적소관청은 지적공부에 해당 토지의 소유자가 등록되지 아니한 경우에만 등록할 수 있다.
④ 등기부에 적혀 있는 토지의 표시가 지적공부와 일치하지 아니하여 토지소유자를 정리할 수 없는 경우 토지의 표시와 지적공부가 일치하지 아니하다는 사실을 관할 등기관서에 통지하여야 한다.
⑤ 지적소관청은 필요하다고 인정하는 경우에는 관할 등기관서의 등기부를 열람하여 지적공부와 부동산등기부가 일치하는지 여부를 조사·확인하여야 한다.

54. 공간정보관리법령상 지적정리에 관한 설명 중 틀린 것은? <2000 제11회>

① 지적공부와 등기부간의 토지면적이 상이한 경우 지적공부가 우선한다.
② 지적공부와 등기부간의 소유자에 대한 내용이 상이한 경우 등기부가 우선한다.
③ 신규등록은 토지이동에 해당하지 않는다.

---

53. 정답 ① 해설 ① 신규등록하는 토지의 소유자는 지적소관청이 직접 조사하여 등록한다(법 제88조 제1항 단서). ② 법 제88조 제1항 본문. ③ 법 제88조 제2항. ④ 법 제88조 제3항. ⑤ 법 제88조 제4항.
54. 정답 ④ 해설 ① ② 등기와 대장은 둘 다 국가기관이 관리하지만 제도의 목적은 다르다. 등기는 부동산에 관한 권리관계를 공시하여 거래안전을 도모하는 제도임에 반하여, 대장은 부동산의 사실적 상태나 현황을 파악하여 과세 등의 행정목적을 달성하도록 하는 제도이다. 우리나라는 등기부는 법원에서, 대장은 대장소관청이 관리하는 이원체계를 취하고 있다. 「부동산등기법」은 등기와 대장의 기록을 일치시키기 위하여 양자가 불일치하는 경우를 등기신청의 각하사유로 규정하였다(부동산등기법 제29조 제6호). 부동산의 표시는 대장을 기준으로 하고, 권리관계는 등기부를 기준으로 한다.
③ "신규등록"이란 새로 조성된 토지와 지적공부에 등록되어 있지 아니한 토지를 지적공부에 등록하는 것을 말한다(법 제2조 제29호). 토지의 이동(異動)이란 토지의 표시를 새로 정하거나 변경 또는 말소하는 것을 말하므로(법 제2조 제28호) 신규등록은 토지이동에 포함된다.
⑤ 법 제64조 제2항.

④ 지적정리라 함은 토지이동에 의하여 토지현황의 변동과 소유자에 관한 사항, 그 밖에 지적관리상 발생하는 일체의 사항을 현황과 일치하도록 지적공부에 등록하는 것을 말한다.

⑤ 지적공부에 등록하는 지번·지목·면적·경계 또는 좌표는 토지의 이동이 있을 때 토지소유자의 신청이 없는 경우에도 지적소관청이 직권으로 조사·측량하여 결정할 수 있다.

55. 공간정보관리법령상 토지의 표시변경에 관한 등기를 할 필요가 있는 경우로서 지적 소관청이 관할 등기관서에 등기를 촉탁하여야 하는 사유가 아닌 것은? <2010 제21회>

① 지적공부에 등록된 지번이 변경된 경우
② 하나의 지번부여지역에 서로 다른 축척의 지적도가 있어 그 지역의 축척이 변경된 경우
③ 바다로 된 토지가 원상으로 회복될 수 없어 등록말소 된 경우
④ 지적소관청이 직권으로 지적공부의 등록사항 오류를 정정한 경우
⑤ 등기부등본에 의하여 토지대장의 소유자를 변경한 경우

56. 공간정보관리법령상 지적소관청이 관할 등기관서에 그 등기를 촉탁하여야 하는 경우에 해당하지 않는 것은? <2015 제26회>

① 축척변경을 한 경우
② 등록사항 오류를 직권으로 정정한 때
③ 지적소관청이 지적공부에 등록된 지번을 변경할 필요가 있다고 인정하여 지번을 변경한 경우
④ 행정구역의 개편으로 새로이 지번을 부여한 경우
⑤ 신규등록을 이유로 토지의 이동정리를 한 때

55. **정답 ⑤** 해설 ① 법 제89조 제1항 및 법 제66조 제2항
② 법 제89조 제1항 및 법 제83조 제2항 제2호. ③ 법 제89조 제1항 및 법 제82조.
④ 법 제89조 제1항 및 법 제84조 제2항. ⑤ 등기부등본에 의하여 토지대장의 소유자를 변경한 경우는 이미 지적공부에 등록된 토지소유자를 변경하는 것이다(법 제88조 제1항 본문).
56. **정답 ⑤** 해설 ⑤ 지적소관청은 신규등록을 제외하고 직권으로 토지의 이동정리를 한 때(법 제64조 제2항)에는 지체 없이 관할 등기소에 토지의 표시 변경에 관한 등기를 촉탁하여야 한다(법 제89조 제1항).

제5장 지적측량

57. 공간정보관리법령상 지적측량을 하여야 하는 경우에 해당하지 않는 것은? (단, 측량의 필요성은 인정되고 도시개발사업 등의 시행지역이 아님) <2012 제23회>

① 지적공부를 복구하는 경우

② 토지를 등록전환하는 경우

③ 축척을 변경하는 경우

④ 토지를 합병하는 경우

⑤ 경계점을 지상에 복원하는 경우

58. 공간정보관리법령상 보증설정에 관한 설명으로 옳지 않은 것은?
   <2010 제21회 수정>

① 지적측량업자는 지적측량업 등록을 신청한 날부터 10일 이내에 하여야 한다.

② 지적측량업자의 보증금액 1억원 이상의 보증설정을 하여야 한다.

③ 한국국토정보공사는 보증금액 20억원 이상의 보증설정을 하여야 한다.

---

57. 정답 ④ 해설 ① 법 제23조 제1항 제3호 가목. ② 법 제23조 제1항 제3호 다목. ③ 법 제23조 제1항 제3호 바목.
⑤ 법 제23조 제1항 제4호. ④ 지적측량할 필요가 없다.

58. 정답 ① 해설 ① 등록을 신청한 날부터 10일 이내가 아니고 <u>등록증을 발급받은 날부터 10일 이내이다</u> (영 제41조 제2항).

② ③ 지적측량수행자는 손해배상책임을 보장하기 위하여 다음 각 호 1. 지적측량업자: 보장기간 10년 이상 및 보증금액 1억원 이상, 2. 「국가공간정보 기본법」 제12조에 따라 설립된 한국국토정보공사: 보증금액 20억원 이상의 구분에 따라 보증보험에 가입하거나 공간정보산업협회가 운영하는 보증 또는 공제에 가입하는 방법으로 보증설정(이하 "보증설정"이라 한다)을 하여야 한다(영 제41조 제1항).

④ 지적측량업자는 지적측량업 <u>등록증을 발급받은 날부터 10일 이내</u>에 제1항 제1호의 기준에 따라 보증설정을 하여야 하며, 보증설정을 하였을 때에는 이를 증명하는 서류를 등록한 <u>시·도지사에게 제출하여야</u> 한다(영 제41조 제2항).

⑤ 보증설정을 한 지적측량수행자는 보증기간의 만료로 인하여 다시 보증설정을 하려는 경우에는 그 보증기간 만료일까지 다시 보증설정을 하고 그 사실을 증명하는 서류를 제35조 제1항에 따라 등록한 시·도지사에게 제출하여야 한다(영 제42조 제2항).

④ 지적측량업자는 보증설정을 하였을 때에는 이를 증명하는 서류를 등록한 시·도지사에게 제출하여야 한다.

⑤ 보증설정을 한 지적측량수행자는 보증기간의 만료로 인하여 다시 보증설정을 하려는 경우에는 그 보증기간 만료일까지 다시 보증설정을 하여야 한다.

제6장 보칙

제 **8** 편

부동산등기법

- 제1부 총론 -

제1장 총설

1. 부동산등기법령상 부동산등기의 대상이 되는 권리는 총 몇 종인가? <2004 제15회>

① 5종 ② 6종 ③ 7종 ④ 8종 ⑤ 9종

2. 부동산등기법령상 등기할 수 있는 권리에 해당하지 않는 것은? <2019 제30회>

① 소유권 ② 지역권 ③ 권리질권 ④ 유치권 ⑤ 채권담보권

3. 부동산등기법령상 등기의 대상이 되는 권리에 관한 설명으로 옳지 않은 것은? <2009 제20회>

① 유치권은 부동산물권이므로 등기할 수 있다.

② 건물의 일부에 대한 전세권도 등기할 수 있다.

---

1. **정답 ④** 해설 등기는 부동산의 표시(表示)와 다음 각 호 1. 소유권(所有權), 2. 지상권(地上權), 3. 지역권(地役權), 4. 전세권(傳貰權), 5. 저당권(抵當權), 6. 권리질권(權利質權), 7. 채권담보권(債權擔保權), 8. 임차권(賃借權)의 어느 하나에 해당하는 권리의 보존, 이전, 설정, 변경, 처분의 제한 또는 소멸에 대하여 한다(법 제3조).

2. **정답 ④** 해설 현행 「민법」상 원칙적으로 등기를 할 수 있는 권리는 부동산물권이다. 그러나 부동산물권이 모두 등기할 수 있는 권리는 아니다. 점유권·유치권은 등기할 수 없고, 특수지역권·분묘기지권도 등기할 권리가 아니다. 소유권·지상권·지역권·전세권·저당권 등이 등기할 수 있는 물권이다. 저당권에 의하여 담보된 채권을 질권 또는 채권담보권의 목적으로 하는 경우 질권 또는 채권담보권의 효력을 저당권에도 미치게 하기 위한 때에는 부동산물권은 아니지만 권리질권이나 채권담보권에도 등기능력이 인정된다(법 제3조). 부동산임차권과 부동산환매권도 물권은 아니지만 법률 규정에 의하여 등기능력이 인정되고 있다. 물권변동을 목적으로 하는 청구권에 관하여서는 가등기능력이 인정된다. ④ 유치권은 등기할 수 없다.

3. **정답 ①** 해설 ① ④ ⑤ 현행 「민법」상 원칙적으로 등기를 할 수 있는 권리는 부동산물권이다. 그러나 부동산물권이 모두 등기할 수 있는 권리는 아니다. 점유권·유치권은 등기할 수 없고, 특수지역권·분묘기지권도 등기할 권리가 아니다. 소유권·지상권·지역권·전세권·저당권 등이 등기할 수 있는 물권이다. 저당권에 의하여 담보된 채권을 질권 또는 채권담보권의 목적으로 하는 경우 질권 또는 채권담보권의 효력을 저당권에도 미치게 하기 위한 때에는 부동산물권은 아니지만 권리질권이나 채권담보권에도 등기능력이 인정된다(법 제3조). 부동산임차권과 부동산환매권도 물권은 아니지만 법률 규정에 의하여 등기능력

③ 저당권에 의하여 담보된 채권을 질권의 목적으로 하는 경우에도 등기할 수 있다.

④ 부동산물권변동을 목적으로 하는 채권적 청구권도 가등기의 형식으로 등기할 수 있다.

⑤ 부동산임차권과 환매권은 채권이지만 등기할 수 있다.

4. 부동산등기법령상 등기에 관한 설명으로 옳지 않은 것은? <2011 제22회>

① 표제부의 등기는 이른바 사실의 등기이다.

② 미등기의 부동산에 대하여 처음으로 행하여지는 소유자의 등기는 보존등기이다.

③ 어떤 등기가 행하여진 후 등기된 사항에 후발적 변경이 있어서 이를 바로잡기 위한 등기는 경정등기이다.

④ 원시적 또는 후발적인 원인으로 등기와 실체관계의 전부가 부합하지 않을 경우에 이를 시정하기 위하여 등기내용의 전부를 소멸시키는 등기는 말소등기이다.

⑤ 행정구역 또는 그 명칭이 변경되었을 때에는 등기부에 적은 행정구역 또는 그 명칭은 변경된 것으로 본다.

이 인정되고 있다. 물권변동을 목적으로 하는 청구권에 관하여서는 가등기능력이 인정된다.

② 등기관이 전세권설정이나 전전세(轉傳貰)의 등기를 할 때에는 전세권의 목적인 범위(제2호)의 사항을 필수적으로 기록하여야 한다(법 제72조 제2호). 신청서에는 전세권의 목적이 토지(건물)의 전부 또는 일부인지를 표시해야 한다(규칙 제128조 제1항). 전세권의 목적이 부동산의 전부인 때에는 "토지 전부", "건물 전부" 등으로, 부동산의 일부인 때에는 "건물 2층 전부", "건물 1층 동측 300㎡" 등으로 표시한다.

③ 저당권에 의하여 담보된 채권을 질권 또는 채권담보권의 목적으로 하는 경우 질권 또는 채권담보권의 효력을 저당권에도 미치게 하기 위한 때에는 부동산물권은 아니지만 권리질권이나 채권담보권에도 등기능력이 인정된다(법 제3조).

4. **정답 ③** 해설 ① 표제부의 등기는 등기기록의 표제부에 하는 부동산표시의 등기로서 부동산의 위치·면적·용도 등을 표시해서 그 등기기록이 어느 부동산에 관한 것인지를 나타내는 등기이다. 표제부의 등기는 "사실의 등기"라고도 한다. 우리나라 등기제도는 1부동산 1등기기록 원칙에 따르고 있으므로 표제부의 등기는 등기의 대상인 부동산을 특정하는 역할을 한다.

② 보존등기는 소유권에만 인정되는 것으로서 미등기의 특정 부동산에 관하여 최초로 하는 등기이다.

③ 협의의 변경등기에 관한 설명이다. 경정등기란 광의의 변경등기의 일종으로, 기존등기의 일부에 등기 당시부터 착오 또는 유루(遺漏)가 있어서 그 등기가 "원시적"으로 실체관계와 일치하지 아니하는 경우에 이를 시정하기 위하여 기존 등기의 해당 부분을 정정 또는 보충함으로써 등기사항을 실체관계에 맞도록 변경하는 등기이다.

④ 어떤 등기의 등기사항 "전부"가 원시적 또는 후발적으로 부적법(실체관계와 불일치)하게 된 경우에 해당 등기 전부를 법률적으로 소멸시킬 목적으로 행하여지는 등기이다. 말소등기는 기존등기의 전부가 부적법한 경우에 행하여지는 것이므로 등기사항의 일부만이 실체관계와 불일치하는 경우에 행하여지는 변경등기 또는 경정등기와 구별된다.

⑤ 행정구역 또는 그 명칭이 변경되었을 때에는 등기기록에 기록된 행정구역 또는 그 명칭에 대하여 변경등기가 있는 것으로 본다(법 제31조). 이에 따르면 행정구역 등의 변경이 있는 경우 변경등기를 할 필요가 없는 것처럼 보이지만, 규칙에서는 행정구역 또는 그 명칭이 변경된 경우에 등기관은 직권으로 부동산의 표시변경등기 또는 등기명의인의 주소변경등기를 할 수 있다(규칙 제54조).

5. 부동산등기법령상 '변경등기의 신청'에 관한 조문의 일부분이다. ( )에 들어갈 내용으로 각각 옳은 것은? <2020 제31회>

- 토지의 분할, 합병이 있는 경우와 제34조의 등기사항에 변경이 있는 경우에는 그 토지 소유권의 등기명의인은 그 사실이 있는 때부터 (ㄱ) 이내에 그 등기를 신청하여야 한다.
- 건물의 분할, 구분, 합병이 있는 경우와 제40조의 등기사항에 변경이 있는 경우에는 그 건물 소유권의 등기명의인은 그 사실이 있는 때부터 (ㄴ) 이내에 그 등기를 신청하여야 한다.

---

① ㄱ: 30일,   ㄴ: 30일

② ㄱ: 3개월,   ㄴ: 3개월

③ ㄱ: 3개월,   ㄴ: 1개월

④ ㄱ: 1개월,   ㄴ: 3개월

⑤ ㄱ: 1개월,   ㄴ: 1개월

6. 부동산등기법령상 등기한 권리의 순위에 관한 설명으로 옳지 아니한 것은? <2004 제15회>

① 같은 주등기에 관한 부기등기 상호간의 순위는 주등기의 순위에 의한다.

② 부기등기의 순위는 주등기의 순위에 의한다.

③ 동일한 부동산에 관하여 등기한 권리의 순위는 법률에 다른 규정이 없는 때에는 등기의 전후에 의한다.

④ 가등기에 의하여 본등기를 한 경우에 본등기의 순위는 가등기의 순위에 따른다.

⑤ 등기의 순서는 등기기록 중 같은 구에서 한 등기 상호 간에는 순위번호에 따르고 다른 구에서 한 등기 상호 간에는 접수번호에 따른다.

---

5. **정답 ⑤** 해설 ㄱ: 법 제35조, ㄴ: 법 제41조 제1항.
6. **정답 ①** 해설 ① ② 부기등기의 순위는 주등기의 순위에 따른다. 다만, 같은 주등기에 관한 부기등기 상호간의 순위는 그 등기 순서에 따른다(법 제5조).
③ 같은 부동산에 관하여 등기한 권리의 순위는 법률에 다른 규정이 없으면 등기한 순서에 따른다(법 제4조 제1항).
④ 가등기에 의하여 본등기를 한 경우에 **본등기의 순위는 가등기의 순위**에 따른다(법 제91조). 이를 가등기의 본등기 순위보전적 효력이라고 한다.
⑤ 등기의 순서는 등기기록 중 **같**은 구에서 한 등기 상호 간에는 **순**위번호에 따르고 **다**른 구에서 한 등기 상호 간에는 **접**수번호에 따른나(법 제4조 제2항). 이를 등기의 순위확정의 효력이라고 한다.

7. 부동산등기법령상 등기한 권리의 순위에 관한 설명 중 가장 옳지 않은 것은? <2002 제13회>

① 동일한 부동산에 관하여 등기한 권리의 순위는 법률에 다른 규정이 없는 때에는 등기의 전후에 의하여 정해진다.

② 갑구에서 한 등기 사이의 전후 또는 을구에서 한 등기 사이의 전후는 접수번호에 의한다.

③ 부기등기의 순위는 주등기의 순위에 의하고, 부기등기 상호간의 순위는 그 전후에 의한다.

④ 가등기에 기한 본등기를 한 때에는 본등기의 순위는 가등기의 순위에 의한다.

⑤ 구분건물에서 대지권에 대한 등기로서 효력 있는 등기와 대지권의 목적인 토지의 등기용지 중 해당구 사항란에 한 등기의 전후는 접수번호에 의한다.

8. 부동산등기법령상 등기의 순위와 접수 등에 관한 설명으로 옳지 않은 것은? <2017 제28회>

① 같은 부동산에 관하여 등기한 권리의 순위는 법률에 다른 규정이 없으면 등기한 순서에 따른다.

---

7. 정답 ② 해설 ① 같은 부동산에 관하여 등기한 권리의 순위는 법률에 다른 규정이 없으면 등기한 순서에 따른다(법 제4조 제1항).
② 등기의 순서는 등기기록 중 같은 구에서 한 등기 상호 간에는 순위번호에 따르고 다른 구에서 한 등기 상호 간에는 접수번호에 따른다(법 제4조 제2항).
③ 법 제5조.
④ 가등기에 의하여 본등기를 한 경우에 본등기의 순위는 가등기의 순위에 따른다(법 제91조). 이를 가등기의 본등기 순위보전적 효력이라고 한다.
⑤ 대지권을 등기한 후에 한 건물의 권리에 관한 등기는 대지권에 대하여 동일한 등기로서 효력이 있다. 다만, 그 등기에 건물만에 관한 것이라는 뜻의 부기가 되어 있을 때에는 그러하지 아니하다(법 제61조 제1항). 법 제61조 제1항에 따라 대지권에 대한 등기로서의 효력이 있는 등기와 대지권의 목적인 토지의 등기기록 중 해당 구에 한 등기의 순서는 접수번호에 따른다(법 제61조 제2항).

8. 정답 ⑤ 해설 ① 법 제4조 제1항. ② 법 제4조 제2항. ③ 법 제5조. ④ 법 제6조 제1항.
⑤ 등기관이 등기를 마쳤을 때에는 신청인에게 그 사실을 알려야 하며(법 제30조), 등기의 효력발생시기에 관한 분쟁을 방지하기 위하여, "등기관이 등기를 마친 경우 그 등기는 접수한 때부터 효력을 발생하도록(법 제6조 제2항)" 등기의 효력발생 시기를 명시하고 있다. 여기서 "등기관이 등기를 마친 경우"란 법 제11조 제4항에 따라 등기사무를 처리한 등기관이 누구인지 알 수 있는 조치를 하였을 때를 말하고(규칙 제4조), "접수한 때부터 효력이 발생한다"는 의미는 부동산등기신청은 대법원규칙으로 정하는 등기신청 정보가 전산정보처리조직에 저장된 때 접수된 것으로 보므로(법 제6조 제1항), 결국 등기는 등기신청정보가 전산정보처리조직에 저장된 때부터 효력이 생긴다. 다만, 같은 토지 위에 있는 여러 개의 구분건물에 대한 등기를 동시에 신청하는 경우에는 그 건물의 소재 및 지번에 관한 정보가 전산정보처리조직에 저장된 때 등기신청이 접수된 것으로 본다(규칙 제3조 제2항).

② 등기의 순서는 등기기록 중 같은 구(區)에서 한 등기 상호간에는 순위번호에 따른다.

③ 같은 주등기에 관한 부기등기 상호간의 순위는 그 등기 순서에 따른다.

④ 등기신청은 대법원규칙으로 정하는 등기신청정보가 전산정보처리조직에 저장된 때 접수된 것으로 본다.

⑤ 등기관이 등기를 마쳤을 때에는 신청인에게 그 사실을 알려야 하며, 신청인이 등기완료의 통지를 받은 때부터 그 등기의 효력이 발생한다.

9. 부동산등기법령상 등기신청에 관한 설명으로 옳지 않은 것은? <2020 제31회>

① 법인의 합병에 따른 등기는 등기권리자가 단독으로 신청한다.

② 신탁재산에 속하는 부동산의 신탁등기는 수탁자가 단독으로 신청한다.

③ 수용으로 인한 소유권이전등기는 등기권리자가 단독으로 신청할 수 있다.

④ 채권자는 「민법」 제404조에 따라 채무자를 대위하여 등기를 신청할 수 있다.

⑤ 대표자가 있는 종중에 속하는 부동산의 등기는 대표자의 명의로 신청한다.

10. 부동산등기법령상 등기를 할 때 부기로 하여야 히는 것을 모두 고른 것은?
<2013 제24회>

> ㄱ. 환매권실행등기
> ㄴ. 권리소멸약정등기
> ㄷ. 말소회복등기
> ㄹ. 소유권 외의 권리의 이전등기
> ㅁ. 부속건물의 신축등기
> ㅂ. 등기명의인표시의 변경등기

① ㄱ, ㄴ, ㄷ

② ㄱ, ㄷ, ㅁ

---

9. **정답 ⑤** 해설 ① 법 제23조 제3항. ② 법 제23조 제7항. ③ 법 제99조 제1항.
④ 법 제28조 제1항. ⑤ 종중(宗中), 문중(門中), 그 밖에 대표자나 관리인이 있는 법인 아닌 사단(社團)이나 재단(財團)에 속하는 부동산의 등기에 관하여는 <u>그 사단이나 재단을 등기권리자 또는 등기의무자로 한다</u>(법 제26조 제1항). 등기는 그 **사단이나 재단의 명의로** 그 **대표자나 관리인이 신청**한다(법 제26조 제2항).

10. **정답 ④** 해설 부기등기는 독립한 순위번호를 갖지 않는 등기를 말한다. 부기등기를 할 때에는 규칙 제2조에 따라 그 부기등기가 어느 등기에 기초한 것인지 알 수 있도록 주등기 또는 부기등기의 순위번호에 가지번호를 붙여서 한다. 부기등기의 순위는 주등기의 순위에 따른다. 그리고 1개의 주등기에 대한 여러 부기등기나 부기등기에 대한 부기등기도 가능하다. 부기등기 상호 간의 순위는 그 등기순서에 따른

③ ㄴ, ㄷ, ㄹ

④ ㄴ, ㄹ, ㅂ

⑤ ㄹ, ㅁ, ㅂ

11. 부동산등기법령상 부기등기로 하는 것이 아닌 것은? <2011 제22회>

① 환매특약의 등기

② 저당권에 대한 권리질권의 등기

③ 등기명의인 표시의 변경등기

④ 등기상 이해관계 있는 제3자의 승낙서가 첨부된 권리변경등기

⑤ 등기상 이해관계인이 없는 경우의 등기사항 전부의 말소회복등기

12. 부동산등기법령상 부기로 하여야 하는 등기가 아닌 것은? <2015 제26회>

① 환매특약등기

② 권저당권이전등기

③ 소유권에 관한 가처분등기

④ 등기명의인표시의 경정등기

⑤ 권리소멸약정의 등기

다(법 제5조). 부기등기 "1-1"에 대한 부기등기는 "1-1-1"로 표시된다. 어떤 등기로 하여금 기존 등기의 순위를 그대로 보유시킬 필요가 있는 경우, 즉, 어떤 등기와 기존 등기의 동일성을 표시하거나(변경·경정의 등기), 기존 등기에 의하여 표시된 권리와 동일한 순위나 효력을 가진다는 것을 명백히 하려고 할 때(소유권 외의 권리의 이전등기 등)에는 부기등기의 방식으로 한다. 부기등기는 법령에 부기로 하도록 규정된 경우에만 할 수 있다. 법 제52조에 따르면 부기로 하는 등기로서 1. 등기명의인표시의 변경이나 경정의 등기, 2. 소유권 외의 권리의 이전등기, 3. 소유권 외의 권리를 목적으로 하는 권리에 관한 등기, 4. 소유권 외의 권리에 대한 처분제한 등기, 5. 권리의 변경이나 경정의 등기(다만, 제5호의 등기는 등기상 이해관계 있는 제3자의 승낙이 없는 경우에는 그러하지 아니하다), 6. 법 제53조의 환매특약의 등기, 7. 법 제54조의 권리소멸약정등기, 8. 법 제67조 제1항 후단의 공유물 분할금지의 약정등기, 9. 그 밖에 대법원규칙으로 정하는 등기를 규정하고 있다. 특별법에 의한 것으로「주택법」제61조 제3항에 의한 금지사항 부기등기가 대표적인 예이다. ④가 옳다.

11. **정답 ⑤** 해설 ① ② ③ ④는 부기등기로 하고, ⑤ 등기상 이해관계인이 없는 경우의 등기사항 전부의 말소회복등기는 원칙적으로 이러한 주등기(독립등기)의 형식으로 이루어지는데, 표시에 관한 등기를 할 때에는 표시번호란에 번호를 기록하고, 갑구·을구(권리에 관한 등기)에 할 때에는 순위번호란에 번호를 기록하여야 한다.

12. **정답 ③** 해설 ① ② ④ ⑤는 부기등기로 하고, ③은 주등기로 한다.

13. 부동산등기법령상 등기한 권리의 순위에 관한 설명으로 옳지 않은 것은?
<2015 제26회>

① 같은 부동산에 관하여 등기한 권리의 순위는 법률에 다른 규정이 없으면 등기한 순서에 따른다.

② 등기의 순서는 등기기록 중 같은 구에서 한 등기 상호 간에는 순위번호에 따른다.

③ 등기의 순서는 등기기록 중 다른 구에서 한 등기 상호 간에는 접수번호에 따른다.

④ 부기등기의 순위는 원칙적으로 주등기의 순위에 따른다.

⑤ 같은 주등기에 관한 부기등기 상호간의 순위는 후(後) 부기등기가 선(先) 부기등기에 우선한다.

14. 부동산등기법령상 등기에 관한 설명으로 옳은 것은? <2009 제20회>

① 등기의 순서는 같은 구에서 한 등기는 접수번호에 따르고, 다른 구에서 한 등기는 순위번호에 의한다.

② 부기등기의 순위 및 같은 주등기에 관한 부기등기 상호간의 순위는 주등기의 순위에 따른다.

③ 1동의 건물을 구분한 건물에 있어서는 1동의 건물에 속하는 전부에 대하여 1용지를 사용하지만, 표제부 및 각 구는 1동의 건물을 구분한 각 건물마다 둔다.

④ 존재하지 아니하는 건물에 대한 등기가 있는 경우에는 그 소유권의 등기명의인은 지체

---

13. **정답 ⑤** 해설 ① 법 제4조 제1항. ② ③ 등기의 순서는 등기기록 중 같은 구에서 한 등기 상호 간에는 순위번호에 따르고 다른 구에서 한 등기 상호 간에는 접수번호에 따른다(법 제4조 제2항). ④ ⑤ 부기등기의 순위는 주등기의 순위에 따른다. 다만, 같은 주등기에 관한 부기등기 상호간의 순위는 그 등기 순서에 따른다(법 제5조).

14. **정답 ③** 해설 ① 등기의 순서는 등기기록 중 같은 구에서 한 등기 상호 간에는 순위번호에 따르고 다른 구에서 한 등기 상호 간에는 접수번호에 따른다(법 제4조 제2항).

② 부기등기의 순위는 주등기의 순위에 따른다. 다만, 같은 주등기에 관한 부기등기 상호간의 순위는 그 등기 순서에 따른다(법 제5조).

③ 구분건물등기기록은 1부동산 1등기기록 원칙의 예외이다(법 제15조 제1항 단서). 구체적으로 구분건물 등기기록에는 1동의 건물에 대한 표제부를 두고, 전유부분마다 표제부·갑구·을구를 둔다(규칙 제14조 제1항).

④ 존재하지 아니하는 건물에 대한 등기가 있을 때에는 그 소유권의 등기명의인은 지체 없이 그 건물의 멸실등기를 신청하여야 한다(법 제44조 제1항).

⑤ 등기청구권에 기하여 등기권리자가 등기의무자를 상대로 한 소송에서 일정한 내용의 등기절차를 이행할 것을 명하는 판결이 확정되면 그것으로써 등기의무자가 등기신청을 한 것을 간주되므로 승소한 등기 권리자는 그 확정판결에 의하여 단독으로 등기신청을 할 수 있다. 즉, 등기절차의 이행 또는 인수를 명하는 판결에 의한 등기는 승소한 등기권리자 또는 등기의무자가 단독으로 신청하고, 공유물을 분할하는 판결에 의한 등기는 등기권리자 또는 등기의무자가 단독으로 신청한다(법 제23조 제4항).

없이 경정등기를 신청하여야 한다.

⑤ 판결에 의한 등기의 경우 승소한 등기권리자는 단독으로 신청할 수 있으나, 등기의무자는 단독으로 신청할 수 없다.

15. 부동산등기법령 및 판례에 의할 때 등기의 유효요건에 관한 설명으로 옳은 것은?

<2009 제20회>

① 등기가 불법 말소된 후 제3자 명의의 등기가 행하여진 경우에는 말소회복등기를 할 수 없다.

15. **정답** ② **해설** ① 말소회복등기는 어떤 등기의 "**전부 또는 일부**"가 부적법하게 말소된 경우에 그 말소된 등기를 회복함으로써 말소 당시에 소급하여 말소가 되지 않았던 것과 같은 효과를 생기게 하는 등기를 말한다(대법원 1990. 6. 26. 선고 89다카5673 판결).

어떤 등기가 말소되고 회복되기 전에 그 등기와 **양립불가능한 등기가 새로이 마쳐진 경우**, 그 등기는 회복의 전제로서 말소되어야 할 것이므로 그 등기명의인은 등기상 이해관계 있는 제3자가 아니므로(대법원 1982. 1. 26. 선고 81다2329, 2330 판결), 별도로 그 승낙을 받아야 하는 것은 아니다. 이는 주로 소유권이전등기가 부적법하게 말소된 후에 제3자 앞으로 소유권이전등기가 경료된 경우에 문제된다. 가령 甲에서 乙에게로의 소유권이전등기가 부적법하게 말소된 후, 甲에서 丙으로 소유권이전등기가 마쳐진 경우, 乙 명의의 소유권이전등기를 회복함에 있어서 丙은 이해관계인이 아니다. 乙 명의 등기와 丙 명의의 등기는 **양립할 수 없기** 때문이다. 이 경우 乙이 자기명의의 소유권이전등기를 회복하기 위해서는 먼저 丙 명의의 소유권이전등기 말소를 구해야 한다.

그러나 저당권이나 지상권 등의 제한물권이 부적법하게 말소된 후 제3자에게 소유권이전등기가 경료된 경우 제한물권의 등기와 소유권이전등기는 **양립 가능하므로** 현 소유명의인은 등기상 이해관계 있는 제3자로 보게 된다.

② 동일 부동산에 관하여 등기명의인을 달리하여 중복하여 보존등기가 이루어진 경우와는 달리 동일인 명의로 소유권보존등기가 중복되어 있는 경우에는 먼저 경료된 등기가 유효하고 뒤에 경료된 중복등기는 그것이 실체관계에 부합하는 여부를 가릴 것 없이 무효이다(대법원 1981. 11. 18. 선고 81다1340 판결) ; 동일부동산에 관하여 등기명의인을 달리하여 중복된 소유권보존등기가 마쳐진 경우 먼저 이루어진 소유권보존등기가 원인무효로 되지 않는 한 뒤에 된 소유권보존등기는 그것이 실체적 권리관계에 부합한다 하더라도 무효이다(대법원 1993. 2. 12. 선고 92다28297 판결).

③ 「부동산등기특별조치법」상 조세포탈과 부동산투기 등을 방지하기 위하여 위 법률 제2조 제2항 및 제8조 제1호에서 등기하지 아니하고, 제3자에게 전매하는 행위를 일정 목적범위 내에서 형사처벌하도록 되어 있으나 이로써 순차매도한 당사자 사이의 중간생략등기합의에 관한 사법상 효력까지 무효로 한다는 취지는 아니다(대법원 1993. 1. 26. 선고 92다39112 판결).

④ 부동산 등기는 현실의 권리 관계에 부합하는 한 그 권리취득의 경위나 방법 등이 사실과 다르다고 하더라도 그 등기의 효력에는 아무런 영향이 없는 것이므로 증여에 의하여 부동산을 취득하였지만 등기원인을 매매로 기재하였다고 하더라도 그 등기의 효력에는 아무런 하자가 없다(대법원 1980. 7. 22. 선고 80다791 판결). 「부동산등기특별조치법」 제6조에 따라 등기신청서에 등기원인을 허위로 기재하는 경우 같은 법 제8조에 따라 형사처벌하도록 되어 있다.

⑤ 구법하에서 멸실회복등기란 등기부의 전부 또는 일부가 물리적으로 멸실됨으로 인하여 형식적으로 소멸한 등기를 회복하는 등기를 말한다(구법 제24조). 멸실회복등기는 종이등기부를 전제로 한 제도이다. 등기부의 복구는 멸실회복등기처럼 "등기"라고는 할 수 없다. 개정법하에서는 등기부가 손상된 경우 등기부부본자료에 의하여 그 등기부를 복구한다(법 제17조 제1항, 규칙 제17조 제2항). 이러한 멸실회복등기는 등기부의 멸실 전에 이미 유효하게 마쳐졌던 등기를 단순히 회복하는 것일 뿐 새로운 등기를

② 동일 부동산에 관하여 동일한 명의로 중복하여 보존등기가 행하여진 경우에는 먼저 이루어진 등기가 원인무효가 아니 한 나중에 이루어진 등기를 무효로 한다.

③ 중간생략등기는 부동산등기특별조치법에 반하는 것으로 사법상의 효력이 인정되지 않는다.

④ 소유권이전등기 원인이 증여인데도 이를 매매로 기재한 경우에는 그 등기는 무효가 된다.

⑤ 등기부의 전부 또는 일부가 멸실한 경우에는 등기부상의 권리가 모두 소멸한다.

16. 부동산등기법령상 권리의 설정, 이전, 변경 또는 소멸의 청구권을 보전하려 할 때에 행하는 등기와, 등기와 실체관계 사이의 불일치가 "후발적"으로 생긴 경우 이를 바로잡기 위하여 기존등기의 일부를 변경하는 등기를 각각 무엇이라고 하는가?

<2004. 제15회 변형>

① 가등기 — 경정등기
② 이전등기 — 가등기
③ 본등기 — 말소등기
④ 가등기 — 변경등기
⑤ 미등기 — 멸실등기

하는 것은 아니다. 따라서 멸실 전의 등기부에 등재되어 있지 않았다면 멸실회복등기의 방법으로는 등기할 수 없다. 멸실등기가 멸실회복등기절차에 따라 회복된 경우에는 멸실된 등기부에 있어서의 종전 순위를 보유하게 된다(구법 제24조 제1항).

16. **정답** ④ 해설 법 제88조에 따르면 권리의 설정·이전·변경 또는 소멸의 청구권을 보전하기 위한 가등기만을 인정하고 있을 뿐이므로 소유권보존의 가등기는 할 수 없다(등기예규 제1408호).

제2장 등기기관

제1절 등기소

제2절 등기관

제3장 등기에 관한 장부

제1절 등기부

17. 부동산등기법상 등기부 등에 관한 설명으로 옳지 않은 것은? <2018 제29회>

① 등기부는 토지등기부와 건물등기부로 구분한다.

② 법원의 명령 또는 촉탁이 있는 경우에는 신청서나 그 밖의 부속서류를 등기소 밖으로 옮길 수 있다.

③ 등기관이 등기를 마쳤을 때에는 등기부부본자료를 작성하여야 한다.

④ 폐쇄한 등기기록의 열람 및 등기사항증명서의 발급은 관할 등기소가 아닌 등기소에 청구할 수 없다.

⑤ 등기부의 부속서류가 손상·멸실의 염려가 있을 때에는 대법원장은 그 방지를 위하여 필요한 처분을 명령할 수 있다.

---

17. 정답 ④ 해설 ① 법 제14조 제1항. ② 등기부는 대법원규칙으로 정하는 장소(중앙관리소)에 보관·관리하여야 하며(규칙 제10조), 전쟁·천재지변이나 그 밖에 이에 준하는 사태를 피하기 위한 경우 외에는 그 장소 밖으로 옮기지 못한다(법 제14조 제3항). 등기부의 부속서류도 위와 같은 사태를 피하기 위한 경우 외에는 등기소 밖으로 옮기지 못한다. 다만, 신청서나 그 밖의 부속서류에 대하여는 법원의 명령 또는 촉탁(囑託)이 있거나 법관이 발부한 영장에 의하여 압수하는 경우에는 등기소 밖으로 옮길 수 있다(법 제14조 제4항).
③ 등기부의 손상방지 등을 위한 조치로서, 등기관이 등기를 마쳤을 때에는 등기부부본자료(登記簿副本資料)를 작성하여야 한다(법 제16조). "등기부부본자료"란 등기부와 동일한 내용으로 보조기억장치에 기록된 자료를 말한다(법 제2조 제2호). 법 제16조의 등기부부본자료는 전산정보처리조직으로 작성하여야 한다(규칙 제15조 제1항). 등기부부본자료는 법원행정처장이 지정하는 장소에 보관하여야 하고, 등기부부본자료는 등기부와 동일하게 관리하여야 한다(규칙 제15조 제2항 및 제3항).
④ 등기기록의 열람 및 등기사항증명서의 발급 청구는 관할 등기소가 아닌 등기소에 대하여도 할 수 있다(법 제19조 제2항). 등기사항의 열람과 증명에 관한 규정은 폐쇄등기기록에 준용된다(법 20조 제3항).
⑤ 법 제18조 제1항.

18. 부동산등기법령상 등기부에 관한 설명으로 옳은 것은? <2019 제30회>

① 등기부는 토지등기부, 건물등기부, 집합건물등기부로 구분한다.

② 등기부와 폐쇄한 등기기록은 모두 영구히 보존하여야 한다.

③ 등기부는 법관이 발부한 영장에 의하여 압수하는 경우 외에는 등기정보중앙관리소에 보관·관리하여야 한다.

④ 등기기록의 열람 청구는 관할 등기소가 아닌 등기소에 대하여 할 수 없다.

⑤ 1동의 건물을 구분한 건물에 있어서는 1동의 건물에 속하는 전부에 대하여 1개의 등기기록을 사용할 수 없다.

19. 부동산등기법령상 보조기억장치에 저장하여 보존하는 경우 그 보존기간이 나머지 것과 다른 것은? <2016 제27회>

① 신탁원부   ② 공동담보목록   ③ 도면

④ 매매목록   ⑤ 신청정보 및 첨부정보

---

18. **정답 ②** 해설 ① 등기부로는 토지등기부와 건물등기부로 구분한다(법 제14조 제1항).

② 등기부는 영구(永久)히 보존하여야 하고(법 제14조 제2항), 폐쇄등기기록도 영구히 보존하여야 한다(법 제20조 제2항).

③ 부책식 등기부와 카드식 등기부는 등기소의 서고에 보관하고 있었으며, 위에서 본 바와 같이 영구적 보존을 위한 전자화 작업이 완료되었다. 전산등기부의 경우 전산정보처리조직에 의한 등기사무 처리의 지원, 등기부의 보관·관리 및 등기정보의 효율적인 활용을 위하여 법원행정처의 등기정보중앙관리소에 보관·관리하여야 하며(규칙 제10조), 전쟁·천재지변이나 그 밖에 이에 준하는 사태를 피하기 위한 경우 외에는 그 장소 밖으로 옮기지 못한다(법 제14조 제3항). 다만, 신청서나 그 밖의 부속서류에 대하여는 법원의 명령 또는 촉탁(囑託)이 있거나 법관이 발부한 영장에 의하여 압수하는 경우에는 등기소 밖으로 옮길 수 있다(법 제14조 제4항).

④ 등기기록의 열람 및 등기사항증명서의 발급 청구는 관할 등기소가 아닌 등기소에 대하여도 할 수 있다(법 제19조 제2항).

⑤ 등기부를 편성할 때에는 1필의 토지 또는 1개의 건물에 대하여 1개의 등기기록을 둔다(법 제15조 제1항 본문, 1부동산 1등기기록 원칙). 다만, 1부동산 1등기기록 원칙에는 예외가 있다. 즉, 1동의 건물을 구분한 건물에 있어서는 1동의 건물에 속하는 전부에 대하여 1개의 등기기록을 사용한다(법 제15조 제1항 단서, 구분건물의 등기기록에 관한 특칙).

19. **정답 ⑤** 해설 신탁원부 등의 보존기간은 다음과 같다. 규칙 제18조 및 제19조에 따라 보조기억장치에 저장한 정보는 다음 각 호 1. 신탁원부: 영구, 2. 공동담보(전세)목록: 영구, 3. 도면: 영구, 4. 매매목록: 영구, 5. 신청정보 및 첨부정보와 취하정보: 5년의 구분에 따른 기간 동안 보존하여야 한다(규칙 제20조 제1항). 규칙 제20조 제1항 제5호의 보존기간은 해당 연도의 다음해부터 기산한다(규칙 제20조 제2항). 보존기간이 만료된 제1항 제5호의 정보는 법원행정처장의 인가를 받아 보존기간이 만료되는 해의 다음해 3월말까지 삭제한다(규칙 제20조 제3항).

20. 부동산등기법령상 등기부 등에 관한 설명으로 옳지 않은 것은? <2017 제28회>

① 등기부는 영구히 보존하여야 한다.

② 법관이 발부한 영장에 의하여 신청서나 그 밖의 부속서류를 압수하는 경우에는 이를 등기소 밖으로 옮길 수 있다.

③ 1동의 건물을 구분한 건물에 있어서는 1동의 건물에 속하는 전부에 대하여 1개의 등기기록을 사용한다.

④ 등기기록의 부속서류에 대하여는 이해관계 있는 부분만 열람을 청구할 수 있다.

⑤ 등기관의 중복등기기록 정리는 실체의 권리관계에 영향을 미친다.

21. 부동산등기법령상 등기부의 을구란에 기재하여 공시하는 등기는? <2010 제21회>

① 소유권보존등기

② 저당권의 설정등기

③ 소유권이전등기청구권보전의 가등기

④ 소유권의 말소등기

⑤ 소유권의 변경등기

---

20. **정답 ⑤** 해설 ① 법 제14조 제2항. ② 법 제14조 제4항.
  ③ 구분건물등기기록은 1부동산 1등기기록 원칙에 예외이다(법 제15조 제1항 단서). 구체적으로 구분건물 등기기록에는 1동의 건물에 대한 표제부를 두고, 전유부분마다 표제부·갑구·을구를 둔다(규칙 제14조 제1항).
  ④ 누구든지 수수료를 내고 대법원규칙으로 정하는 바에 따라, 등기기록에 기록되어 있는 사항의 전부 또는 일부의 열람(閱覽)과 이를 증명하는 등기사항증명서의 발급을 청구할 수 있다. 다만, 등기기록의 부속서류에 대하여는 이해관계 있는 부분만 열람을 청구할 수 있다(법 제19조 제1항).
  ⑤ 중복등기를 발견한 경우 등기관은 직권으로 정리할 수 있지만(법 제21조 제1항), 실질적 심사권이 없으므로(대법원 2005. 2. 25. 선고 2003다13048 판결), 등기관의 중복등기기록의 정리는 실체의 권리관계에 영향을 미치지 아니한다(규칙 제33조 제2항).
21. **정답 ②** 해설 ① ③ ④ ⑤ 갑구에는 소유권에 관한 사항을 기록하는데(법 제15조 제2항), 소유권보존등기·소유권이전등기·소유권이전청구권등기·소유권의 변경등기·소유권의 경정등기·소유권의 처분제한의 등기 등이다.
  ② 을구에는 소유권 외의 권리 즉, 지상권·지역권·전세권·저당권·권리질권·채권담보권 및 임차권 등에 관한 사항을 기록한다(법 제15조 제2항). 을구에 기록할 사항이 없는 때에는 이를 두지 않는다.

22. 부동산등기법령상 등기기록 폐쇄의 원인이 아닌 것은? <2000 제11회 수정>

① 건물이 멸실된 경우

② 토지가 국유로 된 경우

③ 합필등기를 하는 경우

④ 「도시개발법」, 「농어촌정비법」 등에 따라 토지의 환지처분, 교환·분할·합병 등이 있는 때

⑤ 구분건물이 아닌 건물이 구분건물로 되는 경우

제2절	등기부 외의 장부(부속서류, 등기에 관한 장부)

---

22. 정답 ② 해설 ① ③ ④ ⑤ 등기기록의 전환(법 제20조 제1항), 소유권보존등기가 말소된 경우, 중복등기기록 정리절차로 인한 폐쇄(법 제21조 제1항), 기록사항의 과다 등 합리적 사유로 인한 신등기기록에 이기[새 등기기록에의 이기(법 제33조)], 멸실방지의 처분으로서 재제(구규칙 제24조 및 제25조), 토지합필·건물합병, 건물구분등기 등(규칙 제79조·제100조 및 규칙 제97조 제2항)의 경우, 부동산 멸실의 경우(규칙 제84조 및 제103조), 환지 처리에 따른 폐쇄 등이 「부동산등기법」과 다른 법률에 의한 등기기록의 폐쇄원인이다.

② 토지가 국유로 된 경우 소유자가 국(國)으로 변경된다.

제4장 등기절차

23. 부동산등기법상 등기에 관한 설명으로 옳지 않은 것은? <2012 제23회>

① 등기는 법률에 다른 규정이 없는 경우에는 등기권리자와 등기의무자가 공동으로 신청한다.

② 부동산표시의 변경등기는 소유권의 등기명의인이 단독으로 신청한다.

③ 판결에 의한 등기는 승소한 등기권리자 또는 등기의무자가 단독으로 신청한다.

④ 소유권보존등기의 말소등기는 등기명의인이 단독으로 신청한다.

⑤ 등기관이 등기를 마친 경우 그 때부터 등기는 효력을 발생한다.

---

23. **정답** ⑤ 해설 ① 법 제23조 제1항. ② 공동신청주의는 모든 등기신청에 적용되는 것은 아니고 권리의 등기에 관한 원칙이며, 부동산표시 변경등기와 등기명의인표시 변경등기에는 단독신청이 원칙적 형태이다. 공동신청은 등기권리자와 등기의무자의 존재를 전제로 한다. 따라서 같은 건물에 대한 여러 공유자가 소유권보존등기를 신청하는 것은 공동신청이라고 할 수 없다.
③ 법 제23조 제4항.
④ 토지·건물 등 미등기부동산의 소유권보존등기는 등기의무자가 존재하지 아니하고 이미 소유권을 취득한 자를 등기기록에 공시하는 행위에 불과하기 때문에 단독으로 등기신청을 할 수 있도록 한 것이다. 소유권보존등기의 말소신청도 그 등기명의인이 단독으로 신청한다(법 제23조 제2항).
⑤ 등기의 효력발생시기에 관한 분쟁을 방지하기 위하여, "등기관이 등기를 마친 경우 그 등기는 접수한 때부터 효력을 발생하도록(법 제6조 제2항)" 등기의 효력발생 시기를 명시하고 있다. 여기서 "등기관이 등기를 마친 경우"란 법 제11조 제4항에 따라 등기사무를 처리한 등기관이 누구인지 알 수 있는 조치를 하였을 때를 말하고(규칙 제4조), "접수한 때부터 효력이 발생한다"는 의미는 부동산등기신청은 대법원규칙으로 정하는 등기신청정보가 전산정보처리조직에 저장된 때 접수된 것으로 보므로(법 제6조 제1항), 결국 등기는 등기신청정보가 전산정보처리조직에 저장된 때부터 효력이 생긴다. 다만, 같은 토지 위에 있는 여러 개의 구분건물에 대한 등기를 동시에 신청하는 경우에는 그 건물의 소재 및 지번에 관한 정보가 전산정보처리조직에 저장된 때 등기신청이 접수된 것으로 본다(규칙 제3조 제2항).

24. 부동산등기법상 등기신청인에 관한 설명으로 옳지 않은 것은? <2018 제29회>

① 소유권보존등기 또는 소유권보존등기의 말소등기는 등기명의인으로 될 자 또는 등기명의인이 단독으로 신청한다.

② 상속, 법인의 합병, 그 밖에 대법원규칙으로 정하는 포괄승계에 따른 등기는 등 기권리자가 단독으로 신청한다.

③ 판결에 의한 등기는 승소한 등기권리자 또는 등기의무자가 단독으로 신청한다.

④ 신탁재산에 속하는 부동산의 신탁등기는 위탁자가 단독으로 신청한다.

⑤ 등기명의인표시의 변경이나 경정의 등기는 해당 권리의 등기명의인이 단독으로 신청한다.

25. 부동산등기법령상 등기절차에 대한 기술로서 가장 틀린 것은? <2002 제13회 수정>

① 등기는 당사자의 신청 또는 관공서의 촉탁에 따라 한다.

② 등기는 반드시 등기권리자와 등기의무자가 등기소에 출석하여 이를 신청하여야 한다.

---

24. <u>정답</u> ④ 해설 ① 토지·건물 등 미등기부동산의 소유권보존등기는 등기의무자가 존재하지 아니하고 이미 소유권을 취득한 자를 등기기록에 공시하는 행위에 불과하기 때문에 단독으로 등기신청을 할 수 있도록 한 것이다. 소유권보존등기의 말소신청도 그 등기명의인이 단독으로 신청한다(법 제23조 제2항 및 제65조). 등기의 성질상 공동신청이 불가능한 경우이다.
　② 포괄승계에 따른 등기로, 상속, 법인의 합병, 그 밖에 대법원규칙으로 정하는 포괄승계에 따른 등기는 등기권리자가 단독으로 신청한다. 그런데 공동상속의 경우에는 상속인 전원이 등기권리자가 되어 단독으로 신청한다. 일부 공동상속인만으로 등기할 수는 없다. 따라서 공동상속의 등기는 각자의 상속을 지분으로 하는 상속인 전원에 의한 공유의 등기가 된다(법 제23조 제3항).
　③ 법 제23조 제3항. ④ 신탁재산에 속하는 부동산의 신탁등기는 <u>수탁자(受託者)</u>가 단독으로 신청한다(법 제23조 제7항).
　⑤ 단독으로 신청(법 제23조 제3항)하며, 부기등기에 의한다(법 제52조).
25. <u>정답</u> ② 해설 ① 등기는 당사자의 신청 또는 관공서의 촉탁에 따라 한다. 다만, 법률에 다른 규정이 있는 경우에는 그러하지 아니하다(법 제22조 제1항). 따라서 법은 당사자의 신청을 등기절차 개시의 원칙으로 하고 있으며, 이때의 신청이란 당사자에 의한 신청과 관공서의 신청인 촉탁을 모두 포함하는 개념이라고 할 수 있다. 이처럼 당사자의 신청이 있을 때 비로소 등기절차가 개시되는 것을 신청주의라 한다.
　② 신청주의의 구체적 내용으로 구법에서는 <u>공동신청주의·출석주의 및 서면신청주의</u>를 채택하고 있었다. 개정법에서 방문신청(법 제24조 제1항 제1호)과 관련하여서는 이러한 원칙이 유지되고 있다. 그러나 전자신청(법 제24조 제1항 제2호)에는 그 본질상 출석주의·서면신청주의가 적용될 수 없어 이에 갈음할 수 있는 제도적 장치를 별도로 마련하고 있다. 등기신청의 방법에는 방문신청과 전자신청이 있다(법 제24조 제1항). 전자신청에 의하여 관할 등기소에 출석하지 않고 신청이 가능하다.
　③ 등기절차의 이행 또는 인수를 명하는 판결에 의한 등기는 <u>승소한 등기권리자 또는 등기의무자가 단독으로 신청</u>하고, 공유물을 분할하는 판결에 의한 등기는 등기권리자 또는 등기의무자가 단독으로 신청한다(법 제23조 제4항). 상속, 법인의 합병, 그 밖에 대법원규칙으로 정하는 포괄승계에 따른 등기는 <u>등기권리자가 단독으로 신청</u>한다(법 제23조 제3항).
　④ 법 제26조 제1항.
　⑤ 국가 또는 지방자치단체가 등기권리자인 경우에는 국가 또는 지방자치단체는 등기의무자의 승낙을 받

③ 판결에 의한 등기는 승소한 등기권리자 또는 등기의무자만으로, 상속으로 인한 등기는 등기권리자만으로 이를 신청할 수 있다.

④ 종중, 문중 기타 대표자나 관리인이 있는 법인 아닌 사단이나 재단에 속하는 부동산의 등기에 관하여서는 그 사단 또는 재단을 등기권리자 또는 등기의무자로 한다.

⑤ 국가 또는 지방자치단체가 등기권리자인 경우에는 국가 또는 지방자치단체는 등기의 무자의 승낙을 받아 해당 등기를 지체 없이 등기소에 촉탁하여야 한다.

26. 부동산등기법상 등기절차에 관한 설명으로 옳지 않은 것은? <2018 제29회>

① 대표자나 관리인이 있는 법인 아닌 사단이나 재단에 속하는 부동산의 등기에 관하여는 그 대표자나 관리인을 등기권리자 또는 등기의무자로 한다.

② 등기기록에 기록된 사항이 많아 취급하기에 불편하게 되는 등 합리적 사유로 등기기록을 옮겨 기록할 필요가 있는 경우에 등기관은 현재 효력이 있는 등기만을 새로운 등기기록에 옮겨 기록할 수 있다.

③ 채권자는 「민법」의 채권자대위권 규정에 따라 채무자를 대위하여 등기를 신청 할 수 있다.

④ 행정구역이 변경되었을 때에는 등기기록에 기록된 행정구역에 대하여 변경등기가 있는 것으로 본다.

⑤ 등기는 법률에 다른 규정이 없는 한 당사자의 신청 또는 관공서의 촉탁에 따라 한다.

·아 해당 등기를 지체 없이 등기소에 촉탁하여야 한다(법 제98조 제1항). 이 경우 승낙 받았음을 증명하는 정보가 서면(등기촉탁승낙서)인 경우에는 신고된 인감을 날인하고 그 인감증명서를 첨부하여야 한다(법 제22조 제2항, 규칙 제60조 제1항 제1호).

26. 정답 ① 해설 ① 종중(宗中), 문중(門中), 그 밖에 대표자나 관리인이 있는 법인 아닌 사단(社團)이나 재단(財團)에 속하는 부동산의 등기에 관하여는 그 사단이나 재단을 등기권리자 또는 등기의무자로 한다(법 제26조 제1항). ② 법 제33조.
③ 채권자대위권이란 채권자가 자기의 채권을 보전하기 위하여 채무자에게 속하는 권리를 자기 명의로 행사할 수 있는 권리를 말한다(민법 제404조). 등기신청권이라는 공법상 권리도 채권자대위의 객체가 될 수 있으므로, 채권자는 자기채권(금전채권 또는 등기청구권과 같은 특정채권)의 실현을 위하여 채무자가 가지는 등기신청권을 자기의 이름으로 행사하여 채무자 명의의 등기를 신청할 수 있다고 규정하고 있다(법 제28조 제1항). ④ 법 제31조.
⑤ 등기는 법률에 다른 규정이 없는 한 당사자의 신청 또는 관공서의 촉탁에 따라 하고 등기권리자와 등기의무자가 공동으로 신청하도록 하여(법 제22 및 제23조 제1항), 공동신청주의를 채택하고 있다.

27. 부동산등기법령상 등기의 단독신청에 관한 설명으로 옳지 않은 것은?

<2013 제24회>

① 등기명의인표시의 변경 또는 경정의 등기는 해당 권리의 등기명의인이 단독으로 신청할 수 있다.

② 소유권보존등기 또는 소유권보존등기의 말소등기는 등기명의인으로 될 자 또는 등기명의인이 단독으로 신청한다.

③ 가등기명의인은 단독으로 가등기의 말소를 신청할 수 없다

④ 판결에 의한 등기는 승소한 등기권리자 또는 등기의무자가 단독으로 신청한다.

⑤ 부동산표시의 변경이나 경정의 등기는 소유권의 등기명의인이 단독으로 신청한다.

28. 부동산등기법령상 등기절차에 관한 설명으로 옳지 않은 것은? <2010 제21회>

① 가등기는 신청서에 가등기의무자의 승낙서 또는 가처분명령의 정본을 첨부하여 가등기권리자가 신청할 수 있다.

② 등기명의인의 표시의 변경 또는 경정의 등기는 등기명의인 단독으로 신청할 수 있다.

---

27. 정답 ③ 해설 ① 법 제23조 제6항. ② 법 제23조 제2항 및 제65조.
③ 가등기말소등기는 당사자 간의 공동신청에 의하는 것이 원칙이나, 예외적으로 가등기명의인은 법 제23조 제1항에도 불구하고 단독으로 가등기의 말소를 신청할 수 있다(법 제93조 제1항). 또한 가등기의무자 또는 가등기에 관하여 등기상 이해관계 있는 자는 법 제23조 제1항에도 불구하고 가등기명의인의 승낙을 받아 단독으로 가등기의 말소를 신청할 수 있다(법 제93조 제2항).
④ 법 제23조 제4항. ⑤ 법 제23조 제5항.

28. 정답 ⑤ 해설 ① 가등기의 신청은 등기의 일반원칙에 따라 가등기권리자와 가등기의무자의 공동신청(법 제23조 제1항)에 의하여야 하나, 법은 가등기가 예비등기라는 성격을 고려하여 다음과 같은 예외를 인정하고 있다. 가등기권리자는 법 제23조 제1항에도 불구하고 가등기의무자의 승낙이 있거나 가등기를 명하는 법원의 가처분명령이 있을 때에는 단독으로 가등기를 신청할 수 있다(법 제89조).
② 법 제23조 제1항에 따르면 "등기는 법률에 다른 규정이 없는 경우에는 등기권리자와 등기의무자가 공동으로 신청한다"고 규정하여 공동신청주의 원칙을 선언하고 있다. 이는 부실등기를 방지하고 등기의 진정을 확보하고자 하는 입장이다. 다만 공동신청주의는 모든 등기신청에 적용되는 것은 아니고 권리의 등기에 관한 원칙이며, 부동산표시 변경등기와 등기명의인표시 변경등기에는 단독신청이 원칙적 형태이다.
③ 공동신청에 의하지 않더라도 등기의 진정을 보장할 수 있는 특별한 사정이 있는 경우 또는 등기의 성질상 공동신청이 불가능한 경우에는 단독신청이 허용된다. 대체로 「민법」 제187조에 따른 법률행위에 의하지 않은 물권취득의 예로 들고 있는 판결·상속·공용징수 등의 경우를 단독신청이 가능한 경우로 생각하는 경향이 있으나, 위 조문은 단독신청의 근거 규정과는 무관하다. 단독신청을 하기 위해서는 반드시 광의의 부동산등기법에 근거규정이 있어야 하고 그러한 규정이 없으면 공동신청이 원칙이다(법 제23조 제1항). 상속은 등기의 성질상 공동신청이 불가능한 경우이다. 이는 단독신청을 인정하더라도 등기의 진정을 해할 염려가 없는 경우이다.
④ 국가 또는 지방자치단체가 등기권리자인 경우에는 국가 또는 지방자치단체는 등기의무자의 승낙을 받아 해당 등기를 지체 없이 등기소에 촉탁하여야 한다(법 제98조 제1항).

③ 상속으로 인한 등기는 등기권리자 단독으로 신청할 수 있다.

④ 국가나 지방자치단체가 소유한 부동산에 관한 등기는 등기권리자의 청구에 의하여 관공서가 지체 없이 촉탁서에 등기원인을 증명하는 서면을 첨부하여 등기소에 촉탁하여야 한다.

⑤ 동일한 등기소의 관할 내에 있는 여러 개의 부동산에 관한 등기를 신청하는 경우에는 등기원인이 다를 때에도 동일한 신청서로 등기를 신청할 수 있다.

29. 부동산등기법령상 등기의 신청 등에 관한 설명으로 옳지 않은 것은? <2014 제25회>

① 등기원인이 발생한 후에 등기권리자에 대하여 상속이 있는 경우에는 상속인이 그 등기를 신청할 수 있다.

② 관리인이 있는 법인 아닌 재단에 속하는 부동산의 등기에 관하여는 그 재단을 등기권리자 또는 등기의무자로 한다.

③ 채권자는 채무자를 대위하여 등기를 신청할 수 있다.

④ 등기신청의 취하는 등기관이 등기를 마치기 전까지 할 수 있다.

⑤ 같은 채권의 담보를 위하여 소유자가 다른 여러 개의 부동산(같은 등기소의 관할 내에 소재함)에 대한 저당권설정등기를 신청하는 경우에는 1건당 1개의 부동산에 관한 신청정보를 제공하는 방법으로 등기를 신청하여야 한다.

30. 부동산등기법령상 부동산등기에 관한 다음 설명 중 가장 틀린 것은? <2002 제13회 수정>

① 신탁재산에 속하는 부동산의 신탁등기는 수탁자가 단독으로 신청한다.

---

⑤ 등기의 신청은 1건당 1개의 부동산에 관한 신청정보를 제공하는 방법으로 하여야 한다(법 제25조 본문). 다만, 일괄신청은 등기목적과 등기원인이 동일하거나 그 밖에 대법원규칙으로 정하는 경우에는 같은 등기소의 관할 내에 있는 여러 개의 부동산에 관한 신청정보를 일괄하여 제공하는 방법으로 할 수 있다(법 제25조 단서).

29. 정답 ⑤ 해설 ① 법 제27조. ② 법 제26조 제1항. ③ 법 제28조 제1항.
④ 등기신청의 취하는 등기관이 등기를 마치기 전(규칙 제51조 제1항) 또는 각하결정 전까지 할 수 있다.
⑤ 등기의 신청은 1건당 1개의 부동산에 관한 신청정보를 제공하는 방법으로 하여야 하는 것이 원칙이다(법 제25조 본문). 그러나 예외적으로 일반적으로 같은 등기소의 관할 내에 있는 여러 개의 부동산에 관한 신청정보를 일괄하여 제공하는 방법(규칙 제47조 제1항 제1호)으로 하는 등기신청을 할 수 있다(법 제25조 단서).

30. 정답 ③ 해설 ① 2013. 5. 28. 개정되기 전에는 법이 공동신청주의 원칙이었으나, 신탁등기는 권리에 관한 등기이기는 하지만 직접 권리를 이전·설정하는 등의 효력이 있는 것은 아니고, 단지 어떠한 부동산이 신탁재산에 속한다는 사실을 공시하여 대항력을 발생하게 하는 등기에 불과하므로(신탁법 제4조

② 등기부는 전쟁·천재지변 기타 이에 준하는 사태를 피하기 위한 경우를 제외하고는 등기소 밖으로 옮기지 못한다.

③ 존재하지 아니하는 건물에 대한 등기가 있는 때에는 등기관이 직권으로 등기를 말소하여야 한다.

④ 토지의 수용으로 인한 소유권 이전의 등기는 등기권리자만으로 이를 신청할 수 있으며, 그 신청서에는 보상 또는 공탁을 증명하는 서면을 첨부하여야 한다.

⑤ 등기관은 신청정보 또는 등기기록의 부동산의 표시가 토지대장·임야대장 또는 건축물대장과 일치하지 아니한 경우에는 이유를 적은 결정으로 신청을 각하(却下)하여야 한다.

제2절 등기실행절차

31. 부동산등기법령상 등기절차에 관한 설명으로 옳지 않은 것은? <2016 제27회>

① 신탁재산에 속하는 부동산의 신탁등기는 수탁자가 단독으로 신청한다.

② 부동산표시의 변경등기는 소유권의 등기명의인이 단독으로 신청한다.

③ 등기관이 등기의 착오가 등기관의 잘못으로 인한 것임을 발견한 경우 등기상 이해관계

제1항), 수탁자의 단독신청에 의하더라도 등기신청의 진정성이 충분히 담보될 수 있다. 2013. 5. 28. 개정법에서는 공동신청주의를 삭제하고 법 제23조 제7항을 신설하여 신탁등기는 수탁자가 단독으로 신청하도록 하였다.

② 부책식 등기부와 카드식 등기부는 등기소의 서고에 보관하고 있었으며, 영구적 보존을 위한 전자화 작업이 완료되었다. 전산등기부의 경우 전산정보처리조직에 의한 등기사무 처리의 지원, 등기부의 보관·관리 및 등기정보의 효율적인 활용을 위하여 법원행정처의 등기정보중앙관리소에 보관·관리하여야 하며(규칙 제10조), 전쟁·천재지변이나 그 밖에 이에 준하는 사태를 피하기 위한 경우 외에는 그 장소 밖으로 옮기지 못한다(법 제14조 제3항).

③ 존재하지 아니하는 건물에 대한 등기가 있을 때에는 그 소유권의 등기명의인은 지체 없이 그 건물의 멸실등기를 신청하여야 한다(법 제44조 제1항).

④ 수용으로 인한 소유권이전등기는 법 제23조 제1항에도 불구하고 등기권리자가 단독으로 신청할 수 있고(법 제99조 제1항), 신청하는 경우에는 보상이나 공탁을 증명하는 정보를 첨부정보로서 등기소에 제공하여야 한다(규칙 제156조 제2항).

⑤ 법 제29조 제11호.

31. 정답 ④ 해설 ① 법 제23조 제7항. ② 법 제23조 제5항. ③ 등기관이 등기의 착오나 빠진 부분이 등기관의 잘못으로 인한 것임을 발견한 경우에는 지체 없이 그 등기를 직권으로 경정하여야 한다. 다만, 등기상 이해관계 있는 제3자가 있는 경우에는 제3자의 승낙이 있어야 한다. 등기관이 제2항에 따라 경정등기를 하였을 때에는 그 사실을 등기권리자, 등기의무자 또는 등기명의인에게 알려야 한다. 이 경우 제1항 단서를 준용한다(법 제32조 제2, 3항). ④ 등기권리자, 등기의무자 또는 등기명의인이 각 2인 이상인 경우에는 그 중 1인에게 통지하면 된다(법 제32조 제1항). ⑤ 법 제39조.

있는 제3자가 없다면 지체 없이 그 등기를 직권으로 경정하여야 한다.

④ 등기관은 등기권리자, 등기의무자 또는 등기명의인이 각 2인 이상인 경우에는 직권으로 경정등기를 한 사실을 그 모두에게 알려야 한다.

⑤ 토지가 멸실된 경우에는 그 토지소유권의 등기명의인은 그 사실이 있는 때부터 1개월 이내에 그 등기를 신청하여야 한다.

32. 부동산등기법령상 등기관이 이유를 적은 결정으로서 신청을 각하하여야 하는 경우 중 가장 옳지 않은 것은? <2002 제13회 수정>

① 사건이 그 등기소의 관할이 아닌 경우

② 신청정보의 제공이 대법원규칙으로 정한 방식에 맞지 아니한 경우

③ 모든 등기신청의 경우 신청서에 기재한 사항이 토지대장과 부합하지 아니한 때

④ 신청정보의 부동산 또는 등기의 목적인 권리의 표시가 등기기록과 일치하지 아니한 경우

⑤ 등기에 필요한 첨부정보를 제공하지 아니한 경우

33. 부동산등기법상 등기신청의 각하 사유에 해당하지 않는 것은? (단, 신청의 잘못된 부분에 대한 보정은 고려하지 아니함) <2012 제23회>

① 신청할 권한이 없는 자가 신청한 경우

② 신청정보와 등기원인을 증명하는 정보가 일치하지 아니한 경우

---

32. **정답** ③ 해설 등기관은 다음 각 호 1. 사건이 그 등기소의 관할이 아닌 경우, 2. 사건이 등기할 것이 아닌 경우, 3. 신청할 권한이 없는 자가 신청한 경우, 4. 법 제24조 제1항 제1호에 따라 등기를 신청할 때에 당사자나 그 대리인이 출석하지 아니한 경우, 5. 신청정보의 제공이 대법원규칙으로 정한 방식에 맞지 아니한 경우, 6. 신청정보의 부동산 또는 등기의 목적인 권리의 표시가 등기기록과 일치하지 아니한 경우, 7. 신청정보의 등기의무자의 표시가 등기기록과 일치하지 아니한 경우. 다만, 제27조에 따라 포괄승계인이 등기신청을 하는 경우는 제외한다. 8. 신청정보와 등기원인을 증명하는 정보가 일치하지 아니한 경우, 9. 등기에 필요한 첨부정보를 제공하지 아니한 경우, 10. 취득세(「지방세법」 제20조의2에 따라 분할납부하는 경우에는 등기하기 이전에 분할납부하여야 할 금액을 말한다), 등록면허세(등록에 대한 등록면허세만 해당한다) 또는 수수료를 내지 아니하거나 등기신청과 관련하여 다른 법률에 따라 부과된 의무를 이행하지 아니한 경우, 11. 신청정보 또는 등기기록의 부동산의 표시가 토지대장·임야대장 또는 건축물대장과 일치하지 아니한 경우의 어느 하나에 해당하는 경우에만 이유를 적은 결정으로 신청을 각하(却下)하여야 한다. 다만, 신청의 잘못된 부분이 보정(補正)될 수 있는 경우로서 신청인이 등기관이 보정을 명한 날의 다음 날까지 그 잘못된 부분을 보정하였을 때에는 그러하지 아니하다(법 제29조 제1항).

33. **정답** ④ 해설 ① 법 제29조 제3호. ② 법 제29조 제8호. ③ 법 제29조 제9호.
④ 법 제27조에 따라 포괄승계인이 등기신청을 하는 경우를 제외하고 신청정보의 등기의무자의 표시가

③ 등기에 필요한 첨부정보를 제공하지 아니한 경우

④ 신청정보의 등기권리자의 표시가 등기기록과 일치하지 아니한 경우

⑤ 신청정보의 등기의 목적인 권리의 표시가 등기기록과 일치하지 아니한 경우

34. 부동산등기법령상 등기관이 지적공부 소관청 또는 건축물대장 소관청에 지체 없이 그 사실을 알려야 하는 경우가 아닌 것은? <2010 제21회>

① 소유권의 말소등기를 한 경우

② 소유권의 등기명의인 표시의 변경등기를 한 경우

③ 동일한 토지에 중복하여 등기된 것을 발견한 경우

④ 소유권의 보존등기를 한 경우

⑤ 소유권의 경정등기를 한 경우

35. 부동산등기법령상 등기관이 직권으로 등기를 말소할 수 있는 경우는?
<2015 제26회>

① 등기를 신청할 때 당사자가 출석하지 아니한 경우

② 등기에 필요한 첨부정보를 제공하지 아니한 경우

③ 신청할 권한이 없는 자가 신청한 경우

④ 사건이 등기할 것이 아닌 경우

⑤ 신청정보와 등기원인을 증명하는 정보가 일치하지 아니한 경우

등기기록과 일치하지 아니한 경우(법 제29조 제7호)가 등기신청의 각하 사유이다. 등기의무자의 표시가 등기기록과 일치하지 않는 경우란 신청서에 기재된 등기의무자의 성명·명칭, 주소·사무소소재지, 주민등록번호·등록번호가 등기기록과 일치하지 않는 것을 말한다. ⑤ 법 제29조 제6호.

34. **정답 ③** 해설 ① ② ④ ⑤ 등기관이 다음 각 호 1. 소유권의 보존 또는 이전, 2. 소유권의 등기명의인표시의 변경 또는 경정, 3. 소유권의 변경 또는 경정, 4. 소유권의 말소 또는 말소회복의 등기를 하였을 때에는 지체 없이 그 사실을 토지의 경우에는 지적소관청에, 건물의 경우에는 건축물대장 소관청에 각각 알려야 한다(법 제62조).

③ 중복등기로 인정되기 위해서는 원칙적으로 동일한 지번으로 여러 개의 등기기록이 존재하여야 한다. 등기관이 같은 토지에 관하여 중복하여 마쳐진 등기기록을 발견한 경우에는 대법원규칙으로 정하는 바에 따라 중복등기기록 중 어느 하나의 등기기록을 폐쇄하여야 한다(법 제21조 제1항). 정리절차는 등기관이 직권으로 정리할 수 있다(규칙 제34조부터 제38조). 다만 당사자의 신청이 있는 경우 그 신청에 따라 정리한다(규칙 제39조 제1항).

35. **정답 ④** 해설 등기관이 등기를 마친 후 그 등기가 사건이 그 등기소의 관할이 아닌 경우(법 제29조 제1호) 또는 사건이 등기할 것이 아닌 경우(법 제29조 제2호)에 해당된 것임을 발견하였을 때에는 등기권리자, 등기의무자와 등기상 이해관계 있는 제3자에게 1개월 이내의 기간을 정하여 그 기간에 이의를 진술하지 아니하면 등기를 말소한다는 뜻을 통지하여야 한다(법 제58조 제1항). ④가 정답이다.

제5장 등기관의 처분에 대한 이의 및 벌칙

제1절 등기관의 처분에 대한 이의

36. 부동산등기법령상 등기관의 처분에 대한 이의신청의 설명 중 옳은 것은? <2000 제11회>

① 등기관의 결정 또는 처분이 위법한 경우에만 이의신청을 할 수 있다.

② 이의신청은 관할 행정법원에 제기하여야 한다.

③ 등기관은 이의가 이유 있다고 인정한 때에는 3일 이내에 의견을 첨부하여 사건을 관할 법원에 송부하여야 한다.

④ 이의신청은 집행정지의 효력이 있다.

⑤ 이의의 결정에 대하여는 비송사건절차법에 의하여 항고할 수 있다.

---

36. 정답 ⑤ 해설 ① ② 등기관의 결정 또는 처분에 이의가 있는 자는 관할 지방법원에 이의신청을 할 수 있다(법 제100조). 이의신청의 대상은 등기관의 부당한 결정 또는 처분이다. 여기서 결정 또는 처분이 부당하다는 것은 하여야 할 것을 하지 않는 "소극적 부당"과 해서는 안 되는 것을 하는 "적극적 부당"으로 나뉘는데, 부속서류의 열람 등 등기신청 외의 신청에 대한 처분은 적극적 부당이든 소극적 부당이든 모두 이의신청의 대상이 된다.

③ 등기관이 그 결정 또는 처분에 대하여 등기상 이해관계인으로부터 이의신청서를 제출받은 경우에는 이를 조사하여 이의가 이유 없다고 인정하면 이의신청일부터 3일 이내에 의견을 붙여 이의신청서를 관할 지방법원에 보내야 한다(법 제103조 제2항). 등기관은 이의가 이유 있다고 인정하면 그에 해당하는 처분을 하여야 한다(법 제103조 제1항).

④ 이의에는 집행정지(執行停止)의 효력이 없다(법 제104조). ⑤ 이의신청의 전부 또는 일부를 각하(기각 포함)하는 결정에 대하여는 이의신청인만이 비송사건절차법에 의하여 항고할 수 있다(법 제105조 제2항, 비송사건절차법 제20조 제2항).

37. 부동산등기법령상 '이의'에 관한 설명으로 옳지 않은 것은? <2019 제30회>

① 등기관의 결정 또는 처분에 이의가 있는 자는 관할 지방법원에 이의신청을 할 수 있다.

② 이의의 신청은 대법원규칙으로 정하는 바에 따라 등기소에 이의신청서를 제출하는 방법으로 한다.

③ 관할 지방법원은 이의신청에 대하여 결정하기 전에 등기관에게 가등기 또는 이의가 있다는 뜻의 부기등기를 명령할 수 없다.

④ 이의의 비용에 대하여 「비송사건절차법」을 준용한다.

⑤ 이의에 대한 관할 지방법원의 결정에 대하여 「비송사건절차법」에 따라 항고할 수 있다.

38. 부동산등기법령상 '이의'에 관한 설명으로 옳은 것을 모두 고른 것은? <2017 제28회>

ㄱ. 이의의 신청은 등기소에 이의신청서를 제출하는 방법으로 한다.
ㄴ. 새로운 사실이나 새로운 증거방법을 근거로 이의신청을 할 수 있다.
ㄷ. 이의에는 집행정지의 효력이 없다.
ㄹ. 등기관은 이의가 이유 없다고 인정하면 이의신청일부터 7일 이내에 의견을 붙여 이의신청서를 관할 지방법원에 보내야 한다.

① ㄱ, ㄴ　　　　② ㄱ, ㄷ　　　　③ ㄴ, ㄷ
④ ㄴ, ㄹ　　　　⑤ ㄷ, ㄹ

---

37. 정답 ③ 해설 ① 법 제100조. ② 법 제101조. ③ 부기등기를 명령할 수 있다(법 제106조). ④ ⑤ 송달에 대하여는 「민사소송법」을 준용하고, 이의의 비용에 대하여는 「비송사건절차법」을 준용한다(법 제108조).
38. 정답 ② 해설 ㄱ. 법 제101조. ㄴ. 등기관의 결정 또는 처분이 부당하다는 주장은 결정 또는 처분 당시를 기준으로 하여야 하므로 결정 또는 처분 시에 주장되거나 제출되지 아니한 새로운 사실이나 새로운 증거방법을 근거로 이의신청을 할 수는 없다(법 제102조, 등기예규 제1411호 제1조 제4항). ㄷ. 법 제104조. ㄹ. 이의가 이유 없다고 인정하면 이의신청일부터 3일 이내에 의견을 붙여 이의신청서를 관할 지방법원에 보내야 한다(법 제103조 제2항).

39. 부동산등기법령상 등기관의 처분에 대한 이의에 관한 설명으로 옳은 것은? <2016 제27회>

① 이의의 신청은 「민사소송법」이 정하는 바에 따라 관할 지방법원에 이의신청서 를 제출하는 방법으로 한다.

② 새로운 사실이나 새로운 증거방법을 근거로 이의신청을 할 수 있다.

③ 등기관은 이의가 이유 있다고 인정하더라도 그에 해당하는 처분을 해서는 아니 되고 관할 지방법원에 보내 그 결정에 따라야 한다.

④ 이의에는 집행정지의 효력이 없다.

⑤ 이의에 대한 관할 지방법원의 결정에 대해서는 불복할 수 없다.

제2절	등기에 관한 벌칙

---

39. **정답** ④ **해설** ① 등기관의 결정 또는 처분에 이의가 있는 자는 관할 지방법원에 이의신청을 할 수 있다 (법 제100조).

② 새로운 사실이나 새로운 증거방법을 근거로 이의신청을 할 수는 없다(법 제102조).

③ 등기관은 이의가 이유 있다고 인정하면 그에 해당하는 처분을 하여야 한다(법 제103조 제1항). ④ 법 제104조.

⑤ 이의신청의 전부 또는 일부를 각하(기각 포함)하는 결정에 대하여는 이의신청인만이 비송사건절차법에 의하여 항고할 수 있다(법 제105조 제2항, 비송사건절차법 제20조 제2항). 이의신청인의 항고에 대한 항고법원의 기각결정에 대하여도 이의신청인만이 그것이 헌법, 법률, 명령, 규칙의 위반이 있음을 이유 로 하는 때에 한하여 대법원에 재항고 할 수 있다(민사소송법 제442조).

제 **8** 편

부동산등기법

- 제2부 각론 -

제1장 부동산 표시에 관한 등기

제1절 개설

제2절 토지의 표시에 관한 등기

40. 부동산등기법령상 부동산의 표시에 관한 변경등기에 대한 설명으로 옳은 것은?
<2014 제25회>

① 토지의 지번에 변경이 있는 경우 토지 소유권의 등기명의인은 그 사실이 있는 때부터 1개월 이내에 변경등기를 신청하여야 한다.

② 등기관이 지적소관청으로부터 토지의 표시와 지적공부가 일치하지 아니하다는 사실을 통지받은 경우에는 통지받은 날로부터 1개월 이내에 직권으로 토지표시변경의 등기를 하여야 한다.

③ 등기관이 직권으로 토지의 변경등기를 하였을 때에는 등기관은 지체 없이 그 사실을 지적소관청과 소유권의 등기명의인에게 알려야 한다. 다만, 등기명의인이 2인 이상인

---

40. **정답 ①** 해설 ① 법 제35조. ② 등기기록에 기록된 토지의 표시가 지적공부와 일치하지 아니하여 등기관이 지적소관청으로부터 「공간정보관리법」 제88조 제3항의 통지를 받은 등기관은 소유권의 등기명의인으로부터 1개월 이내에 등기명의인으로부터 등기신청이 없을 때에는 그 통지서의 기재내용에 따른 변경의 등기를 직권으로 하여야 한다(법 제36조 제1항).
③ 등기명의인이 2인 이상인 경우에는 그 중 1인에게 통지하면 된다(법 제36조 제2항).
④ 합병하려는 건물에 다음 각 호 1. 소유권·전세권 및 임차권의 등기, 2. 합병하려는 모든 건물에 있는 등기원인 및 그 연월일과 접수번호가 동일한 저당권에 관한 등기, 3. 합병하려는 모든 건물에 있는 법 제81조 제1항 각 호의 등기사항이 동일한 신탁등기 외의 권리에 관한 등기가 있는 경우에는 합병의 등기를 할 수 없다(법 제42조 제1항).
⑤ 구분건물로서 그 대지권의 변경이나 소멸이 있는 경우에는 구분건물의 소유권의 등기명의인은 1동의 건물에 속하는 다른 구분건물의 소유권의 등기명의인을 대위하여 그 등기를 신청할 수 있다(법 제41조 제3항).

경우에는 그 사실을 그 모두에게 통지하면 된다.

④ 전세권에 관한 등기가 있는 건물에 관하여는 합병의 등기를 할 수 없다.

⑤ 구분건물로서 그 대지권의 변경이 있는 경우 구분건물의 소유권의 등기명의인은 1동의 건물에 속하는 다른 구분건물의 소유권의 등기명의인을 대위하여 변경등기를 신청할 수 없다.

제3절 건물의 표시에 관한 등기

41. 부동산등기법상 건물의 표시에 관한 등기에 대한 설명으로 옳지 않은 것은? <2012 제23회 수정>

① 건물이 멸실된 경우 그 건물 소유권의 등기명의인은 그 사실이 있는 때부터 1개월 이내에 멸실등기를 신청하여야 한다.

② 존재하지 아니하는 건물에 대한 등기가 있을 때에는 그 소유권의 등기명의인은 지체 없이 멸실등기를 신청하여야 한다.

③ 건물의 합병이 있는 경우에 그 건물 소유권의 등기명의인은 그 사실이 있는 때부터 1개월 이내에 변경등기를 신청하여야 한다.

④ 구분건물의 등기기록 중 1동 표제부에 관한 변경등기는 그 구분건물과 같은 1동의 건

---

41. 정답 ③ 해설 ① 법 제43조 제1항. ② 법 제44조 제1항.

③ 구법에서는 건물의 분합, 번호·종류·구조의 변경, 그 멸실, 그 면적의 증감 또는 부속건물의 신축이 있을 때에는 그 건물 소유권의 등기명의인은 1개월 이내에 등기를 신청하도록 하였으나, 2017. 10. 13. 시행 개정법에서는 건축물대장의 기재 내용이 변경되는 경우, 지방자치단체의 장이 관할등기소에 의무적으로 건물의 표시변경등기를 촉탁하는 내용으로 「건축법」이 개정됨에 따라, 건물의 분할·합병·구분·멸실 등 건물표시 변경사유가 있는 때 건물의 소유자가 1월 이내에 그 등기신청을 하지 아니하면 과태료를 부과하는 규정을 삭제하였다. 그러나 건물이 멸실된 경우에만은 그 건물 소유권의 등기명의인은 그 사실이 있는 때부터 1개월 이내에 그 등기를 신청하도록 하는 규정을 남겨 놓았는데, 그 이유는 건물이 멸실되었는데도 불구하고 건물의 소유명의인이 멸실등기를 신청하지 아니하여 건물등기가 그대로 있는 경우 그 등기는 대지 소유자의 권리행사에 방해가 된다. 이렇게 멸실된 때부터 그 소유권의 등기명의인이 1개월 이내에 멸실등기를 신청하지 아니하면 그 건물대지의 소유자가 건물 소유권의 등기명의인을 대위하여 그 등기를 신청할 수 있다(법 제43조 제2항).

④ 구분건물인 경우에 그 건물의 등기기록 중 1동 표제부에 기록하는 등기사항에 관한 변경등기(가령 아파트 명칭 변경)는 그 구분건물과 같은 1동의 건물에 속하는 다른 구분건물에 대하여도 변경등기로서의 효력이 있으므로(법 제41조 제4항), 구분건물의 소유명의인 중 1인이 신청하면 된다.

⑤ 구분건물로서 그 건물이 속하는 1동 전부가 멸실된 경우에는 그 구분건물의 소유권의 등기명의인은 1동의 건물에 속하는 다른 구분건물의 소유권의 등기명의인을 대위하여 1동 전부에 대한 멸실등기를 신청할 수 있다(법 제43조 제3항).

물에 속하는 다른 구분건물에 대하여는 변경등기로서의 효력이 있다.

⑤ 구분건물로서 그 건물이 속하는 1동 전부가 멸실된 경우에 그 구분건물의 소유권의 등기명의인은 1동의 건물에 속하는 다른 구분건물의 소유권의 등기명의인을 대위하여 1동 전부에 대한 멸실등기를 신청할 수 있다.

42. 부동산등기법상 건물의 표시에 관한 등기에 대한 설명으로 옳지 않은 것은? <2018 제29회>

① 등기관이 대지권등기를 하였을 때에는 직권으로 대지권의 목적인 토지의 등기기록에 소유권, 지상권, 전세권 또는 임차권이 대지권이라는 뜻을 기록하여야 한다.

② 건물이 멸실된 경우에는 그 건물 소유권의 등기명의인은 그 사실이 있는 때부터 2개월 이내에 그 등기를 신청하여야 한다.

③ 존재하지 아니하는 건물에 대한 등기가 있을 때에는 그 소유권의 등기명의인은 지체 없이 그 건물의 멸실등기를 신청하여야 한다.

④ 구분건물로서 그 대지권의 변경이나 소멸이 있는 경우에는 구분건물의 소유권 의 등기명의인은 1동의 건물에 속히는 다른 구분건물의 소유권의 등기명의인을 대위하여 그 등기를 신청할 수 있다.

⑤ 1동의 건물에 속하는 구분건물 중 일부만에 관하여 소유권보존등기를 신청하는 경우에는 나머지 구분건물의 표시에 관한 등기를 동시에 신청하여야 한다.

---

42. 정답 ② 해설 ① 법 제40조 제4항. ② 건물이 멸실된 경우에는 그 건물 소유권의 등기명의인은 그 사실이 있는 때부터 1개월 이내에 그 등기를 신청하여야 한다. 구분건물로서 표시등기만이 있는 건물의 경우에는 소유권의 등기명의인이 있을 수 없으므로 그 건물의 소유권보존등기를 신청할 수 있는 자가 멸실등기를 신청하여야 한다(법 제43조 제1항, 제41조 제2항).
③ 법 제44조 제1항. ④ 법 제41조 제3항. ⑤ 법 제46조 제1항.

제2장 권리에 관한 등기 일반

43. 부동산등기법령상 권리에 관한 등기 절차에 관한 설명으로 옳지 않은 것은? <2013 제24회>

① 등기원인에 권리의 소멸에 관한 약정이 있을 경우 신청인은 그 약정에 관한 등기를 신청할 수 있다.

② 등기명의인인 사람의 사망으로 권리가 소멸한다는 약정이 등기되어 있는 경우에 사람의 사망 으로 그 권리가 소멸하였을 때에는, 등기권리자는 그 사실을 증명하여 단독으로 해당 등기의 말소를 신청할 수 있다.

③ 등기권리자가 등기의무자의 소재불명으로 인하여 공동으로 등기의 말소를 신청할 수 없을 때에는 「민사소송법」에 따라 공시최고(公示催告)를 신청할 수 있다.

④ 말소된 등기의 회복(回復)을 신청하는 경우에 등기상 이해관계 있는 제3자가 있을 때에는 그 제3자의 승낙이 있어야 한다.

⑤ 대지권을 등기한 후에 한 건물의 권리에 관한 등기는 그 등기에 건물만에 관한 것이라는 뜻의 부기가 되어 있을 때에도 대지권에 대하여 동일한 등기로서 효력이 있다.

---

43. 정답 ⑤ 해설 ① 법 제54조.

② 등기명의인인 사람의 사망 또는 법인의 해산으로 권리가 소멸한다는 약정이 등기되어 있는 경우에 사람의 사망 또는 법인의 해산으로 그 권리가 소멸하였을 때에는, 등기권리자는 그 사실을 증명하여 단독으로 해당 등기의 말소를 신청할 수 있다(법 제55조).

③ 법 제56조 제1항. ④ 법 제59조.

⑤ 대지권을 등기한 후에 한 건물의 권리에 관한 등기는 대지권에 대하여 동일한 등기로서 효력이 있다. 다만, 그 등기에 건물만에 관한 것이라는 뜻의 부기가 되어 있을 때에는 그러하지 아니하다(법 제61조 제1항).

44. 부동산등기법령상 '권리에 관한 등기'에 관한 설명으로 옳은 것은? <2020 제31회>

① 권리자가 2인 이상인 경우에는 권리자별 지분을 기록하여야 하고 등기할 권리가 총유 (總有)인 때에는 그 뜻을 기록하여야 한다.

② 등기원인에 권리의 소멸에 관한 약정이 있을 경우 신청인은 그 약정에 관한 등기를 신청할 수 있다.

③ 등기관이 소유권 외의 권리에 대한 처분제한 등기를 할 때 등기상 이해관계 있는 제3 자의 승낙이 없으면 부기로 할 수 없다.

④ 등기관이 환매특약의 등기를 할 때 매매비용은 기록하지 아니한다.

⑤ 등기관이 소유권보존등기를 할 때 등기원인과 그 연월일을 기록하여야 한다.

---

44. **정답 ②** 해설 ① 권리자가 2인 이상인 경우에는 권리자별 지분을 기록하여야 하고 등기할 권리가 합유 (合有)인 때에는 그 뜻을 기록하여야 한다(법 제48조 제4항). ② 법 제54조.
③ 부기등기는 어떤 등기로 하여금 기존 등기(주등기)의 순위를 그대로 보유시킬 필요가 있는 경우에 행해 진다. 부기등기는 법령에 부기로 하도록 규정된 경우에만 할 수 있다. 법 제52조에 따르면 부기로 하는 등기로서, 1. 등기명의인표시의 변경이나 경정의 등기, 2. 소유권 외의 권리의 이전등기, 3. 소유권 외의 권리를 목적으로 하는 권리에 관한 등기, 4. 소유권 외의 권리에 대한 처분제한 등기, 5. 권리의 변경이 나 경정의 등기(다만, 제5호의 등기는 등기상 이해관계 있는 제3자의 승낙이 없는 경우에는 그러하지 아니하다), 6. 법 제53조의 환매특약의 등기, 7. 법 제54조의 권리소멸약정등기, 8. 법 제67조 제1항 후단의 공유물 분할금지의 약정등기, 9. 그 밖에 대법원규칙으로 정하는 등기를 규정하고 있다. 특별법 에 의한 것으로 「주택법」 제61조 제3항에 의한 금지사항 부기등기가 대표적인 예이다.
④ 등기관이 환매특약의 등기를 할 때에는 다음 각 호 1. 매수인이 지급한 대금, 2. 매매비용, 3. 환매기간을 기록하여야 한다. 다만, 제3호는 등기원인에 그 사항이 정하여져 있는 경우에만 기록한다(법 제53조).
⑤ 소유권보존등기에도 다른 등기와 마찬가지로 등기원인(건물신축, 공유수면매립 등)이 있다. 하지만 이러 한 원인을 등기기록에 기록하지 않는다. 즉, 등기관이 소유권보존등기를 할 때에는 법 제48조 제1항 제4호에도 불구하고 등기원인과 그 연월일을 기록하지 아니한다(법 제64조).

45. 부동산등기법령상 등기신청을 위하여 등기필정보를 등기소에 제공해야 하는 경우는? <2009 제20회 변형>

① 상속으로 인한 등기를 신청하는 경우

② 소유권이전등기청구권 보전의 가등기에 기한 본등기를 신청하는 경우

③ 등기권리자가 집행력 있는 판결을 받아 등기를 신청하는 경우

④ 관공서가 부동산에 관한 권리를 취득하여 등기권리지로서 등기를 취득하는 경우

⑤ 사업시행자인 등기권리자가 토지수용을 원인으로 소유권이전등기를 신청하는 경우

---

45. 정답 ② 해설 과거에는 등기필증을 발급하였으나, 2006. 6. 1. 이후부터는 등기필정보 및 등기완료통지서를 발급해주며 이는 부동산의 소유자라는 공적 증명으로, 등기소의 공무원이 등기권리자에게 내주는 등기를 마쳤다는 증명서이다. '권리자의 이름, 주민번호, 주소, 부동산고유번호, 부동산소재지, 접수일자, 접수번호, 등기목적, 등기원인 및 일자'가 기록되어 있고, 그 아래에는 '일련번호'와 '비밀번호'가 부착되어 있다. 여기서 등기목적이 소유권이전이면 '소유권이전', 근저당권설정이면 '근저당권설정' 등으로 적혀있으며, 등기원인 및 일자에는 해당 '등기일자'와 함께 매매 등 '등기원인'이 간략하게 기록되어 있다. 등기필정보의 제공은 공동신청 또는 승소한 등기의무자의 단독신청에 의하여 권리에 관한 등기를 신청하는 경우로 한정한다(법 제50조 제2항). 이를 제공하게 하는 이유는 등기의무자의 본인확인을 통하여 등기의 진정성을 담보하기 위한 것이므로 표시에 관한 등기를 신청하거나 당사자 일방만으로 신청하는 경우에는 제공할 필요가 없다.

② 외 ① ③ ④ ⑤는 단독신청이므로 등기필정보의 제공이 필요 없다.

제3장 소유권에 관한 등기

제1절   개설

제2절   소유권보존등기

46. 부동산등기법령상 미등기의 부동산에 대한 소유권보존등기를 신청할 수 있는 자에 해당하지 않은 것은? <2014 제25회>

① 토지대장에 최초의 소유자로 등록되어 있는 자

② 토지대장에 최초의 소유자로 등록되어 있는 자로부터 양수한 자

③ 확정판결에 의하여 자기의 소유권을 증명하는 자

④ 수용(收用)으로 인하여 소유권을 취득하였음을 증명하는 자

⑤ 건물의 경우로 한정하여 특별자치도지사, 시장, 군수 또는 구청장(자치구의 구청장을 말한다)의 확인에 의하여 자기의 소유권을 증명하는 자

---

46. 정답 ② 해설 미등기의 토지 또는 건물에 관한 소유권보존등기는 다음 각 호 1. 토지대장, 임야대장 또는 건축물대장에 최초의 소유자로 등록되어 있는 자 또는 그 상속인, 그 밖의 포괄승계인, 2. 확정판결에 의하여 자기의 소유권을 증명하는 자, 3. 수용(收用)으로 인하여 소유권을 취득하였음을 증명하는 자, 4. 건물의 경우로 한정하여 특별자치도지사, 시장, 군수 또는 구청장(자치구의 구청장을 말한다)의 확인에 의하여 자기의 소유권을 증명하는 자의 어느 하나에 해당하는 자가 신청할 수 있다(법 제65조). ②는 아니다.

47. 부동산등기법령상 미등기토지에 대한 소유권보존등기를 신청할 수 없는 자는?
<2010 제21회>

① 시·구·읍·면장의 서면에 의하여 자기의 소유권을 증명하는 자

② 토지대장에 최초의 소유자로 등록되어 있는 자

③ 수용(收用)으로 인하여 소유권을 취득하였음을 증명하는 자

④ 토지대장에 최초의 소유자로 등록되어 있는 자의 상속인

⑤ 확정판결에 의하여 자기의 소유권을 증명하는 자

48. 부동산등기법령상 토지 및 건물의 등기에 관한 설명으로 옳은 것은? <2011 제22회 수정>

① 토지 면적의 증감 또는 지목의 변경이 있을 때에는 그 토지 소유권의 등기명의인은 1주일 이내에 그 등기를 신청하여야 한다.

② 확정판결 또는 그 밖의 특별자치도지사, 시장, 군수 또는 자치구의 구청장의 확인에 의하여 자기의 소유권을 증명하는 자는 미등기건물의 소유권보존등기를 신청할 수 있다.

---

47. 정답 ① 해설 ① 미등기 **건물의 경우로 한정**하여 특별자치도지사, 시장, 군수 또는 구청장(자치구의 구청장을 말한다)의 확인에 의하여 자기의 소유권을 증명하는 자에 해당하는 자가 <u>소유권보존등기를 신청할 수 있다</u>(법 제65조 제4호). 법 제65조 제4호를 건물의 소유권보존등기를 신청할 수 있다고 규정한 것은 <u>최소한 건축물대장은 생성되어 있음을 전제로 한 것이고, 당초 건축물대장이 생성되어 있지 않은 건물에 대하여 처음부터 위 확인에 의하여 소유권을 증명하여 소유권보존등기를 신청할 수 있다는 의미는</u> 아니다.

48. 정답 ② 해설 ① 토지의 분할이 있는 경우와 제34조의 등기사항(1. 표시번호, 2. 접수연월일, 3. 소재와 지번, 4. 지목, 5. 면적, 6. 등기원인)에 변경이 있는 경우에는 그 토지 소유권의 등기명의인은 그 사실이 있는 때부터 <u>1개월 이내에</u> 그 등기를 신청하여야 한다(법 제35조).

② 건물의 경우로 한정하여 <u>특별자치도지사, 시장, 군수 또는 자치구의 구청장의 확인에 의하여 자기의 소유권을 증명하는 자</u>(법 제65조 제4호)로서 건물의 소유권보존등기를 신청할 수 있다고 규정한 것은 최소한 건축물대장은 생성되어 있음을 전제로 한 것이고, 아예 건축물대장이 생성되어 있지 않은 건물에 대하여 처음부터 위 확인에 의하여 소유권을 증명하여 소유권보존등기를 신청할 수 있다는 의미는 아니다.

③ 수용으로 인한 등기는 소유권이전의 형식을 취하게 되므로 공동신청이 원칙이나, 수용으로 인한 사업시행자의 소유권취득은 등기의무자의 자유의사에 기한 것이 아니어서 그의 협력을 얻기가 어려울 뿐만 아니라 토지수용위원회의 재결서(또는 협의성립확인서)를 등기원인증서로 제출하게 되면 등기의 진정성을 해칠 염려가 없으므로 수용으로 인한 소유권이전등기는 법 제23조 제1항에도 불구하고 <u>등기권리자가 단독으로 신청할 수 있다</u>(법 제99조 제1항).

④ 등기관이 직권으로 등기를 할 수 있는 경우는 당사자의 신청을 기다려 그 등기를 실행하는 것이 적절하지 않거나 당사자의 신청에 따른 등기에 부수하는 기술적인 등기를 하는 경우이다. 등기관의 직권에 의한 등기는 법령에 근거규정이 있는 경우에만 허용된다. 대표적인 경우를 예시하면 다음과 같다. (1) 소유권보존등기, (2) 변경등기, (3) 경정등기, (4) 말소등기, (5) 구분건물의 대지권등기, (6) 법원의 명령에 의한 등기가 있다. 만약 건물이 멸실된 것이 아니고 당초부터 존재하지 아니하는 건물에 대한 등기

③ 토지수용으로 인한 소유권이전등기는 토지소유자와 기업자가 공동으로 신청하여야 한다.

④ 존재하지 아니하는 건물에 대한 등기가 있는 경우에는 등기관이 직권으로 멸실등기를 하여야 한다.

⑤ 여러 개의 부동산에 관한 권리를 목적으로 하는 저당권의 설정등기를 신청하는 경우에 부동산이 3개 이상인 때에는 신청서에 공동담보목록을 첨부하여야 한다.

49. 부동산등기법령상 소유권 등기에 관한 설명으로 옳은 것은? <2016 제27회>

① 등기관이 소유권보존등기를 할 때에는 등기원인과 그 연월일을 기록하지 아니한다.

② 토지대장에 최초의 소유자로 등록되어 있는 자의 상속인은 소유권보존등기를 신청할 수 없다.

③ 등기관이 직권으로 소유권보존등기를 할 수 있는 경우는 없다.

④ 소유권의 일부이전등기를 할 때 이전되는 지분을 표시하지 않아도 된다.

⑤ 소유권의 이전에 관한 사항은 등기기록의 을구에 기록한다.

가 있을 때에는 그 소유권의 등기명의인은 지체 없이 그 건물의 멸실등기를 신청하여야 한다(법 제44조 제1항). 그 건물 소유권의 등기명의인이 멸실등기를 신청하지 아니하는 경우에는 건물대지의 소유자가 대위하여 신청할 수 있고(법 제44조 제2항, 제43조 제2항), 존재하지 아니하는 건물이 구분건물인 경우에는 일부 구분건물의 소유명의인이 다른 구분건물의 소유명의인을 대위하여 1동 전부에 대한 멸실등기를 신청할 수 있다(법 제44조 제3항, 제43조 제3항).

⑤ 등기관은 부동산이 5개 이상일 때에는 공동담보목록을 작성하여야 한다(법 제78조 제2항).

49. 정답 ① 해설 ① 소유권보존등기에도 다른 등기와 마찬가지로 등기원인(건물신축, 공유수면매립 등)이 있다. 하지만 이러한 원인을 등기기록에 기록하지 않는다. 즉, 등기관이 소유권보존등기를 할 때에는 법 제48조 제1항 제4호에도 불구하고 등기원인과 그 연월일을 기록하지 아니한다(법 제64조).

② 미등기의 토지에 관한 소유권보존등기는 다음 각 호 1. 토지대장, 임야대장에 최초의 소유자로 등록되어 있는 자 또는 그 상속인, 그 밖의 포괄승계인, 2. 확정판결에 의하여 자기의 소유권을 증명하는 자, 3. 수용(收用)으로 인하여 소유권을 취득하였음을 증명하는 자의 어느 하나에 해당하는 자가 신청할 수 있다(법 제65조).

③ 등기관이 직권으로 등기를 할 수 있는 경우는 당사자의 신청을 기다려 그 등기를 실행하는 것이 적절하지 않거나 당사자의 신청에 따른 등기에 부수하는 기술적인 등기를 하는 경우이다. 등기관의 직권에 의한 등기는 법령에 근거규정이 있는 경우에만 허용된다. 가령, 등기관이 미등기부동산에 대하여 법원의 촉탁에 따라 소유권의 처분제한의 등기를 할 때에는 직권으로 소유권보존등기를 하고, 처분제한의 등기를 명하는 법원의 재판에 따라 소유권의 등기를 한다는 뜻을 기록하여야 한다(법 제66조 제1항).

④ 소유권의 일부이전이란 단독 소유자가 일부 지분을 이전하여 공유로 하거나, 공유지분 또는 공유지분의 일부를 이전하는 것을 말한다. 등기관이 소유권의 일부에 관한 이전등기를 할 때에는 이전되는 지분을 기록하여야 한다. 이 경우 등기원인에 공유자 사이의 공유물 불분할계약(「민법」 제268조 제1항 단서)의 약정이 있을 때에는 그 약정에 관한 사항도 기록하여야 한다(법 제67조 제1항).

⑤ 갑구에는 소유권에 관한 사항을 기록하는데(법 제15조 제2항), 소유권보존등기·소유권이전등기·소유권이전청구권등기·소유권의 변경등기·소유권의 경정등기·소유권의 처분제한의 등기 등이다.

제3절 소유권이전등기

50. 부동산등기법령상 수용으로 인한 등기에 관한 설명으로 옳은 것은? <2019 제30회>

① 수용으로 인한 소유권이전등기는 등기권리자 단독으로 신청할 수 없다.

② 등기관이 수용으로 인한 소유권이전등기를 하는 경우 그 부동산의 등기기록 중 소유권 외의 권리에 관한 등기가 있으면 그 등기를 당사자의 신청에 따라 말소하여야 한다.

③ 부동산에 관한 소유권외의 권리의 수용으로 인한 권리이전등기에 관하여 수용으로 인한 소유권이전등기 규정이 적용되지 않는다.

④ 등기관이 수용으로 인한 소유권이전등기를 하는 경우 그 부동산의 등기기록 중 그 부동산을 위하여 존재하는 지역권의 등기는 직권으로 말소할 수 없다.

⑤ 수용으로 인한 소유권이전등기를 신청하는 경우에 등기권리자는 포괄승계인을 갈음하여 포괄승계로 인한 소유권이전의 등기를 신청할 수 없다.

---

50. **정답 ④** 해설 ① 사업시행자가 단독으로 소유권이전의 등기를 신청할 수 있다(법 제99조 제1항).

② 등기관이 수용으로 인한 소유권이전등기를 하는 경우 그 부동산의 등기기록 중 소유권, 소유권 외의 권리, 그 밖의 처분제한에 관한 등기가 있으면 그 등기를 직권으로 말소하여야 한다(법 제99조 제4항 본문).

③ 부동산에 관한 소유권 외의 권리의 수용으로 인한 권리이전등기에 관하여는 수용으로 인한 소유권이전등기(제1항부터 제4항까지) 규정을 준용한다(법 제99조 제5항).

④ 다만, 그 부동산을 위하여 존재하는 지역권의 등기 또는 토지수용위원회의 재결로써 존속(存續)이 인정된 권리의 등기는 말소하지 않는다(법 제99조 제4항 단서).

⑤ 등기권리자는 소유권이전등기를 신청함에 있어 필요한 때 사업시행자는 등기명의인이나 상속인, 그 밖의 포괄승계인을 갈음하여 부동산표시 또는 등기명의인의 표시의 변경, 경정 또는 상속, 그 밖의 포괄승계로 인한 소유권이전의 등기를 「부동산등기법」 제28조에 의하여 대위신청할 수 있다(법 제99조 제2항).

51. 부동산등기법령상 토지수용에 의한 소유권이전등기에 대한 설명으로 옳지 않은 것은? <2004 제15회>

① 소유권이전등기가 경료되기 전에는 소유권이 변동되지 않는다.

② 수용재결로써 존속이 인정된 권리가 있는 때에는 이를 표시해야 한다.

③ 보상 또는 공탁을 증명하는 서면을 첨부해야 한다.

④ 등기권리자만으로 등기를 신청할 수 있다.

⑤ 관공서가 기업자인 때에는 그 관공서는 지체 없이 등기를 등기소에 촉탁해야 한다.

제4절 환매 및 특약사항의 등기

---

51. 정답 ① 해설 ① 토지수용에 의한 소유권이전은 「민법」 제187조의 법률의 규정에 의한 물권변동은 등기 없이도 물권을 취득하는 특칙을 둔 것이며, 등기 없이 부동산물권을 취득하였더라도 다시 법률행위에 의해 처분하기 위해서는 반드시 등기를 하도록 함으로써 물권변동의 과정을 공시하고 있다(민법 제187조 단서).
② 토지수용위원회의 재결로써 존속이 인정된 권리가 있으면 이에 관한 사항을 신청정보의 내용으로 등기소에 제공하여야 한다(규칙 제156조 제1항).
③ 수용으로 인한 소유권이전등기를 신청하는 경우에는 보상이나 공탁을 증명하는 정보를 첨부정보로서 등기소에 제공하여야 한다(규칙 제156조 제2항).
④ 소유권이전의 형식을 취하게 되므로 공동신청이 원칙이나, 수용으로 인한 사업시행자의 소유권취득은 등기의무자의 자유의사에 기한 것이 아니어서 그의 협력을 얻기가 어려울 뿐만 아니라 토지수용위원회의 재결서(또는 협의성립확인서)를 등기원인증서로 제출하게 되면 등기의 진정성을 해칠 염려가 없으므로 수용으로 인한 소유권이전등기는 법 제23조 제1항에도 불구하고 등기권리자가 신청할 수 있다(법 제99조 제1항). 사업시행자와 등기의무자가 공동신청을 할 경우 이를 수리하여도 무방하다.
⑤ 법 제99조 제3항.

제4장 용익권(用益權)에 관한 등기

52. 부동산등기법령상 용익권 및 담보권에 관한 등기에 대한 설명으로 옳은 것은?

<2017 제28회>

① 등기관이 지상권설정의 등기를 할 때 지상권의 범위는 등기원인에 그 약정이 있는 경우에만 기록한다.

② 등기관이 근저당권설정의 등기를 할 때 채권의 최고액은 등기원인에 그 약정이 있는 경우에만 기록한다.

---

52. 정답 ③ 해설 ① 등기관이 지상권설정의 등기를 할 때에는 법 제48조에서 규정한 사항(1. 순위번호, 2. 등기목적, 3. 접수연월일 및 접수번호, 4. 등기원인 및 그 연월일, 5. 권리자) 외에 다음 각 호 1. 지상권설정의 목적, 2. 범위, 3. 존속기간, 4. 지료와 지급시기, 5. 「민법」 제289조의2 제1항 후단의 약정, 6. 지상권설정의 범위가 토지의 일부인 경우에는 그 부분을 표시한 도면의 번호의 사항을 기록하여야 한다. 다만, 제3호부터 제5호까지는 등기원인에 그 약정이 있는 경우에만 기록한다(법 제69조).

② 등기관은 저당권의 내용이 근저당권인 경우에는 근저당인 뜻(법 제48조에서 규정한 사항으로 근저당권 등기에서는 그것이 근저당권이라는 것을 반드시 등기하여야 한다. 그 기재가 없으면 보통의 저당권이 된다) 외에 다음 각 호 1. 채권의 최고액(제1호), 2. 채무자의 성명 또는 명칭과 주소 또는 사무소 소재

---

③ 등기관이 전세권설정의 등기를 할 때 위약금 또는 배상금은 등기원인에 그 약정이 있는 경우에만 기록한다.

④ 등기관이 전세금반환채권의 일부 양도를 원인으로 한 전세권 일부이전등기를 할 때 양도액은 기록하지 않는다.

⑤ 등기관이 동일한 채권에 관하여 여러 개의 부동산에 관한 권리를 목적으로 하는 저당권설정의 등기를 할 경우, 부동산이 3개 이상일 때에는 공동담보목록을 작성 하여야 한다.

제5절　임차권에 관한 등기

53. 부동산등기법령상 임차권 설정등기의 등기사항 중 등기원인에 그 사항이 없더라도 반드시 기록하여야 하는 사항을 모두 고른 것은? <2020 제31회>

ㄱ. 등기목적	ㄴ. 권리자	ㄷ. 차임
ㄹ. 차임지급시기	ㅁ. 임차보증금	ㅂ. 존속기간

① ㄱ, ㄴ, ㄷ　　　　② ㄱ, ㄷ, ㄹ　　　　③ ㄴ, ㄷ, ㅁ

지(제2호), 3.「민법」제358조 단서의 약정(제3호), 4. 존속기간(제4호)의 사항을 기록하여야 한다. 다만, 등기원인에 저당부동산에 부합된 물건과 종물에 대하여 근저당권의 효력이 미치지 아니한다는「민법」제358조 단서의 약정(제3호)과 존속기간의 약정(제4호)은 등기원인에 그 약정이 있는 경우에만 기록한다(법 제75조 제2항).

③ 등기관이 전세권설정이나 전전세(轉傳貰)의 등기를 할 때에는 법 제48조에서 규정한 사항 외에 다음 각 호 1. 전세금 또는 전전세금(제1호), 2. 전세권의 목적인 범위(제2호)의 사항을 필수적으로 기록하여야 한다(법 제72조 제1호, 제2호). 등기관이 전세권설정의 등기를 할 때에는 법 제48조에서 규정한 사항 외에 3. 존속기간(제3호), 4. 위약금 또는 배상금(제4호), 5.「민법」제306조 단서의 약정(양도·임대금지의 약정, 제5호)이 있는 때에는 등기원인에 그 약정이 있는 경우에만 기록한다(법 제72조 제3호부터 제5호까지).

④ 등기관이 전세금반환채권의 일부 양도를 원인으로 한 전세권 일부이전등기를 할 때에는 양도액을 기록한다(법 제73조 제1항). 전세권 일부이전등기의 신청은 전세권의 존속기간의 만료 전에는 할 수 없다. 다만, 존속기간 만료 전이라도 해당 전세권이 소멸하였음을 증명하여 신청하는 경우에는 그러하지 아니하다(법 제73조 제2항). 전세권의 양수인이 등기권리자, 양도인이 등기의무자로서 공동신청 해야 한다(등기예규 제616호). 소유권 외의 권리의 이전등기는 부기등기에 의하므로(법 제52조 제2호), 전세권의 이전등기는 부기등기로 한다.

⑤ 등기관은 부동산이 5개 이상일 때에는 공동담보목록을 작성하여야 한다(법 제78조 제2항). 이의 공동담보목록은 전자적으로 작성하여야 하며, 1년마다 그 번호를 새로 부여하여야 한다(규칙 제133조 제2항). 공동담보목록에는 신청정보의 접수연월일과 접수번호를 기록하여야 한다(규칙 제133조 제3항). 공동담보목록은 등기기록의 일부로 의제된다(법 제78조 제3항).

④ ㄱ, ㄹ, ㅁ, ㅂ   ⑤ ㄴ, ㄹ, ㅁ, ㅂ

---

53. **정답 ①** 해설 **임차권 등의 등기사항으로** (1) 등기관이 임차권 설정 또는 임차물 전대(轉貸)의 등기를 할 때에는 법 제48조에서 규정한 사항(1. 순위번호, 2. 등기목적, 3. 접수연월일 및 접수번호, 4. 등기원인 및 그 연월일, 5. 권리자) 외에, 다음 각 호 1. **차임**(借賃), 2. **범위**, 3. 차임지급시기, 4. 존속기간. 다만, 처분능력 또는 처분권한 없는 임대인에 의한 「민법」 제619조의 단기임대차인 경우에는 그 뜻도 기록한다. 5. 임차보증금, 6. 임차권의 양도 또는 임차물의 전대에 대한 임대인의 동의, 7. 임차권설정 또는 임차물전대의 범위가 부동산의 일부인 때에는 그 부분을 표시한 도면의 번호를 기록하여야 한다 (법 제74조 본문). (2) 여기서 법 제48조에서 규정한 사항과 법 제74조 제1호, 제2호는 **필수적으로 기록(필수적 기재사항)**하여야 한다.
임의적 기재사항으로 다만, 법 제74조 제3호부터 제6호까지는 등기원인에 그 사항이 있는 경우에만 기록한다(법 제74조). 임차권 설정등기신청 시 등기원인에 3. 차임지급시기, 4. 존속기간. 다만, 처분능력 또는 처분권한 없는 임대인에 의한 「민법」 제619조의 단기임대차인 경우에는 그 뜻도 기록한다. 5. 임차보증금, 6 임차권의 양도 또는 임차물의 전대에 대한 임대인의 동의의 사항이 있는 경우에만 기록한다(법 제74조 단서).

제5장 담보권에 관한 등기

제1절 저당권에 관한 등기

54. 부동산등기법령상 등기관이 저당권 설정의 등기를 할 때에 등기원인에 약정이 없더라도 반드시 기록하여야 할 사항을 모두 고른 것은? (단, 저당권의 내용이 근저당권인 경우를 제외한다.) <2013 제24회>

> ㄱ. 접수연월일 및 접수번호
> ㄴ. 권리자
> ㄷ. 채권액
> ㄹ. 변제기
> ㅁ. 이자 및 그 발생기·지급시기
> ㅂ. 채권의 조건

① ㄱ, ㄴ   ② ㄹ, ㅂ   ③ ㄱ, ㄴ, ㄷ
④ ㄴ, ㄷ, ㄹ   ⑤ ㄷ, ㄹ, ㅁ

55. 부동산등기법령상 담보권 등기에 관한 설명으로 옳은 것은? <2015 제26회>

① 등기원인에 그 약정이 있는 경우에도 변제기는 저당권의 등기사항이 아니다.

---

54. **정답 ③** 해설 등기관이 저당권설정의 등기를 할 때에는 법 제48조에서 규정한 사항(1. 순위번호, 2. 등기목적, 3. 접수연월일 및 접수번호, 4. 등기원인 및 그 연월일, 5. 권리자) 외에 다음 각 호 1. 채권액, 2. 채무자의 성명 또는 명칭과 주소 또는 사무소 소재지, 3. 변제기, 4. 이자 및 그 발생기·지급시기, 5. 원본(元本) 또는 이자의 지급장소, 6. 채무불이행으로 인한 손해배상에 관한 약정, 7. 「민법」제358조 단서의 약정, 8. 채권의 조건의 사항을 기록하여야 한다. 다만, 제3호부터 제8호까지는 등기원인에 그 약정이 있는 경우에만 기록한다(법 제75조 제1항). ③이 옳다.

55. **정답 ④** 해설 ① 다음 각 호 1. 채권액, 2. 채무자의 성명 또는 명칭과 주소 또는 사무소 소재지, 3. 변제기, 4. 이자 및 그 발생기·지급시기, 5. 원본(元本) 또는 이자의 지급장소, 6. 채무불이행으로 인한 손해배상에 관한 약정, 7. 「민법」제358조 단서의 약정, 8. 채권의 조건의 사항을 기록하여야 한다.

② 변제기와 이자의 약정이 있는 경우에도 그 내용은 저당권부채권에 대한 질권의 등기사
  항이 아니다.

③ 등기관이 일정한 금액을 목적으로 하지 아니하는 채권을 담보하기 위한 저당권설정등
  기를 할 때에는 그 채권의 평가액을 기록하지 아니한다.

④ 등기관이 동일한 채권에 관하여 여러 개의 부동산에 관한 권리를 목적으로 하는 저당
  권설정의 등기를 할 때에는 각 부동산의 등기기록에 그 부동산에 관한 권리가 다른
  부동산에 관한 권리와 함께 저당권의 목적으로 제공된 뜻을 기록하여야 한다.

⑤ 등기관이 채권의 일부에 대한 양도로 인한 저당권 일부이전등기를 할 때에는 권리에
  관한 등기사항 이외에 별도로 양도액을 기록하지 아니한다.

제2절	권리질권 및 채권담보권에 관한 등기

다만, 제3호부터 제8호까지는 등기원인에 그 약정이 있는 경우에만 기록한다(법 제75조 제1항).
② 다음 각 호 1. 채권액 또는 채권최고액, 2. 채무자의 성명 또는 명칭과 주소 또는 사무소 소재지, 3.
  변제기와 이자의 약정이 있는 경우에는 그 내용의 사항을 기록하여야 한다(법 제76조 제1항).
③ 등기관이 일정한 금액을 목적으로 하지 아니하는 채권을 담보하기 위한 저당권설정의 등기를 할 때에는
  그 채권의 평가액을 기록하여야 한다(법 제77조).
④ 법 제78조 제1항.
⑤ 등기관이 채권의 일부에 대한 양도 또는 대위변제(代位辨濟)로 인한 저당권 일부이전등기를 할 때에는
  법 제48조에서 규정한 사항(1. 순위번호, 2. 등기목적, 3. 접수연월일 및 접수번호, 4. 등기원인 및 그
  연월일, 5. 권리자) 외에 양도액 또는 변제액을 기록하여야 한다(법 제79조).

제6장 신탁에 관한 등기

제1절 개설

제2절 신탁등기

56. 부동산등기법상 신탁등기에 관한 설명으로 옳지 않은 것은? <2012 제23회 수정>

① 수익자 또는 위탁자는 수탁자를 대위하여 신탁등기를 신청할 수 있다.

② 수탁자가 여러 명인 경우 등기관은 신탁재산이 공유인 뜻을 기록하여야 한다.

③ 신탁등기의 신청은 해당 신탁으로 인한 권리의 이전 또는 보존이나 설정등기의 신청과 동시에 하여야 한다.

④ 수탁자가 「신탁법」 제3조 제5항에 따라 타인에게 신탁재산에 대하여 신탁을 설정하는 경우 해당 신탁재산에 속하는 부동산에 관한 권리이전등기에 대하여는 새로운 신탁의 수탁자를 등기권리자로 하고 원래 신탁의 수탁자를 등기의무자로 한다.

⑤ 신탁재산에 속한 권리가 소멸된 경우 신탁등기의 말소신청은 신탁된 권리의 말소등기의 신청과 동시에 하여야 한다.

---

56. 정답 ② 해설 ① 법 제82조 제2항. ② 수탁자가 여러 명인 경우 등기관은 신탁재산이 합유인 뜻을 기록하여야 한다(법 제84조 제1항).

③ 신탁등기의 신청은 해당 부동산에 관한 권리의 설정등기, 보존등기, 이전등기 또는 변경등기의 신청과 동시에 하여야 한다(법 제82조 제1항). 즉 1건의 신청정보로 일괄하여 하여야 한다.

④ 수탁자가 「신탁법」 제3조 제5항에 따라 타인에게 신탁재산에 대하여 신탁을 설정하는 경우 해당 신탁재산에 속하는 부동산에 관한 권리이전등기에 대하여는 새로운 신탁의 수탁자를 등기권리자로 하고 원래 신탁의 수탁자를 등기의무자로 한다. 이 경우 해당 신탁재산에 속하는 부동산의 신탁등기는 새로운 신탁의 수탁자가 단독으로 신청한다(법 제23조 제8항).

⑤ 신탁재산에 속한 권리가 이전, 변경 또는 소멸됨에 따라 신탁재산에 속하지 아니하게 된 경우 신탁등기의 말소신청은 신탁된 권리의 이전등기, 변경등기 또는 말소등기의 신청과 동시에 하여야 한다(법 제87조 제1항).

제7장 가등기

57. 부동산등기법령상 가등기에 관한 설명으로 옳지 않은 것은? <2014 제25회>

① 가등기권리자는 가등기의무자의 승낙이 있을 때에는 단독으로 가등기를 신청할 수 있다.

② 가등기에 의하여 본등기를 한 경우에 본등기의 순위는 가등기의 순위에 따른다.

③ 가등기명의인은 단독으로 가등기의 말소를 신청할 수 있다.

④ 가등기에 의한 본등기가 이루어졌을 때 가등기 이후에 된 등기로서 등기관이 가등기에 의하여 보전되는 권리를 침해하는 등기에 대해서는 등기상 이해관계인의 신청에 의하여 등기관이 이를 말소한다.

⑤ 소유권 이전을 위한 정지조건부의 청구권을 보전하기 위한 가등기도 가능하다.

---

57. 정답 ④ 해설 ① 가등기의 신청은 등기의 일반원칙에 따라 가등기권리자와 가등기의무자의 공동신청에 의하여야 하나, 법은 가등기가 예비등기라는 성격을 고려하여 다음과 같은 예외를 인정하고 있다. 가등기권리자는 법 제23조 제1항에도 불구하고, 가등기의무자의 **승낙**이 있거나 가등기를 명하는 법원의 **가처분명령**이 있을 때에는 단독으로 가등기를 신청할 수 있다(법 제89조).

② 이를 가등기의 본등기 순위보전적 효력이라고 한다(법 제91조).

③ 가등기말소등기는 당사자 간의 공동신청에 의하는 것이 원칙이나, 예외적으로 가등기명의인은 법 제23조 제1항에도 불구하고 단독으로 가등기의 말소를 신청할 수 있다(법 제93조 제1항).

④ 가등기에 의한 본등기를 하면 등기의 순위는 가등기의 순위에 따르기 때문에(법 제91조), 가등기 후에 된 등기는 본등기보다 후순위가 된다. 이 경우 후순위 등기의 말소절차에 관하여 2011년 개정법이 다음과 같이 명문의 규정을 두었다. 등기관이 가등기에 의한 본등기를 하면 대법원규칙으로 정하는 바에 따라 가등기상 권리를 침해하는 등기를 지체 없이 **직권으로 말소**하는 것으로 규정하였다(법 제92조 제1항).

⑤ 법 제88조.

58. 부동산등기법령상 가등기에 관한 설명 중 옳지 않은 것은? <2000 제11회>

① 전세권·임차권의 설정, 이전, 소멸 등의 청구권을 보전하려 할 때에도 할 수 있다.

② 그 청구권이 시기부 또는 해제조건부인 때에도 할 수 있다.

③ 가등기권리자는 가등기의무자의 승낙서를 신청서에 첨부하여 단독으로 신청할 수 있다.

④ 가등기권리자는 가처분명령의 정본을 신청서에 첨부하여 단독으로 신청할 수 있다.

⑤ 가등기말소등기는 당사자 간의 공동신청에 의하는 것이 원칙이나 예외적으로 가등기
명의인은 단독으로 가등기의 말소를 신청할 수 있고, 또한 가등기의무자 또는 가등기
에 관하여 등기상 이해관계 있는 자는 가등기명의인의 승낙을 받아 단독으로 가등기의
말소를 신청할 수 있다.

---

58. **정답** ② 해설 ① ② 가등기는 부동산 물권변동을 목적으로 하는 청구권을 보전하기 위하여 인정되는
등기이다. 본등기를 할 수 있는 권리는 법 제3조에 규정되어 있는 부동산에 관한 <u>소유권·지상권·지역
권·전세권·저당권·권리질권·채권담보권·임차권</u>을 들 수 있다. 가등기의 대상은 1. <u>부동산소유권</u>이나
그 밖에 법 제3조에 규정된 <u>권리의 실정·이전·변경 또는 소멸의 청구권을 보전</u> 하려는 경우(가령 부동
산매매의 경우의 매수인의 소유권이전청구권), **가. 권리의 설정·이전의 청구권**이라 함은 (1) 지상권이
나 저당권 등의 제한물권의 설정계약, (2) 매매나 증여계약 등 권리이전에 관한 계약 등으로 장래의
권리변동을 일어나게 할 수 있는 청구권을 말한다. **나. 권리변경의 청구권**이란 (1) 근저당권의 채권최고
액의 변경등기청구권이나, (2) 전세권의 존속기간의 변경등기청구권 등을 말하는데, 이를 보전하기 위
하여 가등기를 할 수 있다. 그러나 부동산표시 또는 등기명의인표시의 변경등기 등은 권리의 변경을
가져오는 것이 아니고 등기명의인의 단독신청으로 행해지는 것으로서 청구권의 개념이 있을 수 없으므
로 가등기를 할 수 없다. 다. 권리의 말소등기청구권도 가등기의 대상이다.
2. 그 청구권이 <u>시기부(始期附)</u> 또는 정지조건부(停止條件附)일 경우(가령 채무불이행이 생기면 토지의
소유권을 이전하기로 한 경우), 3. 그 밖에 장래에 확정될 것인 경우(가령 매매예약·대물변제예약에 기
한 예약완결권을 행사 할 수 있는 경우)에 하는 등기로서(법 제88조), 학문상 종국등기에 대비되는 예비
등기의 일종이다.
③ ④ 가등기의 신청은 등기의 일반원칙에 따라 가등기권리자와 가등기의무자의 공동신청에 의하여야 하
나, 법은 가등기가 예비등기라는 성격을 고려하여 다음과 같은 예외를 인정하고 있다. **가등기권리자**는
공동신청 원칙에도 불구하고 <u>가등기의무자의 승낙</u>이 있거나 <u>가등기를 명하는 법원의 가처분명령</u>이 있
을 때에는 <u>단독으로 가등기를 신청</u>할 수 있다(법 제89조). 법 제89조에 따라 가등기권리자가 단독으로
가등기를 신청하는 경우에는 가등기의무자의 승낙이나 가처분명령이 있음을 증명하는 정보를 첨부정보
로서 등기소에 제공하여야 한다(규칙 제145조 제2항).
⑤ 가등기는 당사자 간의 약정이나 법정해제 등의 말소사유가 발생한 때에는 그 말소등기를 신청할 수
있다. 그러나 가등기에 의한 본등기가 이루어진 후에는 가등기와 본등기를 함께 말소하거나 본등기만을
말소할 수는 있으나, 가등기만을 말소할 수는 없다. 이러한 <u>가등기말소등기</u>는 당사자 간의 <u>공동신청에
의하는 것이 원칙</u>이나, 예외적으로 가등기명의인은 법 제23조 제1항에도 불구하고 단독으로 가등기의
말소를 신청할 수 있다(법 제93조 제1항). 또한 <u>가등기의무자 또는 가등기에 관하여 등기상 이해관계
있는 자</u>는 법 제23조 제1항에도 불구하고 **가등기명의인의 승낙**을 받아 <u>단독으로 가등기의 말소를 신청</u>
할 수 있다(법 제93조 제2항).

제8장 가처분에 관한 등기

제9장 관공서가 촉탁하는 등기 등

제10장 구분건물에 관한 등기

59. 부동산등기법령상 등기대상이 될 수 없는 것은? <2011 제22회>

① 구분건물의 전유부분

② 집합건물의 공용부분 중 구분건물 또는 독립건물로서의 구조를 가지는 부분

③ 구분건물의 규약상 공용부분

④ 구분건물의 부속건물

⑤ 구분건물의 구조상 공용부분

---

59. 정답 ⑤ 해설 공용부분은 그 성질에 따라 구조상 공용부분과 규약상 공용부분으로 나눌 수 있다.

(1) **구조상 공용부분**은 전유부분 외의 건물부분(복도, 계단, 엘리베이터 등), 전유부분에 속하지 아니하는 건물의 **부속물**(전기·가스·수도의 주된 배관, 소방·냉난방 설비 등)을 말한다. 따라서 건물 전체의 면적 중 각 전유부분의 총면적을 제외한 나머지 면적이 공용부분이 된다. 구조상 공용부분은 등기능력이 없으므로 비록 건축물대장에 등재되어 있다 하더라도 이 부분을 독립하여 등기할 수 없음이 원칙이다. 다만 **예외적으로 전유부분에 속하는 것으로 등기할 수 있는 경우가 있다.** 가령 공동주택의 지하주차장은 통상 구조상 공용부분이라 할 것이어서 이를 구분소유권의 목적인 전유부분으로 등기할 수는 없을 것이나, 지하주차장이 전유부분에 포함되는 부속건물로 볼 수 있는지 여부는 자동차의 사용대수, 전유부분 내지 구분소유자의 수 및 그 비율, 규모나 면적 등 구조상·이용상의 독립성을 종합적으로 검토하여 구분건물에 관한 등기신청을 받은 등기공무원이 조사·판단하는 것이므로 그 조사결과 지하주차장이 구분소유권의 목적인 전유부분의 부속건물로 함이 상당하다고 판단될 경우에는 전유부분으로 등기할 수 있을 것이다(등기선례 제4-836호). 즉 집합건물의 구조상 공용부분의 등기능력에 관해서는 (가) 집합건물의 공용부분 중 구조적, 물리적으로 공용부분인 것(복도, 계단 등)은 전유부분으로 등기할 수 없다. (나) 집합건물의 공용부분이라 하더라도 아파트 관리사무소, 노인정 등과 같이 독립된 건물로서의 요건을 갖춘 경우에는 독립하여 건물로서 등기할 수 있고, 이 경우 등기관은 공용부분인 취지의 등기를 한다.

(2) 1동의 건물 중 원래 구분소유권의 목적이 될 수 있는 전유부분과 독립된 소유권의 목적이 될 수 있는 부속건물의 규약(전유부분 전부 또는 부속건물을 소유하는 자가 1인인 경우는 공정증서)에 의하여 공용부분으로 정한 것을 **규약상 공용부분**이라고 한다. 전유부분을 규약상 공용부분으로 삼는 예로는 대단지 아파트 등에서 일부 전유부분을 입주자 공동공간(동호인실, 게스트룸 등)으로 제공하는 경우가 있고, 부속건물을 공용부분으로 하는 경우는 관리사무실이나 경로당 건물을 들 수 있다. 이 경우 규약상 공용부분에는 공용부분이라는 취지를 등기하여야 한다(집합건물법 제3조 제4항). 거래의 안전을 위하여 공용부분임을 객관적으로 공시할 필요가 있기 때문이다.

제11장 보칙

제 **9** 편

동산·채권 등의
담보에 관한 법률

제1장 총설

제2장 동산담보권

제1절 동산담보 방법 개관

제2절 동산담보권의 성립

1. 동산채권담보법령상 동산담보권의 목적물에 해당하지 않는 것을 모두 고른 것은?

<2019 제30회>

> ㄱ. 무기명채권증서
> ㄴ. 화물상환증이 작성된 동산
> ㄷ. 「선박등기법」에 따라 등기된 선박
> ㄹ. 「자산유동화에 관한 법률」에 따른 유동화증권

① ㄱ   ② ㄴ, ㄷ   ③ ㄴ, ㄹ

④ ㄱ, ㄷ, ㄹ   ⑤ ㄱ, ㄴ, ㄷ, ㄹ

---

1. **정답 ⑤** 해설 장래에 취득할 동산을 포함하는 여러 개의 동산(집합동산)이더라도 목적물의 종류, 보관장소, 수량을 정하거나 그 밖에 이와 유사한 방법으로 특정할 수 있는 경우에는 이를 목적으로 담보등기를 할 수 있다(법 제3조 제2항). 동산이라 하더라도, 다음 각 호 1. 「선박등기법」에 따라 등기된 선박, 「자동차 등 특정동산 저당법」에 따라 등록된 건설기계·자동차·항공기·소형선박, 「공장 및 광업재단 저당법」에 따라 등기된 기업재산, 그 밖에 **다른 법률에 따라 등기되거나 등록된 동산**, 2. **화물상환증·선하증권·창고증권이 작성된 동산**, 3. **무기명채권증서 등 대통령령으로 정하는 증권**[1. 무기명채권증서, 2. 「자산유동화에 관한 법률」 제2조 제4호에 따른 유동화증권, 3. 「자본시장과 금융투자업에 관한 법률」 제4조에 따른 증권(영 제2조)]의 어느 하나에 해당하는 경우에는 이를 목적으로 하여 담보등기를 할 수 없다(법 제3조 제3항).

2. 동산·채권담보법령상 동산담보권에 관한 설명으로 옳은 것은? <2020 제31회>

① 동산담보권의 효력은 설정행위에 다른 약정이 있더라도 담보목적물에 부합된 물건과 종물(從物)에 미친다.

② 동산담보권은 피담보채권과 분리하여 타인에게 양도할 수 있다.

③ 담보권설정자가 담보목적물을 점유하는 경우에 경매절차는 압류에 의하여 개시한다.

④ 채무자의 변제를 원인으로 동산담보권의 실행을 중지함으로써 담보권자에게 손해가 발생하더라도 채무자가 그 손해를 배상하여야 하는 것은 아니다.

⑤ 담보권자는 자기의 채권을 변제받기 위하여 담보목적물의 경매를 청구할 수 없다.

제3절 동산담보권의 효력

제4절 동산담보권의 실행

3. 동산채권담보법령상 동산담보권에 관한 설명으로 옳지 않은 것은? <2016 제27회>

① 창고증권이 작성된 동산은 담보등기의 목적물이 될 수 없다.

② 담보권설정자의 상호등기가 말소된 경우에도 이미 설정된 동산담보권의 효력에는 영향을 미치지 아니한다.

③ 동산담보권은 피담보채권과 분리하여 타인에게 양도할 수 없다.

---

2. **정답** ③ 해설 ① 동산담보권의 효력이 미치는 담보목적물의 범위는 담보목적물에 **부합된 물건과 종물**에 미친다. 다만, 법률에 다른 규정이 있거나 설정행위에 다른 약정이 있으면 그에 따른다(법 제10조).
② 동산담보권은 피담보채권과 분리하여 타인에게 양도하지 못하도록 규정하고 있다(법 제13조).
③ 채권자인 담보권자가 동산담보권을 점유하지 않고, 담보권설정자가 담보목적물을 점유하는 경우에 경매 절차는 압류에 의하여 개시한다(법 제22조 제2항).
④ 채무자의 변제를 원인으로 동산담보권의 실행을 중지함으로써 담보권자에게 손해가 발생하는 경우에 채 무자 등은 그 손해를 배상하여야 한다(법 제28조 제2항).
⑤ 담보권자는 자기의 채권을 변제받기 위하여 담보목적물의 경매를 청구할 수 있다(법 제21조 제1항).
3. **정답** ⑤ 해설 ① 동산담보권의 목적물에 해당하지 않는 것은 위 문제를 보라.
② 상호등기가 말소되기 전에 이루어진 담보등기의 효력만 유효하게 인정되는 것이고, 담보등기부가 마련되 어 있더라도 상호등기가 말소된 이후에는 담보권설정을 할 수 있는 자격이 없기 때문에 새로운 담보권을 설정할 수는 없다(법 제4조). ③ 법 제13조.
④ 동산담보권의 불가분성에 의하여 피담보채권의 일부가 변제 기타의 사유로 인하여 소멸하더라도 동산담 보권은 담보목적물 전부 위에 존재하고, 담보목적물의 일부가 불가항력 기타의 사유로 인하여 소멸되더

④ 담보권자는 채권의 일부를 변제받은 경우에도 담보목적물 전부에 대하여 그 권리를 행사할 수 있다.

⑤ 동산담보권의 효력은 법률에 다른 규정이 없거나 설정행위에 다른 약정이 없다 면 담보목적물의 종물에 미치지 않는다.

라도 동산담보권은 잔존하는 담보목적물로써 피담보채권의 전부를 담보한다(법 제9조).

⑤ 동산담보권은 궁극적으로 담보목적물의 교환가치로부터 우선변제를 받는 것을 목적으로 하기 때문에, 동산담보권의 효력이 미치는 목적물의 범위는 담보목적물에 대한 소유권이 미치는 범위와 원칙적으로 동일하며 따라서 부합물이나 종물에도 담보권의 효력이 인정된다. 그러나 법률에 특별한 규정이 있거나 설정행위에서 다른 약정을 한 때에는 동산담보권의 효력이 미치지 않는다(법 제10조). 예컨대 원자재를 담보목적물로 하는 경우 원자재를 이용하여 만든 완성품에 대하여는 동산담보권의 효력이 미치지 않도 록 할 수도 있을 것이다. 설정행위에서 다른 약정을 한 경우 이를 담보등기부에 기재하여야 한다(법 제47 조 제2항 제8호).

제3장 채권담보권

4. 동산채권담보법령상 채권담보권에 관한 설명으로 옳지 않은 것은? <2017 제28회>

① 법인 등이 담보약정에 따라 금전의 지급을 목적으로 하는 지명채권을 담보로 제공 하는 경우에는 담보등기를 할 수 있다.

② 채무자가 특정되지 아니한 여러 개의 채권이더라도 채권의 종류, 발생원인, 발생연월일을 정하는 등의 방법으로 특정할 수 있는 경우에는 이를 목적으로 하여 담보등기를 할 수 있다.

③ 채권담보권의 목적이 된 채권이 피담보채권보다 먼저 변제기에 이른 경우에는 담보권자는 제3채무자에게 그 변제금액의 공탁을 청구할 수 있다.

④ 담보권자는 「민사집행법」에서 정한 집행방법으로는 채권담보권을 실행할 수 없다.

⑤ 담보권자는 피담보채권의 한도에서 채권담보권의 목적이 된 채권을 직접 청구할 수 있다.

---

4. 정답 ④ 해설 ① 법 제34조 제1항. ② 법 제34조 제2항.
③ 담보권자는 피담보채권과 담보목적채권의 변제기가 모두 도래하였다면 채권담보권의 목적이 된 채권을 피담보채권의 한도에서 직접 청구할 수 있다(법 제36조 제1항). 그리고 담보목적물인 채권의 변제기가 피담보채권의 변제기보다 먼저 도래한 경우에는 담보권자는 제3채무자로 하여금 그 변제금액을 공탁시킬 수 있고, 이러한 경우에는 담보권이 그 공탁금 위에 존속하게 된다(법 제36조 제2항).
④⑤ 동산담보권의 실행방법으로 「민사집행법」의 담보권 실행 등을 위한 경매절차에 의한 방법을 원칙으로 하되(법 제21조 제1항 및 제22조 제1항), 정당한 이유가 있는 경우 담보권자는 담보목적물로써 직접 변제에 충당하거나 담보목적물을 매각하여 그 대금을 변제에 충당할 수 있다(법 제21조 제2항). 채권담보권자는 제3채무자에 대한 직접 청구 외에(법 제36조 제1항), 「민사집행법」이 정하는 집행방법에 의하여 채권담보권을 실행할 수 있다(법 제36조 제3항).

제4장 담보등기

제1절 개설

제2절 담보등기의 절차 및 실행

5. 동산채권담보법령상 담보등기에 관한 설명으로 옳지 않은 것은? <2018 제29회>

① 담보등기는 법률에 다른 규정이 없으면 등기권리자와 등기의무자가 공동으로 신청한다.

② 등기관이 등기를 마친 경우 그 등기는 접수한 때부터 효력을 발생한다.

③ 「동산채권담보법」에 따른 담보권의 존속기간은 5년을 초과 할 수 없으나, 5년을 초과 하지 않는 기간으로 이를 갱신할 수 있다.

④ 등기관의 결정 또는 처분에 대한 이의신청은 집행정지의 효력이 없다.

⑤ 등기관의 결정 또는 처분에 이의가 있는 자는 새로운 사실이나 새로운 증거방법을 근거로 관할 지방법원에 이의신청을 할 수 있다.

---

5. 정답 ⑤ 해설 ① 법 제41조 제1항. ② 법 제45조 제2항. ③ 법 제49조 제1항. ④ 법 제53조 제3항. ⑤ 이의란 등기관의 결정 또는 처분의 부당성을 다투는 것이다. 예컨대 등기관이 등기신청에 대하여 이를 접수하여 등기를 실행하여야 함에도 등기의 실행을 해태한 경우 등이 이에 해당한다. 이의신청의 사유는 당해 결정 또는 처분을 한 시점의 사유를 기초로 하여야 한다. 따라서 새로운 사실이나 새로운 증거방법을 근거로 이의신청을 할 수 없다(법 제54조).

제3절 이의신청

제4절 준용규정

제5장 지식재산권의 담보에 관한 특례

제6장 보칙 및 벌칙